新法规政策下财会操作实务丛书

中国内部审计操作实务

从2014年1月1日起执行

（第2版）

贺志东◎编著

PRACTICE OF
INTERNAL AUDIT
IN CHINA

电子工业出版社

Publishing House of Electronics Industry

北京·BEIJING

图书在版编目(CIP)数据

中国内部审计操作实务:从2014年1月1日起执行 / 贺志东编著. —2版. —北京:电子工业出版社,2019.9
(新法规政策下财会操作实务丛书)
ISBN 978-7-121-37236-0

Ⅰ. ①中… Ⅱ. ①贺… Ⅲ. ①内部审计—中国 Ⅳ. ①F239.45

中国版本图书馆 CIP 数据核字(2019)第 181133 号

责任编辑:刘 殊
印　　刷:三河市鑫金马印装有限公司
装　　订:三河市鑫金马印装有限公司
出版发行:电子工业出版社
　　　　　北京市海淀区万寿路 173 信箱　　　邮编:100036
开　　本:787×1 092　1/16　　印张:29　　　字数:850 千字
版　　次:2014 年 7 月第 1 版
　　　　　2019 年 9 月第 2 版
印　　次:2019 年 9 月第 1 次印刷
定　　价:108.00 元

　　凡所购买电子工业出版社图书有缺损问题,请向购买书店调换。若书店售缺,请与本社发行部联系,
联系及邮购电话:(010)88254888,88258888。

　　质量投诉请发邮件至 zlts@phei.com.cn,盗版侵权举报请发邮件至 dbqq@phei.com.cn。

　　本书咨询联系方式:(010)88254199,sjb@phei.com.cn。

前言 ▶▶

　　内部审计，是相对于外部审计而言的，它是一种独立、客观的监督、评价和建议活动，旨在通过运用系统、规范的方法，审查和评价组织的财务（财政）收支、经济活动、内部控制和风险管理等的适当性和有效性，促进组织完善治理、增加价值和实现目标。

　　近年来，我国社会经济形势发生了深刻变化，内部审计工作也得到了深入发展。据不完全统计，截至 2015 年上半年，全国已有内部审计机构约 7 万个，专兼职内部审计人员 25 万多人。随着经济社会的发展，各类组织对内部审计的重视程度日益提高，内部审计在理念、目标、职能和内容等方面发生了很大变化，面临着新的发展机遇和挑战，对内部审计准则也提出了新的、更高的要求。一是内部审计理念发生了重大变化。国际内部审计师协会（IIA）根据内部审计实务的最新发展变化，多次对内部审计实务框架的结构和内容进行更新和调整，距今最近的两次调整分别发生在 2010 年和 2012 年。这些修订和完善充分反映了内部审计发展的最新理念，例如，更加重视内部审计在促进组织改善治理、风险管理和内部控制中发挥作用，以及重视内部审计的价值增值功能等。随着我国内部审计的转型和发展，内部审计的理念、目标和定位也逐渐由"查错纠弊"向防范风险和增加价值方向转变。二是广大内部审计机构和内部审计人员在审计实践中，不断创新审计方式、方法，拓展审计领域，积累了许多宝贵经验，需要加以总结并通过准则予以规定。三是近年来，审计机关、监管部门以及相关部门先后出台了一系列与内部审计相关的制度规范，对内部审计工作作出了更详细的规定，提出了更高的要求。原有准则中的一些规定已不能适应新形势下内部审计工作的发展要求。四是受准则制定时我国内部审计发展水平及认识水平的限制，原准则体系存在着逻辑性和系统性的不足，如准则之间缺乏内在的逻辑关系，有些准则间部分内容存在交叉重复。为了适应内部审计的最新发展，更好地发挥内部审计准则在规范内部审计行为、提升内部审计质量方面的作用，中国内部审计协会对 2003 年以来发布的内部审计准则进行了全面、系统的修订。2013 年 8 月 20 日发布了并自 2014 年 1 月 1 日起施行了《中国内部审计准则》(中国内部审计协会公告 2013 年第 1 号)。同时废止了原来的《内部审计基本准则》《内部审计人员职业道德规范》以及 1～29 号具体准则。随后，我国又陆续发布了《内部审计质量评估办法》（自 2014 年 9 月 1 日起施行）、《第 2205 号　内部审计具体准则——经济责任审计》（2016 年 3 月 1 日起施行）、《第 2308 号　内部审计具体准则——审计档案工作》（自 2016 年 3 月 1 日起施行）、《审计署关于内部审计工作的规定》（中华人民共和国审计署令第 11 号，自 2018 年 3 月 1 日起施行）、《第 2309 号　内部审计具体准则——内部审计外包业务管理》（2019 年 5 月 6 日印发）等。

　　新内部审计准则适用于各类组织的内部审计机构、内部审计人员及其从事的内部审计活动。为涵盖内部审计外包的情况，准则中还增加了"其他组织或者人员接受本组织委托、聘用，承办或者参与的内部审计业务，也应当遵守本准则"的规定。

　　为了帮助全国广大组织的管理层、内部审计人员、财会人员以及其他相关人员掌握、运用内部审计必知的知识、政策、法规、技巧，搞好知识更新、后续教育，帮助培养一批专业扎实、技术过硬、知识面广的内部审计人才，全国著名财会、审计、财税专家贺志东同志（资深中国注册会计师和税务师，中国内部审计协会和国际内部审计师协会会员）特编写了《中国内部审计操作实务（自 2014 年 1 月 1 日起执行）（第 2 版）》一书。全书共 5 篇 14 章，内容包括：内部审计综合知识（内部审计综述）、内部审计作业准则（内部审计证据、内部审计程序、内部审计底稿、内部审计方法、后续审计、内部审计报告）、内部审计业务准则（经济效益内部审计、经济责任内部审计）、内部审计管理准则（内部审计管理、内部审计信息、内部审计档案工作）、内部审计实务指南（业务循环内部审计、基建项目内部审计），等等。在本书末尾作者还精心汇编了最新中国内部审计方面法规供读者学习或工作中随时查阅。

本书主要具有以下特色：①高度的操作性、实用性。②新颖性。系依据最新有效的内部审计准则、内控体系、企业会计准则、企业财务通则等编写，不同于内容过时或纯学术性的书籍。③专业性。④创造性。无论是形式还是内容，都体现了这一点。⑤讲解全面、透彻、通俗。⑥资料详尽、条理清晰、查阅方便。

本书适用于全国各地广大组织的管理层、内部审计人员、财会人员和其他相关人员，以及注册会计师行业人士等。亦可作为审计、财会类院校学生的教材。

囿于编写时间、科研经费等原因，书中难免有不足之处，请读者不吝批评指正（jianyi@tax.org.cn），以便再版时修订。在本书的编写过程中，我们参考和借鉴了国内外一些相关文献资料。本书的出版得到了电子工业出版社领导和编辑们以及智董集团旗下中华第一财税网（又名"智董网"，网址：www.tax.org.cn）的大力支持和帮助，在此均深表谢意！

目录 ▶▶

第 1 篇　内部审计综合知识

第 1 章 ▶▶▶

内部审计综述

第一节　内部审计概述

内部审计，是相对于外部审计而言的，它是一种独立、客观的监督、评价和建议活动，旨在通过运用系统、规范的方法，审查和评价组织的财务（财政）收支、经济活动、内部控制和风险管理等的适当性和有效性，促进组织完善治理、增加价值和实现目标。

一、内部审计的特征

（一）服务的内向性

内部审计的目的在于促进本部门、本单位的经营管理和经济效益的提高，因而内部审计既对本单位进行审计监督，也会根据单位管理要求提供专门咨询服务。服务的内向性是内部审计的基本特征。内部审计一般在本单位主要负责人领导下进行工作，只向本单位领导负责。

（二）工作的相对独立性

内部审计同外部审计一样，都必须具有独立性。审计人员在审计过程中必须根据国家法律法规及有关财务会计制度，独立地检查、评价本部门、本单位及所属各部门、各单位的财务收支及与此相关的经营管理活动，维护国家利益。另外，由于内部审计机构是部门、单位内设的机构，内部审计人员是本单位的职工，这就使内部审计的独立性受到很大的制约。特别是遇到部门、单位利益与国家利益相冲突的情况下，内部审计机构的独立决策可能受到本单位利益的限制。

（三）审计程序的相对简化性

内部审计的程序主要包括规划、实施、终结和后续审计四个阶段。由于内部审计机构对本部门、本单位的情况比较熟悉，因此在具体实施审计过程中，各个阶段的工作都被大为简化。

（1）规划阶段中的许多工作，往往可以结合日常工作进行，从而使规划工作量得以减少，时间也大为缩短。审计项目计划通常由内部审计机构根据上级部门和本部门、单位的具体情况拟定，并报经本部门、单位领导批准后实施。

（2）内部审计的实施过程针对性比较强，许多资料和调查都依赖于内部审计人员的平时积累。

（3）内部审计机构提出审计报告后，通常由所在部门和单位出具审计意见书或作出审计决定。

（4）被审计单位对审计意见书和审计决定如有异议，可以向内部审计机构所在部门、单位负责人提出。

（四）审查范围的广泛性

内部审计主要是为单位经营管理服务的，这就决定了内部审计的范围必然要涉及单位经济活动的方方面面。内部审计人员既可进行内部财务审计和内部经济效益审计，又可进行事后审计和事前审计；既可进行防护性审计，又可进行建设性审计。在一般情况下，本部门、本单位的领导要求审查什么，内部审计人员就应审查什么。

（五）审计实施的及时性

内部审计机构是本部门、本单位的一个部门，内部审计人员是本部门、本单位的职工，因而可根据需要随时对本部门、本单位的问题进行审查。

（1）可以根据需要，简化审计程序，在本部门、本单位负责人的领导下，及时开展审计；

（2）可以通过日常了解，及时发现管理中存在的问题或问题的苗头，并迅速与有关职能部门沟通或向本部门、本单位最高管理者反映，以便采取措施，纠正已经出现和可能出现的问题。

（六）对内部控制进行审计

内部审计是内部控制的重要组成部分，内部控制又是内部审计的主要内容。通过对本部门、本单位的内部控制制度及经营管理情况的检查，总结经验，找出差距，为本部门、本单位改进经营管理、完善内部控制制度服务，是内部审计的基本职能，体现了内部审计"对内部控制进行审计"这一特征。

📋 小知识

《审计署关于内部审计工作的规定》从哪些方面增强了内部审计的独立性

为进一步强化内部审计独立性，《审计署关于内部审计工作的规定》（2018年1月12日，中华人民共和国审计署令第11号）主要从以下两个方面予以了规范。一是进一步健全有利于保障内部审计独立性的领导机制。规定内部审计机构或履行内部审计职责的机构应当在单位党组织、董事会（或者主要负责人）直接领导下开展内部审计工作。单位党组织、董事会（或者主要负责人）要定期听取内部审计工作汇报，加强对内部审计工作规划、年度审计计划、审计质量控制、问题整改和队伍建设等重要事项的管理。国有企业还应当按照有关规定建立总审计师制度，由总审计师协助党组织、董事会（或者主要负责人）管理内部审计工作，同时明确下属单位、分支机构较多或者实行系统垂直管理的单位的内部审计机构对全系统内部审计工作负有指导和监督职责。二是建立健全对内部审计人员的独立性约束和保护制度。规定内部审计人员必须严格遵守有关法律法规、《审计署关于内部审计工作的规定》和内部审计职业规范，忠于职守，做到独立、客观、公正、保密，不得参与可能影响独立、客观履行审计职责的工作；在内部审计人员遭受打击、报复、陷害时，单位党组织、董事会（或者主要负责人）应当及时采取保护措施，并对相关责任人员进行处理，并对涉嫌犯罪的，移送司法机关依法追究刑事责任。

二、内部审计的对象

内部审计对象，是指内部审计监督的范围和内容。它由内部审计的本质属性和任务所决定，并与内部审计的职能、作用相互联系，因此如果离开具体的审计对象，内部审计的职能和作用也就不复存在了。

我国的内部审计对象范围包括主管企业、事业单位的部门及作为经济实体的全国性或地方性公司和企业、行政事业单位等。

从其内容上看，我国的内部审计在不同时期有不同内容，最初的内部审计对象主要是会计资料，其中包括会计凭证、账簿、报表及分析资料等，目的是防错防弊，起防护性作用。

随着社会经济的发展变化，审计领域不断扩大，审计范围也随之从单纯的财务审计扩大到财经法纪审计、经济效益审计。在经济责任审计被实施之后，除了财务审计、财经法纪审计、经济效益审计，还要进行经济合同审计、经营计划审计、经营方案审计、任期目标审计和任期终结审计等。

现代审计除了上述内容，还包括对内部控制和经营管理制度以及日常的业务经营活动进行定期审查。

（1）审查内部控制和经营管理制度。为了提高广大职工素质和管理水平，将本部门或本企业的财务收支活动和其他经济活动纳入法制轨道，以防发生差错，实现预期的目标，部门或企业必须按其控制系统建立一套完整的、严密的内部控制和经营管理制度。该制度的完善与否，不仅会影响各项经济活动的开展、经营目标的实现、财务收支活动的正常进行和经济效益的好坏，同时，也会影响会计资料的真实性和正确性。因此，在内部审计中，内部审计人员应对企业各项内部控制制度进行认真测试、评价，并检查内部控制制度贯彻、执行情况，对其缺陷和失控提出改进意见。

（2）审查企业内部的业务经营活动。以工业企业为例，其业务经营活动主要包括供、产、销三个环节。其中的供应环节是指原材料的采购过程；生产环节是指从将原材料投入生产到产成品被制成的过程；销售环节是指根据合同或协议发出商品，并按售价收回货币资金的过程。这三个环节关系到企业产品成本的高低和经济效益的好坏。因此，内部审计应以供、产、销整个经营活动的过程和结果作为审计对象，审查企业经营活动的合理性、合法性、有效性，经济决策的可行性，计划、预算、合同的可靠性，定额资料的准确性以及提高劳动生产率和增产节约的具体措施，促使企业提高经济效益。

三、内部审计的范围和目标

实施内部审计的领域通常由被审计单位管理层决定。内部审计的范围和目标往往因被审计单位的规模、组织结构和管理层需求的不同而存在很大差异。

四、内部审计的职能

内部审计职能是指内部审计本身所具有的客观属性和功能。

（一）监督职能

内部审计产生初期以查错防弊的合理性财务审计为主，其基本职能是监督，其一切活动都是围绕监督进行的。

（二）评价职能

随着市场竞争日益激烈，企业要求生存、求发展，就必须加强内部控制，不断改善经营管理，对经营活动的经济性、效率性和效果性进行客观评价。内部审计的评价职能也因此变得越来越突出。

内部审计是一个组织内部为检查和评价其活动和为本组织服务而建立的一种独立评价功

能，旨在提供所检查的有关活动的分析、评价、建议、咨询的意见和信息，以协助本组织成员有效地履行其职责。

（三）服务职能

内部审计机构作为部门、单位内部的一个职能部门，也担负着参与评价部门、单位的经营方案，协助领导进行经营决策和加强经营管理的任务。它通过内部审计，对部门、单位中存在的不合理并有可能造成未来损失的事项及时加以制止，对内部控制存在的弱点和经营活动过程中存在的弊端及时提出切实可行的建设性措施，为本部门、本企业的发展献计献策。

✎ 小知识

《审计署关于内部审计工作的规定》对内部审计的职责范围做了哪些规定

为充分发挥内部审计作用，加大内部审计监督力度，审计署发布《审计署关于内部审计工作的规定》，进一步拓展了内部审计职责范围。首先，明确了对内部审计的定义。在总则中将其定义中明确为"对本单位及所属单位财政财务收支、经济活动、内部控制、风险管理实施独立、客观的监督、评价和建议，以促进单位完善治理、实现目标的活动"，在原定义的基础上，增加了"建议"职能，并将监督范围拓展至内部控制、风险管理领域，将目标定位为"促进单位完善治理、实现目标"。其次，明确内部审计职责范围。内部审计工作共涉及财政财务收支审计、内部管理领导人员经济责任审计等 12 项职能，与原职责相比，新增加了贯彻落实国家重大政策措施情况审计，发展规划、战略决策、重大措施以及年度业务计划执行情况审计，自然资源资产管理和生态环境保护责任的履行情况审计，境外机构、境外资产和境外经济活动审计，协助督促落实审计发现问题的整改工作，指导监督所属单位内部审计工作等职责。

五、内部审计的任务

内部审计的任务既包括依照国家的方针政策、财经法规对本部门（行业）、本企业的财政财务收支进行内部审计监督，也包括对其内部控制、经营方案及经济效益进行评价和鉴证。以中小工业企业为例，内部审计的任务主要有以下几个方面：

（1）监督企业及其内部各部门认真贯彻执行国家的方针、政策和财经法规；

（2）监督企业及其内部各部门认真贯彻执行公司制定的经营方针和有关的规章制度；

（3）监督检查企业资金、财产的安全与完整；

（4）监督检查企业财务收支计划、信贷计划、外汇收支计划和经济合同的执行情况；

（5）监督企业会计资料及经济信息的真实性与正确性；

（6）评价企业内部控制制度的完善程度和执行情况的好坏，协助企业进行改进管理；

（7）评价企业生产、技术、基建、技术改造和经营活动的效益；

（8）评价企业承包经营合同的正确性、合法性和可靠性，监督企业在承包期内履行经济责任；

（9）评价企业的短期与长期经营目标的可靠性和效益性；

（10）办理本企业领导、上级内部审计机构所交办的以及国家审计机关所委托的审计事项，配合国家审计机关对本企业进行审计。

六、内部审计的类别

（一）按内部审计内容分类

1. 内部财务审计

内部财务审计又叫内部财务收支审计，即内部审计机构对本部门各单位以及下属机构的财务收支活动进行审计监督。依财务收支活动审计内容可分为货币资金审计、投资审计、材料审计、固定资产审计、产品成本审计、职工薪酬审计、负债审计、销售审计、利税审计、损益审计、财务报告审计等。依行业财务审计又可分为工业财务收支审计、商业财务收支审计、基建财务收支审计、交通运输业财务收支审计、农业财务收支审计、外贸企业财务收支审计等。

2. 内部经济效益审计

内部经济效益审计是指内部审计机构对部门、单位及其下属单位经济活动的可行性和有效性进行审计监督。可分为内部经营审计和内部管理审计两大类，其中内部经营审计是指决策、计划、生产、销售等审计，内部管理审计是指领导、组织、结构、机能等审计。从某个方面来说，经营审计比管理审计更重要，若决策是错误的，则管理越好，损失越大。经济效益审计与财务审计不同，它属于现代审计的范畴，而财务审计属于传统审计的范畴。

3. 内部法纪审计

内部法纪审计是指内部审计机构对部门、单位及下属单位违反财经纪律的各种行为（如乱挤乱摊成本、截留收入利润、滥发奖金实物、走私炒汇以及经营管理不善、投机倒把、以权谋私等），进行专项审计监督。其目的是维护国家财经法纪，保护国家集体资财，防止和阻止各种经济犯罪行为。为了维护其严肃性和有效性，内部法纪审计一般可由部门审计机构以及上级单位审计机构进行。

（二）按内部审计的时间性分类

1. 事前内部审计

事前内部审计是指内部审计机构在部门、单位以及下属单位经济活动开始之前对其计划、预算、方案和决策等进行检查、审核，发现问题，及时加以纠正，以确保计划、预算的准确性，方案的可行性，决策的明智性，对未来进行预测、推断。事前内部审计与计划、决策不同，事前内部审计是对计划、决策的检查，审查其是否可行，不是制订计划，或作出决策。审计人员在审查时可以利用原有资料或模型进行推测，也可以另用一种模型进行模拟试验审查。

2. 事中内部审计

事中内部审计是指内部审计机构在部门、单位及其下属机构经营活动期间，对其计划、预算的实施、方案的落实和决策的行动、经济效益以及工作效果进行现场控制，边审核，边分析，边纠正，以保证其经济活动始终处于良好的状态。

其具体内容包括物料采购、存储、领用审计，工程进度审计，工艺流程审计，产品质量审计，劳动生产率审计，产品成本分解审计，利税分段审计等。

3. 事后内部审计

事后内部审计是指内部审计机构在部门、单位及其下属机构经济活动结束后，对其计划、预算、决策和方案等完成情况进行全面的或有重点的分析、审查、评价，以总结过去，防患于未然，并为下一期内部审计工作提供必要的审计分析资料。

一般来说，事后内部审计多属于内部财务审计，事前、事中内部审计多属于内部经济效益审计。

（三）按内部审计的范围分类

1. 全部审计

全部审计又叫综合审计，是指内部审计机构对部门、单位及其下属机构的经营管理活动的目标、计划、预算、方案、决策、资源及其利用效果等方面进行全面的、系统的、综合的审计监督，检查其目标、计划、预算、方案、决策的可行性，检查各项经济活动的有效性、合规性、合法性，检查所提供资料的真实性、准确性和完整性等。

全部审计的优点是审计范围广，审计面宽，从审计事项的纵横面来考核，内部审计结论可靠；缺点是审计业务繁重，费时费力，内部审计资源投入多。

2. 局部审计

局部审计是指内部审计机构对部门、单位及其下属单位的财务收支活动以及经营管理活动的某一方面进行重点审查。如进行财务收支审计，可对成本、货币资金等几个重点进行审计；而对成本进行审计，又可细分到对计件工资、材料、燃料等费用等进行审计。

（四）按内部审计主体分类

1. 单位审计

单位审计是指各企业单位内部设置的审计机构在其主要负责人领导下，对其经济活动和财务收支活动进行内部审计监督。

单位审计又细分为上级单位审计和基层单位审计两种，上级单位审计形如部门审计，如总公司审计处，不仅要对总公司进行审计监督，而且要对下属分公司进行审计监督。基层单位审计为不能再分的具有法人地位的独立核算的企业单位的内部审计，其检查范围限于本企业的经济活动和财务收支活动。

2. 部门审计

部门审计是指国务院各部委（审计署派驻中央部委审计局、特派员办公室除外）和省级、市级（地区）、县级各局（厅）的国家各级机关部门内部设立的审计机构，对其所在部门和所属企事业单位的财务收支活动以及各项经济活动进行部门内部审计监督。

从部门审计的工作性质来看，它具有双重性；对本部门各职能机构来说，部门审计是内部审计；对部门所属企事业单位来说，部门审计则类似于外部审计。

（五）按内部审计方式分类

1. 就地审计

就地审计又叫现场审计，是指内部审计机构派出审计小组进驻被检查单位进行实地审查，是最常见的一种内部审计方式。其优点是便于了解情况，及时取得审计证据，发现新的线索，进行现场追踪。

2. 派出审计

派出审计是指部门审计机构为了行业内部审计的需要，派出一个或几个审计机构或内部审计人员常驻某地对该地区的本行业所属各个单位进行审计监督。这种派出审计，不同于审计机关的地方和中央部委的派驻审计，其权威性和独立性相对较小。

3. 巡回审计

巡回审计是指内部审计机构派出审计小组或内部审计人员对部门、单位下属单位进行定期或不定期的流动性巡视审计。这种审计方式特别适用于交通运输行业的内部审计工作。

4. 联合审计

联合审计是指内部审计机构为了解决审计力量不足等问题，而把两个或两个以上的内部审计机构以及其他审计机构联合在一起进行审计。联合审计有许多种形式，常见的有：

（1）两个或两个以上的内部审计机构联合审计。如上下级部门、单位的内部审计机构进行联合审计；同级部门、单位的内部审计机构进行联合审计；同地区不同行业的内部审计机构进行联合审计；部门审计机构牵头，众多单位审计机构联合审计等；

（2）内部审计机构与政府审计机关进行联合审计；

（3）内部审计机构与社会审计组织进行联合审计；

（4）内部审计机构与纪检、监察等机构配合进行联合审计。

5. 委托审计

委托审计是指内部审计机构委托社会审计组织或者其他内部审计机构进行的审计。委托人与被委托人要有一定的约束关系，被委托人必须向委托人负责。在委托审计工作结束后，被委托人必须向委托人提出书面审计报告。此外，也可进行授权审计，即部门审计机构按其内部审计工作范围，授权所属单位内部审计机构进行有关事项审计。

（六）按内部审计工作的计划性分类

1. 计划内内部审计

计划内内部审计是内部审计机构根据部门、单位的生产经营计划、任务、目标等制订的年度或季度、月度内部审计工作计划所进行的审计。有计划的内部审计工作，既能保证内部审计重点，又能兼顾内部审计的一般工作，合理安排内部审计事项，有效组织内部审计力量，提高内部审计工作效率。

2. 计划外内部审计

计划外内部审计是指内部审计机构在内部审计计划以外，由于领导临时交办等原因所进行的非计划性审计。如严重的违纪审计及司法、纪检、监察部门委托的审计，领导交办的举报材料核查等，多为专项、专案审计。

七、内部审计的内容

（一）财政财务收支审计

同外部审计相比，内部审计所实施的财政财务收支审计仅限于对本部门、本单位及所属各部门、各单位财政财务收支进行的真实、合法的效益审计。由于各部门、各单位的资金来源状况及资产、负债管理情况不尽相同，内部审计的重点也各不相同。对有国家财政资金介入的部门、单位，不仅要审查其自身财务状况，还须重点检查财政资金的使用渠道和使用方向。

针对企业单位的内部财政财务收支审计重点是其资产、负债和损益的真实、合法和效益性。审查的主要内容有：企业制定的各项制度是否符合国家有关法律法规的要求；企业一定时期内拥有的资产、承担的债务、经营成果及其分配情况的真实、合法性；企业占有的国有资产的安全、完整和保值增值情况。

（二）经济责任审计

经济责任审计是指内部审计人员依法对经济责任人所承担的经济责任的执行情况进行的审查。内部审计人员所进行的经济责任审计通常结合日常的财政财务收支审计及经济效益审计进行，一般侧重于对经营责任目标的审计；并通过审计资料和信息的积累，为离任责任审计服务。内部审计人员在执行经营责任目标审计时，首先通过分析企业盈亏指标、国有资产保值增值指标、业务经营指标和企业职工收入分配指标及各项指标的影响因素，确定审查的重点；然后再抓住几个关键的指标，进行局部审查以便及时找出错误所在，通过纠正偏差，改进提高，来最终促进任期经营目标的实现。

法律依据

第2205号　内部审计具体准则——经济责任审计

第一章　总　则

第一条　为了规范经济责任审计工作，提高审计质量和效果，根据《党政主要领导干部和国有企业领导人员经济责任审计规定》《党政主要领导干部和国有企业领导人员经济责任审计规定实施细则》和《内部审计基本准则》，制定本准则。

第二条　本准则所称经济责任，是指领导干部任职期间因其所任职务，依法对所在部门、单位、团体或企业（含金融机构）的财政、财务收支以及有关经济活动应当履行的职责、义务。

第三条　本准则所称经济责任审计，是指内部审计机构对本组织所管理的领导干部经济责任的履行情况进行监督、评价和鉴证的行为。

第四条　本准则适用于各类组织的内部审计机构、内部审计人员所从事的经济责任审计活动。其他单位或者人员接受委托、聘用，承办或者参与经济责任审计业务，也应当遵守本准则。

第二章　一般原则

第五条　经济责任审计的对象包括：党政工作部门、事业单位和人民团体下属独立核算单位的主要领导人员，以及下属非独立核算但负有经济管理职能单位的主要领导人员；企业（含金融机构）下属全资或控股企业的主要领导人员，以及对经营效益产生重大影响或掌握重要资产的部门和机构的主要领导人员等。

第六条　经济责任审计应当有计划地进行，一般由干部管理部门书面委托内部审计机构负责实施。

内部审计机构应当结合干部管理部门提出的年度委托建议，拟订年度经济责任审计计划，报请主管领导批准后，纳入年度审计计划并组织实施。

组织可以结合实际，建立经济责任审计工作联席会议制度，负责经济责任审计的委托和其他重大经济责任事项的审定。

第三章　审计内容

第七条　内部审计机构应当根据被审计领导干部的职责权限和履行经济责任情况，结合其所在组织或者原任职组织的实际情况，确定审计内容。

第八条　经济责任审计的主要内容一般包括：

（一）贯彻执行党和国家有关经济方针政策和决策部署，推动组织可持续发展情况；

（二）组织治理结构的健全和运转情况；

（三）组织发展战略的制定和执行情况及其效果；

（四）遵守有关法律法规和财经纪律情况；

（五）各项管理制度的健全和完善，特别是内部控制制度的制定和执行情况，以及对下属单位的监管情况；

（六）财政、财务收支的真实、合法和效益情况；

（七）有关目标责任制完成情况；

（八）重大经济事项决策程序的执行情况及其效果；

（九）重要项目的投资、建设、管理及效益情况；

（十）资产的管理及保值增值情况；

（十一）本人遵守廉洁从业规定情况；

（十二）对以往审计中发现问题的整改情况；

（十三）其他需要审计的内容。

第四章　审计程序和方法

第九条　经济责任审计可分为准备、实施、终结和后续审计四个阶段。

（一）审计准备阶段主要工作包括：组成审计组、开展审前调查、编制审计方案和下达审计通知书。审计通知书送达被审计领导干部及其所在组织，并抄送有关部门。

（二）审计实施阶段主要工作包括：召开进点会议、收集有关资料、获取审计证据、编制审计工作底稿、与被审计领导干部及其所在组织交换意见。被审计领导干部应当参加审计进点会并做述职。

（三）审计终结阶段主要工作包括：编制审计报告、征求意见、修改与审定审计报告、出具审计报告、建立审计档案。

（四）后续审计阶段主要工作包括：检查审计发现问题的整改情况和审计建议的实施效果。

第十条　内部审计人员应当考虑审计目标、审计重要性、审计风险和审计成本等因素，综合运用审核、观察、监盘、访谈、调查、函证、计算和分析程序等方法，获取相关、可靠和充分的审计证据。

第五章　审计评价

第十一条　内部审计机构应当依据法律法规、国家有关政策以及干部考核评价等规定，结合所在组织的实际情况，根据审计查证或者认定的事实，客观公正、实事求是地进行审计评价。

第十二条　审计评价应当遵循全面性、重要性、客观性、相关性和谨慎性原则。审计评价应当与审计内容相一致，一般包括被审计领导干部任职期间履行经济责任的业绩、主要问题以及应当承担的责任。

第十三条　审计评价可以综合运用多种方法，主要包括：进行纵向和横向的业绩比较分析；运用与被审计领导干部履行经济责任有关的指标量化分析；将被审计领导干部履行经济责任的行为或事项置于相关经济社会环境中进行对比分析等。

内部审计机构应当根据审计内容和审计评价的需要，合理选择和设定定性和定量评价指标。

第十四条　审计评价的依据一般包括：

（一）法律、法规、规章、规范性文件；

（二）国家和行业的有关标准；

（三）组织的内部管理制度、发展战略、规划、目标；

（四）有关领导的职责分工文件，有关会议记录、纪要、决议和决定，有关预算、决算和合同；

（五）有关职能部门、主管部门发布或者认可的统计数据、考核结果和评价意见；

（六）专业机构的意见和公认的业务惯例或者良好实务；

（七）其他依据。

第十五条　对被审计领导干部履行经济责任过程中存在的问题，内部审计机构应当按照权责一致原则，根据领导干部的职责分工，结合相关事项的决策环境、决策程序等实际情况，依法依规进行责任界定。被审计领导干部对审计中发现的问题应当承担的责任包括：直接责任、主管责任和领导责任。

对被审计领导干部应当承担责任的问题或者事项，可以提出责任追究建议。

第十六条 被审计领导干部以外的其他人员对有关问题应当承担的责任，内部审计机构可以以适当方式向干部管理监督部门等提供相关情况。

第六章 审计报告

第十七条 内部审计机构实施经济责任审计项目后，应当出具审计报告。

第十八条 审计组实施审计后，应当将审计报告书面征求被审计领导干部及其所在组织的意见。内部审计机构应当针对收到的书面意见，进一步核实情况，对审计报告作出必要的修改。

被审计领导干部及其所在组织应当自接到审计组的审计报告之日起 10 日内提出书面意见；10 日内未提出书面意见的，视同无异议。

第十九条 经济责任审计报告的内容，主要包括：

（一）基本情况，包括审计依据、实施审计的情况、被审计领导干部所在组织的基本情况、被审计领导干部的任职及分工情况等；

（二）被审计领导干部履行经济责任的主要情况；

（三）审计发现的主要问题和责任认定；

（四）审计评价；

（五）审计处理意见和建议；

（六）其他必要的内容。

审计中发现的有关重大事项，可以直接报送主管领导或者相关部门，不在审计报告中反映。

第二十条 内部审计机构应当将审计报告报送主管领导；提交委托审计的干部管理部门；抄送被审计领导干部及其所在组织和相关部门。

内部审计机构可以根据实际情况撰写并向委托部门报送经济责任审计结果报告。

第七章 审计结果运用

第二十一条 经济责任审计结果应当作为干部考核、任免和奖惩的重要依据。

内部审计机构应当促进经济责任审计结果的充分运用，推进组织健全经济责任审计情况通报、责任追究、整改落实、结果公告等制度。

第二十二条 内部审计机构发现被审计领导干部及其所在组织违反内部规章制度时，可以建议由组织的权力机构或有关部门对责任单位和责任人员作出处理、处罚决定；发现涉嫌违法违规线索时，应当将线索移送纪检监察部门或司法机关查处并协助其落实、查处与审计项目相关的问题和事项。

第二十三条 内部审计机构应当及时跟踪、了解、核实被审计领导干部及其所在组织对于审计查实问题和审计建议的整改落实情况。必要时，内部审计机构应当开展后续审计，审查和评价被审计领导干部及其所在组织对审计发现的问题所采取的整改情况。

第二十四条 内部审计机构应当将经济责任审计结果和被审计领导干部及其所在组织的整改落实情况，在一定范围内进行公告；对审计发现的典型性、普遍性、倾向性问题和有关建议，以综合报告、专题报告等形式报送主要领导，提交有关部门。

第八章 附 则

第二十五条 本准则由中国内部审计协会发布并负责解释。

第二十六条 本准则自 2016 年 3 月 1 日起施行。

（三）经济效益审计

随着市场经济竞争的加剧，质量和效益已成为每个企业发展的直接决定力；通过内部审计找出经营管理中存在的问题，提出改进措施，以提高经济效益，也成为企业管理者设置内部审计机构和人员的主要目的。财政财务收支审计是内部审计的基础，经济效益审计则是内部审计发展到现阶段的特殊内容。内部审计人员在财务收支审计的基础上进行效益审计，有许多方便之处：一是熟悉本单位情况，可以有针对性地做深入细致的调查工作；二是有足够的时间深入生产经营的各个环节，可以及时取得有关资料和信息；三是内部审计的相对独立地位，有利于提供客观、真实、可靠的信息，以更好地为改善本部门或本单位的经营管理、提高经济效益服务。

企业单位内部审计所进行的经济效益审计主要从改进生产经营和完善内部管理制度两个方面入手。一方面，内部审计人员通过对企业供、产、销各环节以及人、财、物各要素的检查、分析，提出建设性意见，可以帮助本部门、本单位负责人制定改进生产经营的措施，提高经济效益；另一方面，内部审计人员通过评价本部门、本单位的内部控制，发现管理缺陷，提出管理建议等手段，可以帮助本部门、本单位完善内部管理机制，提高经济效益。

八、内部审计的原则

企业审计原则是指内部审计人员对财务收支和其他经济活动进行审计时应遵循的法则和标准。内部审计的原则主要包括：

（一）独立性原则

我国《中华人民共和国宪法》（简称《宪法》）第九十一条规定："国家审计机关在国务院总理的领导下，依照法律规定独立行使审计监督权，不受其他行政机关、社会团体和个人的干涉。"审计的独立性原则在国家法律上得到保证，这是我国审计的一大特征。由于内部审计直接服务于本部门和单位的最高领导机构，其独立性具有一定的局限性，尽管如此，内部审计也具有其必要的独立性，这主要体现在：

1. 内部审计机构隶属关系的独立性

内部审计的独立性首先与审计机构在企业的位置有联系，为保证其独立性，审计机构的设立不能隶属于或平行于企业财务部门和其他职能部门，而应隶属于企业最高层领导人，这样才会有利于具有"决策权"的最高领导能够直接、及时获得内部审计部门所提供的情报和咨询。

2. 内部审计人员的独立性

内部审计必须有专职的审计人员，不能由其他业务部门，特别是会计部门人员兼任，以便在规定的权限内，独立行使职权，完成规定的任务。同时，内部审计人员在执行任务时，必须站在客观公正的立场去分析问题，独立观察、判断各种问题，并且要坚持原则，敢于斗争，忠于职守，不滥用职权，以自己的工作态度和工作质量，取得单位和他人的信任，提高内部审计的权威性。

3. 内部审计业务的独立性

内部审计机构和人员不能负责制订内部审计工作以外的计划方案，不能办理经济业务，不能编制会计报表，不能直接参与企业各部门的生产经营活动，而应以独立的第三者的身份去检查、监督、分析、评价企业的各项经济工作。

（二）群众性原则

开展内部审计不能单纯依靠内部审计人员，应吸收广大职工群众共同参加经济监督工作，审计机构必须制定便于广大职工群众行使监督权的措施，调动其参与监督的积极性和主动性，以搞好内部审计的监督工作。因为他们是企业经济活动的当事人、知情人和见证人，只有广泛听取其意见，才能保证审计监督工作的质量。

（三）重点性原则

内部审计工作是一项艰巨复杂的工作。在工作中，应首先抓重点问题。重点问题影响面广，解决了重点问题，一般问题也就好处理了。特别是我国国有企业已达数十万家，而每家企业的经济活动又错综复杂，必须突出重点，集中力量抓深抓好几件事，才能取得事半功倍的效果。

（四）客观性原则

在实施内部审计时，内部审计人员所持的立场和方法务必是客观的、公正的，即在分析、判断、审核、验证各项审计业务过程中，必须以客观事实为基础，实事求是，不主观臆断，歪曲事实。虽然内部审计提供的报告在社会上不起公证作用，但就其内部审计的本质特征来说，内部审计人员必须首先做到公正，没有偏见，否则就难以取得信任。内部审计的客观性是内部审计权威性的基础。

（五）政策性原则

依法审计是社会主义审计监督工作所必须遵循的一项基本原则。审计过程实际上就是贯彻、执行党和国家的方针、政策、法规、制度的过程。内部审计人员必须以党和国家的方针、政策、法令和有关规定作为判断、评价经济活动合规、合法与否的唯一标准，对与国家政策、法令、制度规定有抵触的经济活动，应予坚决制止或纠正。

九、内部审计组织方式

合理地组织内部审计工作，是高效、快速、优质完成内部审计工作任务的前提条件。内部审计工作的组织方式有多种，在具体选用时需要根据内部审计具体的任务、对象、内容及工作环境来决定。

（一）全面审计与专项审计相结合

全面审计有两层含义，一是指内部审计对象为行业的所有单位，如交通运输部门的全部审计，则指水运企业、公路企业、港口企业、航道企业、救捞企业、远洋运输企业等单位的审计（这是从狭义的部门业务分类来说，若从广义的角度，还应包括铁路运输企业、邮电企业、民航企业、管道运输企业等）。二是指某个内部审计事项所包含的全部审计内容。如财务收支审计，包括资产审计、材料审计、货币资金审计、工资审计、成本审计、产品审计、销售审计、损益审计、财务报表审计等。由于全面审计投入审计力量多，花费审计时间长，涉及范围广，影响面广，所以，内部审计机构不可能一年四季均从事全面审计，而是要针对部门、单位的经济活动的特点，有选择、有重点地进行一些专项审计，使内部审计工作深化，同时使内部审计能及时地为单位领导提供决策信息。

（二）事后内部审计与事前、事中内部审计相结合

企业的经济活动总是处于"计划决策→生产过程→完成生产计划"这三个阶段的周始往复的循环之中。前一个阶段为后一个阶段的前提，并为后续阶段奠定生产的基础。一个部门、一个单位，总是存在几种或数十种生产前、生产中、生产后的形态，具体进行哪一种形态的审计，要依审计项目来确定。如基建项目审计，则要把重点放在事前、事中审计上，如年度决算审计，则只能进行事后审计。当然，企业经济活动是复杂的，又是连贯的，不可能被简单划分为单纯

的三个形态，有时，事后审计又包括了事前审计，反之亦然。因此，对三种形态审计应相互结合，灵活运用。

（三）专职审计与兼职审计相结合

由于内部审计机构编制有限，所配备的内部审计人员人数不多，这与其所负担的审计任务很不相适应。另外，目前的内部审计队伍均不能满足开展内部经济效益审计工作的需要。

（四）计划内部审计计与计划外审计相结合

计划内部审计计是对依据企业经营目标和国家经济任务、结合内部审计机构的要求而制订的年度、季度内部审计计划的实施。计划内部审计计，一般是事前已确定了审计项目、审计对象和审计范围，确定了内部审计人员以及人员分工，并已确定了实施细则及具体要求以及实施的时间表。但是，部门、单位的经济活动是复杂的，变化多端，若抱着一成不变的内部审计计划进行工作，不仅不能很好地为生产经营服务，而且往往陷入盲目性。因此，只有将计划内部审计计与计划外审计相结合，才能把突发性的经济事件纳入内部审计项目之中，更好地为企业管理服务。

（五）部门审计与行业调查相结合

部门审计是指县级或者县级以上国家机关各部门中所设置的内部审计机构，对其本部门以及所属单位的财务收支活动和经营生产活动的合法性、合规性、真实性、可行性、有效性等进行审查。部门审计具有"桥梁"作用，一头连接政府审计机关，另一头连接单位内部审计机构。部门审计涉及面广，范围大，往往带有普遍意义，能够为部门管理和部门宏观调控服务。部门审计机构地位超然，性质特殊，具有其他部门内部职能机构所无法比拟的优点，这决定了其在行业决策和行业指导中的参谋作用。部门审计与行业审计调查是实现宏观调控的重要途径。部门审计机构置身于部门管理机构内部，熟悉行业情况，便于得到更多的经济运行信息，可以通过调查、检测、识别、收集、综合、分析、反馈等，及时向部门管理者提供正确信息，纠正错误经济行为，可起到双重调控作用。

十、内部审计的依据

内部审计工作不同于一般的经济管理工作，它具有较高的严肃性和权威性。为了充分发挥审计的经济监督作用，取得预期的审计效果，内部审计人员必须全面掌握、了解审计依据，并正确加以运用。

（一）按内部审计依据的性质分类

1. 法律依据

法律依据首先是指审计行为的法律依据，如《中华人民共和国审计法》《审计署关于内部审计工作的规定》，其次是指审计内容的法律依据，包括：

（1）党和国家制定的财经政策、法律、法规、条例，如会计法、企业法、合同法、所得税法、宪法、民法、刑法等；

（2）地方政府制定的经济政策、法规、条例和各项补充规定；

（3）财政部门统一规定的财经纪律、预算纪律和财经制度等；

（4）上级主管部门下达的指示、文件和本部门自行制定的规章制度；

（5）业务标准、技术经济标准、经济合同等。

以上法律依据的特点是层次越高，效力越大。

2. 理论依据

内部审计人员在运用审计方法进行审计活动时，必须以会计原理与方法+经济核算原则等作为衡量记账、算账、报账的正确性、经济的效益性、管理的完善性和有效性的标准。例如，对企业会计资料、会计记录、账务处理进行审计时，必须依据会计制度、会计学原理去检查、评价其在理论上是否站得住脚，是否合理、合法。

3. 事实依据

内部审计人员在运用审计方法进行审计活动时，必须以事实为依据来衡量审计内容的真实性、完整性和可靠性。事实是指与审计内容有内在联系的、确已发生的客观实况。主要包括：

（1）在经济活动过程中发生的各种经济业务；

（2）处理这些经济业务有关联的一切账证报表和业务记录；

（3）与上述相关的各种内部控制措施等。

这些事实依据是验证、判断经济业务真伪，是否合理、合法、经济效益高低和明确经济责任的基础。

（二）按内部审计依据的来源分类

1. 被审计单位自行制定的审计依据

即内部审计依据，如企业内部制定的各项管理制度、计划、预算、定额等，这些都是内部审计部门进行审查、评价、作出审计结论的重要依据，同时是外部审计机关考核被审计单位经济效益时不可或缺的依据。

2. 被审计单位外部制定的审计依据

即外部审计依据，包括国家和中央各部委等单位制定的政策、法律、法规和各种制度，如我国宪法有关审计工作条文、会计法、经济法、审计准则等。内部审计人员在进行财政、财务、财经法纪审计时，更有赖于这些依据。内部审计人员在进行审计工作时：

（1）必须选择与被审计事项相关的审计依据，与被审计事项无关的法律、条例等则非审计依据；

（2）必须选择近期颁布的法规、政策和各种规章制度作为审计依据。因为法规、政策和各种制度不是固定不变的，经济法规和各项条例在不断地修改或补充，如果采用过时的法规、政策和制度来考查、评价企业的经济活动和财务成果，那将是不公正的，甚至会导致犯错误，所以内部审计人员一定要注意经济法规的时效性；

（3）必须选择适合本部门、本企业具体情况的规章制度和业务标准作为审计的依据。审计依据不但具有时效性，而且具有地区、行业、部门的限制性，所以在审计过程中，不能把他地区、他行业、他部门制定的规章制度，套用于本部门、本企业。

十一、内部审计项目管理

内部审计项目管理是指与企业某一个具体审计项目执行有关的管理措施，包括内部审计人员的安排、审计工作过程的指导和监督、审计结果的复核等。

（一）内部审计项目管理的标准

1. 关于内部审计人员的安排

（1）应确保内部审计人员的客观性。基于此，在人员安排上，不应委派那些可能有利害冲突或偏见的内部审计人员，同时，内部审计人员必须向审计部门经理报告已经出现或经合理推断认为有可能出现的利益冲突和偏见的情况。

每个内部审计人员每年必须出具一份声明书，声明已在个人行为、状况、利益及特定审计项目上可能构成潜在的或实际的利益冲突。

（2）内部审计人员的工作应定期轮换。对内部审计人员应实行定期轮换。内部审计人员可能不会对其所熟悉的审计领域保持一种职业怀疑态度，轮换对内部审计人员的专业发展是有用的，因为轮换将丰富其审计经验。不过，实行轮换也应考虑内部审计的实际情况，如果企业规模很小，内部审计人员非常有限，轮换就是不可能的。

（3）内部审计人员的回避。不能委派那些被调入或暂时性从事内部审计部门工作的人员，不能被派去审查他们原先执行的那些活动，除非已经过一段适当长的时期。

委派内部审计人员去检查原先主要由他们负责的事情之前应等待一段合理长的时间。

2．关于内部审计工作的监督

（1）审计经理在审计监督方面的作用。所有的内部审计工作安排和相关监督都应是审计经理的责任。但是，审计经理不一定对所有审计工作进行直接监督，可以指派小组长直接监督审计工作，经理可以通过与小组长开会，对其提供的工作报告进行监督审计工作，对于严肃和敏感的审计问题，审计经理应直接对审计工作进行监督。

（2）监督的期限。监督工作是一个持续的过程，应从计划开始直至最终得出审计结论。

（3）监督工作的内容。

1）在审计工作前对下属审计人员提供适当的指导，并对审计计划进行审批。

2）保证所批准的审计工作都得到实施，审计工作中的任何变动都有正当理由并得到批准。

3）检查审计工作底稿，以保证它们能充分地支持审计结论。

4）保证审计报告准确、客观、清晰、简明、及时并具有建设性。

5）检查审计是否完成审计目标。

（4）监督工作档案。为保证质量控制，内部审计部门应当将审计中执行的监督证据编成文件并进行归档保存。

（5）监督的范围。主要取决于内部审计人员的熟练程度。

3．关于内部审计报告的发送

内部审计经理或其他指定者在最后的审计报告发送前应当检查和批准，并应决定报告将向谁报送。

4．关于内部审计范围

内部审计经理只影响（工作的）范围，享有在负责选择审计事项和审计工作范围的特权。

（二）审计经理、审计组长和审计成员在审计项目中的不同作用

在某一个具体审计项目中，企业审计经理、审计组长、审计成员这三个层次的工作人员承担不同的责任。一般而言，审计经理的责任是总体性的。他通常同时对多项审计计划负责，并承担大量的部门管理责任，他不可能对全部审计业务进行日常直接的管理，除非该项目特别敏感、重要；审计组长负责日常管理、监督工作，在执行项目审计时他比审计经理和小组成员承担更多的工作任务；审计成员部分参与审计准备工作，在审计计划的制订以及审计评价方面较少发挥作用，其全部工作重点放在实际的审计工作中。

下面我们以企业某一个具体审计过程中的九个步骤为例，比较这三个层次内部审计人员的不同职责（见表 1-1）。

表 1-1　审计经理、审计组长和审计成员在审计项目中的不同作用

选择被审计者	审计经理	选择合适的被审计者，指派审计组长，分配审计任务并签发审计工作授权表
	审计组长	与审计经理商量审计的初步细节和重点问题，共同准备工作授权表
审计准备	审计经理	（1）建议审计组长检查背景资料，并进行复核。 （2）与审计组长讨论审计目标和范围。 （3）与组长一起挑选或批准审计小组成员。 （4）向审计小组成员发出工作安排通知。 （5）参加初次小组会议。 （6）与审计组长商讨并决定审计对象及通知方式。 （7）复核、批准初步审计计划。 （8）与组长商讨审计方法、程序、性质及审计报告的提交
	审计组长	（1）收集、检查背景资料并与经理一起复核这些资料。 （2）与经理一起拟定审计目标和范围。 （3）与经理商量并挑选审计小组成员。 （4）计划审计工作时间。 （5）召开审计前的小组会议，进行会议准备。 （6）就审计事项发出通知。 （7）与经理一起拟订初步审计计划，征询小组成员意见，拟订审计工作方案。 （8）与经理一起研究审计方法和审计报告的预期结果
	审计成员	（1）参加审计前的小组会议。 （2）检查背景资料，帮助拟订计划。 （3）参加审计方法、审计报告、预期结果的研究
初步调查	审计经理	（1）指导组长安排见面会议，并在必要时担任会议主席。 （2）自愿参加现场视察，检查永久性文件的修订。 （3）检查分析性复核
	审计组长	（1）安排、组织见面会。 （2）参加现场视察，并确保适当的关注。 （3）检查永久性文件的修订并进行分析性复核
	审计成员	（1）根据要求参加见面会。 （2）必要时参加现场视察。 （3）根据指示修订永久性文件，参加分析性复核工作
内部控制检查	审计经理	（1）向组长了解内部控制检查的进度和结果。 （2）与组长一起评价内部控制检查的结果
	审计组长	（1）组织内部控制检查，检查成员的工作底稿并加以指导。 （2）向审计经理通报内部控制检查的进度和结果
	审计成员	根据安排对内部控制进行检查
进行必要的扩大测试	审计经理	（1）与组长商量，决定是否需要扩大测试范围。 （2）检查和批准扩大审计的计划和授权书的修订

续表

进行必要的扩大测试	审计组长	（1）与经理商量是否需要扩大测试范围。 （2）必要时修改授权书。 （3）修改审计计划，监督检查扩大测试形成的工作底稿，提供必要的指导
	审计成员	（1）与组长商量扩大测试范围的必要性。 （2）执行分派的审计程序
检查审计结果和建议	审计经理	检查简要的结果单
检查审计结果和建议	审计组长	（1）检查、评价审计过程中形成的简要结果单。 （2）整理结果单，并与经理一起检查。 （3）保证审计工作底稿编制有序
	审计成员	（1）拟定简要的审计结果单。 （2）向组长提交审计结果单
提交审计报告	审计经理	（1）与组长讨论报告计划、组织以及总结会议的议程。 （2）自愿参加或主持总结会议。 （3）与组长商谈报告初稿。 （4）检查审计报告的初稿。 （5）就审计报告中的建议与被审计者进行沟通。 （6）检查、批准审计报告的定稿
	审计组长	（1）与经理安排、组织总结会议，准备议程。 （2）参加并主持总结会议，正确记录被审计者的意见。 （3）与有关审计人员确定结果，根据简明结果单拟定审计报告初稿。 （4）向经理提交初稿，接受检查，并修改初稿。 （5）向被审计者发送"报告初稿"征求意见。 （6）对被审计者的意见进行听取，并在必要时与经理和组员商量，将审计发现汇总到审计结果汇总表。编制最终审计报告，并归档
	审计成员	（1）根据要求参加总结会议。 （2）参加审计报告初稿部分的编写。 （3）对审计报告相关部分的准确性和披露进行检查。 （4）参加听取被审计者意见的会议，协助对最终报告的必要修改
后续审计	审计经理	（1）与组长一起检查被审计者的答复。 （2）与组长讨论和批准后续审计程序。 （3）检查和批准后续审计报告。 （4）参加与被审计者召开的后续审计会议
	审计组长	（1）与经理一起检查被审计者的答复。 （2）与经理商量后续审计的必要性。 （3）拟订后续审计计划，并监督后续审计程序的执行。 （4）计划和执行与被审计者召开的后续审计会议。 （5）编制必要的后续审计备忘录，获得经理批准
	审计成员	（1）检查被审计者回复的相关部分。 （2）执行指派的后续审计程序。 （3）检查后续审计报告的准确性和披露

续表

审计评价	**审计经理**	（1）与组长一起评价审计计划的执行情况。 （2）检查组长准备的评价表。 （3）检查各人的执行情况评价表，并将其存入各人档案
	审计组长	（1）与审计经理一起评价审计的执行情况。 （2）编写评价表，作为工作底稿存档。 （3）给每个审计人员编写执行情况评价表
	审计成员	（1）参与评价。 （2）检查评价表的相关部分。 （3）各人检查自己的执行情况评价表

（三）审计项目管理的手段

实施审计项目管理，需要通过编制一些表格、文本等手段来控制。

1. 工作授权表

工作授权表如表 1-2 所示，主要在审计经理下达审计工作任务时使用。

表 1-2　工作授权表

一、工作名称：_____ 项目编号：_____

二、初步授权时数：_____

三、开始日期：_____ 结束日期：_____

四、允许的增加时数：_____ 审批日期：_____

五、审计组长：_____

　　审计成员：_____

六、审计目的：_____

七、与被审计者联系：_____

　　姓名：_____ 职位：_____ 负责联系人：_____

八、报告发送给：_____

九、其他必要的说明：_____

　　呈报人：_____ 日期：_____ 授权或批准人：_____ 日期：_____

2. 审计清单

审计清单是反映审计执行中的管理细节内容的清单，一般由审计组长编制。内容包括每日工作安排、每周工作安排以及审计准备阶段、内控检查、扩大测试、资料汇总、审计结果、审计评价等步骤中的主要工作内容。

3. 内部审计人员任命表或任命牌

内部审计人员任命表或任命牌是审计经理任命组长及成员时使用的表格，审计经理在表上注明对他们的工作安排，而有的内部审计部门则将工作安排写在部门公告栏上。

4. 审计时数控制表

审计时数控制表是一份对工作时间的控制表格，按内部审计人员具体工作内容分列，该表有助于监督审计工作进度，并使实际工作时数控制在预算时数之内（见表 1-3）。

表 1-3　审计时数控制表示例

工作名称及项目编号_____　小组领导_____　单位_____

审计各步骤 ＼ 耗用时间	预算时数	实际耗用时间				实际与预算差异	差异说明
		总时数	张×	李×	赵×		
工作准备	15	14	12	1	−1		略
初步调查	20	20	4	12	0		
内部控制检查	40	41	5	18	+1		
扩大测试	85	87	4	38	+2		
审计结果和建议	15	15	10	3	0		略
审计报告	110	108	60	28	−2		
后续审计	5	6	1	2	+1		
审计评价	5	5	3	1	0		
总计	295	296	99	95	+1		

5. 工作底稿索引

工作底稿索引有助于对审计工作底稿的整理和编号，索引应该在审计工作开始前即准备到位。

6. 审计方案

审计方案列示审计过程的每个步骤，详细表现审计进展情况，以便审计经理和组长组织分配小组的审计工作。

7. 会议议程

小组会议、动员会议、中期和被审计者召开的会议、总结会议等的议程、议题、会议时间等安排有助于提高会议质量和效率。

8. 工作底稿

工作底稿是内部审计人员记录审计程序和内容的重要手段。

9. 工作底稿检查表

工作底稿检查表是审计组长告知审计成员需要修改工作底稿及增加审计程序所用的表格，它属于非正式文件（见表 1-4 ）。

表 1-4　工作底稿检查表

被审查_____审计日期_____

检查部门_____检查人及日期_____

检查人的检查记录	工作底稿参考资料	内部审计人员的答复

10. 审计结果汇总表

审计结果汇总表被用来汇集审计发现和建议的表格，以简化报告编写过程，改进审计质量。

11. 报告初稿跟踪表

报告初稿跟踪表要求每个与报告编写工作有关的人员在报告初稿写出后，列明各人收到报告的时间和应做的工作（如编辑、同意、修改等）以及下一个收到报告人的姓名及时间。该表可附于审计报告之后，与报告一起存档。

12. 报告发送控制表

报告发送控制表（见表 1-5）包括收件人的名单、发送授权人、传送日期、传达方式及实际收件人的姓名。该表有助于将审计报告只发送给有权审阅报告的人，并保证报告及时发送。

表 1-5　报告发送控制表

报告名称_____

报告编号_____

项目编号_____

收件人	发送授权人	传送日期	如何及由何人传送	实际收件人

13. 总括性文件

（1）所有审计计划的总时间表。

（2）正在实施的各项审计工作的项目日志。

（3）每个内部审计人员及每个审计项目工作时数的报告总结。

（4）已发送的审计报告总档案。

（5）年度工作总结。

十二、内部审计的督导

督导是指内部审计机构负责人和审计项目负责人对实施审计工作的内部审计人员所进行的监督与指导。

（一）一般原则

内部审计机构应根据审计工作的具体情况，建立内部审计督导制度，明确督导的目的、范围及各级督导人员的责任。内部审计机构负责人对督导工作负主要责任。审计项目负责人负责审计现场的督导工作。

对于重大或敏感的审计问题，审计机构负责人应直接进行督导。审计机构负责人应采取适当的措施，尽可能减少内部审计人员的专业判断风险。在督导工作中，应遵循重要性、谨慎性和客观性原则。

（1）督导人员应根据内部审计人员的知识与技能，以及审计项目的复杂性，有重点地进行督导工作；

（2）实施督导时，督导人员应当保持应有的职业谨慎，进行合理的专业判断，减少审计风险；

（3）实施督导时，督导人员必须以事实为依据，做到客观公正。

督导应当贯穿于审计项目的全过程,包括审计准备、审计实施和审计终结三个阶段。

(二)审计督导的内容与方法

督导人员应确保内部审计人员明确审计目标和审计责任,并具有完成审计项目所必需的知识和技能。督导人员应确保内部审计人员了解被审计单位的业务性质和需要特别关注的重大经营问题,制订可行的审计方案。督导人员应确认内部审计人员按批准后的审计方案实施必要的审计程序,并针对新发现的重要问题修订审计方案。督导人员应复核内部审计人员所编工作底稿的质量。督导人员应确认审计证据的充分性、相关性及可靠性。督导人员应确认审计报告的可靠性,审计建议的可行性。对被审计单位提出的异议,督导人员应进行核实、复查,并及时给予答复。督导人员应确认审计目标实现的情况,确定是否存在尚未解决的重要问题。督导人员应确认内部审计人员遵循内部审计准则的情况。

第二节　国务院关于加强审计工作的意见

为切实加强审计工作,推动国家重大决策部署和有关政策措施的贯彻落实,更好地服务改革发展,维护经济秩序,促进经济社会持续健康发展,国务院于 2014 年 10 月 9 日提出了《国务院关于加强审计工作的意见》(国发〔2014〕48 号)。

一、强化审计的监督作用

(一)促进依法行政、依法办事

要加大对依法行政情况的审计力度,注意发现有法不依、执法不严等问题,促进法治政府建设,切实维护法律尊严。要着力反映严重损害群众利益、妨害公平竞争等问题,维护市场经济秩序和社会公平正义。

(二)推进廉政建设

对审计发现的重大违法违纪问题,要查深、查透、查实。要重点关注财政资金分配、重大投资决策和项目审批、重大物资采购和招标、投标、贷款发放和证券交易、国有资产和股权转让、土地和矿产资源交易等重点领域和关键环节,揭露以权谋私、失职渎职、贪污受贿、内幕交易等问题,促进廉洁政府建设。

(三)推动履职尽责

深化领导干部经济责任审计,着力检查领导干部守法守纪守规尽责情况,促进各级领导干部主动作为、有效作为,切实履职尽责。依法依纪反映不作为、慢作为、乱作为问题,促进健全责任追究和问责机制。

二、发挥审计促进国家重大决策部署落实的保障作用

(一)推动政策措施贯彻落实

持续组织对国家重大政策措施和宏观调控部署落实情况的跟踪审计,着力监督检查各地区、各部门落实稳增长、促改革、调结构、惠民生、防风险等政策措施的具体部署、执行进度、实际效果等情况,特别是重大项目落地、重点资金保障,以及简政放权推进情况,及时发现和纠正有令不行、有禁不止行为,反映好的做法、经验和新情况、新问题,促进政策落地生根和不断完善。

（二）促进公共资金安全高效使用

要看好公共资金，严防贪污、浪费等违法违规行为，确保公共资金安全。把绩效理念贯穿审计工作始终，加强预算执行和其他财政收支审计，密切关注财政资金的存量和增量，促进减少财政资金沉淀，盘活存量资金，推动财政资金合理配置、高效使用，把钱用在刀刃上。围绕中央八项规定精神和国务院"约法三章"要求，加强"三公"经费、会议费使用和楼堂馆所建设等方面审计，促进厉行节约和规范管理，推动俭朴政府建设。

（三）维护国家经济安全

要加大对经济运行中风险隐患的审计力度，密切关注财政、金融、民生、国有资产、能源、资源和环境保护等方面存在的薄弱环节和风险隐患，以及可能引发的社会不稳定因素，特别是地方政府性债务、区域性金融稳定等情况，注意发现和反映苗头性、倾向性问题，积极提出解决问题和化解风险的建议。

（四）促进改善民生和生态文明建设

加强对"三农"、社会保障、教育、文化、医疗、扶贫、救灾、保障性安居工程等重点民生资金和项目的审计，加强对土地、矿产等自然资源，以及大气、水、固体废物等污染治理和环境保护情况的审计，探索实行自然资源资产离任审计，深入分析财政投入与项目进展、事业发展等情况，推动惠民和资源、环保政策落实到位。

（五）推动深化改革

密切关注各项改革措施的协调配合情况，促进增强改革的系统性、整体性和协调性。正确把握改革和发展中出现的新情况，对不合时宜、制约发展、阻碍改革的制度规定，及时予以反映，推动改进和完善。

三、加强组织领导

（一）健全审计工作领导机制

地方各级政府主要负责人要依法直接领导本级审计机关，支持审计机关工作，定期听取审计工作汇报，及时研究解决审计工作中遇到的突出问题，把审计结果作为相关决策的重要依据。要加强政府监督检查机关间的沟通交流，充分利用已有的检查结果等信息，避免重复检查。

（二）维护审计的独立性

地方各级政府要保障审计机关依法审计、依法查处问题、依法向社会公告审计结果，不受其他行政机关、社会团体和个人的干涉，定期组织开展对审计法律法规执行情况的监督检查。对拒不接受审计监督，阻挠、干扰和不配合审计工作，或威胁、恐吓、报复审计人员的，要依法依纪查处。

四、提升审计能力

（一）强化审计队伍建设

着力提高审计队伍的专业化水平，推进审计职业化建设，建立审计人员职业保障制度，实行审计专业技术资格制度，完善审计职业教育培训体系，努力建设一支具有较高政治素质和业务素质、作风过硬的审计队伍。审计机关负责人原则上应具备经济、法律、管理等工作背景。招录审计人员可加试审计工作必需的专业知识和技能，对于部分专业性强的职位可实行聘任制。

（二）推动审计方式创新

加强审计机关审计计划的统筹协调，优化审计资源配置，开展好涉及全局的重大项目审计，探索预算执行项目分阶段组织实施审计的办法，对重大政策措施、重大投资项目、重点专项资金和重大突发事件等开展全过程跟踪审计。根据审计项目实施需要，探索向社会购买审计服务。加强上级审计机关对下级审计机关的领导，建立健全工作报告等制度，地方各级审计机关将审计结果和重大案件线索向同级政府报告的同时，必须向上一级审计机关报告。

（三）加快推进审计信息化

推进有关部门、金融机构和国有企事业单位等与审计机关实现信息共享，加大数据集中力度，构建国家审计数据系统。探索在审计实践中运用大数据技术的途径，加大数据综合利用力度，提高运用信息化技术查核问题、评价判断、宏观分析的能力。创新电子审计技术，提高审计工作能力、质量和效率。推进对各部门、单位计算机信息系统安全性、可靠性和经济性的审计。

（四）保证履行审计职责必需的力量和经费

根据审计任务日益增加的实际，合理配置审计力量。按照科学核算、确保必需的原则，在年度财政预算中切实保障本级审计机关履行职责所需经费，为审计机关提供相应的工作条件。加强内部审计工作，充分发挥内部审计作用。

五、完善审计工作机制

（一）依法接受审计监督

凡是涉及管理、分配、使用公共资金、国有资产、国有资源的部门、单位和个人，都要自觉接受审计、配合审计，不得设置障碍。有关部门和单位要依法、及时、全面提供审计所需的财务会计、业务和管理等资料，不得制定限制向审计机关提供资料和开放计算机信息系统查询权限的规定，已经制定的应予修订或废止。对获取的资料，审计机关要严格保密。

（二）提供完整准确真实的电子数据

有关部门、金融机构和国有企事业单位应根据审计工作需要，依法向审计机关提供与本单位、本系统履行职责相关的电子数据信息和必要的技术文档；在确保数据信息安全的前提下，协助审计机关开展联网审计。在现场审计阶段，被审计单位要为审计机关进行电子数据分析提供必要的工作环境。

（三）积极协助审计工作

审计机关履行职责需要协助时，有关部门、单位要积极予以协助和支持，并对有关审计情况严格保密。要建立健全审计与纪检监察、公安、检察以及其他有关主管单位的工作协调机制，对审计移送的违法违纪问题线索，有关部门要认真查处，及时审计机关反馈查处结果。审计机关要跟踪审计移送事项的查处结果，适时向社会公告。

六、狠抓审计发现问题的整改落实工作

（一）健全整改责任制

被审计单位的主要负责人作为整改第一责任人，要切实抓好审计发现问题的整改落实工作，对重大问题要亲自管、亲自抓。对审计发现的问题和提出的审计建议，被审计单位要及时整改和认真研究，在将整改结果书面告知审计机关的同时，要向同级政府或主管部门报告，并向社会公告。

（二）加强整改督促检查

各级政府每年要专题研究国家重大决策部署和有关政策措施落实情况审计，以及本级预算执行和其他财政收支审计查出问题的整改工作，将整改纳入督查督办事项。对审计反映的问题，被审计单位主管部门要及时督促整改。审计机关要建立整改检查跟踪机制，必要时可提请有关部门协助落实整改意见。

（三）严肃整改问责

各地区、各部门要把审计结果及其整改情况作为考核、奖惩的重要依据。对审计发现的重大问题，要依法依纪作出处理，严肃追究有关人员责任。对审计反映的典型性、普遍性、倾向性问题，要及时研究，完善制度规定。对整改不到位的，要与被审计单位主要负责人进行约谈。对整改不力、屡审屡犯的，要严格追责问责。

七、总体要求

（一）指导思想

坚持以邓小平理论、"三个代表"重要思想、科学发展观为指导，深入贯彻落实中国共产党第十八次全国代表大会和中国共产党十八届二中、三中全会精神，依法履行审计职责，加大审计力度，创新审计方式，提高审计效率，对稳增长、促改革、调结构、惠民生、防风险等政策措施落实情况，以及公共资金、国有资产、国有资源、领导干部经济责任履行情况进行审计，实现审计监督全覆盖，促进国家治理现代化和国民经济健康发展。

（二）基本原则

1. 围绕中心，服务大局

紧紧围绕国家中心工作，服务改革发展，服务改善民生，促进社会公正，为建设廉洁政府、俭朴政府、法治政府提供有力支持。

2. 发现问题，完善机制

发现国家政策措施执行中存在的主要问题和重大违法违纪案件线索，维护财经法纪，促进廉政建设；发现经济社会运行中的突出矛盾和风险隐患，维护国家经济安全；发现经济运行中好的做法、经验和问题，注重从体制机制制度层面分析原因和提出建议，促进深化改革和创新体制机制。

3. 依法审计，秉公用权

依法履行宪法和法律赋予的职责，敢于碰硬，勇于担当，严格遵守审计工作纪律和各项廉政、保密规定，注意工作方法，切实做到依法审计、文明审计、廉洁审计。

第三节 审计署关于内部审计工作的规定

为了加强内部审计工作，建立健全内部审计制度，提升内部审计工作质量，充分发挥内部审计作用，根据《中华人民共和国审计法》《中华人民共和国审计法实施条例》以及国家其他有关规定，2018 年 1 月 12 日，审计署党组书记、审计长胡泽君签署中华人民共和国审计署令第 11 号，公布了新修订的《审计署关于内部审计工作的规定》（简称《审计署关于内部审计工作的规定》），规定自 2018 年 3 月 1 日起施行。审计署于 2003 年 3 月 4 日发布的《审计署关于内部审计工作的规定》（2003 年审计署第 4 号令）同时废止。

《审计署关于内部审计工作的规定》的出台实施，是贯彻落实党中央国务院关于加强内部审计工作、充分发挥内部审计作用指示精神的重大举措，对促进被审计单位规范内部管理、完善内部控制、防范风险和提质增效具有十分重要的意义。

一、修订的主要背景

社会主义市场经济是法治经济，需要每一个市场主体守法诚信、充满活力、公平竞争。只有每一个市场主体的细胞是健康的，市场经济才能减少出问题的风险。在我国，审计对象涵盖所有党政机关和国有企事业单位，每个单位又下辖若干层级，只有每个层级都健康、依法、诚信，被审计单位才能有效抵抗风险。对依法属于审计监督对象的单位的内部审计工作进行业务指导和监督，是审计机关的法定职责。因此，审计机关要着眼于推动市场经济健康发展和建设现代化经济体系，关注被审计单位内部风险防控，减少问题的发生，促进被审计单位事业健康发展。

《审计署关于内部审计工作的规定》（审计署令第 4 号，以下简称 4 号令或本规定）自 2003 年发布实施以来，为我国内部审计工作的开展提供了有力的制度支撑。但随着我国经济社会的快速发展，内部审计的内外部环境发生了很大变化，审计法及其实施条例已先后做了重大修改，特别是党的十八大以来《国务院关于加强审计工作的意见》《关于深化国有企业和国有资本审计监督的若干意见》等党中央国务院文件对新时代的审计监督工作提出了新的、更高的要求，4 号令已经不能完全适应新形势的需要：一是内部审计职责范围需要根据新时代新要求做相应调整；二是内部审计独立性需要进一步强化；三是内部审计结果运用缺乏明确规范，作用难以充分发挥；四是审计机关指导监督的职责范围和方式方法等缺乏明确规范，影响了指导监督力度。为进一步加强和规范依法属于审计机关审计监督对象的单位（被审计单位）的内部审计工作，充分发挥内部审计作用，审计署组织对 4 号令进行了修订。

二、适用范围

依法属于审计机关审计监督对象的单位（以下统称单位）的内部审计工作，以及审计机关对单位内部审计工作的业务指导和监督，适用本规定。不属于审计机关审计监督对象的单位的内部审计工作，可以参照本规定执行。

三、内部审计制度

单位应当依照有关法律法规、本规定和内部审计职业规范，结合本单位实际情况，建立健全内部审计制度，明确内部审计工作的领导体制、职责权限、人员配备、经费保障、审计结果运用和责任追究等。

四、内部审计职责权限和程序

内部审计机构或者履行内部审计职责的内设机构应当按照国家有关规定和本单位的要求，履行下列职责：

（1）对本单位及所属单位贯彻落实国家重大政策措施情况进行审计；

（2）对本单位及所属单位发展规划、战略决策、重大措施以及年度业务计划执行情况进行审计；

（3）对本单位及所属单位财政财务收支进行审计；

（4）对本单位及所属单位固定资产投资项目进行审计；

（5）对本单位及所属单位的自然资源资产管理和生态环境保护责任的履行情况进行审计；

（6）对本单位及所属单位的境外机构、境外资产和境外经济活动进行审计；

（7）对本单位及所属单位经济管理和效益情况进行审计；

（8）对本单位及所属单位内部控制及风险管理情况进行审计；

（9）对本单位内部管理的领导人员履行经济责任情况进行审计；

（10）协助本单位主要负责人督促落实审计发现问题的整改工作；

（11）对本单位所属单位的内部审计工作进行指导、监督和管理；

（12）国家有关规定和本单位要求办理的其他事项。

内部审计机构或者履行内部审计职责的内设机构应有下列权限：

（1）要求被审计单位按时报送发展规划、战略决策、重大措施、内部控制、风险管理、财政财务收支等有关资料（含相关电子数据，下同），以及必要的计算机技术文档；

（2）参加单位有关会议，召开与审计事项有关的会议；

（3）参与研究制定有关的规章制度，提出制定内部审计规章制度的建议；

（4）检查有关财政财务收支、经济活动、内部控制、风险管理的资料、文件和现场勘察实物；

（5）检查有关计算机系统及其电子数据和资料；

（6）就审计事项中的有关问题，向有关单位和个人开展调查和询问，取得相关证明材料；

（7）对正在进行的严重违法违规、严重损失浪费行为及时向单位主要负责人报告，经同意作出临时制止决定；

（8）对可能转移、隐匿、篡改、毁弃会计凭证、会计账簿、会计报表以及与经济活动有关的资料，经批准，有权予以暂时封存；

（9）提出纠正、处理违法违规行为的意见和改进管理、提高绩效的建议；

（10）对违法违规和造成损失浪费的被审计单位和人员，给予通报批评或者提出追究责任的建议；

（11）对严格遵守财经法规、经济效益显著、贡献突出的被审计单位和个人，可以向单位党组织、董事会（或者主要负责人）提出表彰建议。

单位党组织、董事会（或者主要负责人）应当定期听取内部审计工作汇报，加强对内部审计工作规划、年度审计计划、审计质量控制、问题整改和队伍建设等重要事项的管理。

下属单位、分支机构较多或者实行系统垂直管理的单位，其内部审计机构应当对全系统的内部审计工作进行指导和监督。系统内各单位的内部审计结果和发现的重大违纪违法问题线索，在向本单位党组织、董事会（或者主要负责人）报告的同时，应当及时向上一级单位的内部审计机构报告。单位应当将内部审计工作计划、工作总结、审计报告、整改情况以及审计中发现的重大违纪违法问题线索等资料报送同级审计机关备案。

内部审计的实施程序，应当依照内部审计职业规范和本单位的相关规定执行。

内部审计机构或者履行内部审计职责的内设机构，对本单位内部管理的领导人员实施经济责任审计时，可以参照执行国家有关经济责任审计的规定。

五、审计结果运用

单位应当建立健全审计发现问题整改机制，明确被审计单位主要负责人为整改第一责任人。对审计发现的问题和提出的建议，被审计单位应当及时整改，并将整改结果书面告知内部审计机构。

单位对内部审计发现的典型性、普遍性、倾向性问题，应当及时分析研究，制定和完善相关管理制度，建立健全内部控制措施。

内部审计机构应当加强与内部纪检监察、巡视巡察、组织人事等其他内部监督力量的协作配合，建立信息共享、结果共用、重要事项共同实施、问题整改问责共同落实等工作机制。内部审计结果及整改情况应当作为考核、任免、奖惩干部和相关决策的重要依据。

单位对内部审计发现的重大违纪违法问题线索，应当按照管辖权限依法依规及时移送纪检监察机关、司法机关。

审计机关在审计中，特别是在国家机关、事业单位和国有企业三级以下单位审计中，应当有效利用内部审计力量和成果。对内部审计发现且已经纠正的问题不再在审计报告中反映。

六、对内部审计工作的指导和监督

审计机关应当依法对内部审计工作进行业务指导和监督，明确内部职能机构和专职人员，并履行下列职责：

（1）起草有关内部审计工作的法规草案；

（2）制定有关内部审计工作的规章制度和规划；

（3）推动单位建立健全内部审计制度；

（4）指导内部审计统筹安排审计计划，突出审计重点；

（5）监督内部审计职责履行情况，检查内部审计业务质量；

（6）指导内部审计自律组织开展工作；

（7）法律、法规规定的其他职责。

审计机关可以通过业务培训、交流研讨等方式，加强对内部审计人员的业务指导。审计机关应当对单位报送的备案资料进行分析，将其作为编制年度审计项目计划的参考依据。审计机关可以采取日常监督、结合审计项目监督、专项检查等方式，对单位的内部审计制度建立健全情况、内部审计工作质量情况等进行指导和监督。对内部审计制度建设和内部审计工作质量存在问题的，审计机关应当督促单位内部审计机构及时进行整改并书面报告整改情况；情节严重的，应当通报批评并视情况抄送有关主管部门。

审计机关应当按照国家有关规定对内部审计自律组织进行政策和业务指导，推动内部审计自律组织按照法律法规和章程开展活动。必要时，可以向内部审计自律组织购买服务。

七、责任追究

被审计单位有下列情形之一的，由单位党组织、董事会（或者主要负责人）责令改正，并对直接负责的主管人员和其他直接责任人员进行处理：

（1）拒绝接受或者不配合内部审计工作的；

（2）拒绝、拖延提供与内部审计事项有关的资料，或者提供资料不真实、不完整的；

（3）拒不纠正审计发现问题的；

（4）整改不力、屡审屡犯的；

（5）违反国家规定或者本单位内部规定的其他情形。

内部审计机构或者履行内部审计职责的内设机构和内部审计人员有下列情形之一的，由单位对直接负责的主管人员和其他直接责任人员进行处理，对涉嫌犯罪的，移送司法机关依法追究其刑事责任：

（1）未按有关法律法规、本规定和内部审计职业规范实施审计导致应当发现的问题未被发现并造成严重后果的；

（2）隐瞒审计查出的问题或者提供虚假审计报告的；

（3）泄露国家秘密或者商业秘密的；

（4）利用职权谋取私利的；

（5）违反国家规定或者本单位内部规定的其他情形。

对因履行职责受到打击、报复、陷害的内部审计人员，单位党组织、董事会（或者主要负责人）应当及时采取保护措施，并对相关责任人员进行处理，对涉嫌犯罪的，移送司法机关依法追究其刑事责任。

第四节　内部审计准则

为了适应内部审计的最新发展，更好地发挥内部审计准则在规范内部审计行为、提升内部审计质量方面的作用，中国内部审计协会对 2003 年以来发布的内部审计准则进行了全面、系统的修订，并于 2013 年 8 月 20 日发布了《中国内部审计准则》（中国内部审计协会公告 2013 年第 1 号），新准则自 2014 年 1 月 1 日起施行。原来的《内部审计基本准则》《内部审计人员职业道德规范》以及 1～29 号具体准则同时废止。之后，又对新准则做了若干增补。

《中国内部审计准则》名录：

第 1101 号　内部审计基本准则

第 1201 号　内部审计人员职业道德规范

第 2101 号　内部审计具体准则——审计计划

第 2102 号　内部审计具体准则——审计通知书

第 2103 号　内部审计具体准则——审计证据

第 2104 号　内部审计具体准则——审计工作底稿

第 2105 号　内部审计具体准则——结果沟通

第 2106 号　内部审计具体准则——审计报告

第 2107 号　内部审计具体准则——后续审计

第 2108 号　内部审计具体准则——审计抽样

第 2109 号　内部审计具体准则——分析程序

第 2201 号　内部审计具体准则——内部控制审计

第 2202 号　内部审计具体准则——绩效审计

第 2203 号　内部审计具体准则——信息系统审计

第 2204 号　内部审计具体准则——对舞弊行为进行检查和报告

第 2205 号　内部审计具体准则——经济责任审计

第 2301 号　内部审计具体准则——内部审计机构的管理

第 2302 号　内部审计具体准则——与董事会或者最高管理层的关系

第 2303 号　内部审计具体准则——内部审计与外部审计的协调

第 2304 号　内部审计具体准则——利用外部专家服务

第 2305 号　内部审计具体准则——人际关系

第 2306 号　内部审计具体准则——内部审计质量控制

第 2307 号　内部审计具体准则——评价外部审计工作质量

第 2308 号　内部审计具体准则——审计档案工作

第 2309 号　内部审计具体准则——内部审计业务外包管理

一、内部审计准则综述

（一）我国内部审计准则体系

在分类的基础上，我国对准则体系采用四位数编码进行编号。四位数中，千位数代表准则的层次，百位数代表准则在某一层次中的类别，十位数和个位数代表某具体准则在该类中的排序。这种新的编号方式借鉴了国际内部审计准则的经验，体现了准则体系的系统性和准则之间的逻辑关系，为准则的未来发展预留了空间。

1. 准则体系的第一层次——内部审计基本准则和内部审计人员职业道德规范

内部审计基本准则和内部审计人员职业道德规范为准则体系的第一层次，编码为 1000。其中内部审计基本准则为第 1101 号，内部审计人员职业道德规范为第 1201 号。

2. 准则体系的第二层次——具体准则

具体准则为准则体系的第二层次，编码为 2000。其中，内部审计作业类编号为 2100，属于这一类别的 9 个具体准则编码分别为第 2101 号至第 2109 号；内部审计业务类编号为 2200，属于这一类别的 4 个具体准则编码分别为第 2201 号至第 2204 号；内部审计管理类编号为 2300，属于这一类别的 7 个具体准则编码分别为第 2301 号至第 2307 号。以第 2305 号内部审计具体准则——人际关系为例，千位数 2 代表该准则为准则体系中的具体准则，百位数 3 代表该准则为具体准则中的管理类准则，个位数 5 代表该准则在管理类准则中的排序。

内部审计具体准则可分为作业类、业务类和管理类三大类。其中，作业类准则涵盖了内部审计程序和技术方法方面的准则，具体包括审计计划、审计通知书、审计证据、审计工作底稿、结果沟通、审计报告、后续内部审计、审计抽样、分析程序 9 个具体准则；业务类准则包括内部控制审计、绩效审计、信息系统审计、对舞弊行为进行检查与报告 4 个具体准则；管理类准则包括内部审计机构的管理、与董事会或者最高管理层的关系、内部审计与外部审计的协调、利用外部专家服务、人际关系、内部审计质量控制、评价外部审计工作质量 7 个具体准则。

3. 准则体系的第三层次——实务指南

实务指南为准则体系的第三层次，编码是 3000。第 3101 号为审计报告指南，第 3201 号至第 3204 号分别为建设项目审计指南、物资采购审计指南、高校内部审计指南和企业内部经济责任审计指南。以第 3202 号内部审计实务指南——物资采购审计为例，千位数 3 代表第三层次实务指南，百位数 2 代表与之相对应的具体准则的业务类准则，个位数 2 代表在此类指南中的排序。

（二）准则的适用范围

准则适用于各类组织的内部审计机构、内部审计人员及其从事的内部审计活动。

为涵盖内部审计外包的情况，准则中增加了"其他组织或者人员接受本组织委托、聘用、承办或者参与的内部审计业务，也应当遵守本准则"的规定。

📝 **小知识**　　　　　　　　　　新、旧内部审计准则的主要变化

1. 内部审计准则结构的调整

针对现有具体准则中存在的内容交叉、重复，个别准则不适应内部审计最新发展等问题，中国内部审计协会（以下简称协会）在此次修订中对准则体系结构进行了调整，对部分准则的内容进行了整合，并根据实际情况取消了部分准则。修订后的内部审计准则体系由内部审计基本准则、内部审计人员职业道德规范、20 个具体准则、5 个实务指南构成。具体包括：

（1）将原第 12 号、第 16 号、第 21 号具体准则与原第 5 号具体准则合并修订为第 2201 号内部审计具体准

则——内部控制审计。原第 5 号准则《内部控制审计》规范了内部控制的定义、要素、内部控制审计的目标、内容、方法等，属于对内部控制审计的总纲式规定；原第 12 号准则《遵循性审计》具体规范内部控制目标中关于遵守国家有关法律法规和组织内部标准的内容；原第 16 号准则《风险管理审计》具体规范内部控制中风险评估要素的审查和评价；原第 21 号准则《内部审计的控制自我评估法》规范了控制自我评估这一具体方法，以及内部审计人员如何运用该方法协助管理层对内部控制进行评估。遵循性审计、风险管理审计、内部审计的控制自我评估法 3 个准则从内容或逻辑上都应当属于内部控制审计的组成部分，因此，协会通过此次修订将原分属四个准则的内容进行了整合和补充，并充分借鉴《企业内部控制基本规范》及配套指引的相关内容，制定了《内部控制审计准则》。

（2）将原第 25 号、第 26 号、第 27 号具体准则合并修订为第 2202 号内部审计具体准则——绩效审计。按照经济性、效率性和效果性 3 个方面分别制定具体准则是我国准则制定工作的有益探索。然而，由于经济性、效率性和效果性均为绩效审计的目标，在实践中往往需要对某一个事项或项目的经济性、效率性和效果性同时作出评价，因而原准则存在内容重复、实践中不好操作等弊端。因此，协会在此次修订中将原来的 3 个具体准则进行了合并，修订为《绩效审计准则》。

（3）将原第 9 号、第 19 号具体准则合并修订为第 2306 号内部审计具体准则——内部审计质量控制。第 9 号具体准则《内部审计督导》中将督导定义为通过内部审计机构负责人和审计项目负责人对实施审计工作的审计人员所进行的监督和指导，其目的是保证内部审计质量。而原第 19 号准则《内部审计质量控制》中规定的项目质量控制，主要是指审计项目负责人指导内部审计人员执行审计计划、监督内部审计过程、复核审计工作底稿及审计报告。从内容上看，内部审计质量控制涵盖了内部审计督导，因此，协会在此次修订中调整了原第 19 号准则《内部审计质量控制》的结构，将之与原第 9 号准则《内部审计督导》的相关内容进行整合，并做进一步修改和完善。

（4）不再保留原第 17 号具体准则——重要性和审计风险。与国际内部审计准则的有关内容相比，制定《重要性与审计风险》准则是我国在内部审计准则体系的尝试和创新。但是，随着内部审计逐步从财务审计发展到更加关注内部控制、风险管理的阶段，原来侧重于财务报表审计的重要性、审计风险等的概念及运用已经发生了变化。有鉴于此，协会在此次修订中不再保留该准则，"重要性"和"审计风险"的内容被纳入基本准则以及相关具体准则中。

（5）不再保留原第 22 号具体准则——内部审计的独立性和客观性。独立性和客观性是内部审计的基本特质，也是内部审计人员职业道德规范的重要组成部分。因此，协会在此次修订中不再保留该具体准则，而是将相应条款充实到内部审计基本准则和内部审计人员职业道德规范中。

（6）不再保留原第 29 号具体准则——内部审计人员后续教育。原第 29 号具体准则所指的内部审计人员包括取得内部审计人员岗位资格证书或取得国际注册内部审计师（CIA）资格证书的人员。目前，国际内部审计师协会对取得 CIA 证书和内部控制自我评估专业资格证书（CCSA）人员的后续教育作出了新的规定，中国内部审计协会根据该规定出台了《国际注册内部审计师后续教育办法》和《内部控制自我评估专业资格证书后续教育办法》，对中国大陆地区持有上述资格证书人员的后续教育进行规范。鉴于第 29 号具体准则的内容和目前的实际情况已有较大出入，协会在此次修订中不再保留该准则，转而在基本准则和内部审计人员职业道德规范中对内部审计人员后续教育方面的要求做了进一步明确和强化。未来，协会将结合内部审计人员后续教育的实际情况，制定更有针对性的办法或规定。

2. 修订的重点内容

按照修订方案，协会将内部审计基本准则、内部审计人员职业道德规范、内部控制审计准则、绩效审计准则、内部审计质量控制准则作为此次重点修订的准则，同时对审计计划、审计通知书等准则的部分内容和表述作出了修订，对其他准则的文字表述进行了统一和完善。但实务指南并未被纳入此次修订的范围，协会下一步将根据调整后的准则对之做进一步修订。

（1）关于内部审计基本准则。此次修订后，内部审计基本准则的内容由原来的 27 条调整为 33 条，具体修订如下：

1）内部审计定义。经修订后的定义力求反映国际、国内内部审计实务的最新发展变化，与 IIA 对内部审计的定义接轨。与原定义相比，主要变化体现在：

①关于内部审计的职能。IIA 在内部审计最新定义中将内部审计界定为一种"确认和咨询"活动。实际上，"确认"的含义就是指通过监督检查，对被审计的事项予以鉴证，并在此基础上提出评价意见和建议。而"咨询"则是在评价的基础上提出的意见和建议，是评价的进一步发展。因此，从内涵上来看，确认和咨询包含了监督和评价的含义。相对于"监督"所体现的内部审计的查错纠弊功能，现代内部审计更强调由"咨询"所体现出的内部审计的价值增值功能。随着我国内部审计的全面转型和发展，原内部审计定义中的"监督和评价"已不能全面反映当前内部审计理念和实践的最新发展，协会借鉴 IIA 的定义，在此次修订中将原内部审计定义中的"监督和评价"职能改为"确认和咨询"职能，从而进一步扩大了内部审计的职能范围。

②关于内部审计的范围。经修订后的定义将内部审计范围界定为"业务活动、内部控制和风险管理的适当性和有效性"，将原来的"经营活动"改为"业务活动"，体现了内部审计的业务范围不仅仅局限于以盈利为目的的组织，还适用于非营利组织。定义中还增加了对"风险管理的适当性和有效性"的审查和评价，以体现内部审计对组织风险的关注。

③关于内部审计的方法。经修订后的定义增加了运用"系统、规范的方法"的规定，强调了内部审计的专业技术特征，体现了内部审计职业的科学性和规范性，有助于内部审计人员和社会各界人士了解内部审计职业对技术方法和人员素质的要求。

④关于内部审计的目标。经修订后的定义将内部审计的目标界定为"促进组织完善治理、增加价值和实现目标"，进一步明确了内部审计在提升组织治理水平、促进价值增值以及实现组织目标中的重要作用。对内部审计目标更高的定位将进一步提升内部审计在组织中的地位和影响力，提升内部审计的层次。

2）调整的其他主要内容。

①在一般准则中，增加了内部审计章程中应明确规定内部审计的目标、职责和权限的内容；增加了内部审计人员保密义务的内容。

②在作业准则中增加了内部审计机构和内部审计人员应当全面关注组织风险，以风险为基础组织实施审计业务的内容；增加了内部审计人员关注组织舞弊风险，对舞弊行为进行检查和报告的内容；增加了内部审计人员为组织提供适当咨询服务的内容。

③在报告准则中减少了审计报告分级复核制度及后续内部审计方面的内容；

④在内部管理准则中增加了内部审计机构与董事会或者最高管理层的关系、内部审计机构管理体制，以及内部审计机构对内部审计实施有效质量控制等内容。

（2）关于内部审计人员职业道德规范。原《内部审计人员职业道德规范》共 11 条，基本涵盖了内部审计人员应当具备的职业道德素质，但规定过于原则，只是对内部审计人员职业道德提供了方向性指引，弹性过大，适用性不强。协会在此次修订中以原《内部审计人员职业道德规范》为基础，吸收了原《内部审计的独立性和客观性》准则和《内部审计人员后续教育》准则的部分内容，同时充分借鉴了国际内部审计师协会《职业道德规范》的有关内容，并参考其他行业的职业道德要求，对内部审计人员职业道德内容进行了充实和完善。经修订后的规范在体例结构上也与其他准则一致，采用分章表述，分为总则、一般原则、诚信正直、客观性、专业胜任能力、保密、附则 7 个部分，对内部审计人员的职业道德要求作出了较为详细的规定。

（3）关于内部控制审计准则。五部委《企业内部控制基本规范》及配套指引的出台，对内部控制审计工作提出了明确要求。此次修订借鉴了《企业内部控制基本规范》《企业内部控制评价指引》的相关规定，对原《内部控制审计》准则进行了较大的修改。考虑到目前企业内部控制评价主体模糊的情况，以及内部控制审计和内部控制评价在实务中无论从实施主体还是报告方式等方面都存在一定差别，为突出内部审计部门在内部控制评价中的特殊性和职能作用，协会在此次修订中仍将该准则的名称定为内部控制审计，同时进一步明确了内部控制审计的定义、定位和主体，突出了内部审计部门在内部控制审计中发挥的作用和优势，丰富了相关内容。具体修订如下：

1）内部控制审计的内容。此次修订将内部控制审计按照审计范围分为全面内部控制审计和专项内部控制审计，并从组织层面和业务层面对内部控制审计的内容做了较为细致的规定。其中对组织层面内部控制审计的内容主要按照内部控制五要素进行规范，同时借鉴、吸收了《企业内部控制评价指引》中有关内部控制评价内容的规定，以力求与《企业内部控制基本规范》及配套指引相衔接。

2）内部控制审计的程序和方法。强调了内部审计人员在实施现场审查前，可以要求被审计单位提交最近一次的内部控制自我评估报告。内部审计人员应当结合内部控制自我评估报告，确定审计内容及重点，实施内部控制审计。

3）内部控制缺陷的认定。专章规定了内部控制缺陷的认定，并对缺陷认定的方法、缺陷的种类和缺陷的报告等内容进行了规定。

4）内部控制审计报告。专章规定，在一般情况下，全面内部控制审计报告须报送组织董事会或者最高管理层，包含有重大缺陷认定的专项内部控制审计报告须报送董事会或者最高管理层；经董事会或者最高管理层批准，内部控制审计报告可以被作为《企业内部控制评价指引》中要求的内部控制评价报告对外披露。

（4）关于绩效审计准则。绩效审计准则的修订内容主要包括：

1）将绩效审计的概念界定为对组织经营管理活动的经济性、效率性和效果性进行的评价，从而涵盖了非营利组织开展绩效审计的相关工作。

2）明确了绩效审计既可以根据实际情况和需要，对组织经营管理活动的经济性、效率性和效果性同时进行审查和评价，也可以只侧重某一方面进行审查和评价，并概括了绩效审计主要审查和评价的内容。

3）规定了选择绩效审计方法的要求，列举了常规审计方法以外的绩效审计方法。

4）规定了绩效审计评价标准的来源，以及确定绩效审计评价标准时应当注意的原则。

5）根据绩效审计的特点，细化了对绩效审计报告内容的要求。

（5）关于内部审计质量控制准则。此次修订后的内部审计质量控制准则：

1）将内部审计质量控制划分为内部审计机构质量控制和内部审计项目质量控制。

2）在内部审计项目质量控制中，将项目负责人在指导、监督、检查过程中应考虑和注意的事项以及应当履行的职责做了进一步细化，不再继续保留内部审计机构对审计质量进行考核和评估的相关内容。

3）由于中国内部审计协会已出台了内部审计质量评估办法和评估手册，此次修订对内部审计质量外部评估的内容未做重复规定。

（6）关于审计计划等13个具体准则的修订。

1）经修订后的审计计划准则将审计计划由原来的年度审计计划、项目审计计划和审计方案三个层次调整为年度审计计划和项目审计方案两个层次。这是考虑内部审计实践中的做法，参考国际内部审计准则、国家审计准则有关审计计划的规定而做的修订。

2）经修订后的审计通知书准则明确了"内部审计机构应当在实施审计三日前，向被审计单位或者被审计人员送达审计通知书"的要求。

3）经修订后的审计证据准则，将原准则第四条审计证据种类中的"视听电子证据"细分为"视听证据"和"电子证据"两种；将审计证据的"充分性、相关性和可靠性"特征的表述调整为"相关性、可靠性和充分性"，并对各自的含义做了修订；对原第七条"获取审计证据需要考虑的基本要素"的内容的前后顺序做了调整；将原第八条"审计证据的获取方法"中的"询问"改成"访谈"，增加"调查"方法；并在原第九条后增加"采集被审计单位电子数据作为审计证据的，内部审计人员应当记录电子数据的采集和处理过程"的规定。

4）经修订后的审计工作底稿准则，删除了原准则第六条有关审计工作底稿的形式方面内容；将原第七条"审计工作底稿的记录"与原第九条"审计工作底稿应载明事项"的内容进行了整合；增加了项目审计方案的编制及调整情况也应当编制审计工作底稿的要求；将原第四章"审计工作底稿的整理与使用"的名称改成"审计工作底稿的归档与保管"，并对相关用语做了规范。

5）经修订后的审计报告准则，删除了原准则第七条"审计报告是对被审计单位经营活动及内部控制的适当性和有效性进行的相对保证"的内容；在"审计报告的正文内容"中增加"审计发现"，将"审计决定"改成"审计意见"；将第四章"审计报告的编制、复核与分发"的名称改成"审计报告的编制、复核与报送"，并增加了"已经出具的审计报告若存在重要错误或遗漏，内部审计机构应当及时更正，并将更正后的审计报告及时提交给所有的原审计报告接收者"的规定。

6）经修订后的后续内部审计准则，将内部审计机构开展后续内部审计工作等相应规定中的"应当"改成"可以"，主要基于后续内部审计是实践中根据具体情况选择采用的审计程序这一事实；并删除原第十一条内部审计人员确定后续内部审计范围时的相关要求方面的内容。

7）将原分析性复核准则的名称改成分析程序准则。这是根据国际通行的用法以及注册会计师执业准则的相关表述而作的相应调整；并进一步界定了"分析程序"的概念，对相关用语和内容做了修正；同时删除了原第十六条"内部审计人员应充分考虑分析性复核的结果，在综合分析和评价的基础上得出审计结论"的内容。

8）经修订后的审计抽样准则，进一步完善了审计抽样的定义、抽样总体的确定原则、抽样的程序和方法等内容，并对相关用语做了进一步规范。

9）经修订后的信息系统审计准则，对原准则第六条有关信息系统审计人员专业胜任能力的内容做了调整，不再规定具体的工作时间及经验的要求；并将"信息系统审计内容"中的"监控"改为"内部监督"；删除了原第六章"信息系统审计的方法"第二十八条有关审计工作底稿的内容；同时鉴于原第七章"审计报告与后续工作"中有关审计报告的内容不具有特殊性，对相关内容做了删除；原第三十条信息系统审计则被作为综合性内部审计项目的一部分的内容与原第七条的相关内容进行了整合。

10）基于实践中内部审计部门在对组织舞弊行为的检查和报告中所发挥的作用，此次修订将原舞弊的预防、检查与报告准则的名称改为对舞弊行为进行检查和报告准则；将原"舞弊的预防"一章的名称修改为"评估舞弊发生的可能性"，并对有关内容作出相应调整，以增强该准则的科学性和可操作性；同时将原第四章"舞弊的检查"第十七条和第十九条的内容删除。

11）经修订后的与董事会或者最高管理层的关系准则，将原准则"协助董事会或最高管理层的工作"一章的内容做了删除，原因是该部分的内容表述不清晰，在实践中不易操作；并将原准则名称精练修改为"与董事会或者最高管理层的关系"。

12）经修订后的利用外部专家服务准则，在原准则第九条的内容中增加了内部审计机构对外部专家"客观性"内容的评价；并将原第十五条的内容修改为"内部审计机构对外部专家服务评价后，如果认为其服务的结果无法形成相关、可靠和充分的证据，应当通过其他替代程序补充获取相应的审计证据"。

13）经修订后的评价外部审计工作质量准则，对原准则第四条"内部审计机构在需要利用外部审计工作成果，以减少重复工作，提高工作效率时，应对外部审计工作质量进行评价"和第十九条"编制对外审计工作质量的评价报告，应当做到客观、清晰、及时"的内容分别做了删除。

二、内部审计基本准则

内部审计基本准则适用于各类组织的内部审计机构、内部审计人员及其从事的内部审计活动。其他组织或者人员接受委托、聘用，承办或者参与内部审计业务，也应当遵守本准则。

（一）一般准则

组织应当设置与其目标、性质、规模、治理结构等相适应的内部审计机构，并配备具有相应资格的内部审计人员。

内部审计的目标、职责和权限等内容应当在组织的内部审计章程中被明确规定。

内部审计机构和内部审计人员应当保持独立性和客观性，不得负责被审计单位的业务活动、内部控制和风险管理的决策与执行。

内部审计人员应当遵守职业道德，在实施内部审计业务时保持应有的职业谨慎。

内部审计人员应当具备相应的专业胜任能力，并通过后续教育对之加以保持和提高。

内部审计人员应当履行保密义务，对于实施内部审计业务中所获取的信息保密。

（二）作业准则

内部审计机构和内部审计人员应当全面关注组织风险，以风险为基础组织实施内部审计业务。

内部审计人员应当充分运用重要性原则，考虑差异或者缺陷的性质、数量等因素，合理确定重要性水平。内部审计机构应当根据组织的风险状况、管理需要及审计资源的配置情况，编制年度审计计划。

内部审计人员根据年度审计计划确定的审计项目，编制项目审计方案。内部审计机构应当在实施审计三日前，向被审计单位或者被审计人员送达审计通知书，做好审计准备工作。

内部审计人员应当深入了解被审计单位的情况，审查和评价业务活动、内部控制和风险管理的适当性和有效性，关注信息系统对业务活动、内部控制和风险管理的影响。

内部审计人员应当关注被审计单位业务活动、内部控制和风险管理中的舞弊风险，对舞弊行为进行检查和报告。

内部审计人员可以运用审核、观察、监盘、访谈、调查、函证、计算和分析程序等方法，获取相关、可靠和充分的审计证据，以支持审计结论、意见和建议。

内部审计人员应当在审计工作底稿中记录审计程序的执行过程、获取的审计证据以及作出的审计结论。

内部审计人员应当以适当方式提供咨询服务，改善组织的业务活动、内部控制和风险管理。

（三）报告准则

内部审计机构应当在实施必要的审计程序后，及时出具审计报告。

审计报告应当客观、完整、清晰，具有建设性并体现重要性原则。

审计报告应当包括审计概况、审计依据、审计发现、审计结论、审计意见和审计建议。

审计报告应当包含是否遵循内部审计准则的声明。如存在未遵循内部审计准则的情形，应当在审计报告中作出解释和说明。

（四）内部管理准则

内部审计机构应当接受组织董事会或者最高管理层的领导和监督，并保持与董事会或者最高管理层及时、高效的沟通。

内部审计机构应当建立合理、有效的组织结构，以便实行集中管理或者分级管理。

内部审计机构应当根据内部审计准则及相关规定，结合本组织的实际情况制定内部审计工作手册，指导内部审计人员的工作。

内部审计机构应当对内部审计质量实施有效控制，建立指导、监督、分级复核和内部审计质量评估制度，并接受内部审计质量外部评估。

内部审计机构应当编制中长期审计规划、年度审计计划、本机构人力资源计划和财务预算。

内部审计机构应当建立激励约束机制，对内部审计人员的工作进行考核、评价和奖惩。

内部审计机构应当在董事会或者最高管理层的支持和监督下，做好与外部审计的协调工作。

内部审计机构负责人应当对内部审计机构管理的适当性和有效性负主要责任。

三、内部控制审计准则

内部控制审计，是指内部审计机构对组织内部控制设计和运行的有效性进行的审查和评价活动。

（一）一般原则

董事会及管理层的责任是建立、健全内部控制并使之有效运行。内部审计的责任是对内部控制设计和运行的有效性进行审查和评价，出具客观、公正的审计报告，促进组织改善内部控制及风险管理。

内部控制审计应当以风险评估为基础，根据风险发生的可能性和对组织单个或者整体控制目标造成的影响程度，确定审计的范围和重点。内部审计人员应当关注串通舞弊、滥用职权、环境变化和成本效益等内部控制的局限性。

内部控制审计应当在对内部控制全面评价的基础上，关注重要业务单位、重大业务事项和高风险领域的内部控制。

内部控制审计应当真实、客观地揭示经营管理的风险状况，如实反映内部控制设计和运行的情况。

内部控制审计按其范围划分，可分为全面内部控制审计和专项内部控制审计。其中，全面内部控制审计，是针对组织所有业务活动的内部控制，包括内部环境、风险评估、控制活动、信息与沟通、内部监督五个要素所进行的全面审计。专项内部控制审计，是针对组织内部控制的某个要素、某项业务活动或者业务活动某些环节的内部控制所进行的审计。

（二）内部控制审计的内容

内部审计机构可以参考《企业内部控制基本规范》及配套指引的相关规定，根据组织的实际情况和需要，通过审查内部环境、风险评估、控制活动、信息与沟通、内部监督等要素，对组织层面内部控制的设计与运行情况进行审查和评价。

内部审计人员在开展内部环境要素审计时，应当以《企业内部控制基本规范》和各项应用指引中有关内部环境要素的规定为依据，关注组织架构、发展战略、人力资源、组织文化、社会责任等，结合本组织的内部控制，对内部环境进行审查和评价。

内部审计人员在开展风险评估要素审计时，应当以《企业内部控制基本规范》有关风险评估的要求以及各项应用指引中所列主要风险为依据，结合本组织的内部控制，对日常经营管理过程中的风险识别、风险分析、应对策略等进行审查和评价。

内部审计人员在开展控制活动要素审计时，应当以《企业内部控制基本规范》和各项应用指引中关于控制活动的规定为依据，结合本组织的内部控制，对相关控制活动的设计和运行情况进行审查和评价。

内部审计人员在开展信息与沟通要素审计时，应当以《企业内部控制基本规范》和各项应用指引中对内部信息传递、财务报告、信息系统等的有关规定为依据，结合本组织的内部控制，对信息收集处理和传递的及时性、反舞弊机制的健全性、财务报告的真实性、信息系统的安全性以及利用信息系统实施内部控制的有效性进行审查和评价。

内部审计人员在开展内部监督要素审计时，应当以《企业内部控制基本规范》有关内部监督的要求以及各项应用指引中有关日常管控的规定为依据，结合本组织的内部控制，对内部监督机制的有效性进行审查和评价，重点关注监事会、审计委员会、内部审计机构等是否在内部控制设计和运行中有效发挥监督作用。

内部审计人员可以根据管理需求和业务活动的特点，针对采购业务、资产管理、销售业务、研究与开发、工程项目、担保业务、业务外包、财务报告、全面预算、合同管理、信息系统等，对业务层面内部控制的设计和运行情况进行审查和评价。

（三）内部控制审计的具体程序与方法

内部控制审计主要包括下列程序：编制项目审计方案；组成审计组；实施现场审查；认定控制缺陷；汇总审计结果；编制审计报告。

内部审计人员在实施现场审查之前，可以要求被审计单位提交最近一次的内部控制自我评估报告。内部审计人员应当结合内部控制自我评估报告，确定审计内容及重点，实施内部控制审计。

内部审计机构可以适当吸收组织内部相关机构熟悉情况的业务人员参加内部控制审计。

内部审计人员应当综合运用访谈、问卷调查、专题讨论、穿行测试、实地查验、抽样和比较分析等方法，充分收集组织内部控制设计和运行是否有效的证据。

内部审计人员编制审计工作底稿应当详细记录实施内部控制审计的内容，包括审查和评价的要素、主要风险点、采取的控制措施、有关证据资料以及内部控制缺陷认定结果等。

（四）内部控制缺陷的认定

内部控制缺陷包括设计缺陷和运行缺陷。内部审计人员应当根据内部控制审计结果，结合相关管理层的自我评估，综合分析后提出内部控制缺陷认定意见，按照规定的权限和程序进行审核后予以认定。

内部审计人员应当根据获取的证据，对内部控制缺陷进行初步认定，并按照其性质和影响程度将其分为重大缺陷、重要缺陷和一般缺陷。重大缺陷是一个或者多个控制缺陷的组合，可能导致组织严重偏离控制目标。重要缺陷也是一个或者多个控制缺陷的组合，其严重程度和经济后果低于重大缺陷，但仍有可能导致组织偏离控制目标。一般缺陷是指除重大缺陷、重要缺陷之外的其他缺陷。重大缺陷、重要缺陷和一般缺陷的认定标准可由内部审计机构根据上述要求，结合本组织具体情况确定。

内部审计人员应当编制内部控制缺陷认定汇总表，对内部控制缺陷及其成因、表现形式和影响程度进行综合分析和全面复核，提出认定意见，并以适当的形式向组织适当管理层报告。对于重大缺陷，应当及时向组织董事会或者最高管理层报告。

（五）内部控制审计报告

内部控制审计报告的内容，应当包括审计目标、依据、范围、程序与方法、内部控制缺陷认定及整改情况，以及内部控制设计和运行有效性的审计结论、意见、建议等相关内容。

四、对舞弊行为进行检查和报告

舞弊，是指组织内、外人员采用欺骗等违法违规手段，损害或者谋取组织利益，同时可能为个人带来不正当利益的行为。

（一）一般原则

组织管理层对舞弊行为的发生承担责任。建立、健全并有效实施内部控制，预防、发现及纠正舞弊行为是组织管理层的责任。

内部审计机构和内部审计人员应当保持应有的职业谨慎，在实施的审计活动中关注可能发生的舞弊行为，并对舞弊行为进行检查和报告。

内部审计机构和内部审计人员在检查和报告舞弊行为时，应当从下列方面保持应有的职业谨慎：

（1）具有识别、检查舞弊的基本知识和技能，在实施审计项目时警惕相关方面可能存在的舞弊风险；

（2）根据被审计事项的重要性、复杂性以及审计成本效益，合理关注和检查可能存在的舞弊行为；

（3）运用适当的审计职业判断，确定审计范围和审计程序，以检查、发现和报告舞弊行为；

（4）发现舞弊迹象时，应当及时向适当管理层报告，提出进一步检查的建议。

需要指出的是，由于内部审计的目的并非专为检查舞弊，即使审计人员以应有的职业谨慎执行了必要的审计程序，也不能保证发现所有的舞弊行为。

损害组织经济利益的舞弊，是指组织内、外人员为谋取自身利益，采用欺骗等违法违规手段使组织经济利益遭受损害的不正当行为。具体包括下列情形：

（1）收受贿赂或者回扣；

（2）将正常情况下可以使组织获利的交易事项转移给他人；

（3）贪污、挪用、盗窃组织资产；

（4）使组织为虚假的交易事项支付款项；

（5）故意隐瞒、错报交易事项；

（6）泄露组织的商业秘密；

（7）其他损害组织经济利益的舞弊行为。

谋取组织经济利益的舞弊，是指组织内部人员为使本组织获得不当经济利益以及其自身也可能获得相关利益，而采用欺骗等违法违规手段，损害国家和其他组织或者个人利益的不正当行为。具体包括下列情形：

（1）支付贿赂或者回扣；

（2）出售不存在或者不真实的资产；

（3）故意错报交易事项、记录虚假的交易事项，使财务报表使用者误解而作出不适当的投融资决策；

（4）隐瞒或者删除应当对外披露的重要信息；

（5）从事违法违规的经营活动；

（6）偷逃税款；

（7）其他谋取组织经济利益的舞弊行为。

此外，内部审计人员在检查和报告舞弊行为时，应当特别注意做好保密工作。

（二）评估舞弊发生的可能性

内部审计人员在审查和评价业务活动、内部控制和风险管理时，应当从以下方面对舞弊发生的可能性进行评估：

（1）组织目标的可行性；

（2）控制意识和态度的科学性；

（3）员工行为规范的合理性和有效性；

（4）业务活动授权审批制度的有效性；

（5）内部控制和风险管理机制的有效性；

（6）信息系统运行的有效性。

内部审计人员除考虑内部控制的固有局限外，还应当考虑下列可能导致舞弊发生的情况：

（1）管理人员品质不佳；

（2）管理人员遭受异常压力；

（3）业务活动中存在异常交易事项；

（4）组织内部个人利益、局部利益和整体利益存在较大冲突。

内部审计人员应当根据可能发生的舞弊行为的性质，向组织适当管理层报告，同时就需要实施的舞弊检查提出建议。

（三）舞弊的检查

舞弊的检查是指实施必要的检查程序，以确定舞弊迹象所显示的舞弊行为是否已经发生。内部审计人员进行舞弊检查时，应当根据下列要求进行：

（1）评估舞弊涉及的范围及复杂程度，避免向可能涉及舞弊的人员提供信息或者被其所提供的信息误导；

（2）设计适当的舞弊检查程序，以确定舞弊者、舞弊程度、舞弊手段及舞弊原因；

（3）在舞弊检查过程中，与组织适当管理层、专业舞弊调查人员、法律顾问及其他专家保持必要的沟通；

（4）保持应有的职业谨慎，以避免损害相关组织或者人员的合法权益。

（四）舞弊的报告

舞弊的报告是指内部审计人员以书面或者口头形式向组织适当管理层或者董事会报告对舞弊的检查情况及结果。在对舞弊的检查过程中，如出现下列情况，内部审计人员应当及时向组织适当管理层报告：

（1）可以合理确信舞弊已经发生，并需要深入调查；

（2）舞弊行为已经导致对外披露的财务报表严重失实；

（3）发现犯罪线索，并获得了应当移送司法机关处理的证据。

内部审计人员完成必要的舞弊检查程序后，应当从舞弊行为的性质和金额两方面考虑其严重程度，并出具相应的审计报告。审计报告的内容主要包括舞弊行为的性质、涉及人员、舞弊手段及原因、检查结论、处理意见、提出的建议及纠正措施。

第 2 篇　内部审计作业准则

第 2 章 ▶▶▶

内部审计证据

第一节　内部审计证据综合知识

内部审计证据，是指内部审计人员在实施内部审计业务中，通过实施审计程序所获取的用以证实审计事项并支持审计结论、意见和建议的各种事实依据。

内部审计证据质量高低与数量多少，往往影响内部审计工作质量、工作进度、费用支出以及内部审计结论的可靠程度。

为了规范审计证据的获取及处理，保证审计证据的相关性、可靠性和充分性，根据《内部审计基本准则》，中国内部审计协会制定了《第 2103 号　内部审计具体准则——审计证据》，准则自 2014 年 1 月 1 日起施行，适用于各类组织的内部审计机构、内部审计人员及其从事的内部审计活动。其他组织或者人员接受委托、聘用，承办或者参与内部审计业务，也应当遵守该准则。

📋 小知识　　　　　审计证据在内部审计工作中的决定作用

内部审计人员在进行内部审计时，应保持应有的职业谨慎。这一点在很大程度体现在获取审计证据上。"应有的职业谨慎"是指"合理程度上的谨慎和胜任能力，而非毫无差错"。因此，内部审计人员只需在合理的程度上实施审计，而无须对所有的交易和经营活动都进行详细测试。同时，内部审计人员不需要也不可能对所审计事项作出绝对的保证。

在实施审计时，内部审计人员为做到应有的谨慎，应考虑影响审计证据的性质和质量的以下因素：

（1）为实现审计目标而实施的审计工作的范围；

（2）所审计对象的重要程度；

（3）内部控制的完善有效程度；

（4）审计的成本与效益。

1. 内部审计人员发表不实审计意见的后果

若内部审计人员发表了不实的审计意见，其工作的可信赖程度、与被审计单位以后的合作以及其职业形象都会受到很大的影响。因此，内部审计人员应保持应有的执业谨慎去收集充分、适当的审计证据来支持审计结论，不能凭主观想象。对于重要的审计证据，不能考虑成本效益原则。

在某些情况下，内部审计人员会碰到无法证实的信息，也就是说，因审计范围受到限制他们对一些信息无法取证，但这些信息又非常重要。这时，内部审计人员可以对这些信息不正式披露，但应明确指出这些证据未得到证实。

2. 内部审计人员的服务范围

既然审计结论必须用充分、适当的证据去支持，那么内部审计人员的服务范围就是一个重要的问题。有些专业性很强的审计证据，如某项机器性能等，内部审计人员自己无法完成，这时，内部审计人员就应聘请专家来证实。

（1）"硬数据"的一般概念。"硬数据"是指从中得出的审计证据是唯一的审计证据。例如，对现金进行盘点所得出的数据就是"硬数据"。当内部审计人员的审计对象是"硬数据"时，评价审计证据的充分适当就会相对较为容易。

（2）"软数据"的一般概念。"软数据"的审计证据是指通过专家的帮助得出结论的审计证据。如前所述，许多审计结论是需要专家的帮助的。例如，内部审计人员核实保险范围的适当性时，就需要保险业计算师的帮助。因此，为了避免不实审计结论带来的不良后果，内部审计人员应就"软数据"这一问题，与被审计单位达成一致意见。

（3）有目的的行为。管理当局的意图是内部审计人员在审计时必须考虑的一个主要因素。有一些情况是管理当局为降低成本、提高效益而有意采取的行为。例如，为了管理或生产的需要，应选用性能高的机器设备。但是，如果管理当局考虑技术进步的因素，为保证以最低的成本获取现代化的设备，购买低性能的设备就不失为一个理想的办法。只是内部审计人员在获取审计证据、发表审计意见时，要注意这些办法是否经过批准。

（4）不同程度的保证。内部审计人员为了使自己的服务范围能满足管理当局需要，他可以采取的一种做法是向管理当局作出不同程度的保证。例如，内部审计人员可以得出这样的结论，自己有95%的把握保证未经核实的货运单据不超过5%，而不需对销售内部控制的全面水平作出保证。

总之，内部审计人员在实施审计之前，应保持应有的执业谨慎去确定服务的范围、"软数据"证据的评价标准和保证的层次，这有助于保证审计工作的质量。

3. 对审计工作的监督

对审计证据的计划、获取、分析、解释、记录和报告进行监督，同样有助于提高审计工作的质量。监督必须贯穿从审计计划到审计终结全过程的始末。

对审计工作的监督包括一系列的活动，例如，指导内部审计人员正确选用审计方法和技巧；对审计工作进行个别检查，以确保审计计划的顺利执行；复核审计工作底稿；复核内部审计报告，保证审计结论的正确、客观和明晰，并做到语言简练、语气积极，保证内部审计报告的编制及时；核实是否达到审计目标等。

应做好对监督工作的记录，目前人们通常以核对表、已计划的审计工作的核对表和复核人对已完成的审计工作复核后的签名等形式进行记录。当然，所需的监督工作的多少取决于内部审计人员的专业胜任能力和审计事项的复杂程度。

监督工作有助于提高个别审计工作的质量和对审计工作进行质量控制，从而有助于提高内部审计部门的工作质量。

一、内部审计证据的特性

内部审计证据的特性如表2-1所示：

表2-1　内部审计证据的特性

内部审计证据的特性	充分的证据	衡量证据是否充分的尺度是：一个谨慎的人能依据该证据得出与内部审计人员相同的审计结论。这一点实质上是强调审计证据应具有说服力。具体地说，内部审计人员在衡量证据充分性时，必须回答这样一个问题：在一个智力正常、消息灵通和谨慎的人看来，与某一个审计事项相关的所有证据是否有足够的说服力去支持内部审计人员的审计结论和审计建议
	有力的证据	有力的证据必须具备下列条件：①具有可靠性；②是利用适当审计技术的情况下易于得到的最好证据。如果不同的内部审计人员从同样的方法获取了证据，他们很可能得到一致的审计结论，这一结论往往能反映所审事项的实质，这时证据就是可靠的。内部审计人员在收集有力的证据时，还应注意所收集的证据是"易于得到的最好的证据"。这就是指内部审计人员在收集审计证据时要考虑成本效益原则，尽量避免"收集的证据越多，每一证据的边际价值就越小"的现象出现

续表

内部审计证据的特性	相关的证据	内部审计人员应按照审计目标的要求，收集能支持审计发现和审计意见、建议相关的证据。内部审计人员在审计过程中会遇见许多与审计方案无关的事项，许多人，尤其是缺乏经验的内部审计人员，在这些无关事项上会浪费许多时间，这就要求内部审计人员在审计过程中要尽量避免这种情况，一定要注重证据的相关性，不把时间、精力花费在获取无用的、多余的信息上
	有用的证据	有用的证据就是指那些有助于帮助组织实现其目标的证据，这些目标可以概括为内部控制的五个目标，即保证信息的可靠性和完整性；保证遵循组织的方针、政策、规章和制度以及有关的法律、法规；保护资产的安全；保证资源的有效利用；有助于组织目标的实现；审计证据不光要与上述的一个或多个目标相联系，还应有助于促使被审计单位管理当局和董事会更好履行其职责。做好后者对内部审计人员来显得更加重要

《第 2103 号　内部审计具体准则——审计证据》要求，内部审计人员获取的审计证据应当具备相关性、可靠性和充分性。相关性，即审计证据与审计事项及其具体审计目标之间具有实质性联系。可靠性，即审计证据真实、可信。充分性，即审计证据在数量上足以支持审计结论、意见和建议。审计项目的各级复核人员应当在各自职责范围内对审计证据的相关性、可靠性和充分性予以复核。

二、内部审计证据的种类

依据不同的分类标准，内部审计证据可以划分为不同的种类（见表 2-2）。

表 2-2　内部审计证据的种类

内部审计证据的种类	根据内部审计证据的来源分类	1．概念 内部审计证据从被审计单位内部取得，则为内部证据；反之则为外部证据。 2．构成 （1）内部证据包括被审计单位的财务会计凭证、账册、报表、经济合同书、统计报表、销售票据、订货单、内控制度资料等。 （2）外部证据包括与被审计单位经济业务相关单位出具的各种证明书及外单位提供的银行对账单等。 3．外部证据与内部证据的关系 前者是后者的补充和确认。内部证据力强弱与被审计单位的内部控制制度健全与有效程度有关
	按照内部审计证据与内部审计事项的相关程度分类	直接证据
		直接证据是直接就能证明内部审计事项的实物证据和文书证据。它的证据力强，是内部审计报告和结论的主要支持物
		间接证据（又叫旁证）
		间接证据是间接证明内部审计事项的口头证据及其他资料等。当直接证据不能完全支持内部审计事项时，就需要间接证据来补充说明。间接证据虽然与内部审计事项有关，但不能独立承担证明内部审计事项的角色

续表

内部审计证据的种类	根据内部审计证据的形式	实物证据	实物证据是以实物形态来充当内部审计事项证明的材料，如工具、产品、设备等。如涉及审计事项的现金、原材料、固定资产、在产品、产成品、次品、低值易耗品等
		文书证据（又叫书面证据）	文书证据是用来证明内部审计事项的各种书面资料。如被审计单位的原始凭证、会计记账凭证、会计账簿、财务报表、财务状况说明书、内控制度文件、经营生产计划、财务计划、合同书等，以及从外单位取得的有关协议、合同、信函、复印件凭单、调查记录、文字证明等材料
		口头证据（又叫言辞证据）	口头证据是内部审计人员在审计过程中，依照内部审计事项的具体要求，向有关人员以口头询问形式取得的材料。口头证据因为带有被调查人的主观因素，故多作旁证之用。口头证据用文字记录、磁带等形式保存。文字记录必须由被询问人签字认可，否则会失去其证据力，甚至会造成不必要的麻烦
		环境证据（又叫行为证据）	环境证据是用以说明内部审计事项所处环境的材料，如反映内控制度健全情况的材料等
	按相互关系分类	基本证据	基本证据也称"基础证据"，是指对被审计事项具有直接证明力的证据。例如，审查财务报表是否正确时，账簿是基本证据；审查利润分配是否正确时，股东大会决议和本年可分配利润是直接证据
		佐证证据	佐证证据也称"确证证据""旁证"，是指能支持基本证据证明力的证据。例如，原始凭证可支持记账凭证的正确性，考勤记录可支持应付职工薪酬—工资的正确性
		矛盾证据	矛盾证据是指证明的内容与基本证据不一致或相反的证据。例如，某公司销售情况非常好，但报表上销售收入不高。这就为内部审计人员提供了线索
	按审计证据取得的方式分类	现成证据	现成证据是指被审计单位已有的，不需要内部审计人员加工的证据。如会计资料、财产记录、考勤记录等
		非现成记录	非现成记录是指内部审计人员工作后所取得的记录。如分析性复核记录、应收账款询证函回函

《第 2103 号　内部审计具体准则——审计证据》第四条规定："内部审计人员应当依据不同的审计事项及其审计目标，获取不同种类的审计证据。

审计证据主要包括下列种类：

（一）书面证据；

（二）实物证据；

（三）视听证据；

（四）电子证据；

（五）口头证据；

（六）环境证据。"

第二节 内部审计证据的收集、分析和运用

一、内部审计证据的收集

（一）内部审计的取证原则

内部审计人员在取证过程中，必须掌握如表 2-3 所示的几个原则。

表 2-3 内部审计的取证原则

内部审计的取证原则	有用性原则	内部审计证据首先应能用来证实所要审计的事项。例如，为了证实成本上升的情况，必须取得各种成本的数据，如材料费用、燃料费用、工资费用、销售费用等资料，这些资料对于证明成本上升原因都是有用的
	可靠性原则	有用的内部审计证据并不等于就是可靠的内部审计证据。要使有用的证据变为可靠的证据，还要进行分析鉴定。分析鉴别一般有直接鉴别法和间接鉴别法。直接鉴别法是内部审计人员对于以往取得的或正在收集的证据，分别进行循环、模拟、重复、抽样、系统、交叉等检验，根据内部审计项目目标来确定其真实程度。间接鉴别法是内部审计人员通过检查被审计单位内部控制制度的健全、有效程度，推测证据的可靠性
	相关性原则	无论是直接内部审计证据、间接内部审计证据，还是有用内部审计证据，都必须与内部审计人员从事的审计事项目标、任务有关，只有这样才能被用来证实审计事项的真实性。相关原则在具体内部审计工作中，可以分为若干步骤进行分段落实，如任务相关、人员相关、事件相关、子程序相关、报告相关等。无关的内部审计证据，也就是无用的内部审计证据
	时间性原则	任何一项内部审计工作，大到行业内部审计调查，小到查证一个情况，均有较强的时间要求，这就要求内部审计人员在一定的时限内，完成一定量的内部审计取证任务，并要预见各种不测的内部审计证据力的影响因素。由于内部审计工作一般不存在重复取证情况，所以，确保证据时间性，不仅能保证内部审计工作质量，而且能节省内部审计工作经费，节省人力
	充分性原则	充分性原则是就内部审计证据的数据和内容而言。没有足够的证据材料，就不能全面、系统地证明内部审计事项，从而人们对内部审计事项的真实性、合法性和效益性也就很难判断。光有足够的数量而没有足够说明问题的内容，证据也就没有说服力
	经济性原则	在取证过程中，一定要考虑取证费用因素，要避免为取证而取证的做法。坚持经济原则的公式是：内部审计证据的效用>取证费用。内部审计证据的效用是个综合性指标，既有定性因素，又有定量因素。一般来说，重要的、金额大的、性质严重的证据材料，其效用系数就大

（二）获取审计证据应考虑的因素

获取审计证据应考虑的因素如表 2-4 所示。

表 2-4 获取审计证据应考虑的因素

获取审计证据应考虑的因素	不同类型证据相组合的必要性	一般来说，证据应包括不同的类型。换句话说，从经济和全面的角度看，证据全部通过询问获取或者全部通过详细测试获取都是不合适的。在形成审计结论时能起重要作用的证据往往包含了不同的类型，这是实施了不同审计程序的结果，内部审计人员可以将这些证据有效组织起来以发挥其作用

获取审计证据应考虑的因素	在选择收集证据的类型时，审计目标起重要的指导作用	所收集证据的类型很大程度取决于审计目标。例如，为了查明资产的存在，有效的方法是直接观察；为了正确评价书面证据，有效的方法是详细测试；为了证实计价的合理性，有效的方法是采用分析程序和取得专家的证明；为了证实数字的正确性，有效的方法是复算等。审计目标一般是总体性的，例如，评价会计信息系统输入控制的有效性就是一个总体目标。总体目标可以细分为多个具体目标，例如，输入控制有效性这一总体目标可分为如下具体目标：检查和评价输入的正确性、质量控制标准的合理性、培训手册的使用情况和控制程序的遵循情况等。这些具体的程序表明，为实现审计目标，要采取不同的方法获取不同的证据
	风险因素	内部审计人员必须对收集的证据是否足以支持审计结论作出判断。 证据的充分性又与风险密切相关。也就是说，要考虑得出错误结论的风险有多大。风险包含抽样和非抽样风险。例如，所测试的样本可能没有代表性；所实施的审计程序可能无效或与审计目标不相关；所收集的证据可能由于舞弊的存在或内部控制薄弱而缺乏证明力
	收集审计证据时要考虑成本效益原则	内部审计人员在评价风险和制订审计计划时，必须考虑成本效益原则。 假如一个组织不考虑成本，审计风险则几乎可以完全避免。但是，建立一个不存在风险的控制系统或内部审计系统需要很高的成本，没有一个组织有能力支付。因此，组织就不得不对设置内部控制和内部审计的成本效益进行权衡，考虑可容忍风险的水平。也就是说，要把风险控制在合理的范围，但不能保证完全没有风险。 "合理"意味着要把评价成本效益和风险作为制订审计计划的一个方面。评价风险和成本效益通常需要考虑重要性原则
	重要性	判断某一个事件或信息是否重要，关键是看其能否改变人的思想或做法。如果信息能影响决策者的行为，那么该信息就是重要的。内部审计人员经常要对重要性作出判断。为了使判断做到合理化、条理化，内部审计人员常常用以下几种不同的方法将重要性加以量化。 （1）绝对数。 使用绝对数，就是把某一个特定金额作为重要性水平，而不考虑经营规模或业务量的大小。例如，许多人都认为 100 万元的错报是重要的，即使对金额只有 100 万元的业务也是如此。 （2）占相关账户金额的百分比。 除了用绝对数来衡量重要性，还要将潜在的错报金额与其相关账户的金额进行比较来判断错报是否重要。例如，对于金额为 50 000 元的账户，5 000 元以上的错报应被认为是重要的，对于金额为 500 000 元的账户而言，5 000 元的错报却算不上重要，因为前者的错报占了总额的 10%，而后者仅占了 1%。 （3）占利润的百分比。 许多人认为应把对净利润的影响作为衡量重要性的重要基础。美国证券交易委员会建议把幅度达到 3%每股盈利的变动都看作重要的变动。的确，在估计重要性水平时，对利润的潜在错报的影响是要做特别考虑的。

获取审计证据应考虑的因素	重要性	（4）占资产的百分比。 　　组织的规模通常也可作为估计重要性的标准。因此，内部审计人员在估计重要性水平时，往往会关注经营所占用的资产总额。 （5）性质。 　　对重要性除了要考虑金额，错报的性质也是影响重要性的一个重要因素。例如，违反法规行为，即使影响的金额不大，也被认为是重要的。同样，舞弊也是重要的，因为一旦存在舞弊，而又不存在相应的防范措施，那么不管舞弊对过去或现在造成的损失有多大，都会面临潜在的重大风险。 　　对于某些类型的业务活动来说，其性质本身就是重要的，而不必考虑其相关的金额是大还是小。这样的业务包括：关联方交易；受法规限制的业务；易受政治局势影响的业务等

《第 2103 号　内部审计具体准则——审计证据》第七条规定："内部审计人员在获取审计证据时，应当考虑下列基本因素：

（一）具体审计事项的重要性。内部审计人员应当从数量和性质两个方面判断审计事项的重要性，以作出获取审计证据的决策。

（二）可以接受的审计风险水平。证据的充分性与审计风险水平密切相关。可以接受的审计风险水平越低，所需证据的数量越多。

（三）成本与效益的合理程度。获取审计证据应当考虑成本与效益的对比，但对于重要审计事项，不应当将审计成本的高低作为减少必要审计程序的理由。

（四）适当的抽样方法。"

（三）收集内部审计证据的要求

证据收集涉及内部审计工作质量的高低。内部审计人员不但要从众多材料中筛选有用的内部审计证据，而且要鉴别哪些证据是可靠的内部审计证据。所以，收集内部审计证据的要求也较为严格（见表 2-5）。

表 2-5　收集内部审计证据的要求

收集内部审计证据的要求	（1）内部审计人员要有较强的政策水平，通晓国家有关经济法律、法规、规定以及政策； （2）内部审计人员要拥有会计、审计、工程、财经、税收、计统、价格、经济法等专业基础知识和相关知识； （3）内部审计人员要有丰富的工作实践经验和较强的主观判断力； （4）内部审计人员要有实事求是的工作作风，在取证过程中，不带个人感情色彩。不仅对于与自己主观判断相符的证据要收集，对与自己主观判断不相符的证据也要收集； （5）内部审计人员对内部审计证据要持"大胆设疑，周密论证"的态度，取证要时刻遵循内部审计工作标准、程序，依据一定的内部审计方法，对于证据的形成要做认真的分析、确认，深入地揭示内部审计事项的本质

（四）收集内部审计证据的方法

内部审计证据收集的方法如表 2-6 所示。

表 2-6　内部审计证据收集的方法

内部审计证据收集的方法	询问	即通过口头或发信的方式询问被审计单位的有关人员、其他与被审计单位相关联的人员以了解情况。这一程序对内部审计人员了解被审计单位的经营活动、发现和分析被审计单位经营活动的例外情况和异常变动特别重要。内部审计人员在进行询问时要注意：不要对被询问者的回答造成障碍；应准确地记录被访者的回答；第三方当事人的证明有时是充分的
	复算	即内部审计人员为核实数字正确性所进行的验算或另行计算。 　　例如，内部审计人员往往要对会计凭证和账簿中的数字进行计算，以验证其是否正确。值得注意的是，通过复算证实的证据，其使用范围有一定的局限性。因为，输出结果的正确合理性要依赖于输入数据的正确合理性，所以要结合考虑数据计量的内容来评价输出结果的合理性
	详细测试	即对经营活动过程中所编制的原始凭证进行详细的测试。在进行详细测试时，根据不同的目的，可以有不同的测试方法。如果是待测试的交易都已入账，则应从原始发票或其他原始单据入手，追踪到记账凭证、账簿和报表。如果是待测试的所有记录都源于真实的交易，则应从账簿入手，追踪到记账凭证、原始凭证
	观察或检查	观察是指对企业生产经营活动的有关方面进行的观察。如对存货的收、发、存过程进行观察；检查则是对实物资产进行核对。通过观察和检查获取的证据跟通过复算获取的证据一样，具有一定的局限性。因为资产的存在并不能证实其所有权，但其价值和所有权还需另行证明
	浏览	这是一种相对粗略的观察程序，目的是要发现异常情况。浏览可以提高审计效率，但它的有效性取决于内部审计人员的工作能力。数据量越大，使用该种程序所获得的证据发生的偏差也就越大
	函证	询证函是书面的陈述材料，通常由内部审计人员编制，由被审计单位以外的第三者去完成，并直接送回到内部审计人员手中。最常用的询证函是对应收账款的审计，通过函证，可获得客户对被审计单位所报告的应收账款余额的确认。另外可向银行发询证函来证实银行存款余额的正确性
	分析程序	为内部审计人员通过分析比较数据间的关系或比率来取证的一种方法。通常，内部审计人员事先确定一个预期数，在实施审计后，将得出的审定数与预期数进行对比，以发现异常的变动。分析程序可分为以下几种方法： 　　（1）多期比较。就是把本年数据与上年数据进行比较、把本期数据与上期数据进行比较以及把本期数据与上年同期数据进行比较等。多期比较分析的前提是进行比较的各期是可比的，当数据出现大幅变动时，就说明很有可能存在问题，需要进一步审查。这种方法的局限性在于只是比较两个时间段或时间点。 　　（2）预算与实际比较。这种方法的前提是预算要合理可靠，有了合理可靠的预算，就可通过实际和预算指标的比较来发现是否存在异常变动。一旦发现实际和预算存在异常的偏差，内部审计人员应进行差异分析，并考虑是否存在与预算有关的例外情况，以及决定是否扩大审查的范围。 　　（3）账户间关系分析。复式记账使账户之间自动建立起了联系。例如，待摊费用会自动转入各种费用账户，如管理费用、制造费用等。

内部审计证据收集的方法	分析程序	另外，某些账户的发生额或余额之间也存在比例关系。例如，按应收账款的一定比例计提坏账准备，根据借款费用的一定比例得出利息费用等。通过审查账户间的内在关系，就可发现账务处理上的错误。 （4）与行业指标的比较。行业指标能为评价某些比例和趋势的合理性提供有用的外部标准。如某名牌计算机生产企业，若其暑期的销售利润率明显低于同行业水平，又没有合理的理由，则该企业很可能存在隐瞒利润的情况。需要说明的是，由于"行业指标"具有外部性，所以它比本单位的一些指标具有可比性，但该指标仅仅是平均水平的反映，单凭这一指标还不能形成结论，对一些问题还需进一步分析。 （5）与经营数据比较。企业财务报告的数据与生产经营数据紧密相连。内部审计人员若将来源于生产经营部门的数据与财务报告的数据进行比较，就可以得到一些有价值的信息。 （6）与经济数据比较。通过将反映经营总体情况的数据与经济数据进行比较，有助于内部审计人员更好地分析和评价有关的比率和趋势，从中发现某些不易察觉的风险。例如，企业制定的某些预算，在原来的经济情况下是十分可行的，但由于突发事件，使整个国民经济衰退，企业的经营状况自然受到影响。企业财务报告中的数据若没有达到预算中的水平，也是合理的

《第 2103 号　内部审计具体准则——审计证据》第八条规定："内部审计人员向有关单位和个人获取审计证据时，可以采用（但不限于）下列方法：

（一）审核；

（二）观察；

（三）监盘；

（四）访谈；

（五）调查；

（六）函证；

（七）计算；

（八）分析程序。"

二、内部审计证据的分析

如同证据收集一样，不同的内部审计证据也有不同的分析方法（见表 2-7）。

表 2-7　内部审计证据的分析方法

内部审计证据的分析方法	实物证据的分析	实物证据包括现金、有价证券（备用金、国库券等）、库存材料、库存半成品、库存物资、库存产成品、固定资产、低值易耗品等。分析中应注重对实物项目、数量、质量、金额等的核对分析。中心是通过对实物证据的品种、规格、编号、日期、印章、计量单位、分类数量、个别金额、正品、次品等内容的核审分析，鉴定实物证据的真实性和可靠性。分析时，可以采取账实核对的双向分析办法，从账到实，从实到账。发现账实差错，就要追查原因。若是因账册某项资产的结账日与盘点日不一致而产生差异，可用下列公式进行调整：结账日库存资产账面数额=盘点日库存资产盘存单数额+结账日至盘点日发出数额−结账日至盘点日收入数额

内部审计证据的分析方法	文书证据的分析	文书证据分析重点在于对收集的财务报表、会计账册、会计凭证以及有关资料的真实性、有效性、全面性、合法性、正确性等进行验证分析，以判明这些证据的真实性和有用性。 对不同的文书证据分析，应采用不同的分析方法。 1. 会计凭证的分析 会计凭证包括原始凭证和记账凭证两部分，分析的重点是原始凭证，特别是涉及现金、银行存款开支的外部凭证，其数量繁多，来源不一。在审查分析时，可用审阅法、核对法、验算法、比较法、平衡法、匡算法等。一般来说，审查重要的内部审计事项所涉及的原始凭证可用抽样检查分析法，但个别情况下就需要用到详细检查分析法。在分析时，可针对下列疑问进行审查：会计凭证是否真实?反映的经济业务是否合法?反映的经济业务是否有效?会计计量是否正确?会计分类是否正确?会计核算是否正确?其他方面是否正确? 2. 会计账簿的分析 会计账簿包括会计总账和会计明细账，对之分析时要特别注意对其他往来等账户的审查分析。在分析中可用审阅法和核对法，来进行账证、账实、账表、账账之间的核对分析。 3. 财务报表的分析 根据特定的内部审计目标，查找出需要进一步检查不确定项目，在分析中可用报表分析法和审阅法等，来进行表证、表账、表表、表实之间的核查分析。在分析中可以根据会计凭证、会计账簿检查发现的线索进行跟踪分析检查，也可以直接从财务报表入手，针对局部内容或全部内容，通过审阅，作出评价。 4. 书面函证的分析 书面函证包括银行函证、债务（权）人函证、代销单位函证、材料代存单位函证、保险公司函证、客户函证、借款单位函证、租赁单位函证、证券机构函证、工商等部门函证等。它又分为积极性函证和消极性函证两类。书面函证一般可靠性较强，但当涉及函证单位与被审计单位有不正常的关系时，应考虑函证的可靠程度。在分析时，可参照其他物证等进行补充分析
	口头证据的分析	口头证据，相对来说证明力差一些。尽管询问中已确定了询问内容、对象、问题，但在分析中还需要就上述项目逐个进行核实，以免存在疑点。在分析中可采用相关书面证据相核对的办法
	环境证据的分析	环境证据是一种抽象的东西，其内涵和外延依据内部审计人员的主观意志可大可小，一切视内部审计的目的和要求而定。在分析中一要测试，二要现场观察

三、内部审计证据的综合运用

内部审计证据收集、分析的最终目的是综合运用。而综合运用的关键是对已经分析过的证据，按内部审计的要求，进一步进行归纳、分析和精选，使之形成具有充分证明力的内部审计证据体系，以支持内部审计报告和决定。

内部审计证据综合运用的要求如表 2-8 所示。

表 2-8　内部审计证据综合运用的要求

内部审计证据综合运用的要求	与内部审计目标相一致	收集内部审计证据并进行分析是为了证明内部审计事项。在综合运用过程中，首先要把各种内部审计证据按类别集中起来，形成一个有机的整体，尔后把证据系统与审计目标相对照，观察哪些地方有待修补，哪些地方证据多余，最后使证据系统更加完善，更加具有证明力
	与内部审计目标相联系	综合运用内部审计证据时，要善于用联系的方法去发现审计证据之间的内在关系。从总目标到分项目标，再到子项目标，进行层层分析，根据经济活动事项的发展趋势，搞清事情的来龙去脉，使内部审计证据能更加切合内部审计事项

内部审计证据综合运用的方法如表 2-9 所示。

表 2-9　内部审计证据综合运用的方法

内部审计证据综合运用的方法	相关法	即内部审计人员把内部审计证据按与内部审计事项的相关程度大小顺序排列，然后进行分析运用。有时，一个内部审计证据只能说明一个内部审计证据的某一个子项；有时，若干内部审计证据集合才能说明某个内部审计子项；有时，一个内部审计证据却能说明几个内部审计子项。尽管内部审计证据的证明力范围有大有小，伸缩性很大，但并非没有规律可循，证据系统内部有许多相互联系的东西，可以形成一个说明内部审计事项的体系。如对于说明乱挤乱摊成本的证据，如从"销售费用""管理费用""其他往来"等科目单独观察，不一定能全面说明情况，但若把所有经济活动过程中的乱挤乱摊成本的行为一一列入"乱挤乱摊成本审计工作底稿"之中，则问题就会一目了然
	逼近法	即内部审计人员把内部审计事项作为总体目标，按内部审计证据的证明力大小依次向内部审计工作目标逼近，使之达到说明事物真相的目的。应用逼近法的关键是把内部审计证据按内部审计目标进行分类，将各类证据按与内部审计目标关系强弱进行顺序排列，逐步向总目标靠拢

小知识　　　　　　　审计证据的获取与处理

内部审计人员应当将获取的审计证据名称、来源、内容、时间等完整、清晰地记录于审计工作底稿中。如需采集被审计单位电子数据作为审计证据，内部审计人员应当记录电子数据的采集和处理过程。

内部审计机构可以聘请其他专业机构或者人员对审计项目的某些特殊问题进行鉴定，并将鉴定结论作为审计证据。内部审计人员应当对所引用鉴定结论的可靠性负责。

对于被审计单位有异议的审计证据，内部审计人员应当进一步核实。

内部审计人员对于所获取的审计证据，如有必要，应请证据提供者签名或者盖章。如果证据提供者拒绝签名或者盖章，内部审计人员应当注明原因和日期。

内部审计人员应当对获取的审计证据进行分类、筛选和汇总，以保证审计证据的相关性、可靠性和充分性。

在评价审计证据时，应当考虑审计证据之间的相互印证关系及证据来源的可靠程度。

第 3 章 ▶▶

内部审计程序

内部审计工作程序是指内部审计机构有计划、有秩序、有目的地对被审计单位进行审查的工作次序、具体步骤和工作方法，即从确定内部审计项目开始到审计结束的整个审查过程的工作步骤。

内部审计工作程序包括准备、实施、报告、后续内部审计四个阶段。

第一节　内部审计准备阶段

内部审计工作往往是根据内部审计工作计划进行的。非特殊情况下，进入内部审计工作实施阶段前，对每一个内部审计事项都要做好必要的准备工作。

一、明确内部审计事项的性质

首先，要明确内部审计事项属哪一种类型的审计，是内部经济效益审计，还是内部财务收支审计；其次，要明确内部审计事项的审计范围，是全面审计还是专项审计；最后，需要在明确内部审计事项类型、范围的基础上，确定应用的审计程序。

对于内部经济效益审计、财务收支审计、项目工程审计、经济合同审计、承包经营审计、任期目标责任审计等，可采用普通审计程序；对于定期审计、专项审计，可采用简易审计程序。

审计工作程序是审计程序的规范化的体现，审计程序是审计工作程序的具体化。普通审计程序包括计划、准备、测试、实施、报告等过程。简易审计程序对审计立项、审计通知书、人员组织、审计实施、内部审计报告等过程按审计要求进行了简化。特别审计程序则视案情的发展来定审计程序，有些环节可简可繁。

二、制订内部审计工作计划

内部审计工作计划，在广义上，是指年度内部审计计划和季度、月度内部审计计划；在狭义上，是指内部审计项目审计计划。这项准备主要是：①调查分析，收集相关资料；②编制内部审计计划表（见表 3-1）；③报部门、单位负责人批准。

表 3-1　内部审计计划表

编制时间：　　　　　　　编制人员：

序号	年		内部审计项目	审计对象（范围）	具体程序	审计方式	审计时间	备注
	月	日					人员分工	

三、制订内部审计工作实施方案

内部审计人员在深入了解被审计单位情况的基础上，需要制订内部审计工作实施方案。方案中应包括：内部审计的目的和要求；内部审计的种类和方式；内部审计的内容和范围；内部审计的技术方法预选；内部审计的工作时间；注意事项。

方案确定之后，要组织内部审计小组，确定内部审计小组负责人，选配内部审计小组成员，进行相关法规学习，进行工作分工。

四、确定内部审计工作方式

根据内部审计工作内容，确定是就地审计，还是报送审计。

五、下达"审计通知书"

"审计通知书"包括以下内容：

（1）检查单位名称、地址；

（2）审计种类；

（3）审计目的、要求；

（4）审计内容、范围；

（5）审计方式；

（6）审计起讫时间；

（7）审计小组负责人和成员；

（8）其他要求。

第二节　内部审计实施阶段

审计实施阶段即将审计工作方案付诸实施的阶段，即根据其规划阶段所选定的项目，有目的的进行审计。所选定的项目有可能是财务审计，也可能是经济效益审计或计算机审计，但无论哪一种形式的审计，在审计的实施阶段，一般都要做好以下工作：对所选定的项目，采用多种方式进行调查，了解情况并找出主要问题；进行各种测试分析，对照标准，揭示矛盾，并寻找事物变化的原因；充分取证，弄清问题的真相；汇总分析，作出审计评价等。

在审计实施阶段的许多工作中，内部审计人员要运用各种审计方法，以收集审计证据，达到审计目的。

实施阶段是整个内部审计工作程序的中心环节，它包括测试、检查分析、初步总结三个阶段。

一、测试阶段

测试即对被审计单位内部控制制度的了解。其目的是找到审计的突破口（见表 3-2）。

表 3-2　测试阶段

测试阶段	初步了解	（1）组织、经营管理状况； （2）各个职能部门的职责分工； （3）经营生产活动的简繁程度； （4）经营生产状况； （5）内部控制制度是否建立； （6）内部控制制度是否健全； （7）内部控制制度是否有效； （8）其他

续表

测试阶段	深入了解	（1）组织机构的有效运转情况； （2）反映财务状况的经济指标； （3）反映经营状况的经济指标； （4）会计时控制度有效程度； （5）其他情况
	绘制测试流程图	对资财控制系统的各个流转环节、各个职能部门的相互关系或工作顺序，用专门的、统一的符号和格式来表示其工作流转程序和方向，并指出关键控制部位
	初步评价	用内控制度评价的专用方法来对被审计单位的内控制度健全程度进行有效性的实质评价，从内控制度的强弱点评价入手，对设计的内控制度的合理性、健全性、有效性以及各个流转环节的可控性、人员分工的合理性等进行进一步的评价
	重点测试	（1）会计凭证的测试； （2）会计账册的测试； （3）财务报表的测试； （4）财务状况的测试； （5）实地观察； （6）抽样分析核对； （7）会计核算程序测试； （8）经济活动程序抽样测试； （9）综合分析
	提出测试意见书	测试意见书的内容包括测试的范围、方式、程序、结果（存在问题）等

二、检查分析阶段

检查分析是内部审计工作程序中最为重要的一环，它直接影响内部审计工作质量的高低。为此，应做到以下几项工作：

（1）以相关财经法规为检查依据，做到实事求是，依法审计；

（2）在测试的基础上，全面了解被审计单位的情况；

（3）根据内部审计项目的具体情况及审计的要求、目的，确定审计方式，是顺查，还是逆查，是全面审查，还是部分审查；

（4）运用各种审计技术方法，编制工作底稿；

（5）把审查出来的问题，采用各种方式进行核查，去伪存真；

（6）编制内部审计情况分类表，为撰写内部审计报告打下基础。

三、初步总结阶段

初步总结可分为以下两个方面：

（1）内部审计工作的总结，内容包括计划实施程度、人员分工、人员安排是否合理，工作质量如何等；

（2）构成内部审计报告材料的总结，内容包括收集的资料是否齐全、有效等。

第三节　内部审计终结阶段

　　这个阶段也叫报告阶段，主要是对内部审计工作进行总结的阶段。内部审计人员经过规划、实施这两个阶段的工作后，应对审计中发现的问题加以评价，与被审计部门进行商榷，提出改进建议和处理意见，作出审计结论。并将这些内容以书面形式写出内部审计报告，提请单位负责人审批。

一、撰写内部审计报告

　　内部审计报告是内部审计人员对被审计单位的审计事项经过审查后进行评价，提出问题和处理意见以及建议，作出结论的书面文件。一般内部审计报告应由主审或审计小组负责人撰写。

　　内部审计报告内容包括：

　　（1）审计依据；

　　（2）被审计单位概况；

　　（3）审计简单情况；

　　（4）对被审计单位财务状况以及经营状况的分析评价；

　　（5）审计出来的主要问题及其性质、金额、数量；

　　（6）审计中所应用的法律法规依据；

　　（7）内部审计人员的意见；

　　（8）附送的审计证据。

二、征求被审计单位意见

　　征求被审计单位意见的工作包括：

　　（1）听取被审计单位对内部审计报告的意见；

　　（2）收集新的审计证据；

　　（3）对正确的意见要采纳并及时修改内部审计报告；

　　（4）如有分歧意见，要向部门负责人反映；

　　（5）内部审计报告由被审计单位负责人签署意见后定稿。

📠 小知识　　　　　　　　内部审计结果沟通

　　结果沟通，是指内部审计机构与被审计单位、组织适当管理层就审计概况、审计依据、审计发现、审计结论、审计意见和审计建议进行的讨论和交流。

1.　一般原则

　　结果沟通的目的，是提高审计结果的客观性、公正性，并取得被审计单位、组织适当管理层的理解和认同。

　　内部审计机构应当建立审计结果沟通制度，明确各级人员的责任，进行积极有效的沟通。

　　内部审计机构应当与被审计单位、组织适当管理层进行认真、充分的沟通，听取其意见。

　　结果沟通一般采取书面或者口头方式。

　　内部审计机构应当在审计报告正式提交之前进行审计结果的沟通。

　　内部审计机构应当将结果沟通的有关书面材料作为审计工作底稿归档保存。

2.　结果沟通的内容

　　结果沟通主要包括：审计概况；审计依据；审计发现；审计结论；审计意见；审计建议。

如果被审计单位对审计结果有异议，审计项目负责人及相关人员应当进行核实和答复。

内部审计机构负责人应当与组织适当管理层就审计过程中发现的重大问题及时进行沟通。

内部审计机构与被审计单位进行结果沟通时，应当注意沟通技巧。

三、下达审计决定

审计小组负责人将内部审计报告上报内部审计机构负责人，经过讨论通过后，作出审计结论，并报部门单位负责人批准签发，同时通知被审计单位限期执行。

四、审计资料归档

审计项目完成后，内部审计人员要把各种审计计划、审计工作底稿、各种、文件等整理、登记、编号、归档，以便日后查阅和参考。内部审计资料归档工作应本着谁审计谁立档的原则进行并归档后由专人保管。

第四节　后续内部审计阶段

后续内部审计也叫"后续跟踪"，是追踪审计结论的纠正及实施情况，是在内部审计报告发出后相隔一定时间，为检查被审计单位对内部审计报告提出的审计问题及建议是否已采取了适当措施而采取的审计。

在报送内部审计报告、向被审计者陈述审计结果以及被审计者提出反馈意见的这一系列工作完成以后，还要进行后续内部审计。后续内部审计采取以下三种形式：①高级管理层与被审计者进行协商，决定是否、何时、怎样按照内部审计人员的建议采取纠正行动；②被审计者按照决定采取行动；③在报送内部审计报告后，经过一段合理的时间，内部审计人员对被审计者进行复查，看其是否采取了合适的纠正行动并取得了理想的效果；并在被审计者未采取纠正行动时，明确是不是高级管理层和董事会的责任。

在大部分的情况下，这几种后续内部审计是结合在一起的。通常被审计者要针对审计建议提交一份书面的反馈意见书。高级管理层与被审计者共同商议出解决问题的途径，内部审计人员则要审查这些纠正行动的实施效果。

值得注意的是，无论采取哪种形式，后续内部审计都是必不可少的。缺乏后续内部审计，将削弱内部审计人员的作用。

后续内部审计主要包括编写后续内部审计报告，总结审计效果。

一、定期回访，检查整改情况

后续内部审计在时间选择上，应根据不同的审计内容而有所不同。例如，在内部审计报告中对一些不符合财务制度的会计处理作出调整或改正的决定时，一般只要在规定调整期之后，查看以下账簿和报表上的有关科目，看是否按照审计决定做了调整或整改。

后续内部审计的主要任务是：

（1）检查了解被审计单位对内部审计报告中所规定事项的贯彻执行情况，并督促其贯彻执行。

（2）检查了解内部审计机构在经济效益内部审计报告中所提出的可增加经济效益审计建议的实现程度和趋势，并推动其实现。

（3）检查了解内部审计报告中提出的意见和建议是否符合实际。如果发现原来提出的意见和建议不切实际，或者因为客观情况的变化而影响意见和建议的贯彻时，应及时修正。定期回访，检查整改情况。

二、编写后续内部审计报告，总结审计效果

完成后续内部审计后，内部审计人员应当写出后续内部审计报告。后续内部审计报告是对后续内部审计的工作总结，也是对审计工作效果的总结。应将后续内部审计报告报送单位负责人审阅。

第 4 章 ▶▶

内部审计底稿

第一节　内部审计底稿综述

内部审计工作底稿，是指内部审计人员在内部审计工作实施过程中，按照一定的内部审计程序，把收集的内部审计事项的有关资料，记载到相关的专门分类表格上，作为内部审计证据的一种载体形式。它是形成内部审计报告，表述内部审计工作情况的一种专业证据记录形式。

为了规范审计工作底稿的编制和使用，根据《内部审计基本准则》，中国内部审计协会制定了《第 2104 号　内部审计具体准则——审计工作底稿》，该准则自 2014 年 1 月 1 日起施行。

《第 2104 号　内部审计具体准则——审计工作底稿》第二条规定："审计工作底稿，是指内部审计人员在审计过程中所形成的工作记录。"

一、内部审计工作底稿的作用

编制内部审计工作底稿是内部审计工作实施过程中一项极为重要的工作。具体来说，搞好内部审计工作底稿的编制，有以下几个作用：

（1）内部审计工作底稿作为内部审计证据的记录形式，是撰写内部审计工作报告的可靠依据和主要的材料来源；

（2）内部审计工作底稿是考核内部审计人员工作业绩的最重要资料，也是进行内部审计工作质量控制的有效手段；

（3）内部审计工作底稿作为经济信息库的一种特殊形式，可以为部门、单位领导者提供宏观、中观和微观的经济资料，用于经济决策；

（4）内部审计工作底稿可以作为编制下一个年度内部审计工作计划的依据，使内部审计工作计划最大限度地与内部审计工作实际相一致；

（5）内部审计工作底稿可以作为内部审计复审或内部审计人员受到质询时的辩护材料，从某种意义上说，内部审计报告是否真实、可靠，很大程度上取决于内部审计工作底稿是否完整、真实和详细；

（6）内部审计工作底稿是可以被用来培训内部审计人员的案例教材。

二、内部审计工作底稿的分类

内部审计工作底稿的分类如表 4-1 所示。

表 4-1　内部审计工作底稿的分类

内部审计工作底稿的分类	按照底稿反映的内部审计工作内容分类	内部财务收支审计工作底稿	这类底稿可反映内部财务收支审计活动的全部情况，如试算平衡表、银行存款调节表、现金清查表、财务报表分析表等。按项目可以分为资产分析表、负债、所有者权益分析表、产品成本分析表、产品销售分析表等。按分项目可再细分，如资金来源分析，又可分为自筹资金分析表、财政拨款分析表、结算资金分析表、自有资金分析表等
		内部经济效益审计工作底稿	部门、单位内部经济效益审计工作，涉及面很广，不仅包括供、产、销活动，而且包括生产技术、生产工艺、项目投资、产品质量、市场预测等方面。在我国，内部经济效益审计仅是一个开端，还未形成规范，因此，其工作底稿编制的形式也呈多样化，但在许多地方是一致的。例如：①反映经济效益的指标体系之间的比较分析；②项目投入与项目产出（项目现金流入与项目现金流出）指标之间的比较分析；③项目经济效益与项目社会效益的比较分析；④反映损失浪费的指标比较分析；⑤其他指标分析
	按内部审计工作底稿的格式分类	表格式内部审计工作底稿	内部审计人员在审计前，根据内部审计工作事项的内容、特点，统一规范，预先编制专用表格以供内部审计时使用。表格式底稿应简明整洁，体系完整，使用方便，便于汇总。如"内部控制制度调查表"等
		文字式内部审计工作底稿	对于大多数比较复杂的、用表格难以表述的内部审计事项，则用文字来记述。使用文字式内部审计工作底稿，语言要简洁，用词要准确，文稿要精练，书写要清楚，条理要分明
	按内部审计工作底稿的作用分类	依据类内部审计工作底稿	它根据内部审计人员审查事项的需求而取舍资料，并分门别类地编入有关底稿，作为内部审计报告的支持物
		成果类内部审计工作底稿	它是内部审计人员在审计事项实施工作过程中用以记载各种内部审计证据的底稿。这些底稿作为原始审计证据群体还需要做进一步分析、鉴证，以最终形成有证明力的底稿，真正作为成果类底稿
	按照反映内部审计证据的来源分类	外来式底稿	这类底稿的资料来源于被审计单位的外部，如函询得到的证据及向工商、银行、税务、财政等部门调查得到的证据
		内来式底稿	这类底稿的资料来源于被审计单位的内部，如被审计单位概况调查表、内控制度调查表、现金盘点表、材料盘点表、经济活动分析表等
	按照内部审计工作底稿的结构隶属关系分类	全稿式底稿	它反映一个内部审计项目的全部审计实施过程的概况，按审计程序顺序记录审计事项一切内部审计活动的所有内容。它与其他底稿的关系是：附件式底稿从属于子项式底稿，子项式底稿从属于分类式底稿，分类式底稿从属于汇总式底稿，汇总式底稿从属于全稿式底稿。全稿式底稿往往被根据内部审计工作的需要分解，或在内部审计报告撰写前，或在内部审计报告撰写后
		汇总式底稿	它记载审计事项某个部类（子程序或分层次）的内容，如内控制度测试的底稿、实质测试的底稿、分析和试算的底稿等
		分类式底稿	它记录审计事项某个部类的某项具体活动的内容，如内部控制测试作为汇总式的某个部类，可以细分为"内部会计制度测试""内部审计制度测试""内部管理制度测试"等，每类的记录即分类式底稿

续表

内部审计工作底稿的分类	按照内部审计工作底稿的结构隶属关系分类	子项式底稿	它是内部审计工作底稿的最基本的组成部分。具体记录内部审计事项的每个实施活动。如汇总式底稿为"企业成本审查"，那么分类式底稿为"材料费用"，则子项式底稿为"甲产品材料耗费""乙产品材料耗费""材料价格差异"等
		附件式底稿	严格地讲，附件式底稿仅是子项式底稿的一个组成部分。子项式底稿与附件式底稿的关系犹如记账凭证与原始凭证，后者是前者的编制基础。附件式底稿没有一定的格式，可以是被审计单位某一个审计事项中的一个账页的复印件，也可以是内部审计人员自行编制的工作草稿

第二节　内部审计底稿管理

一、内部审计底稿的审核

为减少或消除人为的审计误差，降低审计风险，提高审计质量，保证审计计划的顺利执行，需要对审计工作底稿进行复核。审计工作底稿要由底稿编制人员的上一级内部审计人员进行审核。例如，某项内部审计报告由项目经理编制，而由部门经理审核。审核人员应在审核完毕后，在审计工作底稿上签署姓名并注明审核日期。

审核时要注重内部审计工作底稿的复核要点和基本要求（见表4-2）。

表4-2　内部审计工作底稿的复核要点和基本要求

内部审计工作底稿的复核要点和基本要求	复核工作底稿的基本要点	（1）内部审计工作底稿编制是否依据原定的审计方案和审计计划实施； （2）完成各项审计程序时，收集的审计证据或资料是否充分及翔实； （3）收集的审计证据是直接证据还是间接证据，具有怎样的说服力和证明力； （4）审计判断是否符合有关法律、法规及审计准则的要求； （5）审计结论是否客观和公正
	审计工作底稿复核的基本要求	（1）建立工作底稿复核制度，包括各种层次以及多层次复核制度； （2）妥善安排复核记录，凡是复核过程中出现的问题和差错都应明确指出并记载下来，以备以后补充、修订及后续内部审计时使用； （3）复核人盖章、签字，并写明复核日期，这点对于在审计管理中明确责任有着重要意义； （4）提出复核意见，对于不同的审计范围、审计角度和执业判断能力，内部审计人员要果断提出审计意见

二、所有权及保管

审计工作底稿应归企业所有。尽管内部审计人员是相对独立的管理人员，但其所编制的底稿不应是其私有财产。

因为审计工作底稿包含了被审计单位的大量信息，例如，财务数据、商业情报等。所以一般应建立审计工作底稿的保密制度。但正常的调用和借阅不属于以上范畴。具体内容包括以下几项：

（1）法院、检察院及其他部门在执行公务过程中正常调用或借阅。

（2）内部审计师协会、上级内部审计机构等内部审计机构的管辖部门因工作需要在征得企业管理部门的同意后，可以使用工作底稿。

（3）民间审计机构。一般企业的财务报表需要民间审计机构进行签证，在进行这项工作时，民间审计机构需要调用内部审计工作底稿。

但外部审计师调用内部审计工作底稿和文件，应得到内部审计部门经理的批准。

（4）企业管理层也可以使用审计工作底稿，以避免这些文档的重复编制。

此外，被审计者有时也可以调阅工作底稿。内部审计人员可以向被审计者出示某些工作底稿以便"支持或解释某个审计发现或建议"。但内部审计人员必须谨慎，只有在必要时才可以向被审计者提供。

小知识　　　　　　　　　　　　**审计工作底稿**

1. 一般原则

内部审计人员在审计工作中应当编制审计工作底稿，以达到下列目的：

（1）为编制审计报告提供依据；

（2）证明审计目标的实现程度；

（3）为检查和评价内部审计工作质量提供依据；

（4）证明内部审计机构和内部审计人员是否遵循内部审计准则；

（5）为以后的审计工作提供参考。

审计工作底稿应当内容完整、记录清晰、结论明确，客观地反映项目审计方案的编制及实施情况，以及与形成审计结论、意见和建议有关的所有重要事项。

内部审计机构应当建立审计工作底稿的分级复核制度，明确规定各级复核人员的要求和责任。

2. 审计工作底稿的编制与复核

审计工作底稿主要包括下列要素：

（1）被审计单位的名称；

（2）审计事项及其期间或者截止日期；

（3）审计程序的执行过程及结果记录；

（4）审计结论、意见及建议；

（5）审计人员姓名和审计日期；

（6）复核人员姓名、复核日期和复核意见；

（7）索引号及页次；

（8）审计标识与其他符号及其说明等。

对项目审计方案的编制及调整情况应当编制审计工作底稿。

审计工作底稿中可以使用各种审计标识，但应当注明含义并保持前后一致。

审计工作底稿应当注明索引编号和顺序编号。相关审计工作底稿之间如存在钩稽关系，应当予以清晰反映，相互引用时应当交叉注明索引编号。

审计工作底稿的复核工作应当由比审计工作底稿编制人员职位更高或者经验更丰富的人员承担。

如果发现审计工作底稿存在问题，复核人员应当在复核意见中加以说明，并要求相关人员补充或者修改审计工作底稿。

在审计业务执行过程中，审计项目负责人应当加强对审计工作底稿的现场复核。

3. 审计工作底稿的归档与保管

内部审计人员在审计项目完成后，应当及时对审计工作底稿进行分类整理，按照审计工作底稿相关规定进行归档、保管和使用。

审计工作底稿归组织所有，由内部审计机构或者组织内部有关部门具体负责保管。

内部审计机构应当建立审计工作底稿保管制度。如果内部审计机构以外的组织或者个人要求查阅审计工作底稿，必须经内部审计机构负责人或者其主管领导批准，但国家有关部门依法进行查阅的除外。

第 5 章 ▶▶

内部审计方法

第一节　内部审计基本方法

一、内部审计基本方法的运用

内部审计基本方法是内部审计人员依照内部审计工作程序，制订内部审计计划，收集、整理、分析内部审计证据以及编制内部审计报告的工作方法。社会主义市场经济条件下的内部审计监督制度，必然要受到社会主义市场经济特点和规律以及国民经济活动各个时期的方针、政策、法规所制约，这就要求内部审计人员在运用各种内部审计基本方法时，必须按照经济规律，依据相关的法规，以维护社会主义公有制，保护国家利益为最根本的着眼点。

客观公正、实事求是是运用内部审计基本方法的一个基本原则。内部审计事项涉及国民经济活动的各个方面，特别是随着改革开放的不断深入和多种经济成分相互之间的交叉渗透，经济环境条件与之前不可同日而语，这种不同必然会导致不同的经济活动的产生。如果内部审计人员凭主观臆断来运用内部审计基本方法，则有可能导致内部审计报告背离客观实际，将经营管理决策等引入误区，从而造成不应有的经济损失。系统全面地分析问题是运用内部审计基本方法的重要环节。

二、内部审计基本方法的内容

内部审计基本方法的内容包括内部审计工作计划制订、内部审计实施过程和内部审计报告编制三部分（见表5-1）。

表 5-1　内部审计基本方法的内容

内部审计工作计划制订	一方面是指广义的计划制订，如对内部审计工作进行长远规划，制定中期目标和年度、季度计划等；另一方面是指狭义的计划制订，即对某一个内部审计项目的计划进行确定。在中、长期内部门审计计划的制订过程中，审计人员不仅要根据本部门、本企业的经营管理情况和生产发展形势，还要按照当期党的方针、政策和国家的经济发展情况，综合各种信息。在项目内部审计计划的制订过程中，则要考虑内部审计机构以及内部审计人员的情况，被审计单位和审计对象的各种情况。只有对各个方面都进行了详细的论证和严谨的分析，才能使内部审计的实施过程有条不紊，审计质量得到保证
内部审计实施过程	即内部审计证据进行收集、分析、筛选、归纳和综合的过程。证据收集的手段是否合适、是否有效，涉及内部审计工作的成败，如何选择恰当的收集手段也是内部审计工作中最重要的一个环节。这是个定性与定量方法的综合运用、主观判断与客观计量的密切结合的过程。在基本方法的总体指导下，各种技术方法被交叉应用，呈现立体式、重叠式。审阅、核对、抽查、询证、检验、分析等方法也随各个审计事项的需要而被随机或非随机地灵活应用

续表

内部审计报告编制	作出内部审计结论或提出建议，是内部审计人员对所收集的内部审计证据分析、整理，再进行高度概括、科学总结的过程。在这个过程中，内部审计人员主要应用的是定性方法，并依靠自身的思想水平、工作经验、判断和综合归纳能力，对所查处的事项进行客观、全面、系统而有重点的评价和描述

综上所述，内部审计基本方法可用图 5-1 表示：

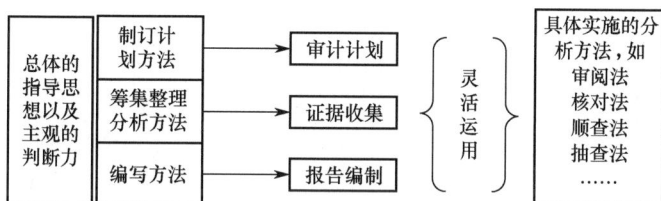

图 5-1　内部审计基本方法

第二节　内部审计调查方法

内部审计调查是指内部审计人员对审计事项进行审查，并通过调查询问的形式来获取审计证据的一种方法。调查法是一切定量审计方法得以顺利实施的基础。按其技术方法分类，可以分为观察法、函证法、询问法、盘存法、测量法、备忘录法和假设法等；按调查形式分类，可以分为询问法（口头调查）和函证法（书面调查）；按审计调查人员参与形式分类，可以分为直接审计调查方法和间接审计调查方法。

审计调查法的基本原理为：确定审计事项和审计目标，确定审计调查范围，选择审计调查技术方法，测试审计调查正确性程度，综合评价。在审计调查法的应用中，要注意以下几个方面：

（1）对调查对象的确定要谨慎，调查提纲要详细，审计目标要明确，审计事项必须清晰，不能模棱两可；

（2）选择审计调查技术方法既要切实，又要经济，不能为调查而调查，要根据审计目标、审计事项的具体情况，实事求是地选用正确的方法；

（3）要本着经济的原则，在事半功倍的基础上进行审计调查方法的应用；

（4）方法选用和实施过程中，要注意保密。

一、观察法

观察法，是指内部审计人员亲自到审计现场对被审计单位的经济业务等进行实地观察，通过观察来搞清事情的真相，查明问题产生的原因，以便得出科学的、合理的审计结论。如对存货的审计，应到存货堆放地进行实地观察、测量，以取得确实的审计证据。又如对固定资产的审计，应到设备、机器、厂房等固定资产所在地点进行实地观察，并进行账卡、账实核对，以取得真实的审计证据。

观察法是一种适用性较广的技术方法，采用该种方法所取得的审计证据，一般更直接、更具有说服力。观察法简单易懂，缺点是需要一定的审计技巧和审计判断力，假如判断失误，往往造成观察无效。在运用观察法进行审计时，应注意以下几点：

（1）在进行观察之前，应检查被审计单位内部控制制度是否健全，存在哪些控制强点和控制弱点；

（2）对观察对象的项目进行简繁、易难分类，按其复杂程度决定观察的方式；

（3）进行实地观察时，应根据观察对象的特征采用不同的观察方法，并抽取一部分审计项目进行比较审计，以验证审计结果的真实性；

（4）对于复杂事项的审计项目，将观察法与其他相关方法交叉混用，效果会更佳。

二、函证法

函证法，是指内部审计人员为了确定被审计对象的某个记录等是否正确，而直接采用函询的方式向债权人、债务人、投资人以及有关部门取得函证的方法。在审计工作中，通常需要函证的项目有：银行借款和银行存款情况；债权人持有的债券情况；应收账款和应付账款情况；寄售商保管的存货情况以及委托加工材料的情况；应收或应付的抵押款项等。

（一）函证法的形式

1. 积极式函证（又叫正面式函证）

要求被函证人对函证信件中提出的问题作出肯定或否定的回答，尔后将回答寄回函证方。

2. 消极式函证（又叫反面式函证）

只要求被函证人在函证情况出现不一致时加以答复。事实上，消极式函证存在许多风险，如被函证人根本不存在、被函证人没有收到函证信、函证信没有及时寄出，或因为邮局的原因而迟迟未达，或被函证人由于种种原因而不愿意回答信件的内容等。基于这个原因，消极式函证的使用被限制在一定范围内。

（二）函证法的基本步骤

（1）确定需要函证的内容；

（2）确定被函证人；

（3）拟定函证信件以及采用哪种函证方式（积极式还是消极式）；

（4）将函证内容与会计记录进行比较；

（5）发出函证信件；

（6）收到函证回复件；

（7）比较回答结果，调查不一致项目；

（8）评价函证结果并得出结论。

（三）函证法的优缺点

函证法的优点是能够直接为内部审计人员提供客观、可靠的审计证据，对于资产、负债审计具有特别的效果，尤其是高、低估收入和成本方面。函证法的缺点是被函证人的可靠性不好掌握。它适用于实质性证实。

三、询问法

询问法又称询查法，是指内部审计人员通过向被审计单位的有关人员提出问题，口头了解情况，并根据他们的回答情况作出调查笔记的一种审计方法。询问法适用的领域非常广泛，这种方法既可以作为会计系统和控制检查的基础，又可以作为实质性审查的起点。

在审计中，只要遇到一些疑难问题需要询问时，均可采用这种方法询问了解实际工作真相，借以取到真实的或更多的信息。

（一）询问法的基本步骤

（1）确定需要询问的问题；

（2）确定需要询问的对象；

（3）向询问人明确提出询问的问题；

（4）谨慎地评价询问答复结果，并与其他相关的资料进行比较，评价其真实性程度；

（5）最后得出审计结论。

内部审计人员通过询问法所得到的调查记录，通常要让被询问人签字认可，以增强证据力。但是，被询问人有一定的局限性，虽然经过签字认可的调查记录具有较强的证据力，但不能盲目采信，内部审计人员还必须作出进一步的深入调查和取证、判断，最好作模拟审计结果试验，以判明审计结果的真实性和正确性。

（二）询问法的优缺点

询问法的优点是适用性广，在审计过程中任何时候皆可以使用，信息采集和传递较为及时；其缺点是被询问人不具备客观的立场，故其调查结果往往带有被询问人主观性的色彩，证据力较弱。其调查结果是否可靠通常取决于以下两点：一是被询问人是否正直，其业务、知识水平如何？二是内部审计人员对询问业务和项目是否了解，以及对询问项目的判断力如何？

四、盘存法

又称实地盘点法，或实物清查法，是指内部审计人员对被审计单位的货币和存货以及固定资产等进行实地盘点的一种方法。内部审计人员通过账实、表实、证实、卡实等的核对，查明各项实物是否与记录相符，有无存在短缺、损坏、积压、偷盗等问题，检查其内部控制制度和管理制度是否健全有效等。

（一）盘存法的分类

（1）直接盘存法，是指内部审计人员直接参与盘点工作；

（2）间接盘存法，是指内部审计人员不直接参与盘点工作。

（二）开始盘存之前，应做好的准备工作

（1）确定盘存对象、范围；

（2）检查盘存使用的度量衡用具是否准确、可靠；

（3）确定某一个时点，责成被审计单位的盘存事项负责人将所有已收和已付的实物及时入账；

（4）检查盘存项目的内部控制制度是否健全、有效；

（5）确定盘存的重点范围；

（6）组织盘存小组。

进行盘存时，不管是直接盘存，还是间接盘存，内部审计人员均应仔细观察盘点人员是否认真、仔细地清点实物数量和检查实物质量。盘存时应使用专用盘存单，及时将盘存结果记录在盘存单上。在盘存时，要注意账外现金、存货和固定资产的情况。盘存单应一式 4 份，内部审计人员、实物负责人、盘存小组和企业财务会计部门各执 1 份。盘存单可按实物场所或类别进行分类编排。盘存结束后，内部审计人员和盘点小组成员应在盘存单上签字证明，否则，盘存单没有任何证据力。

（三）盘存时应注意的问题

（1）在任何时候，均不能以账、证、表、卡等记录作为反映盘存单的依据，应以实物实际

盘存结果为记录基础；

（2）发现损坏、积压、变质、偷盗等问题，应另行反映；

（3）盘存时，实物部门应停止收付业务；

（4）如一个工作日结束时，未能结束某项盘存业务，应予以加封或上锁，以便次日继续盘存。

盘存结束后，应提出盘存报告，对于有些问题，应进行深入的审计。盘存法是检查实物是否账实相符的一种常用方法。

五、测量法

测量法，是指内部审计人员在审计过程中对存量多、体积大、堆放有序的大宗物资进行审查时，通过测算其体积来估计其重量的一种方法。如审计煤炭、焦炭、石灰、木材、粮垛等的库存量，就可以利用测量法进行推算。其具体步骤为：

（1）确定测算对象；

（2）选择适用的几何公式，计算其体积；

（3）根据计算对象在一个标准体积（如 1 立方米等）内的重量（如吨）计算出总重量；

（4）误差寻找；

（5）综合评价结果。

此法适用于大宗物资的测算检查。

六、备记录法

备记录法，是指内部审计人员在审计工作过程中，把对审计对象观察、询问以及其他方式收集的问题，用备记录的方式进行反映，以便撰写内部审计报告或日后考查之用的一种审计工作底稿形式的审计技术方法。其格式如表 5-2 所示。

表 5-2　备记录

审计时间		备注
审计地点		
审计事由		
（正文记录）		内部审计人员：

备记录法的特点是动静态相结合、工作底稿与审计技巧相结合，它适用于所有审计事项。而且选用的备记录格式较为灵活，自由度大。内部审计人员能够根据审计事项的特征，全面、详细地反映审计某一个过程和某一方面的问题。其缺点是撰写备记录需要大量时间，而且较难突出重点。

七、假设法

假设法，是指内部审计人员在审计过程初期，根据初步掌握的材料和证据，以及对被审计单位会计资料的分析和对经济活动内部控制制度的评审，作出各种推测和假设的方案，尔后以这些假设为审计线索，进行深入细致的审查，用充分的材料和足够的证据使原假设成立或被否定，最后据以得出审计结果的一种审计方法。假设的审计结果仅仅是推测，不是实际的审计结果。从推测到实质，还有一个拟合过程，这就是假设的审计。

假设法的基本步骤为：确定审计事项，初步收集审计证据，分析被审计单位经济活动以及测试其内部控制制度，根据各种信息提出初步的审计假设，通过进一步求证审计假设从而得出唯一的审计假设，然后再通过审计过程求证、验证审计假设成立或不成立，最后对审计结果进行评价和分析。

第三节　内部审计检查方法

内部审计检查方法简称查账方法，是指内部审计人员对被审计单位的财务报表、会计账簿和会计凭证的记录及其财务收支活动进行检查的一种审计方法。这是最传统的审计方法，也是最常用的审计方法，无论是哪类审计事项均离不开此种方法的应用。可以说，审计检查方法是任何一种审计活动的基础。按审计技术方法分类，审计检查方法可以分为顺查法、逆查法、交叉法、详查法、抽查法、核对法和审阅法等；按审计顺序分类，可以分为顺查法、逆查法、交叉法等；按审计范围分类，可以分为详查法、抽查法等；按审计时间分类，可以分为事前审计检查方法、事中审计检查方法和事后审计检查方法；按审计方式分类，可以分为直接审计检查方法和间接审计检查方法；按审计事项过程分类，可以分为静态审计检查方法和动态审计检查方法。

审计检查方法的基本步骤是：确定审计事项，明确审计目标和审计范围；针对审计目标和审计环境，选择审计检查方法；对审计结果进行实质性测试；综合评价。

一、顺查法

顺查法又叫正查法，是指根据被审计单位所发生的经济活动业务的先后顺序依次进行审查的一种技术方法。以财务审计为例，内部审计人员应用顺查法进行检查的顺序是：先审阅会计核算的原始凭证并核对记账凭证，再审阅会计核算的记账凭证并核对会计账册，尔后审阅会计总账和明细账并核对财务报表，最后是审阅和分析财务报表，得出审计结果。也就是说，顺查法是从证、账检查着手，延伸到报表审计。其特点是：从小处着眼，由点到面（先进行原始凭证的审计）；着重于凭证与账册的复核；关键是翻阅、审核凭证。其优点是：检查之初，即从原始凭证检查着手，尔后逐步核对，检查全面、系统，不易遗漏，故此审计结果较为精确。但是顺查法的缺点也是明显的，因为顺查法是从原始凭证检查着手，所以往往抓不住审计重点，泛泛地翻阅会计凭证，容易造成审计人力、财力和时间的浪费。因此，顺查法只能适用于某些审计工作量不多的审计项目的检查工作。

二、逆查法

逆查法又叫反查法，是指根据被审计单位所发生的经济活动业务的反顺序进行审查的一种技术方法。以财务审计的查账为例，内部审计人员应用逆查法进行检查的顺序是：先审阅财务报表（资产负债表、利润表和现金流量表）并核对、比较异常项目，将财务报表与总账和明细账相核对，审阅会计账册并与会计凭证相核对，最后是审阅和分析会计凭证（记账凭证和原始凭证），并得出审计的结果。简言之，逆查法是从报表检查着手，延伸到账册、凭证审计。其特点是：从大处着眼，由表及里，由面到点（先进行报表的审计）；关键是报表项目的比较分析，根据分析结果，决定审查的重点对象；抓住存在内控制度不健全且变化异常、收支数额大且内容不清等问题的项目内容作为检查的重点。从逆查法的特点可以看到其优点是：能从整体上了解审计项目的全貌，有利于提高审计工作效率，并可抓住审计重点。其缺点是容易遗漏问题，审查不够全面、详细，审查重点只凭内部审计人员的主观判断力，随意性大。鉴于逆查法的特点和优缺点，它一般适用于业务量较多的审计项目。当然，在审计工作实践中，内部审计人员需要根据实际情况，灵活运用。

三、交叉法

交叉法又叫混合法，是指内部审计人员根据审计对象的变化和审计项目的难易，灵活地运用顺查法、逆查法和抽查法等各种方法进行检查的一种方法。混合法的应用过程也是顺应审计项目检查过程复杂化的结果，因为内部审计人员任何一个审计对象的审计项目，均不是一成不变的、固定的经济活动业务的重复，因而内部审计人员不能一味地采用一种单一方法，而要根据不同情况选用不同的方法。如审计一个项目，先审计财务报表，发现财务报表一些项目有些异常，就要追踪审查其相关的总账和明细账，尔后调出相关的记账凭证，从原始凭证检查入手，进而检查到记账凭证和相关的会计账册。这一个审计过程，既有逆查，又有顺查，若碰到顺查工作量大，还可以应用抽查法进行审计。

交叉法的特点是灵活选择审查落脚点，尔后根据情况进行延伸审计。其优点是适应范围广，应变能力强，审查有效程度高，能全面、深入地解决问题。其缺点是选用方法必须依靠内部审计人员的主观判断，假如内部审计人员判断失误，则审计结果可想而知。在使用该方法时必须经常对之进行检验和测试。

四、详查法

详查法又叫细查法，是指根据被审计单位的情况，结合审计目标和审计项目的要求，对实施过程中所涉及的所有资料（会计凭证、会计账册、财务报表以及其他经济资料）进行全面、详细的检查，以发现问题的一种技术方法。以存货审计为例，不仅要检查某个会计期间的所有存货（产成品、在产品、原材料、燃料、低值易耗品、包装物、委托加工材料等）的会计凭证、会计账册和财务报表的内容，而且要到存货堆放地进行盘存审计，通过账实、账卡等的核对，来检查有无问题。详查法包含下面两层含义：

（1）对审计项目的所有内容进行详细审计；

（2）在具体审计过程中，对审计子项进行全面的审计。

不论是哪个层次的审计，使用详查法均要求对审计所涉内容进行检查。详查法的特点是全过程、全面的审阅、检查，优点是比较全面细致，缺点是所需时间长、耗费大，一般适用于被审计单位内部控制制度和核算工作基础较差的审计项目以及经济业务简单、会计资料等较少的审计项目。

五、抽查法

抽查法又叫抽样法，是指内部审计人员从审计总体中通过各种抽取样本的方法抽取少数样本进行审计，尔后根据分析结果推断总体情况的一种技术方法。在现代审计中，抽查法得到了广泛的应用，是一种行之有效、使用频率较高的方法。依照抽查方式不同，抽查法可以分为任意抽查法、判断抽查法和统计抽查法三种。在统计抽查法中，随机抽取样本的方法又有随机数表法、分层抽样法、分群抽样法等。

抽查法的步骤是：确定审计总体（审计对象、审计项目）；根据抽样方式，从审计总体中抽取的一部分审计样本（进行检查的子目）；进行样本审计，并推断审计总体和计算审计误差。

抽样法的优点是适用性强，工作效率高；其缺点是技术要求高，计算复杂，若判断或计算失误，则审计风险极大。因此，抽查法适用于审计对象数目繁多的审计项目的检查。具体内容详见"抽样审计"。

六、核对法

核对法又叫验证法，是指内部审计人员通过对审计资料有关会计记录的余额、小计、合计、差数、积数、商数以及有关指标等进行核对，以检查计算和记录有关错误的一种技术方法。严格来说，核对法包含两种含义：一是数的核对，着重于从定量角度来考察；二是质的核对，着重于从定性角度来考察。当然，由于经济现象的复杂性，有时这种核对是交融的，定量夹杂着定性，定性又夹杂着定量。一般来说，核对法用于期末与期初、计划期与报告期、本期与历史、本单位与其他单位、本单位与国际同行等指标的核对比较。核对方式又有账证核对、证证核对、账账核对、账表核对、表表核对、账实核对等。

在应用核对法进行审计时，应注意被审计单位的内部控制制度是否健全，资产记录是否真实和合规，收入与费用确认、计量是否合理和合法，各种计算分配方法是否恰当等情况，以确保核对的真实性。

核对法的特点是简便易行，适用性广。其优点是比较容易发现问题，缺点是比较费时。

七、审阅法

审阅法，是指内部审计人员通过仔细地审查和阅读会计凭证、会急账册、财务报表以及其他经济业务资料，来检查会计记录以及相关的经济资料是否存在错弊行为的一种技术方法。审阅法是实施审计过程的关键。因为要通过审阅，发现问题，才能决定审计重点以及采用进一步审计的方法。从财务审计等角度来看，审阅法主要是对会计凭证、会计账册和财务报表的审阅和检查。

（一）会计凭证审阅

主要检查原始凭证上的户名、日期、单价、数量、金额、用途等字迹有无涂改，有无异常迹象，地址、图章是否完备、清晰，经济业务是否合法、合理；主要检查记账凭证上所记载的内容是否完整、正确，会计科目是否用错，记账凭证的内容与所附原始凭证的内容是否一致，所附张数是否齐全，装订是否规范等。

（二）会计账册审阅

主要检查资产、负债、所有者权益、利润以及收入和费用类账户的情况，通过各类总账与明细账、现金日记账和银行存款日记账的审阅，检查各类账户月终和月初收支数额变化的情况，收支中有无重复，核算中有无错误，费用开支中有无违反开支范围和标准等问题。同时可以进行期初数、期中数和期末数的审阅检查。必要时还可以进行账证交叉审阅。

（三）财务报表审阅

主要检查、审阅资产负债表、利润表和现金流量表。对财务报表进行审阅，主要应注意报表内有关指标的对应关系，各个项目的数额是否正常，主表及附表之间的有关数字和合计数是否相符等。如资产负债表左边的资产是否等于右边的负债和所有者权益，流动资产与长期投资是否混淆，流动负债与长期负债是否混淆。利润表是否符合多步骤计算原则，是否可以依销售利润、营业利润和利润总额几个步骤进行计算和填列。现金流量表左边流动资金来源和运用是否等于右边本年流动资金增减数等。

第四节 内部审计分析方法

一、综合知识

内部审计分析方法是指内部审计人员在审计过程中，应用分析技术进行审计事项评价的方法。

审计分析的目的在于审计评价，为审计公允结论提供充足的依据。分析方法具有通用性。具体应用在审计领域，又可以分为两大类：定性审计分析方法和定量审计分析方法。审计分析方法从广义角度来看，种类很多。常用的审计分析方法有比较法、比率法、账户法、趋势法、模拟法、预测法、决策法、控制法、因素法和成本法等。从时间角度来考察，上述各种审计技术方法又可以归纳为事前审计分析方法、事中审计分析方法和事后审计分析方法。

运用审计分析方法的灵活性极大，既可作出全面分析，又可作出专题分析；既可从静态方面加以分析，又可从动态方面加以分析；既可作财务审计分析，又可作效益审计（经营和管理审计）分析，从资金、成本、利润分析到投资、资本、风险分析，再延伸到效率、速度、效益分析；既可进行单项审计评价，又可进行综合审计评价。审计分析方法的应用是审计事项的检查的开端或深入，而非终结。审计分析方法运用的要点均是寻找目标或评价结果。

（一）比较法

比较法又称对比法，是指内部审计人员利用审计事项存在两个或两个以上有内在联系的相关指标，进行相互比较分析的一种方法。通过比较分析，内部审计人员可以了解、分析审计事项的各种情况，发现问题，找出差异，研究差异产生的原因及其影响程度，得出初步的评价结论，提出解决问题的建议。

比较的形式一般有：期末余额与期初余额分析比较；期末余额与计划指标分析比较；本期期末余额与上期或历史同期的指标分析比较；审计事项内部的结构对比分析；类比分析比较等。

比较法的实质是数量之间的对比分析，在使用时，内部审计人员应注意分析指标的可比性与比较标准的合理性。只有指标在时期、范围、内容、项目、计算方法等方面大体一致，才能对之进行比较。若指标口径不一致或环境条件等不同，则应按规范的方法进行换算、调整以后再进行比较。

（二）比率法

比率法，是指内部审计人员在审计过程中，利用审计事项存在一个指标对另一个指标的比例关系，进行比率数值分析的一种方法。比率法可以把某些不可能直接对比分析的指标经过计算得出其比率后，利用其比率数值进行分析，以得出评价的结果。其一般的分析公式为：

$$比率 = \frac{分子指标}{分母指标}$$

在日常审计工作中，常用的有相关比率分析法、结构比率分析法和动态比率分析法。

相关比率分析法是指利用两个性质不同但又有相关的指标加以对比分析的一种技术方法。常用的方法有：一是以某个项目和其他项目加以对比，求出比率，以进行深入的分析、评价，如销售利润率等的分析；二是依据一些经济指标之间客观存在着相互依存、相互联系的关系，将两个性质不同但又相关的相对数加以比较，进而进行比较分析，如从产值与职工情况的分析，来观察劳动生产率变化对产值的影响程度。

结构比率分析法是指通过计算各指标占总体指标的比重来进行评价分析的一种方法。其分析步骤是：确定某一个经济指标各个组成部分占总体的比重，观察其构成内容及其变化，分析其特点，评价其趋势。如分析企业成本费用情况，就要确定直接费用、间接费用和期间费用的构成情况，以及其各个比例情况，分析其标准情况，评价其趋势变化，找出存在问题，寻求改进途径。

动态比率分析法是将不同时期同类指标的数值进行对比分析的一种方法。一般可分为环比比率法和定基比率法两种类型。前者是将分析期各个时期的数量都和上一期数量相比，来计算其增减比率；后者是以某一时期的数量为基数，将分析期各个时期的数量与基期数量相比，来计算其增减比率。

（三）账户法

账户法，是指内部审计人员以会计准则以及行业会计制度等为依据，按照资产、负债、所有者权益、收入、费用和利润类账户的对应关系及其发生额和余额的情况及规律性，查明每笔已经发生的经济事项的过程和结果，分析、发现账务错弊的技术方法。

账户法的审查重点在会计总账和明细账目以及各种明细账和备查簿上。使用者首先不审查会计凭证和财务报表，而是直接从会计账务处理系统着手进行检查。通过对实账户（资产、负债、所有者权益、利润类账户）和虚账户（收入、成本费用类账户）的审查，来寻找差错。作账户分析时既可以采用结构分析，又可以采用比率分析。

应用账户法时，应注意按照以下几个步骤进行审计：

（1）调查被审计单位账务处理系统以及账户设置情况；

（2）测试其会计账户设置是否合法、合理，是否执行了《企业会计准则》，特别是总分类账户设置是否规范；

（3）检查、分析账户结构、账簿记录是否合理、真实，是否全面、系统地反映了经济业务；

（4）进行抽查，并根据样本计算结果推断总体结果；

（5）利用账账核对、账证核对等技术方法，进一步查明情况和问题；

（6）重点分析账簿中的异常现象，包括异常项目、异常内容、异常摘要、异常对应科目、异常发生额、异常余额等；

（7）得出检查结果，并予以分析、评价。

（四）趋势法

趋势法，是指内部审计人员利用检查资料的数据呈时间顺序排列的特征，进行趋势分析、推测、评估和寻找问题的一种方法。趋势分析可以分为以下四大类：

（1）长期趋势分析。趋势法属于定量分析。其步骤是收集被审计数据，建立定量数学模型，进行模拟分析、趋势分析及结果评价等。作趋势分析要以其各类特征分析为核心。

（2）季节波动趋势分析。长期趋势分析有直线趋势分析和非直线趋势分析（又叫趋势曲线分析）两种。应用非直线趋势分析的分析过程为：数据排列分析，配制趋势曲线（可用随手法、平均法、选点法、最小平方法等进行配制），计算趋势偏差，详细分析。

（3）循环波动趋势分析。循环波动分析的重点在于寻求规律趋势，可用残余法、直接法、循环平均法等进行分析。

（4）无定波动趋势分析。无定波动分析较难，难在毫无规律可循。做分析多用模拟法。其分析结论符合实际的程度往往取决于内部审计人员的判断力。

（五）模拟法

模拟法，是指内部审计人员利用模拟的定性或定量方法对被审计单位的审计项目进行重新验证的技术方法。模拟并不意味对原有事项的否定，而是验证其真实和合理性。模拟法一般步骤为：

（1）确定审计事项的范围（定位）；

（2）测试其内部控制制度；

（3）对审计事项原有模型、结果按原有程序进行检验；

（4）分析原有模型的优劣，考虑各种因素是否齐全；

（5）寻找最佳模拟技术方法，采用定性与定量方法相结合的形式，进行审计项目逼近模拟；

（6）多方案误差比较分析；

（7）审计结果分析、评估。

此法一般适用于审计项目处于扑朔迷离的状态，而被审计单位内部控制制度从表面来看又较健全的情况。其优点是审计精确度高，审计风险相对较小，审计证据证明力强；缺点是审计时间投入长，且内部审计人员要具备一定的定量分析技术技巧。

模拟法的关键是选择模拟的数学模型，所选模型，经过推测，越逼近原审计事项的轨迹，则审计精确性越高。在选择模型时，为了便于审计分析，可以同时选择几个数学模型，从中找出一个误差最小的模型作为比较分析物，以便使审计证明力最大化。

（六）预测法

预测法，是指内部审计人员根据审计信息资料，动用一定的定量分析方法或定性分析方法，对审计事项的发展趋势进行估计和测算的一种方法。预测法分为两大类：

（1）定量预测方法，是指内部审计人员运用回归预测法、平滑预测法、弹性分析法、投入产出法、经济计量模型法等预测技术方法进行的审计预测分析；

（2）定性预测方法，是指依靠内部审计人员的经验进行主观判断、逻辑推理的方法，如专家预测法、主观概率法、决策树法等。

定量预测方法的特征是根据审计事项的历史数据或者观察值，运用一定的数学方法，通过建立数学模型的形式，求出经济变量的预测值。其优点是能对审计事项某一个具体部分进行详细的预测分析；通过建立预测模型，精确度高；预测工作投入时间少，效率高。缺点是对缺乏有关数据的审计事项，无法采用通过模型的手段进行分析，也不能处理不能用经济变量表示的审计事项的预测分析。

定性预测方法的特征是依靠内部审计人员的主观判断、经验分析、逻辑推理来进行审计预测分析。其优点是能模拟审计事项的未来趋势，处理不能用经济变量表示的复杂的审计事项，即使在有关数据缺乏的情况下，也能进行审计预测。缺点是不能给出定量的预测分析模型，其证据力相对较弱。

（七）决策法

决策法，是指内部审计人员运用决策方法对审计事项可行性程度进行审计的一种方法。决策分析建立在预测分析之上，没有科学的预测分析，也不可能有正确的决策分析。内部审计人员进行决策分析，分为以下两个层次：

（1）原模型（审计事项原有方案）的测试、检验；

（2）重新选择分析点，通过对原模型的模拟，来验证其决策方案是否可行。

在实际工作中，多采用后者，尽管其难度较大。决策法包括线性规划法、目标规划法、效益成本法、总费用分析法、净现值法、内部收益率法、盈亏分析法等。用于决策分析的技术方法有许多，具体如何应用，应根据决策审计的特点加以取舍。

（八）控制法

控制法，是指内部审计人员根据审计目标，对审计事项按一定标准和规则进行测试、检查、分析，发现偏差，予以及时纠正，使审计事项的经济活动能按原有计划或规律进行，从而达到提高经济效益目的的一种方法。控制法按审计纠正措施的重点划分，可以分为前馈控制（预先控制）、反馈控制（过程控制）和防护性控制。按审计业务范围划分，可以分为财务审计控制（资金控制、成本控制、利润控制等）和效益审计控制（投资控制、项目控制、作业控制、管理控制等）。按审计范围划分，可以分为全面审计控制和局部审计控制。

控制法在审计工作中应用的程序为：制定审计控制标准，测试责任控制，分析、比较执行情况，提出纠正措施，综合评价。

用于控制法的技术方法有许多，常见的有 ABC 控制法、内部调控法、简单经济批量法、订货定点法、高低点调控法、目标成本控制法、制度控制法、财务目标控制法、内部预算控制法等。在运用控制法过程中，一定要掌握以下原则：坚持标准，实事求是，定量模拟，定性判断，控制重点，分析全面。

（九）因素法

因素法，是指内部审计人员利用审计事项各个经济指标存在的相关关系，多因素地分析、测算其各个指标变动对审计事项影响程度的一种方法。在广义上，因素法包括回归分析法、连锁替代法、主次分析法等；在狭义上，仅指连锁替代法。在审计工作中，除了对审计事项进行结构或比率分析，还要进一步分析由于因素变动所引起的影响的情况，以此分析哪些是积极因素，哪些是消极因素，哪些是主观因素，哪些是客观因素，以便得出符合实际的审计结论。

因素法的分析程序（仅指连锁替代法）为：确定审计事项；测定审计事项的各项经济指标是否存在依存关系，若存在，则排列以计划数与实际数相对应的数值序列，如企业产品总成本由单位产品成本与产品数量所组成，则可以排列为 a_1b_0（实际数）和 a_0b_0（计划数）；以每个因素的实际数代替计划数，分析各因素变动对其审计事项的影响，如 $N=a_1b_1-a_0b_0$，那么 $N_1=a_1b_0-a_0b_0$，$N_2=a_1b_1-a_1b_0$，$N=N_1+N_2=a_1b_0-a_0b_0+a_1b_1-a_1b_0=a_1b_1-a_0b_0$；审计结果评价。这里应特别注意，当影响因素在两个以上时，其排列顺序的先后次序不影响总体结果，但会影响单项结果，如 $a_1b_1c_1$ 和 $a_1b_0c_0$ 与 $a_1c_1b_1$ 和 $a_1c_0b_0$ 计算的单项结果是不一样的。为此，在实际工作中，为了消除误差，规定数量指标代替在先，质量指标代替在后；实物指标代替在先，价值指标代替在后。

（十）成本法

成本法，是指内部审计人员利用被审计单位的成本资料及与之相关的资料，进行成本分析、比较、测算的一种方法。成本法应用范围很广，且具体方法很多，如成本效益分析、单位成本分析、总成本分析、盈亏成本分析、质量成本分析等。从投入与产出原理来看，当收入一定时，其成本高低直接影响企业的经济效益，成本上升或降低，对企业利润影响很大；即使在收入增长时，若成本增长幅度比收入增长幅度快，这种投入也是不经济的。

成本效益分析多用于经济效益审计的项目审计。通过对审计项目几种投资方案预计成本和收益的分析评价，来审计所选择最优方案是否经济、合理。其分析的思路为：当成本一定时，考察效益何者为最大；当效益一定时，考察成本何者为最小。在项目审计评估时，多用现金流量概念进行分析。

单位成本分析和总成本分析属于成本比较分析方法。是指内部审计人员通过对不同投资方案的投资成本的比较分析，来审计其最优方案是否合理、经济。单位成本分析是通过对每年分摊的投资原始成本与预计每年经营成本的分析比较，来评价其最优方案是否可行；总成本分析是通过对投资成本与经营费用之和的分析，来评价其最优方案是否可行。

盈亏成本分析是指内部审计人员通过寻找对审计项目各方案的盈亏点成本高低的分析，来评价其选择的可行性方案是否合理。盈亏成本分析的基础是保本原理。

质量成本分析是指内部审计人员通过对产品、工程等质量的评价，分析为了达到一定质量所耗费的成本是否可行。质量成本由预防成本和保证成本构成，前者包括鉴定成本、预防成本和艺术成本，后者包括内外部故障成本。预防成本与质量水平成正比，保证成本与质量水平成反比。审计重点是寻找最佳质量成本点。

二、分析程序

分析程序是指内部审计人员通过研究不同财务数据之间以及财务数据与非财务数据之间的内在关系，对财务信息作出评价。分析程序还涉及调查识别出的、与其他相关信息不一致或与预期数据严重偏离的波动和关系。

（一）对内部审计人员运用分析程序的总体要求

内部审计人员应当将分析程序用作风险评估程序，以了解被审计单位及其环境，并在审计结束时运用分析程序对财务报表进行总体复核。内部审计人员也可以将分析程序用作实质性程序。这条规定对内部审计人员在审计的不同阶段运用分析程序提出了总体要求，明确了必须运用分析程序的审计阶段和可以选择运用分析程序的审计阶段。

在了解被审计单位及其环境并评估重大错报风险时，内部审计人员应当运用分析程序，识别重大错报风险领域，以设计进一步审计程序的性质、时间和范围。在实施进一步审计程序时，如果认为使用分析程序比细节测试能更有效地将认定层次的检查风险降至可接受的水平，内部审计人员可以考虑将分析程序用作实质性程序，以收集充分、适当的审计证据。在审计结束或临近结束的总体复核阶段，内部审计人员应当运用分析程序，确定财务报表整体是否与其对被审计单位的了解一致，财务报表是否满足了公允反映的要求。

值得注意的是，由于分析程序涉及计算金额、比率或趋势，以评价财务信息，它对控制测试来说并不适用。

（二）分析程序的性质和目的

1. 分析程序的性质

（1）比较基准。在实施分析程序时，内部审计人员应当考虑将被审计单位的财务信息与下列各项信息进行比较：

1）以前期间的可比信息。在运用分析程序时，内部审计人员通常将被审计单位的本期实际数据与上期或以前期间的可比数据进行比较，以判断是否存在异常。

2）被审计单位的预期结果或者内部审计人员的预期数据。被审计单位的预期结果包括预算和预测等。如果预算和预测是在分析各种因素的基础上认真编制完成的，则其与实际执行结果的比较就可为内部审计人员分析评价本期的财务信息提供重要的参考。

内部审计人员的预期数据是内部审计人员运用各种方法对被审计单位财务比率或财务报表金额作出的合理预期。内部审计人员可以将自己的预期数据与被审计单位财务报表上反映的金额或比率进行比较，以发现异常情况。例如，内部审计人员可以根据被审计单位固定资产的账面价值和平均年折旧率，估计当期折旧费用，并与被审计财务报表中反映的折旧率相比较。

3）所处行业或同行业中规模相近的其他单位的可比信息。内部审计人员可以将被审计单位的财务信息与其所处行业的可比信息（如行业平均利润率）进行比较，也可以与同行业中规模相近的其他单位的可比信息进行比较，以了解被审计单位的经营情况，评价被审计单位的财务信息。

（2）数据关系。在实施分析程序时，内部审计人员还应当考虑下列关系：

1）财务信息各构成要素之间的关系。财务信息各要素之间存在某种内在联系，包括财务报表项目之间的钩稽关系、联动关系等。例如，销售成本与销售收入之间通常有稳定的比率，当期银行借款平均数额与利息费用之间有联动关系。

2）财务信息与相关非财务信息之间的关系。常用的非财务信息可能包括：生产能力、采购数量、销售数量、员工人数等统计资料。某些财务信息与非财务信息之间也存在内在联系。例如，被审计单位的员工人数和各级别人员的工资水平与工资费用有同增同减关系，洗车厂水的耗费量与营业收入有正相关的关系，存货数量通常不应超过仓储能力等。

（3）可使用的方法。内部审计人员实施分析程序时可以使用不同的方法，包括从简单的比较到使用高级统计技术的复杂分析。在实务中，可使用的方法主要有以下几种：

1）趋势分析法。趋势分析法主要是通过对比两期或连续数期的财务或非财务数据，确定其增减变动的方向、数额或幅度，以掌握有关数据的变动趋势或发现异常的变动。典型的趋势分析是将本期数据与上期数据进行比较，而更为复杂的趋势分析则涉及多个会计期间的比较。用于趋势分析的数据既可以是绝对值，也可以是以比率表示的相对值。趋势分析的运用形式主要包括：①若干期资产负债表项目的变动趋势分析；②若干期利润表项目的变动趋势分析；③若干期资产负债表或利润表项目结构比例的变动趋势分析；④若干期财务比率的变动趋势分析；⑤特定项目若干期数据的变动趋势分析等。

当被审计单位处于稳定经营环境下时，趋势分析法最为适用。当被审计单位业务或经营环境变化较大或会计政策变更较大，趋势分析法就不再适用。趋势分析法中涉及的会计期间的期数，有赖于被审计单位经营环境的稳定性。经营环境愈稳定，数据关系的可预测性愈强，进行多个会计期间的数据比较愈适用。

2）比率分析法。比率分析法主要是结合其他有关信息，将同一报表内部或不同报表间的相关项目联系起来，通过计算比率，反映数据之间的关系，用以评价被审计单位的财务信息。例如，应收账款周转率反映赊销销售收入与应收账款平均余额之间的比率，这一比率变小可能说明应收账款回收速度放慢，需要计提更多的坏账准备，也可能说明本期赊销销售收入与期末应收账款余额存在错报。

当财务报表项目之间的关系稳定并可直接预测时，比率分析法最为适用。

以下文案范本列举了内部审计人员在实施分析程序时常用的比率。

文案范本

内部审计人员在实施分析程序时常用的比率

本文案范本列举了内部审计人员在进行比率分析时常用的一些指标。

比率分析所涉及的内容通常可以分为五个方面：①流动性；②资产管理比率；③负债比率；④盈利能力比率；⑤生产能力比率。

1. 流动性

流动比率＝流动资产÷流动负债

速动比率＝（流动资产－存货）÷流动负债

现金比率=现金÷流动负债

已获利息倍数=息税前利润÷利息费用

固定支出保障倍数=（税前利润＋固定支出）÷固定支出

经营活动现金流量与固定支出比率=经营活动净现金流量÷固定支出

利息与长期负债比率=利息费用÷长期负债×100%

2. 资产管理比率

存货周转率=主营业务成本÷存货平均余额×100%

应收账款周转率=主营业务收入净额÷应收账款平均余额×100%

营运资金周转率=主营业务收入净额÷（流动资产－流动负债）×100%

总资产周转率=主营业务收入净额÷平均资产总额×100%

3. 负债比率

资产负债率=负债总额÷资产总额×100%

负债权益比率=（负债总额÷所有者（股东）权益总额）×100%

长期负债与权益比率=长期负债÷所有者（股东）权益总额×100%

负债与有形资产净值比率=负债总额÷［所有者（股东）权益总额－无形资产］×100%

长期负债与总资产比率=长期负债÷资产总额×100%

资产权益率=所有者（股东）权益总额÷资产总额×100%

4. 盈利能力比率

销售毛利率=［（销售收入－销售成本）÷销售收入］×100%

主营业务利润率=主营业务利润÷主营业务收入净额×100%

总资产回报率=息税前利润÷资产总额×100%

权益回报率=息税前利润÷所有者（股东）权益总额×100%

5. 生产能力比率

原材料成本占收入比例=销售成本中的原材料成本÷相应的销售收入×100%

人工成本占收入比例=销售成本中的人工成本÷相应的销售收入×100%

人均收入=收入总额÷员工人数

人均成本=销售成本÷生产员工人数

人均人工成本=人工成本÷相应的员工人数

销售费用和管理费用占收入比例=（销售费用＋管理费用）÷销售收入×100%

3）合理性测试法。合理性测试法通过彼此相关联的项目或造成某种变化的各种变量，来测试某项目金额是否合理。简单合理性测试包括三个基本步骤：①识别能够引起和影响被测试项目金额变化的各种变量；②确定变量与被测试项目间的恰当关系；③将变量结合在一起对被测试项目作出评价。

例如，内部审计人员对中小制造企业的营业收入进行分析时，可以考虑产品销售量与被审计单位可供销售产品数量（仓储能力、生产能力）的关系，以及被审计单位生产能力的利用情况等因素，将营业收入与运费、电费、水费、办公经费、销售人员工资等联系起来作配比分析。

4）回归分析法。回归分析法是在掌握大量观察数据的基础上，利用统计方法建立因变量与自变量之间回归关系的函数表达式（回归方程式），并利用回归方程式进行分析。例如，产品销售收入与广告费用之间通常存在正相关关系，内部审计人员可以建立两者之间的回归模型，并根据模型估计某一年度产品销售收入的预期值。

回归分析法理论上能考虑所有因素的影响，如相关经营数据、经营情况、经济环境的变化等，其预测精度较高，适用于中、短期预测。回归分析法的一个突出优点在于以可计量的风险和准确性水平，量化内部审计人员的预期值。但内部审计人员在选择适当关系时将耗费大量时间，审计成本较高。

回归分析法的具体运用，参见计量经济学和统计学教材。

内部审计人员可以针对合并财务报表、组成部分的财务报表以及财务信息的要素，实施分析程序。

以下文案范本列举了内部审计人员对财务报表项目可能实施的分析程序。

文案范本

内部审计人员对财务报表项目可能实施的分析程序

本文案范本列举了内部审计人员对财务报表项目可能实施的分析程序。需要注意的是，这些程序并不能涵盖所有内部审计人员可能实施的分析程序，所列举的分析程序也并非对每个被审计单位都适用。

1. 现金和银行存款

（1）根据被审计单位融资政策等复核现金和银行存款余额。

（2）根据平均现金和银行存款余额复核利息收入。

2. 应收账款

（1）比较当年度及以前年度应收账款的余额，并查明异常情况的原因。

（2）比较当年度及以前年度应收账款的账龄，并查明异常情况的原因。

（3）比较当年度及以前年度应收账款与主营业务收入的比率，结合当前经济环境及信用政策判断其合理性。

（4）比较当年度及以前年度应收账款的回收期，结合当前经济环境、信用政策及行业平均水平判断其合理性。

（5）比较当年度及以前年度坏账准备与主营业务收入的比率、坏账准备与应收账款的比率、坏账损失，并查明异常情况的原因。

（6）比较会计期间截止日前后两个月末应收账款的余额、主要客户及其余额，并查明异常情况的原因。

3. 存货采购

（1）比较当年度及以前年度原材料成本占生产成本百分比的变动，并对异常情况作出解释。

（2）比较存货购入数量与耗用或销售数量，联系本年度存货的变动，并对异常变动情况作出解释。

（3）核对存货采购的标准计划成本与实际成本。

（4）比较当年度及以前年度下述项目的增减变动，并对异常情况作出解释：采购费用；各种采购费用占存货采购的比例。

（5）按月/季度比较实际发生的采购费用与预算的差异。

（6）比较各月存货采购的金额并对异常波动作出解释。

（7）比较当年度及以前年度从供应商得到的现金折扣。

（8）将采购数量与平均单价之积与账面采购金额相比较。

4. 存货

（1）按存货品种及存放地点、存货类别，比较当年度及以前年度数量和金额的增减变动，并对异常情况作出解释。

（2）按存货成本构成、存货平均成本、材料采购价格差异，比较当年度及以前年度的增减变动，并对异常情况作出解释。

（3）比较当年度及以前年度直接材料、直接人工、制造费用占生产成本的比例，并查明异常情况的原因。

（4）比较当年度及以前年度存货跌价准备占存货余额的比例，并查明异常情况的原因。

（5）按存货残损情况、存货账龄、库存可用月数，比较当年度及以前年度的增减变动，并对异常情况作出解释。

（6）比较会计期间截止日前后两个月的产品毛利率，并对异常波动作出解释。

（7）比较当年度及以前年度已售存货的数量，并查明异常情况的原因。

（8）比较存货库存量与生产量及库存能力的差异，并分析其合理性。

（9）比较存货的实际用量与预算用量的差异，并分析其合理性。

（10）比较当年度与以前年度的存货周转率，并查明异常情况的原因。

（11）核对下列相互独立部门的数据：

1）仓库记录的材料领用量与生产部门记录的材料领用量；

2）工资部门记录的人工成本与生产部门记录的工时和工资标准之积；

3）仓库记录的产成品入库量与生产部门记录的产品生产量；

4）发票记录的数量与发货量；

5）发票记录的数量与订货量；

6）发票记录的数量与主营业务成本记录的销售量；

7）产品销售量与生产量或采购量；

8）产品销售量和平均单位成本之积与账面产品销售成本。

5. 投资

（1）比较当年度及以前年度长期股权投资余额、收购及转让投资的增减变动，并对异常情况作出解释。

（2）比较当年度及以前年度股利收入、利息收入及按持股比例计算投资收益的增减变动，并对异常情况作出解释。

（3）比较被审计单位当年度、以前年度及市场的平均投资收益率。

（4）按债权性投资的票面价值乘以利率测算利息收入。

6. 固定资产

（1）按类别分析当年和以前年度的固定资产、在建工程增减变动情况，并将新增固定资产与新增产品产量进行比较。

（2）按类别分析固定资产当年度折旧额和以前年度折旧额，如将折旧额与固定资产账面原值进行比较，按类别将固定资产账面原值与平均折旧率的乘积与账面折旧计提数进行比较。

（3）分析当年和以前年度固定资产维修费用占固定资产原值、营业收入和费用总额的百分比。

7. 无形资产

（1）按类别比较无形资产当年度及以前年度的摊销，并对异常情况作出解释。

（2）将无形资产账面原值与平均摊销率的乘积与无形资产账面摊销额进行比较。

8. 待处理财产损失、长期待摊费用、其他长期资产

分析待处理财产损失、长期待摊费用、其他长期资产等占资产总额的比率，以评估合理性。

9．应付账款

（1）比较当年度及以前年度应付账款的增减变动，并对异常情况作出解释。

（2）比较当年度及以前年度应付账款的构成、账龄及主要供货商的变化，并查明异常情况的原因。

（3）比较最近三个月及当年度平均应付账款支付期的变动情况。

（4）比较当年度及以前年度应付账款支付期的变动情况。

（5）比较截止日前后两个月应付账款的支付期、余额构成及主要供货商的变化，并查明异常情况的原因。

（6）比较当年度及以前年度信用额度和折扣及其与采购金额的比例，并查明异常情况的原因。

10．借款和利息费用

（1）计算借款平均实际利率并同以前年度及市场平均利率相比较。

（2）根据借款平均余额、平均借款利率测算当期利息费用和利息，并与账面记录进行比较。

11．主营业务收入

（1）将收入、成本及毛利率与同行业数据对比分析，分析差异的合理性。

（2）比较当年度及以前年度按不同品种的主要产品的收入和毛利率，并查明异常情况的原因。

（3）比较当年度及以前年度按销售区域的主要产品的主营业务收入、毛利率，并查明异常情况的原因。

（4）比较当年度及以前年度销售退回、销售折扣与折让的总额及其与主营业务收入的比率，并查明异常情况的原因。

（5）比较当年度及以前年度截止日前后两个月的主营业务收入、毛利率，销售退回、销售折扣与折让的总额及其与主营业务收入的比率，并查明异常情况的原因。

（6）比较当年度及以前年度各月主营业务收入，并查明异常波动的原因。

（7）比较当年度及以前年度现销与赊销的比例，并查明异常情况的原因。

（8）比较当年度及以前年度销售佣金率、销售折扣率、销售运费率和其他销售费用率，并查明异常情况的原因。

（9）根据产品生产能力、仓储能力和运输能力，原材料采购数量及单位产品材料耗用定额，生产工人数量、生产工时及劳动生产率分析产品生产量和销售量的合理性，并查明异常情况的原因。

（10）核对相互独立部门的数据，如：

1）发票上记载的销售数量与发货单记载的数量、订单数量和产品销售成本中的销货数量；

2）账面销售数量与商品采购和生产数量；

3）出纳记录的销售收款与应收账款贷方发生额；

4）应收账款借方发生额与销售订单金额总计；

5）运货部门记录的运货数与仓库记录的发货量；

6）主营业务收入贷方发生额与发运部门记录的运货价值；

7）账面销售额与增值税纳税申报的收入。

（11）了解下游企业产品同期销售情况，分析被审计单位产品销售量的合理性，并查明异常情况的原因。

（12）将营业收入、主营业务利润与经营活动产生的现金流量、净利润进行对比分析，判断营业收入、主营业务利润的合理性。

（13）将营业收入与收入相关的税金如增值税等进行对比分析，判断其比例关系是否合理。

（14）将营业收入与成本、销售佣金、广告费用、运输费用、保险费用等进行对比分析，判断营业收入的合理性。

12. 营业成本

（1）比较当年度及以前年度不同品种产品的主营业务成本和毛利率，并查明异常情况的原因。

（2）比较当年度及以前年度各月主营业务成本的波动趋势，并查明异常情况的原因。

（3）比较被审计单位与同行业统计资料的毛利率，并查明异常情况的原因。

（4）比较当年度及以前年度截止日前后两个月的毛利率，并查明异常情况的原因。

（5）比较当年度及以前年度的存货周转率，并查明异常情况的原因。

（6）比较当年度及以前年度主要产品的单位成本，并查明异常情况的原因。

（7）比较当年度及以前年度各月主要产品的单位成本，并查明异常情况的原因。

13. 职工工资成本

（1）比较当年度及以前年度下述项目的增减变动，并对异常情况作出解释：各部门或生产线雇员及工资成本；选取期间的工资成本；日、周、月的工资支付。

（2）比较当年度及以前年度下述项目的增减变动，并对异常情况作出解释：各部门或生产线雇员人数；符合领取津贴人员的人数；各种类雇员的平均工资。

（3）比较当年度及以前年度生产人员工资与主营业务成本比率的增减变动。

（4）比较个人所得税与工资、薪金所得。

（5）比较当年度及以前年度管理人员与直接人工比率的变动。

（6）比较当年度及以前年度员工津贴、工资、工作小时与雇员人数的变动情况。

（7）比较奖金与工资的关系。

（8）分析雇员人数，包括对当年度及以前年度雇员的核对。

（9）比较当年度及以前年度与员工有关负债的变动情况。

（10）核对下列相互独立部门的数据：工资部门记录的工资支出与出纳记录的工资支付数；工资部门记录的工时与生产部门记录的工时。

（11）用以下方法测算人员工资：平均雇员人数乘以人均工资；产品产量乘以计件工资。

（12）考虑下述因素调整各部门以前年度的人工成本并分析当年度人工成本：雇员人数变化；雇员组成变化；其他工资增长因素。

14. 销售费用、管理费用及制造费用

（1）计算分析各个月份销售费用总额及主要项目金额占主营业务收入的比率，并与上一年度进行比较，判断变动的合理性。

（2）计算分析各个月份销售费用、管理费用中主要项目发生额及其占费用总额的比率，并与上一年度进行比较，判断其变动的合理性。

（3）计算分析制造费用各月各项费用构成情况，并与上一年度进行对比，判断变动的合理性。

（4）将销售费用、管理费用及制造费用中的工资、折旧等与相关的资产、负债科目核对，分析其钩稽关系的合理性。

2. 分析程序的目的

（1）用作风险评估程序，以了解被审计单位及其环境。内部审计人员实施风险评估程序的目的在于了解被审计单位及其环境并评估财务报表层次和认定层次的重大错报风险。在风险评估过程中使用分析程序也服务于这一目的。分析程序可以帮助内部审计人员发现财务报表中的异常变化，或者预期发生而未发生的变化，识别存在潜在重大错报风险的领域。分析程序还可以帮助内部审计人员发现财务状况或盈利能力发生变化的信息和征兆，识别那些表明被审计单位持续经营能力问题的事项。

（2）当使用分析程序能比细节测试更有效地将认定层次的检查风险降至可接受的水平时，分析程序可以被用作实质性程序。在针对评估的重大错报风险实施进一步审计程序时，内部审计人员可以将分析程序作为实质性程序的一种，单独或结合其他细节测试，收集充分、适当的审计证据。此时运用分析程序可以减少细节测试的工作量，节约审计成本，降低审计风险，使审计工作更有效率和效果。

（3）在审计结束或临近结束时对财务报表进行总体复核。在审计结束或临近结束时，内部审计人员应当运用分析程序，在已收集的审计证据的基础上，对财务报表整体的合理性作最终把握，评价报表仍然存在重大错报风险而未被发现的可能性，考虑是否需要追加审计程序，以便为发表审计意见提供合理基础。

分析程序运用的不同目的，决定了分析程序运用的具体方法和特点。

（三）用作风险评估程序

1．总体要求

内部审计人员在实施风险评估程序时，应当运用分析程序，以了解被审计单位及其环境。在实施风险评估程序时，运用分析程序的目的是了解被审计单位及其环境并评估重大错报风险，内部审计人员应当围绕这一目的运用分析程序。在这个阶段运用分析程序是强制要求。

2．在风险评估程序中的具体运用

内部审计人员在将分析程序用作风险评估程序时，应当遵守相关规定。内部审计人员可以将分析程序与询问、检查和观察程序结合运用，以获取对被审计单位及其环境的了解，识别和评估财务报表层次及具体认定层次的重大错报风险。

在运用分析程序时，内部审计人员应重点关注关键的账户余额、趋势和财务比率关系等方面，对其形成一个合理的预期，并将之与被审计单位记录的金额、依据记录金额计算的比率或趋势相比较。如果分析程序的结果显示的比率、比例或趋势与内部审计人员对被审计单位及其环境的了解不一致，并且被审计单位管理层无法提出合理的解释，或者自身无法取得相关的支持性文件证据，内部审计人员应当考虑其是否表明被审计单位的财务报表存在重大错报风险。例如，内部审计人员根据对被审计单位及其环境的了解，得知本期在生产成本中占较大比重的原材料成本大幅上升，故此预期在销售收入未有较大变化的情况下，由于销售成本的上升，毛利率应相应下降。但通过分析程序发现，本期与上期的毛利率变化不大。内部审计人员便可据此认为销售成本存在重大错报风险，而对其给予足够的关注。

需要注意的是，内部审计人员无须在了解被审计单位及其环境的每一方面都实施分析程序。例如，在对内部控制的了解中，内部审计人员一般不会运用分析程序。

3．在风险评估过程中运用的分析程序的特点

在风险评估程序中运用分析程序，主要目的在于识别那些可能表明财务报表存在重大错报风险的异常变化。因此，所使用的数据汇总性比较强，其对象主要是财务报表中账户余额及其相互之间的关系；所使用的分析程序通常包括对账户余额变化的分析，并被辅之以趋势分析和比率分析。

与实质性分析程序相比，在风险评估过程中使用分析程序所进行比较的性质、预期值的精

确程度，以及所进行的分析和调查的范围都并不足以提供很高的保证水平。

（四）用作实质性程序

1. 总体要求

内部审计人员应当针对评估的认定层次重大错报风险设计和实施实质性程序。实质性程序包括对各类交易、账户余额、列报（包括披露，下同）的细节测试以及实质性分析程序。

实质性分析程序是指用作实质性程序的分析程序，它与细节测试都可被用于收集审计证据，以识别财务报表认定层次的重大错报风险。当使用分析程序比细节测试更能有效地将认定层次的检查风险降至可接受的水平时，内部审计人员可以考虑单独或结合细节测试，运用实质性分析程序。实质性分析程序不仅仅是对细节测试的一种补充，在某些审计领域，如果重大错报风险较低且数据之间具有稳定的预期关系，内部审计人员可以单独使用实质性分析程序获取充分、适当的审计证据。

尽管分析程序有特定的作用，但并不要求内部审计人员在实施实质性程序时必须使用分析程序。这是因为针对认定层次的重大错报风险，如果内部审计人员实施细节测试而不实施分析程序，同样可能实现实质性程序的目的。另外，分析程序有其运用的前提和基础，它并不适用于所有的财务报表认定。

需要强调的是，相对于细节测试而言，实质性分析程序能够达到的精确度可能受到种种限制，所提供的证据在很大程度上是间接证据，证明力相对较弱。从审计过程整体来看，内部审计人员不能仅依赖实质性分析程序，而忽略对细节测试的运用。

实质性分析程序的运用包括以下几个步骤：

（1）识别需要运用分析程序的账户余额或交易；

（2）确定期望值；

（3）确定可接受的差异额；

（4）识别需要进一步调查的差异；

（5）调查异常数据关系；

（6）评估分析程序的结果。

2. 确定实质性分析程序对特定认定的适用性

并非所有认定都适合使用实质性分析程序。研究不同财务数据之间以及财务数据与非财务数据之间的内在关系是运用分析程序的基础，如果数据之间不存在稳定的可预期关系，内部审计人员将无法运用实质性分析程序，而只能考虑利用检查、函证等其他审计程序收集充分、适当的审计证据，并以之作为发表审计意见的合理基础。因此，实质性分析程序通常更适用于在一段时期内存在可预期关系的大量交易。

在信赖实质性分析程序的结果时，内部审计人员应当考虑实质性分析程序存在的风险，即分析程序的结果显示数据之间存在预期关系而实际上存在重大错报。例如，被审计单位的业绩落后于行业的平均水平，但管理层篡改了被审计单位的经营业绩以使其看起来与行业平均水平接近。在这种情况下，使用行业数据进行分析程序可能误导内部审计人员。再如，当被审计单位在行业内占有极重要的市场份额的时候，如果将行业统计资料用于分析程序，数据的独立性就可能受到损害，因为在这种情况下被审计单位的数据在很大程度上决定了行业数据。

在确定实质性分析程序对特定认定的适用性时，内部审计人员应当考虑下列因素：

（1）评估的重大错报风险。鉴于实质性分析程序能够提供的精确度受到种种限制，评估的重大错报风险水平越高，内部审计人员使用实质性分析程序就应当越谨慎。如果针对特别风险仅实施实质性程序，内部审计人员应当使用细节测试，或将细节测试和实质性分析程序结合使用，以获取充分、适当的审计证据。

（2）针对同一认定的细节测试。在对同一认定实施细节测试的同时实施实质性分析程序可能是适当的。例如，内部审计人员在考虑应收账款的可收回性时，除了对期后收到现金的情况进行细节测试，也可以针对应收账款的账龄实施实质性分析程序。

3. 数据的可靠性

内部审计人员对已记录的金额或比率作出预期时，需要采用内部或外部的数据。来自被审计单位内部的数据包括：

（1）前期数据，并根据当期的变化进行调整；

（2）当期的财务数据；

（3）预算或预测；

（4）非财务数据等。

外部数据包括：

（1）政府及政府有关部门发布的信息，如通货膨胀率、利率、税率，有关部门确定的生产或进出口配额等；

（2）行业监管者、贸易协会以及行业调查单位发布的信息，如行业平均增长率；

（3）经济预测组织，包括某些银行发布的预测消息，如某些行业的业绩指标等；

（4）公开出版的财务信息；

数据的可靠性能直接影响根据数据形成的预期值。数据的可靠性愈高，预期的准确性也将愈高，分析程序也将更有效。内部审计人员计划获取的保证水平愈高，对数据可靠性的要求也就愈高。

影响数据可靠性的因素有很多。数据的可靠性受其来源及性质的影响，并有赖于获取该数据的环境。在确定实质性分析程序使用的数据是否可靠时，内部审计人员应当考虑下列因素：

（1）可获得信息的来源。数据来源的客观性或独立性愈强，所获取数据的可靠性将愈高；来源不同的数据相互印证时比单一来源的数据更可靠。

（2）可获得信息的可比性。实施分析程序使用的相关数据必须具有可比性。通常，被审计单位所处行业的数据与被审计单位的相关数据具有一定的可比性。但应当注意，对于生产和销售专门产品的被审计单位，内部审计人员应考虑获取广泛的相关行业数据，以增强信息的可比性，进而提高数据的可靠性。

（3）可获得信息的性质和相关性。例如，要明确被审计单位管理层制定预算时，是将该预算作为预期的结果还是作为将要达到的目标。若为预期的结果，则预算的相关程度较高；若仅为希望达到的目标，则预算的相关程度较低。此外，可获得的信息与审计目标越相关，数据就越可靠。

（4）与信息编制相关的控制。与信息编制相关的控制愈有效，该信息愈可靠。

为了更全面地考虑数据的可靠性，当实施实质性分析程序时，如果使用被审计单位编制的信息，内部审计人员应当考虑测试与信息编制相关的控制，以及这些信息是否在本期或前期经过审计。

上述测试的结果有助于内部审计人员就该信息的准确性和完整性获取审计证据，以更好地判断分析程序使用的数据是否可靠。如果内部审计人员通过测试获知与信息编制相关的控制运行有效，或信息在本期或前期经过审计，该信息的可靠性将更高。

4. 作出预期的准确程度

准确程度是对预期值与真实值之间接近程度的度量，也称精确度。分析程序的有效性在很大程度上取决于内部审计人员形成的预期值的准确性。预期值的准确性越高，内部审计人员通过分析程序获取的保证水平将越高。

在评价作出预期的准确程度是否足以在计划的保证水平上识别重大错报时，内部审计人员应当考虑下列主要因素：

（1）对实质性分析程序的预期结果作出预测的准确性。例如，与各年度的研究开发和广告费用支出相比，内部审计人员通常预期各期的毛利率更具有稳定性。

（2）信息可分解的程度。信息可分解的程度是指用于分析程序的信息的详细程度，如按月份或地区分部分解的数据。通常，数据的可分解程度愈高，预期值的准确性愈高，内部审计人员将相应获取较高的保证水平。当被审计单位经营复杂或多元化时，分解程度高的详细数据则更重要。

数据需要具体到哪个层次受被审计单位性质、规模、复杂程度及记录详细程度等因素的影响。如果被审计单位从事多个不同的行业，或者拥有非常重要的子公司，或者在多个地点进行经营活动，内部审计人员可能就需要考虑就每个重要的组成部分分别取得财务信息。但是，内部审计人员也应当考虑分解程度高的数据的可靠性。例如，季度数据可能因为未经审计或相关控制相对较少，其可靠性将不如年度数据。

（3）财务和非财务信息的可获得性。在设计实质性分析程序时，内部审计人员应考虑是否可以获得财务信息（如预算和预测）以及非财务信息（如已生产或已销售产品的数量），以有助于运用分析程序。

5. 已记录金额与预期值之间可接受的差异额

预期值只是一个估计数据，大多数情况下与已记录金额并不一致。为此，在设计和实施实质性分析程序时，内部审计人员应当确定已记录金额与预期值之间可接受的差异额。可接受的差异额是指被内部审计人员认为无须做进一步调查的差额。已记录金额与预期值之间的差额，内部审计人员应当将识别出的差异额与可接受的差异额进行比较，以确定差异是否重大，是否需要作出进一步调查。

在确定可接受的差异额时，内部审计人员应当主要考虑各类交易、账户余额、列报及相关认定的重要性和计划的保证水平。通常，可容忍错报越低，可接受的差异额越小；计划的保证水平越高，可接受的差异额越小。

内部审计人员可以通过降低可接受的差异额应对重大错报风险的增加。可接受的差异额愈低，内部审计人员需要收集愈多审计证据，以尽可能发现财务报表中的重大错报，获取计划的保证水平。

如果在期中实施实质性程序，并计划针对剩余期间实施实质性分析程序，内部审计人员应当考虑实质性分析程序对特定认定的适用性、数据的可靠性、所作预期的准确程度以及可接受的差异额，并评估这些因素如何影响针对剩余期间获取充分、适当的审计证据的能力。内部审计人员还应考虑某类交易的期末累计发生额或账户期末余额在金额、相对重要性及构成方面能否被合理预期。

如果认为仅实施实质性分析程序不足以收集充分、适当的审计证据，内部审计人员还应测试剩余期间相关控制运行的有效性或针对期末实施细节测试。

以下文案范本说明了实质性分析程序的运用。

文案范本

实质性分析程序应用举例

1. 背景

A 公司生产某种化工产品，其产品主要通过公司的销售部及分销商进行销售。A 公司非常关注其产品质量，并主要根据其产品质量确定销售价格。由于其生产的产品的特点，A 公司的产品价格通常比较稳定。20×4—20×6 年，A 公司的销售情况一直增长缓慢。20×7 年 11 月，A 公司从它的竞争对手 B 公司那里雇用了一个新的销售总监 M，M 将其原来在 B 公司的客户带到了 A 公司，使得 A 公司 20×7 年 12 月的销售量增加了 25%。并且 A 公司在 20×8 年全年一直保持着向这些客户的销售。主要由于客户的增加，A 公司 20×8 年的销售额比 20×7 年增加了 28.7%。在风险评估程序中，通过比率分析，内部审计人员发现，A 公司的材料采购成本与销售收入同比例增加，但是人工成本与制造费用占销售收入的比例下降。20×7 年和 20×8 年 A 公司的部分财务数据如表 5-3 所示。

表 5-3　20×7 年和 20×8 年 A 公司的部分财务数据

年　份　　项　目	20×7		20×8	
	金额（千元）	占销售收入的比例（%）	金额（千元）	占销售收入的比例（%）
销售收入	2 203	100	1 712	100
销售成本				
材料成本	867	39.4	680	39.7
人工成本	378	17.2	350	20.4
制造费用	117	5.3	110	6.4
销售成本小计	1 362	61.9	1 140	66.5
毛　利	841	38.1	572	33.5

内部审计人员设定的重要性水平为人民币 40 000 元。

2. 对收入实施实质性分析程序

在 20×7 年 A 公司销售收入已被审计的基础上，A 公司 20×7 年的销售收入能够被合理预期，内部审计人员决定使用实质性分析程序对 20×7 年度的销售收入的发生、完整和准确认定获取一定的保证水平。

（1）建立期望值。与 20×7 年相比，A 公司的销售在 20×7 年发生了下述变化：

1）由于客户的增加，20×8 年 1~11 月的销售额与 20×8 年相同期间相比，增加了 25%，内部审计人员已经在对应收账款进行审计的过程中，通过向客户函证的方式证实了这一增加；

2）自 20×8 年 4 月起，A 公司的平均销售价格增加了 5%。内部审计人员通过检查 A 公司的标准价格表核实了这一事项。

基于上述情况，内部审计人员决定将 A 公司 20×8 年的销售收入按月份进行拆分，以建立期望值。拆分结果如表 5-4 所示。

表 5-4　将 A 公司 20×8 年的销售收入按月份进行拆分　　　　　单位：千元

月份	20×7 销售额	销售额增加 25%	销售价格 增加 5%	20×8 年度 期望值	20×8 年度 实际发生额	差异
1	137	34		171	169	2*
2	138	34		172	173	1
3	134	33		167	170	3
4	141	35	9	185	159	26*
5	139	35	9	183	200	17*
6	138	34	9	181	183	2
7	143	36	9	188	188	0
8	147	37	9	193	194	1
9	145	36	9	190	191	1
10	143	36	9	188	190	2
11	139	35	9	183	195	12*
12	168		8	176	191	15
合计	1 712	385	80	2 177	2 203	

根据上述分析，有 4 个月的差异额超过了内部审计人员设定的可接受差异额（在表 5-4 中以*标识）。

（2）确定可接受的差异额。内部审计人员计划从实质性分析程序中获取的计划保证水平较高，可接受的差异额确定为人民币 10 000 元。

（3）分析和调查差异。

1）4 月和 5 月的差异。4 月的实际值比期望值低 26 000 元，而 5 月的实际值比期望值高 17 000 元。就此，内部审计人员首先询问了被审计公司管理层。管理层回答，由于未曾对 4 月和 5 月的收入进行调查，不能解释上述差异。内部审计人员接着与财务主管人员讨论上述差异，财务主管回忆说，4 月有一名销售人员 N 在结账以后才提交其 4 月的销售单据，为方便起见，财务部门将这些 4 月的销售记录在 5 月的账簿中。

针对这一解释，内部审计人员检查了 A 公司 5 月销售账簿中与 N 有关的销售记录，并抽取了其中一部分追查到原始凭证。通过这些程序，内部审计人员确定，被记录在 5 月中的属于 4 月的销售共计入民币 20 000 元，考虑这一因素的影响，4 月和 5 月的差异额将低于内部审计人员设定的可接受的差异额。因此，内部审计人员决定不再执行进一步调查工作。

2）11 月和 12 月的差异。11 月和 12 月实际销售额分别比期望值高人民币 12 000 元及 15 000 元。内部审计人员对此予以进一步调查，询问了被审计公司的管理层。管理层解释，在 20×5 年 10 月初公司与一个大型分销商签订了代理合同，此外，销售总监 M 也在 10 月争取了两个新的大客户，因此 20×5 年 4 季度的销售比以往年度有所增加是正常的情形。

针对管理层的解释，内部审计人员检查了销售部门的月度总结报告，发现销售部门确实在 10 月采取了行动并取得了管理层所说的客户。然后内部审计人员对新增客户于 20×5 年的销售记录进行了检查，并同时检查了这些销售的收款情况，并未发现异常。经检查，新增客户在 20×5 年 11 月和 12 月分别使得 A 公司的销售额增加了人民币 8 000 元和 10 000 元。考虑这一因素的影响，A 公司 11 月和 12 月的差异额将低于内部审计人员设定的可接受的差异额，因此内部审计人员决定不再进行进一步调查。

3. 销售成本的实质性分析

（1）材料成本。由于 A 公司所使用的原材料价格在 20×5 年相对稳定，整体加工过程亦无变化，并且 20×4 年的数字已经过审计，而 20×5 年的收入也已被执行了上述分析程序和审计。因此，内部审计人员在 20×4 年材料成本占销售收入比例的基础上建立对 20×5 年材料成本的期望值。由于 20×5 年 4 月以后 A 公司的销售价格平均增加了 5%，因此在计算材料成本的期望值时应消除这部分涨价的影响。

另外，由于内部审计人员仅需要在销售成本的实质性程序中取得较低水平的确信度，因此可以接受一个较大的差异。内部审计人员决定，在销售成本项目中，可接受的差异为人民币32 000 元。

材料成本的期望值 ＝ [1—3 月的销售收入 ＋ 4—12 月的销售收入 ×1÷（1 ＋ 5%）] ×20×4 年度材料成本占销售收入的比例 ＝ （512 000 ＋ 1 691 000×0.952）×39.7% ＝ 842 367（元）

期望值与实际值的差异 ＝ 842 367－867 000 ＝ －24 633（元）

由于上述差异小于内部审计人员设定的可接受的差异水平，因此内部审计人员决定不再进行进一步调查。

（2）人工成本。正如上文提到的，管理层认为 20×5 年的员工人数与 20×4 年相比并无变化。内部审计人员从人力资源部门取得了 20×4 年和 20×5 年的员工清单，对员工人数的变化进行了检查，并未发现变化。同时，A 公司在每年 1 月均会根据对上年度的考核结果调整员工薪酬，内部审计人员取得 20×5 年 1 月 A 公司调整员工薪酬的董事会决议，这次调整使得员工薪酬平均增加 3.5%，内部审计人员检查了 20×5 年薪酬支付记录，证实 A 公司已经执行了调整薪酬的决议。

内部审计人员设定的人工成本的可接受差异额为人民币 32 000 元。

人工成本的期望值 ＝ 20×4 年人工成本 ×103.5% ＝ 350 000×103.5% ＝ 362 250（元）

差异额 ＝ 362 250－378 000 ＝ 15 750（元）

由于上述差异小于内部审计人员设定的可接受的差异水平，因此内部审计人员决定不再进行进一步调查。

审计结论：对于销售收入，超过内部审计人员设定的可接受的差异额的所有差异已经得到解释和证实。对于销售成本中的材料成本和人工成本，其实际发生额与内部审计人员建立的期望值之间的差异均小于内部审计人员设定的可接受的差异额。基于以上审计程序所获得的审计证据可知，销售收入和材料成本、人工成本在准确性方面没有重大错报。

（五）用于总体复核

1. 总体要求

在审计结束或临近结束时，内部审计人员运用分析程序的目的是确定财务报表整体是否与其对被审计单位的了解一致，内部审计人员应当围绕这一目的运用分析程序。这时运用分析程序是强制要求，内部审计人员在这个阶段应当运用分析程序。

2. 总体复核阶段分析程序的特点

在总体复核阶段执行分析程序，所进行的比较和使用的手段与风险评估程序中使用的分析程序基本相同，但两者的目的不同。在总体复核阶段实施的分析程序主要在于强调并解释财务报表项目自上个会计期间以来发生的重大变化，以证实财务报表中列报的所有信息与内部审计人员对被审计单位及其环境的了解一致、与内部审计人员取得的审计证据一致。因此，两者的主要差别在于实施分析程序的时间和重点不同，以及所取得的数据的数量和质量不同。另外，由于在总体复核阶段实施的分析程序并非为了对特定账户余额和披露提供实质性的保证水平，因此并不如实质性分析程序那样详细和具体，而往往集中在财务报表层次。

3. 再评估重大错报风险

在运用分析程序进行总体复核时，如果识别出以前未识别的重大错报风险，内部审计人员应当重新考虑对全部或部分各类交易、账户余额、列报评估的风险是否恰当，并在此基础上重新评价之前计划的审计程序是否充分，是否有必要追加审计程序。

（六）调查异常项目

1. 对异常项目进行调查的总体要求

对异常关系和波动进行调查是分析程序的一个步骤。当通过实施分析程序识别出与其他相关信息不一致或者偏离预期数据的重大波动或关系时，内部审计人员应当进行调查并获取充分的解释和恰当的佐证审计证据。

2. 调查异常项目的具体措施

在调查异常波动和关系时，内部审计人员应当在询问管理层的基础上采取下列措施：

（1）将管理层的答复与内部审计人员对被审计单位的了解以及在审计过程中获取的其他审计证据进行比较，以印证管理层的答复。例如，内部审计人员可以针对财务总监对广告费用增加作出的解释，询问市场部的人员，以印证管理层的答复。

（2）如果管理层不能提供解释或者解释不充分，考虑是否需要运用其他审计程序。例如，管理层不能对销售费用的大幅上升作出合理解释，内部审计人员应检查销售合同、运输单证等支持性书面文件。

对于不能获取合理解释、无法取得佐证证据的差异，内部审计人员应当根据有关要求，将其视为推断误差，并与其他错报一并考虑。

第五节　制度基础内部审计

企业制度基础审计，是指企业内部审计人员通过对内部控制制度的调查与评估，确定进一步审计的范围、重点及程序的一种审计方法。

现代审计一般是建立在内部控制测试基础上的抽查，无论是在审计程序的准备阶段，抑或者在审计程序的实施阶段，都需要研究与评估内部控制制度。采用制度基础审计的根本目的，不在于审计制度，而在于通过对被审计企业有关制度的研究与评估，确定进一步审计的范围、重点和程序。

一、企业内部控制综述

企业内部控制，是指被审计企业为了保证业务活动的有效进行，保护资产的安全和完整，防止、发现、纠正错误与舞弊，保证会计资料的真实、合法、完整而制定和实施的政策与程序。

（一）企业内部控制的构成要素

1. 企业控制环境

企业控制环境，是指对企业建立、加强或削弱特定政策和程序效率发生影响的各种因素，包括企业管理者的经营风格和经营理念、董事会、组织机构与权责分派体系、管理控制方法及人力资源与实务等。

（1）企业管理者的经营风格和经营理念。企业内部控制环境最基本、最主要的因素就是管理者及所有执行者对内部控制的态度及其胜任控制的能力。企业管理者的经营风格与管理哲学，包括对待风险的态度、对外部环境因素变化的反映、企业的管理方式、对企业财务的重视程度以及对待人力资源的态度及实施的政策等，都直接影响着内部控制的成效。

如果企业管理者愿意采用科学的经营管理方式，就必须用先进的科学技术培训员工以提高其业务技能，改变经营风格达到稳健、务实；在经营理念上，注重以人为中心，加强企业文化建设，提高职工的思想觉悟和道德修养，培养企业员工的向心力和凝聚力；重视内部控制制度的设计，认真组织和领导内部控制制度的设计，并且以身作则，严格遵守内部控制制度。那么，企业的全体员工也会各司其职，各负其责，认真参与设计并能有效实施企业既定的内部控制制度，从而使企业的内部控制制度能够发挥预期的效果。相反，如果管理者并未意识到内部控制的重要性，不重视内部控制制度问题，甚至无视法律法规及内部的规章制度，滥用职权，则下属各级员工也无设计或实施内部控制的积极性，甚至互相串通、协同作弊，企业的内部控制环境也必将受到极为不利的影响。

（2）企业董事会及审计委员会。企业的管理者对内部控制的建立和运行承担直接责任。董事会作为企业的最高权力机构，负责批准重大方针政策和交易事项，为企业的经营活动提供了总的方向。作为内部控制环境的重要组成部分，董事会对内部控制具有重要影响并具有承担责任的义务。按照我国《公司法》的规定，董事会的主要职权有：

1）决定公司的经营计划和投资方案；

2）制订公司的年度财务预算方案、决算方案；

3）决定公司的内部管理机构的设置，聘任或解聘公司经理等公司高级管理干部；

4）制定公司的基本管理制度，执行股东会的决议，等等。

在市场经济比较发达的国家，一般企业都很重视以董事会为主体的内部控制系统的设置和完善。随着我国社会主义市场经济的深入发展和公司治理结构的逐步完善，董事会也必将在我国企业内部控制制度的建设中发挥重要作用。

审计委员会除了协助董事会履行其职责，还有助于保证董事会与企业内外部企业内部审计人员之间的直接沟通。因此一个单位的内部控制的自觉性在相当程度上受到其董事会及其审计委员会的影响。

（3）企业组织结构与权责分派体系。组织机构是控制任务在总体上的组织安排及部门中的具体排列，是公司计划、协调和控制经营管理活动的整体框架，也是实现内部控制目标的基础，其实质是人们在组织内部进行劳动分工和协调方式的总和。科学合理的组织机构，既是社会化大生产的客观需要，也是确保内部控制制度有效实施的前提。它不仅有利于实现专业化分工，提高工作效率，更重要的是能够相互审计与制约、防止和纠正各种错弊的作用。组织结构设计的合理与否，直接影响企业的经营成果和控制的效果。但是，组织结构只为企业内部控制制度的执行提供了一个合理的框架。内部控制制度的实施成效关键还要取决于职权与职责的确定情况。权责分派则是在组织结构设置的基础上，设立授权的方式，明确各部门或各岗位及其人员的权力和所承担的责任。组织机构是内部控制任务的承担部门，岗位是部门控制任务落实的最小单位，权限是各部门和岗位执行控制任务的条件，责任是部门、岗位和人员执行控制任务的基本保证。通过组织结构的设置、职责权力的划分，一个组织的各个组成部分及其成员便都可以清楚自己在组织中位置、承担的责任、拥有的权力，了解行为规则、可接受的业务活动及利益冲突等。企业内部审计人员也可据此了解被审计企业内部控制的方针、政策、程序等。

合理的组织结构与权责分派要求如下：

1）每项经济业务事项必须由两个或两个以上的部门承担，经过两个或两个以上的岗位处理；

2）不相容职务进行适当分离；

3）权利和责任与控制任务相适应，并落实到具体部门。

（4）企业人员的品行与素质。企业中的每一个员工既是内部控制的主体，又是内部控制的客体，既要对其所负责的作业实施控制，同时又要受到企业内部其他员工的控制和监督。所有的内部控制都是针对"人"这一特殊要素而设立和实施的，再好的制度也必须由人去执行。人员的品行与素质是内部控制效果的一个决定性因素。

人的各种活动是在一定的环境中进行的，人员的品行与素质包括价值观、道德水准和业务能力（包括知识、技术及工作经验等），他们既是构成环境的重要因素之一，又与环境相互影响、相互作用。各级管理人员及广大职工是否认识到内部控制的重要性，自己工作岗位的重要性，各个岗位的人员有无胜任本职工作的专业知识与专业技能，有无较强的工作责任心与诚实的态度，不仅决定了内部控制环境的优劣，而且决定着内部控制其他要素及内部控制制度的设计、执行与监督。

在企业的内部人员中，管理者的素质与品行在企业管理中起着绝对重要的作用。管理者的道德观、价值观、世界观及其知识、能力直接影响着下属员工的品行和道德行为，并且而影响整个企业的行为，最终影响企业内部控制的效率和效果。称职的内部控制人员要求：执行控制人员的职业道德水准、业务素质能力必须与其所承担的职务相匹配。

（5）企业人力资源政策及实务。任何企业在内部控制的实施中，如果仅仅着眼于对物和人的控制而忽视对人力资源的开发，就不可能收到良好的效果。企业的人力资源政策一般包括人员配备与选择、培训计划、职务考核、分析与评价等，它直接影响着企业内部每个员工的行为和工作业绩。良好的人力资源政策对培养企业的员工忠诚度和凝聚力，提高企业员工的素质，更好地贯彻和执行内部控制大有裨益。管理者在制定人事政策时，必须考虑对员工的道德行为和业务技能的要求，为内部控制发挥预期的效用提供合理保证。内部人力资源政策要正确而明晰，如对涉及内部人员调动补缺、晋升或降职、外部招聘、开发培训以及奖惩等要有切实可行的措施保证。

（6）企业管理控制方法。管理控制方法是指企业为控制整个生产经营活动，按照内部各个部门及岗位的职责范围而建立的相应管理方法。管理控制方法可以从两个方面增强内部控制的效果，一是通过方法本身的执行发出控制重要性的信号；二是通过执行察觉可能发生的错弊，其内容主要包括以下几个方面：

1）关于经营计划管理、预算管理、利润计划及责任会计等规划报告系统；

2）比较实际业绩与计划目标并将比较结果及时传递给相应管理层的程序；

3）有助于调查偏差期望值原因并予以纠正的纠正程序或措施；

4）有关制定和完善会计系统的政策或控制措施。

（7）外部影响。随着社会生产力的发展和自然科学技术的进步，分工与协作越来越重要，企业间竞争也日趋激烈，任何一个企业已不可能脱离外部因素而单独生存和发展，外部环境因素也影响着企业内部控制目标的制定与实施，包括法律法规的颁布和修订、产业政策的调整、上级机关的要求等。

2．企业会计系统

企业会计系统由用以识别、集合、分析、分类、记录、报告企业交易并保持有关资产和负债的会计责任的各种方法和记录组成。

健全的会计系统主要包括：

（1）可靠的会计凭证制度。要做好企业各部门、各单位经营活动的记录工作，首先要设计一套有利于完善内部控制的凭证。会计凭证是经济业务发生、处理、完成和责任履行情况的书面证明。其基本要求是种类齐全、内容完整、连续编号。

（2）完整的账簿制度。为了连续、系统、全面地反映和监督企业的业务活动，需要将计凭证上所记载的业务，按先后顺序和类别登记到账簿中，从而可以全面地掌握企业各项收支和资产的变动情况。会计账簿中需要设置的账户数量，应视企业规模、经营复杂程度、需要控制的内部会计责任的范围而定。也就是说，一个企业所设置的账户，不仅要根据财务报表上有多少项目，还应按照各业务部门主管人员的职责来决定。

（3）有效的内部财务报表制度。为了充分地发挥内部财务报表的控制作用，在设计报表时，应考虑以下几项原则：

①适用性。内部财务报表所反映的业务收支，必须符合各业务部门所经营的职责。

②及时性。及时提供报表，以对经营活动随时进行控制。及时提供的预计数字，往往比延误了的所谓"精确制表"更有用。

③比较性。报表应能反映实际与计划、实际与定额之间的差异。

④经济性。设计财务报表时，应尽量降低汇总数字和编制报表的成本。

（4）严格的核对制度。建立健全严格的核对制度，其目的在于保护企业资财的安全完整，提供可靠的管理资料。在企业中，按核对性质，可以把核对分为资财核对和账务核对两种。资财核对是指库存现金、应收账款、存货、设备、房屋等流动资产和固定资产的核对，它是通过实地盘点和向对方询证的办法进行核对，其目的是查明一定日期实有数额同账存数额是否相符。账务核对，是指核对凭证的记录、填制试算表和棋盘式表、编制工作底稿等。

（5）合理的会计政策和会计程序。企业在遵守国家制定的会计准则的基础上，应从本企业会计工作实际出发，建立自己合理的会计政策和会计程序，用以明确如何办理、记载和汇集各类业务事项。对这些会计政策和会计程序，应以书面文字说明，这样不仅有利于企业有关人员了解处理日常会计事项的程序和方法，也有利于企业会计政策的前后一致性和连贯性。

（6）科学的预算制度。为了让预算建立在对未来的科学的预测基础之上，并尽可能地与实际相符，企业需要对未来业务作出全面的预测。通过预测所估计的目标，是衡量企业某一期间实际发生情况的尺度。

一个有效的会计系统应能做到以下几点：

①确认并记录所真实的交易。

②及时且充分详细地描述交易，以便在财务报表上对交易作出适当的分类。

③计量交易的价值，以便在财务报表上记录其适当的货币价值。

④确定交易发生的期间，以便将交易记录在适当的会计期间。

⑤在财务报表中适当地表达交易和披露相关事项。

3．控制程序

（1）交易授权。交易授权是指在处理各项经济业务时，必须经过授权批准以进行控制。有效的内部控制要求每项经济业务活动都须经过适当的授权批准，以防止内部员工随意处理、盗窃财产物资或歪曲记录。

授权不当常常影响内部控制目标的实现。故交易授权也是构成内部控制框架的要素之一。从理论上来看，科学、合理的内部控制要求企业员工在执行每一项经济业务时都须经过适当的授权，或者一般授权，或者特定授权。合理的授权应能保证：

1）企业所有的经济业务活动或行为未经授权不能被执行；

2）企业所有人员不经合法授权，不能行使相应的权力，即有权授权者和被授权者均应在规定的权限范围内行事，不能随意越权授权和越权执行有关的权力；

3）无特殊情况，所有业务与人员一经授权必须予以严格执行。

管理者对此必须予以足够重视。在进行授权时，管理人员还需要注意以下几点：

①明确授权的目的。授权者必须向被授权者明确所授事项的任务目标及权责范围，以使员工能十分清楚地工作。

②职、权、责、利相当。为保证被授权者能够完成所分派的任务，并承担起相应的责任，授权者必须授予其充分的权力，并许以相应的利益，做到"有职有权、有权有责、有责有利"。

③保持命令的统一性，避免政出多门。即通常要求一个下级只能接受一个上级的授权，并仅对一个上级负责。授权者不应越过下级干涉下级职权范围内的事务，否则会使其直接下级失去对职责范围内事务的有效控制，从而难以尽责。

④正确选择被使用者。由于授权者对分派的职责负有最终的责任。因此选择时必须慎重，尽可能做到"因事择人、视能授权"。为此，在授权前，除对被授权者进行严格的考察、挑选外，还可以采取先试用、合格后再行授权等方式。

⑤加强监督控制。即通过审计被授权者的权力使用情况和工作进展情况，制止和查处不良行为，防止滥用职权，确保内部控制目标的有效实现。

（2）职责划分。职责划分指对某交易涉及的各项职责进行合理划分，使每一个人在工作中能自动地审计另一个人或更多人的工作。职责划分的主要目的是预防和及时发现在执行所分配的职责时所产生的错误或舞弊行为。从控制的观点看，如某员工在履行其职责的正常过程中就可能发生错误或舞弊行为，并且内部控制又难以发现他的这些行为，那么就可以认为这些职责是不相容的。对于不相容的职责必须实行职责划分。

职责划分会影响三种认定的控制风险：

①将资产保管同资产会计记录的掌管相分离，可以降低盗窃风险，因为盗窃者将无法对通过减少资产的记录来掩饰盗窃真相。

②将处理现金支出交易同调节银行账户分离，可以降低不记录支票付款的风险，因为在调节过程中就可发现这种风险。

③将付款凭单的批准同支票签发相分离，可以降低支票书写出错的风险。

（3）凭证与记录控制。凭证是证明交易发生和交易的价格、性质及条件的证据。凭证经过签名或盖章，还可作为交易执行和记录职责的依据。凭证程序能保证经营人员在执行交易时及时编制有关凭证。编妥的凭证应及早送交会计部门，以便记录交易。会计部门还应把已登账的凭证依序归档。记录包括职员工资记录、永续存货记录、已发出凭证如销售发票和支票的每日汇总等。凭证和记录控制会影响三种认定的控制风险；

①适当保持的记录（如永续存货记录、应收账款记录），与被审计务的真实性认定有关。

②使用预先编号的凭证并按其编号进行会计处理，同"完整性"认定有关。

③原始凭证（如销售发票等）提供了交易记录的金额，与被审计物金额的准确性和截止认

定有关。

（4）资产接触与记录使用。主要是指限制接近资产和接近重要记录，以保证资产和记录的安全。保护资产和记录安全的最重要措施就是采用实物防护措施。例如，将存货存入仓库以防偷窃。货币、有价证券等资产的安全存放和使用防火安全装置等也是重要的实物安全保护控制程序。对保险单和应收票据等凭证也需要做好实物安全保护工作。为进一步保证准确、及时地记录会计信息，还可采用机构保护装置。

（5）独立稽核。独立稽核是指验证由另一个人或部门执行的工作及他们所记录金额估价的正确性。这是最后一道控制程序，是对上述内容进行全面、经常的复核。包括记账审查、编制调节表、资产与会计记录的核对以及管理部门对明细账汇总报告的复核等。

（二）企业内部控制的重点内容

1. 企业组织结构控制

企业组织结构控制主要是指对企业内部组织机构设置的合理性和有效性所进行的控制。企业组织结构的设置是否科学合理直接影响内部控制目标的实现。企业设置组织结构和进行部门划分要坚持相互牵制原则，以达到相互制约、相互协调，防止和纠正差错舞弊的目的。

（1）采用合理的组织结构形式。企业组织结构形式主要包括直线制、职能制、直线参谋制、直线职能制、事业部制、矩阵制、模拟分权结构等。

一般而言，在企业规模一定的情况下，较大的管理幅度意味着较少的组织层次，反之亦然。管理幅度越大，组织层次越少，其机构的管理效率越高，但要求管理人员的素质也越高。合理完善的组织结构能有利于消灭机构臃肿、人浮于事、纪律涣散等现象，有助于实现经营管理和控制的目标。

各企业应根据其所属的行业、经营规模、业务性质与特点，详细考虑本企业的经营战略、企业的成长期、人员素质及外部环境的不确定性因素等，来选择设置合理的组织结构形式。

（2）明确各职能部门间的横向或纵向关系。合理的组织结构设计，应该将职务、职责和职权形成规范，既要明确规定每一管理层次和各个部门的职责范围，又要赋予完成其职责所必需的管理权限，并用组织系统图和操作手册，清楚地反映企业内部各部门之间垂直领导和横向协作关系。这样能够保证各类经济业务均能经过不同的部门、岗位或人员处理，使每一部门、岗位和人员的工作或业务记录受到一定的牵制，各部门之间相互审计与监督，防止和减少错误的发生。

在我国传统的企业组织结构中，纵向的领导关系一般较明确，但横向的沟通与联系相对较少，从而造成企业各职能部门各自为政的状态。设计科学合理的组织结构的基本要求是对于每项经济业务，从纵向来说，至少要经过上下两级，使下级受上级的监督，上级受下级的牵制，各有顾忌，不敢妄为；从横向来说，至少要经过不相隶属的两个部门。但是机构应尽可能精简，且具有足够的灵活性，以促进企业内部"人流、物流和信息流"三大系统的顺利流通，为企业经营管理目标和内部控制目标的实现提供制度框架与合理保证。

2. 岗位职责

岗位职责是指在组织结构设置的基础上，按照程式定位原则，将各部门的业务活动按其业务流程或特点再划分为若干具体的工作岗位，并分派至人，同时赋予其相应的权限，使得整个企业各部门之间分工明确，各职能部门或岗位和人员权责分明。岗位职责是组织结构的具体表现形式，其内容主要有：

（1）职权明确划分。根据其人、财、物及利用它们的最佳途径来划分为实现目标所必需的各项业务工作或活动，并授予执行有关各项业务工作或活动的各部门或人员以明确的职权和职责，同时既要防止权力重叠，也要避免出现权力真空，最终使每一项业务处理的各个环节都有相应的机构和具体人员负责。在设计和执行时必须做到：

1）明确规定每个员工的职责，使每个员工既不被忽略也不会滥用其职权，同时应规定员工向上级部门或管理人员汇报其履行职责的情况；

2）职责与权力必须尽可能以规范文件的方式明确地授予具体的部门、岗位和人员，以免发生越权或在出现错误或舞弊时互相推诿；

3）在日常的经营管理活动中，对于一般性的业务领域，管理者应当给予有关部门或人员相当的自主权，避免过多的干预。对某一个岗位负责的每个人员在职权范围内有权采取迅速的行动履行职责，以充分发挥和调动各级部门或人员的积极性和主动性；

4）各岗位人员之间的交接必须有明确的交接手续；在某些员工临时缺勤时，应有明确的代理办法。

（2）不相容职务分离。所谓不相容职务分离是指那些如果由一个人担任，既可能发生错误的舞弊行为，又可能发生掩盖其错误和弊端行为的职务。不相容职务分离的核心是"内部牵制"，它要求每项经济业务都要经过两个或两个以上的部门或人员的处理，使得单个人或部门的工作必须与其他人或部门的工作相一致或相联系，并受其监督和制约。

内部控制制度的建立和实施必须贯彻不相容职务分工的原则，其内容包括：

1）无论哪项业务都不能完全由一人经办，即没有人能够控制经济业务活动的各个方面；

2）钱、账、物分管，例如仓库保管员负责原材料的收、发、存的管理工作，并负责登记原材料的数量，而相关的账务处理则由会计人员负责；

3）有健全严格的凭证制度。

一般情况下，单位的经济业务活动通常可以划分为授权、签发、核准执行和记录五个步骤。如果上述每一步都有相对独立的人员或部门分别实施或执行，就能够保证不相容职务的分离，从而便于内部控制作用的发挥。概而言之，在企业内部应加以分离的主要不相容职务有：

1）授权进行某项经济业务和执行该项业务的职务要分离，如有权决定和审批材料采购的人员不能同时兼任采购员职务。

2）执行某些经济业务和审核这些经济业务的职务要分离，如填写销货发票的人员不能兼任审核人员。

3）执行某项经济业务和记录该项业务的职务要分离，如销货人员不能同时兼任会计记账工作。

4）保管某些财产物资和对其进行记录的职务要分离，如会计部门的出纳员与记账员要分离，不能兼任。

5）保管某些财产物资和核对实存数与账存数的职务要分离。

6）记录明细账和记录总账的职务要分离。

7）登记日记账和登记总账的职务要分离。

3. 企业财产物资安全控制

（1）限制接触财产。限制对实物的接近，是指未经授权批准，任何人不得随意接近限制接近的实物，即严格限制无关人员对资产的接触，包括对直接接触实物实体的限制、对接近实物的使用或支配的批准文件的限制、对接近计划资料及有关经济核算资料的限制等。一般情况下，库存现金、银行存款、其他货币资金、有价证券和存货等变现能力较强的资产及贵重材料、精密仪器设备和其他易挪为私人使用或占有的实物资产必须限制无关人员直接接触，例如货币资金的收支管理只限于特定的出纳员；股票、债券等有价证券必须确保两人以上同时接触的方式加以控制；存货的实物保护应有专职的仓库保管员控制等。

（2）记录保护。会计记录反映了经济业务的发生、处理和结果。健全良好的会计记录能够保护财产物资的安全完整，正确反映企业的经营状况及其成果，有利于实现管理者决策的及时性和有效性。会计记录的保护首先应严格限制接近会计记录的人员，以保持保管批准和记录职务分离的有效性；其次应妥善保存会计记录，以防丢失、毁损或被篡改；再次，对某些重要资料（如定期的财务报告）留有后备记录，以便在遭受意外损失或毁损时重新恢复，尤其是在计算机系统处理的条件下更应如此，例如对应收客户账款设有后备记录，即使计算机处理系统发生故障，亦可据此查考。当然，任何一个单位都要实行会计分工，以便形成相互分离和制约的关系。

（3）实物盘存。定期进行实物盘点和控制账存制度是为财产物资的安全完整而采取的控制措施，定期盘点制度包括了确定各账户余额下的财产的数量和金额，例如对库存物资的实地盘点；将财产物资的结存数与实物保管部门的保管账、卡及实存数量进行核对。具体包括：

1）实地盘存，即通过定期或不定期的财产清查与盘点，及时发现财产物资的盘盈或盘亏的情况，然后查明原因并作出相应处理；

2）永续盘存，即从账面上随时反映财产物资的收入、发生和结存情况，通过与实存数进行核对，以确保账账相符、账实相符。如果不一致，则可能说明资产管理上出现错误、浪费、损失或其他不正常现象。为了防止差异再次发生，可以加强保护控制措施、惩罚不称职的员工或采取其他改进措施。

（4）保险。即通过对财产物资或风险重大项目投保自然灾害险（如火灾险）盗窃险、责任险等来减少或部分地弥补财产物资的损失。

4. 企业信息控制

企业信息控制所涉及的内容主要包括两个方面：一是各项业务的运作情况；二是关于各责任中心所经管财产之来龙去脉及营运成果，对于其中能用货币计量的信息运用会计控制，对于非货币计量的信息则利用统计控制。

（1）会计的确认、计量、披露、评价与监督等工作。企业是所有者、经营者、政府、债权人以及消费者和公众之间的一个契约结合体，其中会计的确认、计量、披露、评价与监督等工作是极其重要的一个组成部分。会计作为一个控制信息系统，它在减少信息不对称，以使所有者、债权人掌握更多信息等方面起着至关重要的作用。会计信息控制的基本思路就是通过对会计主体所发生的各项能用货币计量的经济业务进行记录、归集、分类、编报等而进行控制，其内容主要包括：

1）复式记账。复式记账法对发生的每一项经济业务，都要以相等的金额，在相互联系的两个或两个以上的账户进行平行登记，它是以会计等式为理论依据的一种记账方法。在该记账法下，所有财产的来龙去脉都应一清二楚，没有来源不清的财产，也没有去向不明的财产，从而有效地保护了财产物资的安全。例如，在借贷记账法下，通过应用"有借必有贷，借贷必相等"平衡法则可以在一定程度下保证会计账面记录无误，为会计信息的准确性与可靠性提供合理保证。复式记账法作为一种科学的记账方法，在会计控制体系中占有重要的地位，在日常核算中，从填制、审核会计凭证到登记账簿都要运用复式记账。

2）会计凭证。即利用会计凭证对企业经济业务活动进行控制。凭证是记录经济业务活动的文件，也是明确经济责任的原始凭据，其功能是传递有关信息，包括原始凭证和记账凭证。会计工作要为科学决策、考核工作业绩和经营效率服务，就必须建立种类齐全、相互牵制、连续编号的内部凭证制度。良好的凭证控制制度是整个内部控制制度发挥有效作用的前提。一般而言，良好的会计凭证制度应包括以下内容：

①取得或填制原始凭证。所有会计业务发生后，都要取得或填制规范的原始凭证，根据原始凭证编制记账凭证，并作为登记账簿的依据。但在入账前必须对所有凭证（包括自制和外购）都应进行严格审查，无效的凭证一律不得入账。对于来自外单位的原始凭证须经过有关负责人审核签署后方可进入会计信息系统；对于自制的凭证，要由各方当事人共同签署，必要时还要由有关负责人审核签署后方可进入会计信息系统。

②设计良好的凭证格式。凭证格式应符合有关要求，便于统一核算和控制，其所包括的必备内容、项目要齐全，应能完整地反映出经济业务事项的全貌，为企业管理及决策的科学化提供完备的原始资料。

③凭证连续编号。对用于记载经济业务的所有凭证按照顺序统一、连续编号，是一种已被普遍采用并被证明非常有效的内部控制方法，例如采购单、支票、有价证券等。经济业务一经发生，就应对记载经济业务的凭证进行连续编号或事先编号。凭证编号是凭证内容的一个重要组成部分，它能够对已发生的文件记录通过凭证号码进行控制，为所有已发生的业务事项全部登记入账提供合理的保证，便于审计、寻找，可以防止经济业务事项的遗漏和重复，并可根据连续编号的凭证是否有缺号，揭示某些错误或舞弊现象。故审计凭证是否连续编号是会计信息完整性控制的措施之一。

④规定合理的凭证传递程序，并明确凭证填制、审核人员的分工。对凭证的联数及每一联的用途及其应在哪几个部门之间传递，以及各部门应办理哪些相关手续，都应作出明确的规定。合理的凭证程序能保证经办人员在经济业务发生后及时编制有关凭证，并能及时送交相关部门，以便及时记录交易事项。

⑤明确原始凭证和记账凭证的装订、保管手续等。凭证传递完毕，先由各部门有关人员按顺序妥善保管，定期整理归档，按规定存放保管，以备日后查考。

3）合理设置账户，登记会计账簿。账户的本质就是对财产保管者和使用者所负财务责任范围的确定，利用复式记账法，将发生的每一笔经济业务以相等的金额同时分类登记于两个或两个以上相互联系的账户，使账户之间的信息具有某种对应关系，这样不仅可以完整、系统地反映经济活动的过程和结果，而且能够通过这种对应关系对账户记录的结果进行试算平衡，以审计各个账户记录是否正确，从而确保了会计信息的质量。因此，利用账户可以对会计信息的正确性进行有效的控制。

会计账簿是由按账户分别设置的、具有专门格式并以一定形式联结在一起的账页所组成的簿籍，被用以对全部经济业务进行全面、系统、连续、分类地记录和核算。通过设置和登记账簿，不仅可以系统地归纳和积累会计核算资料，为编制财务报表提供依据，而且通过对账簿资料的审计、分析，还可以了解企业贯彻有关方针、政策、制度的情况，考核企业各项计划的完成情况，从而有助于进一步完善企业内部控制制度。此外，由于通过查阅某一个账簿和账证核对、账账核对、账表核对就可知道该账户的全部信息，会计信息的质量也得到了合理保证。目前企业采用的会计账簿主要有：日记账、分类账、备查簿；订本式账簿、活页式账簿、卡片式账簿、表格式账簿。

4）财务报告控制。财务报告是综合而总括地反映经济业务，提供会计信息的一种书面文件或报告。财务报告是对会计账簿中的信息所进行的一种略为概括的组合，从本质上说，财务报告也是以复式记账为基础的。目前，企业编制的财务报表主要有资产负债表、利润表、现金流量表及其附表、附注说明等，通常可按年、半年或按月进行编制。财务报告控制是企业管理者掌握信息，加强对经济活动的控制，改善经营，提高经济效益的重要措施。其内容主要包括：

①财务报表的种类、格式及内容应按照《会计法》、企业会计准则等的规定和要求进行编制；

②财务报告的编制必须及时，注意时效。对需要定期对外公布的国家有关制度规定必须按时公布。定期编制财务报表，可以总括反映企业的经营活动和财务收支状况，并可利用财务报表之间的内在钩稽关系，分析和审计企业的财务状况和经营成果，据此可审计企业的业务记录有无错弊，经营业务活动有无异常现象；

③财务报告应由有关部门或人员妥善保管，在规定期限内任何人不得对之随意篡改或销毁。这对企图通过篡改或销毁以掩盖其劣迹行为能起到很好的控制作用。

（2）企业统计信息控制。统计信息的内容主要包括：企业内部条件统计，包括人、财、物等各个方面，如职工构成统计（包括年龄、学历等）、生产设备统计等；企业投入统计，如生产投入的材料种类数量统计、产品实际耗用工时统计表；企业产出统计，包括产出的品种、数量和质量分析统计、产品销售统计等；企业投入产出统计，包括物化劳动生产率和活劳动生产率等。此外还包括企业外部环境信息统计，如宏观政策环境、市场环境（如资金、技术、劳动力等要素市场、库存商品市场等）等。一般而言，企业统计信息控制主要包括以下三个步骤：

1）原始记录。原始记录是按一定表、单等对生产经营管理活动所作出的记录，一般是由企业统计部门或有关职能部门直接派员，或者由相关岗位的工作人员在企业生产经营现场直接记录、计算的非货币数据信息，例如原材料验收入库单、领料单、加工单、产量记录、库存商品入库单、出勤记录、工时记录、收据、发票等。

2）统计台账。统计台账是由有关部门按时间顺序、分门别类地将分散的原始记录登记、整理于专门的账册或表卡中形成的，例如根据现金收据整理的现金收入台账等。

3）统计报表。即由企业统计部门根据其经营管理的需要而编制的不同层次、不同种类的统计报表，例如根据产量台账汇总填制的各种产品月度产量报表等。

5. 企业业务处理程序

企业业务处理程序控制是指在将企业的整个经济业务活动过程划分为若干环节的基础上，经过统筹安排和优选，制定出处理各业务事项必须遵守的标准程序，使其业务处理规范化、标准化，以保证企业经济业务活动的协调有序进行，提高经营效率和经济效益。一般可将企业的经济业务活动按以下程序进行控制：

（1）企业业务决策程序控制。企业的经营业务决策通常可按确定目标、制订多个备选方案、评估各个方案的优劣、选定决策方案、实施方案、跟踪审计并适时修订这一标准程序进行，以保证决策的正确性与科学性。

（2）企业业务执行程序控制。任何一项完整的经济业务，一般至少应经过授权、审批、执行、记录和复核五个环节。企业将各项业务处理过程制定成这几个标准化程序，分别交由不同的部门或人员进行处理，这不仅有利于员工遵照执行，保证各项业务活动有条不紊地按程序进行，使其能以最短的时间、最理想的消耗获取相对满意的经济效果，而且可以相互牵制、相互稽核、相互监督，从而达到有效控制的目的。例如，将采购业务划分为申请、批准、采购、验收、付款、记录与复核几个步骤，分别交由生产部门、管理部门、采购部门、保管验收部门和财务部门，这样不仅保证了采购材料的数量、质量与付出款项的正确性，还可因集中专门采购而节约费用，从而能够有效地控制采购业务活动。

（3）企业信息反馈程序控制。内部控制的总体调节方式是平衡偏差调节，即采用闭环控制。通过利用经济系统反馈的信息对企业的业务处理程序进行控制，能够及时发现并解决业务执行过程中存在的问题，保证业务活动的正常进行。

6. 企业人员素质控制

企业人员素质和观念决定了内部控制执行的效果，因而人员素质控制是内部控制的一个重要组成部分。人员素质控制是企业根据经营管理的要求对各岗位人员在素质方面所作出的具体规定和要求：一是对思想品德、道德修养的要求，二是对知识水平、业务技能的规定。具体包括人员的招聘、录用、培训、选拔与调整这一全过程，其目的是确保人员的能力与其职务相适应。

（1）招聘计划。详细的招聘计划、严格的招聘程序是保证职工应有素质的首要一环。一个完整的计划应包括：

1）需要人员的数量、时间及类别；

2）从何处、如何招聘；

3）拟定录用条件，包括工作地点、业务种类、工资、劳动时间、生产福利等；

4）制定招聘程序。企业的人事部门和用人部门应通过审阅应聘人员的教育和工作经历、面试等方式，对拟聘人员的素质、知识技能等进行全面的测试和评估，并调查了解其以前工作中有无不诚实或渎职行为，以确保受聘人员的知识和业务技能能够满足具体工作的要求，这也是招聘计划的关键。

（2）培训计划。企业员工的智力、技能、经验与品德是企业人力资源质量的重要组成部分。为了提高企业整体素质（包括领导素质、员工素质、管理素质），必须经常进行必要的教育和培训工作。尤其是在科技高度发达的知识经济时代，知识更新、技术更新、产品更新、设备更新的速度大大加快，更新的周期大大缩短，这对每一个企业及其员工提出了新的挑战。企业要想在激烈的竞争中立于不败之地，就必须跟上科技高速发展的步伐，不断充实、更新、提高员工的知识、技能、素质以适应现代化大生产的需求。为此，任何企业都应进行经常化、制度化的培训。

一个较为详细的培训计划包括对员工进行政治思想教育、道德品质和业务知识技术等的培训，以保证各级人员能更好、更有效地履行其职责。具体包括：

1）所有培训新员工的内容、人数、时间、方式、地点；

2）现有员工的再次培训计划。一般多采取定期轮训、新技术专门培训等在职培训方式；

3）培训费用的估算。

其中，培训的内容应主要包括两个方面：

①思想品德教育，内容包括爱国主义、集体主义教育，党的方针政策的宣传，职业道德教育等；

②基本生产技术与专业技能培训，以使其尽快适应企业的工作需要。企业通过有计划、有组织地开展职业教育等培训活动，可以提高员工的文化、技术和思想水平，增强企业的凝聚力。

（3）作业标准。作业标准是规范业务处理程序、衡量或评价各个单位、部门或人员实际绩效而预先设立的依据，主要是指依靠管理人员的设计和监督而制定出标准工作程序及生产作业计划等，如规定成本降低及销售任务。建立作业标准有利于实现企业经济业务活动处理的规范化、标准化，使各方面办事有依据，工作有目标。标准应满足以下几点：

1）作业标准易被员工所理解和掌握，即能够被执行人员熟悉并理解制定标准的原因；

2）符合现实条件和企业的实际情况，标准是可能达到的；

3）标准是切实可行的，即职工愿意或无法不接受标准的约束，使自己的工作符合标准的要求。

（4）考核奖惩。企业应定期或不定期对员工的业绩进行评价。对尽职尽责并在本职工作中作出突出贡献的员工要予以表扬、物质奖励以至晋升；对不胜任者要及时予以调整；相反，对玩忽职守，甚至造成一定损失者应采取批评、经济惩罚、降级乃至解聘等方式进行惩罚，以此来激励和约束全体员工。为此，管理者在内部控制制度设计时必须考虑：如何进行考核？应采用何种奖惩方式？现有员工能否升迁或经过培训后是否适合升迁？现有的考核奖惩方式对员工进取心、企业管理方针政策有什么影响？

（5）工作轮换。企业对于已录用的员工不仅要实行考核晋升、培训、休假制度，而且应实行工作轮换制。工作轮换主要是指不同岗位之间的轮换，指一个员工在某个岗位上工作一段时间后，调换至另一个岗位，而其原岗位由他人担任，使每个工作岗位定期或不定期地由若干职工分别来担任。由于员工对新岗位业务的熟悉尚需一个过程，因此，从短期看，岗位轮换有可能影响企业的工作效率，但从长远来看，进行工作轮换不仅有利于某些员工的全面发展，提高员工工作的积极性，更重要的是后任者可以审计前任者的工作，能够揭露前任工作中的错弊，这对前任者也形成了一种威慑力，防止不法分子蓄谋侵占盗用财产物资或篡谋记录的行为。

7. 企业内部审计

企业内部审计通过了解企业的内部控制系统是否健全、是否有效，评价所有的控制目标是否达到，以揭示企业当前经营管理工作中所存在的问题，并作出建议，可以反过来进一步完善企业的内部控制系统。

内部审计是企业内部控制系统的一个特殊组成部分，也是一个非常重要的组成部分。其内容广泛，从纵向看，它是一个从建立审计制度，设置内部审计机构，制订和实施审计计划到编写内部审计报告的过程，从横向看，它包括资产负债表审计、利润表审计、采购审计、存货审计、机器设备审计等。具体包括：

（1）查明内部数据是否真实可靠；

（2）查明企业资产核算是否健全，并保证资产不受任何损失；

（3）审计和评价财务、会计和其他控制职能是否健全和充分；

（4）查明企业的政策、计划和规章制度是否认真执行；

（5）评价各部门及各级管理人员充分执行其所负职责时完成各项任务的质量；

（6）提出改进经营管理的建议。

二、企业内部控制制度的健全性评价

（一）健全性评价程序

健全性评价程序反映了对被审计企业内部控制进行健全性评价的进程。科学地确定健全性评价程序，不仅可以保证健全性评价的质量，而且可以提高健全性评价的效率，节约人力和时间。下面是健全性评价程序应有的步骤及各步骤应包括的内容。

1. 调查内部控制制度的基本情况

这是对内部控制制度进行健全性评价的基础工作。调查的主要内容包括一般控制（如企业组织机构的设置、权责范围以及有关制度规定等）和应用控制（企业主要业务活动的处理程序和手续，在业务处理过程中设置的控制环节以及相应的控制措施等）。通过对这些情况的调查了解，企业内部审计人员可以弄清内部控制制度运转的环境是否理想，控制点和控制措施是否健全完善，从而为判断内部控制的健全性提供依据。

调查可以通过以下几种途径：

（1）访问。通过与企业有关管理人员和业务人员座谈，特别是同业务熟练、经验丰富的专业人员座谈，可以掌握有关企业内部控制制度多方面的情况。对于疑点，也可以请他们作出解释，以便更明确地了解控制制度的主要特征，发现易于发生问题的主要环节。访问还可以以企业内部审计人员事先拟好调查表由被访问者填答的方式进行，这样可使所调查的问题比较集中，有利于提高调查的效率。

（2）查阅企业以前年度的审计档案。对于连续性审计来说，以前年度的审计档案文件可以作为了解企业内部控制制度的一项主要手段。如审计工作底稿中有关对该企业内部控制制度进行测试和评价的记录，或有关内部控制制度评价的意见书或说明书等，都记载有企业内部制度的情况，企业内部审计人员应尽可能地利用这些档案文件中所记载的有关信息。当然，由于企业情况不断变化，企业内部审计人员也应通过访问等途径对这些信息予以修正。

（3）查阅企业的制度规定或其他资料。一般来说，大型企业都会制定各项经营管理制度以及各种业务规范。这些制度规定中也包括了有关内部控制的系统、程序和方法等方面的内容。这类内容有助于企业内部审计人员了解企业内部控制制度的情况。但是这些制度规定往往涉及面广、过分详细，企业内部审计人员难以从中迅速了解到自己所需要的情况，因此只能作为了解情况的补充方法。如果企业编制有业务流程图或其他专门描述内部控制制度的资料，企业内部审计人员可加以审核、利用，以减少调查的工作量。

2. 描述并证实企业内部控制制度

在调查企业内部控制的同时，企业内部审计人员应及时把自己所了解的有关内部控制制度的情况记录并描述下来。描述的详细程度取决于企业内部审计人员的素质和评价的性质。如企业内部审计人员关于内部控制制度方面的知识比较丰富，可以简要地进行记录，反之，则应将所了解情况都详细地记录下来；如果是第一次评价该企业的内部控制制度，应比较详细地加以记录，反之，如果以前曾对该企业内部控制制度进行过评价，则可以比较简要地对变化了的情况加以记录和描述。

企业内部审计人员对内部控制制度的描述固然最终会在符合性评价阶段得到证实，然而，为了避免因曲解或调查不实等原因可能带来的错误，为下步评价工作打下良好的基础，企业内部审计人员应对已经了解的情况加以证实，以确保对内部控制制度的了解和描述准确无误。这项工作可以通过以下两种方式进行：

1）将有关内部控制制度的记录送交企业有关人员审定，以核查这些记录是否与实际相符；

2）对所记录的各类业务内部控制制度进行一两次简要的审计，即从每类业务中抽取一两笔业务，从其发生一直追踪到结束，以证实记录中所描述的内部控制制度是否确实存在。通过证实，企业内部审计人员既可以确定自己的了解和记录是否与企业内部控制制度的实际情况相符，又可以进一步加深对企业内部控制制度的认识和了解。

3. 登记企业内部控制制度缺陷

在调查了解并描述了被审计企业内部控制制度后，企业内部审计人员即可将该单位内部控制制度的实际情况与自己所理解的比较理想的内部控制制度相对照，从中发现内部控制制度的缺陷和弱点，并将这些缺陷和弱点记录在内部控制制度缺陷登记表内，以便于企业内部审计人员全面评价内部控制制度的健全性。对控制缺陷应按控制类型分类归集登记，并在表中列出有无补偿措施、可能造成的潜在影响及其重要程度等项内容。

内部控制制度缺陷登记表的格式如表 5-5 所示。

表 5-5　内部控制制度缺陷登记表

控制类型	控制缺陷	补偿措施	潜在影响	重要程度
实物控制	无限制无关人员接触产品成品的规定	有较严格的审计制度	可能造成库存商品丢失	低
职务分离	无			
审核与核对	发出商品记录与销售明细账不定期核对	无	可能发生记录性错误	有较大的重要性
批准或授权	无			

4. 评价企业内部控制制度的健全性

通过以上三个步骤，企业内部审计人员便可基本上掌握被审计企业内部控制制度的状况，并发现内部控制制度存在的控制缺陷和弱点，在此基础上，通过对发现问题的分析，就可以对内部控制制度的健全性作出评价了。

（1）企业内部审计人员应分析有无相应的补偿措施能够全部或部分地抵销控制缺陷的影响。如严格的出门审计制度可以在相当程度上避免因无关人员接触库存商品而可能产生的库存商品失盗问题等。补偿性控制既可能是企业内部审计人员认为比较理想的内部控制制度中的一部分，也可能是被审计企业自行采用的特殊的控制方法。企业内部审计人员应认真辨别有无补偿性控制措施，并充分说明这些措施能否全部或部分地抵销控制缺陷的影响。

（2）在确定控制缺陷可能没有或不能全部得到补偿之后，企业内部审计人员应进一步分析这些缺陷可能导致的错弊的性质以及对财务信息影响的重要程度。如会计记录之间没有定期进行核对，就可能导致会计记录的错误，这对财务信息的正确性而言无疑是十分重要的。在分析控制缺陷的影响时，企业内部审计人员应特别注意研究控制缺陷之间相互联系的影响。例如在调查中发现销售业务系统中无论是销售部门还是财务部门都没有审查销售发票这项控制制度。孤立地看，销售部门未进行审批的缺陷可能在财务部门审核中得到补偿，但由于财务部门也未进行审核，这就可能使整个销售业务失去控制，从而极有可能导致隐匿销售数量从中贪污的严惩弊端。因此，企业内部审计人员要注意把各项控制缺陷联系起来进行分析。

（3）在全面分析内部控制缺陷的基础上，企业内部审计人员可进而对内部控制制度是否健全作出判断和评价。内部控制制度的健全性可以从两个方面进行评价：

1）评价内部控制制度的合理性。评价内容主要包括被审计企业内部组织机构和岗位设置是否符合职务分离原则、所运用的凭证文件能否反映控制要求、业务处理程序是否可以互相牵制和自动校验等项目。这是从总体上评价内部控制制度的健全性。

2）评价内部控制制度的完整性。在认为内部控制制度比较合理的前提下，企业内部审计人员还要评价在内部控制制度中应设置的控制点是否齐全、各项控制措施是否完备。这是从局部来评价内部控制制度的健全性，主要是分析具体的控制环节和控制措施有无不完整的问题。

通过评价，如果认为被审计企业内部控制制度比较健全，企业内部审计人员就可以作出继续依靠内部控制制度的决定，并进入下一评价阶段；反之，如果认为内部控制制度存在严惩缺陷，企业内部审计人员就应放弃依靠内部控制制度的打算，停止对内部控制制度的评价而直接进行实质性审计。

（二）健全性评价方法

企业内部控制制度健全性评价的方法，是指描述内部控制制度现状并揭示控制缺陷的评价技术。这里介绍比较常用的记述法、调查表法和流程图法。

1. 流程图法

流程图法以特定的符号、按照业务处理流程反映和描述内部控制制度，是评价内部控制制度的主要方法。下面简要介绍流程图法应用的几个问题。

（1）流程图的符号（见表 5-6）。流程图是由一系列的符号组成的，符号就是流程图的语言。目前，国际上还没有统一的流程图符号，企业内部审计人员可以结合工作实际自行确定。考虑到符号的通用性，参考计算机会计模块处理的流程号，下面，我们推荐一套较简明实用的流程图符号，供大家参考。

表 5-6　流程图的符号

符号	说明
	①凭证：表示各种作为记账依据的书面证明。如发票、收据、记账凭证等。凭证的份数可用右下角的数字标明，也可用叠影的方式表示
	②账簿：表示反映各项业务活动的记录文件。如日记账、明细账、总账等
	③文件：表示作为控制依据的各种管理性文件。如计划、通知书、申请报告、合同等
	④卡片：表示实物静态数量记录的各种控制性文件。如固定资产卡片、库存材料卡片、库存商品卡片、在产品台账等
	⑤控制点：表示在业务处理流程图能够起到控制作用的环节。如批准、审批、验收等
	⑥留存：表示在业务处理过程中文件停止传递的位置。如原始凭证在财务部门传递的终止
	⑦转送：表示各种文件流转出本业务处理流程图
	⑧流程线及流向：表示在业务处理流程中文件传递的路线和方向

以上几种符号是在审计工作中常用的符号，在遇到特殊情况时，企业内部审计人员可视需要随时增补。

（2）绘制流程图的要求。在实践中，绘制流程图的形式很多，有的以横向方式反映业务处理的流程，有的以纵向方式反映业务处理流程。企业内部审计人员可以根据需要和习惯选择适当的形式。但在绘制流程图时，务须注意下列带有普遍性的要求：

1）明确反映各部门或人员的职责范围和控制区域，以便明确各部门或人员的责任。

2）对控制点的主要控制内容和控制措施应加以说明或标示，如在图中符号内加以注明或在图外另做说明。

3）流程图要比较全面地反映业务处理中涉及的各种文件及其名称、份数和流向。

4）应尽可能简明地反映业务处理流程及相应的控制环节，避免复杂化。

（3）流程图的优缺点。流程图法自出现以来即为广大企业内部审计人员所推崇，已成为描述和评价被审计企业内部控制制度的一种主要方法。这主要是因为与其他方法相比，流程图法具有下列优点：

①它把内部控制制度中的各个控制点形象地连结为一个整体，因而容易辨别该业务处理过程中是否遗漏重要的控制环节；

②控制点之间的前后顺序以及实施控制的部门都可以在流程图中反映出来，便于对各控制点之间的关系进行分析；

③通过特定符号，集中反映了业务处理流程中的关键控制环节即控制点，便于企业内部审计人员抓住重点。

当然，这种方法也存在一点缺点，主要体现在以下两个方面：

①绘制技术要求较高，不易掌握，比较费时；

②这种方法只能反映企业处理流程中的控制措施，而业务处理流程之外的一些静态控制（如实物保管）以及基础性控制（如凭证连续编号）等就不易反映出来。

2. 文字说明法

在审计过程中，企业内部审计人员有时会将所了解的被审计企业内部控制情况以文字叙述的方式加以记录和说明，这一类评价方法被统称为文字说明法。文字说明法比较适用于反映与总体控制有关的内容，如组织机构的设置、职权范围等，也比较适用于静态控制制度的反映，如实物保管控制等。此外，这种方法还可以对某些需要详细审计的控制细节加以深入的描述。

文字说明法具有灵活简便的特点，但其缺乏层次感和形象感。

3. 调查表法

其主要内容是：企业内部审计人员根据自己对内部控制制度的理解，针对各项具体的控制措施事先拟定一系列的问题，并列在表上请被审计企业有关人员回答，借以审计某项控制措施是否存在，并以此作为评价被审计企业内部控制制度是否健全的依据。调查表法的运用标志着企业内部审计人员开始以一种模式化、系统化的观念评价企业的内部控制制度。

内部控制制度调查表是由事先拟定的一系列问题构成的，提出问题的恰当与否，直接关系到采用这种方法能否达到预期的目的。因此，在提出调查问题时，应注意以下几点：

（1）避免提出笼统的问题。调查表要求回答的是有关被审计企业内部具体的控制措施，因此，提出的问题也应具体明确。例如，"销售发票是否经过审核"这个提法就不如"销售发票是否经过部门负责人审核"这种提法具体明确，从后者不仅可以了解到是否有"审核"这项控制措施，还可以了解到审核行为人，从而为内部审计人员评价这项控制措施是否合理提供了切实的依据。

（2）避免提出双重意义的问题。双重意义的问题就是将询问两种或两以上相类似的问题合并在一起提问。如"材料采购是否以请购单为依据并经过部门负责人批准？"就属于双重意义的问题。这样的问题对于以请购单为依据但无须批准就进行采购或不以请购单为依据，但需经过批准的企业来说，都很难得到肯定或否定的回答。一般应将这类问题分成两个问题提出。

（3）避免提出诱导性问题。在回答问题时，调查对象可能因诱导性问题而产生某种倾向性，从而使答案不能客观地反映实际情况。因此调查表中的问题应以中性的形式表达出来，避免倾向性。例如，"明细账要定期与总账核对，是吗？"这种提问方式就使人认为明细账与总账核对是必需的，因而会不管本企业情况如何都作肯定的回答。

（4）避免直接询问与财务信息正确性或经济业务合法性有关的问题。调查表要求回答的是内部控制制度中具体的控制措施是否存在，而不是财务住处是否正确，或经济业务是否合法，因此，调查表在原则上不应涉及这方面的问题。

企业内部审计人员是为了解具体控制措施是否存在而设计和使用调查表的，因此，必须选择熟悉或具体进行业务处理的人员填写调查表，以保证答案的真实、准确。在收回调查表后，企业内部审计人员应立即进行整理，对有疑问的地方及时向调查对象作出进一步的询问了解。

调查表法的优点是：

1）能够较深入地了解到具体控制措施；

2）由于调查事项是事先拟定，一般不会遗漏所需了解的情况；

3）由于调查表可以由不同部门的不同人员同时填写，从而可以保证答案的可靠性；

4）对调查问题的否定答案会反映内部控制制度存在着缺陷，便于企业内部审计人员作出进一步调查分析。

当然，由于调查内容限于调查表内，因此企业内部审计人员难以了解到其他方面的有关信息，这是调查表法的主要缺点。

上面介绍的三种方法是现阶段审计实践中比较常用的评价内部控制制度健全性的方法。这三种方法各有优缺点，适用于调查、描述和评价不同类型的内部控制制度。因此，企业内部审计人员在评价内部控制制度的健全性时，可以以一种方法为主，然后结合其他方法运用，以使评价更为全面、可靠。

三、企业内部控制制度的符合性测试与综合评价

对企业内部控制制度有效性进行的测试和评价可分为两个阶段：一是对企业各项内部控制的有关方法、措施是否得到切实执行进行审计，人们一般称为符合性测试；二是对企业内部控制制度可靠性进行综合性评价，以最终作出是否依靠内部控制制度的决定。

（一）符合性测试

1. 符合性测试的基本含义

符合性测试是相对实质性测试而言的概念，是指企业内部审计人员对其计划依靠的那部分内部控制制度进行审计，以确定被审计企业是否按规定运用了这些控制措施。

小知识　　　　符合性测试与实质性测试的联系和区别

实质性测试也称实质性审查，是指企业内部审计人员对具体经济业务的会计记录和实存数额的审计，以获得关于业务活动会计处理及有关账面余额是否真实准确、合规合法的证据。符合性测试与实质性测试既相互联系又有区别。

（1）目的不同。符合性测试的目的是为企业内部审计人员确定是否可以依靠内部控制制度以及在何种程度上依靠内部控制制度提供依据；

实质性测试的目的是为企业内部审计人员对被审计企业业务活动是否合规合法、财务报表是否公允、适当表达意见提供依据。

（2）对象不同。符合性测试主要审计被审计企业业务活动及其会计处理过程是否得到有效的控制，如销售业务是否得到授权，销售业务记录是否得到有效复核等；

实质性测试主要审计业务活动是否合规合法，会计记录是否准确适当，如是否按有关法规政策组织销售，销售会计记录是否真实、准确地反映销售业务实绩，科目运用是否恰当等。

（3）方法不同。符合性测试主要运用证据审计、重复审计、实地观察等方法审计被审计企业内部控制制度

的运行状况；

实质性测试则主要运用核对、复核、核实、盘点、账户分析等方法审计业务活动是否合规合法，会计记录是否真实、正确。

（4）时间不同。一般情况下，符合性测试要先于实质性测试进行。这是因为一方面符合性测试的结果是确定实质性测试范围、重点和方法的基础；另一方面对符合性测试可以根据内部控制制度评价的进度分散在会计期间的各个时期展开，而对实质性测试则集中在会计期间以后的一个较短的时间内进行。

除上述几点区别之外，符合性测试与实质性测试之间还存在着既相互联系又相互渗透的关系。

（1）符合性测试的结果决定了企业内部审计人员对内部控制制度的依赖程度，进而决定了实质性测试的范围、重点和方法，所以说符合性测试是实质性测试的基础。

（2）符合性测试与实质性测试都需要采用抽样方式进行审计，并根据抽样审计结果来推断总体，所以在对业务活动和会计记录进行抽样时，可以采取相同的或相似的抽样组织方法。

（3）符合性测试与实质测试在某些情况下可以被一并进行，即对测试对象进行双重目的的测试。这是因为某些控制措施与业务活动结果可以同时反映在同一测试对象上，如凭证既是业务活动结果的载体，也可以体现复核等控制措施，因此，对于这种测试对象，既可以审计其反映的业务活动是否真实、合规合法，也可以审计其控制措施是否得到执行。

2. 符合性测试的范围

符合性测试是用来审计为达到特定控制目标而设置的内部控制制度是否按规定要求实施的手段，因而确定适当的测试范围是正确地进行测试的前提。符合性测试的范围主要取决于以下几方面的因素：

（1）健全性评价的结果。只有在健全性评价之后被认为比较健全、比较完善的那部分控制制度才能被作为符合性测试的内容进行审计；对于经健全性评价认为没有存在的或不完善、不合理的那部分内部控制制度，直接将之纳入失控范围即可。

（2）业务发生的频率。某些业务发生频率较低，依靠这类业务的内部控制制度进行实质性审查，既无必要，也不符合效率原则，因而可绕开内部控制制度而直接进行实质性审查，不必对这部分内部控制制度进行测试。

（3）固有风险的大小。不同业务活动有着不同的发生差错的可能性。有些业务发生差错的可能性较大，有些业务发生差错的可能性较小，对于固有风险大的业务，企业内部审计人员可以不评价其内部控制制度，而直接进行实质性审查，以尽可能地降低审计风险，对与固有风险较低的业务有关的内部控制制度则要进行评价，尔后借以进行实质性测试。

3. 符合性测试的抽样

符合性测试实质上是一种定性的抽样审计，即通过抽取一定数量的样本进行审计，并根据审计结果推断被审计企业内部控制制度的质量状态。由于这种推断是以样本比例推断总体比例，并进而判断内部控制制度的性质，因而被人们称为属性抽样。符合性测试的抽样主要涉及以下三方面内容：

（1）测量变项和界定总体。

1）测量变项。就是采用什么事实作为判断研究对象性质的标志，这是归集抽样资料的标准。选择正确的标志，是正确处理、归集和分析抽样资料的前提。

符合性测试是要确定内部控制制度的属性，即是否可靠；而评价内部控制制度是否可靠的依据是内部控制制度中各个控制点及控制措施是否得到有效执行，也就是已设置的内部控制制度中得到执行的和未被执行的各占多大比例。因此，通过抽样而得到证实的应该是内部控制制度贯彻执行的情况，所以，符合性抽样中的测量变项应被确定为"执行"和"未执行"两项指标，如在凭证审计中主要审计各种手续是否齐全，具体控制措施（事先连续编号、职务分离）在业务活动中是否得到贯彻执行等。只有这些测定的数值才能作为评价内部控制制度是否有效的依据。这时应特别注意不能把业务活动和会计记录的差错与否作为测量内部控制制度是否有效的依据，这是因为业务活动和会计记录的差错虽然可以反映业务及记录的差错率，但并不能反映内部控制制度的有效性，内部控制制度是否有效决定了所发生差错性的大小，但差错发生的多少并不完全取决于内部控制制度的有效性。在实际业务活动中，即使业务活动和会计记录很少发生差错，也不能因此得出内部控制制度很有效的结论，因为这可能是由于内部控制制度有效运行，从而防止或发现了各种差错，也可能是由于被审计企业业务人员素质较高，避免了差错的发生。因此，以差错与否作为测量变项并不能反映内部控制制度的实际情况。

2）界定总体。就是确定研究对象的范围，也即确定抽样审计的范围。这也是提高符合性测试效率的重要条件。

根据健全性评价的结果、业务发生的频率和固有风险的大小三项因素即可确定符合性测试的范围。一般来说，符合性测试的范围就是抽样的范围。但由于业务性质和控制类型不同，有些控制措施可以通过抽样方式进行验证，有些控制措施则无法通过抽样方式进行审计，如内部审计、实物保管控制等。所以，符合性测试抽样的总体范围要小于符合性测试的范围。企业内部控制制度绝大部分体现在对业务活动和会计记录的过程控制，并通过业务凭证和其他业务文件反映出来。这些控制措施发生的频率比较高，又可以以抽样方式进行审计，因此符合性测试抽样范围可以限定为能在业务凭证和文件中反映出来的各项控制措施。对于无法进行抽样的部分控制措施，企业内部审计人员可以选择其他方式进行审计。

（2）符合性测试的样本容量。样本容量是指抽取样本的数量，它是关系到符合性测试质量和效率的主要问题。样本容量太小，样本对总体的代表会受到影响，测试的质量难以保证；样本容量太大，虽然可以增大样本对总体的代表性，保证测试质量，但又会增加测试工作量，影响测试效率。因此，企业内部审计人员必须科学地确定样本容量。

在确定样本容量时，企业内部审计人员主要应考虑以下三个因素：

1）置信水平。即抽样结果对总体的代表程度。置信水平越高，所需的样本容量越大，抽样结果对总体的代表程度就越高；反之，所需的样本容量就越小，代表程度也就越低。置信水平取决于企业内部审计人员决定依靠内部控制制度的程度。如果企业内部审计人员决定依靠内部控制制度，尽可能地减少实质性测试的数量，就应确定较高的置信水平（如 90% 左右）；反之置信水平则可以设置得低一些（如 80% 左右）。

2）期望偏差率。即企业内部审计人员期望找到的总体偏差的事先估计值。期望偏差率越低，所要求的样本容量越小，反之亦然。在实践中，企业内部审计人员通常可以利用以前年度符合性测试的结果来确定相应的期望偏差率。如果以前未曾进行过这类测试，也可先进行一次规模较小的预备抽样来估计期望偏差率。期望偏差率无须十分准确，因为它只影响样本容量的确定，并不影响对抽样结果的评价。

3）容许偏差率。即企业内部审计人员能够接受的最大偏差率，为内部控制制度中未被执行的控制措施占总的控制措施的最高比率。容许偏差率越低，所需的样本容量越大，反之则越小。容许偏差率可以根据业务固有风险程度确定，它与固有风险成正比。

总体容量也是确定样本容量时应予考虑的一个因素，但当总体容量很大（如超过 2 000 个项目）时，总体容量对抽样结果的影响往往十分微小，因此，相对来说，这一因素一般是不很重要的。因此，在确定样本容量时，只要上述三项因素已定，企业内部审计人员就可以借助特定表格估算出适当的样本容量了。

表 5-7 和表 5-8 是置信水平分别为 90%和 95%时各种样本容量的简表。在使用该表时，企业内部审计人员应指定一个容许偏差率和一个期望偏差率，然后按表中相应的行列即可确定最小的样本容量。例如，置信水平为 90%时，容许偏差率为 5%；期望偏差率为 1%，那么，最小的样本容量就是 95 个项目。

表 5-7 样本容量的确定（置信水平为 90%）

期望偏差率（%）	容许偏差率（%）											
	1	2	3	4	5	6	7	8	9	10	12	14
0.00	230	120	80	60	50	40	40	30	30	25	20	20
0.50		200	140	100	80	70	60	50	50	40	40	30
1.00			180	100	80	70	60	50	50	40		40
2.00				200	140	90	80	50	50	40	40	30
3.00					260	160	100	90	60	60	50	30
4.00						300	200	100	90	70	50	40
5.00							320	160	120	80	60	40
6.00								380	200	160	80	50
7.00									400	200	100	70
8.00										460	160	100

表 5-8 样本容量的确定（置信水平为 95%）

期望偏差率（%）	容许偏差率（%）											
	1	2	3	4	5	6	7	8	9	10	12	14
0.00	300	150	100	75	60	50	45	40	35	30	25	20
0.50		320	160	120	95	80	70	60	55	50	40	35
1.00			260	160	95	80	70	60	55	50		40
2.00				300	190	130	90	80	70	50	40	35
3.00					370	200	130	95	85	65	55	35
4.00						430	230	150	100	90	65	45
5.00							480	240	160	120	75	55
6.00									270	180	100	65
7.00										300	130	85
8.00											200	100

如果总体容量不大，企业内部审计人员也可以运用属性抽样的样本容量公式来确定相应的样本容量。

（3）符合性测试的抽样方法。选择抽样方法主要应考虑精确度和效率两个因素。一方面要求抽取的样本能够代表总体，另一方面也要求采用简便易行的方法，以最少的时间、最简捷的方式抽取足够的样本。根据这两个要求，考虑业务性质和控制类型的差异，在符合性测试的抽样中应主要采用分类抽样法。例如在销售业务中，可以根据结算方式不同分为现金或支票销售、银行汇票销售、商业汇票销售、分期付款销售等类型组织抽样。采取这种方法抽样，既可以缩小各类业务的差异程度，提高样本对总体的代表性，也可以解决单纯随机抽样中由于样本过大而带来的处理方面的困难。

在分类抽样中，一般应采用等比例方法，即各类业务样本项目占总体单位数的比例应相等。各类业务的样本项目可按下列公式计算：

$$某项业务样本项目数 = \frac{某类业务单位数}{总体单位数} \times 总体样本$$

在分类抽样中，对分类标志可以根据具体情况确定。如在销售业务中，既可按结算方式分类，也可按销售客户分类或按产品分类。如果从销售明细账上抽取样本，最好利用明细账上的分类标志。

这里需要注意的是，如果抽取的样本项目数比较小，或业务分类不明确，可以采用单纯随机抽样或机械抽样的方式组织抽样。

4. 符合性测试的方法

符合性测试的方法是指取得关于内部控制制度是否有效运行证据的技术。主要有证据审计、重复核查和实地观察三种。

（1）证据审计。即通过对会计凭证、通知单、报告、申请书、批准书以及其他能反映控制措施的文件进行审计，以获得规定的控制措施是否得到有效执行的证据。例如，抽取一部分原始凭证审计其控制手续是否齐全、职务是否分离、编号是否连续、是否经过认真审核等。

（2）重复核查。即由企业内部审计人员部分或全部重复使用被审计企业的业务人员所采用的同样的工作程序，以确认这一程序能否发挥控制作用，所有控制措施是否得到切实遵循。如企业内部审计人员审计从开出发票开始直至制作记账凭证为止销售业务内部控制制度中有关控制措施的执行情况以及发挥控制作用的程度。

（3）实地观察。即企业内部审计人员到工作现场观察某些控制措施的执行情况，以审计有关内部控制措施是否得到执行。如企业内部审计人员到会计部门审计印鉴与支票是否分开保管等。

企业内部审计人员对符合性测试方法的选择主要取决于控制措施的类型。对不同的控制措施应使用与之相应的测试方法。二者的关系可概括如表 5-9 所示：

表 5-9　符合性测试方法与控制类型的关系

控制类型	符合性测试方法		
	证据审计	重复核查	实地观察
实物控制	S	N/A	P
职务分离	P	N/A	P
审核	P	S	N/A
批准或授权	P	P	N/A

注：P——提供评价证据的主要方法；S——提供评价证据的次要方法；N/A——不适用于这类控制类型。

5. 记录符合性测试的结果

对被审计企业内部控制制度进行符合性测试之后，内部审计人员需要将测试情况记录下来。记录的主要内容包括测试的控制类型、测试方法及数量、测试期间、测试结果以及相应的说明等。企业内部审计人员可将这些内容在符合性测试登记表中。

（二）企业内部控制制度的综合评价

在健全性评价和符合性测试的基础上，企业内部审计人员还必须对内部控制制度作出综合性评价，并就是否依靠以及在何种程度上依靠该制度作出判断，为科学地确定实质性测试的重点、范围和方法提供可靠的依据。综合评价应按以下步骤进行：

1. 汇集整理健全性评价和符合性测试的有关资料

将大量零散的资料加以汇集整理，是进行分析评价的基础。企业内部审计人员应将健全性评价和符合性测试等各阶段工作的有关资料按一定的标志加以汇总，特别是要把与内部控制制度缺陷有关的《内部控制制度缺陷登记表》和《符合性测试登记表》等资料全面地汇集起来整理好。企业内部审计人员可先按业务系统（如按销售业务、采购业务等）归集各种控制缺陷；然后再按控制目标（如有效性、准确性、完整性、实物安全等）做进一步分类；最后，再按控制点（如审批、核发、审核、复核等）加以整理。通过汇集整理有关资料，使控制缺陷归集到与其相关的控制目标和控制点上，既便于对控制缺陷的作用和影响进行分析，也有利于提高综合评价的准确性和科学性。

2. 分析控制缺陷对各项业务系统内部控制制度的影响

各项具体的控制措施和控制点对业务处理系统内部控制制度的影响有着很大差别。有些控制措施或控制点比较薄弱，甚至不存在，也可能不会导致太大的错弊发生；有些控制措施或控制点比较薄弱或不存在，则有可能发生较大的错弊，甚至使整个业务处理系统失去控制。而且各种控制缺陷可能产生的错弊类型也不相同，有的控制缺陷（如审批、实物保管控制、审批等方面存在的缺陷）可能导致贪污舞弊行为的发生；有的控制缺陷（如复核、核对等方面存在的缺陷）可能导致记录发生错误。这就要求企业内部审计人员必须认真分析所揭示的控制缺陷，以确定其在整个内部控制制度中的影响。

分析控制缺陷的影响，可以分为以下两个层次进行：

（1）分析各项具体控制措施方面存在的缺陷对相应的控制点的影响。例如凭证的连续编号这项控制措施没有得到执行，可能影响审批这个控制点未能起到对所有业务活动的发生均加以批准或授权的作用。通过这种分析，企业内部审计人员可以认识到各控制点发挥作用的条件，进而能够比较准确地确定在存在某种控制缺陷的条件下，控制点的控制功能发挥作用的情况。

（2）分析控制点方面存在的缺陷在业务处理系统内部控制制度中的影响。不同的控制点是为了保证相应的控制目标而设置的，如审批这个控制点主要是要保证经济业务发生的有效性这一控制目标。因此，确定某个控制点是否有效，就可以确定相应的控制目标是否能够实现，并进而判断该项业务内部控制制度能否发挥其应有的作用。

通过大量的审计、分析和评价，企业内部审计人员逐渐会认识到各项控制措施和控制点与各种错弊的对应关系，发现其内在的客观规律。这就为更迅速、准确地判断各种控制缺陷对内部控制制度的影响提供认识基础。当然，也应注意到，这些从经验积累得到的规律性认识还必须与对企业具体的控制环境的分析相结合。各个企业经营管理的特点不同，其内部控制制度的结构也不尽相同。在某些企业中，一些控制缺陷可能为其他方面较强的控制措施和控制点所补救，因而控制缺陷的影响相对地减少，而在另一些企业中，可能就不具备这样的控制措施和控制点。这就需要企业内部审计人员对具体问题作出具体分析，不能生搬硬套。

3. 评价企业内部控制制度的可靠性

对于大多数企业而言，都程度不同地存在着内部控制制度不尽完善或存在着个别薄弱环节的现象，但内部控制制度完全失效的情况则属少见。因此一般情况下，企业内部审计人员都可以在某种程度上或在某些方面依赖内部控制制度进行实质性抽样审查。评价内部控制制度的可靠性就是要确定在哪些方面，以及在何种程度上可以依靠内部控制制度。这就需要从以下两个方面评价内部控制制度的可靠性：

（1）评价企业内部控制制度可靠性的范围。对于企业内部审计人员而言，内部控制制度的可靠性又具体地表现在有效性（所有业务活动都得到适当的授权或批准）、准确性（业务活动记录真实准确）、完整性（对有效的业务活动都得到适时的记录和反映）以及实物安全等方面。如果所有控制措施和控制点都能有效地发挥作用，企业内部审计人员即可以考虑对这些方面的内部控制制度给予比较全面的信任；如果某些控制措施和控制点存在缺陷，未能充分地发挥作用，企业内部审计人员则应考虑对内部控制制度的各个方面都予以信赖，抑或依靠内部控制制度的某些方面。例如，在销售业务中，如果财务部门的"审核"这个控制点没有发挥其应有的作用，就可能导致内部控制制度在实现准确性和完整性目标方面失去作用，因此，企业内部审计人员在这两个方面就应放弃对内部控制制度的依赖，转而对有关的业务活动记录是否准确、是否完整实施详细的实质性审计。但是，由于"审核"这个控制缺陷对有效性和实物安全方面的影响不大，因此，在其他控制措施和控制点比较有效的情况下，企业内部审计人员可以继续在这两方面依靠内部控制制度，而对有关的审计内容进行抽样审查，例如通过抽查来确定库存商品实存数及实际价值等。

（2）评价企业内部控制制度的可靠程度。在确定依靠内部控制制度的范围之后，企业内部审计人员还应评价内部控制制度的可靠程度，并以此来确定实质性抽样审查的深度。评价内部控制制度的可靠程度，主要取决于符合性测试的结果。如果认为某项控制措施或控制点非常有效，如库存商品出入库保管制度健全并得到切实执行，企业内部审计人员就可以对这部分控制给予较高的信任，并选择较小的抽样审查的规模；反之如果认为某项控制措施或控制点虽然有效，但仍不够理想，企业内部审计人员则不宜对这部分控制给予过高的信任，而应适当地扩大抽样审查规模，以保证审计结论的正确性。

第六节　计算机内部审计

计算机内部审计是指内部审计机构和人员，运用传统的审计方法或借助计算机技术对计算机会计系统和其他管理信息系统所加工的信息的正确性、可靠性及其所反映的财务收支活动或经济活动的真实性、合规性、合法性和效益性进行审查和评价的审计。它是现代审计的重要形式。

传统的手工审计是指在手工操作下对手工会计信息系统所进行的审计，计算机内部审计则是随着计算机的产生及其在审计中的应用以及计算机会计信息系统的广泛应用而出现的。

一、计算机内部审计的特征

计算机内部审计与手工审计相比，具有不同特征，这些特征的形成主要源于计算机会计系统与传统手工会计系统的区别。现将其主要特征分述如表 5-10 所示。

表 5-10　计算机内部审计的特征

计算机内部审计的特征	审计业务的系统性	是指计算机内部审计在实施审计过程中： （1）必须对计算机会计系统加工、处理信息的全过程进行系统的审计，方能获得正确的审计结论。 （2）在管理信息联网的条件下，还必须对整个计算机信息系统加工、处理信息的过程进行全方位、全过程的系统审计。

计算机内部审计的特征	审计业务的系统性	计算机内部审计的这一特征由计算机内部审计对象处理信息的特征决定。作为计算机内部审计直接审计对象的计算机会计系统，在加工、处理信息方面，由于数据处理集中由计算机进行，因此，具有联系密切、整合性强的特征。不像手工系统中各经济业务数据处理可以被分解为相对独立的若干部分，通过分级来对其正确性进行验证。在计算机内部审计中任何试图对计算机系统数据处理的某一部分进行单独的验证，都将无法取得正确的审计结论。在会计信息系统与其他管理信息系统联网的情况下，由于会计系统作为一个子系统与其他管理系统密切结合，共享信息，很多的信息由其他管理信息系统加工和处理。因此，要验证会计信息的正确性，就势必要对整个管理信息系统进行全面、系统的审计。可见，系统性是计算机内部审计的重要特征之一
	审计方法的科学性	它是计算机内部审计在传统手工审计方法的基础上，广泛运用现代科学技术的最新成果——计算机技术，使之承担对复杂的计算机系统进行审计的任务，从而可以大大提高审计结果的正确性和审计的效率。因而，它具有科学性的特征。 计算机内部审计方法科学性的特征是： （1）由其审计对象数据处理科学性的性质决定。由于计算机会计广泛运用计算机技术处理信息，完全改变了数据处理的程序和方式，这就要求内部审计人员采用与此相适应的计算机技术进行审计。例如，在计算机会计系统中，审计师需要的完整的审计线索仅存在一个较短的时间，或只采取机器可读的形式；又如由于业务的统一处理，计算机执行相同的指令，统一处理业务，它因此可以彻底消灭手工系统所固有的记账差错，但也带来了因程序差错或类似的计算机硬件或软件系统错误而产生的相同错误的重复出现。这一切都要求审计师熟练运用计算机技术以胜任审计业务。 （2）计算机技术的发展，尤其是成本低廉、使用方便的微型计算机设备的开发利用，为审计师在审计实务中广泛运用计算机技术创造了方便条件。目前，西方国家的审计师们，已通过运用微计算机技术进行审计组织管理、审计计划的编制、审计结果的分析和建立审计数据库等工作，极大地提高了审计工作的效率和效果
	内部控制审计的重要性	由于计算机系统的内部控制多数与系统的程序密切结合在一起，成为数据处理的一个有机组成部分，这样，一旦系统程序被设计并投入使用，其内部控制的功能也就被确定，且不易纠正。因此，计算机内部审计对内部控制的审计，特别强调在系统的设计和开发阶段就对内部控制的健全性进行检查和评估。 计算机内部审计中内部控制审计的重要性主要表现在： （1）在程序设计和修改中的差错和违章行为，不仅后果严重，而且不易被发现和纠正。 （2）差错，尤其是违章、舞弊行为的可能性增加。即人们可以利用计算机技术篡改程序和指令。例如，美国的一位理工学院学生从太平洋电话和电报公司的垃圾箱内发现了一套系统指令，然后利用他掌握的计算机技术作弊，在长达两年的时间内盗窃了该公司价值 100 万美元的货物
	审计实务的复杂性	是指计算机内部审计所面临的审计对象的内容和审计实务中采用的技术方法比手工系统更加复杂。过去仅用手工方法就可以完成审计任务，现在，则必须借助计算机技术；过去，发现差错和舞弊还比较容易，现在常使审计师绞尽脑汁。总之，计算机内部审计比手工审计在相当多的方面更复杂了

二、计算机内部审计与计算机会计的关系

计算机会计是会计发展的一个历史性的飞跃。与手工会计系统相比较，计算机会计信息系

统应遵循的会计制度和财经纪律均没有改变，但由于采用了电子数据处理技术，计算机会计信息系统又具有许多与手工会计系统不同的特点。为了对计算机会计信息系统进行有效的控制和审计，我们首先应该了解它的特点及其对审计的影响。

（一）计算机会计信息系统的特点

计算机会计信息系统利用了电子计算机进行会计信息的处理、存储、分析和检查。从审计的角度看，计算机会计信息系统的主要特点如表 5-11 所示。

表 5-11　计算机会计信息系统的主要特点

计算机会计信息系统的主要特点	会计信息处理电算化	计算机会计信息系统首要的特点是会计信息由电子计算机进行处理。在手工会计系统中，会计信息由手工处理，从编制记账凭证、记账、算账、结账、编制财务报表到银行对账和会计信息的检查与分析等工作完全由手工完成。在计算机会计信息系统中，各种会计处理工作由电子计算机执行。计算机的处理是否符合会计制度和有关的财经纪律，将决定于系统应用程序的正确性和可靠性。计算机会计信息系统提供的会计信息是否合法、准确、可靠，除决定于输入数据本身的合法性和正确性外，关键在于系统的应用程序。如果系统的应用程序错误或被人篡改，计算机只会按错误的程序处理所有相应的业务，其后果必将是严重的。为保证计算机会计信息系统处理的合法、正确，为系统提供的会计信息能准确、可靠，必须保证系统应用程序的正确和安全
	会计信息存储电磁化	计算机会计信息系统的另一个重要特点是会计信息以电磁信号的形式存储记录在磁性介质中。在手工会计系统中，会计信息被以肉眼可见的形式存储在纸上的凭证、账簿、各种汇总表、分配表和财务报表中。这些资料若被篡改，如涂改或挖补，会留下痕迹，很容易被发现。在计算机会计信息系统中，会计信息被以各种数据文件的形式记录在磁性介质（磁盘或磁带）中，其中不少信息，如会计科目、部门、产品等，都会用代码表示。这些代码表示的信息在使用时需要转译为人们熟悉的形式。磁性介质中的会计信息是以肉眼不可见的、仅计算机可读的形式存在的。一旦计算机出现故障，电磁化的会计信息就无法取出和使用。电磁化的会计信息的载体（磁盘或磁带）比纸质的凭证、账簿、报表更容易被损坏。它怕折叠、怕潮湿、怕高温、怕灰尘或强的电磁场。如果保管不好，存储在磁性介质上的会计信息很容易因介质的损坏而丢失。更危险的是，磁性的会计信息具有磁性介质所记录的一切电磁信号的特点，很容易不留痕迹地而被删改。因此，要保证系统会计信息的安全可靠，对磁性的会计信息必须有恰当的、严密的控制
	会计信息的处理与存储集中化	会计信息处理和存储的集中化是计算机会计信息系统的又一重要特点。在手工会计系统中，会计业务处理一般由多人分管通过恰当的职责分离和互相稽核，以有效地防止错弊的发生。例如，在工业企业中，对于材料、工资、固定资产、成本、产成品、销售、往来、货币资金等各项核算，以及登记总账、编制财务报表等，一般根据企业的大小、业务量的多少由一个小组或一个人负责处理其中的一项或几项，相应的账册也多由负责处理的人员各自保管，只有在年终结账后才交会计档案保管人员归档保管。而在计算机会计信息系统中，各种会计核算可能均集中由计算机处理，手工系统中的职责分离不再存在。经计算机处理的各种会计信息，也常以数据文件的形式集中存储在系统的硬盘中。由于会计信息的处理和存储都集中于计算机系统，一旦计算机系统被破坏或损毁，整个会计系统可能就会瘫痪，后果不堪设想。如果没有恰当的控制，机密的经济信息可能就会被不法分子轻易地浏览或复制窃取。因此，在计算机条件下，计算机系统本身的安全、可靠是至关重要的

续表

计算机会计信息系统的主要特点	内部控制程序化	内部控制程序化是指将计算机会计信息系统相当重要的一部分内部控制建立于系统的应用程序中，以便系统运行时由计算机自动执行。这是计算机会计信息系统又一重要的特点。在手工会计系统中，内部控制措施主要是通过工作人员间适当的职责分离，实现互相牵制；由人工完成各种检验、核对和判断等实施的。在计算机会计信息系统中，由于会计信息由计算机集中处理，手工会计系统中原有的某些分离和控制已失去了意义，代之的是新的控制。针对计算机会计信息系统的特点和风险，新的内部控制包括了许多建立在系统应用程序中、由计算机自动执行的各种检验、核对、判断、监控以及对系统各功能调用的权限密码控制等。这些程序化的内部控制对提高计算机会计信息系统的安全可靠性非常重要。当然，除了程序化的内部控制，计算机会计信息系统的内部控制还包括其管理制度和必要的手工控制，这些控制也非常重要

（二）计算机会计信息系统对传统审计的影响

近几年来，计算机会计迅速发展，越来越多的单位自行开发或购买商品化的会计软件进行会计业务的处理，计算机会计信息系统得到了广泛的应用。在计算机会计信息系统下，传统的会计核算手段和账务处理程序发生了重大的变化。由于这一变化的出现，使得以凭证、账簿、财务报表及其他经济资料为主要对象的传统审计工作面临许多新的问题。这些新问题主要表现在如表 5-12 所示的几个方面。

表 5-12　计算机会计信息系统对传统审计的影响

计算机会计信息系统对传统审计的影响	审计的内容和范围发生了重大变化	计算机会计信息系统以计算机软硬件为基础进行会计业务处理。它由计算机硬件、软件、数据库、规程、人员等构成。计算机会计进行会计业务的处理，以计算机硬件系统为基础，利用会计软件进行具体处理，数据以电、磁信号保存在内存、外存中，手工会计中的大部分人工工作改由计算机自动完成、集中处理，账务处理程序发生了很大的变化，这些特点要求内部审计人员除了对原有的审计范围和内容进行审计，还应审计更多的内容，具体内容如下所示： （1）审查和检测计算机会计信息系统的应用程序。由于会计事项由计算机程序自动进行处理，程序的正确与否直接影响信息处理结果的准确性和有效性，所以，必须对系统应用程序进行审查和检测。 （2）审查系统本身是否合规、合法。要保证系统符合会计制度的有关规定，除了要对投入使用的系统应用程序进行事后审计，还要审计系统调查、分析、设计、实施及运行与维护等阶段的资料，如评审系统分析说明书、系统设计说明书、程序设计说明书、源程序清单、系统使用手册、系统运行日志、系统版本更新记录等，即对系统的开发进行审计。 （3）审查计算机会计信息系统中新设计的内部控制。与传统手工会计的内部控制相比，计算机会计信息系统的内部控制的方法和技术发生了很大的变化。在审计中，要审查硬件管理制度，例如是否建立健全机房管理制度，计算机的硬件、软件是否有充分的、可靠的保护措施。此外，还要审查会计软件中实现的内部控制等。 （4）审查内存或外存中的数据文件。会计软件中的凭证、账簿、报表上的数据和信息，都以数据文件的形式被存放在内、外存中，都直接或间接地反映着程序执行的正确性，因此，审查内存或外存中的数据文件是计算机会计信息系统审计内容的重要方面。

计算机会计信息系统对传统审计的影响	审计的内容和范围发生了重大变化	审计内容和范围的扩大，使得传统手工审计方法不能很好地完成审计任务，内部审计人员必须利用计算机技术。例如，对系统应用程序的审计就必须用到计算机技术。因而在传统审计中必须利用计算机技术，即发展计算机内部审计
	内部控制发生了重大变化	对内部控制的审计是审计中的重要任务，系统内部控制的变化直接影响审计技术与方法的变化。会计业务从手工处理到自动化，在处理工具、处理流程等方面都发生了较大变化，内部控制功能、方法、技术也随之发生了重大改变。计算机会计信息系统内部控制发生的重大改变主要表现在以下几个方面。 （1）控制方式由手工控制变为手工控制和计算机控制相结合，部分内部控制可以由计算机会计软件自动执行。例如，在会计软件中设计借贷平衡控制、科目合法性控制等。 （2）内部控制的对象多而且更复杂。在手工会计信息系统下的会计核算内部控制，是通过合理分工、明确责任、规定业务处理程序、加强业务人员之间的互相联系和互相制约，以及通过凭证、账簿、报表之间的钩稽关系而形成的内部控制体系，它可以充分保证手工操作下会计数据处理的真实、可靠和安全。而计算机会计信息系统在把原手工系统许多由不同职员执行的职责集中以后，一个人可以执行互不相容的职责。例如，计算机会计信息系统中的记账功能是由计算机自动完成的，记账人员完成"记账"操作后，可以同时生成日记账、明细账、总账，而传统手工会计中是由不同的会计人员完成不同的记账（登记日记账、明细账、总账）任务的。这样，在计算机会计信息系统中就应设计不同于手工会计的内部控制措施。因此，内部审计人员应对计算机会计信息系统中新设计的内部控制进行审查和评价。例如，不相容职责的划分、口令控制的作用、控制小组的建立等，以预防和检查违章行为。除此之外，还需对计算机硬件、软件以及其他有关设备进行控制，而对它们进行控制对内部审计人员提出了更高的要求。内部审计人员只有对被审计单位的内部、控制进行全面了解和详细验证，并作出确切评价后，才能据以确定审计工作的范围和重点，进一步制定审计工作的计划和程序。 （3）随着内部控制的重点由会计人员和会计业务部门转移到电子数据处理部门，数据处理集中由计算机自动完成，财会人员对交易活动的直接监督减少了。计算机数据处理的集中性、连贯性，使大部分职权分割的控制作用近于消失；数据存储载体的改变及其共享程度的提高，又使手工会计系统下的账簿控制体系失去作用。在这种情况下，一方面要加强内部控制，另一方面要采用新的方式。可见，对系统的内部控制进行评审的范围比较广泛，需要新的审计方法。
	审计线索发生了重大变化	在手工会计中，存在着大量的肉眼可见的审计线索。例如，大量的原始凭证、记账凭证、总账、明细账、汇总表等形成一条明显的审计线索。内部审计人员可以从原始凭证开始，通过记账凭证、账簿追踪到财务报表，也可以从财务报表开始，追根寻源，一直追溯到原始凭证，通过这些可见的审计线索检查证、账、表数据所反映的经济业务的合法性，通过每个会计人员书写笔迹的不同，确定每一责任人完成业务的正确性。总之，在手工会计中，会计人员对经济业务的详细记录都跃然纸上，内部审计人员所需的任何审计线索，都可以通过这些书面记录加以提供。但是，在计算机会计中，除了一些原始文件、打印的会计账册、财务报表等为肉眼可视的审计线

计算机会计信息系统对传统审计的影响	审计线索发生了重大变化	索，其他大部分数据都以数据文件的形式保存在内、外存中，这些会计信息只能通过机器再现，不再是肉眼直接所能识别的了，内部审计人员难以像在手工会计中那样对经济业务进行追踪、审查。同时，由于磁性介质修改不留痕迹的特点，使得只审查最终数据变得不很可靠，必须审计数据处理过程及系统本身；其次，传统手工会计中的大部分人工数据处理在计算机会计中转由会计软件集中进行处理，例如，账务处理中的记账，会计软件对审核通过的记账凭证自动登记账簿，不需要平行登记各种账簿，从而导致传统手工会计中的审计线索在这里中断、消失。内部审计人员必须对计算机会计信息系统的运行进行审计，而这些都需要计算机内部审计技术，即内部审计人员在系统的设计和开发时就提出审计要求，以保证将系统的各种数据文件都保留下审计线索。除应保证会计数据文件的打印输出外（这种数据形式和手工会计资料形式基本相同），还应将计数据文件以可审计的形式进行存储保留。内部审计人员可利用计算机获取被审计单位计算机会计信息系统中的数据文件，通过必要的数据转换，使其成为内部审计人员可识别的数据文件形式，然后再进行各种数据的重新组合和处理，从而达到审计目的。审计线索发生的重大变化促使内部审计人员在审计中使用计算机技术进行审计
	差错因素发生了重大变化	会计核算采用手工操作时，会计数据处理的结果是否真实可靠，是有据可查的，至于它是否合理合法、是否存在舞弊和差错，主要取决于会计人员工作态度的好坏，工作能力的强弱，技术水平的高低以及他们对有关法律法规、财经纪律、考核制度的理解程度及其贯彻执行情况。 但是，会计核算采用计算机会计信息系统后，会计数据处理结果是否真实可靠，就不仅仅取决于会计人员的业务水平和工作态度等因素，更取决于会计处理过程中所使用的计算机硬件系统和软件系统是否准确可靠，操作运行及处理流程是否符合要求等，这为判断是否存在舞弊行为增加了难度，因此需要计算机辅助内部审计。
	审计方法发生了重大变化	在手工会计信息系统下，内部审计人员可根据情况采用审阅、核对、分析、检查、监盘、观察、查询及函证、计算和分析性复核等方法对被审计单位的有关经济业务举行审查。而在计算机会计信息系统下，为了适应审计线索和审计对象的变化，只能采用新的审计手段、新的审计方法才能达到审计目的。对于存储在磁介质上的程序、文件、数据，内部审计人员只能利用计算机进行审计。另外，采用计算机辅助内部审计方法可以更迅速、更有效地完成审阅、核对、分析、比较等各项审查内容，从而提高审计的效率和质量
	审计难度发生了重大变化	内部审计人员在对整个计算机会计信息系统进行审查时，必然要花费一定的时间和精力来了解和审查计算机系统的功能，以证实其处理的合法性、正确性和完整性。这就要求内部审计人员必须具有计算机、计算机会计、审计的知识和技能。而目前，广大的内部审计人员还未达到这样的要求，因此对复杂和先进的计算机会计信息系统进行审计具有一定的难度
	计算机会计信息系统对审计准则的影响	计算机会计信息系统中，由于审计对象、审计线索、内部控制、审计的技术方法等发生了重大变化，应建立与新情况相适应的审计准则。 英、美、日等国都制定了有关计算机会计信息系统审计的审计准则

（三）计算机内部审计与计算机会计的关系

1. 计算机内部审计与计算机会计的联系

计算机内部审计与计算机会计的关系如表5-13所示。

表5-13　计算机内部审计与计算机会计的关系

计算机内部审计与计算机会计的关系	计算机会计是计算机内部审计的基础	（1）计算机会计是计算机内部审计赖以存在的前提，没有计算机会计的产生和存在，也就没有计算机内部审计的产生和存在。 （2）计算机会计的发展水平，决定了计算机内部审计的发展水平。例如，在计算机会计的初级发展阶段，由于计算机会计仅起一个类似计算工具的作用，计算机内部审计只需要运用传统的手工审计方法就可以对计算机会计系统进行有效的审计。而在计算机会计发展的后两个阶段，由于组织体系、审计线索、数据加工程序方面都发生了根本性变化，传统的手工审计方法已不能胜任对计算机会计系统的审计，这就决定了计算机内部审计必须运用计算机技术方能对其进行有效的审计
	计算机内部审计是提高计算机会计信息可靠性、可信性的必要保证	（1）计算机内部审计可以提高计算机会计提供的信息的可信性。 （2）计算机内部审计通过对计算机会计系统内部控制的审计，帮助和促使计算机会计系统提高内部控制的严密性和有效性，从而能够大大提高计算机会计系统加工的数据、信息的可靠性
	计算机内部审计和计算机会计都以计算机技术为主要手段	由于计算机内部审计与计算机会计存在着如此密切的联系，以至于人们在审计工作中常常不能明确地划分其界限，从而影响审计结论的公允性。例如，在审计计算机会计内部控制有效性时，由于系统设计对内部控制的决定作用，审计界人士强调在系统开发阶段对内部控制的重要性，这是对的；但也有部分内部审计人员在此项工作中，直接参与系统设计工作，这就影响了审计独立性的形象。因此，有必要对它们之间的区别加以阐述

2. 计算机内部审计与计算机会计的区别

计算机内部审计和计算机会计虽然都以计算机技术为主要手段，但审计和会计的基本区别在计算机系统中并没有消失（见表5-14）。

表5-14　计算机内部审计与计算机会计的区别

计算机内部审计与计算机会计的区别	工作目标不同	计算机会计的主要目标是正确、及时地加工会计信息，为管理当局决策和控制提供有用的信息，其服务对象以管理当局为主。计算机会计也要对经济活动进行监督，但它始终处于第二位的目标。计算机内部审计的主要目标是就计算机会计加工的会计信息的真实性、正确性、合规性和合法性发表意见，以提高计算机会计提供的财务报表的可信程度。其主要服务对象是企业外部的利益关系人。当然，计算机内部审计也可以就被审计单位的管理工作提出建议，但这并非其主要的工作目标
	监督的性质不同	计算机会计也有对经济活动进行监督的职能，但这种监督是和信息加工密切结合在一起的日常监督，具有直接管理的性质；而计算机内部审计的监督通常是一种事后监督（必要时也可进行事前监督），它是由地位独立的内部审计人员进行的监督，是与管理职能并立的独立性的经济监督。因此，二者监督的功能是不同的

续表

计算机内部审计与计算机会计的区别	监督的对象不同	计算机会计的监督对象是经济活动的价值方面。计算机内部审计的监督对象要比计算机会计广泛得多。一是计算机内部审计不但要对经济活动的价值方面进行监督，而且要对经济活动的实物方面进行监督，因而监督内容更全面。二是计算机内部审计不但要对经济活动进行监督，而且要对包括计算机会计在内的经济信息系统进行监督
	职能不同	计算机会计的职能是反映、监督和参与管理；计算机内部审计的职能是监督、公正和管理咨询。其中监督职能的名称虽然一致，但其性质仍有区别；而其他两项职能，虽有联系，但显然是完全不同的职能
	方法不同	计算机会计和计算机内部审计虽然都要运用计算机技术，但其方法仍有本质区别。计算机会计主要利用计算机系统对零星的不系统的经济信息进行经常性的鉴别、分类、汇总，最后加工成总括性的指标。因此其方法的基本特征是连续性和综合性。计算机内部审计主要利用计算机技术对计算机会计提供的总括性指标及其过程进行检查、分析，以验证其正确性、真实性和合法性。其方法的基本特征是阶段性和分析性

三、计算机内部审计的内容

计算机内部审计包括计算机数据处理程序的审计和计算机信息系统数据文件的审计。

（一）计算机数据处理程序的审计

计算机数据处理程序是计算机信息系统的核心内容之一，企业各项业务处理的程序，会计信息的整理、加工和汇总及其内部控制的各种控制要素和措施，都体现在计算机数据处理程序中。如果程序本身存在缺陷和问题，就会影响业务执行、信息加工的正确性、合规性。因此，计算机数据处理程序的审计，是计算机内部审计的主要内容之一。根据其在计算机系统的作用，计算机数据处理程序内部审计的主要任务是检查程序处理经济业务和数据加工、汇总的正确性以及内部控制（主要是应用控制）的可靠性和有效性。

程序审查的主要方法有不处理数据审查法、处理实际数据审查法和处理模拟数据审查法三类。

（二）计算机信息系统数据文件的审计

计算机信息系统数据文件的存在形式有两种：一是打印输出的报表、总账和其他有关的书面文件；二是存储在磁性介质上的数据文件。前者的审计内容与手工系统并无区别，因此，这里主要介绍对后一种数据文件进行审计的内容，它包括数据文件安全控制功能的测试及对文件内容的审计（见表 5-15）。

表 5-15　计算机内部审计的内容

计算机内部审计的内容	数据文件安全控制功能的测试	文件安全控制功能测试主要测试文件存取控制是否有效，应查明未经授权的使用者能否接触文件，能否对文件进行修改和删除操作。若文件是脱机存储的，应审查怎样通过计算机进行存取操作，检查这些磁性介质的实物保管方式和存取手续是否符合内部控制的要求。若文件是联机存储的，应审查是否有密码和指令控制，同时要了解密码和指令本身的安全防范措施是否有效
	计算机数据文件内容的审计	计算机数据文件内容真实性和准确性审计的方法大致可分为以下两类： （1）手工审计方法，即挑选重要文件或重要项目打印输出，对输出的打印文件进行检查。这种方法简单易行，但审计效率不高，且不易进行全面审查。 （2）计算机内部审计方法就是利用审计软件包对系统的数据文件内容进行检查。

计算机内部审计的内容	计算机数据文件内容的审计	根据检查方式的不同可分为以下三种具体方法： ①联机审计方法，即将被审计系统的计算机接口与审计计算机系统的计算机接口联结起来，形成一个局部的网络系统。利用专用审计软件将被审计系统的数据文件读入审计计算机系统，进行直接检查。 ②审计软件直接审查法，即将专用的审计软件直接插入被审计系统的计算机中运行，直接查阅被审计系统中的数据文件。 ③审计软件间接检查法，在被审计系统备有复制文件的情况下，内部审计人员可以将这些备用文件，直接插入审计计算机系统，运用审计软件包进行调阅，以审查被审计系统数据文件的真实性和正确性

四、计算机内部审计的方法

（一）非计算机内部审计方法

是指内部审计人员在对计算机会计系统审计时，仅依靠人工方法，而不依靠计算机的审计方法。它适用于计算机信息系统网络化程度不高的会计系统的审计。根据审计时是否对计算机系统本身的数据处理程序和内部控制进行审计，又可分为绕过计算机内部审计的方法和穿过计算机内部审计的方法两种。

（1）绕过计算机内部审计的方法。它是把计算机会计系统仅仅看作存储和处理数据的机器，或者说仅把计算机会计系统看作会计人员进行数据计算的工具，就像算盘和计算器一样。因而在审计时着重检查输入前的原始文件、数据的正确性、合规性和合法性，并对计算机输出的打印结果的正确性进行验证，对计算机内部的程序和处理过程不进行审计。由于这种审计方法绕过了计算机系统仅对输入和输出进行审计，故被称为"绕过计算机内部审计"。其审计过程如图 5-2 所示。

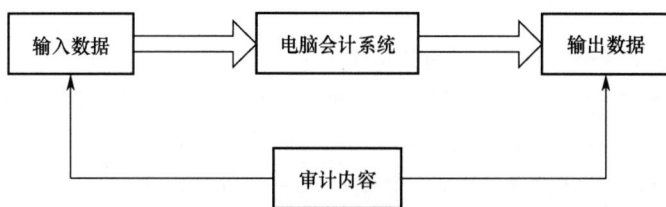

图 5-2　绕过计算机内部审计的审计过程

绕过计算机内部审计方法实质上与传统的手工审计方法没有什么区别。因此，内部审计人员无须具备计算机知识就能够进行审计。在计算机内部审计发展初期，一方面，计算机会计系统比较简单；另一方面，内部审计人员还来不及掌握计算机技术知识，只能采用这种过渡性方法进行审计。但严格地讲，它不是真正的计算机内部审计方法。

绕过计算机内部审计的方法的适用范围有严格的限制：第一，计算机在计算机会计系统中只起类似于算盘和计算器的作用；第二，计算机会计系统中有足够的肉眼可见的审计线索。即使如此，这种方法的缺陷也是十分明显的。主要是不能查清计算机程序和内部控制的缺陷，从而不易划分利用计算机作弊和计算机故障、程序指令不当所造成的信息差错和舞弊行为。随着计算机系统的发展，这种方法必然会被淘汰。但结合我国现状，在计算机内部审计的初始阶段，仍不失为一种有效的方法。

（2）穿过计算机内部审计的方法。穿过计算机内部审计的方法，要求内部审计人员在审计时，深入到计算机数据处理过程中去，对计算机会计系统的数据处理程序的正确性、合理法以及内部控制装置的健全性、有效性进行审查和评价。这种审计方法产生的客观必然性由计算机内部审计对象的特点决定，即离开了对计算机会计系统内部数据处理程序和内部控制的审查和评价，就不可能对计算机会计系统信息和数据的正确性进行有效的审计，尤其在计算机系统实现联网和数据共享的情况下，更是如此。因为，很多数据只有通过计算机方能获得。因此，它是绕过计算机内部审计方法发展的必然结果。

穿过计算机内部审计方法，要求内部审计人员具备计算机处理数据的一般知识，了解计算机系统的型号、应用程序及结构。审计的技术和方法也与手工审计发生了明显的变化。穿过计算机内部审计的方法与绕过计算机内部审计方法的基本区别是实施了对计算机系统内部数据处理程序和内部控制的审计，其内部审计的过程如图 5-3 所示。

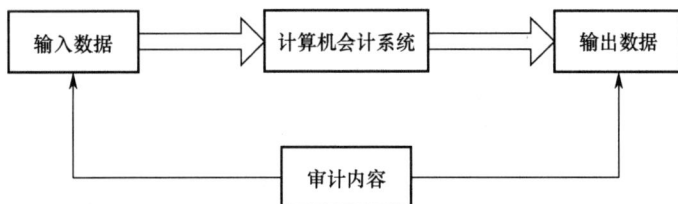

图 5-3　穿过计算机内部审计的过程

穿过计算机内部审计方法具有明显的优点，它可以发现存在于计算机系统内部的内部控制和程序设计上的弱点，以及由此引起的错误和作弊行为，从而能够保证审计的质量。但是由于它基本上还是采用手工审计的方法，因此审计效率比较低。随着审计实务的发展，这种方法也日益显示出它的局限性，从而为更先进的方法——计算机辅助内部审计方法所替代。

（二）计算机辅助内部审计的方法

计算机辅助内部审计是利用计算机技术来协助内部审计人员完成各项审计工作。它所包括的内容十分广泛，从手工系统的审计到计算机会计系统的审计，以及审计项目管理等，都可以用计算机进行辅助。本书所指的主要是对计算机会计系统的计算机辅助内部审计。

利用计算机技术对计算机会计系统的审计广泛使用各种审计软件包，能够很方便地对存储于计算机内部的各种数据处理的正确性，内部控制的健全性、有效性进行审计，因此，审计效率高，审计结论正确。计算机辅助内部审计的过程如图 5-4 所示。

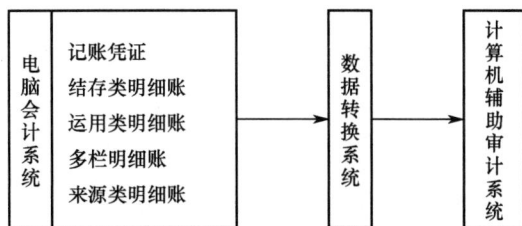

图 5-4　计算机辅助内部审计的过程

五、计算机内部审计的步骤（见图 5-5、表 5-16）

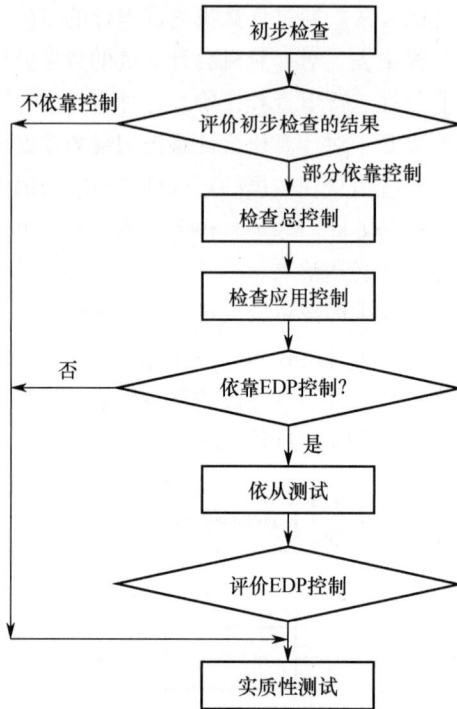

图 5-5　计算机内部审计的步骤

表 5-16　计算机内部审计的步骤

计算机内部审计的步骤	初步检查	初步检查阶段审计师主要了解： （1）电子数据处理在各种主要会计业务中的使用程度； （2）会计系统中的业务流程； （3）会计控制的基本结构。 初步检查的深度取决于计算机系统的复杂程度
	评价初步检查的结果	初步检查结束后，内部审计人员便需对检查结果进行评价，即从会计控制系统的角度出发，针对各主要会计应用系统，评价计算机系统内会计控制各环节的重要性，以确定检查计算机系统内会计控制的程度，即深度、广度和重点等
	检查一般控制（总控制）	检查一般控制的目的是帮助内部审计人员评价该系统中的管理控制和一般控制。一般采用组织流程图和内部控制调查表形式进行审查。其内容主要包括：①职责分工；②职员轮换；③有限接近
	检查应用控制	检查应用控制主要是对计算机系统的数据处理程序控制进行检查。包括：了解和掌握客户制定的程序控制；测试客户遵守程序控制的情况。前者采用系统检查方法，目的是确定输入控制、处理控制、输出控制和文件控制的性质；后者采用业务流程审计方法，用流程图的方式将计算机系统处理业务的环节和步骤记录下来，用以评价其程序控制的执行情况

续表

计算机内部审计的步骤	评价检查结果	评价阶段，内部审计人员主要根据上述检查得到的资料就内部控制是否存在缺陷、是否可靠，以及对各种控制措施进行依从测试的成本效益进行评估，以确定下一步审计的方法。若内部控制不可靠，应停止依从试测，确定内部控制缺陷对财务报表的影响，并决定使用其他方法完成审计目标
	依从测试	依从测试主要是对计算机系统内部控制措施、方法实际执行的有效性进行检查。测试方法可以是传统的手工方法，即对常规的原始文件和打印报告进行测试，也可以利用计算机进行测试，具体方法包括：测试数据法、小型公司法和审计软件包重新处理业务法等
	评价EDP控制	评价 EDP 控制主要是对 EDP 系统的会计控制进行全面评价。评价时，内部审计人员应充分考虑三个因素：发生差错和违章行为的种类；确定能够检查和防止错误与违章行为的会计控制措施；确定客户是否建立了必要的控制措施，及其执行结果是否令人满意。 然后，就可以评价系统的缺陷，即考虑现有控制措施未能发现的差错和违章行为，以确定下一步实质性测试的范围和程度，以及应向客户提出的建议

六、计算机系统内部控制制度的审计

内部控制是一个组织为了维护资产完整，保证会计信息正确可靠，提高经济效益和确保既定的经营方针与目标的实现而采取的一系列具有自动检验功能和控制功能的组织、程序、手续和方法的总称。在计算机系统中，内部控制的原则和目标，与传统的手工系统一样，但内部控制的方法发生了很大的变化。传统的手工系统的内部控制，着重于责职分工以及书面凭证文件的相互验证等。在计算机系统中，内部控制除了一些规章制度，大部分的控制措施都是以程序的形式建立在计算机系统中。因此，内部控制的功能是否恰当、有效，直接影响系统输出信息的真实性和正确性。另外，由于计算机系统运行的高速性，处理的重复性和连续性，如果程序中控制不当、无效，将比手工系统产生更严重的后果。因此，在对计算机系统的审计工作中，应将系统的内部控制制度作为审计的重点。

（一）电子数据处理对传统的内部控制的影响（见表 5-17）

表 5-17　电子数据处理对传统的内部控制的影响

| 电子数据处理对传统的内部控制的影响 | 手工系统中严格的凭证制度在计算机系统中逐渐消失或减少 | 凭证是经济活动的依据，设计良好的凭证格式及其传递程序，具有较强的控制功能，一旦发生某些错误或弊端，凭证就将成为追究责任的根据。在计算机系统中，终端操作者经常把业务直接输入计算机，而没有留下任何原始凭证。例如，订货者可以通过电话把业务直接输入系统，在这种情况下，如果没有适当的控制，非经授权的业务可能就会进入系统，导致无审计线索可循 |
| | 传统人工作业所具有的分工功能逐渐被归并 | 在手工系统中，职务分离是一项重要的内部控制制度。例如，记录总账和记录明细账的职务要分离，登记日记账和登记总账的职务要分离。但在计算机系统中，这些分工功能逐渐被并入电子数据处理系统。例如，在工资处理系统中，计算机既记录所有的职工及其工资率，记录职工的工作时间，又计算职工每月的工资，打印职工的应发工资等。 |

续表

电子数据处理对传统的内部控制的影响	传统人工作业所具有的分工功能逐渐被归并	在计算机系统中，若采用非数据库处理系统，因每个个别的系统各自拥有储存媒介，仍可通过核对两个由不同人员负责处理的系统所产生文件的内容，而发现错弊的存在，职权划分的部分功能尚可勉强得到维持。例如，负责账单系统的人员，若无法接触应收账款系统，则其篡改客户账单的行为，必因核对两系统产生的独立文件内相同资料项目而被发现。但当组织采用数据库管理系统时，因相同资料仅输入及保留一份在数据库内，各系统不再个别重复建立其本身使用的数据库，则上述非数据库系统所具有的职权划分的功能实际上已不复存在
	计算机系统可以自动授权、批准	授权、批准控制是指各级业务人员必须获得授权和批准，才能执行某项业务。在传统的手工系统中，对于一项经济业务的每个环节都要经过某些经授权的人员签名或盖章。但在计算机系统中，可直接经由机械功能取得授权、批准。例如，业务经办人员可利用特殊的授权文件（如录有监督码的磁性识别卡），插入（或输入）机器，即可获得批准操作终端机或运转有关的特定系统。这与以往只重视纸张文件上是否附有签名或盖章的人工作业方式显然不同。 在计算机系统中，计算机还可以自行产生一些业务处理。例如，系统设计员可根据存货控制理论预先算好各种材料的经济订货量和再订货点，并把这些信息存储于系统中。系统就会监督材料存货定额，一旦存货低于再订货点，系统就会按经济订货量自动开出订货单，而无须具体人员的批准
	计算机系统的信息容易丢失、被盗和被篡改	在手工系统中，由于各项经济业务是记录于书面上的，是肉眼可见的，一般来说，是不容易丢失的。一些舞弊者篡改账表单证的行为也会留下痕迹，这些痕迹可以为审计工作提供重要的审计线索。这也是手工系统一项固有的控制措施。但在计算机系统中，数据和文件存储于磁性介质上，是肉眼不可见的，而且这些磁性介质在受热、受潮、弯曲或强电磁场影响下都会损坏。因此，存于这些磁性介质之上的数据和文件有丢失和毁坏的危险。另外，除了在操作时，存储于这些磁性介质之上的信息容易被工作人员因疏忽或大意抹掉，如果没有适当的内部控制，一些舞弊分子还可以进入系统，对这些信息进行篡改或拷贝，而不留下任何痕迹

（二）计算机系统内部控制的内容

电子数据处理对传统的内部控制产生了重大影响，使得原来在手工系统中被证明为有效的内部控制制度，在计算机会计信息系统中已不再适用。为了有效地降低电子数据处理的风险，就必须根据计算机会计信息系统的特点，建立适当的内部控制制度。计算机系统的内部控制包括：

1. 一般控制

一般控制是普遍适用于一切电子数据处理的控制，它为电子数据处理提供了必要的制度和安全可靠的工作环境。主要包括的内容如表 5-18 所示：

表 5-18　一般控制的内容

一般控制的内容	组织控制	组织控制的基本要求是达到恰当的职责分离。即把不相容职务进行分解，交由不同的人员完成，以达到相互制约的目的。 组织控制措施有： （1）计算机部门与用户部门的职责分离。计算机部门负责记录业务，用户部门批准和执行业务，两者是不相容职务，因此必须予以分离； （2）计算机部门内部的职责分离。计算机部门的职务包括系统分析员、程序员、操作员、资料保管员、控制人员，这些人员的职务也应予适当的分离，特别是程序员与操作员的职务必须分别由两人承担，这样才能防止错弊的发生

续表

一般控制的内容	系统开发的控制	系统开发控制是计算机系统控制的头一关。对于计算机系统，如果系统投入运行后再要修改它，将非常困难，要耗费较长的时间和较高的成本。因此，对系统开发必须有强有力的控制，以便及时发现和修正错误，以保证开发出来的系统能满足用户的需要。 系统开发控制主要包括下列一些措施： （1）在系统开发前，应进行必要的可行性研究，以保证只有采用计算机系统才能有更大的效益； （2）系统的设计应有用户代表和内部审计人员，特别是内部审计人员参加监督； （3）系统的检测应有用户和计算机人员共同参加，检测应包括手工与计算机两部分及其联结； （4）系统在投入使用前要与原手工系统并行运行一段时间，并得到正式批准； （5）系统投入使用后，任何程序的改变必须经过批准、调试检测和做好文字资料记录后才能投入运行。 系统的维护与改进应受到与系统开发相同的控制
	硬件与系统软件的控制	硬件控制是指计算机厂商提供的已建立在硬件或系统软件中的、为保证计算机硬件操作正确可靠的控制措施。 主要措施有：①奇偶检验；②重复处理检验；③回波检验；④自动错误诊断及自动再次尝试等。 系统软件的控制措施有：①文件保护控制；②系统接触控制；③处理错误的功能等
	系统安全控制	系统安全控制措施包括： （1）接触控制，是指限制只有经过批准的人才能接触计算机系统的硬件、系统软件、应用程序、数据文件及系统文档资料的控制； （2）后备控制与灾难的补救计划，是指系统的硬件、系统软件、应用软件、数据文件都应有备份； （3）环境安全控制。主要措施有：计算机房应有防火、防水、防尘措施，有空调、抽湿、稳压装置和应急后备电源等

2. 应用控制

应用控制是为适合各种经济业务处理的特殊控制要求，保证数据处理能完整、准确地完成而建立的内部控制。应用控制可分为输入控制、处理控制、输出控制，分别直接控制业务的输入、处理、输出，以保证它们的准确、完整（见表 5-19）。

表 5-19　应用控制的内容

| 应用控制的内容 | 输入控制 | 输入控制的目的是要保证未经批准的业务不能被输入计算机；保证经批准的业务数据没有发生丢失、遗漏，也没有出现增加、重复或被做了不恰当的修改，被完整、准确地输入并转换为机器可读的形式；被计算机拒绝的错误数据能在正确改正后重新向系统提交。
输入控制常用的控制措施有：①重复输入校验；②业务数（记录数）点计；③控制总数的核对；④校验位检验；⑤有效性检验；⑥完整性检验；⑦顺序检验；⑧平衡检验等 |
| | 处理控制 | 处理控制是对数据处理准确性、可靠性的控制。其主要控制措施有：①常数控制；②范围控制；③溢出检验；④控制总数核对；⑤对应数字控制等 |

续表

应用控制的内容	输出控制	输出控制的目的是要保证输出资料的准确、可靠，并能按要求及时送到指定的人手中。常用的控制措施包括：①控制总数核对；②钩稽关系检验；③对输出资料的检查与合理性检验；④输出文件的保管与分发。 计算机系统的内部控制是一个技术性很强、相当复杂的问题。在不同的组织和不同的计算机系统中，内部控制技术有很大差别

上面谈到的计算机系统内部控制措施，对具体的计算机系统，不一定都得实施，而是要根据组织的实际情况，采用相应的控制措施。

（三）计算机系统内部控制制度的审计（见表5-20）

表5-20　计算机系统内部控制制度的审计

计算机系统内部控制制度的审计	对内部控制制度的健全性进行调查	对计算机系统内部控制制度的健全性进行调查，可采用书面说明书、调查表法、流程图法。这三种方法与对手工系统的内部控制制度的健全性调查的方法一样，只是其调查的内容不同而已
	对内部控制制度的执行情况进行符合性测试	一个计算机系统即使有健全的内部控制制度，但在实际处理经济业务过程中不一定被认真执行。因此，对其实际执行情况还要进行测试，测试可采用观察法、检测数据法、程序比较法、平行模拟法、整体检测法等
	评价计算机系统的内部控制制度	计算机系统内部审计人员经过审阅制度、询问调查、绘制流程图以及实地测试之后，对系统的内部控制制度已经有了比较全面深入的了解，从而可以对内部控制制度是否健全、完善以及可能导致的错弊进行评价，并提出改进的建议

七、计算机系统程序的审计

程序是计算机执行的指令序列，是人与机器联系的纽带，也是计算机系统的核心。被审计计算机系统是否执行国家的财经制度和政策，处理的经济业务是否真实、正确、合规、合法等，都体现在程序之中。例如，企业的成本开支范围、成本计算方法、税金计算等，都反映在程序之中。因此，计算机程序内部审计是计算机系统审计的重要内容，也是计算机系统审计中最困难的任务之一。实践表明，程序是差错和弊端最容易发生的地方。只有对计算机系统的程序进行审计，才能对系统的正确性、可靠性等作出公正的评价。

（一）程序内部审计的目标（见表5-21）

表5-21　程序内部审计的目标

程序内部审计的目标	审查程序的合法性	主要是审查程序中是否有非法的编码。非法编码是指为了舞弊目的而设计的、执行非法功能的代码。非法编码往往为某个数值或几个数值所启动。例如，当程序遇到一个会计账号或一个会计账号和一个数据的结合，非法代码即开始执行，并产生非法结果。例如，程序员可能修改一个程序，使其不打印某个透支的账户
	审查程序的正确性	主要是审查程序编码是否有错误。错误的编码是指无意造成的、执行错误功能的编码，这些编码可能使会计业务过入错误的账户，或者错误地计算成本、税金、利润等

续表

程序内部审计的目标	审查程序的有效性	主要是审查程序中是否有无效的或效率较差的编码。无效或效率较差的编码会降低系统的运行效率，发生这种情况，往往是因为在系统开发中选用了不适当的程序设计语言，或没有遵循系统开发的原理等
	审查程序的内部控制是否健全有效	主要是审查程序中的控制措施能否保证程序执行正常的功能，能否保证程序安全、完整，防止程序受到非法的接触、修改、删除或毁坏

（二）程序审查的方法

1. 不处理数据的程序审查方法

不处理数据的程序审查方法，是指内部审计人员不通过计算机处理任何数据而是通过审核和分析程序流程图、程序代码、处理打印输出等来达到审计目的的方法。具体内容如表 5-22 所示。

表 5-22　不处理数据的程序审查方法

不处理数据的程序审查方法	程序流程图检查法	是指利用被审计系统现有的程序流程图或内部审计人员自己绘制的程序流程图来检查程序的控制功能是否可靠和处理数据的逻辑是否正确。利用这种方法，内部审计人员首先应确定程序流程图中包含了哪些控制措施，然后要证实程序流程图中所包含的这些控制措施在被审计单位实际运行的程序中也在被执行。这种方法的优点是成本低，容易理解。缺点是难于确信程序流程图是否代表实际使用的程序
	程序编码检查法	是指对应用程序的指令逐条加以审查，以验证程序的合法性、完整性和程序逻辑的正确性。这种方法比较直观，但要读懂应用程序并不容易，而且也难以确信所审的程序与被审计单位实际使用的程序是否相同
	程序运行记录检查法	程序运行记录包括运行时间、中断、故障等方面的信息。通过对它们的检查来测试程序化的控制措施是否存在，是否可靠
	打印输出检查法	是指对数据处理的打印结果进行检查。这种方法同对手工系统的账簿、报表进行的审查一样。通过对打印输出的检查来推断程序处理和控制功能的可靠性。例如，如果输出的资产负债表的左方金额总计不等于右方金额总计，则可能说明存在很多控制问题，如试算平衡控制功能没起作用、账户串号、合计数计算错误、记账方向弄错等
	程序比较法	是指通过比较两个独立保管的被审计程序版本，以确定被审计程序是否经过改变。内部审计人员可用由审计部门自己保管的，经以前审查证实其处理和控制功能恰当的被审计程序副本与被审计单位现在使用的应用程序相比较，以发现任何程序的改动，并评估这些改变带来的后果。 　程序比较可采用两种做法：一是比较原程序，二是比较目标程序。前者比较是原程序，所以可靠性较后者小。但如果发现差异，只要内部审计人员有编程语言的知识就能比较容易地了解差异及估计差异带来的后果。而比较目标程序，虽然审计结论可靠性较大，但一旦发现差异，内部审计人员就很难确定差异的意义。这种方法的优点是能发现程序的任何改变。它的缺点是内部审计人员要有较高的编程语言知识和编程技术

2. 处理实际数据的程序审查方法

处理实际数据的程序审查方法，是指用被审查的程序处理实际数据以确定控制和处理功能是否可靠的一种测试方法（见表 5-23）。

表 5-23　处理实际数据的程序审查方法

处理实际数据的程序审查方法	受控再处理法	是指在被审计单位的正常业务处理以外的时间里，由内部审计人员亲自进行或在内部审计人员的监督下，把某一批曾处理过的业务用被审计程序进行再处理。比较两次处理的结果，以确定被审计程序有无被非法篡改，被审计程序的控制和处理功能是否恰当有效。运用这种方法的前提是以前曾对此程序进行过审查，并证实它原来的处理和控制功能是恰当、有效的。因此，这种方法不能用于对被审计程序的首次审计。受控再处理法的优点是简单易行，对内部审计人员的计算机知识要求不高。其缺点是有些单位已处理过的事务文件可能只保留很短的时间，而主文件可能经过了多次更新，因此，难以获得重新处理所需的文件
	平行模拟法	是指内部审计人员自己或请计算机人员编写和被审计程序具有相同功能的软件，之后使用这种软件处理当前的实际数据，并以处理的结果与被审计程序的处理结果做比较，以评价被审计程序的控制和功能是否可靠。运用这种方法，内部审计人员不一定要模拟被审计程序的全部功能，只要模拟为达到审计目的所需要审查的一段程序即可。采用平行模拟法的优点是，它能独立地处理实际数据，不依赖于被审计单位的人力和设备，因此，审计结果较为准确。其主要缺点是开发模拟系统难度较大且成本较高
	嵌入审计程序	是指在被审计系统的设计和开发阶段，在被审计的应用程序中嵌入为执行特定的审计功能而设计的程序模块。这种方法的优点是在被审计单位处理业务数据的同时获取审计证据。它可以防止在数据处理过后进行审核时难以确信被审计程序是否是实际应用的程序的缺陷。另外，利用这种方法进行审计是经常性的，只要被审计程序开始运行，审计程序段就处于监督状态。其缺点是，它只能被用来审查事先考虑到的程序控制和功能，一旦应用程序修改，审计程序段也要随之修改
	追踪法	追踪法是一种在给定的业务中跟踪被审计程序处理步骤的审查技术。一般可由追踪软件来完成。在手工会计系统中，对一笔经济业务，我们可以从原始凭证，跟踪审查到记账凭证，直至账簿、报表。在计算机系统中，这些原来由人来完成的追踪工作只能由计算机程序来进行。采用这种方法可以检查出被遗漏的项目，并可列示被审计程序中什么指令已执行，以及按何种顺序执行。追踪法需要内部审计人员编写追踪软件，因而成本较高，应用并不十分普遍

3. 处理模拟数据（见表 5-24）

表 5-24　处理模拟数据

处理模拟数据	检测数据法	是指内部审计人员把一批预先设计好的检测数据，利用被审计程序加以处理，并以处理的结果与预期结果做比较，以确定被审计程序的控制与处理功能是否恰当、有效的一种方法。运用这种方法的关键是检测数据的准备。检测数据既要包含有效数据，以用来审查被审计程序处理正常数据的能力；又要包含无效数据，以用来审查被审计程序拒绝处理不正常或错误数据的能力。检测数据法是对被审计程序的控制和处理功能进行审查的一种有效的方法，适用性较强，对内部审计人员具备的计算机知识要求也不高。但是，内部审计人员不易将所有可能发生的例外情况，全部纳入检测数据的范围。因此，用检测数据法，即使未发现程序中的缺陷和错误，也不能确定被审计程序的控制和功能完美无缺。另外，检测数据法只能证明被审计程序在查时的运行是否可靠，它不能保证在整个被审期间内程序的运行是否可靠

续表

处理模拟数据	整体检测法	是指内部审计人员在被审计的计算机系统中建立一个虚拟的实体，然后利用被审计系统，在正常的业务处理时间里，与真实业务一起对此虚拟实体建立的有关检测业务进行处理，并把被审计程序对这些检测业务处理的结果与预期的结果进行比较，以确定被审计程序的处理和控制功能是否恰当、可靠。采用整体检测法审查被审计程序有两种具体做法： （1）让检测业务如真实业务一样从头到尾通过整个系统，得到最终的输出。这时，内部审计人员要在处理至某一个阶段，或结束以后，将虚拟的检测业务的处理结果，从系统中移出，以防止虚拟业务影响被审计单位数据文件的准确性。 （2）对被审计计算机系统的应用程序做适当修改，以便检测业务在进入总分类账或重要的输出以前被滤去，不致影响被审计单位的正常业务。但是，在系统运行以后，修改系统的应用程序成本较高。因此，除非在计算机系统的开发阶段，内部审计人员已考虑到要用整体检测法进行审计，而嵌入了滤去检测业务的审计程序段，否则，这种方法宜较少采用

八、计算机系统数据文件的审计

在计算机系统中，输入的原始数据，处理的结果最后都以数据文件的形式存储于磁性介质之上或打印输出在纸账页上。因此，要对被审计系统输出信息的真实性、正确性、合法性进行评价，必须对数据文件进行审计。数据文件的审计包括对打印出来的数据文件的审计和存储在磁性介质之上的数据文件的审计。前一种数据文件的审计同手工系统审计相同。对于存储在磁性介质之上的文件，则需要运用计算机技术进行审查。

（一）审查计算机系统数据文件的内部控制制度

1. 审查数据文件的一般控制

主要是审查未经授权批准的人能否接触文件对文件进行增、删、改等操作，数据文件是否有内外标签，数据文件是否有备份，备份文件是否被保存在不同的地方。对于脱机存储的文件，内部审计人员要审查其保管地点是否安全可靠，有无专人对数据文件进行保管，对于联机存储的，则要审查是否只有掌握密码的人才能接触文件，密码是否经常更换。

2. 审查数据文件的应用控制

主要是审查有无控制措施，使得只有正确的、合法的数据才能输入文件，以及在文件处理过程中发现错误时，能否立即加以提示等。内部审计人员可通过实际数据或设计模拟数据对应用控制加以测试。

（二）审查数据文件内容的真实性和正确性

审查数据文件内容的真实性和正确性有两种方法。一种方法是挑选重要文件或文件的重要项目打印输出，然后进行审查。这种方法成本低，容易理解，而且不需要计算机知识。但这种方法有明显的不足之处，内部审计人员难以确信打印输出的数据是否是实际文件的数据，而且，当从数据文件中审查出问题时，很难确定问题的原因。另一种方法是直接对机器可读的数据文件进行审计。其主要技术如下：

1. 通用审计软件和专用审计软件

通用审计软件是具有常用的计算机内部审计功能的一组通用计算机程序。由于审计目标，在不同的被审计系统之间，差异可能并不太大，或者完全相同。因此，内部审计人员无须浪费人力与时间为每一个被审计系统编写审计软件，以进行相类似业务项目的审查工作。最理想的方式，是采用通用审计软件，以提高审计效率。通用审计软件的功能较多，一般包括：读磁性数据文件，对数据文件进行核对、比较、汇总、分析，按指定方式进行有关的计算，按指定方法进行审计抽样，按指定内容和格式打印输出报告或各种表格等。

应用通用审计软件一般可分为下列几步：

（1）计划，包括确定应用的目的，所需要的输出报告及其格式和内容，被审计单位可提供的技术服务、成本预算和时间安排等；

（2）设计，是指把计划阶段所确定的、为实现审计目的而要执行的审计任务具体化；

（3）取得并检查将要用的通用审计软件；

（4）审计处理；

（5）评价处理结果。

专用审计软件是指为某种应用系统，或为执行某种特定审计任务而专门设计的审计软件。这种软件可用于执行若干通用审计软件无法或不便执行的工作，它是针对特定的业务项目而设计的，通常不具有通用性。同时，它的开发与使用的成本也较高，内部审计人员必须具有高水平的电子数据处理知识。但它更能适合具体的审计目标，使用效率较高。

2. 实用程序和数据库管理系统的应用

实用程序是由计算机厂商提供的软件，它是厂商为支持计算机用户使用机器而提供的。内部审计人员利用一些实用功能，转储和复制文件，打印文件，对数据库进行分类和排序，增加、删除或修改各种文件以及文件中的某些记录等。

数据库管理系统是一个对数据库进行管理的软件系统。如果被审计计算机系统是采用数据库技术，那么，数据库管理系统就可以帮助内部审计人员执行很多审计任务。例如，利用数据库管理系统建立各种文件或记录，按指定的要求组织数据、查找数据，按指定的条件进行汇总、分析，打印输出表格或报表等。

（三）计算机系统程序内部审计与数据文件审计的关系（见表 5-25）

表 5-25　计算机系统程序内部审计与数据文件审计的关系

| 计算机系统程序内部审计与数据文件审计的关系 | 程序内部审计是数据文件审计的前提和基础 | 程序内部审计主要是审查程序的控制和处理功能，通过审查，如果发现某个程序的控制功能较弱，则由此程序产生的数据文件就是审查的重点。例如，在账务处理系统中，凭证输入程序没有科目编码合法性检查功能，凭证数据文件中就可能出现不合法的科目编码。一般来说，如果程序控制功能不健全、不合法，则必须扩大对数据文件的审查范围，必要时，还需要对数据文件进行详细审计 |
| | 数据文件的应用控制要求往往体现在程序中 | 要审查数据文件应用控制的好坏，就必须审查程序。数据文件的应用控制主要是对文件内容的控制。例如，有无控制措施，使得工资数据超过规定限额的不能写入工资数据文件。由于这些控制措施大部分体现在程序中，因此，要对数据文件的应用控制进行审计，就必须审查程序 |

续表

	程序在运行过程中不断更新数据文件的内容	数据文件的内容往往是程序运行的结果。例如，在成本核算系统中，产品成本数据文件中的数据是产品成本计算程序运行的结果。因此，如果在产品计算程序中，成本的计算方法不正确，则成本数据文件中的数据也肯定是不正确的
计算机系统程序内部审计与数据文件审计的关系	要对整个计算机系统作出评价	计算机会计系统的合法性、有效性主要取决于系统的程序；而系统输出信息的真实性、正确性则取决于对数据文件审计的结果。因此，单独审查程序或单独审查数据文件，都不能对整个系统作出评价。有时，整个程序的控制功能是正常的，但由此程序产生的数据文件中的内容不一定是正确的。这是因为这个数据文件有时可能有意或无意地为其他程序所更新。另外，某个数据文件中的内容是正确的，但产生此文件的程序不一定是正确的，因为有时操作人员可能更正了数据文件中的错误内容，但产生此文件的程序中的错误还依然存在。因此，必须把程序内部审计与文件审计的结果结合起来考察，才能对整个系统作出评价

九、计算机系统开发的审计

系统开发审计，是指内部审计人员在系统没有正式投入运行之前对系统开发过程中的各项活动进行的审计。由于计算机系统开发的成本都比较高，如果建立的系统在经济上、技术上不可行，或者在系统设计阶段并没有建立必要的内部控制，而是要等系统运行以后再作修改，这不仅影响系统的正常运行，而且花费的成本也相当高。因此，内部审计人员特别是内部审计人员必须对计算机系统的开发进行审计，这对于保证系统运行以后的数据处理结果的合规性、合法性、正确性与完整性，系统内部控制的适当性，系统运行的效率性，以及提高事后审计的可审性都具有重要意义。

（一）系统开发审计的主要目标（见表 5-26）

表 5-26　系统开发审计的主要目标

系统开发审计的主要目标	审查系统的可行性	如果系统在开发之前已进行了必要的可行性研究，则内部审计人员要审查可行性研究的资料，看其是否从技术上、经济上分别进行了论证，论证是否全面，特别是在估计系统运行以后可能产生的效益时，是否有估计过高的现象，硬件和软件能否满足本单位数据处理的要求等。如果在系统开发之前，没有进行可行性研究，则内部审计人员要与用户及有关人员共同对系统进行可行性研究，保证只在系统投入的成本小于系统运行以后取得的效益时开发系统
	审查系统的合规性、合法性	计算机系统与手工系统一样，系统的设计必须符合党和国家的法律、法令、方针、政策，符合有关部门颁布的各种规章制度、条例等。如现行财务会计制度、税收制度等。因此，系统设计人员在设计系统的过程中，内部审计人员要给予适当的监督、评价，对系统设计的文档资料进行审查，对不符合有关政策、制度的处理功能要拒绝设计入系统
	审查系统内部控制的适当性	一个计算机系统如果没有必要的内部控制，就容易出现错误和弊端，降低系统的可靠性，因此，内部审计人员要监督系统设计人员在进行系统设计时是否建立了必要的内部控制。但是，如果内部控制功能过剩，也会降低系统的效率，因此，内部审计人员还要审查设计在系统中的内部控制，看其控制的效益是否大于控制的成本。如果某项控制的效益小于控制的成本，则可取消这项控制措施

续表

系统开发审计的主要目标	审查系统的可审性	可审性，是指有能力、有资格的内部审计人员，能够在一个合理的时间和人力限度内，对系统的正确性和可靠性等作出客观公正的评价。可审性是反映审计复杂性的一个指标。影响计算机系统可审性的因素较多，例如，审计线索、系统的内部控制、系统的输入方式、系统分析所用的程序设计语言等。这里一个重要的因素就是审计线索。如果在系统中没有足够的审计线索，内部审计人员就无法对系统进行有效的审计。因此，内部审计人员在进行系统开发审计时，要注意审查设计的系统是否保留了足够的审计线索，并在必要时，在系统中嵌入适当的审计程序，以收集审计线索
	审查系统测试的全面性、合理性	每个设计好的系统，在正式投入运行之前，都必须经过最后的调试和检测。内部审计人员在审查正在进行测试的系统时，要重点审查测试是否是在与实际应用完全相同的条件下进行的，检测数据是否既包括一些有代表性的错误业务，又包括真实业务，真实业务能否被正确地处理，错误业务能否被拒绝接受并输出错误信息，系统的调试和检测是否包括手工和计算机两部分以及两部分联结的检测等内容。内部审计人员通过对上述各种问题的审查监督，只有在认为实际的计算机系统与原来设计考虑的差异是合理时，才能决定将系统正式投入使用，否则就要与有关人员共同分析差异不合理的原因，督促其加以改正
	审查系统文档资料的完整性	系统的文档资料是一个完整的系统不可缺少的一部分。每一个计算机系统在正式投入使用之前，都应编好书面的系统文档资料。系统的文档资料应包括：可行性研究及其批准资料、系统分析与设计资料、程序设计资料以及操作手册。这些资料一方面可为负责维护和改进系统的人员提供必要的资料；另一方面也是今后审计的重要审计线索。因此，内部审计人员要审查系统的文档资料是否齐全，是否规范，如果发现不符合要求，要督促有关人员改进
	审查系统的易维护性	系统维护是指系统在正式投入使用以后，为了改正错误或满足新的要求而修改系统的过程。系统维护的工作不仅量大而且复杂，国外许多开发组织把 60%以上的人力用于维护自己的系统。易维护性是指系统易理解、易修改或扩充。为了达到这个目标，在系统开发工作一开始，就应该考虑到今后的维护工作。内部审计人员在审查系统的易维护性方面，主要是审查系统的开发是否采用了软件工程的方法，严格区分各工作阶段，是否有必要的措施，对系统开发活动进行管理和控制，系统是否采用了结构化分析和设计技术，是否按功能来划分模块，模块的划分是否遵循高内聚、低耦合的原则，数据与程序是否相对独立，系统是否留有接口，以便今后扩充系统的功能，系统文档资料能否完整准确地描述现有系统等

（二）进行计算机系统开发审计采用的主要技术方法

在进行计算机系统开发的整个审计过程中，必须运用系统论的思想和方法，全面地、相互联系地审查和评价系统开发的各个工作阶段。计算机系统开发审计采用的技术方法较多，除了需要使用普通审计中的一些技术方法，如审计调查法、观察法、审阅法、复核法、分析法等方法，对系统程序功能和控制的审查，还可采用程序逻辑复查法、检测数据法等，以便对程序功能和控制的适当性、合理性等作出评价。另外，要从根本上提高系统开发审计的效率，必须开发审计软件，例如，运用审计软件对被审计单位计算机系统投入的成本与预期的效益进行分析评价，对应用程序功能和控制进行分析。待到计算机系统开发标准化、规范化，以及对计算机系统开发审计积累了足够的经验以后，就可以研制计算机系统开发审计专家系统，利用此系统对计算机系统的开发是否合规，所用的技术是否适当，内部控制是否符合要求等进行审查和评价。

（三）计算机系统开发审计的独立性

对计算机系统开发的审计，是一种事前审计。对于手工系统的审计，多数人的观点是，国家审计机关不宜开展事前审计，而部门、单位的内部审计则可以开展事前审计。这是因为，对于国家审计机关，一方面由于人力、时间受限制，另一方面，如开展事前审计，则审计的独立性有可能被削弱。内部审计则不然，内部审计机构不是决策机构，而是部门、单位领导的助手和参谋，地位比较超脱。此外，内部审计人员了解情况和信息。因此，在内部审计中开展事前审计，不仅必要，而且可行。

对于计算机系统，由于系统开发的成本相当高，而且系统的真实性、合规性、合法性、合理性、有效性等，在很大程度上都取决于系统开发的质量。因此，对于内部审计人员来说，必须在系统开发阶段，对系统进行事前审计。但是他们不能直接参加系统的分析、设计工作。这样，一方面，可以更好地熟悉和理解系统，提高计算机系统的审计能力，增强审计的独立性、权威性；另一方面，可以减少事后审计的工作量，提高事后审计的可审性。对于国家审计机关，如果开展计算机系统的开发审计，则在某种程度上会削弱审计的独立性；但如果不对系统开发阶段进行事前审计，则可能出现系统未留下足够的审计线索，可审性可能很差，导致对系统的功能与控制就很难作出客观公正的评价。因此，一般认为，国家审计也有必要进行系统开发的审计，以便为将来的审计奠定基础。为了保证审计独立性，可采用系统开发审计和对该系统运行情况审计分别由不同的审计小组和内部审计人员来进行的措施，即不允许同一审计小组同时负责对同一系统的开发和运行进行审计。在目前国家审计机关的人力、物力等资源都比较紧张的情况下，可以先选择一些大中型计算机系统进行系统开发事前审计试点，待条件成熟后再逐步推广。

十、计算机辅助内部审计

计算机辅助内部审计是指利用计算机作为工具，辅助内部审计人员完成某些审计工作。前面介绍了计算机在计算机系统审计中的应用，这里着重介绍计算机在审计管理方面以及在手工系统审计中的应用。

（一）计算机辅助内部审计管理（见表 5-27）

表 5-27　计算机辅助内部审计管理

计算机辅助内部审计管理	利用计算机编制审计工作方案	审计工作方案说明审计过程中应该执行的任务和步骤，好的审计工作方案能指导内部审计人员进行有效的审计。虽然在审计和所执行的各种审计步骤之间，存在着许多相同的和不同的方面，但并不妨碍在计算机中存储审计工作方案的大纲，以根据具体的审计任务制订具体的审计工作方案。通过在计算机中存储可供选择的主体方案和常见的任务一览表，内部审计人员可以随时调出主体方案，对其进行适当的增、删、改，以满足特定审计的要求
	利用计算机存储和查询被审计单位的基本情况	一般可按下列步骤进行： （1）利用计算机建立被审计单位基本情况数据库，数据库的内容包括选点工作和审计准备阶段常用的基本情况和主要指标，例如，单位名称、行业类别、职工人数、各项主要财务指标、上次审计的时间、审计范围、审计中发现的主要问题；违纪问题的性质、金额，审计结论和决定等。

续表

计算机辅助内部审计管理	利用计算机存储和查询被审计单位的基本情况	（2）对数据库按不同的关键字段进行排序或索引，建立排序或索引文件。这样，内部审计人员随时都可以利用计算机迅速地查找有关信息。此数据库的用途主要有： ①根据数据库中提供的有关过去审计的信息，确定当前的审计范围、重点。 ②找出具有普遍性、倾向性的问题，以便进行宏观控制。例如，可按行业对违纪问题的性质、金额等进行汇总，以发现全行业中带有普遍性、倾向性的问题
	利用计算机编制审计工作底稿	审计工作底稿是内部审计人员在审计过程中编制的重要文件。它详细记录了内部审计人员在实施过程中采取的步骤和方法，以及所发现的问题，它不仅是撰写内部审计报告的基础，也是后续内部审计的重要内容。利用计算机的制图能力，内部审计人员可以很容易地设计工作底稿，并由计算机编写和打印，还可以通过建立目录库对审计工作底稿进行管理。目录库可包括工作底稿编号、被审计单位名称、项目编号、行业和类别、审计日期等，并分别按这些字段建立索引文件，这样，当需要信息时，计算机可快速地进行检索。另外，通过审计工作底稿，内部审计人员可以利用计算机将编写内部审计报告所需要的资料，直接从工作底稿中进行适当的汇总和修改，即可转入内部审计报告，从而节省了编写内部审计报告的时间

除了上面介绍的一些计算机辅助内部审计管理技术，内部审计人员还可以在许多其他的方面利用计算机辅助内部审计管理。例如，通过建立审计机关所有职工的人事和业务档案管理系统，能随时提供有关的信息。还可以利用计算机编制审计通知书，打印文件等。

（二）计算机辅助手工系统的审计

计算机辅助手工系统审计是计算机技术和审计相结合的产物，它借助于手工系统审计中存在的一些较好的审计方法，使得审计的许多工作，特别是计算工作可以转移到计算机上完成，从而大大缩短审计时间，提高审计效率。目前，在我国虽然计算机会计的发展非常迅速，但大部分会计系统还是手工系统，因此，开展计算机辅助手工系统审计，对于扩大审计覆盖面，实现审计技术方法的现代化具有重要的意义。

1. 计算机辅助抽样审计

抽样审计是指从被审计总体中按一定规则抽取部分单位作为样本，并根据样本审查的结果来推断总体特性的一种审计技术。这种方法的关键在于样本的选取和从样本审查结果推断总体的特性。在手工审计中，这两项工作都是由手工完成的。但在业务量很大的情况下，由人工选取样本相当费时、费力，有一些在审计中很有意义的抽样方法，在手工条件下会失去实用价值。为了充分发挥抽样审计的优越性，提高审计效率，可以采用计算机辅助内部审计抽样技术。下面简要地介绍利用计算机进行属性抽样的步骤与方法。属性抽样是用于对内部控制符合性测试的审计抽样法。其主要步骤为：

（1）确定审查目标，即确定要审查的内部控制，具体的审查总体如何算违反此控制等。

（2）确定要求的可靠性程度，预计总体的差错率和最大可容忍的差错率。

（3）由上述指标确定样本量，确定样本量可由计算机来完成。把有关的确定样本量的表格存入计算机，由计算机提示内部审计人员输入要求的可信程度、预计的差错率和可容忍的最大差错率，然后由计算机查找并提供样本量，对每个表格用一个库文件存储，将表中的每列作为一个字段，每行作为一个记录，根据输入的可信程度打开相应的库文件，再根据预计的差错率找到相应的记录，便可根据可容忍的最大差错率确定样本量。

（4）选取样本。利用计算机选择样本，需要先把随机数以机器可读的形式存储好。计算机只要提示输出总体量、样本量和所要的随机起点数，便可以快速地完成产生随机数和选择样本的工作。

（5）对样本进行审查。

（6）由样本的审查结果推断总体的特性。

利用计算机先把有关评价的表格以机器可读的形式存储好，使用时由计算机提示内部审计人员输入需要的可信程度、样本量和查出的差错项数，计算机便自动打开有关文件，查找出对应的总体最大差错率。

2. 利用计算机辅助效益审计

效益审计除了要进行有关的审查、核对，还必须计算许多反映被审计单位经济效益的指标。例如，产值、成本、利润、产值利润率、销售利润率等。这些指标用手工计算比较费时费力。在实际审计工作中，可以利用计算机完成许多工作。一般来说，只要输入数据不太多，而需运算处理的工作量较大时，都可以利用计算机辅助完成。

十一、网络系统的内部审计

计算机网络，是指两个或两个以上的 IT 部件（通常为计算机）组成的连接体。它给予用户共享软件、共享信息、共享外部设备和相互通信的能力，并能分享处理能力。随着人类社会步入网络经济时代，网络财务、电子商务、电子货币的发展对计算机内部审计提出了更高的要求，也就是要求采用计算机内部审计的更新表现形式，即网络计算机内部审计。因此，如何快速掌握计算机内部审计技术，特别是网络计算机内部审计，成为内部审计人员需要解决的新课题。

（一）网络系统内部审计的含义

网络内部审计是审计学的理论、实务与计算机技术、网络技术、现代通信技术的结合，是计算机桌面审计系统发展的高级阶段。

从审计的客体角度说，网络内部审计是建立在网络基础上的对被审计单位在一定时期内全部或一部分经济活动，特别是正在发展中的电子商务、电子金融、网络财务、网络会计等进行审计的计算机系统。它包括两个方面：一是对被审计系统的开发过程进行审计，重点是对其网络安全技术和内部控制的审计；二是对被审计系统的运行过程及其结果进行的审计。

从审计的主体角度说，网络内部审计是建立在网络基础上的辅助审计的信息系统。它也包括两个方面：一是开发各种通用及专用审计软件，来辅助审计机构和内部审计人员根据审计工作不同要求完成各项审计任务；二是实现审计工作程序规范化和审计信息网络化的计算机系统。

（二）网络系统内部审计的特点

由于网络系统实现了资源（软件、信息、外部设备、处理能力）的共享和相互通信的能力，从而给审计工作带来了新的特点（见表 5-28）。

表 5-28　网络系统内部审计的特点

| 网络系统内部审计的特点 | 审计涉及的地理范围扩大 | 在单机系统中，计算机会计工作一般集中在会计部门的一台计算机上，内部审计人员只需要对这台计算机的控制问题以及其中的程序、数据进行审查即可。但在网络系统中，计算机会计工作有可能并不集中在会计部门，而是在企业的计算机部门，而且，各个终端在地理位置上也是分散的。内部审计人员必须到更多的地方去了解每一个终端的使用情况和服务器的情况 |

续表

网络系统内部审计的特点	审计涉及的业务范围扩大	单机会计软件一般只具有单纯的会计核算功能。而网络系统则可以实现各业务功能模块的数据传递和共享，所以，功能更加全面，甚至形成了 MIS、MRP Ⅱ、ERP 系统等。这样，会计系统和其他信息系统就存在着密切的信息传递关系。内部审计人员必须熟悉更多的企业业务，才能理清会计数据的来龙去脉
	审计的频率更高	在网络系统中，由于各个业务部门可以随时将本部门的数据输入并进行处理，数据的更新速度快。如果内部审计人员不能跟上系统更新的频率，不能及时调查和获取一些中间结果的话，就很难作出审计判断。所以，审计工作也具有了"实时"的特点
	审计的技术手段要求更高	网络系统面临着更多的安全问题，所采取的内部控制制度也更复杂。内部审计人员要想充分了解和测试这些控制制度，就必须掌握更先进的工具。 还要注意的是，在网络系统的审计测试中，尽量不要采用虚拟数据的测试方法。因为网络系统一般是联机实时系统，如果将虚拟数据输入进去，很容易会对主文件造成破坏；而网络的复杂性使得消除破坏变得更加困难，所以，对网络系统的测试要采用实际数据
	审计的风险增大	在单机系统中，可以为计算机创造一个相对独立、良好的环境，防止物理和逻辑的接触。在网络系统中，虽然可以为服务器设立一相对安全的机房，但是由于终端的分散，使得对终端的控制变得困难，未经授权的人员可能利用终端远程访问系统。另外，网络中的传输线路、接口等都可能成为安全的隐患。 另外，在网络系统中可以由各个终端进行数据的输入，使得输入过程中的出错可能进一步增大。而处理的实时性又使得错误能够很快地蔓延，而且，网络中的错误更难查找和纠正

（三）网络内部审计的内容

与计算机桌面审计系统相类似，网络内部审计包括对被审计系统开发过程、运行过程及其结果进行审计（见表 5-29）。

表 5-29　网络内部审计的内容

网络内部审计的内容	对被审计系统的安全保密以及抗击侵害的性能进行独立的审查和评价	为了保证网络财务、网络会计、电子金融、电子商务等系统的安全运行，要建立安全防范和保密体系，除采用防火墙和密钥密码技术等措施以外，通过实施计算机内部审计对上述这些系统运行的安全性、可靠性以及安全防范和保密措施的有效性、经济性等进行审查和评价，也是一个十分重要的手段。通过对这些系统计算机内部审计，可以促使系统安全、可靠地运行，取得最大的经济效益。 以电子商务为例，最基本的常识是要想进行交易，首先必须保证交易是安全的，得不到安全保障的交易是不可能存在的。然而电子商务正是利用因特网进行的非面对面的网上交易，由于因特网的开放性，TCP/IP 协议不能知道交易双方是否是真实的、非伪装的或含欺诈性的，也不能保障交易的数据不被窃取或篡改。所以，网上交易客观上存在许多安全方面的问题，诸如：冒名发送电子交易数据；发送电子交易数据后又抵赖，不认账；所发送的电子交易数据被泄露出去或被篡改；非法访问网络，窃取数据等。 针对上述问题，实行安全控制的目的就是：保证交易双方的合法性；保证交易数据的不可否认性；得到确认后的发送及接收的内容具有不可篡改性；防止交易数据被泄露给交易有关各方之外的他方，防止未经授权者擅自访问网络，防止交易数据的被窃取或遭受破坏。

网络内部审计的内容	对被审计系统的安全保密以及抗击侵害的性能进行独立的审查和评价	前三项对策的手段主要是电子签名（也叫数字签名）、数字摘要、数字时间戳、数字凭证和通过认证中心进行的身份认证以及加密（对称与非对称）措施。第四项对策的手段主要是对访问网络或服务器的某些流量进行过滤和保护，即采用防火墙技术或者将网络对特定对象开放，在有条件的情况下使用专用网络。这些对策及手段作为一种系统的应用是互相联系的。 对这些对策及手段的审计，可以通过对这些系统的开发过程的审计实现，也可通过对运行中的系统的计算机测试来实现。而对于系统开发过程的审计往往要比对运行中的系统的审计更为重要
	对被审计系统信息与系统功能是否遵从管理要求和现行法规制度、标准等进行独立的审查和评价	内部审计人员应对基于网络的被审计系统所涉及的法律、规范等问题的解决方案进行审核。网络系统具有很强的开放性，直接面向电子商务，能实时、动态、交互地处理管理问题，但其所涉及的法律、安全问题因纸质的商务证据的消失而变得更加复杂，只有通过电子签名、安全电子交易规范等技术与制度上的完善才能得到解决。 一般情况下，在互联网上开展交易活动可依买卖双方的约定而进行。但若发生了电子合同争议则会引发法律问题。这类法律问题大致可归纳为合同构成及其有效性的法律标准、贸易术语的适用性和网络服务商的责任三类。内部审计人员应注意被审计单位系统是否有避免法律纠纷的技术保障。此外，还要检查被审计单位系统是否遵循在电子商务中所普遍采用的各项技术规范，如 SET 协议（安全电子交易协议）等。
	对被审计系统运行所产生的数据的准确性和可靠性进行独立的审查和评价	为达到这一目标，需要解决以下问题： （1）对被审计系统设立审计控制点，在控制点上按审计要求能定时与不定时地、成批或实时地收集审计数据； （2）建立审计用的数据库或数据仓库； （3）运用包括符合性测试与实质性测试在内的多种测试方法，验证其运行所产生数据的准确性和可靠性

十二、计算机舞弊的控制和审计

电子数据处理，一方面，加快了数据处理的速度，提高了数据处理的质量，节省了大量的人力与时间；另一方面，也出现了不少新的问题，增加了新的风险，为贪污舞弊者提供了有利条件。美国每年因计算机舞弊的损失达 55 亿美元，英国每年损失约 25 亿美元，全世界每年损失几百亿美元。在我国，虽然计算机的应用还不普及，且应用水平较低，但是，计算机犯罪和舞弊案已有发生。据调查，已出现了操作人员伪造工资单，篡改凭证、账册等贪污行为。因此，应该重视对计算机犯罪和舞弊问题的研究，及早地采取防范措施，以避免不必要的损失。

（一）计算机舞弊的手法（见表 5-30）

表 5-30　计算机舞弊的手法

计算机舞弊的手法	篡改输入数据	即数据在输入计算机前或输入过程中被作案分子篡改。这是计算机舞弊中最简单、最常用的方法。篡改输入数据主要有三种方式： （1）增加虚假的经济业务。例如，伪造保险公司的保险单和伪造银行存款，并将之输入计算机，然后再取走现金。

续表

计算机舞弊的手法	篡改输入数据	（2）修改经济业务。例如，将经济业务过到不正确的或虚假的账户中去，然后再设法窃取现金或财物。 （3）删除经济业务。例如，从存货中删除一个数据，然后再设法从仓库中取走商品
	制造"失误"	计算机信息多数被存储在磁性介质之上，销毁罪证，不必像销毁纸质账页那样销毁实体，犯罪分子只需制造失误假象，就可以达到目的。例如，折叠软盘、使介质受潮、损失硬盘数据、增删某些数据以破坏数据库等，虽然实体仍在，但信息被毁
	窃取口令	例如，日本某一个银行的计算机中心维护人员以试验网络是否正常为名，请操作人员提供拨款系统的口令，该罪犯利用此口令向某账号拨款 3500 万日元，几分钟后，就窃取了这笔巨款
	编制非法程序	例如，美国一软件工程师在为银行存款设计的程序中，把存款人利息的尾数"舍入"自己的账户，直到其账户被内部审计人员发现只见存款增加而无存款凭证，才东窗事发
	篡改程序	例如，某商店收银员修改了累加程序，命令收款额中小数点后第二位是零，当他把各柜台的收款单如数输入时，程序运行，结果使账单上的合计数少于实收现金，差额被贪污
	篡改输出	通过非法修改，销毁输出报表，将输出报表送给公司的竞争者，利用终端窃取输出信息等手段来达到作案目的

除了上述方法，还有些舞弊者通过破坏设备、窃听、译码、预置陷阱等手段进行犯罪。

（二）计算机舞弊者的类型

计算机舞弊者来自不同的地方，有着不同的目的，对此通过分析，便可以找出有关的审计线索。根据舞弊者与计算机系统的关系，可以将舞弊者分成三类：外来者、计算机用户人员和计算机系统人员。其中，计算机系统人员作案的可能性最大，其次是外来者，最后是用户。这些舞弊者有单干的，也有合谋的。其主要的动机有：贪财、报复、帮助他人、自我满足等。不同舞弊者其舞弊的"入口"也往往不同。外来者着眼于设施、破坏等；计算机用户则经常把输入作为舞弊的入口；而计算机系统人员舞弊往往是以系统软件和应用程序作为入口。

（三）计算机舞弊的危害

计算机舞弊的危害不容小觑，轻则使企业失去竞争能力或影响企业的继续经营。例如，计算机系统的硬件、软件或数据文件等遭到破坏，则必然要影响企业的正常业务活动。又如企业的机密信息被舞弊者泄露给竞争对手，则企业就有可能失去市场竞争能力。重则会使企业破产倒闭。例如，美国的股权筹资公司就因为计算机舞弊案发而宣告破产。随着计算机技术的发展，计算机应用的普及，越来越多的人掌握了计算机技术，计算机舞弊案件会越来越多。而且计算机具有高速、集中、自动化等特点，给舞弊者提供了一个有利的舞弊环境，舞弊会更加隐蔽，舞弊的损失会更大。

（四）计算机舞弊的对策

计算机舞弊是一个社会问题，需要综合治理。主要应从三个方面着手：一是加强对计算机犯罪的法制建设，二是完善内部控制制度，三是充分发挥审计的作用。计算机舞弊的对策如表 5-31 所示。

表 5-31　计算机舞弊的对策

计算机舞弊的对策	国家立法	我国至今还没有有关计算机的法规，为了防止和惩治计算机犯罪，国家应制定有关计算机的法律。一是建立针对与利用计算机犯罪活动有关的法律，二是建立计算机系统本身的保护法律。前者应明确利用或针对计算机进行哪些行为属于违法行为，以及对这些行为的处置办法；后者应明确计算机系统中哪些部分或者哪些方面受法律保护，以及应受何种法律保护
	建立健全、有效的内部控制系统	建立一个完善有效的内部控制系统可以有效地防止错误和舞弊的发生。计算机系统的内部控制系统应包括一般控制系统和应用控制系统这两个方面，两者缺一不可。从计算机舞弊案件来看，大部分原因是一般控制上的漏洞。例如，有的系统程序员与操作员由一人兼任，任何人都可以进入机房接触计算机；有些单位制定的计算机系统的一些规章制度，对外来者比较严格，但对内部人员过于宽容；有的单位虽然有制度，却不能对之严格执行等，这些无疑都增加了舞弊的机会。计算机系统的应用控制大部分是程序控制，由于计算机系统运行的高速性、处理的重复性与连续性，如果程序控制有缺陷，则舞弊的机会必然会增加，而且舞弊的损失也会非常惊人。因此，在系统开发与设计阶段，一定要注意控制措施的设计，使得系统的输入、处理、输出环节都有严格适当的控制。现在有许多计算机系统，是由计算机技术人员开发的，由于其大多不懂得控制的原理与方法，因此，开发出来的系统先天缺乏免疫力，这样的系统，无疑会增加舞弊发生的可能性
	积极开展计算机系统审计	我们知道，审计的目的之一就是查错防弊，因此，防止和揭露计算机系统的舞弊行为是内部审计人员的职责。内部审计人员在对付计算机舞弊方面，可采取的有效措施有： 　1. 积极开展计算机系统的事前审计 　通过事前审查监督，对系统建立的内部控制制度的严密完善性、系统的合规合法性以及系统的可审性等进行评价，保证系统运行以后数据处理结果的真实性、正确性，防止和减少舞弊行为的发生。 　2. 定期对被审计单位计算机系统的内部控制制度进行审计 　由于计算机系统具有高速性，错弊发生具有重复性与连续性等特点，对计算机系统的内部控制制度进行审查和评价也是防止舞弊发生的有效措施之一。可通过对被审计单位内部控制制度健全性、完善性的调查和实际执行情况进行符合性测试，找出控制的弱点，提出强化内部控制的措施，督促被审计单位完善内部控制系统。 　3. 重视计算机系统的事后审计 　实践证明，内部审计人员在计算机系统事后审计中检测出计算机舞弊的作用比对系统的事前审计和内部控制制度的作用要小。在国外，一些大的、公开的计算机舞弊案很少是内部审计人员发现的。其主要原因是，现代审计是在评审被审计单位内部控制制度基础上抽样审计，由于计算机舞弊比较隐蔽，因此，就有可能瞒天过海。另外，内部审计人员的计算机内部审计水平不高也是一个重要的原因。因此，内部审计人员要在事后审计中发挥作用，必须掌握先进的计算机技术，重视开发计算机辅助内部审计技术，这样，才能在查错揭弊工作中发挥重要作用

小知识　　　　　　　　　　**查账的路径**

一、查账项目总体工作的布局

（一）以人、财、物、信息等生产要素为对象，进行同步审查

即同时利用实物尺度和货币尺度对被查单位生产要素的购置、调配、消耗以及结果进行审查分析。企业单位生产经营管理的过程也是其生产要素组织和运用的过程，其财务状况和经营成果则是其生产要素组织、运用的状况和结果。企业生产要素的集中和调配使用是随着生产经营活动的变化而进行增减往复运动，生产要素的运动与企业资金运动和信息运动的方向是一致的。生产要素路径强调了对被查单位的总体审查和分析评价，既包括财务分析和检查，也包括对经营管理的诊断和评价，突出了其资金运动与实物运动及其信息运动的对应性和协同性。在查账分析中采用该路径有利于发现被查单位生产经营管理的态势，迅速找出关键点，发现其异常，为查账的深入、收集有关检查证据提供手段。这种查账路径适用于对被查单位生产经营和会计核算的局部的较为详尽的检查；或者被查单位生产要素运转出现问题和疑惑的情形。

（二）以被查单位（主要指企业）生产经营的货币（价值）运动为主线，依照资金—成本—收入—利润—资金的顺序进行推导性分析

企业的生产经营过程也是其理财过程，其价值运动能够从另一侧面反映企业经济活动的全貌。会计核算正是用货币形式反映和监督企业生产经营业务活动的信息系统，它以货币为工具对企事业单位生产经营管理活动进行写实。以价值运动为中心的审查路径与对会计核算资料的审查无疑殊途同归，它既符合查账人员的工作习惯，也符合被查单位财务核算工作的走势，因此采用这种工作路径对查账人员来说可谓轻车熟路，能充分发挥查账人员的特长。当然，这种路径也要注意与被查单位生产经营管理的实物运动相结合，特别是对一些在账面上看不清的业务，必须将之"还原"至具体的业务之中，才能发现其原有面目。要防止只抓住会计资料，查死账、死查账、查账死（查不出、查不清问题）的狭窄的审查思路。该路径经常也称财会线路，具有广泛的适用性，适用于企业资金循环比较规则，无较大起伏且有关财务核算资料比较详细、齐全的情形；或者查账人员以财会人员为主体的审查项目。查账人员常见的顺查法、逆查法属于这种思路的具体运用。

（三）以资金—使用—资金—使用的业务循环为序，进行往复性分析审查

这主要被应用于政府机关和行政事业单位查账项目之中。因为政府部门和事业单位不以营利为主要目标，其业务循环不管是实物运动，还是价值循环，都具有其特殊性，对其进行检查分析要体现这一特点。即不着重审查其市场经营行为的合法性和有效性，而是分析其业务活动、职能工作及其管理行为的有序性、正常性和合规性。采用这种路径可以对非经营性单位进行账务检查，当然这种检查实质仍是对其价值运动为主体的审查，只是其业务内容已大相径庭。

（四）查账分析以被查单位（主要指企业）生产经营的实物运动为主线，依照采购—生产—营销—运输的业务环节的顺序进行追踪审查

它的特点是查账活动与生产经营管理业务活动保持了相同的走向，查账程序与被查单位业务程序基本吻合，具有一定的"可见性"，查账分工可以被查单位的业务分工和其内部机构设置为基本依据，并以此展开和细化。这种路径的优点是查账思路清晰，衔接紧密，查对有关业务活动方便，不足之处是实物运动的路径脱离了价值形态单独进行审查分析（尽管企业生产经营实物运动与价值运动有着紧密联系），有时难以取得理想效果。这种路径俗称管理型路线，较为广泛地为被查单位业务和行政管理人员所接受。这种检查路径适用于企业生产经营周期较长且供产销业务比较稳定、有一定规律可循、业务核算资料比较齐全的情形；或者查账工作需要得到有关业务人员和管理人员支持、配合的审查项目；或者查账人员对被查单位生产经营及业务管理较为熟悉，对进行检查较为得心应手的情况。

二、查账项目和审查要点部署

除了上述查账项目总体工作的布局，在查账实践中还出现以下查账路径，以用于部署分项目和审查要点的审查工作，解决局部查账问题。这些查账路径具有很强的技术性和可操作性，常常配合于且细化和分解了上述总体查账工作的战略部署。

（一）以制度为导向的审查思路

制度导向查账是以对被查单位内部控制制度的审查为起点和主干，以制度的有无、优劣程度及其执行情况的审查入手，解剖制度产生的背景、执行程序及其结果，从制度本身引申到有关的财政收支、财务收支活动，引申到有关账与实、人与事，从制度的薄弱环节和执行的偏误，追踪到管理控制缺陷及所涉及的方面，分析其性质、影响程度和浪费损失，找出问题症结所在，提出处理处罚意见和整改措施建议，由此完成由低到高、由浅入深、由一般到具体的审查过程。制度导向模式要求被查单位建立和健全有关内部控制制度，查账工作以此为基础进行延伸，这一路径体现了查账治本性原则。采用这一路径于内部控制系统较为健全的被查单位，不仅能减少查账工作量，提高查账效率，而且能推动其各项管理工作的完善。将此路径运用于内部控制不甚健全的被查单位，亦能促进其内部控制和管理制度的建设，查处由于管理不善所造成的财务造假和违法乱纪现象，收到较好的审查效果。

（二）以结果为导向的审查思路

结果导向查账是从被查单位生产经营或管理系统的输出的审查入手，验证结果的性质并进行分解，以此为线索，剖析导致结果的主客观因素，根据各种影响制约因素，追踪至经济活动的各层次、各方面和各环节之中，由此完成从果到因、由此及彼、由表及里、由结果到过程的审查过程。这里所讲的结果可以是被查单位某一时期的财务状况和经营成果，也可以是所查会计期间的财务、生产和销售等某一方面的成果，还可以是反映这些成果和生产经营及财政、财务收支活动的财务指标、技术经济指标和经济效益指标，当然也可以是发现异常账项和异常的财产物资变动等。结果一般反映于被查单位的会计资料及其他有关资料之中，采用这一路径可以对被查单位过去一段时期的生产经营活动和财务核算结果进行追溯检查。它能较好地反映查账"事后性"的特点，突出对已有结果的追析，特别是对于解剖被查单位出现的典型事件或典型案件具有较好的适用性。

（三）以问题为导向的审查思路

问题导向查账是结果导向查账的特例，即以不好的结果为查账的线索，属于一种专题（专案）类查账。它以被查单位暴露的突出问题为主题，进行追踪审查、深入分析，揭示问题的性质、成因和后果，提出针对性整改措施，由此完成查、处、帮、促的审查过程。这一路径适用于出现了突出问题、暴露出严重隐患、潜伏着重大危机的企事业单位。例如，已发生了重大贪污盗窃、重大的财务造假和违法乱纪事件或人员、重大火灾、重大人身伤亡事故和暴露出了决策程序不明造成重失误、严重的损失浪费等。问题导向查账能够抓住存在的问题，解剖典型事例，查处有关违法乱纪的人与事，追究有关行为人的责任，并能举一反三，扩大教育面，给被查单位上上下下予以示警，堵塞财务造假和违法乱纪的再生渠道，防患于未然。

（四）以业务为导向的审查思路

业务导向查账是指以被查单位重要业务活动为主要线索和对象，对业务活动的过程和结果进行审查分析评价，判断业务活动的进行是否正常，是否收到预期结果，业务的核算是否合规，分析导致业务活动及其核算中存在偏差的成因，提出纠正改进的办法的审查程式。所谓重要业务活动，是指对被查单位生产经营管理有重大影响的工作内容，如经营方针的制定、建设项目的立项和实施、产品更新换代、会计政策的制定和更改、企业的关停并转。业务导向查账是抓住被查单位主要矛盾方面的工作思路，通过主要业务"解剖麻雀"，窥视其经济业务的真实性、合法性和效益性，同时以此分析推断企业其他经济业务活动的状况。采用该路径能够发现重大业务活动中存在的问题，也容易挖出大案要案，并由此完成对一批重要业务的审查评价。

了解查账的基本路径后，下一个问题是查账人员如何选择和使用最佳查账路径。根据查账经验，查账人员开展查账工作，进行研究分析，可以选用上述已有查账分析路径，也可以设计新的审查路径，不论选用还是自行设计，都要因时因地因项目，并体现科学、灵活、有效的原则，做到既要遵循紧扣查账目标，符合被单位实际，同时又要便于组织和管理查账项目活动。

📝 小知识　　　　　　会计账簿检查的有效实施

1. 会计账簿的常规检查

账簿是会计信息的载体，既是会计凭证的入口，会计报表的出口，连接会计凭证和会计报表的桥梁，会计信息的枢纽，也是财务造假者作案的重要对象，因此对会计账簿的检查具有特殊意义。

对会计账簿进行常规检查的基本步骤及主要内容如下：

（1）确定查账的工作目标，如较大规模或较复杂的账簿检查工作应制订工作方案或计划，并确定查账工作中使用的标准和依据。

（2）了解被查单位有关账簿体系和记账人员职责分工等情况。

（3）评价其账簿启用、交接和保管使用情况。

（4）复核、验证有关账簿所记载的收、付、存的数额及其小计、合计的正确性。

（5）审查账簿的入账登记、过账、改账、结账等操作业务的规范性和合规性，检查其账户对应关系的清晰性。

（6）对有关总账和明细账进行核对分析，保证账账相符。

（7）对账簿中记录业务发生的异常点进行重点检查，并根据异常情况和重要错误的线索，进一步检查相应的会计凭证和实物，查明问题的原因所在。

（8）将账簿检查过程中发现的问题进行归纳分类，收集有关证据数据。例如，可根据不同的性质，将账簿中发现的错误归为一类，将账簿中发现的舞弊归为另一类，列出其造成的危害和影响，并将有关证据材料附于其后。

（9）对检查发现的问题作出评价，主要看查账分析程序是否完整、全面、科学，有无须要补充之处，检查其是否有尚未查明的新情况和新问题；检查计划的要求是否达到，是否需要进行调整，并追加查账分析的程序工作。

（10）账簿检查报告或审查报告可单独就账簿分析成文，也可以结合凭证分析检查和财务报表检查的结果一并写成，而一般以后者形式为好，因为对会计资料的分析是一项系统工作，会计账簿中出现的问题，往往也会对会计报表和会计凭证产生影响，也就说账、证、表之间存在内在联系，不能将其人为割裂开来。

2. 账簿检查常见错弊列示

账簿表现的错弊虽然存在于账簿之中，但引发错弊的原因分布于会计核算各个方面，如会计凭证错弊、实物盘点错弊、财务人员工作交接错弊、会计工作操作错误和作弊等。掌握账簿分析的常见错弊旨在提示查账人员在查账工作中注意这些错误的类型，掌握其在账簿中的表现规律，提高发现财务造假和违法乱纪的敏锐性、及时性和准确性。

账簿中的常见错误主要有账户设置错误、记账依据错误、账簿形式错误、账簿启用和交接错误、记账错误、改账错误、过账错误、结账错误、有关账簿平衡关系破坏、账簿保管错误等。

账簿上常见的舞弊形式有以下几种：

（1）凭空记账，即无记账凭证记账或者有凭证不记账，账簿中所列的业务不是根据经审核无误的原始凭证填制记账凭证逐笔登录，而是虚列业务，根据自身造假和舞弊的需要，将不存在的业务登记入账（或假造记账凭证入账），或者将真实合法的原始凭证及记账凭证置于一边，取而代之为虚假的业务和凭证，或者在原有凭证的基础上顺便"搭车"，加入一些不合法的业务内容，使登记入账的业务原有内容面目全非。例如，某市工艺品贸易公司财务人员李某，将上级主管部门摊派给该公司的4 000余元订阅报纸杂志的凭证交公司领导审批，考虑到与上级主管部门的关系，公司经理批示同意将此作为管理费用报销入账，李某利用这一机会，将自己及其家属订购书报的费用1 000余元夹杂于此一并报销，经查此类搭车报销李某已经手数十起，所涉金额达2万余元。

（2）做假账。虚账包括虚设账户进行空头核算，私下转移资金，弄虚作假，掩人耳目；巧立业务、名目和项目，合法"包装"，填制凭证公开入账，假账真作；账户之间金额互相转移，走门串户，张冠李戴，搅乱账户对应关系；等等。虚假作假的特点是在账簿中有关业务存在虚假因素，而虚假因素往往与真实的东西混同一处，真中有假，假中有真，真假难辨。例如，某市智董实业公司会计肖某与其夫采购人员马某长期勾结作案，贪污公款。马某外出采购订货，将若干假冒商品夹杂合格品中运输回厂，当入库验收时发现其品质存在问题，要求给予退换，肖某便将其列为往来业务，由于其金额不大且较为零星，时间久了被人淡忘，因此形成肖某作案的空间。一段时间后，肖某便将其并入其他科目或在下次供货时将其冲销，将不合格品的退货款项贪污下来（为马某所领取），按此法肖某和马某共贪污款项3万多元。

（3）通过涂改、销毁、"遗失"、损坏账簿进行造假。对已有账簿记录进行破坏或使原有记录消失，或者使其不能正常反映原有经济、业务的全貌，或者使其发生变异。账簿改动的方法很多，有类似凭证的涂写、窜改，有将有关账簿烧毁、撕掉、更换、化学褪色等，有的则制造事故，伪造现场，造成账簿不慎被毁的假象，有的则丢卒保车，让某人出面承担账册丢失、损坏的责任，将作假和违法乱纪活动伪造为一般的行为过失，使查账人员检查的线索中断。例如，某审计局根据群众举报，发现某商场财务部门账务混乱、管理松弛，有关人员存在着严重的贪污、挪用公款等问题，经主管部门同意决定对其进行立案审查。当审计局组成了审计工作小组进驻商场前夕，该商场财务部门发生了火灾，事后经勘查，着火面积不大，仅烧毁了财务部和对面的经营部办公室，财务部的会计档案部分被毁。公安人员和审计人员深入现场，在群众的支持配合下，很快查清这是一场精心伪装的人为的纵火案件。纵火者事后交代：纵火的目的是破坏审计，掩盖其贪污等劣行，作案时其假装点燃取火炉不当引起火种，然后又报警，并积极参与扑救工作，扑救工作仅限于抢救出计算机、打字机等"值钱"的物品，却置会计档案于不顾，任其毁灭。

（4）设置账外账和小金库。账外账和小金库的实质是：违反财经法纪，进行隐性核算，设置两套账三套账，一套账用于内部管理（对外不公开），一套用于应付外来检查，内松外紧，以逃避财政、银行的监督；小金库以公款私分、滥发奖金、请客送礼、乱开乱支等手段为小集体或个人谋利，侵占、截留国家和单位的收入，化大公为小公、化小公为个人。小金库的来源很多，有截留各种生产经营收入、以私人的名义存入银行，非法侵占出售国家和集体其他资产的收入，虚列支出、虚报冒领、套取现金，转移投资、联营的所得，隐藏回扣、佣金、好处费，截留应上缴国家财政的各种罚没款项和物资等。设置账外账和小金库是目前经济领导较普遍的违法乱纪现象，且经过较长时间的治理，久治不愈，因此也经常成为查账工作的重点所在。例如，某市钢丝绳厂近几年来由于市场行情的变化，产品销售不旺，生产处于停产半停产状态，但是经过查账发现，该厂的福利一直保持较高的水平，并未随着生产的下降而有所影响。原来该企业自 20 世纪 80 年代末就开始设置账外账、积累小金库，趁市场旺销的时机狠捞一把，同时将部分收入隐蔽起来，以私人名义存入银行，长期吃息。后来又将部分款项做了投资，享受对外投资收益。前两年又在账外建设兴办一家招待所（不在本地，实为对外营业宾馆）。在生产不景气时除了动用这笔钱坐吃收益，还在账面上做名堂，为一部分职工办理"假下岗"，空吃国家对下岗工人的补贴，同时将对个人、集体企业的零星销售不做账，将以物易物、出租固定资产、对外劳务输出等收入转移到小金库之中，在勉强维持生计的表面下，把"小日子"过得红红火火。

（5）登账、挂账、改账、结账作假。在登记账簿的过程中，不按照记账凭证的内容和要求记账，而是随意改动业务内容，或者故意使用错误的账户，使借贷方科目弄错，混淆业务应有的对应关系，以掩饰其违法乱纪的意图。挂账作假就是利用往来科目和结算科目将经济不结清到位而是挂在账上，或者将有关资金款项挂在往来上，等待时机成熟而回到账中，以达到"缓冲"、不露声色和隐藏事实真相之目的。改账作假是指对账簿记录中发生的错误不按照规定的改错办法，而是用非规范的改错方法进行改错，或者利用红字"改错"，随意对账户中的记录进行加减处理，如利用红字改变库存数、冲销材料成本差异数、无据减少销售数额等，以达到其违法乱纪之目的。结账作假是指在结账及编制报表的过程中，通过提前或推迟结账、结总增列或结总减列和结账空转等手法故意多加或减少数据，虚列账面金额；或者为了把账做平，故意调节账面数据，以达到其掩饰或舞弊的目的。例如，某市制药厂为了实现年初制定的包保指标，兑现领导立下的军令状，在年底前进行了财务试决算，发现距离完成计划的要求差距不小，经测算本年度无法完成厂领导所立下的奋斗目标，为此厂领导一班人商量对策，决定对账面数字进行"微调"，并许诺在"完成计划"后给全厂职工颁发奖金，财务部在此基础另加20%（厂领导得 20 倍于工人的承包奖）。具体的账面处理由财务部经理负责实施，采取的手法是先将所需要利润数计算出来，然后采取倒扎的办法，依次推出所需的成本、收入和销售数量，先编制会计报表，然后根据报表数来调节账目，拼凑凭证。

（6）计算机记账造假。在实现计算机会计核算的单位，利用计算机在系统程序中设置陷阱，或通过计算机系统本身制造假数据、窜改数据等，以达到其非法目的。这类舞弊随着计算机的普及运用正在我国悄然而起，它主要的作案手法是篡改程序、篡改输入、篡改文件和非法操作等，其作假有技术含量，且较隐蔽，不留线索，较难被发现和查处。例如，某市某银行工作人员池某利用个人熟悉计算机和接触计算机之便，在业余时间以"钻研"业务为名，熟悉了银行计算机系统，并成功地拼凑出若干用户密码，然后将其资金调出账外，一年多来共调出用户资金十余万元用于炒股，后因听闻风吹草动自杀身亡。

3. 账簿奇异分析技巧

账簿分析主要是对总账账户借贷方对应关系及其发生额的分析，是对明细账借贷方发生额来踪去迹的分析，有时也包括对与被查账户相关的凭证的延伸检查分析。这些分析既要依靠查账人员的专业知识、业务技能和实际经验，同时要依赖账簿分析法的技术、技巧。在长期的审查实践中，查账人员积累了一系列账簿分析检查的经验和方法，为我们进行账簿分析提供了极好的借鉴和参考，账簿奇异分析检查法就是其中一种。现简单说明如下：

（1）从账面奇异金额发现问题。会计资料是数字的海洋，数字是构成会计资料的基本材料。所谓奇异数字，是指发生了较为明显的奇怪异常的数字。所谓异常，是指该数据针对其业务内容和其所反映的信息内容而言的，没有一个数字绝对是异常数字，也没有一个数字天然不是异常数字，异常数是相对而言的。例如，购买一辆板车用了 600 元是正常数，而修理一辆板车用了 600 元就是异常数，如果将来物价上扬到一定程度，购买板车用 600 元也可能是异常数。所以认识异常必须结合特定时期的特定的经济业务内容，必须由查账人员进行准确的专业判断。识别异常数主要从以下几方面来入手：

1）从数目大小发现问题。特别是对一些有一定的数量金额界限的经济业务，如发现无故突破该界限便可视为异常，应进行深入调查审核。我们可以用该界限去把握其活动的合法合规性之度，这个度可以从这几方面理解：有关数据具有的比例结构，如折旧与固定资产原值存在比例关系，坏账准备与应收账款期末余额存在比例关系，应付职工薪酬-福利费与工资总额存在比例关系等；有关费用的发生与其业务规模和拓展的联系，如某企业销售费用过去每月为 12 万元，本月份销售量未有增加，甚至有所下降，销售费用却上升至 20 万元，则这 20 万就是值得推敲的异常数，因为销售费用可增加无业务背景的支托；有关常识的运用，如上述的修理板车便是一例。

2）从数字的正负方向发现问题。在账簿体系中，有的会计科目的余额本身应为借方记录值或贷方记录值，有的账户是虚账户，有的是实账户，在经济业务中有的业务本身是一种增加（正向）或减少（负向）。例如，购买材料应支付货款，即企业的材料应为正增加，而企业的银行存款应是减少，如果经济业务活动的结果与之相悖，则说明存在问题，这就是我们所说的出现异常。例如，被查单位进行材料实物盘点，经查出现了某材料的期初余额+本期收入数小于本期发出数+期末盘存数的"余额"，即出现了来历不明的材料剩余，该余额便为异常数。对出现的期末余额就是奇异数的账户，应进一步查明原因。

3）从数字的精确程度发现问题。一般会计核算对数字的计算有相应的精度要求，财会人员应以此为标准处理有关会计业务，如果发现的账簿中有的业务出现过分的精确或不精确，都应列为异常而加以分析。例如，发现被查单位的利润为 300 万元，某产品的材料成本差异摊销值为 3 000 元，就是一异常数，理由是销售收入经扣除销售成本、税金等，材料成本差异经过汇集再按一定的分配率分配到产品之中，凑巧正好为一位正整数的可能性极低，其中有无人为调节的因素，确实值得怀疑。又如，某采购员外出报销的住宿费是 10 天计 4 218 元，平均每天 421.8 元，如此准确的计价的确存在可疑之处，有必要进一步查实。

（2）从账面奇异时间发现问题。所有经济活动的发生和发展总是在特定的时间范围内进行的，财务人员对业务进行会计处理也应准确反映其发生的时间或时期，时间是对经济业务进行反映和监督的重要因素，而这一要素不像金额数值那样广为人们所重视，常常易被忽略，但它往往也暴露出许多疑点和线索。认识和判断时间异常主要从两方面入手：

1）从时点的错位发现问题。经济活动总有其特定的时间，具体说它总是发生于某一时点，如果有关账簿或凭证记录上无时点反映，或故意使之模糊起来，或虽有所反映但所反映的时间与其相对应的经济活动有明显矛盾，都应列为异常数，作为进一步审计的重点。例如，现货购买材料记录所反映的时间与实物验收时点、付款时点相距甚远，就是一例异常，应引起警觉。又如，某市供电局前局长收受贿赂，其中一笔收贿 8 万元，当法庭审讯时有关人员出示了一张借据以证明被告收到的 8 万元现金不属于受贿，而是向朋友借款行为。到底是借款还是收受贿赂，关键是该借据写于何时点。后经查实该借据是在事情败露后由当事人补写的，并将时间往前推了一年多，说明其收受贿赂的事实清楚、罪名成立。

2）从时间区间的延长或缩短发现问题。许多经济活动的进行总有一定时间区间，超出正常的时间区间不能完成应完成的经济业务，就说明其中存在非正常因素，对此列为异常数加以分析。例如，企业的债权超过结算期和信用期不能收回就可能出现坏账，企业在途材料和在途商品根据合同规定及其所采用的运输方式应在规定期限内到货，却长期不能到货，就可视为出现异常，以进一步查明原因。在库的材料如长期不被使用，则说明出现了超储积压。

（3）从账面业务的奇异地点发现问题。如上所述，经济活动总是在一定空间和地点进行的，这一空间和地点反映了被查单位经济活动的特点。例如，企业采购材料一般有相对固定的卖主，也就是说有相对稳定的采购地点，企业的产品一般也应有相对稳定的市场，也就是说有相对固定的销售地域，如果这些地点发生变化应反映企业生产经营管理的变化和调整；如果对这种变化不能说明其正常理由，甚至业务发生地点与其业务内容发生违反逻辑的现象，这都说明出现了异常，应作为进一步审查的线索。例如，被查单位的采购人员为谋取个人好处费、回扣等，舍近求远、舍优求劣、舍国有求个体、舍廉求贵、舍计划内求计划外，这必然表现为对企业在多个地点可以采购到的同一商品、同一价格，采购人员偏到远僻的地方去购买，即出现异常地点。同时异常地点还常常表现为单位物资的奇怪的流向，即企业的物流与货币流不是呈交换性对流，而是出现物流或货币流的迂回往返，甚至出现不明去向的流动。例如，智董公司向贲琛公司购买物资，正常情形应为贲琛公司向智董公司供货，智董公司向贲琛公司付款，却出现贲琛公司向第三方供货，智董公司向另一个单位付款的现象，这也是异常地点的表现。再就是某些经济活动发生的地点明显违背常识，如被查单位本身地处广东，却赴东北采购热带水果，地处产煤区的企业却赴能源紧张地采购煤炭等，这些常识性"失误"不能不引起查账人员的注意。

（4）从账面奇异的账户对应关系中发现问题。账户的对应关系通过记账凭证上所载明的会计分录加以表现，反映资产、负债和权益的对应增减变化。所谓奇异的对应关系，是指不正常地反映经济业务全貌，破坏了账户正常的对应关系，它不能真实准确地反映经济活动的资金变化。发现奇异的对应关系一般从财产物资和资金的来源及去向入手，特别要注意将两者结合起来进行检查。例如，原材料的增加，对应科目一般为银行存款的减少或负债的增加，而原材料的减少，对应科目一般为成本费用的增加；但如果发现贷记"原材料"科目，借记"银行存款"科目，则反映企业出售原材料直接计入存款，却未计入"其他业务收入"科目，应作为异常对应关系，对此要查明原因。又如，企业借记"原材料——A"科目，同时又贷记"原材料——B"科目，则反映企业以物易物，违反国家有关规定，也列为异常对应关系做仔细检查。

（5）从账面奇异的购销单位发现问题。随着市场经济的发展，企业与其他单位的经济交往日益增多且日趋复杂化，但无论如何企业总有自身的业务联系单位，其经济业务活动总有一定规律性。如果企业交往的单位违背这一规律，与企业正常的生产经济活动无关，则可视为异常的购销单位，应做进一步深入检查。那么，如何发现奇异购销单位呢？根据查账实践经验，可以从两方面查找：第一，从购销单位的业务范围来判定奇异单位。因为任何单位都有其正常业务，如果超出其范围，购销单位开具的凭证及其所反映的经济业务与其本身的经营业务不符，如经营食品的企业发生了倒买倒卖紧俏能源的业务，就可视为异常购销单位，并作为疑点做进一步查实。第二，从购销单位与结算单位的矛盾发现奇异常。在正常的经济交往中一般购货单位必为付款单位或负债单位，如果两者发生分离，出现了非买卖关系的第三者，不供货却收款或不收货却付款，则可视为不正常现象，并应查明事实真相。

（6）从账面反映的有关业务经办人员和手续的异常发现问题。经济业务的发生须有一定的经办人并办理正规手续，如果有的业务经办人或有关手续异常，则说明该业务存在一定问题，有必要予以查明。例如，被查单位从事采购业务的经办人不是本企业职工，且身份不明，这不能不说存在问题（当然，这一不一定通过账面检查可以发现，需要查账人员将查账与查实结合起来加以揭露）；又如，被查单位的采购货物到厂并已入库，借记"原材料"科目，却无正常的货物验收手续，财务部门仅仅根据购货发票记账，这也不得不引起查账人员的注意，并将其作为进一步审查的重点。

（7）从账面的逻辑混乱发现问题。企业的账面业务记录存在着一定的内在逻辑关系，正是这种逻辑维系着账务体系的运作，保持了企业价值运动的正常进行。如果出现逻辑紊乱，说明账目记录中出现了矛盾或错误，而这矛盾和错误往往隐匿着各种问题，所以必须查清。例如，企业"原材料"账户出现贷方余额，"材料成本差异"的分摊额大于其发生额，未曾从银行提取现金却有充足的现金可用，秋冬季节大量发放冷饮降温费、夏天却发烤火费和取暖费等，这都是与正常逻辑不符的，应列为查账人员深究不放的对象内容。

🖊 **小知识**　　　　　　　　　**查账的技巧**

一、掌握科学查账的思想方法

对复杂的客观事物进行科学调查、分析，进而作出评价判断，查账人员需要熟悉和了解检查客体，需要以一定的审查理论知识为基础，有较为丰富的实际工作经验为后盾，掌握一套适应自己工作特点和习惯的审查分析的方法和技巧。而这些方面都需要有正确的世界观和方法论作为指导，只有思想方法对路，才容易掌握查账分析的基本规律，才能够寻找查账捷径和技巧。这些指导原则是：

（1）实事求是，一切从实际出发，即观察和分析查账问题时，持有客观、科学的态度，坚持公正和务实原则。

（2）透过现象发现本质，将思维推向本质。

（3）系统地、相互联系地看待问题，即将个别的、分散的因素相互联系起来，从事物发生、发展的全过程及其整个系统中发现其原有状态和自身规律。

（4）长远和全局分析问题，即以全面的、动态的眼光分析查账事项，既要立足现在也要着眼未来，既要分析财政、财务收支活动的现实结果，又要分析其长远的影响。

二、最大限度地利用被查单位的基础条件

查账工作的客体是被查单位的会计核算系统，该系统的运行状况及其基础条件如何与查账工作密切相关。查账人员在配备工作资源的时候，不仅要看自有的可资利用的资源，同时应着眼被查单位可资利用的基础和条件，最大限度地发挥其应有的效能，以提高查账工作的质量和效率。查账人员要注意学会与被查单位打交道，利用被查单位的有利因素，借助其力量达到查账工作的目标。

（一）调查和了解被查单位内部控制制度的建立和健全状况

检验分析其会计控制和管理控制系统的有无及其健全完善情况，然后进一步测试其发挥的作用和获取的效果。对内部控制制度的调查分析不是仅仅看其控制点是否设立以及控制的宽严，而是要着重看其控制的效果，看其是否达到控制的基本目标。通过测试判断被查单位内部控制和管理系统可资利用的程度，同时决定查账涉足的范围和重点。对于内部控制和管理比较有效的单位，查账人员可以实行抽查和初查，不作为检查的重点，有时可以利用或部分利用其内部检查的结果（如以其提供的线索进行跟踪检查，或检查自查暴露的问题的改进情况等）；而对于内部控制和管理松散、经常出现失控的关键点则需实施全面而详细的检查，并对其内部控制制度给予重建或完善工作，或者追加一定的审计程序。

（二）要求调阅以前的审查报告、审计报告、评估报告、自查报告等有关查账的资料档案

仔细分析出具报告的时间、背景，分析报告所涉问题的性质、原因及其生成条件，查对目前被查单位是否存在同样的气候条件，有无生成同样问题的可能。在索取有关资料的过程中，要特别注意搜索被查单位不愿出示的文件资料，被查单位有不愿出示的材料（常常是借各种理由推托，如当事人不在无法获得，资料已无法查寻，要等待领导批准等），说明其中有难言之隐，几乎可以肯定其中存在着某些不利于被查单位的事由和资料数据，这往往正是查账人员需要调查收集和弄清楚的问题，对此查账人员应紧抓不放，一追到底。

（三）注意发动被查单位的群众，依靠群众

查账工作是政策性、专业性很强的工作，查账人员一方面要凭借查账技能和工作技巧，广泛运用有关学科相关知识，发挥查账人员的聪明才智，科学组织、精心协作；另一方面应以群众力量为依托，与群众交朋友，做知心人，从群众那里取得第一手材料，特别是那些在账本查不到、查不实的活材料、活数据。因为被查单位群众对本单位生产经营情况往往比较熟悉，长期以来积累形成了一些对本单位和外单位经济活动的观察方法和分析方法，查账人员完全可以向其学习，以补充自身的不足，消除自身的分析可能存在的"死角"，弥补查账分析可能存在的局限。要相信被查单位群众的思想觉悟，相信从事财务造假和经济领域违法乱纪的人总是少数，其得益者也是少数，广大群众对此是不赞同的，是有反感的。只要查账人员出于公心、态度诚恳、工作得法、取信于民，广大群众一定会积极、主动地帮助、支持和配合查账人员的工作，这样查账工作就易取得进展（当然查账人员也要注意保护反映情况人、举报人的权益，做好保密工作，正确、恰当地运用群众所提供的证据材料，保管好资料档案），一切违法乱纪分子就难逃法网。

（四）要较为透彻地了解被查单位生产经营管理的基本情况

如了解其所有制性质、经济规模、经营实力、管理体制、内部机构设置、管理的层次和幅度、主要产品及其市场营销、生产程序及其生产工艺等，特别要了解其经济信息系统的运行机制及运行状况，了解会计核算系统工作程序和方法，注意掌握被查单位与其他企事业单位经济核算的异同，掌握核算系统运行的关键点，进而有针对性地部署和实施查账工作。

（五）注意观察被查单位的人和事

查账人员应注意倾听当事人和被调查人的言与语，观察被查单位上下左右的关系及其存在的异常和矛盾，单位人际关系的微妙变化，核实群众举报信、揭发信所涉的内容，发现由于查账所引发的其他异常现象，单位

潜伏的不稳定因素和隐患，有关人员反常行为和发出的暗示，经常揣摩那些"只能意会不可言传"的东西。查账工作所需要查实的事宜、需要获得的证据材料有时是踏破铁鞋无觅处，得来全不费工夫。只要查账人员留心观察，注意收集，认真分析并施以正确的推理判断，有时能借对方之矛攻其之盾，借对方之力解自身之谜。其关键在于善于捕捉战机，抓住突破口，大胆深入，这完全依赖于查账人员敏锐的洞察力和透彻的分析能力。

三、查账方法的最佳运用

查账方法按照查账的顺序，可分为顺查法、逆查法和直查法（从明细账入手，然后同时朝总账、报表方向和记账凭证、原始凭证方向检查）；按照查账的规模时，可分为全查法和抽查法；按照查账法所依赖的基础，可分为账项基础法、制度基础法和风险基础法；按照查账的操作环节，可分为审阅法、核对法、复算法、核实法、查询法、盘存法、函证法、调节法、比较法、观察法、分析法、测试法、调查法、论证法、推理法、调整法、鉴定法等。这些方法在查账过程中均能发挥一定的作用，解决局部的审查问题，但这些方法也存在局限性。一种查账方法往往只能解决一个方面的问题，一个问题解决了，还需要其他方法进一步解决其他查账问题，因此在各类查账方法之间有一个相互搭配、分工协调、相补相助的问题。由此，查账人员要以系统论的思想统驭查账方法的使用和搭配，注意坚持对被查单位会计核算系统进行全面检查和综合分析，坚持定性分析方法与定量分析方法相结合，静态分析方法与动态分析方法相结合，理论分析方法与实践检验方法相结合，结果分析方法与过程分析方法相结合，客观因素分析方法与主观因素分析方法相结合，指标分析、数据分析方法与非指标数据分析方法相结合，内查方法与外调方法相结合，使查账的内容与形式完美地结合起来。

另外，查账人员要注意各查账方法的性能、特征、优缺点及其适用范围，注意扬长避短，择各方法之长，去其之短。同时，要注意在一种方法适应较差，不能取得良好效果时，及时更换或补充新方法，保持各方法的递进、交替使用，使审查方法形成查账工作的合力。例如，查账人员使用函证法对被查单位往来账项的真实性进行调查核实，在调查中发现被函证方与被查单位有共谋的嫌疑，此时查账人员应停止函证，采用逐一核对账目、验证合同、审查银行划转等方法实施检查。又如，查账人员评估某被查单位具有较好的内部控制制度，并确实得以执行，效果甚好，为此对其有关账簿记录的 5 000 笔业务采取抽查的方法进行检查，抽查的规模为应查总体的 10%，但经过初步抽查发现差错率高达 30%，查账人员为验证该错误属于总体性差错还是抽样中产生的抽样（偶然性）误差，遂对样本规模进行扩充，使抽样规模达总体的 20%，结果发现其差错率居高不下。由此，查账人员认为被查总体存在着较大差错的可能较大，应改变检查方法，改为全面检查。总之，使用查账方法没有现成的标准答案，查账人员要在检查工作的实践中摸索查账方法的最佳组织方案。

四、灵活、应变、开拓和创新性操作

所谓技巧，是查账人员独辟的捷径。一种技巧性的审查方法经过无数人使用之后，其效力必然开始下降，被查单位也知悉并准备了对应的防护手法。这时需要的是查账人员的再创造，推出新的、科学和适用的审查方法。所谓巧，是因为它具有专属性，对被查对象具有突击的效果、震动的感应和奇特的效果。这一切有赖于查账人员在工作实践中灵活、应变、开拓和创新，融智慧、经验、学识、能力、水平于一体，通过对被查对象的观察和思考，找到查账主体作用于被查单位的最佳着力点，找到理想的工作路径和方法。

较为理想的工作路径和方法的基本特征如下：

（1）经过预测和实施，不仅是确实有效的，而且是客观可行的，符合查账人员的理论知识水平，为大家所接受，同时符合有关法律法规的规定，与社会道德行为规范无矛盾之处。

（2）是被查单位和有关当事人所意想不到的，其超乎常规却在情理之中，因此具有特殊的效果，能够出其不意、攻其不备，使财务造假和经济领域违法乱纪的行为人措手不及，容易取得并扩大战果。

（3）与被查单位的环境具有较好的相融性，适应其实际情况，能迅速拨开迷雾，较快发现被查事物的真相，揭示其本质。

（4）具有一定的弹性，具有备用方案和手段，使查账工作有层次性、渐进性。所采用的审查方法有粗有细，有刚有柔，检查所针对的重点、难点选择得当，切中要害。

（5）便于查账工作的组织和管理，也易于考核查账工作，降低查账工作的成本（查账少走弯路，少受挫折），提高工作效率。

查账方法的现实效果在查账过程中能为查账人员所感知，使用不使用该方法存在着明显差异，因此特别为查账人员所认同。当然，查账的技能和技巧是查账人员长期的实践经验、洞察力及其开拓性、创造性精神与其工作灵感相结合的产物，它是相对于一般查账方法而言的，绝对不能将它神化。

第6章

后续审计

为了规范后续审计活动，提高审计效果，根据《内部审计基本准则》，中国内部审计协会制定了《第2107号 内部审计具体准则——后续审计》，准则自2014年1月1日起施行。

第一节 后续审计综述

在内部审计工作结束以后，内部审计人员要根据审计中发现的问题对被审计单位提出处理意见或建议，要求被审计单位纠正错误或改进不足之处，那么在内部审计人员离开被审计单位之后，被审计单位是否已采取措施改正了错误呢?这就需要进行追踪审查。

后续审计，是指内部审计机构为跟踪检查被审计单位针对审计发现的问题所采取的纠正措施及其改进效果，而进行的审查和评价活动。

> **小知识**   后续审计的意义
>
> 在政府审计和内部审计中，后续审计发挥了重要作用，尤其是内部审计中，后续审计有助于企业目标的逐步实现，鞭策各个部门不断改进内部控制和管理。
>
> 后续审计在审计程序中是非常必要的，它对保证审计工作质量有重要意义。
>
> 内部审计部门对有关单位或部门在经营管理、内部控制系统方面存在的问题提出改进措施后，进行后续审计可以督促有关单位或部门积极采取措施改进薄弱环节，进一步提高经营管理水平。
>
> 进行后续审计，还可以使内部审计人员了解作出的审计结论及处理意见或改进措施的科学性、有效性，提高内部审计人员素质，从而不断改进审计质量。

一、后续审计的标准

内部审计人员应进行后续审计，以确保内部审计报告所提出的审计结论和建议得到有效实施。

内部审计人员必须进行后续审计，以确保对报告中提出的审计结果采取适当的行动。内部审计人员应确认已经采取的纠正行动和正在达到要求的结果，或者确认高级管理层或董事会已经承担了对报告中的审计结果不采取纠正行动而产生的风险。

内部审计人员的后续审计应按下列两个标准去实施:

（1）采取一定的方法查证被审计单位是否对内部审计报告中提及的改进建议采取了措施，以纠正原来的错误。

（2）如果被审计单位不准备采取纠正措施，应确保被审计单位高层承担相应的风险。

> **小知识**   后续审计的一般原则
>
> 对审计中发现的问题采取纠正措施，是被审计单位管理层的责任。评价被审计单位管理层所采取的纠正措施是否及时、合理、有效，是内部审计人员的责任。

内部审计机构可以在规定期限内，或者与被审计单位约定的期限内实施后续审计。

内部审计机构负责人可以适时安排后续审计工作，并将其列入年度审计计划。

内部审计机构负责人如果初步认定被审计单位管理层对审计发现的问题已采取了有效的纠正措施，可以将后续审计作为下次审计工作的一部分。

当被审计单位基于成本或者其他方面考虑，决定对审计发现的问题不采取纠正措施并作出书面承诺时，内部审计机构负责人应当向组织董事会或者最高管理层报告。

二、后续审计政策

内部审计机构的后续审计需要内部审计人员、被审计单位和高级管理层互相配合、密切协作。其中，内部审计人员的职责为：

（1）采取合适的方法确定被审计单位对审计发现是否采取了恰当的行动。

（2）向被审计单位、高级经理层和董事会报告其后续审计中的判断和评价。

（3）给予被审计单位充分的尊重，不把具体纠正措施强加给被审计单位。

（4）实施后续审计时考虑被审计单位的业务安排和时间要求，尽量避免对其业务的影响。

被审计单位的职责应该是：

（1）对内部审计报告作出及时的、全面的回复。

（2）对报告中提到的缺陷采取切实有效而持续的纠正行动。

（3）配合、协助内部审计人员的后续审计工作。

（4）向内部审计人员和高级管理层汇报纠正行动取得的进展。

（5）向内部审计人员和高级管理层提出在纠正方法上的不同意见。

（6）考虑成本效益原则，选择最恰当的纠正方法。

高级管理层的职责：

（1）监控后续审计过程，鼓励被审计单位对内部审计报告作出回复。

（2）评审被审计单位的纠正行动，考虑其充分性和有效性。

（3）避免干涉内部审计人员的后续审计工作。

这三方面能切实发挥应有的作用，则大大有助于后续审计工作的顺利开展。但是在实际工作中，往往这个部门、那个部门不配合，严重削弱了审计的有效性，因此，为了引起各个部门的高度重视，需要建立书面的政策来规范后续审计，使后续审计工作中各个阶层的职责"有章可循"。

后续审计政策有如下特点：

（1）必须以书面形式载明。

（2）政策应发送给所有管理层的主管。

（3）必须表明政策中的各项声明均得到企业最高权力层支持，高级管理层对后续审计原则是认可的。

（4）要表明被审计单位应在一定时限内对内部审计人员发现和建议作出书面回复。

（5）应建议被审计单位回复采用的格式。

（6）要对内部审计报告中提到的所有审计发现实施后续审计。要表明内部审计人员有权评价和报告纠正措施的效果。

（7）要列示内部审计人员、被审计单位和高级管理层在后续审计中的职责。

（8）要表明被审计单位的回复和后续审计报告的发送对象。

三、后续审计中应注意的问题（见表 6-1）

表 6-1　后续审计中应注意的问题

后续审计中应注意的问题	坚持风险导向和成本效益原则	风险是决定后续审计本质和范围的重要因素，风险越大，后续审计的范围和深度就越大。 成本效益原则同样决定后续审计的重点和范围，只有投入的成本小于换取的收益才可继续实施该项目的后续审计
	抓住审计建议的重点，减少后续审计时间	具体的方法有： （1）在实施前期审计工作程序时，同步进行各种后续审计工作。 （2）鼓励被审计单位的主管和经理定期通过电话和传真，告知内部审计人员最新的纠正措施执行情况。 （3）重点关注那些最严重的问题，只对这些事项观察、测试，对一般事项仅限于询问和简短的讨论，只审查与纠正措施有关的文件记录
	被审计单位不采取纠正措施时，内部审计人员的后续审计责任	内部审计人员确认高级管理层或董事会已经承担了对报告的审计结果不采取纠正行动而产生的风险，当管理当局或董事会选择了接受风险后，内部审计人员不再负进一步的责任。 在此情况下，内部审计人员应要求管理当局作出明确的书面声明，如管理当局没有作出书面声明，内部审计人员一般可采取以下两种方法： （1）默认式证明。即向被审计单位管理当局发送一份备忘录，说明已经确认被审计单位将承担不采取纠正措施的风险。 （2）积极式证明。即要求被审计单位向内部审计部门说明目前被审计单位管理当局已经决定承担不采取纠正措施的风险。 但不管采取哪种方式，一定要注意措辞委婉，尽量避免对被审计单位管理当局的冒犯。另外，如果内部审计人员感到风险过高，或下层管理人员有意混淆视听，低估风险，那么内部审计人员必须实施后续审计，确保高风险得到高级管理层的关注

第二节　后续审计步骤

后续审计从被审计单位对内部审计报告中的审计发现和建议作出书面回复开始，通常经历以下五个步骤（见表 6-2）。

表 6-2　后续审计步骤

后续审计步骤	认真分析被审计单位的书面回复	回复有多种格式，常用的是备忘录形式。 内部审计人员应特别关注如下情况： （1）不回复； （2）回复不充分； （3）被审计单位有不同意见； （4）被审计单位将不采取纠正措施的详细说明。 通过分析书面回复，内部审计人员可以知道对哪些建议被审计单位有不同意见，需要进一步沟通；对哪些建议被审计单位已采取切实的行动；对哪些建议被审计单位行动不明确，需进一步落实，还有对哪些建议被审计单位不准备采纳。然后根据不同的回复，采取不同的审计步骤。在分析被审计单位的回复时，内部审计人员应特别注意存在的问题及产生的原因。往往回复不理想的一个重要原因就是没有说明问题的原因，找到原因，纠正措施也就迎刃而解了

后续审计的基本步骤	内部审计人员针对回复中不充分或不回复的情况与被审计单位探讨	可以通过电话商谈，也可以面谈，这种探讨特别讲究沟通技巧、切忌态度生硬，带责备语调，应通过和缓的沟通，搞清不回复的客观原因以及不充分回复的范围、原因、被审计单位的打算
	对重大的审计发现和纠正措施进行现场审计	现场审计的方法有：访问、面谈、审计观察、测试以及检查纠正措施的记录资料等。 （1）访问、面谈这是一种最简便的办法，但在实务中一般不被采用，尤其对高风险项目更是如此。因为被审计单位说的行动措施未必能真正做到，做到也未必能真正有效，面谈的结果只能作为初步了解情况的参考，具体掌握被审计单位的改进措施还需依赖观察和测试。 当然，访问面谈的结果还是需要书面化，归入后续审计工作底稿。 （2）观察测试的一般方法类似于前面第 6 章中所介绍的方法。这里需特别注意的是对个别重大的审计发现和建议，内部审计部门应该实施跟踪追查，直至问题解决。 跟踪记录表也应被附在后续审计工作底稿之后。 （3）检查与纠正措施有关的文档资料：仅有这项步骤，并不能达到良好的效果，一般还需检查纠正措施的实施情况，将审计工作进一步深入
	针对已经纠正的各种控制风险重新进行评估，评价被审计单位已经实施的各项改进措施的有效性	
	提出后续审计报告	通过整理后续审计工作底稿之后提出后续审计报告，后续审计工作底稿一般包括如下内容： （1）报告的专递信和讨论有关内部审计报告事项的信函复印件。 （2）后续审计会议、电话备忘录以及文件审查、计算等的书面资料。 （3）被审计单位对内部审计报告的书面回复。 （4）与被审计单位就回复中提到的纠正措施、存在缺陷等问题进行探讨的回函。 （5）发送给被审计单位的其他信件、备忘录。 后续审计报告一般要说明审计目的、以前报告中的审计发现和建议、纠正措施、审查结果、对纠正措施的审计评价等。内部审计人员应将后续审计报告附在原来的内部审计报告后，并发送给原报告接受者

📝 小知识　　　　　　　　后续审计程序

审计项目负责人应当编制后续审计方案，对后续审计作出安排。

编制后续审计方案时应当考虑下列因素：

（1）审计意见和审计建议的重要性；

（2）纠正措施的复杂性；

（3）落实纠正措施所需要的时间和成本；

（4）纠正措施失败可能产生的影响；

（5）被审计单位的业务安排和时间要求。

对于已采取纠正措施的事项，内部审计人员应当判断是否需要深入检查，在必要时可以提出应在下次审计中予以关注。

内部审计人员应当根据后续审计的实施过程和结果编制后续审计报告。

第7章 ▶▶

内部审计报告

为了规范审计报告的编制、复核和报送，根据《内部审计基本准则》，中国内部审计协会制定了《第 2106 号　内部审计具体准则——审计报告》，准则自 2014 年 1 月 1 日起施行。

第一节　内部审计报告综述

内部审计报告是指内部审计人员根据审计计划对被审计单位实施必要的审计程序后，就被审计单位经营活动和内部控制的适当性、合法性和有效性出具的书面文件。

《第 2106 号　内部审计具体准则——审计报告》第二条规定："本准则所称审计报告，是指内部审计人员根据审计计划对被审计单位实施必要的审计程序后，就被审计事项作出审计结论，提出审计意见和审计建议的书面文件。"

内部审计人员需用联系及综合性的思维方式、以高超的沟通与合作技能来组织和编写内部审计报告。

📋 **小知识**　　　　　　　　　　**内部审计报告的作用**

内部审计报告对内部审计人员本身，对企业的业务管理人员、高级管理人员以及外部审计人员、政府部门等发挥重要的作用。具体表现如表 7-1 所示。

表 7-1　内部审计报告的作用

内部审计报告的作用	对内部审计人员的作用	（1）总结了审计工作的目的、范围和结果，可据以了解内部审计人员的工作内容。 （2）促进企业采取措施，加强内部控制，有助于内部审计人员维护企业的经营和控制目标。 （3）为内部审计人员的教育培训提供资料。通过阅读完整的内部审计报告，可使内部审计人员充分认识内部审计的工作内容、要求、内部审计报告的编制与发送等基本知识。 （4）可据以评价内部审计人员的工作成绩，内部审计报告是对内部审计人员审计任务完成情况及其结果所做的总结，它可以表明审计工作的质量，明确内部审计人员的审计责任。 （5）为后续内部审计工作提供方便，后续内部审计只需查阅内部审计报告的内容即可核对检查应完成的任务及完成的情况。
	对业务管理人员的作用	业务管理人员包括企业的部门主管、经理、监督人员等，他们通过内部审计报告可以实现以下管理职能： （1）可据以了解其业务状况，评价经营业绩。企业的经理由于业务繁忙，往往不能事事亲力亲为，对基层部门的一些工作状况可能缺乏必要的了解和控制。通过内部审计报告有助于他们了解情况，加强监控。

续表

内部审计报告的作用	对业务管理人员的作用		（2）有助于采取必要的改进措施。在内部审计报告中提出问题和改进建议，可促使经营管理人员尽快采取措施，加以改进。 （3）获得上级管理层的重视和支持。业务管理人员对一些控制体系中的问题往往由于畏惧上级责备等，不便于明确指出，或者即使在某些场合提出也未必能引起上层足够的重视。通过内部审计报告的"仗义执言"，可使上级管理层高度重视管理和控制中的问题
	对高级管理人员的作用		（1）内部审计报告可以提供有关经营和控制的详细情况，提供客观的信息，帮助高层管理人员了解通过其他途径和方法所了解不到的问题。因为在企业内部唯有内部审计人员是超然独立的，可发表客观的意见。 （2）能促使各项管理工作规范化。因为内部审计报告最终要报告给最高管理层，各级管理部门不想给上层留下坏印象，必然要采取措施，加强管理和控制
	对外部审计人员的作用		内部审计报告是外部审计的一项重要信息来源。外部审计人员在评价内部审计人员的独立性、经验和能力，内部审计程序的性质、时间和范围，内部审计所获证据的充分性和适当性以及管理当局对内部审计工作的重视程度之后可确定是否利用内部审计的工作结果，以避免重复，同时可节约审计费用
	对政府部门等外部机构的作用		当政府监管机构、税收部门或其他团体与本企业发生纠纷时，内部审计报告所暴露的问题往往成为外部机构攻击的利器

一、内部审计报告的种类

内部审计报告的种类如表 7-2 所示。

表 7-2　内部审计报告的种类

内部审计报告的种类	按内部审计报告的内容	内部财务收支审计报告	内部财务收支审计报告是内部审计机构对部门、单位财务状况和财务活动综合审计后提出的报告
		内部经济效益审计报告	内部经济效益审计报告是内部审计机构对部门、单位的经济活动状况进行审计后提出的报告
		专题审计报告	专题审计报告是内部审计机构对有关专题项目，如厂长（经理）经济目标责任、破产责任、违纪责任等进行审计后提出的报告
	按内部审计报告的写作形式	详式内部审计报告	详式内部审计报告叙述一个内部审计事项审计实施过程的全部情况，包括审计背景、审计概况、审计出的问题、处理依据、提出建议等内容
		简式内部审计报告	简式内部审计报告只是简单地、重点地叙述一个内部审计事项的实施过程，短的可以是几句话，长的可多达上百字，主要被用来说明审计出的问题及处理意见
	按内部审计报告的形式	内部审计证明书	内部审计证明书是内部审计人员在完成某项审计事项后所得出的报告文书，只用于公允性审计业务
		内部审计报告书	内部审计报告书是内部审计人员就一般内部审计事项审查后所提出的报告文书

续表

内部审计报告的种类	按内部审计报告的主体	部门内部审计报告	部门内部审计报告是部门审计机构完成某项审计工作后所提出的报告，它具有双重性质，对部门本身，具有内部审计性质，对部门下属单位，则有外部审计性质，故其权威性较强
		单位内部审计报告	单位内部审计报告是由单位内部审计机构完成审计事项后所提出的报告，它仅适用于本单位内部
	按内部审计报告的范围	全部内部审计报告	全部内部审计报告叙述范围大，涉及业务广，如内部财务收支审计报告、内部经济效益审计报告等，一般多为详式内部审计报告
		专项内部审计报告	专项内部审计报告，如内部承包经营责任审计报告、违纪审计报告、某公证业务证明书等，可以是简式内部审计报告，也可以是详式内部审计报告，具体根据内部审计事项的性质和内容确定

二、内部审计报告的体裁

内部审计报告的体裁灵活多样，有条目式内部审计报告、记述式内部审计报告、表格式内部审计报告和综合式内部审计报告等（见表 7-3）。

表 7-3　内部审计报告的体裁

内部审计报告的体裁	条目式内部审计报告	特点是把内部审计情况、问题和结论等内容以条目形式加以叙述。其优点是条理清楚；缺点是叙述过于简单，有时不一定能说明问题，多用于比较单一业务的内部审计事项
	记述式内部审计报告	特点是采用叙述形式反映内部审计事项的实施过程。其优点是详细，多用于比较复杂的内部审计事项
	表格式内部审计报告	特点是采用表格形式描述内部审计事项的实施过程，其优点是一目了然。多用于内部报送审计
	综合式内部审计报告	它采用文字与图表相结合的形式来记述内部审计事项的实施情况，优点是能全面说明问题，灵活性强。可被应用于各种内部审计事项

三、审计报告的构成要素

内部审计报告因审计项目预定目的的不同而存在差异，一般的内部审计报告的构成要素如表 7-4 所示。

表 7-4　审计报告的构成要素

内部审计报告的构成要素	标题	内部审计报告的标题应能反映审计的性质，力求言简意赅并有利于归档和索引。一般应当包括以下内容：①被审计单位名称；②审计事项（类别）；③审计期间；④其他
	收件人	内部审计报告的收件人应当是与审计项目有管理和监督责任的机构或个人。一般应当包括以下内容：①被审计单位适当管理层；②董事会或其下设的审计委员会或者组织中的主要负责人；③组织最高管理当局；④上级主管部门的机构或人员；⑤其他相关人员。 　考虑到各个组织的法人治理结构、管理方式差异，对内部审计报告的送达单位或个人应当根据具体情况确定

续表

	内部审计报告的构成要素	
内部审计报告的构成要素	正文	内部审计报告的正文是内部审计报告的核心内容。一般应当包括以下内容：①审计概况；②审计依据；③审计发现；④审计结论；⑤审计建议；⑥其他方面
	附件	内部审计报告的附件是对内部审计报告正文进行补充说明的文字和数字材料。一般应当包括以下内容：①相关问题的计算及分析性复核审计过程；②审计发现问题的详细说明；③被审计单位及被审计责任人的反馈意见；④记录内部审计人员修改意见、明确审计责任、体现内部审计报告版本的审计清单；⑤需要提供解释和说明的其他内容
	签章	内部审计报告应当由主管的内部审计机构盖章，并由以下人员签字：①审计机构负责人；②审计项目负责人；③其他经授权的人员
	报告日期	内部审计报告日期一般采用内部审计机构负责人批准送出日作为报告日期。在以下情况下使用相关的日期：①因采纳组织主管负责人的某些修改意见时；②内部审计人员在本机构负责人审批之后又发现被审计单位存在新的重大问题时；③内部审计报告存在重要疏忽时；④其他情况

四、内部审计项目目标的要求

内部审计报告应当体现内部审计项目目标的要求，并有助于组织增加价值。内部审计项目目标的要求主要包括但不限于对以下方面的评价：

（1）经营活动合法性；

（2）经营活动的经济性、效果性和效率性；

（3）组织内部控制的健全性和有效性；

（4）组织负责人的经济责任履行状况；

（5）组织财务状况与会计核算状况；

（6）组织的风险管理状况。

> 📝 **小知识**　　　　　　　　内部审计报告的编制要求
>
> 对审计报告的编制应当符合下列要求：
>
> （1）实事求是、不偏不倚地反映被审计事项的事实；
>
> （2）要素齐全、格式规范，完整反映审计中发现的重要问题；
>
> （3）逻辑清晰、用词准确、简明扼要、易于理解；
>
> （4）充分考虑审计项目的重要性和风险水平，对于重要事项应当重点说明；
>
> （5）针对被审计单位业务活动、内部控制和风险管理中存在的主要问题或者缺陷提出可行的改进建议，以促进组织实现目标。

五、中期内部审计报告

正式立项的审计项目应当在终结审计后编制内部审计报告；如果存在下述情况之一时，应当根据组织适当管理层的要求和内部审计工作的需要编制并报送中期内部审计报告：

（1）审计周期过长；

（2）被审计项目内容特别庞杂；

（3）被审计期间比较长；

（4）突发事件引起特殊要求；

（5）组织适当管理层需要审计项目进展情况的信息；

（6）其他需要提供中期内部审计报告的情况。

中期内部审计报告不能取代终结内部审计报告，但中期内部审计报告能够作为终结内部审计报告的编制依据。中期内部审计报告不具有终结内部审计报告的效力。

《第 2106 号　内部审计具体准则——审计报告》第四条规定："内部审计人员应当在审计实施结束后，以经过核实的审计证据为依据，形成审计结论、意见和建议，出具审计报告。如有必要，内部审计人员可以在审计过程中提交期中报告，以便及时采取有效的纠正措施改善业务活动、内部控制和风险管理。"

第二节　内部审计报告编报

一、编制内部审计报告应当遵循的原则

编制内部审计报告应当遵循的原则如表 7-5 所示。

表 7-5　编制内部审计报告应当遵循的原则

编制内部审计报告应当遵循的原则	客观性	内部审计报告应以可靠的证据为依据，实事求是地反映审计事项，作出客观、公正的审计结论
	完整性	内部审计报告应当做到要素齐全，内容完整，不遗漏审计发现的重大事项
	清晰性	内部审计报告应当做到逻辑性强、重点突出，简明扼要地阐明事实和结论。避免使用不必要的过于专业性和技术性的复杂语言。文字应当通顺流畅，用词准确，避免使用"几个、少数、大量"等模糊字眼说明情况
	及时性	内部审计报告应当及时编制，以便组织适当管理层适时采取有效纠正措施。在保证内部审计报告质量的前提下，应当在完成现场审计后尽快编制内部审计报告，并在经过征求意见和补充修改后分别送达各有关方面
	实用性	内部审计报告所提供的信息，应当有利于解决经营管理中存在的重要问题，并有助于组织实现预定的目标
	建设性	内部审计报告不仅应当发现问题和评价过去，而且应能解决问题和指导未来，应当针对被审计单位经营活动和内部控制的缺陷提出适当的改进建议
	重要性	在形成审计结论与建议时，应充分考虑审计项目相关的风险水平和重要性，对于被审计单位经营活动和内部控制中存在的严重差异和漏洞以及审计风险高的领域，应当在内部审计报告中进行有重点的详细说明。同时，内部审计人员还要考虑被审计单位接受审计建议、采取相应措施的成本与效益关系

二、内部审计报告分级复核制

内部审计机构应该建立健全内部审计报告分级复核制度，明确规定各级复核岗位的要求和责任。复核层次级别的具体设置应当视审计项目的复杂程度和内部审计机构的规模、人员配置等各种因素而定。

《第 2106 号　内部审计具体准则——审计报告》第六条规定："内部审计机构应当建立健全审计报告分级复核制度，明确规定各级复核人员的要求和责任。"

三、内部审计报告的主要内容

审计概况是对审计项目的总体情况的介绍和说明。一般包括的主要内容如表 7-6 所示。

表 7-6　内部审计报告的主要内容

内部审计报告的主要内容	立项依据	在内部审计报告中应当根据实际情况说明审计项目的来源： （1）审计计划安排的项目； （2）有关机构（外部审计机构、组织有关部门）委托的项目； （3）根据工作需要临时安排的项目； （4）其他项目
	背景介绍	在内部审计报告中，应当对有助于理解审计项目立项以及审计评价的以下情况进行简要描述： （1）选择审计项目的目的和理由； （2）被审计单位的规模、业务性质与特点、组织机构、管理方式、员工数量、主要管理人员等； （3）上次同类审计的评价情况； （4）与审计项目相关的环境情况； （5）与被审计事项有关的技术性文件； （6）其他情况
	整改情况	如有必要，应当将上次审计后的整改情况在内部审计报告中加以说明
	审计目标与范围	内部审计报告中应当明确地陈述本次审计的目标，并应与审计计划中提出的目标相一致；还应当指出本次审计的活动内容和所包含的期间。如果存在未进行审计的领域，应当在报告中予以指出，对于某些受到限制无法进行检查的项目，应在报告中说明受限制无法审查的原因
	审计重点	内部审计报告应当对本次审计项目的重点、难点进行详细说明，并指出针对这些方面采取了何种措施及其所产生的效果，也可以对审计中所发现的重点问题作出简短的叙述及评论
	审计标准	财务审计的标准主要是国家有关部门所颁布的会计准则、会计制度以及其他相关规范制度。管理审计的标准主要是组织管理层已制定或已认可的各项标准
	审计依据	内部审计结论应声明内部审计程序是按照内部审计准则的规定实施审计的。当确实无法按照审计准则要求执行必要的审计程序时，应在内部审计报告中陈述理由，并对由此可能产生的对审计结论和整个审计项目质量的影响作出必要的说明
	审计发现	审计发现是指内部审计人员在对被审计单位的经营活动与内部控制的检查和测试过程中所得到的积极或消极的事实，一般应包括以下内容： （1）所发现事实的现状，即审计发现的具体情况； （2）所发现事实应遵照的标准，如政策、程序和相关法律法规； （3）所发现事实与预定标准之间的差异； （4）所发现事实已经或可能造成的影响； （5）所发现事实在目前现状下产生的原因（包括内在原因与环境原因）
	审计结论	审计发现是指内部审计人员对审计发现所作出的职业判断和评价结果，表明内部审计人员对被审计单位的经营活动和内部控制所持有的态度和看法。 　　在作出审计结论时，内部审计人员应针对本次审计的目的和要求，根据已掌握的证据和已查明的事实，对被审计单位的经营活动和内部控制作出评价。内部审计人员提出的结论可以是对经营活动或内部控制的全面评价，也可仅限于对部分经营活动和内部控制进行评价。如果必要，审计结论还应包括对出色业绩的肯定

续表

内部审计报告的主要内容	审计建议	审计建议是指内部审计人员针对审计发现提出的方案、措施和办法。审计建议可以是对被审计单位经营活动和内部控制存在的缺陷和问题提出的改善和纠正的建议；也可以是对显著经济效益和有效内部控制提出的表彰和奖励的建议。 内部审计人员应该依据审计发现和审计证据，结合组织的实际情况和审计结论的性质，提出审计建议。审计建议可分为以下几种类型： （1）现有系统运行良好，无须改变； （2）现有系统需要全部或局部改变： 1）改进的方案设计； 2）方案实施的要求； 3）方案实施效果的预计； 4）未实施此方案的后果分析

🔑 **法律依据**

审计报告的内容

（《第 2106 号　内部审计具体准则——审计报告》）

第七条　审计报告主要包括下列要素：

（一）标题；

（二）收件人；

（三）正文；

（四）附件：

（五）签章；

（六）报告日期；

（七）其他。

第八条　审计报告的正文主要包括下列内容：

（一）审计概况，包括审计目标、审计范围、审计内容及重点、审计方法、审计程序及审计时间等；

（二）审计依据，即实施审计所依据的相关法律法规、内部审计准则等规定；

（三）审计发现，即对被审计单位的业务活动、内部控制和风险管理实施审计过程中所发现的主要问题的事实；

（四）审计结论，即根据已查明的事实，对被审计单位业务活动、内部控制和风险管理所作的评价；

（五）审计意见，即针对审计发现的主要问题提出的处理意见；

（六）审计建议，即针对审计发现的主要问题，提出的改善业务活动、内部控制和风险管理的建议。

第九条　审计报告的附件应当包括针对审计过程、审计中发现问题所作出的具体说明，以及被审计单位的反馈意见等内容。

四、内部审计报告的基本格式

内部审计人员在确认有较大必要性的条件下编制规范的中期内部审计报告。一般中期内部审计报告篇幅较短，应当清楚地说明审计发现的事实、不良状况的影响，并提出审计建议。

可以根据实际需要选择以下所列格式之一作为中期内部审计报告的格式：

（一）中期内部审计报告的基本格式

中期内审报告的基本格式包括：①标题，可由审计项目和"中期内部审计报告"两部分组成；②收件人；③审计发现；④审计建议；⑤附件；⑥签章；⑦报告日期。

中期内部审计报告一般格式参考范例如下：

关于"出纳付款程序"的中期内部审计报告（标题）

公司总经理：（收件人）

从正在进行的公司××年度财务收支审计中，我们发现贵公司财务部付款内部控制程序存在严重缺陷。出纳员××保管着公司财务专用章及财务经理私章，可随时支取公司款项，在我们的初步审核中，已经发现未经审批的付款××笔，共计××万元，如果不采取紧急措施，将可能导致更大的舞弊风险。（审计发现）

根据上述情况，我们建议财务经理收回相关印鉴，在鉴发前对每一笔公司款项的支付严格审核，同时责成该出纳员说清××万元款项的去向，采取各种手段追回款项，并建议临时停止该出纳员的职务工作。（审计建议）

附件：1.××

2.××

3.××（附件）

审计项目负责人：××
审计小组成员：××、××

××审计机构（签章）

××××年××月××日（报告日期）

（二）中期内部审计报告的备忘格式

中期内部审计报告的备忘格式包括：①标题，只简单列示审计项目即可；②收件人；③审计发现；④审计建议；⑤内部审计人员签章；⑥报告日期。

中期内部审计报告备忘格式参考范例如下：

资本性支出授权的中期报告（标题）

供销部经理：（收件人）

在审计贵单位资本性项目的过程中，我们发现目前所发生的资本性支出没有取得相应的批准文件。在××个资本性项目中，我们抽取检查了××个，累计支出××万元人民币。在所有档案资料中，均没有发现取得相应的批准文件。（审计发现的事件）

造成这种结果的原因是：最近改组重建的会计部门还没有在项目建设之前授权专门的人员负责批准；另外，对采购订单的复核、批准还没有建立相应的程序。（审计发现的原因）

为了确保按照企业管理当局的意图对资本性支出业务进行有效的控制，我们建议贵单位应该授权专门人员负责采购业务的批准，并在实施采购之前，将采购订单与经过批准的文件进行核对验证。（审计建议）

审计员：×××
×××（签章）
××××年××月××日（报告日期）

（三）终结内部审计报告基本格式

内部审计人员应当编制终结内部审计报告。终结内部审计报告的基本格式包括：①标题；②收件人；③审计概况（立项依据及背景介绍，上次审计后的整改情况说明，审计目的和范围，审计重点等）；④审计依据；⑤审计发现；⑥审计结论；⑦审计建议；⑧附件；⑨签章；⑩报告日期。

终结内部审计报告基本格式参考范例如下：

关于××公司内部会计控制的内部审计报告（标题）

××公司总经理：（收件人）

为了配合今年年底贵公司组织的行业检查活动，我们临时调整了审计计划，组成了以王××为项目负责人的5人审计小组，对公司内部会计控制制度进行了局部审计，旨在自我评价，消除内部控制的弱点，改善公司的管理水平，争取在行业评比中获得优异成绩。我们的审计目标是测试内部会计控制方面是否存在漏洞，寻找与同行业其他企业的差距。审计涉及的期间是20××年1月1日至20××年12月31日。审核的范围包括会计制度设计、会计核算程序、会计工作机构和人员职责，财务管理制度等方面。（审计概况）

我们按照内部审计准则的规定计划和实施本项内部审计工作，并采用了我们认为应当采用的必要的审计程序，根据抽查结果，我们认为，对下列情况应当予以关注：

（1）没有定期进行银行对账单调节。截至我们进行审计时，银行对账单的调节工作已延误了四个月，严重削弱了公司对资金安全性的控制。（见附件第××页）

（2）由于没有防止投资收益账户上舞弊行为的控制程序，导致超过100 000元的股利被非法挪用。（见附件第××页）

（3）……（审计发现）

除上述问题外，我们认为组织管理层对内部会计控制的设计在整体上是符合公司的实际情况的，其运行取得了预期的效果。（审计结论）

我们认为，上述问题的发生，主要原因是相关职位人员配备不足，不相容职务未予以分离。建议财务部门健全资金控制制度，并招聘一名有经验的会计人员充实相关职位。（审计建议）

附件：1.××
      2.××
      3.××（附件）

审计项目负责人：×××
审计小组成员：×××
×××
××审计机构（签章）
××××年××月××日（报告日期）

五、内部审计报告编制的程序和方法

内部审计报告的编制应当在结束现场审计工作之后予以进行。内部审计人员应当按照以下程序编制内部审计报告：做好相关准备工作；编制内部审计报告初稿；征求被审计单位意见；复核、修订内部审计报告并最后定稿。

内部审计人员在进行内部审计报告的准备工作时，应重点关注以下事项：

（1）报告的整体或具体格式；

（2）可能的发送对象，以及报告收件人的姓名和职位；

（3）审计目的、范围等的表述；

（4）审计计划或审计委托书；

（5）审计发现的描述；

（6）用以支持审计发现和建议的各种信息，包括：附录、说明和图表；

（7）特别敏感的内容，包括：在报告中对于机密内容的披露程度；被审计单位对审计发现的可能性反应，以及内部政策等；

（8）其他需要考虑的重要报告事项。

内部审计报告初稿一般由审计项目负责人或者由其授权的审计项目小组其他成员起草。如由其他人员起草时，应当由审计项目负责人进行复核。审计项目小组应当对内部审计报告初稿进行讨论，并根据讨论结果进行适当的修订。编制内部审计报告充分应当体现内部审计报告的质量要求。

在内部审计报告正式提交之前，审计项目小组应与被审计单位及其相关人员进行及时、充分的沟通。审计项目小组与被审计单位的沟通，应当根据沟通内容的要求，选择会议形式或个人交谈形式。内部审计机构和人员在与被审计单位进行沟通时，应注意沟通技巧，进行平等、诚恳、恰当、充分的交流。审计项目小组应当根据沟通结果对内部审计报告适当进行处理。

内部审计报告应当由被授权的审计项目小组成员以及审计项目负责人、审计机构负责人等相关人员进行严格的复核和适当的修订。对内部审计报告相关人员复核、修改后，完成再与组织适当管理层充分沟通，由经授权人员签章，即可将报告提交给审计项目有责任的机构或个人。

内部审计人员应当在实施必要的审计程序后，采用以下方法编制内部审计报告：

（1）考虑内部审计报告使用者的各种合理需求。有些事项或后续内部审计结果与本次审计结论没有直接关系或关系不重要，但需内部审计人员向报告收件人如组织管理当局反映并提请关注，对此类事项和情况应适当写入内部审计报告。

（2）反映被审计对象的相关成绩。对被审计单位的突出业绩应当在内部审计报告中予以适当说明。

（3）反映改进的计划和行动。由于受到审计目标和准备工作的制约，或受到审计过程中新发生情况的影响，审计范围可能与年度审计计划或最初拟定的范围不一致，必要时可在内部审计报告中指出所改进的计划与所采取的行动。

（4）揭示导致问题产生的外部不利因素的影响。

（5）采用正面的、积极的语言。对审计过程中揭示的消极的审计发现，在不损害内部审计独立性和声誉的前提下，应当充分考虑被审计单位的意见及可能对其造成的不利影响，客观准确地以被审计单位可接受的语言将之写入内部审计报告。

（6）运用恰当的图表和脚注。内部审计报告可以运用适当的图表和脚注，以增强灵活性，快速、准确、直观地揭示和传递提供审计信息。

六、内部审计报告的复核、发送和保存

内部审计机构应当建立内部审计报告的三级复核制度。由审计项目负责人主持现场全面复核；由内部审计机构的业务主管主持非现场重点复核；由内部审计机构负责人主持非现场总体复核。对三级复核的分工，可由组织的内部审计机构自行决定。各级复核的主持人在必要时可以授权他人行使权力，但责任仍由自己承担。

内部审计报告复核主要包括形式复核和内容复核。

（一）形式复核

内部审计报告形式复核一般包括：

（1）审计项目名称是否准确，描述是否恰当；

（2）被审计单位的名称和地址是否可靠；

（3）审计日期是否准确，内部审计报告格式是否规范；

（4）内部审计报告收件人是否为适当的发送对象，职位、名称、地址是否正确；

（5）内部审计报告是否表示希望获得被审计单位的回应；

（6）内部审计报告是否需要目录页，目录页的位置是否恰当，页码索引是否前后一致；

（7）内部审计报告中的附件序号与附件的实际编号是否对应；

（8）内部审计报告是否征求被审计单位意见；

（9）内部审计报告的复核手续是否完整。

（二）内容复核

内部审计报告内容复核一般包括：

（1）背景情况的介绍是否真实，语气是否适当；

（2）审计范围和目标是否明确，审计范围是否受限；

（3）审计发现的描述是否真实，证据是否充分；

（4）签发人是否恰当，签发人与收件人的级别是否相称；

（5）参与内部审计人员的名单是否列示完整，排名是否正确；

（6）报告收件人是否恰当，有无遗漏，姓名与职位是否正确；

（7）标题的使用是否适当；

（8）审计结论的表述是否准确；

（9）审计评价的依据的引用是否适当；

（10）审计建议是否可行。

（三）内部审计报告的发送和保存

内部审计报告的发送范围一般限于组织内部，通常可根据组织的一般要求和审计活动本身的性质来确定发送对象。

内部审计机构应根据具体情况，决定是否将内部审计报告送交组织外部的相关部门和人员，或者是将内部审计报告的部分内容呈送组织外部的相关部门和人员。在决定对外报送内部审计报告时，应当经过内部审计机构负责人或组织适当管理层的批准程序。

内部审计人员应当根据内部审计报告的保密性要求，充分考虑内部审计报告传递方式的恰当性。一般应当采取派专人直接传递、特快专递、邮政服务和办公室当面传递等方式进行报告传递。

组织应当制定制度性文件，对内部审计报告的发送对象和各种传递方式作出规定，防止报告在传递过程中被延误、丢失或误投。

内部审计机构应当保留内部审计报告副本。对内部审计报告以及其他业务文档应当按照内部审计机构或组织管理层制定的审计档案管理制度纳入档案管理，加以分类并且妥善保存。

对内部审计报告应在适当的范围予以公开。

法律依据

审计报告的编制、复核与报送

（《第 2106 号　内部审计具体准则——审计报告》）

第十条　审计组应当在实施必要的审计程序后，及时编制审计报告，并征求被审计对象的意见。

第十一条　被审计单位对审计报告有异议的，审计项目负责人及相关人员应当核实，必要时应当修改审计报告。

第十二条　审计报告在经过必要的修改后，应当连同被审计单位的反馈意见被及时报送内部审计机构负责人复核。

第十三条　内部审计机构应当将审计报告提交被审计单位和组织适当管理层，并要求被审计单位在规定的期限内落实纠正措施。

第十四条　已经出具的审计报告如果存在重要错误或者遗漏，内部审计机构应当予以及时更正，并将更正后的审计报告提交给原审计报告接收者。

第十五条　内部审计机构应当将审计报告及时归入审计档案，妥善保存。

第3篇　内部审计业务准则

第8章 ▶▶▶

经济效益内部审计

第一节　经济效益内部审计概述

为了规范绩效审计工作，提高绩效审计质量和效率，根据《内部审计基本准则》，中国内部审计协会制定了《第 2202 号　内部审计具体准则——绩效审计》，准则自 2014 年 1 月 1 日起施行。

一、经济效益内部审计的概念

经济效益内部审计是企业内部独立的机构或内部审计人员对被审计单位的经营活动进行综合、系统地审查、分析，对照一定的评价标准，评定其经济性、效率性、效果性，并将评价结果和改进建议，报告给有关人员的系统过程。

二、经济效益内部审计的分类

经济效益内部审计的分类如表 8-1 所示。

表 8-1　经济效益内部审计的分类

经济效益内部审计的分类	按审计的范围分类	综合审计	主要指对整个企业或对企业的某些生产经营单位的经济活动进行全面的综合评价。如厂长（经理）的经济责任审计，包括审计评价企业的资产、负债和损益是否真实，评价有关财务和经济指标的完成情况和效果性，重大投资决策管理效益情况和审计评价财务管理与内部控制等内容
		单项审计	指对被审计单位经济活动的某一方面或几个方面体现的效益优劣进行评价，如对供、产、销方面，资金的使用，人力资源等方面进行的效益审计
	按审计的时期划分	事前效益审计	指经济活动尚未进行，对其未来可能达到的效益进行全面评估，例如，对经营决策审计，对长期投资的可行性方案的审计

续表

经济效益内部审计的分类	按审计的时期划分	事中效益审计	指经济活动正在进行之中,对其发生的效益或存在的问题作出评价。如针对企业经营期间生产、技术、成本、资金、利润的效益进行评价
		事后效益审计	指经济活动告一段落,对其实现的效益加以全面的评价。如年度终了,对企业经营者所实现的效益、完成业绩的全面评价;对其他企业进行控股或兼并时,对其已实现的经济效益作出全面评价
	按审计的内容分类	业务经营审计	业务经营审计就是审查被审计单位的业务经营活动和生产力各要素的运用情况,旨在改进业务经营工作,谋求最大限度地利用现有资源,充分利用人力、物力和财力。业务经营的主线即企业的销、产、供。因为它与全部的经营相联系,并及时反映生产过程中出现的影响效益的成本与资金,所以以下主要对销、产、供等环节进行审计和评价,由此发现业务经营中存在的问题,找出原因,提高企业的经济效益
		管理审计	管理审计是审查被审计单位的管理活动、管理素质,通过改进现有管理组织和管理方法、改善管理素质、提高管理效率来提高经济效益。其内容主要对组织决策目标、管理人员素质、组织控制等方面进行审计。 业务经营审计与管理审计有着密切的联系。对企业生产力诸要素开发利用程度的审查,既可以挖掘生产力各要素开发利用程度的潜力,也可以发现管理组织、管理方法、管理素质中存在的问题,并因而也涉及管理审计的范畴。同样,对企业管理素质和水平的审查,也会涉及管理对生产力诸要素的影响程度,即涉及业务经营审计的范畴。从理论上说业务经营审计是基础审计,管理审计是高层次的审计。但实务中它们相互联系、相互渗透

第二节　经济效益内部审计方法

一、经济效益调查的方法

经济效益调查的方法如表 8-2 所示。

表 8-2　经济效益调查的方法

经济效益调查的方法	书面说明法	这是通过向有关当局和人员调查询问,将被审计单位经营管理活动的实际情况记录下来,据以分析、评价的一种方法。这种方法形式较灵活,没有固定模式
	调查表法	通过预先将所要审查的内容以问题形式编制于表内,通过被调查人员的解答来了解经营管理活动的方法
	流程图法	用流程图的形式描述业务处理过程及其控制点,以了解和评价经营管理活动的方法

二、经济效益内部审计的专门技术方法

（一）净现值法

净现值法是利用计算和分析净现值来评价投资经济效益的一种方法。项目投产后所发生的

年现金收入减去年现金支出的经费用后的余额即现金净收入，也叫现金流入。净现值是指投资项目的未来现金流入量，即现金净收入的现值同原投资额的差额。

净现值越大，经济效益越高。在审计中对投资效益进行考察、评价时，必须求净现值大于零，并可通过不同方案的比较，取净现值最大的方案为最优方案。

（二）成本效益分析法

这是指对各种经济技术方案的所费与所得的比较分析，即产品成本和所取得的销售收入进行比较分析，以选择成本最低或效益最高的方案的一种分析方法。这种方法一般把方案的指标分为耗费（成本）指标和效益（销售收入）指标两大类。为在实际工作中计算分析方便起见，又把效益指标分为可计量和不可计量两种。运用此法时，可在耗费和效益的坐标图中绘制出各种不同的"成本—效益"曲线图，然后进行比较，选出成本最低和效益最高的方案。在经济效益内部审计中，可以借助此法对被审计单位经济技术方案的合理性进行评价。

（三）盈亏分析法

它是研究产量与盈亏之间相互关系的一种分析方法。目的是确定和掌握企业盈利和亏损、效益与成本的界限，选择最优经营规模和方式，以取得最大经济效益。在经济效益内部审计中，可借助盈亏分析法对被审计单位生产经营计划进行考核、评价。

使用盈亏分析法需要编制盈亏平衡图，它是围绕盈亏平衡点，将对企业利润发生影响的有关因素及其相互关系，在坐标系中形象而集中地反映出来。内部审计人员可通过盈亏平衡图（见图 8-1），了解企业有关因素的变动对利润的影响，分析、掌握和控制各因素发展的趋势。盈亏平衡图中 y 轴表示收益和成本，x 轴表示销售量或产量。总收益线和总成本线的交点是盈亏平衡点。在这一点上，总收益刚好等于总成本。在盈亏平衡点右边总收益线和总成本线之间的垂直的距离表明了相应于销售量的盈利，而盈亏平衡点左边这两条线的垂直距离表示了亏损。

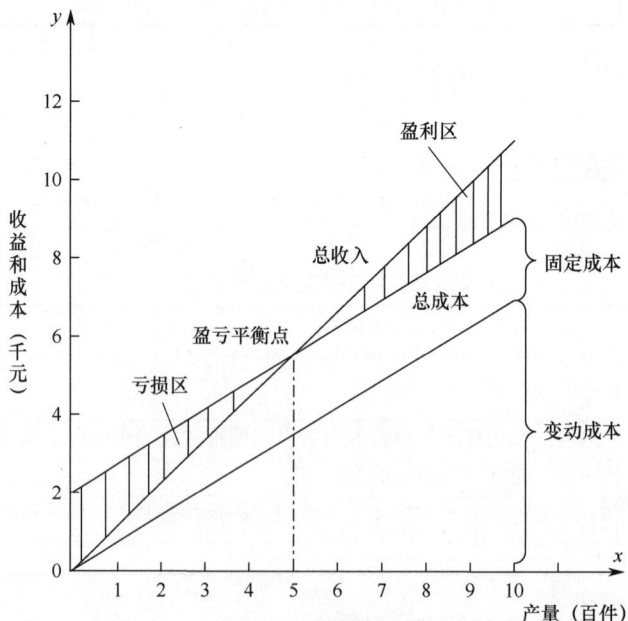

图 8-1　盈亏平衡图

从图中可得该企业盈亏平衡点销售量是 500 件，销售收入为 6 000 元。

在给定总固定成本 F，每件产品销售价格 P，以及每件产品可变成本 V 的情况下，可计算出在盈亏平衡点上的销售数量 X 和销售额 R。

$$X（件数）=\frac{F}{P-V}$$

$$R（金额）=X \times P$$

例如，总固定成本 50 000 元，每件产品销售价格 1.20 元，每件产品可变成本 0.5 元。在盈亏平衡点上的销售量 $X（件数）=\frac{F}{P-V}=\frac{50\ 000}{1.2-0.5}=71\ 429$（件），在盈亏平衡点上的销售额 $R=X \times P=71\ 429 \times 1.2=85\ 715$（元）。

（四）经济订购批量法

经济订购批量是指企业在保证物资正常供应的条件下，使包括保管费和采购费在内的总费用最小的合理订购批量。在决定订购时，要同时考虑两种费用：①订购量大，可减少采购的次数和费用，但要增加保管费用；②订购量少，可减少保管费用，但采购的次数和费用增加。确定经济订购量，就是在两种费用的增减中求出总费用最低的订购量。在经济效益内部审计中，可借助经济订购量来评价物资采购控制的合理性。计算公式为：

$$Q=\sqrt{\frac{2RS}{CI}}$$

其中，Q 为经济订货量；R 为年总需要量；I 为每次订货费用（库存保管费用率）；C 为每件价值；S 为每次订货费用。

总保管费=$\frac{Q}{2}CI$；总订货量=$\frac{R}{Q}S$。

第三节 经济效益内部审计程序

一、经济效益内部审计的准备阶段

准备阶段的目的在于保证内部审计人员了解审计环境和企业经营管理的关键问题。

（一）下达审计通知书

在一般情况下，在经济效益内部审计开始时，应事先通知被审计单位，下达审计通知书。审计通知书是审计组织对被审计单位进行审查的书面通知，它说明审计工作如何开始，需要多长时间，是谁来进行审查以及涉及的审查内容。其格式如下：

审计通知书

×××厂（公司）：

兹指派 AAA 等四人，自 5 月 3—21 日对你单位 20×× 年经济效益进行审计，请给予积极配合，做好准备工作，并提供必要的工作条件。

组长：AAA

组员：BBB、CCC、DDD

特此通知。

××（公章）

（二）进驻被审计单位

审计通知书发出后，审计小组便可进驻被审计单位。在经济效益内部审计中，内部审计人员与被审计单位之间的关系很复杂，内部审计人员常常被卷入超出审计业务的领域。尽管有审计标准的规范，但是主观性在经济效益内部审计中往往比在财务审计中起更大的作用。这就增加了内部审计人员能够确定整个审计期间内部审计人员同被审计单位相互关系的难度。因此内部审计人员进驻被审计单位后，应首先与被审计单位负责人取得联系，召开审前会议，讲明审计目的和时间安排，以取得支持，把工作受到干扰的因素减少到最低限度。

（三）查阅审计背景文献

对经济效益内部审计需要对有关审计环境有透彻了解。每个审计项目的背景文献都应成为准备阶段中信息的首要来源。

背景文献包括：

（1）阐明制度说明书和工作流程图；

（2）标准的经营管理规程和证实既定工作绩效标准的文件；

（3）各项工作成绩报告；

（4）行政管理部门重要事项备忘录；

（5）前期的内部审计报告。

通过查阅背景文献，内部审计人员应掌握的情况如表 8-3 所示。

表 8-3　通过查阅背景文献，内部审计人员应掌握的情况

通过查阅背景文献，内部审计人员应掌握的情况	评价经营管理绩效的标准	经济效益内部审计标准是评价经济效益状况的依据，内部审计人员在审计实施之前应熟悉和掌握这方面资料，并谨慎考虑这些标准的合理性和有效性。在缺少适用标准的情况下，内部审计人员应根据需要提出此类标准并力求得到被审计单位及有关部门的赞同
	被审计单位的基本情况	内部审计人员要了解被审计单位的历史与现状，隶属关系、机构设置与分工
	被审计单位的业务情况	内部审计人员要了解被审计单位的目标和方针，生产流程，使用的（人力、财力、物力）资源，以及主要经济指标
	被审计单位的内控制度	内部审计人员应了解内控制度以下情况： （1）职责分工。各职能部门的设置和各级管理人员是否体现职责分工的原则； （2）规章制度。被审计单位是否建立健全各种规章制度； （3）业务处理程序。在经济业务每道程序上都会产生不同的传递环节。内部审计人员应了解每个环节是否健全，有无漏洞。如仓库收料后，应根据发票点数验收并开入库单（一式三份），一份送财务部门作为付款凭据，一份送供销部门，一份仓库留存。如果缺少其中某一个环节，就可能导致材料丢失、浪费、贪污等隐患； （4）内部审计。内部审计人员应了解内部审计机构的地位、职责和内部审计人员的结构、素质以及内部审计工作开展情况。 　　审查内控制度是经济效益内部审计的一个重要内容，通过查阅审计文献，了解内控制度薄弱环节。在实地调查和审计实施阶段，内部审计人员使用各种审计方法对这些具有审计潜力的领域进行审查，指出并评价内控制度在哪些具体方面不能保证经营管理活动的效率性、效果性和经济性，并在报告阶段提出改进措施

　　每项新的经济效益内部审计开始之前，内部审计人员都应该阅读有关审计理论和实务的专业书籍，以明确审计目标和如何开展此项审计。

二、经济效益内部审计的实地调查阶段

　　实地调查阶段的目的在于确定经济效益内部审计的范围和重点。实地调查阶段包括的工作如表 8-4 所示。

表 8-4　实地调查阶段包括的工作

实地调查阶段包括的工作	与管理部门进行讨论	内部审计人员利用审前会议的机会或通过询问经营管理人员，发现影响被审计单位近期经营状况和对审计具有意义的动态，通过与管理人员就某些关心问题的讨论获得必要的信息
	实地观察有关生产经营过程	根据准备阶段以及与管理部门讨论确定的问题，内部审计人员应有针对性地进行实地观察，从而更好地了解被审计单位实际上是如何完成其目标的。在此过程中应注意存在问题或低效率的迹象，包括职工懒散、财产设备管理不善、停工等。这些部是工作低效率和不经济的标志。值得注意的是，实地观察期间所发现的状况可能不是被审计单位的真实反映，因此内部审计人员应注意收集能够证实或否定观察时所得到的信息。例如，内部审计人员可能观察到生产过程顺利进行，然而在收集有关生产的确凿证据时可能揭示：因为停工和产品积压，所以生产常常不能按照规定进度完成。因此，内部审计人员对间接揭示的问题以及可以实际观察到的情况必须注意它们之间的差异
	审计探查	为了证实准备阶段同管理部门所讨论的以及观察到的生产经营情况的真实性，内部审计人员将抽取其中部分内容进行测试，称为"审计探查"。审计探查通常抽取一个样本，通过对样本的审查，可以确认某一具体经营活动实际上是怎样完成的，从而有效地证实问题的存在或推翻这一结论，有助于内部审计人员确定审计重点。值得注意的是： （1）审计探查的重点应集中在经营管理活动的薄弱环节下； （2）当审计探查的结果与原结论不相符时，应扩大抽查，以便弄清情况，内部审计人员要鉴定经营管理上的缺点而不是一种孤立事件。例如，在检查应收款业务内控制度执行情况的准备阶段，通过审阅有关文件，确定其应收款内控制度较为完善。审计探查需要抽查一笔经济业务，检查其销售凭证的填制是否符合手续制度，还要查明发货凭证的填制、商品的发运、应收款的记账手续是否均按规定的程序进行，是否均由指定人员办理。通过探查可以了解内控制度是否健全。如果二者差距很大，内部审计人员应扩大抽样范围，重新测试几项经济业务，若仍与上述测试结果一致，则可推翻原来的结论，将应收款内控制度确定为审计重点
	比较分析	比较分析就是将现有定量数据与基本数据相比较，以确定它们之间的关系是否正常，是否合理，是否符合规律。在一般情况下，经营管理数据与财务数据之间存在着较稳定的关系，通过比较分析可以发现上述数据之间的差异，从而确定出审计重点。比较分析包括：本期数据与标准数据相比；与计划数据相比；与历史数据相比；财务比率分析；经营管理数据回归分析和长期趋势分析等。例如，通过对销货退回与销售量的比较、毛利与销售额的比较、费用率的分析以及应收款回收情况的分析，可以发现经营管理中的某些异常变化，这对内部审计人员是很有意义的

　　内部审计人员通过与管理部门座谈、实地观察有关生产经营过程、审计探查以及比较分析确定审计重点和范围等，不但能将准备阶段所确定的主要问题更加具体化，而且也会更集中于这些问题的审计目标（审计目标指为了达到每个审计项目所确定的审计目的，而需由内部审计

人员通过具体审查来证明或解决的问题，即审计所需解决的主要问题）上。例如，审查某单位采购业务时，应重点审查：①采购计划；②材料采购合同；③购入材料的验收；④材料采购成本四个方面。内部审计人员就需确定相应的具体审计目标。如采购合同方面：是否制定合同执行标准，标准是否恰当；内控系统是否提供合同执行的及时、准确的资料；当合同执行情况不令人满意时，是否采取了相应措施等。

确定好审计目标以后，内部审计人员就要考虑为实现目标如何收集证据，采取什么方法收集证据以及时间、人员安排等，即编制审计方案。

三、经济效益内部审计方案的编制阶段

审计方案是实现一个审计项目的具体工作安排，它以书面文字形式说明审计项目的实施步骤，是一种有效的审计质量管理手段。

经济效益内部审计方案的一般格式如表 8-5 所示：

表 8-5　内部审计方案

被审计单位：××工厂
审计方式：就地审计
编制依据：××××年审计计划
审计项目：20××年企业各项管理机制
计划工作时间：20××年 2 月 10—28 日

审计重点	审计内容	时　间	人　员
1. 计划管理和业务决策	①计划管理制度 ②计划依据和指标 ③计划落实 ④完成计划的保证措施 ⑤业务决策和规定	2 月 12—14 日	王冰
2. 组织指挥	①机构设置 ②部门分工及职责 ③指挥是否得力	2 月 15—17 日	刘锐
⋮	⋮	⋮	⋮

四、经济效益内部审计的实施阶段

审计实施阶段就是运用各种审计方法执行审计方案的每一个具体步骤，它是审计工作的核心部分，也是审计工作最费时间的阶段。

实施阶段应注意的问题如表 8-6 所示。

表 8-6　实施阶段应注意的问题

实施阶段应注意的问题	修改审计方案	进行经济效益内部审计时，内部审计人员会有较大的主动性和灵活性。在审计实施阶段，虽然内部审计人员被要求必须按照审计方案中每一步骤收集证据，但是当其收到了新信息或获得预想不到的新发现时，便可以修改审计方案，而不是按原来的方案循规蹈矩。因为审计方案是内部审计人员审查审计项目的行动指南而不是一种束缚

| 实施阶段应注意的问题 | 收集具有充分性、可信性、相关性和有用性的证据 | 1．充分性
　　审计证据的数量是决定审计证据充分性的主要因素，只有当取得足够的审计证据，而且恰当、令人信服地反映被审计事项时，才能认为审计证据是充分的。在现代抽样审计中，收集证据的数量主要取决于样本规模，样本规模越大，对该项目抽取的样本越多，收集的证据也就越多。抽样审计按有关决策的依据不同可分为判断抽样和统计抽样。判断抽样是内部审计人员以自身的主观意识和经验为依据，决定抽查哪些以及抽取多少样本。统计抽查是内部审计人员以数理统计及概率论的原理为基础决定抽查的数量、选样的方式以及抽查结果的评价。当审查某一个审计项目时，如果内部审计人员能够依据自己的判断，确定审查重点，决定抽查内容和数量时，可采用判断抽样的方法。采用判断抽样时，应注意对以下项目适当扩大样本规模：①内控制度薄弱环节；②重点项目；③有代表性项目；④易收集成本较低的项目。内部审计人员如果不能够依据自己的经验审查重点和抽查数量时，可采用统计抽样的方法。
　　2．可信性
　　证据必须真实可靠，能够使内部审计人员作出恰当的结论。在一般情况下，证据受个人支配程度越小，被篡改和伪造的机会越少，可信性越大；反之，证据受个人支配程度越大，被篡改和伪造的机会就越大，可信性就越小。由此推论，从外单位获得的证据比从被审计单位内部获得的证据可信；通过观察、盘点获得的证据比从会计资料中获得的证据可信；从内控制度健全的环节获得的证据比从内控制度不健全的环节获得的证据可信。因此，内部审计人员在收集证据时，应考虑以上因素对证据可信性的影响。对于可信程度较高的资料可采用抽查法；而对于可信程度较低的资料，则要增加审计工作量，以保证其可信性。
　　3．相关性
　　审计证据应与被审计事项有内在联系，与审计目标保持一致并且明确而又直接地支持审计结论。
　　4．重要性
　　收集的证据是否有效，还取决于证据对被审计事项是否重要。证据的重要性包括两方面含义：①数量的重要性。一般情况下，对于同样的证据，金额大者比金额小者更重要。②性质的重要性。例如，销售成本计算错误，有可能是技术上的失误，也可能是因为作奸犯科者有意通过调节销售成本达到调节利润的目的。作为审计证据，后者比前者性质更重要。
　　充分性、可信性、相关性、重要性是审计证据的四个特征。内部审计人员执行审计方案时应收集充分、可信、相关和重要的证据，当证据缺少上述特征时，内部审计人员所作出的结论无异于一种推测，就其为改进工作提出改进建议而言，也只不过是一种不切实际的臆断 |
| | 编制审计工作底稿 | 　　工作底稿是内部审计人员在审计过程中编制和收集的文件和资料，它详细记录内部审计人员实施审计的具体过程以及所采取的步骤和方法，是编制内部审计报告的重要依据。
　　审计工作底稿的内容及形式随审计过程中遇到的审计技术的不同而有所不同。常见的工作底稿有：
　　1．工作事项表
　　是以笔记方式记载审计过程中所发现的疑点，应与被审计单位商洽的事项，以及与有关人员谈话或召开会议所做的记录等。 |

续表

实施阶段应注意的问题	编制审计工作底稿	2. 征询函 即内部审计人员为了弄清事实真相而向有关部门发出的征询函件。 3. 内部控制调查表 内部审计人员通过预先将所审查的内控制度以问题形式编制于表内，根据被调查人员的回答来对内控制度调查了解

五、经济效益内部审计的报告与事后查询阶段

经济效益内部审计的报告与事后查询阶段的内容如表 8-7 所示。

表 8-7　经济效益内部审计的报告与事后查询阶段的内容

经济效益内部审计的报告与事后查询阶段的内容	内部审计报告	内部审计报告是内部审计人员以审计工作底稿为基础所撰写的，它包括以下内容： 1. 背景 内部审计人员应将被审计单位的基本情况和性质等资料介绍给读者，以便使之对被审计单位的概况有所了解。背景资料应简明扼要，不宜过长。它包括下列内容：①审计理由；②组织机构、权限和职责；③被审计单位的宗旨；④经营管理特点；⑤预算数额。 2. 范围 包括业务范围和时间范围两部分。业务范围指审查经营管理业务的哪些方面；时间范围指审查什么时期的资料。 审计范围规定了内部审计人员的活动范围，但由于它通常受限于审计目的和准备阶段与查询阶段结果的综合结果，所以内部审计报告必须把审计规定的事情切实地传达给读者，需要说明的是，在财务报表审计中，审查范围是事先知道的，而经济效益内部审计原则不同，事先无法预料审计范围，只有待全部检查完成后，才能最后确定其全部范围。 3. 审计结论 在审计实施阶段，内部审计人员将所收集的审计证据与审计标准对照，经过综合分析，得出审计结论。审计结论包括两层含义：一是有效果、有效率、经济的审计结果；二是无效果、无效率、不经济的审计结果。当内部审计人员认为被审计单位的某些工作成果值得称颂时，可将这些审计结果写入报告，一方面有利于总结和推广经验，另一方面也可以融洽内部审计人员与被审计单位之间关系。阐明无效果、无效率和不经济的审计结果是经济效益内部审计报告的核心内容，内部审计人员必须将所发现的问题及其产生的原因，充分地反映在报告中，在内部审计报告中必须用实例向经营管理部门说明报告指明的相关内容对经营业务的不利影响，以引起管理部门的重视，同时慎重地鉴别导致不利情况发生的原因。这就要求内部审计人员必须对审计事项进行系统的分析。 4. 审计建议 审计建议是指内部审计人员提出被审计单位应当做些什么的简要提议，以推动和鼓励被审计单位改进工作。建议应该是合理的，但不一定是解决问题的唯一手段，也不被要求成为被审计单位必须遵循的准则。建议必须是切合实际的，特别是涉及被审计单位某些项目的重大变革时，做建议时应非常谨慎。 非常复杂的技术性经营管理问题会影响内部审计人员提出详细的审计建议，在这种情况下，内部审计人员应建议被审计单位安排有关专门技术人员提出切实可行的方案

续表

经济效益内部审计的报告与事后查询阶段的内容	同被审计单位进行讨论	效益审计是为被审计单位管理部门服务的，内部审计人员提出的改进建议仅供参考，不存在任何强制性措施。经济效益内部审计的过程就是确定被审计单位经营管理活动有无经济效益以及经济效益大小的过程，就是如何帮助被审计单位提高经济效益的过程。所以，内部审计人员在内部审计报告撰写完毕后同被审计单位进行讨论是不可缺少的重要步骤。同被审计单位讨论审计初稿具有如下作用：①使内部审计人员有机会听取被审计结论的合理性，能保证审计工作质量。②为被审计单位接受合理的审计结论、执行能带来效益的审计建议创造了机会。 当讨论内部审计报告初稿时，内部审计人员可能得到与审计结论和建议不同的看法，在这种情况下，内部审计人员必须对被审计单位的意见给予充分的考虑，对于新信息，确认其正确性和合理性，并根据具体情况修改内部审计报告
	事后查询	内部审计报告确认了被审计单位经营管理上的缺陷，并提出了改进建议。但是，随着被审计单位经营活动的进行，依然存在审计工作所揭露缺陷继续存在的可能性。所以，在内部审计报告落实后，进行事后查询是进行经济效益内部审计必不可少的重要步骤。事后查询主要是确定被审计单位是否对报告中提出的管理缺陷采取了措施，以及这些措施是否令人满意。内部审计人员也可根据情况把事后查询列入下一个例行安排的审计计划

第四节　业务经营内部审计

一、销售业务效益的审查

对销售业务效益进行审查，也是评价企业销售的利润水平的高低。其重点是市场销售量变化所体现的效益。影响销售量变化的因素，既有市场购买力和其他企业上市同类产品的影响，也涉及企业本身销售决策的品种结构、质量、成本、售价、促销方式及销售服务等各方面（见表 8-8）。

表 8-8　销售业务效益的审查项目

销售业务效益的审查项目	销售计划的审查	产品销售前期，企业应进行市场需求的调查，根据调查结果和以前记录的销售价格与销售量的变化趋势等资料，预测销售量，确定销售价格，提出销售计划，以便生产部门根据销售计划安排生产。 （1）产品销售量的审查。内容包括审查计划的各种产品销售量的依据是否可靠，预测销售量所用的资料和方法是否可靠和适当，审查企业生产的产品品种、质量、包装等因素是否符合市场需要，并根据市场调查的销售预测与每种计划销售量进行核对，看结果是否一致。 （2）销售价格审查。审查计划的销售价格是否处于最佳水平，是否有利于产品扩大销售量，增加竞争力，提高销售收入。确定计划价格时是否考虑产品在市场上可能产生的价格波动，而留有余地。在审查计划销售价格和计划销售量时，可以通过市场调查的方法和统计的方法来确定价格与销售量的关系，也可以用量本利分析方法进行检查。

销售业务效益的审查项目	销售计划的审查	（3）销售计划执行的审查。审查内容有：销售计划是否分解落实到责任人；是否制订合理的销售作业计划；销售价格、设计乃至产品由于市场的变化而变化的情况及竞争对手的产品和他们最新发展的信息，企业是否能及时获得反馈；决策部门能否根据反馈信息，正确地作出消除偏差的决策；执行人员是否认真采取相应的纠偏措施。 （4）销售计划完成的审查。首先将销售收入的实际总金额与计划进行比较，计算销售计划完成的百分数，然后运用因素分析法检查影响计划完成的原因，内部审计人员可以从产品销售数量和单位售价两个因素考虑，它们的变动对销售收入的影响分别为： 销售数量变动的影响=$\sum$〔（实际销售数量-计划销售数量）×计划单位售价〕 销售单位变动的影响=$\sum$〔（实际单位售价-计划单位售价）×实际销售数量〕
	对销售人员管理风格的审查	在将审计工作与效益联系起来时，内部审计人员还应注意销售机构管理风格。不能把无理、蛮横的态度当作销售人员成功的秘诀；推销人员应经深思熟虑后才去进行某项工作；健全奖惩制度，如果推销人员经过工作不能获得较好的成果，就应考虑将其解雇；鼓励推销人员通过与客户的联系而得到进一步扩大销售业务，一旦成绩突出，就应予以嘉奖，嘉奖的方式可以是经济上的，也可以是权利上的；为了更好地工作，推销人员还应掌握他所服务行业的相关知识。 审计应能揭示企业在执行上述工作中存在的缺陷，进一步改进销售科室的状况，以提高效益
	销售服务质量的审查	销售服务表现在通过对用户的调查以获得他们对企业产品是否满意的情况。研究用户对产品的意见主要出自哪些方面。审查时，主要看企业向客户提供的产品介绍资料是否恰如其分，所介绍的产品性能和质量是否真实可靠；分析产品销售过程中向客户提供的各种方便和服务项目，如送货上门、代办运输、安装调试和指导操作以及交货时间地点，是否尽量满足客户的要求；产品销售后，是否与用户保持联系，以随时关心用户的使用情况，并能及时提供维修。内部审计人员还应当注意分析意见的实质内容，以获得新的信息。 由于销售服务关系到企业信誉，是扩大产品销路的重要方面，因此，这项工作必须由可靠的人员来担当
	产品宣传方式的审查	宣传是构成企业销售内容的重要方面，因此，应引起足够重视。企业通过电视、广告等媒介，以及参加展销会、订货会、促销刺激和开展公共关系活动等推销工作，以保持生产的持续发展。 内部审计人员可以通过与公共关系的接触获得一些客观评价，比较采用某一个宣传方式前后的实际销售数量的变化，以此来评估企业的宣传效果。如果企业未能掌握较好的推销方式，应该通过审计揭示出来
	销售利润完成情况的审查	销售利润是企业利润的主要组成部分，是反映销售经济效益的重要指标。销售利润又是一个综合性指标，它受诸多因素的影响。审查时，可计算销售利润计划的完成和利润比上年的增长率，以便确定销售利润计划的完成情况，然后审查影响利润增减变动的原因，从而恰当评价企业的销售经营效益。 影响销售利润增减原因有销售数量变动、销售品种结构变动、销售单价的变动、产品成本变动、期间费用的变动、税率的变动等方面

二、生产效益的审查

生产始终是企业的主体，就销、产、供这条主线而言，生产是它的中心环节。产品是否适销对路，从品种、质量、功能、式样都需要生产的不断开拓；生产过程又是投入的过程，而成本指标正是投入与产出的对比。为审计调查方便，可分别就生产、成本、新产品的开发逐一审查，然后进行综合分析其经济效益。

由于实施此项审计涉及若干生产、技术的问题，可以请企业指派精通生产技术的工程师与内部审计人员一道进行审计（见表 8-9）。

表 8-9　生产效益的审查项目

生产效益的审查项目	生产计划制订的审查	如果没有对整个生产进行计划，生产就不能顺利进行。内容包括审查计划的生产数量是否与市场的预测情况相符；从接到生产命令开始，是否有合适的工具与设备配置等；计划的生产数量与成本能否实现企业的目标利润（审查时可以采用量本利分析）；能否灵活应对市场的变化而调节生产；生产计划是否优先保证客户合同的履行，能否满足个别顾客的特殊要求；（内部审计人员可以采用线性规划分析）生产计划是否与企业的经济资源、生产能力相平衡
	生产组织和生产工艺流程的审查	1．生产组织的审查 生产组织是将各种生产资料和劳动力在时间和空间上合理安排生产的管理活动。审查时应以生产作业计划及其执行情况为依据，着重审查专业化水平的高低，能否缩短更换工序的准备、终结和调整时间；生产各阶段、各工序之间的流动在时间上是否连续；各生产环节协调性的高低，能否保持生产过程的协调比例；生产组织能否适应市场的变化，灵活地进行多品种、小批量的生产。 2．生产工艺流程的审查 对生产工艺流程的审查主要包括分析企业所选择的工艺方案能否适应生产类型及生产作业布局，适应其配套的设备、原料、技术与管理水平等条件；分析所选择的工艺是否既经济又满足生产需要；审查工艺方案是否得到认真的执行，不适应的工艺制度特别是关键的工艺制度是否被及时修改
	成本效益的审计	成本效益的审计包括目标成本评价、成本计划的制订和对计划执行的审查。 1．目标成本决策评价 在产品设计阶段，就应进行成本的效益评价。因为产品的成本水平，主要决定于设计过程所选择的产品结构、材料品质、加工精度和工艺流程。当产品设计方案一经确定并投产后，再去寻求降低成本的途径，收到的效果就会很有限，所以产品成本节约的潜力主要是在设计。 （1）目标成本制定的评价。通过市场的调查和经济预测，由此预测销售数量和单位售价。企业在保证盈利目标的基础上，来确定产品设计的目标成本，确定的方式为：目标成本＝预测销售收入－盈利目标。 通过此项评价方法，可保证一定的盈利水平而产生相适应的目标成本，使成本与收益保持紧密的有机联系。对产品设计的目标成本进行分配，可以根据不同的生产类型，采用各种适当的做法，如按产品结构分配，即将目标成本按产品的部件或组件加以划分，进行分配；或按产品项目分配，将目标成本根据材料、配件、工资等项目加以划分。内部审计人员在对产品目标成本的分配进行审查时，应分析材料、人工、费用等的测算工作，并对其可靠性、合理性、效益性提供建议。

生产效益的审查项目	**成本效益的审计**	在评价目标成本制定的基础上，内部审计人员还应采用价值工程评价的方法，协调产品功能与成本，从中检查产品的主要零件、部件的功能是否与耗用的成本价值相适应，从而进一步降低成本。 （2）价值工程评价。价值工程就是将产品的功能与产品的成本相对比，衡量其得到的价值（价值=功能/成本）是否合算。如果成本超过功能，这种价值就不合算，应当设法降低成本；反之，如果成本低，却不能保证产品应有的功能，这种价值也不合理。应在合理保证产品应有功能的前提下，采用低价代用的材料，简化产品结构，运用最佳工艺流程，节约各项费用开支，从而提高这种产品价值中功能与成本的比值。 内部审计人员可从以下几个方面进行评价：在符合目标成本的条件下，检查能否对影响产品主要功能的结构或用料加以改进，以提高功能而不增加或少增加产品成本，并相应提高售价；对成本比重大、关键的零部件，检查其在满足整体产品的功能要求时，是否有超过此项要求而造成本身功能过剩。对于功能过剩的零部件，应建议采取改进结构、用料、用工或工艺等方面，消除存在的功能过剩，寻求降低成本的潜力。 通过对产品功能的评价和对产品成本的分析，正确处理产品功能与成本的关系，确保产品的功能并保持合理的成本水平，从而达到在产品设计上降低产品成本。 2. 产品成本计划制订和控制的审查 （1）产品成本计划制订的审查。审查成本计划制订的依据是否可靠；收集的各种数据资料的成本预测资料、定额资料（材料定额、工时消耗定额、费用消耗定额）、厂内结算价格是否合理；单位产品的计算是否翔实。 （2）产品成本控制的审查。审查企业是否将成本计划指标层层分解，落实到各责任部门和个人；审查各种监督制度和信息系统是否建立和健全，企业是否定期将实际成本与计划成本比较，并对发现的偏差及时采取纠正措施。 3. 产品成本计划完成情况的审计 审查时，将实际成本与计划成本比较，考核产品成本完成的情况；再进行因素分析，分别就产品产量、单位成本和产品品种结构变动对成本计划的完成情况造成哪些影响；至于产量、单位成本、品种结构为什么变动，则应深入审查其具体原因
	新产品开发及其效益的审查	为了保证新产品开发能够提高企业的经济效益，就必须对企业新产品开发组织的有效性和开发程序的合理性进行审查。 1. 新产品开发组织机构的审查 审查开发组织形式、人员编制、责任权限、业务工作情况；审查开发人员工作的能力、配备、专业水平、责任心；审查技术情报管理和市场情报管理，开发情报是否围绕产品开发的研究方向，是否有推广的价值。 2. 新产品开发过程的审查 （1）新产品开发程序的审查。包括研究阶段、创意阶段、编制设计任务书，新产品设计试制和实验阶段，试销后的市场情况的跟踪调查的审计。 （2）新产品开发进度管理审查。包括开发日程计划安排的合理性以及对开发进度控制的审查。 3. 新产品开发效益的审查 （1）筛选阶段效益的审查。通过使用量本利分析方法等，剔除不能盈利的新产品。 （2）新产品投资效益的审查。将新产品的实际投入与所获的利润与计划相比较，评价指标如成本利润率、投资回收期、会计收益率等

三、资金使用效益的审计

资金使用效益是一个综合性的审计，其效益的高低受到经营过程中各个环节的影响。要提高资金使用效益也必须到生产经营的各环节去找原因、找对策。由于前面我们已讨论了生产经营的各环节，所以在这部分我们将重点放在资金本身的管理和运用的有效性上，主要讨论流动资金利用效益、固定资产利用效益、长期投资利用效益的审查。

（一）流动资金利用效益的审查

流动资金利用效益的审查主要审查流动资金构成、流动资金增减变动、流动资金周转速度、流动资金运用效果等方面（见表 8-10）。

表 8-10　流动资金利用效益的审查项目

	流动资金构成及增减变动的审查	流动资金的构成主要项目有存货、应收账款、货币资金。内部审计人员需要审查上述各项流动资金占全部流动资金的比重，并将之与以前年度的同期资料相比，考察其变动是否合理，是否会对企业资金的运用产生影响。
流动资金利用效益的审查项目	流动资金周转速度的审查	流动资金周转速度的快慢表明了流动资金使用效率的高低，周转快说明较少的资金占用完成较多的生产经营和盈利，反之，则说明资金占用过多或有积压，影响经济效益。评价全部流动资金的周转速度，存货的周转速度与应收账款的周转速度的计算指标如下： $$流动资金周转速率=\frac{产品销售收入}{流动资金平均余额}$$ $$流动资金周转天数=\frac{流动资金平均余额 \times 分析期天数}{分析期的产品销售收入}$$ $$=\frac{分析期天数}{流动资金周转天数}$$ 存货周转率不仅可以反映资金周转的情况，还可衡量存货的储存是否适当，是否能保证生产不间断地进行和产品的销售。内部审计人员还可分别计算储备资金、生产资金、成品资金的周转速率，考察在供、产、销阶段的运营情况。在供应方面，是否存在超储和呆滞材料，是否及时组织进料；生产方面，生产批量安排是否合理，生产流程是否紧凑，销售方面是否通畅等。 $$存货周转率=\frac{产品销售成本}{存货平均余额}$$ 应收账款的周转速度既反映了其转换为货币资金的能力，也反映了由于产品的销售而占用多少资金。 $$应收账款周转率=\frac{产品销售收入}{应收账款平均余额}$$ 内部审计人员可将各阶段资金的周转速度同历史指标和同行业进行比较和分析，评价各阶段资金的使用效率及分析影响效率的具体原因。通过缩短采购、储备、生产、销售的时间，提高资金的周转率
	流动资金运用效果的审查	审查流动资金运用效果的指标主要有产值资金率、销售收入资金率、流动资金利润率和流动资金周转率（上文已介绍）4 种。审查流动资金运用效果的目的是寻求节约资金，加速资金周转的途径。 （1）产值资金率。即完成 1 元的产值占用多少流动资金。反映流动资金用于生产的效果。

流动资金利用效益的审查项目	流动资金运用效果的审查	$产值资金率=\dfrac{流动资金年平均余额}{年工业总产值（按不变价格）}$ （2）销售收入资金率。即 1 元的销售收入占用流动资金数，反映了流动资金用于销售产品方面的效果，同时反映了销售部门的工作效率和成果。 $销售收入资金率=\dfrac{流动资金年平均余额}{产品销售收入}$ （3）流动资金利润率。即 1 元的产品销售利润要占用多少流动资金。 $流动资金利润率=\dfrac{利润总额}{流动资金年平均余额}$ 内部审计人员可以将实际指标与计划指标或历史指标对比，将实际指标与同行业指标对比，作出流动资金利用效益高低的评价，并找出差距的原因，提出相应的建议

（二）固定资产利用效益的审查

固定资产利用效益的审查，主要从固定资产组成的合理性及设备使用和效益进行审查（见表 8-11）。

表 8-11　固定资产利用效益的审查项目

固定资产利用效益的审查项目	固定资产组成的审查	对固定资产组成的审查，就是考察固定资产在总资产中所占的比重，以及各固定资产项目结构，以反映固定资产的备置是否合理，是否优化，能否保证生产经营的正常开展。
	设备使用及其效益的审查	审查企业是否充分利用设备，可根据按台数计算的设备利用率来了解有多大比重的设备在投入使用。审查设备工作时间的利用情况有以下指标： $日历时间利用率=\dfrac{实际工作时间（日）}{日历时间（日）}$ $制度台时利用率=\dfrac{实际使用台时数}{设备的制度台时数}$ $计划开工设备台时利用率=\dfrac{实际使用台时数}{计划开工台时数}$ 其中，制度台时数=制度开工天数×制度每天开工班数×每班开工小时数×设备台数 通过计算上述指标，与计划数、历史指标进行比较，揭示设备时间利用率
	固定资产运用效果的审查	固定资产运用效果反映了生产经营成果与固定资产两者之间的比例关系，如计算单位设备小时产量、固定资产产值率、销售收入中固定资产占用量、固定资产利润率等指标，将实际情况与计划或历史指标进行比较，以评价固定资产利用所取得的效益

（三）长期投资利用效益的审查

企业的长期投资行为主要包括购建固定资产及对现有的固定资产进行更新改造。对长期投资利用效益的审查主要从投资决策和投资使用的效果进行分析（见表 8-12）。

表 8-12　长期投资利用效益的审查项目

长期投资利用效益的审查项目	固定资产投资的审查	（1）固定资产投资决策和计划的审查。企业在进行固定资产投资决策前，应开展投资项目的可行性分析。其重点是研究项目的必要性、技术上的可行性以及经济上的合理性等。 内部审计人员对可行性研究的审查，主要是校核原来的数据是否真实可靠，有无计算错误，所依据的数据及论点是否科学，所下的结论是否可信。对计划任务书的内容应予核实并查看其内容是否与可行性研究相一致。所审查的几个关键问题包括分析产品市场预测情况；项目规模及技术；原材料、能源及公用设施情况；投资估算和资金来源及投资项目的经济效益等。 对固定资产投资项目经济效益的分析是审查的重点，主要考察指标有静态指标和动态指标。静态指标是指在计算中不考虑货币时间价值因素的指标，主要包括投资回收期、投资报酬率、原始投资回收率等。动态指标是指在计算过程中必须充分考虑货币时间价值，并通过净现值、内部收益率等指标来衡量。因此要较为准确地分析投资效益，就要采用动态指标进行分析。 对于单一投资项目的决策，则主要考虑该项目净现值是否大于零、内部收益率是否大于行业平均收益率或设定的折现率、回收期是否短等。对多个互斥方案进行决策时，如果各方案原始投资额相同，则可采用比较其净现值的方法，净现值最大的方案优先；如原始投资额不等，则可比较各方案的内部收益率，内含报酬率最大者优先。 （2）固定资产投资使用效果的审查。固定资产使用效果表现在企业投入资金是否能够为企业带来预期的收益。审查时通常利用反映投资资金使用效果的各项指标的实际数与决策时的预期数相比较，分析投资目标和计划的实现程度、项目的投资资金是否达到了预期的投资效果。主要评价指标有上述提到的投资收益率、投资产值率、投资回收期、净现值、内含报酬率等指标
	技术改造及其效益的审查	除新建项目外，现有企业往往还有老厂改建、扩建及固定资产更新和技术改造项目等的投资决策。这些项目与新建项目相比具有一定的特殊性。因此，在计算这些项目的经济指标时，是以改、扩建与不改、扩建相对应的增量现金流入和增量现金流出为计算的基础

四、筹资业务的审查

筹集企业所需的资金是企业生存及发展的重要环节，所以筹资理财活动也是企业经营活动中的主要业务（见表 8-13）。

表 8-13　筹资业务的审查项目

筹资业务的审查项目	筹资可行性的审查	可行性审查主要被用来审查资金成本的高低，对于筹资额相同的两项借款，应该选择资金成本率低的一种。但企业的筹资是各种筹资方式的组合，所以对企业在单项筹资间的决策进行审查时，应个别分析各种单项筹资的资本成本，并计算综合加权平均的资金成本率
	筹资总量的审查	任何企业的筹资能力都是有限的，在这一限度上，企业的筹资是否科学，还取决于各种资金成本的变化率。对总量的审查，主要使用筹资突破点和边际成本的方法来审查。

续表

筹资业务的审查项目	筹资总量的审查	筹资突破点是指在保持资金成本率的条件下可以筹集到的资金总限度，也就是说，一旦筹资额突破了筹资突破点，在原有的结构下资金成本率会增加。筹资突破点的计算可以大致衡量企业筹资总额是否适当。 边际资金成本率是指资金每增加一个单位而增加的成本比率。如果企业无法以某一固定资金成本率筹措资金，那么当资金总额超过突破点时，还应当审查一定筹资额的筹资会引起资金成本率怎样的变化。因此，内部审计人员需要通过计算边际资金成本率来审查总量是否适当。由于筹资多为组合投资形式，通常考虑加权平均的边际资金成本率
	筹资结构的审查	由于筹资比例不同，将直接影响综合资金成本率，所以必须对资本结构进行审查。其关键在于审查最佳资本结构是否得当，其衡量标准是企业综合加权平均成本的高低。对于拟定的或由突破点计算得到的筹资总额，通过分别测算不同的投资方案的加权平均资金成本，比较大小而确定选择的最佳结构，即确定为应选方案
	筹资风险（或财务风险）的审查	筹资风险是指由于企业的筹资原因给企业的财务成果带来的不确定性。风险来源于借入资金与权益资金比例的大小，以及企业资金利润率与借入资金利息率差额上的不确定。通过风险审查可以衡量企业借入资金与权益资金的比例是否恰当，进而提供改进筹资计划的依据

第五节　质量内部审计实务

质量内部审计的目标是：

（1）了解内部和外部的客户，确定各类客户的共同需要和个别客户的具体需要。

（2）确定用于满足客户需要的具体产品和服务的属性，了解这些产品是如何满足客户需要的。

（3）了解及评价过程和过程控制，特别是产品生产、运送和服务的过程控制。

以上目标都应通过具体的审计程序来达成，审计的内容包括以下几个方面。

一、满足客户需要的审查

满足客户需要的审查项目如表 8-14 所示。

表 8-14　满足客户需要的审查项目

满足客户需要的审查项目	高质量和低成本的审查	过去的顾客经常不得不在高质量和低成本中作出选择，但现在的顾客都希望产品质量高、成本低。而高质量的审查通常与效率、效果、可靠性、耐久性、美观、详细说明书和服务水平相关。而相关的成本审查就在于看企业是否以较低的成本生产更多的产品和服务
	订货到交货的时间的审查	缩短从订货到交货的时间，既提高了顾客的满意程度，又提高了生产的效率和降低了成本
	满足个别顾客特殊需求的灵活性审查	企业能否在技术上与低成本两方面同时满足个别顾客对产品的特殊需要
	审查产品和服务的规范化	在世界范围内，大多数的产品和服务的精确的规范标准已经出台，可据此审查企业产品和服务是否达到标准
	服务质量的审查	是否热情、友好，并能迅速、准确地回答顾客的询问

二、产品和服务的属性的审查

在充满竞争的时代，不能满足顾客需要的产品和服务几乎是卖不出去的，因此，今天成功的企业非常重视顾客的需要，而是否满足顾客需要的答案就具体体现在产品和服务中。

内部审计人员应确认：

（1）顾客的需求是否落实到产品的设计中；

（2）经检验其产品在多大的程度上满足这些要求；

（3）送交的产品是否符合这些要求。

三、生产和送交程序的审查

内部审计人员可在如表 8-15 所示的项目中审查生产和送交程序。

表 8-15　生产和送交程序的审查项目

生产和送交程序的审查项目	一般条件的审查	审查的内容包括全体员工对组织的总体任务和目标是否有共同的理解；是否树立顾客第一的观念；是否对每个员工进行质量管理技术培训；员工之间是否有良好的合作与沟通；对设备与装置是否有严格的维修计划等
	一般原则的审查	审查的内容包括在生产过程方面是否增加"瓶颈点"的容量；是否尽量减少改变生产计划的次数；是否尽可能缩短生产筹建时间；是否有可靠的供应商；是否合理安排工作地点，减少物品的运送时间和距离等
	能否满足个别顾客需要的审查	（1）审查能否根据订单小量、快速转换生产的品种和规模，满足个别顾客的需要。 （2）审查应用产品或服务纲要是否向顾客详细介绍个别产品和服务情况。 　　一个产品通常有几种不同的设计。产品纲要除着重介绍相同的部分外，还应详细介绍不同点，这样就达到给顾客介绍了许多产品的目的。此外，由于产品纲要列示了各种产品的共性，还为不同产品的统一生产提供了基础，从而避免了因不同的产品和部件建立不同的生产线所造成的成本高的缺点
	过程的质量控制的审查	在过程质量控制中有两种不同的原理：统计的和非统计的质量控制。 　　1. 运用统计质量控制的原理审查 　　任何稳定的生产过程所生产的产品的特性构成了一个稳定的统计分布。生产过程如果缺乏统计的稳定性就预示着存在问题。通过监测生产过程的统计的稳定性，就能知道生产何时失去控制，并知道产品质量何时存在问题。通过对生产过程进行调整就可以重新获得统计的稳定性。 　　提高质量通常可通过提高统计分布的平均数和减少变异来实现，参考这一新的统计分布来实现对质量控制进行监测。 　　内部审计人员应证实统计控制系统的可靠性和完整性，工作人员是否具有理解与使用该系统的能力。这种审计还要求认真研究已记录的生产活动控制图。 　　2. 非统计质量控制 　　菲利普·克洛斯柏提出使用小组定位的分析方法来达到零缺陷。这种方法的重点在于从组织的每个人那里获得努力完成工作的承诺实现质量控制。菲利普·克洛斯柏认为，达到这种成效的途径是：管理部门对质量的承诺；小组定位；对人员的质量管理技术教育；明确具体质量属性的衡量标准；建立既能修正错误，又能消除错误根源的生产系统；对员工的优良业绩予以确认。 　　内部审计人员应审查非统计质量控制技术的使用和有效性。 　　大多企业结合使用了统计和非统计的质量控制方法进行审查。内部审计人员应指明质量控制网络中潜在的弱点并建议加强的方法

第六节　管理内部审计实务

管理内部审计的主要内容包括企业目标、企业信誉、企业组织与投资者的经营关系、公司内部管理与职工关系、管理有效性等方面的审查。

一、企业目标的审查

如果人们在管理上没有理解企业的真正目标，企业便很可能缺乏竞争力、有效性和营利性。企业的目标并不仅仅是尽可能地取得最大利润，而是要满足多方面的需求。由于企业的目标总是在发展变化，所以企业应有合适的长远规划与之相适应。

内部审计人员应按下列要求来评价企业目标：企业目标是否非常清楚和现实，是否可行；企业目标是否能随环境变化而发展；从经验和未来的计划来看，企业目标是否最可能实现；企业目标是否能为企业的指导提供可靠的基础；企业目标与其他各种目标是否协调，是否紧密结合在一起。

二、企业信誉的审查

内部审计人员应客观评价企业的一般公共关系以及它在从事经营的工商领域内的信誉。

对企业信誉的了解，通常可以通过企业的情报机构掌握一部分，但最主要的方法还是通过营销研究来予以落实。内部审计人员应审查企业是否按期履行经济合同，能否及时交货；调查企业与其他企业间在解决合作经营方面所产生的困难；调查企业的产品和明显的涨价是否得到消费者的认同；调查企业在销售中是否提供了更多更好的服务。

三、企业组织与投资者的经营关系的审查

内部审计人员应分析投资者的报酬率与资本收益是否超过过去，股票的市价是多少，并将分配给股东的股利与同行业进行比较；企业是否为股东们提供大量、及时、清楚的信息；投资者对公司的分配政策持有什么看法；如果计划扩大公司规模，是否很容易追加投资；公司用借款购置的固定资产是否得到充分利用。

四、公司内部管理与职工关系的审查

管理者和职工关系如果不协调，就会产生许多问题，如影响生产秩序和工时拖延，使管理增耗且无效，所以在管理人员和雇员之间建立一种良好的信息沟通系统是最基本的。内部审计人员应对以下各方面进行审查：

（1）考察管理人员是否对职员进行合适的任命，形成有利于职员完成工作的协作环境，保证职员在规定的时间里进行有价值的活动，促使生产有效、顺利地进行。

（2）考察是否给职员一些公开的机会以表达他们的建议与不满，并与高层管理人员增进了解；人事管理人员是否去车间现场，并保持与工人联系，听取工人对生产的及时反映。

（3）考察当企业的目标发生变化，或者当其主要生产发生明显的转变时，是否及时把这些变化告诉职工。

内部审计人员应对管理者和职工之间关系的有效性和信息沟通提出切实可行的建议。

五、管理有效性的审查

在对管理有效性的评价及报告中，内部审计人员应运用各种技巧和丰富的实践经验，保证

对管理组织主要方面的变化起到促进作用。在评价时，必须充分重视人的因素，以便作出符合现实的公正评价。

文案范本

企业综合绩效评价实施细则范本

第一章　引　　言

第一条　为规范开展企业综合绩效评价工作，有效发挥综合绩效评价工作的评判、引导和诊断作用，推动企业提高经营管理水平，特制定本实施细则。

第二条　开展企业综合绩效评价应当充分体现市场经济原则和资本运营特征，以投入产出分析为核心，运用定量分析与定性分析相结合、横向对比与纵向对比互为补充的方法，综合评价企业经营绩效和努力程度，促进企业提高市场竞争能力。

第三条　开展企业综合绩效评价应当制定既符合行业实际又具有标杆引导性质的评价标准，并运用科学的评价计分方法，计量企业经营绩效水平，以充分体现行业之间的差异性，客观反映企业所在行业的盈利水平和经营环境，准确评判企业的经营成果。

第四条　企业综合绩效评价工作按照产权管理关系进行组织，国资委负责履行其出资人职责企业的综合绩效评价工作，企业集团（总）公司负责其控股子企业的综合绩效评价工作。

第五条　对企业年度综合绩效评价工作，一般要结合对企业年度财务决算审核工作组织进行；对企业任期综合绩效评价工作，一般要结合对企业负责人任期经济责任审计组织实施。

第二章　评价指标与权重

第六条　企业综合绩效评价指标由22个财务绩效定量评价指标和8个管理绩效定性评价指标组成。

第七条　财务绩效定量评价指标由反映企业盈利能力状况、资产质量状况、债务风险状况和经营增长状况4个方面的8个基本指标和14个修正指标构成，以用于综合评价企业财务会计报表所反映的经营绩效状况。

第八条　对企业盈利能力状况通过净资产收益率、总资产报酬率2个基本指标和销售（营业）利润率、盈余现金保障倍数、成本费用利润率、资本收益率4个修正指标进行评价，以反映企业一定经营期间的投入产出水平和盈利质量。

第九条　对企业资产质量状况通过总资产周转率、应收账款周转率2个基本指标和不良资产比率、流动资产周转率、资产现金回收率3个修正指标进行评价，以反映企业所占用经济资源的利用效率、资产管理水平与资产的安全性。

第十条　对企业债务风险状况通过资产负债率、已获利息倍数2个基本指标和速动比率、现金流动负债比率、带息负债比率、或有负债比率4个修正指标进行评价，以反映企业的债务负担水平、偿债能力及其面临的债务风险。

第十一条　对企业经营增长状况通过销售（营业）增长率、资本保值增值率2个基本指标和销售（营业）利润增长率、总资产增长率、技术投入比率3个修正指标，以反映企业的经营增长水平、资本增值状况及发展后劲。

第十二条　企业管理绩效定性评价指标包括战略管理、发展创新、经营决策、风险控制、基础管理、人力资源、行业影响、社会贡献8个方面的指标，主要被用来反映企业在一定经营期间所采取的各项管理措施及其管理成效。

（一）战略管理评价主要反映企业所制定战略规划的科学性，战略规划是否符合企业实际，员工对战略规划的认知程度，战略规划的保障措施及其执行力，以及战略规划的实施效果等方面的情况。

（二）发展创新评价主要反映企业在经营管理创新、工艺革新、技术改造、新产品开发、品牌培育、市场拓展、专利申请及核心技术研发等方面的措施及成效。

（三）经营决策评价主要反映企业在决策管理、决策程序、决策方法、决策执行、决策监督、责任追究等方面采取的措施及实施效果，重点反映企业是否存在重大经营决策失误。

（四）风险控制评价主要反映企业在财务风险、市场风险、技术风险、管理风险、信用风险和道德风险等方面的管理与控制措施及效果，包括风险控制标准、风险评估程序、风险防范与化解措施等。

（五）基础管理评价主要反映企业在制度建设、内部控制、重大事项管理、信息化建设、标准化管理等方面的情况，包括财务管理、对外投资、采购与销售、存货管理、质量管理、安全管理、法律事务等。

（六）人力资源评价主要反映企业人才结构、人才培养、人才引进、人才储备、人事调配、员工绩效管理、分配与激励、企业文化建设、员工工作热情等方面的情况。

（七）行业影响评价主要反映企业主营业务的市场占有率、对国民经济及区域经济的影响与带动力、主要产品的市场认可程度、产品是否具有核心竞争能力以及产业引导能力等方面的情况。

（八）社会贡献评价主要反映企业在资源节约、环境保护、吸纳就业、工资福利、安全生产、上缴税收、商业诚信、和谐社会建设等方面的贡献程度和社会责任的履行情况。

第十三条 对企业管理绩效定性评价指标应当根据评价工作需要做进一步细化，能够量化的应当采用量化指标进行反映。

第十四条 企业综合绩效评价指标权重实行百分制，对指标权重依据评价指标的重要性和各指标的引导功能，通过征求咨询专家意见和组织必要的测试进行确定。

第十五条 将财务绩效定量评价指标权重确定为 70%，管理绩效定性评价指标权重确定为 30%。在实际评价过程中，对财务绩效定量评价指标和管理绩效定性评价指标的权数均按百分制设定，并分别计算分项指标的分值，然后按 70：30 折算（各评价指标权重见附件 2）。

第三章 评价标准选择

第十六条 财务绩效定量评价标准可划分为优秀（A）、良好（B）、平均（C）、较低（D）、较差（E）五个档次，管理绩效定性评价标准可分为优（A）、良（B）、中（C）、低（D）、差（E）五个档次。

第十七条 对应五档评价标准的标准系数分别为 1.0、0.8、0.6、0.4、0.2，差（E）以下为 0。标准系数是评价标准的水平参数，反映了评价指标对应评价标准所达到的水平档次。

第十八条 评价组织机构应当认真分析判断评价对象所属行业和规模，正确选用财务绩效定量评价标准值。

第十九条 对企业财务绩效定量评价标准值的选用，一般应根据被评价企业的主营业务领域通过对照企业综合绩效评价行业基本分类，自下而上逐层遴选企业适用的行业标准值。

第二十条 对多业兼营的集团型企业财务绩效指标评价标准值的选用应当区分主业突出和不突出两种情况：

（一）存在多个主业板块但某个主业特别突出的集团型企业，应当采用该主业所在行业的标准值。

（二）存在多个主业板块但没有突出主业的集团型企业，可对照企业综合绩效评价行业基本分类，采用基本可以覆盖其多种经营业务的上一层次的评价标准值；或者根据其下属企业所属行业，分别选取相关行业标准值进行评价，然后按照各下属企业资产总额占被评价企业集团汇总资产总额的比重，加权形成集团评价得分；也可以根据集团的经营领域，选择有关行业标准值，以各领域的资产总额比例为权重进行加权平均，计算出用于集团评价的标准值。

第二十一条　如果被评价企业所在行业因样本原因没有统一的评价标准，或按第二十条规定方法仍无法确定被评价企业财务绩效定量评价标准值，则在征得评价组织机构同意后，直接选用国民经济十大门类标准或全国标准。

第二十二条　根据评价工作需要可以分别选择全行业和大、中、小型规模标准值实施评价。对企业规模划分执行国家统计局《关于统计上大中小型企业划分办法（暂行）》（国统字〔2003〕17 号）和国资委《关于在财务统计工作中执行新的企业规模划分标准的通知》（国资厅评价函〔2003〕327 号）的规定。

第二十三条　由于管理绩效定性评价标准具有行业普遍性和一般性，在进行评价时，应当根据不同行业的经营特点，灵活把握个别指标的标准尺度。对于定性评价标准没有列示，但对被评价企业经营绩效产生重要影响的因素，在评价时也应予以考虑。

第四章　评价计分

第二十四条　对企业综合绩效评价计分可采取功效系数法和综合分析判断法，其中：功效系数法用于财务绩效定量评价指标的计分，综合分析判断法用于管理绩效定性评价指标的计分

第二十五条　财务绩效定量评价基本指标计分是指按照功效系数法计分原理，将评价指标实际值对照行业评价标准值，按照规定的计分公式计算各项基本指标得分。计算公式为：

基本指标总得分=Σ单项基本指标得分

单项基本指标得分=本档基础分+调整分

本档基础分=指标权数×本档标准系数

调整分=功效系数×（上档基础分−本档基础分）

上档基础分=指标权数×上档标准系数

功效系数=（实际值−本档标准值）/（上档标准值−本档标准值）

本档标准值是指上下两档标准值居于较低等级一档。

第二十六条　对财务绩效定量评价修正指标的计分是在基本指标计分结果的基础上，运用功效系数法原理，分别计算盈利能力、资产质量、债务风险和经营增长四个部分的综合修正系数，再据此计算出修正后的分数。计算公式为：

修正后总得分=Σ各部分修正后得分

各部分修正后得分=各部分基本指标分数×该部分综合修正系数

某部分综合修正系数=Σ该部分各修正指标加权修正系数

某指标加权修正系数=（修正指标权数/该部分权数）×该指标单项修正系数

某指标单项修正系数=1.0+（本档标准系数+功效系数×0.2−该部分基本指标分析系数），单项修正系数控制修正幅度为 0.7～1.3

某部分基本指标分析系数=该部分基本指标得分/该部分权数

第二十七条　在计算修正指标单项修正系数过程中，对于一些特殊情况可做如下规定：

（一）如果修正指标实际值达到优秀值以上，其单项修正系数的计算公式如下：

单项修正系数=1.2+本档标准系数−该部分基本指标分析系数

（二）如果修正指标实际值处于较差值以下，其单项修正系数的计算公式如下：

单项修正系数=1.0-该部分基本指标分析系数

（三）如果资产负债率≥100%，指标得0分；其他情况按照规定的公式计分。

（四）如果盈余现金保障倍数分子为正数，分母为负数，单项修正系数可被确定为1.1；如果分子为负数，分母为正数，单项修正系数可被确定为0.9；如果分子分母同为负数，单项修正系数可被确定为0.8。

（五）如果不良资产比率≥100%或分母为负数，单项修正系数可被确定为0.8。

（六）对于销售（营业）利润增长率指标，如果上年主营业务利润为负数，本年为正数，单项修正系数为1.1；如果上年主营业务利润为零本年为正数，或者上年为负数本年为零，单项修正系数可被确定为1.0。

（七）如果个别指标难以确定行业标准，该指标单项修正系数可被确定为1.0。

第二十八条 管理绩效定性评价指标的计分一般通过专家评议打分形式完成，聘请的专家应不少于7名；评议专家应当在充分了解企业管理绩效状况的基础上，对照评价参考标准，采取综合分析判断法，对企业管理绩效指标作出分析评议，评判各项指标所处的水平档次，并直接给出评价分数。计分公式为：

管理绩效定性评价指标分数=Σ单项指标分数

单项指标分数=（Σ每位专家给定的单项指标分数）/专家人数

第二十九条 对任期财务绩效定量评价指标计分，应当运用任期各年度评价标准分别对各年度财务绩效定量指标进行计分，再计算任期平均分数，作为任期财务绩效定量评价分数。计算公式为：

任期财务绩效定量评价分数=（Σ任期各年度财务绩效定量评价分数）/任期年份数

第三十条 在得出财务绩效定量评价分数和管理绩效定性评价分数后，应当按照规定的权重，耦合形成综合绩效评价分数。计算公式为：

企业综合绩效评价分数=财务绩效定量评价分数×70%+管理绩效定性评价分数×30%

第三十一条 在得出评价分数以后，应当计算年度之间的绩效改进度，以反映企业年度之间经营绩效的变化状况。计算公式为：

绩效改进度=本期绩效评价分数/基期绩效评价分数

绩效改进度大于1，说明经营绩效上升；绩效改进度小于1，说明经营绩效下滑。

第三十二条 对企业经济效益上升幅度显著、经营规模较大，有重大科技创新的企业，应当给予适当加分，以充分反映不同企业努力程度和管理难度，激励企业加强科技创新。具体的加分办法如下：

（一）效益提升加分。企业年度净资产收益率增长率和利润增长率超过行业平均增长水平10%~40%加1~2分，超过40%~100%加3~4分，超过100%加5分。

（二）管理难度加分。对年度平均资产总额超过全部监管企业年度平均资产总额的企业给予加分，其中：工业企业超过平均资产总额每100亿元加0.5分，非工业企业超过平均资产总额每60亿元加0.5分，最多加5分。

（三）重大科技创新加分。重大科技创新加分包括以下两个方面：企业承担国家重大科技攻关项目，并取得突破的，加3~5分；承担国家科技发展规划纲要目录内的重大科技专项主体研究，虽然尚未取得突破，但投入较大的，加1~2分。

（四）国资委认定的其他事项。

以上加分因素合计不得超过15分，超过15分按15分计算。对加分前评价结果已经达到优秀水平的企业，以上加分因素按以下公式计算实际加分值：

实际加分值＝（1−X％）×6.6Y

其中，X表示评价得分，Y表示以上因素合计加分。

第三十三条　如被评价企业在所评价期间（年度）发生以下不良重大事项，应当予以扣分：

（一）发生属于当期责任的重大资产损失事项，损失金额超过平均资产总额1％的，或者资产损失金额未超过平均资产总额1％，但性质严重并造成重大社会影响的，扣5分。正常的资产减值准备计提不在此列；

（二）发生重大安全生产与质量事故，根据事故等级，扣3～5分；

（三）存在巨额表外资产，且占合并范围资产总额20％以上的，扣3～5分；

（四）存在巨额逾期债务，且逾期负债超过带息负债的10％，甚至发生严重的债务危机，扣2～5分；

（五）国资委认定的其他事项。

第三十四条　对存在加分和扣分事项的，应当与企业和有关部门进行核实，获得必要的外部证据，并在企业综合绩效评价报告中加以单独说明。

第五章　评价基础数据调整

第三十五条　企业综合绩效评价的基础数据资料主要包括企业提供的评价年度财务会计决算报表及审计报告、关于经营管理情况的说明等。

第三十六条　为确保所评价基础数据的真实、完整、合理，在实施评价前应当对评价期间的基础数据进行核实，按照重要性和可比性原则进行适当调整。

第三十七条　在任期经济责任审计工作中开展任期财务绩效定量评价，其评价基础数据以财务审计调整后的数据为依据。

第三十八条　在企业评价期间如会计政策与会计估计发生重大变更，需要判断变更事项对经营成果的影响，产生重大影响的，应当调整评价基础数据，以保持数据口径基本一致。

第三十九条　企业评价期间发生资产无偿划入划出的，应当按照重要性原则调整评价基础数据。原则上应将划入企业纳入评价范围，无偿划出、关闭、破产（含进入破产程序）企业，不纳入评价范围。

第四十条　企业被出具非标准无保留意见审计报告的，应当根据审计报告披露的影响企业经营成果的重大事项，调整评价基础数据。

第四十一条　国资委在财务决算批复中要求企业纠正、整改，并影响企业财务会计报表、能够确认具体影响金额的，应当根据批复调整评价基础数据。

第四十二条　企业在评价期间损益中消化处理以前年度或上一任期资产损失，或因承担国家某项特殊任务或落实国家专项政策对财务状况和经营成果产生重大影响，经国资委认定后，可作为客观因素调整评价基础数据。

第六章　评价工作程序

第四十三条　企业综合绩效评价包括财务绩效定量评价和管理绩效定性评价两个方面内容。由于任期绩效评价和年度绩效评价的工作目标不同，评价工作内容应有所区别。

（一）任期绩效评价作为任期经济责任审计工作的重要组成部分，需要对企业负责人任职期间企业的绩效状况进行综合评价，工作程序包括财务绩效评价和管理绩效评价两方面内容。

（二）对年度绩效评价除根据监管工作需要组织财务绩效与管理绩效的综合评价外，一般将之作为年度财务决算管理工作的组成部分，在每个年度只进行财务绩效定量评价。

第四十四条　财务绩效定量评价工作具体包括提取评价基础数据、基础数据调整、评价计分、形成评价结果等内容。

（一）提取评价基础数据。以经社会中介机构或内部审计机构审计并经评价组织机构核实确认的企业年度财务会计报表为基础提取评价基础数据。

（二）基础数据调整。为客观、公正的评价企业经营绩效，根据本细则第五章的有关规定，对评价基础数据进行调整，其中：年度绩效评价基础数据以国资委审核确认的财务决算合并报表数据为准。

（三）评价计分。根据调整后的评价基础数据，对照相关年度的行业评价标准值，利用绩效评价软件或手工评价计分。

（四）形成评价结果。对任期财务绩效评价需要计算任期内平均财务绩效评价分数，并计算绩效改进度；对年度财务绩效评价除计算年度绩效改进度外，需要对定量评价得分深入分析，诊断企业经营管理存在的薄弱环节，并在财务决算批复中提示有关问题，同时进行所监管企业的分类排序分析，在一定范围内发布评价结果。

第四十五条 管理绩效定性评价工作具体包括收集整理管理绩效评价资料、聘请咨询专家、召开专家评议会、形成定性评价结论等内容。

（一）收集整理管理绩效评价资料。为了深入了解被评价企业的管理绩效状况，应当通过问卷调查、访谈等方式，充分收集并认真整理管理绩效评价的有关资料。

（二）聘请咨询专家。根据所评价企业的行业情况，聘请不少于 7 名的管理绩效评价咨询专家，组成专家咨询组，并将被评价企业的有关资料提前送达咨询专家。

（三）召开专家评议会。组织咨询专家对企业的管理绩效指标进行评议打分。

（四）形成定性评价结论。汇总管理绩效定性评价指标得分，形成定性评价结论。

第四十六条 管理绩效专家评议会一般按下列程序进行：

（一）阅读相关资料，了解企业管理绩效评价指标实际情况；

（二）听取评价实施机构关于财务绩效定量评价情况的介绍；

（三）参照管理绩效定性评价标准，分析企业管理绩效状况；

（四）对企业管理绩效定性评价指标实施独立评判打分；

（五）对企业管理绩效进行集体评议，并提出咨询意见，形成评议咨询报告；

（六）汇总评判打分结果。

第四十七条 根据财务绩效定量评价结果和管理绩效定性评价结果，按照规定的权重和计分方法，计算企业综合绩效评价总分，并根据规定的加分和扣分因素，得出企业综合绩效评价最后得分。

第七章 评价结果与评价报告

第四十八条 企业综合绩效评价结果以评价得分、评价类型和评价级别表示。

评价类型是根据评价分数对企业综合绩效所划分的水平档次，用文字和字母表示，分为优（A）、良（B）、中（C）、低（D）、差（E）五种类型。

评价级别是对每种评价类型再划分级次，以体现同一评价类型的不同差异，采用在字母后标注 "+""-" 号的方式表示。

第四十九条 企业综合绩效评价结果以 85 分、70 分、50 分、40 分作为类型判定的分数线。

（一）评价得分达到 85 分以上（含 85 分）的评价类型为优（A），在此基础上划分为三个级别，分别为：A++≥95 分；95 分>A+≥90 分；90 分>A≥85 分。

（二）评价得分达到 70 分以上（含 70 分）不足 85 分的评价类型为良（B），在此基础上划分为三个级别，分别为：85 分>B+≥80 分；80 分>B≥75 分；75 分>B-≥85 分。

（三）评价得分达到 50 分以上（含 50 分）不足 70 分的评价类型为中（C），在此基础上划分为两个级别，分别为：70 分>C≥60 分；60 分>C-≥50 分。

（四）评价得分在 40 分以上（含 40 分）不足 50 分的评价类型为低（D）。

（五）评价得分在 40 分以下的评价类型为差（E）。

第五十条　企业综合绩效评价报告是根据评价结果编制、反映被评价企业综合绩效状况的文本文件，由报告正文和附件构成。

第五十一条　企业综合绩效评价报告正文应当包括：评价目的、评价依据与评价方法、评价过程、评价结果及评价结论、重要事项说明等内容。企业综合绩效评价报告的正文应当文字简洁、重点突出、层次清晰、易于理解。

第五十二条　企业综合绩效评价报告附件应当包括：企业经营绩效分析报告、评价结果计分表、问卷调查结果分析、专家咨询报告、评价基础数据及调整情况，其中：企业经营绩效分析报告是根据综合绩效评价结果对企业经营绩效状况进行深入分析的文件，应当包括评价对象概述、评价结果与主要绩效、存在的问题与不足、有关管理建议等。

第八章　附　　则

第五十三条　企业集团内部开展所属子企业的综合绩效评价工作，可参照本细则制定符合集团内部监管需要的实施细则。

第五十四条　各地区国有资产监督管理机构开展所监管企业的综合绩效评价工作，可参照本细则执行。

第五十五条　本细则由国资委负责解释。

第五十六条　本细则自 2006 年 10 月 12 日起施行。

文案范本

经济效益内部审计办法

第一章　总　　则

第一条　为了发挥内部审计在企业生产建设、经营管理活动中的作用，不断提高企业经济效益，特制定本办法。

第二条　经济效益内部审计是审计部门依据有关政策法规和技术经济标准，以谋求提高经济效益为主要目标，对本企业投入产出和扩大再生产情况进行的监督、审查、评价。

第三条　经济效益内部审计应遵循科学、合理、真实、有效的原则，对企业经济效益的优劣进行审计、分析和评价。在审计过程中应坚持以下原则：

1. 宏观效益与微观效益相结合：
2. 长远效益与近期效益相结合；
3. 直接效益与间接效益相结合；
4. 技术先进性与经济合理性相结合；
5. 企业效益与社会效益相结合。

第四条　经济效益内部审计评价的主要标准有：

1. 国家的政策法规及颁布的有关技术经济标准；
2. 上级部门下达的技术经济指标和本企业（含股份制企业）的经营方针、生产经营计划、规章制度和控制制度；

3. 合同协议所规定的有关条款；

4. 本单位同期和历史先进水平；

5. 国际、国内同行业的先进水平；

6. 投资项目技术经济指标的预定值。

第二章　经济效益内部审计的内容

第五条　企事业单位应根据本单位的实际情况，有针对性地开展多种形式的经济效益内部审计，其主要内容有：

1. 生产经营决策、计划；

2. 投资决策和投资效益；

3. 生产优化；

4. 科研开发及应用；

5. 物资管理；

6. 成本效益；

7. 利税目标；

8. 资金利用效果；

9. 销售效益；

10. 经济合同；

11. 长期股权投资；

12. 外委外协项目效益；

13. 机构设置与人才开发利用。

第六条　生产经营决策、计划审计

1. 对企业生产经营决策的程序、方法、结果以及生产经营目标和方案进行审计，评价生产经营决策是否适应市场经营变化的要求；企业的人力、物力、财务等资源的利用是否达到最优化。

2. 审查生产经营计划、利税计划目标、产品成本目标、各种经营包干指标和产品质量及主要技术经济指标的制定，是否先进可行，是否符合国家发展经济的总方针及企业发展的总目标。

3. 审查、分析和评价生产经营计划的合理性、先进性，计划编制程序是否科学，内容是否全面，指标与指标之间、产供销之间是否认真综合平衡。

4. 分析、评价企业的计划完成情况。

第七条　固定资产投资决策和投资效益审计

通过对投资项目可行性和最初设计的评审，项目投产及资金收回效益的评价，促进投资效益的优化。

1. 参与投资项目的可行性评估；参与投资项目方案的选定工作，做到事前审计监督；

2. 对投资项目的工程概算、预算、决算进行审计；

3. 对已投产项目的投资回收情况、达到设计能力情况进行审计，评价投资项目的效益、工艺技术的合理性及先进性。

第八条　生产优化的效益审计

1. 审查企业是否合理组织生产，对资源及产品结构是否做到优化，用有限的资源创造最佳的经济效益。

2. 审查主要生产装置的利用率及装置达标情况。

3. 审查、分析、评价生产任务的安排是否科学、合理，是否制定了合理的生产方案和消耗定额；审查综合商品率、生产装置率、能耗、主要原料单耗、产成品的合格率、优级品率、废品率、"三废"治理的合格率、治理率和综合利用率等技术经济指标的完成情况。

4. 审查技术标准的合理性与效益性；分析评价生产技术和工艺管理的先进性和合理性；质量管理和质量保证体系的完整性、高效性。

5. 综合分析、评价企业的主要生产装置（设备）与全系统在生产能力、效率、产品品种和质量、动力、原材料及辅助材料、"三废"治理、利用等方面的配套情况；找出制约企业提高生产能力、提高综合商品率和资源利用率以及节能降耗的薄弱环节，提出挖潜增效、发展生产的途径和措施。

第九条　科研开发及应用的效益审计

1. 审查新产品、新技术开发和新市场开拓计划，是否与企业的长期或近期的生产经营计划相适应；

2. 审查企业对新产品、新工艺、新技术的开发与应用情况，并评价其可行性和效益性；

3. 审查对科研开发资金的应用方向及其配置的合理性，是否有利于科研成果向现实生产力的转化。

第十条　物资管理的效益审计

1. 审查依据生产建设计划和消耗定额而编制的采购计划的合理性及批量进货的经济性；

2. 审查采购物资的品种、质量、价格、数量以及进货渠道，评价物资采购成本，分析存在的问题及原因；

3. 审查物资的管理、验收、入库、出库、发放、使用手续是否健全，管理是否严格，是否做到物尽其用；

4. 审查物资储备是否实行了定额管理，制定的定额是否合理，有无超储积压情况，分析造成超储积压的原因；

5. 物资报废及损失是否按规定管理，查清报废及损失的原因；如有废旧物资超储积压情况，分析造成超储积压的原因。

第十一条　成本费用管理的效益审计

1. 审查成本费用支出情况，分析评价成本费用升降原因，寻找降低成本费用途径；

2. 审查成本中各要素所占的比重及变动情况，分析产量、品种、质量、劳动生产率等因素对其变动的影响并找出原因；

3. 审查单位产品成本是否合理，将本期单位实际成本与计划成本、目标成本、上期实际成本比较，是否有明显的上升或下降，找出产生差异的原因；

4. 评价成本控制，是否有切实有效的管理办法。

第十二条　利税目标审计

1. 汇集、审查、分析当期生产经营和财务成本报表资料；

2. 从产品结构、产量、效率、质量、成本、销售实现等方面对当期利税实现进行评价分析；

3. 结合企业生产、经营情况和预测结果，分析、评价生产计划和生产方案的合理性、效益性及影响实现企业利税目标增减的因素，提出挖潜增效的措施，预测全年可能实现的利税目标；

4. 对实现利税的滚动性预测，对确保利税的生产经营方案执行情况进行跟踪分析。

第十三条　资金利用效果审计

1. 审查资产负债率、流动比率、速动比率、销售利税率、资本金利润率等指标，分析评价企业偿债能力、营运能力和盈利能力；

2. 审查各项流动资金占用情况，分析流动资金占用的合理性，评价流动资金使用效果。

第十四条　销售经济效益的审计

1. 审查、分析销售数量、价格、税金、成本费用和品种结构等因素变动情况对销售利润增减的影响；

2. 审查企业是否对市场进行了调查、开拓，产品是否适销对路，是否根据市场变化及时采取相应对策，对新产品新市场的发展前景是否进行了预测；

3. 审查销售合同的履行情况，分析违约原因及造成的损失；

4. 审查销售计划、商品流转计划执行情况，分析库存商品的合理性。

第十五条　经济合同的效益审计

1. 审查经济合同是否符合国家法律、行政法规和计划的要求，是否贯彻平等互利、协商一致的原则；

2. 审查经济合同签约方的法人资格及授权权限、资信、经营范围及履约能力；

3. 审查经济合同的经济、技术上的效益性和可行性；

4. 审查经济合同履行情况及其执行结果；

5. 审查经济合同管理制度的健全性、有效性。

第十六条　长期股权投资效益审计

1. 审查投资项目经济、技术上的可行性；

2. 审查投资各方投入资金的及时性、真实性、合法性；

3. 审查投资企业的资产使用、经济效益及利润分配情况、财务收支是否合规合法；

4. 评价投资企业内部控制制度的有效性；监督和检查投资企业中止或终结时的财产清理及分配情况；

5. 审查股票和债券的真实性、合法性、可靠性及效益性。

第十七条　外委外协项目的效益审计

1. 审查外委外协项目的管理制度是否健全、有效，企业的现有人力、物力是否得到充分利用，产品、设备、技术的优势是否得到充分的发挥；

2. 审查对需要外委外协的项目是否贯彻价格优先、质量优先、时间优先的原则；

3. 审查外委外协项目有无检查和验收制度，并评价其执行情况；

4. 审查外委外协项目预决算的合法性、合理性，以及有无高估冒算、多报工作量、重复取费等情况。

第十八条　机构设置与人才开发利用效益审计

1. 审查企业生产机构和管理机构的设置，是否适应生产需要；

2. 审查企业是否制定了较为全面的人才培训制度；

3. 审查企业是否制定了尊重人才、激励人才的办法和措施。

第三章　效益审计的程序和方法

第十九条　经济效益内部审计的程序按照《××××总企业审计工作程序》执行。

第二十条　在经济效益内部审计中可采用投入产出法、预测法、查询测试法、对比分析法、量本利分析法、因素分析法等方法，并根据审计对象的具体情况灵活运用。

第四章　附　　则

第二十一条　各单位可根据本办法制定实施细则。

第二十二条　本办法由行业总企业审计委员会办公室负责解释。

第二十三条　本办法自发布之日起执行。

📋 **小知识**　　　　　　　　　　**绩效审计**

绩效审计，是指内部审计机构和内部审计人员对本组织经营管理活动的经济性、效率性和效果性进行的审查和评价。经济性，是指组织经营管理过程中获得一定数量和质量的产品或者服务及其他成果时所耗费的资源最少；效率性，是指组织经营管理过程中投入资源与产出成果之间的对比关系；效果性，是指组织经营管理目标的实现程度。

1. 一般原则

内部审计机构应当充分考虑实施绩效审计项目对内部审计人员专业胜任能力的需求，并合理配置审计资源。

组织各管理层根据授权承担相应的经营管理责任，对经营管理活动的经济性、效率性和效果性负责。内部审计机构开展绩效审计不能减轻或者替代管理层的责任。

内部审计机构和内部审计人员根据实际需要选择和确定绩效审计对象，既可以针对组织的全部或者部分经营管理活动，也可以针对特定项目和业务。

2. 绩效审计的内容

根据实际情况和需要，开展绩效审计可以同时对组织经营管理活动的经济性、效率性和效果性进行审查和评价，也可以只侧重于对某一方面进行审查和评价。

人们通过绩效审计主要审查和评价下列内容：

（1）有关经营管理活动经济性、效率性和效果性的信息是否真实、可靠；

（2）相关经营管理活动的人、财、物、信息、技术等资源取得、配置和使用的合法性、合理性、恰当性和节约性；

（3）经营管理活动既定目标的适当性、相关性、可行性和实现程度，以及未能实现既定目标的情况及其原因；

（4）研发、财务、采购、生产、销售等主要业务活动的效率；

（5）计划、决策、指挥、控制及协调等主要管理活动的效率；

（6）经营管理活动预期的经济效益和社会效益等的实现情况；

（7）组织为评价、报告和监督特定业务或者项目的经济性、效率性和效果性所建立的内部控制及风险管理体系的健全性及其运行的有效性；

（8）其他有关事项。

3. 绩效审计的方法

内部审计机构和内部审计人员应当依据重要性、审计风险和审计成本，选择与审计对象、审计目标及审计评价标准相适应的绩效审计方法，以获取相关、可靠和充分的审计证据。

选择绩效审计方法时，除运用常规审计方法以外，还可以运用下列方法：

（1）数量分析法，即对经营管理活动相关数据进行计算分析，并运用抽样技术对抽样结果进行评价的方法；

（2）比较分析法，即通过分析、比较数据间的关系、趋势或者比率获取审计证据的方法；

（3）因素分析法，即查找产生影响的因素，并分析各个因素的影响方向和影响程度的方法；

（4）量本利分析法，即分析一定期间内的业务量、成本和利润三者之间变量关系的方法；

（5）专题讨论会，即通过召集组织相关管理人员就经营管理活动特定项目或者业务的具体问题进行讨论的方法；

（6）标杆法，即对经营管理活动状况进行观察和检查，通过与组织内外部相同或者相似经营管理活动的最佳实务进行比较的方法；

（7）调查法，即凭借一定的手段和方式（如访谈、问卷），对某种或者某几种现象、事实进行考察，通过对收集的各种资料进行分析处理，进而得出结论的方法；

（8）成本效益（效果）分析法，即通过分析成本和效益（效果）之间的关系，以每单位效益（效果）所消耗的成本来评价项目效益（效果）的方法；

（9）数据包络分析法，即以相对效率概念为基础，以凸分析和线性规划为工具，应用数学规划模型计算比较决策单元之间的相对效率，对评价对象作出评价的方法；

（10）目标成果法，即根据实际产出成果评价被审计单位或者项目的目标是否实现，将产出成果与事先确定的目标和需求进行对比，以确定目标实现程度的方法；

（11）公众评价法，即通过专家评估、公众问卷及抽样调查等方式，获取具有重要参考价值的证据信息，评价目标实现程度的方法。

4. 绩效审计的评价标准

内部审计机构和内部审计人员应当选择适当的绩效审计评价标准。

绩效审计评价标准应当具有可靠性、客观性和可比性。

绩效审计评价标准的来源主要包括：

（1）有关法律法规、方针、政策、规章制度等的规定；

（2）国家部门、行业组织公布的行业指标；

（3）组织制定的目标、计划、预算、定额等；

（4）同类指标的历史数据和国际数据；

（5）同行业的实践标准、经验和做法。

内部审计机构和内部审计人员在确定绩效审计评价标准时，应当与组织管理层进行沟通，在双方认可的基础上确定绩效审计评价标准。

5. 绩效审计报告

绩效审计报告应当反映绩效审计评价标准的选择、确定及沟通过程等重要信息，包括必要的局限性分析。

内部审计人员应当根据审计目标和审计证据作出绩效审计报告中的绩效评价，评价可以分为总体评价和分项评价。当审计风险较大，难以作出总体评价时，可以只作分项评价。

对绩效审计报告中反映的合法、合规性问题，除进行相应的审计处理外，还应当侧重从绩效的角度对问题进行定性，描述问题对绩效造成的影响、后果及严重程度。

绩效审计报告应当注重从体制、机制、制度上分析问题产生的根源，同时兼顾短期目标和长期目标、个体利益和组织整体利益，提出切实可行的建议。

第 9 章 ▶▶

经济责任内部审计

第一节　经济责任内部审计综合知识

为了规范经济责任审计工作，提高审计质量和效果，根据《党政主要领导干部和国有企业领导人员经济责任审计规定》《党政主要领导干部和国有企业领导人员经济责任审计规定实施细则》和《内部审计基本准则》，中国内部审计协会制定了《第 2205 号　内部审计具体准则——经济责任审计》（本章简称本准则），准则自 2016 年 3 月 1 日起施行。

一、相关概念

经济责任审计，是指内部审计机构对本组织所管理的领导干部经济责任的履行情况进行监督、评价和鉴证的行为。所称经济责任，是指领导干部任职期间因其所任职务，依法对所在部门、单位、团体或企业（含金融机构）的财政、财务收支以及有关经济活动应当履行的职责、义务。

二、经济责任审计特点

（一）针对性

经济责任审计一般是按照授权或委托书中所指明的范围进行审计，这个范围包括时间范围和内容范围。即经济责任审计仅针对被审计人在任职期间的经济责任履行情况进行审计，是以对个人为主的审计监督方式，具有较强针对性。

（二）评价性

经济责任审计的目的是客观、公正地评价被审计对象在企业经营管理活动中的业绩和对存在的问题应承担的责任。评价是经济责任审计的直接职能，审计机构在完成审计过程后，要向委托部门出具被审计对象经济责任履行情况的正式意见，为管理部门提供考核、使用干部的依据。经济监督是其间接职能，是审计评价的延伸和升华。

（三）高风险性

企业领导是企业管理层中的核心人物，几乎参与企业所有的经济活动，对企业的经营成败负主要责任，因此，以企业领导人为审计对象的经济责任审计工作范围广、牵涉面大，具有很高的风险性；

企业领导人员一般任期跨度长，其间社会因素变化很大，对企业经营业绩的评价，内部审计人员往往很难客观地分清是客观因素还是主观因素，所以审计风险加大；

随着企业快速扩张，经营日趋多元化，管理方法不断创新，审计工作的难度、风险也相应增加，对经济责任审计也出现了任务重、时间紧的局面。

三、适用范围

本准则适用于各类组织的内部审计机构、内部审计人员所从事的经济责任审计活动。其他单位或者人员接受委托、聘用，承办或者参与经济责任审计业务，也应当遵守本准则。

四、一般原则

经济责任审计的对象包括：党政工作部门、事业单位和人民团体下属独立核算单位的主要领导人员，以及下属非独立核算但负有经济管理职能单位的主要领导人员；企业（含金融机构）下属全资或控股企业的主要领导人员，以及对经营效益产生重大影响或掌握重要资产的部门和机构的主要领导人员等。

对经济责任审计应当有计划地进行，一般由干部管理部门书面委托内部审计机构负责实施。内部审计机构应当结合干部管理部门提出的年度委托建议，拟订年度经济责任审计计划，经报请主管领导批准后，纳入年度审计计划并组织实施。组织可以结合实际，建立经济责任审计工作联席会议制度，负责经济责任审计的委托和其他重大经济责任事项的审定。

五、审计内容

（一）企业经营绩效变动评审

企业经济绩效变动评审是指在全面核实企业各项资产、负债、权益、收入、费用、利润等账务的基础上，依据国家有关经营绩效评价政策规定，对企业负责人任职期间经营成果和经营业绩，以及企业资产运营和回报情况进行客观、公正和准确的综合评判。

（二）可持续发展性评价

企业领导人员的任期有时是固定的，难免在经济决策过程中产生一些短期行为，导致为追求任期内"业绩"而使企业失去了发展后劲，损害了企业可持续发展性。因此，经济责任审计中对企业可持续发展性的评价是必不可少的。在经济责任审计评价中，可从以下几个方面入手：

（1）应根据对企业长远规划、短期规划及任期预算执行情况的评审结果，评价企业的战略目标是否科学合理，企业的短期目标是否与企业的长远规划存在矛盾，并着重评价企业是否具有根据市场经济环境的变化而作出及时调整的能力。

（2）评审是否存在以牺牲长远利益为代价追求短期利润的行为，如通过降低产品质量削减产品成本、通过减小售后服务范围削减销售费用、通过降低员工培训费用增加短期利润等。

（3）通过对企业的投资规模、投资回收期、投资收益等情况的审计，评价是否存在盲目投资情况，并进一步延伸评价企业融资规模的适宜性，以防为"业绩"而使企业背上沉重的利息包袱的现象发生。

总之，虽然企业可持续发展能力是一个综合性评价指标，从表面看其与领导人员应负的责任关联程度不大，但正是由于其综合性能在最大限度上体现出一个领导人员的经营意识及市场观念的先进或落后程度，契合经济责任审计评价的基本职能，可以为选拔、培养干部提供了最重要的依据。它是经济责任审计评价中最有开发潜力的评价指标之一。

（三）任期内市场开拓能力评价

市场开拓能力是企业发展潜力的重要指标，领导人的进取精神、创新能力等能在其中得到比较充分的体现。目前经济责任审计中对任期内市场开拓能力的评价还处于初步探讨阶段，仍未形成较统一完善的标准，一般情况下可以通过以下几个方面进行评价：

（1）营业增长率、产品市场占有率、行业或区域影响力等定量及定性指标；

（2）如对集团性企业下属单位领导人员进行经济责任审计，对企业市场开拓能力的评价指标中还应注意区分集团内、外的不同情况，应特别注重集团外市场的开拓能力；

（3）在市场逐渐萎缩的情况下，审计评价应关注并考虑行业整体环境对企业市场的影响因素，确定这种萎缩是否因领导人员个人利益或个人决策造成的。

（四）企业重大经营活动和重大经济决策评审

企业重大经营活动和重大经营决策是指企业负责人任职期间作出的有关对内对外投资、经济担保、出借资金和签订大额合同等重大经济决策，对之评审就是要看它们是否符合国家有关法律法规规定、是否符合企业的管理制度和控制程序、是否存在重大风险或者造成重大损失。主要内容包括：

（1）企业重大投资的资金来源、决策程序、管理方式和投资收益的核算情况如何，以及是否造成重大损失；对外担保、对外投资、大额采购与租赁等经济行为的决策程序、风险控制及其对企业的影响情况。

（2）涉及的证券、期货、外汇买卖等高风险投资决策的审批手续、决策程序、风险控制、经营收益或损失情况等。

（3）重组改制、上市融资、发行债券、兼并破产、股权转让、资产重组等行为的审批程序、操作方式和对企业财务状况的影响情况等。

（4）其他有无造成企业损失或国有资产流失的问题。

（五）企业领导人员遵纪守法评审

开展企业经济责任审计要认真审查企业负责人及企业执行国家有关法律法规情况，有无违反国家财经法纪，以权谋私，贪污、挪用、私分公款，转移国家财产，行贿受贿和挥霍浪费等行为，是否存在弄虚作假、骗取荣誉和蓄意编制虚假会计信息等重大问题。

（六）企业经营成果的真实性评审

企业经营成果真实性是指企业负责人任职期间会计核算是否准确、企业财务决算编报范围是否完整、企业经营成果是否真实可靠，以及企业计提资产减值准备与资产质量是否相匹配。

（七）企业资产质量变动情况评审

企业资产质量变动情况是指企业负责人任职期间各项资产质量是否得到改善，是否存在严重损失、重大潜亏或资产流失等问题，企业国有资本是否安全、完整，以及对企业未来发展能力的影响。主要内容包括：

（1）企业负责人任职期间有关企业资产负债结构合理性及变化情况，以及对企业未来发展的影响。

（2）企业负责人任职期间企业资产运营效率及变化情况，以及对企业未来发展的影响。

（3）企业负责人任职期间企业有效资产及不良资产的变化情况，以及对企业未来发展的影响。

（4）企业负责人任职期间企业国有资产保值增值结果，及企业在所处行业中水平变化的对比分析。

（八）企业内部控制评价

建立、健全内部控制体系，并使之有效运行是企业经营者的责任。一般情况下，企业内部控制不健全或虽有制度但未能有效执行，企业领导人对此均负有不可推卸的责任。内部审计人员需要根据审计结果对企业内部控制作出评价，一是评价内部控制设计的有效性，二是评价其执行效果是否达到设计目标，即执行的有效性。

法律依据

审计内容

第七条 内部审计机构应当根据被审计领导干部的职责权限和履行经济责任情况，结合其所在组织或者原任职组织的实际情况，确定审计内容。

第八条 经济责任审计的主要内容一般包括：

（一）贯彻执行党和国家有关经济方针政策和决策部署，推动组织可持续发展情况；

（二）组织治理结构的健全和运转情况；

（三）组织发展战略的制定和执行情况及其效果；

（四）遵守有关法律法规和财经纪律情况；

（五）各项管理制度的健全和完善，特别是内部控制制度的制定和执行情况，以及对下属单位的监管情况；

（六）财政、财务收支的真实、合法和效益情况；

（七）有关目标责任制完成情况；

（八）重大经济事项决策程序的执行情况及其效果；

（九）重要项目的投资、建设、管理及效益情况；

（十）资产的管理及保值增值情况；

（十一）本人遵守廉洁从业规定情况；

（十二）对以往审计中发现问题的整改情况；

（十三）其他需要审计的内容。

六、审计程序和方法

（一）审计准备阶段

主要工作包括：组成审计组、开展审前调查、编制审计方案和下达审计通知书。将审计通知书送达被审计领导干部及其所在组织，并抄送有关部门。

（二）审计实施阶段

主要工作包括：召开进点会议、收集有关资料、获取审计证据、编制审计工作底稿、与被审计领导干部及其所在组织交换意见。被审计领导干部应当参加审计进点会并做述职。

（三）审计终结阶段

主要工作包括：编制审计报告、征求意见、修改与审定审计报告、出具审计报告、建立审计档案。

（四）后续审计阶段

主要工作包括：检查审计发现问题的整改情况和审计建议的实施效果。

内部审计人员应当考虑审计目标、审计重要性、审计风险和审计成本等因素，综合运用审核、观察、监盘、访谈、调查、函证、计算和分析程序等方法，获取相关、可靠和充分的审计证据。

七、审计评价

内部审计机构应当依据法律法规、国家有关政策以及干部考核评价等规定，结合所在组织的实际情况，根据审计查证或者认定的事实，客观公正、实事求是地进行审计评价。

开展审计评价应当遵循全面性、重要性、客观性、相关性和谨慎性原则。审计评价应当与审计内容相一致，一般包括被审计领导干部任职期间履行经济责任的业绩、主要问题以及应当承担的责任。

开展审计评价可以综合运用多种方法，主要包括：进行纵向和横向的业绩比较分析；运用与被审计领导干部履行经济责任有关的指标量化分析；将被审计领导干部履行经济责任的行为或事项置于相关经济社会环境中进行对比分析等。内部审计机构应当根据审计内容和审计评价的需要，合理选择和设定定性和定量评价指标。审计评价的依据一般包括：

（1）法律、法规、规章、规范性文件；

（2）国家和行业的有关标准；

（3）组织的内部管理制度、发展战略、规划、目标；

（4）有关领导的职责分工文件，有关会议记录、纪要、决议和决定，有关预算、决算和合同；

（5）有关职能部门、主管部门发布或者认可的统计数据、考核结果和评价意见；

（6）专业机构的意见和公认的业务惯例或者良好实务；

（7）其他依据。

对被审计领导干部履行经济责任过程中存在的问题，内部审计机构应当按照权责一致原则，根据领导干部的职责分工，结合相关事项的决策环境、决策程序等实际情况，依法依规进行责任界定。被审计领导干部对审计中发现的问题应当承担的责任包括：直接责任、主管责任和领导责任。对被审计领导干部应当承担责任的问题或者事项，内部审计人员可以提出责任追究建议。

对于被审计领导干部以外的其他人员对有关问题应当承担的责任，内部审计机构可以以适当方式向干部管理监督部门等提供相关情况。

八、审计报告

内部审计机构实施经济责任审计项目后，应当出具审计报告，并将审计报告书面征求被审计领导干部及其所在组织的意见。内部审计机构应当针对收到的书面意见，进一步核实情况，对审计报告作出必要的修改。被审计领导干部及其所在组织应当自接到审计组的审计报告之日起 10 日内提出书面意见，10 日内未提出书面意见的视同无异议。经济责任审计报告的内容，主要包括：

（1）基本情况，包括审计依据、实施审计的情况、被审计领导干部所在组织的基本情况、被审计领导干部的任职及分工情况等；

（2）被审计领导干部履行经济责任的主要情况；

（3）审计发现的主要问题和责任认定；

（4）审计评价；

（5）审计处理意见和建议；

（6）其他必要的内容。

对审计中发现的有关重大事项，可以将之直接报送主管领导或者相关部门，而不在审计报告中反映。

内部审计机构应当将审计报告报送主管领导，提交委托审计的干部管理部门，并抄送被审计领导干部及其所在组织和相关部门。内部审计机构可以根据实际情况撰写并向委托部门报送经济责任审计结果报告。

九、审计结果运用

经济责任审计结果应当被用作干部考核、任免和奖惩的重要依据。内部审计机构应当促进经济责任审计结果的充分运用，推进组织健全经济责任审计情况通报、责任追究、整改落实、结果公告等制度。

内部审计机构发现被审计领导干部及其所在组织违反内部规章制度时，可以建议并由组织的权力机构或有关部门对责任单位和责任人员作出处理、处罚决定；发现涉嫌违法违规线索时，应当将线索移送纪检监察部门或司法机关查处并协助其落实、查处与审计项目相关的问题和事项。

内部审计机构应当及时跟踪、了解、核实被审计领导干部及其所在组织对于审计查实问题和审计建议的整改落实情况。必要时，内部审计机构应当开展后续审计，审查和评价被审计领导干部及其所在组织对审计发现的问题所采取的整改情况。

内部审计机构应当将经济责任审计结果和被审计领导干部及其所在组织的整改落实情况，在一定范围内进行公告；对审计发现的典型性、普遍性、倾向性问题和有关建议，以综合报告、专题报告等形式报送主要领导，提交有关部门。

十、经济责任审计中的注意事项

（一）推行任中审计，审计监督关口前移

经济责任审计的现状一般是"先离后审"。审计时限紧、被动应战问题比较突出，再加之目前审计力量普遍偏弱，而审计方案中确定的重点范围和内容又要求审深审透，难度很大。由于领导干部一般任职期限都较长，审计所涉及的资料繁多，问题情况比较复杂，有的财务人员更换频繁，新到的财务人员对一些以前的历史情况不甚了解，结果往往导致对离任干部的经济责任审计失之于粗，失之于宽。

为改变这种现状，目前行之有效的解决方式就是推行任中审计，使经济责任审计从事后评价转向过程监督，通过提前介入公司的监督和审计，既可以起到事前预警的效果，从而有效促使公司领导改善企业的经营管理，同时可以为后续的离任审计奠定基础，从一定程度上减轻离任审计的工作压力。

（二）完善绩效考核评价指标体系

从审计实践看，一套科学合理的审计评价指标体系是十分必要的，它对于客观公正地评价领导干部的工作业绩和经济责任，防范审计风险，实现审计目标和进一步深化经济责任审计工作都具有重要的理论和现实意义。

如何根据经济责任审计工作的开展情况，建立一套科学合理的审计评价指标体系及应遵循的原则等问题，已成为经济责任审计工作中面临的一大课题。结合财政部发布的《国有资本金效绩评价规则》和《企业绩效评价操作细则（修订）》，遵循定量指标和定性指标相结合以及审计手段能实现的原则，在此列示出国有企业经济责任审计主要经济评价指标（见表 9-1），可供参考。其中基本指标是指经济责任审计必须完成的审计指标；选择性指标是充分考虑到经济责任审计的特殊性而设计的指标，这种指标可以依不同委托单位及被审计单位的特殊情况而有选

择地运用；前瞻性指标是从发展的观点设计的一类指标。内部审计人员选择评价指标时可视被审计责任人担当的职务来确定一些核心指标，如对董事长要采用经济增加值评价，而对总经理的评价可采用类似"平衡计分卡"的标准。

表 9-1　国有企业经济责任审计主要经济评价指标

指标类别	基本指标	选择性指标	前瞻性指标
财务效益状况	净资产收益率 总资产报酬率	资本保值增值率 主营业务利润率 成本费用利润率	产品市场占有率 在职员工素质 行业或区域影响力
资产运营状况	总资产周转率 流动资产周转率	存货周转率 应收账款周转率 不良资产比率 资产损失比率	企业长远经营规划 工艺及技术水平 领导班子团结度 决策民主化
偿债能力状况	资产负债率 流动比率	利息保障倍数 速动比率 现金流动负债比率 长期资产适合率 经营亏损挂账比率	社会贡献率 社会积累率
发展能力状况	营业增长率 资产积累率	总资产增长率 固定资产成新率 任期平均利润增长率	

表 9-1 列出了反映企业领导人员经济责任履行情况各个主要方面的评价指标，但在实践中，仅凭某一个评价指标是很难形成审计结论的，因此必须建立一个可以囊括以上指标并综合反映企业领导人员履行经济责任全貌的综合指标模型。具体做法如下：

（1）具体计算各类选用的经济指标。

（2）根据指标对经济责任的影响度，赋予每类指标一个加权数，并分解到每类指标的具体指标中。

（3）按统一的百分制给各项指标评分，并将之与相应的权数相乘以得到某一个指标的加权总分数。

（4）通过对加权总分数的评价来反映被审计对象履行经济责任的总体水平。

（三）重视与干部管理机构的联系机制

组织人事部门往往是经济责任审计的委托方，是内部审计机构在经济责任审计工作中联系最密切的部门。它们对被审计单位和被审计对象的信息掌握比较多。因此，不论是制订经济责任审计计划，不是确定可行的审计实施方案，都应该加强与干部管理机构的联系。但目前开展的企业经济责任审计中，干部管理机构与内部审计机构在大多数情况下还仅仅是一种委托与受托关系，沟通程度还远不理想。内部审计机构应与干部管理机构建立起良好的沟通渠道，以利于提高经济责任审计效果和审计作用的发挥。

企业可以制定经济责任审计联席会议沟通机制，通过定期召开经济责任审计联席会议，组织内部审计、组织人事、纪检监察等部门及公司相关主管领导参加，共同商讨经济责任审计工作中的困难，协商制订年度审计计划，沟通汇报审计中发现的问题，以加强对经济责任审计成果的利用，增强经济责任审计工作的针对性和支持力，提高审计的工作成效。

（四）重视审计前期的准备工作

接到审计委托书后，应该及时立项，下达审计通知书。之后应分析被审计单位的报表及财务状况说明书、组织机构情况，并与相关部门进行积极的沟通，尽可能获得被审计单位状况资料。

在正式实施审计之前，要听取被审计对象述职，并由被审计单位对被审计领导人员在企业任职期间的工作状况作出书面评价。这样，可有利于内部审计人员掌握所在单位经营管理和财务收支等方面的全面情况，增加对企业经营活动的了解，避免工作的盲目性。

要求被审计责任人签署《被审责任人承诺书》。同时，要求被审计责任人所在单位签署《管理当局声明书》，对所提供的资料的真实性和完整性作出承诺并承担责任。

（五）审计方法的扩展和灵活运用

由于经济责任审计涉及的内容多、范围广、年限长，是针对领导人员的经济责任履行状况的评价，通过传统的财务收支审计方法，如核对账目、分析、复核会计报表等，很难直接判定被审计领导人员的直接责任或领导责任，也无法完全满足经济责任审计的要求。因此，内部审计人员需要灵活运用各种审计调查方法，特别是要重视审计调查座谈，及时掌握有利的信息。举行审计调查座谈要注意与各个层次的干部谈话，必要时要对重大问题进行外出调查，主动掌握各方面情况，因为有的经济责任评价的事项在账表中无法反映，对各个层次干部的座谈有利于了解不同层次、不同角度的意见，从而掌握全面的审计线索。

（六）对法人治理结构的必要关注

法人治理结构是现代企业制度的核心，企业法人治理结构是否完善，对企业的成长和发展至关重要。健全的法人治理结构可以有效协调企业内各利益集团的关系，形成对高层管理者的行为制约，可以避免因高管决策失误给企业造成不利影响。如果治理结构不合理或运行无效，企业领导人员都应承担相应的责任。

（七）审慎评价

在对经济责任审计评价时，必须明确范围，即对被审计领导干部的评价主要是界定和确认被审领导应负的主管责任和直接责任，以避免经济责任审计评价的随意性和风险性。经济责任审计评价必须突出重点，要注意以下几点：

（1）不超越审计职权评价，对非经济责任、非被审计人的责任不做评价。

（2）不超越审计目的及应审的范围和内容，对非审计事项不进行评价。

（3）对审计未涉及的问题不评价，不属于审计范围的不评价。

（4）遵循重要性原则，抓住直接责任和主管责任进行评价。

（5）评价要本着全面、历史、客观的原则，既不夸大成绩，也不掩盖过失。

（6）评价要依据事实和规章制度，要遵循一定的程序，定性结论要恰当，措辞要准确，不要引起误解和错觉，文字要力求简洁，尽量用中性词表述。

（八）审帮结合，提出有建设性的建议

经济责任审计不但是对被审计责任人的审计，更是对被审计单位经营业务和各个管理流程的审计，内部审计人员有机会深入了解企业管理的细节，作出较准确全面的评判。现代企业内部审计逐步从查错防弊向改进管理的增值型审计转变，经济责任审计作为一种综合性强、内容全面的审计类型，更应体现出"监督与服务并重"的宗旨，因而要注重"审帮"结合，针对审

计中发现的问题与不足，要从第三方独立的角度提出相应的改进建议，从而促进被审计单位进一步加强管理，提升经营效益。所做的审计建议应切实可行、富有建设性，使被审计单位认识到内部审计的服务职能，乐于接受和整改，也让审计工作更有成效。

第二节　经济责任内部审计相关文案

文案范本

企业经济责任审计管理办法

第一章　总　则

第一条　为加强对国务院国有资产监督管理委员会（以下简称国资委）履行出资人职责企业（以下简称企业）的监督管理，规范企业经济责任审计工作，客观评判企业负责人任期经济责任及经营绩效，根据《企业国有资产监督管理暂行条例》和国家有关法律法规，特制定本办法。

第二条　企业及其独资或者控股子企业的经济责任审计工作，适用本办法。

第三条　本办法所称企业经济责任审计，是指依据国家规定的程序、方法和要求，对企业负责人任职期间其所在企业资产、负债、权益和损益的真实性、合法性和效益性及重大经营决策等有关经济活动，以及执行国家有关法律法规情况进行的监督和评价的活动。

第四条　本办法所称企业负责人是指企业主要负责人，即法定代表人。

第五条　国资委按照企业负责人管理权限负责组织对企业负责人的经济责任审计工作，并会同有关部门依法对企业经济责任审计工作进行监督。

第二章　审计工作组织

第六条　企业经济责任审计工作，按照企业负责人管理权限和企业产权关系，依据"统一要求、分级负责"的原则组织实施。

（一）企业负责人离任或任期届满，都应依据国家有关法律法规规定，组织开展经济责任审计工作。

（二）企业独资或者控股子企业负责人离任或者任期届满，企业应当组织开展经济责任审计工作；对于提拔到企业总部领导岗位的子企业负责人经济责任审计工作结果，应报国资委备案。

（三）企业应当建立对主要业务部门负责人的任期或定期经济责任审计制度。

第七条　根据出资人财务监督工作需要，对企业发生重大财务异常情况，如企业发生债务危机、长期经营亏损、资产质量较差，以及合并分立、破产关闭等重大经济事件的，应当组织进行专项经济责任审计，以及时发现问题，明确经济责任，纠正违法违规行为。

第八条　国资委在企业经济责任审计工作中履行下列职责：

（一）根据国家有关法律法规，制定有关企业经济责任审计工作规章制度；

（二）负责企业负责人经济责任审计工作的组织实施；

（三）决定对发生重大财务异常情况企业进行专项经济责任审计；

（四）指导监督企业按照国家有关规定开展企业内部经济责任审计工作。

第九条　国资委组织实施企业经济责任审计工作，主要采取以下三种形式：

（一）按国家有关规定，委托国家有关审计机关具体实施审计工作；

（二）根据出资人财务监督工作需要，聘请具有相应资质条件的社会审计组织承担审计工作任务；

（三）根据实际工作需要，组织或者抽调企业内部审计机构人员实施有关审计工作。

第十条 企业在经济责任审计工作中履行下列职责：

（一）按照国家有关规定和国资委统一工作要求，制定本企业经济责任审计具体实施细则；

（二）组织实施独资或者控股子企业负责人任期经济责任审计工作；

（三）组织实施企业主要业务部门负责人任期或者定期经济责任审计工作；

（四）决定并组织实施对发生重大财务异常情况子企业的专项经济责任审计工作。

第十一条 对中央有关部门干部管理权限内的企业负责人的经济责任审计工作按照有关规定办理。

第十二条 按照重要性原则，应当将企业总部及重要子企业纳入经济责任审计工作范围，对其他子企业可视不同情况决定审计工作范围，但审计户数不得低于50%，审计资产量不得低于被审计企业资产总额的70%。

第十三条 在经济责任审计工作中，企业或者承办审计业务的社会审计组织应当将经济责任审计工作与其他财务审计工作相结合，在确保审计结果客观公正的基础上，可以参考利用相关财务审计或者经济责任审计工作资料，以避免重复审计。

第十四条 当企业领导班子其他成员（不含企业负责人）离任或者任期届满时，可根据出资人监管工作需要或者企业负责人建议开展相应的经济责任审计工作。

第三章 审计工作内容

第十五条 根据国家有关规定，结合出资人财务监督工作需要，对企业负责人经济责任所开展的审计工作主要内容包括：

（一）企业负责人任职期间企业经营成果的真实性；

（二）企业负责人任职期间企业财务收支核算的合规性；

（三）企业负责人任职期间企业资产质量变动状况；

（四）企业负责人任职期间对企业有关经营活动和重大经营决策负有的经济责任；

（五）企业负责人任职期间企业执行国家有关法律法规情况；

（六）企业负责人任职期间企业经营绩效变动情况。

第十六条 企业经营成果的真实性是指企业负责人任职期间会计核算是否准确，企业财务决算编报范围是否完整，企业经济成果是否真实可靠，以及企业计提资产减值准备与资产质量是否相匹配。主要内容包括：

（一）企业财务会计核算是否准确、真实，是否存在经营成果不实问题；

（二）企业年度财务决算报告合并范围、方法、内容和编报质量是否符合规定，有无存在故意编造虚假财务决算报告等问题；

（三）企业是否正确采用会计确认标准或计量方法，有无随意变更或者滥用会计估计和会计政策，故意编造虚假利润等问题。

第十七条 企业财务收支核算合规性是指在企业负责人任职期间企业财务收支管理是否符合国家有关法律法规规定，会计核算是否符合国家有关财务会计制度，年度财务决算是否全面、真实地反映企业财务收支状况。主要内容包括：

（一）企业收入确认和核算是否完整、准确，是否符合国家财务会计制度规定，有无公款私存、私设"小金库"，以及以个人账户从事股票交易、违规对外拆借资金、对外资金担保和出借账户等问题；

（二）企业成本开支范围和开支标准是否符合国家有关财务会计制度规定，有无多列、少列或不列成本费用等问题，以及企业工资总额来源、发放、结余和企业负责人收入情况；

（三）企业会计核算是否符合国家有关财务会计制度规定，是否随意改变资产、负债、所有者权益的确认标准或计量方法，有无虚列、多列、不列或者少列资产、负债、所有者权益的问题；

（四）企业会计账簿记录与实物、款项和有关资料是否相符，有无存在账外资产、潜亏挂账等问题，有无存在劳动工资核算不实等问题。

第十八条 企业资产质量变动情况是指企业负责人任职期间各项资产质量是否得到改善，是否存在严重损失、重大潜亏或资产流失等问题，企业国有资本是否安全、完整，以及对企业未来发展能力的影响。主要内容包括：

（一）企业负责人任职期间有关企业资产负债结构合理性及变化情况，以及对企业未来发展的影响；

（二）企业负责人任职期间企业资产运营效率及变化情况，以及对企业未来发展的影响；

（三）企业负责人任职期间企业有效资产及不良资产的变化情况，以及对企业未来发展的影响；

（四）企业负责人任职期间企业国有资产保值增值结果，及企业在所处行业中水平变化的对比分析。

第十九条 企业有关经营活动和重大经营决策是指企业负责人在任职期间作出的有关对内对外投资、经济担保、出借资金和大额合同等重大经济决策是否符合国家有关法律法规规定，及其企业内部控制程序，是否存在较多问题或者造成重大损失。主要内容包括：

（一）企业重大投资的资金来源、决策程序、管理方式和投资收益的核算情况，以及是否造成重大损失；

（二）对外担保、对外投资、大额采购与租赁等经济行为的决策程序、风险控制及其对企业的影响情况；

（三）涉及的证券、期货、外汇买卖等高风险投资决策的审批手续、决策程序、风险控制、经营收益或损失情况等；

（四）改组改制、上市融资、发行债券、兼并破产、股权转让、资产重组等行为的审批程序、操作方式和对企业财务状况的影响情况等，有无造成企业损失或国有资产流失问题。

第二十条 开展企业经济责任审计要认真检查企业负责人及企业执行国家有关法律法规情况，核实企业负责人及企业有无违反国家财经法纪，以权谋私，贪污、挪用、私分公款，转移国家资财，行贿受贿和挥霍浪费等行为，以及弄虚作假、骗取荣誉和蓄意编制虚假会计信息等重大问题。

第二十一条 内部审计人员在全面核实企业各项资产、负债、权益、收入、费用、利润等账务的基础上，可依据国家有关经营绩效评价政策规定，对企业负责人任职期间经营成果和经营业绩，以及企业资产运营和回报情况进行客观、公正和准确的综合评判。

第四章 审计机构委托

第二十二条 对企业负责人所开展的经济责任审计工作，可以通过采取委托国家有关审计机关或者聘请有关社会审计组织等方式具体组织实施。

（一）对于资产规模较大企业负责人的经济责任审计工作，可根据国家有关规定，委托国家审计机关组织实施；

（二）对于未委托国家审计机关实施的企业负责人经济责任审计工作，可按照"公开、公平、公正"的原则，采取招标等合理方式，聘请具有相应资质条件的社会审计组织组织实施。

第二十三条 委托国家有关审计机关开展企业经济责任审计工作的，有关审计工作组织实施依据国家有关规定进行。

第二十四条 承办企业负责人经济责任审计的社会审计组织，应当具备以下资质条件：

（一）资质条件应与企业规模相适应；

（二）具备较完善的审计执业质量控制制度；

（三）拥有经济责任审计工作经验的专业人员；

（四）3 年内未承担同一企业年度财务决算审计业务；

（五）与企业或企业负责人不存有利害关系；

（六）近 3 年未有违法违规不良记录；

（七）能够适时调配较强的专业人员承担经济责任审计任务。

第二十五条 接受聘请的社会审计组织应严格依据国家有关法律法规以及国资委对企业经济责任审计工作的统一要求，按照规定的方法、程序和内容，依据独立审计原则认真组织经济责任审计工作，并对审计报告的真实性、合法性负责。

第二十六条 国资委根据财务监督工作需要，可委托企业内部审计机构承担相关专项经济责任审计工作任务。

第二十七条 受委托承担国资委专项经济责任审计工作任务的企业内部审计机构和专业人员，应依据国资委统一工作要求，独立、客观、公正地开展审计工作，对审计工作结果承担相应的工作责任。

第五章　审计工作程序

第二十八条 国资委组织实施企业负责人经济责任审计基本工作程序如下：

（一）编制审计工作计划；

（二）确定审计机构；

（三）下达审计工作通知；

（四）拟订审计方案；

（五）成立审计项目组；

（六）组织实施审计；

（七）交换审计意见；

（八）出具审计报告；

（九）下达审计意见或审计决定。

第二十九条 根据干部管理部门提出的任期经济责任审计工作要求，以及出资人财务监管工作需要，编制企业经济责任审计工作计划，明确审计的对象、时间安排、范围、重点内容、方法与组织方式等内容。

第三十条 国资委应当在实施审计 7 日前通知被审计企业。被审计企业在接到审计通知书后，应做好接受审计的有关准备工作，如实地提供有关资料。

第三十一条 按照企业经济责任审计工作要求，审计机构应拟订审计方案，明确审计目标、审计范围、审计重点、审计要求、审计组织、延伸审计单位和其他审计事项等，并报国资委同意。

第三十二条 审计机构在按照企业经济责任审计工作任务要求，成立由具有相关工作经验和一定专业知识的专业人员组成的审计项目组，组长应由具有经济责任审计工作经验和具备较高专业技术资格的业务负责人担任。

第三十三条　审计项目组在对企业负责人任职期间企业经营成果、财务收支、资产质量和有关经营活动、重大经营决策以及经营绩效等资料审计过程中，也可采取向有关单位、个人调查等方式，充分听取企业董事会、监事会、纪检监察、工会和职工反映的情况和意见。

第三十四条　审计项目组完成现场审计后，审计机构应在 10 个工作日内向国资委提交审计报告。审计报告提交前，应当征求被审计企业负责人及其所在企业的意见，并将审计报告及企业负责人或其所在企业的书面意见一并上报。

第三十五条　审计项目组应当在计划工作时间内完成审计任务，确需延长审计时间的，应当征得国资委同意，并及时通知被审计企业及其负责人。

第三十六条　国资委依据审计报告，对发现的重大问题，经研究核实后正式下达相关审计决定。

第三十七条　在经济责任审计工作中，如发现企业负责人有严重违法违纪问题的审计线索，应将之移交有关管理机构予以处理。

（一）对于需由企业负责人承担一般经济责任的，移交相应管理部门予以处理；

（二）对于企业负责人违反党纪政纪的，移交纪检监察机关予以处理；

（三）对于应依法追究企业负责人刑事责任的，移送司法机关处理。

第三十八条　相关审计机构在企业负责人经济责任审计工作中，如采用其他审计资料和审计结果，应对其进行必要的复核工作，并对其真实性、合法性承担相应的法律责任。

第六章　审计工作结果

第三十九条　企业经济责任审计应当分清企业负责人本人应当负有的直接责任和主管责任。

（一）直接责任是指企业负责人因对主管的资产经营活动和财务管理事项未履行或者未正确履行职责，致使企业经营管理不善，或由于决策失误而事后又处理不力以及违规操作等，造成所在企业经济损失或经济效益下降应负的经济责任。

（二）主管责任是指企业负责人在其任期内对其所在企业资产和财务状况，以及有关经济活动应当负有的直接责任以外的领导和管理责任。

第四十条　企业负责人应对下列行为负有直接责任：

（一）直接违反国家财经法规和财经纪律的；

（二）授意、指使、强令、纵容、包庇下属人员违反国家财经法规的；

（三）失职、渎职的；

（四）其他直接违法违规行为。

第四十一条　承办企业负责人经济责任审计的社会审计组织提交的审计报告，应当对企业负责人的经济责任作出客观、公正的评价，并对提交的审计报告真实性、客观性承担相应责任。

第四十二条　承办企业负责人经济责任审计的社会审计组织在提交审计报告前，应报国资委审核。国资委审定的内容主要包括：审计证据是否充分、审计评价是否适当、主要事实是否清楚和审计处理意见是否正确。

受委托进行经济责任审计工作的国家审计机关，应将审计工作结果送国资委，并抄送被审计企业。

第四十三条　企业应将对财务部门负责人开展经济责任审计工作的结果，向国资委备案。

第四十四条　企业经济责任审计工作结果，应被作为对企业负责人任免、奖惩的重要依据。

第四十五条　对于在经济责任审计工作中，所发现的因经济决策失误给企业造成重大损失，或者企业资产状况不实、经营成果虚假等问题，国资委或企业上级单位应当视其影响程度相应追究有关负责人责任，并予以经济处罚。

第四十六条 企业应根据经济责任审计工作所反映出的有关管理问题，及时加强整改工作，堵塞管理漏洞。企业内部审计机构应当对企业有关整改工作做好后续跟踪审计。

第四十七条 在经济责任审计工作中，如发现企业领导班子有关成员存在严重问题，经国资委批准后，可进一步开展延伸审计工作。

第七章 罚 则

第四十八条 对于拒绝、阻碍经济责任审计，或拒绝、拖延提供相关资料或证明材料的被审计企业负责人或所在企业，国资委或企业上级单位应当责令改正或给予警告，并对负有直接责任的主管人员和直接责任人给予行政或者纪律处分。

第四十九条 对于转移、隐匿、篡改、伪造、毁弃有关经济责任审计资料的被审计企业负责人所在企业，国资委或企业上级单位对负有直接责任的主管人和直接负责人给予行政或者纪律处分；对涉嫌犯罪的，要依法移送司法机关处理。

第五十条 对于打击报复或者陷害检举人、证明人、资料提供人和审计人员的被审计企业负责人，国资委或企业上级单位应当责令其改正，并给予行政或纪律处分；给被害人造成损失的，应当依法予以赔偿；对涉嫌犯罪的，要依法移送司法机关处理。

第五十一条 对于利用职权谋取私利、徇私舞弊、玩忽职守、索贿受贿和泄露国家机密或者商业秘密的审计人员，应当给予行政或纪律处分；对涉嫌犯罪的，要依法移送司法机关处理。

第五十二条 对于出具虚假不实的审计报告，或者违反国家有关审计工作要求，避重就轻、回避问题或明知有重要事项不予指明的承担经济责任审计的社会审计组织，应当移交有关部门予以处罚；对涉嫌犯罪的，要依法移送司法机关处理。

第八章 附 则

第五十三条 各中央企业可结合本企业实际情况，制定具体实施细则。

第五十四条 各省、自治区、直辖市国有资产监督管理机构可参照本办法，结合本地区实际，特制定相应的工作规范。

第五十五条 本办法自年 8 月 30 日起施行。

📑 文案范本

企业经济责任审计实施细则

第一章 总 则

第一条 为做好中央企业（以下简称企业）经济责任审计工作，规范经济责任审计行为，提高经济责任审计质量，根据《中央企业经济责任审计管理暂行办法》（国资委令第 7 号），特制定本实施细则。

第二条 开展企业经济责任审计的主要目的是为适应出资人监督工作需要，加强对企业负责人的责任监督，建立与完善企业负责人经济责任的审计认定制度，客观评价企业负责人任职期间的经营业绩与经济责任，为企业负责人的任用、考核和奖惩提供参考依据，促进企业加强和改善经营管理，保证国有资产安全和国有资本保值增值。

第三条 企业经济责任审计的主要任务：

（一）财务基础审计。在对企业风险与内部控制进行了解测试的基础上，对企业资产、负债和经营成果的真实性、财务收支的合规性，以及企业资产质量的变动状况和重大经营决策等情况进行审计，以全面、客观、真实地反映企业的财务状况和经营成果。

（二）企业绩效评价。在财务基础审计的基础上，采用企业绩效评价指标体系，通过定量和定性相结合的评价方法，从企业的盈利能力、资产质量、债务风险、发展能力等财务绩效与管理绩效角度，对企业负责人任职期间企业的经营绩效进行全面分析和客观评价。

（三）经济责任评价。根据企业财务基础审计结果和绩效评价结论，综合考虑企业发展基础、经营环境等方面因素，对企业负责人任职期间的主要经营业绩和应当承担的经济责任进行评估，对企业负责人任职期间履行工作职责情况得出较为全面、客观和公正的评价结论。

第四条　在企业经济责任审计工作中，划定财务基础审计范围应当遵循重要性原则，并充分考虑审计风险，被纳入经济责任审计范围的资产量一般不应低于被审计企业资产总额的 70%，户数不应低于被审计企业总户数的 50%。下列子企业应当纳入经济责任审计范围：

（一）资产或者效益占有重要位置的子企业；

（二）由企业负责人兼职的子企业；

（三）任期内发生合并、分立、重组、改制等产权变动的子企业；

（四）任期内关停并转或者出现经营亏损、资不抵债、债务危机等财务状况异常的子企业；

（五）任期内未经审计或者财务负责人更换频繁的子企业；

（六）各类金融子企业及内部资金结算中心等。

第五条　在企业经济责任审计过程中，财务基础审计应当充分利用企业近期内部与外部审计成果，提高审计效率。利用企业内部与外部审计成果应当注意以下问题：

（一）在利用内部审计工作成果时，应当对被审计企业内部审计环境及内部审计制度的有效性进行适当评估，以合理确信内部审计结论的可靠性。

（二）在利用外部中介机构审计成果时，必须采用一定的审计程序进行适当的审计评估，以合理确信所引用的审计结论的真实性及有效性。

（三）在审计企业资产状况时，可以借鉴相关年度的清产核资专项审计工作成果。当审计结果与清产核资专项审计结论不一致时，应当遵循谨慎性原则追加适当的审计程序。

（四）利用被审计企业及有关部门的纪检监察工作成果时，对于已经办结的案件，可以在给予必要审计关注的基础上直接利用纪检监察工作成果；对于正在办理的案件，应当注意与被审计企业及有关部门的纪检监察机构相互沟通配合。

第二章　工作组织

第六条　开展企业经济责任审计工作应当按照企业负责人管理权限和企业产权关系，依据"统一要求、分级负责"的原则进行。国资委管理权限范围内的企业负责人经济责任审计工作，由国资委负责组织实施，具体可采用直接组织实施或者委托国家审计机关实施等方式。

第七条　根据企业负责人管理权限，经批准发生合并重组、托管等情况的企业，国资委可视情况直接组织实施经济责任审计或者委托重组企业、托管企业组织实施经济责任审计工作。

重组企业或者托管企业受托组织实施经济责任审计时，其工作标准、方法、程序需按照国资委统一规定和要求执行，审计结果应当报国资委确认。

第八条　国资委直接组织实施企业经济责任审计工作的，可以聘请具有相应资质条件的社会中介机构配合审计或者抽调企业内部审计机构人员具体实施审计。国资委聘请社会中介机构配合实施经济责任审计，按照"公开、公平、公正"的原则，采取企业推荐、国资委核准、邀请招标方式选定具有相应资质条件的社会中介机构，并根据已确定的审计目标、范围和具体要求，与选定的社会中介机构签订业务委托书。

第九条 根据经济责任审计工作任务，国资委派出工作人员会同配合审计工作的社会中介机构等组成审计项目组，具体实施经济责任审计工作。审计项目组一般下设财务审计组和绩效评价组。

第十条 审计项目组。审计项目组组长为审计项目的具体组织者，应当具有审计、会计、经济等方面的专业知识，由国资委派出；审计项目副组长分别由财务审计组和绩效评价组组长担任。审计项目组长应当履行以下主要职责：

（一）负责组织协调审计工作的有关事宜；

（二）负责审核财务审计方案和绩效评价工作计划；

（三）负责带领审计项目组（含财务审计组和绩效评价组）正式进驻企业，并落实有关工作要求；

（四）在审计工作中，及时协调并解决有关重要事项和问题；

（五）负责组织访谈、与企业及企业负责人交换审计意见；

（六）负责组织审核和修改经济责任审计报告。

第十一条 财务审计组。财务审计组主要由聘请的社会中介机构人员（或企业内部审计人员）组成，组长由社会中介机构（或企业内部审计机构）的财务审计项目负责人担任。财务审计组组长的主要职责是：

（一）组织对被审计企业有关财务效益状况、资产质量、重大经营活动和经营决策、遵守法律法规等情况进行审计；

（二）组织出具财务审计报告，并对财务审计报告承担责任；

（三）组织协助绩效评价工作（为绩效评价工作提供基础数据、相关资料等方面的支持，协助准备专家评议工作，协助草拟绩效评价报告）；

（四）协助草拟经济责任审计报告；

（五）协调处理财务审计组与绩效评价组的工作关系。

第十二条 绩效评价组。绩效评价组主要由委托方工作人员或者抽调企业内部审计人员及部分社会中介机构人员组成，组长一般由委托方专业人员担任。绩效评价组组长的主要职责是：

（一）组织对被审计企业的经营绩效进行评价；

（二）组织专家对企业经营及管理状况进行定性评议；

（三）综合财务审计结果和绩效评价结果，组织对企业负责人任期的经营业绩和经济责任进行评估，得出评价结论；

（四）配合组织与被审计企业沟通或征求意见，接收有关群众来信和接受群众访谈；

（五）组织草拟经济责任审计报告；

（六）协调处理绩效评价组与财务审计组的工作关系。

第十三条 财务审计组和绩效评价组组长应当具备下列基本条件：

（一）具有相关领域的中高级技术职称或相关专业执业（技术）资格，或者具备较丰富的企业财务管理或财务审计工作经验和经历；

（二）熟悉被审计企业所在行业的情况；

（三）具有较强的组织、综合分析和判断能力；

（四）坚持原则、清正廉洁、秉公办事。

第三章　工作程序

第十四条　审计项目组具体实施的经济责任审计工作，可以分为准备、实施、报告三个工作阶段。

第十五条　准备阶段。主要工作包括：确认任务、业务培训、进驻企业、审前调查、收集资料、修改完善审计方案等。

（一）审计项目组在开始实施审计前，应当对需要承担的经济责任审计工作任务、审计对象、范围和要求等进行确认，落实对企业进行财务基础审计、绩效评价和对企业负责人进行经济责任评价的工作任务和责任。

（二）组织审计人员业务培训，了解被审计企业的行业特征、企业特点，学习和掌握财务基础审计、绩效评价和经济责任评价等工作要求和相关专业知识。

（三）组织召开由被审计企业负责人及有关人员参加的经济责任审计见面会，明确工作要求及配合事项。

（四）开展审前调查，了解企业基本情况，完善审计工作方案或计划。

1. 财务审计组在本阶段应当对被审计企业的内部控制制度进行初步测试，进一步了解被审计企业的基本控制环境、内部控制状况和主要业务流程、接受外部审计及其他各种审计检查等基础情况，了解被审计企业负责人任期内发生的重大经营活动和其他重要情况，评估被审计企业的财务审计风险，确定财务审计的重点内容和具体工作范围。

2. 绩效评价组在本阶段应当了解被审计企业的基本组织状况与基本财务状况，了解被审计企业负责人的任职时间、任期目标、任期工作表现、职工中的口碑、任期内工作职责及完成情况等个人基本情况，并与企业监事会沟通，就审计方案征求监事会意见等。

（五）被审计企业在实施现场审计前，应当根据经济责任审计工作需要，向审计项目组提供相关资料。

1. 企业应提供的财务审计资料主要有：

（1）任期内企业的财务会计资料、统计资料及有关审计报告、管理建议书等；

（2）企业的基本情况，如企业组织结构、资本结构、重要资产产权证明、重要投资合同、贷款合同目录、主管部门有关政策批准文件等；

（3）企业的管理情况，主要为以文字形式描述的企业内部决策程序及执行情况、内控制度及执行情况等，如内部财务核算制度、业务操作规程、授权与权限制度、费用开支审批办法等；

（4）重大事项，包括重大诉讼、重大违纪事项、重要会议记录等；

（5）关联方关系及其交易情况、会计政策变更、会计估计变更及原因说明等；

（6）企业有关财产损失审批及税务部门批准处理的文件，税务部门出具的完税证明、银行对账单等外部资料；

（7）在财务审计过程中，需要补充提供的其他资料。

2. 企业及企业负责人应提供的绩效评价资料主要有：

（1）任期内企业的年度工作计划、工作报告和工作总结；

（2）任期内企业经营目标及目标实现情况；

（3）任期内企业管理绩效评议指标完成情况；

（4）企业负责人任期述职报告，述职报告应包括任期内的主要业绩、存在的主要问题、工作中应当承担的经济责任，进一步改进企业经营管理的意见与建议等；

（5）在经济责任审计过程中，需要补充提供的其他资料。

（六）财务审计组根据审前调查情况，修改完善审计工作方案或计划，并将修改后的审计工作方案或计划经审计项目组长同意后，报国资委备案同意后组织落实。

第十六条 实施阶段。主要工作包括：财务基础审计、企业绩效评价、经济责任评价等内容。

第十七条 财务审计组在开始现场财务基础审计后，主要应当完成以下工作：

（一）审计人员对企业内部控制系统的健全性和有效性进行符合性测试，识别内部控制的关键控制点和风险点，评价内部控制的水平，设计实质性测试的程序和范围。

（二）审计人员根据对企业内部控制系统的了解、测试，明确实质性测试的重点与内容，并通过审查会计资料、查阅与审计范围有关的文件、盘点实物资产、向有关单位和个人询问、函证等程序，取得具有充分证明力的审计证据，为形成财务审计报告奠定基础。

（三）审计人员在现场审计中，应当认真填写审计工作记录，整理编制审计工作底稿。审计工作底稿包括以下内容：

1. 审计人员在审计准备阶段所形成的材料、收集的有关证据、被审计企业提供基本情况和审计方案；

2. 与审计事项有关的证明材料及其鉴定意见；

3. 审计中发现的问题及产生的原因；

4. 判断审计事项的法律、法规、政策依据；

5. 审计人员对审计事项的评价、初步结论和处理意见、建议，以及被审计企业及其负责人的意见；

6. 在执行具体审计工作方案过程中所做的其他有关记录等。

主审人员和财务审计组组长应当对审计工作底稿进行复核，并对审计工作底稿的真实性、准确性负责。

（四）实行审计周报制度，财务审计组每周定期向委托方汇报审计进展阶段及审计中发现的重大问题等情况。

（五）财务审计组根据取得的审计证据形成财务审计结论，起草财务审计报告初稿。

第十八条 绩效评价组在开始现场审计后，主要应当完成以下工作：

（一）进一步了解被审计企业及企业负责人的情况，向被审计企业有关人员征求意见、接收群众来信和访谈；

（二）根据财务基础审计核实后的被审计企业财务数据，采用企业绩效评价体系对被审计企业的财务绩效进行评价，形成财务绩效定量评价结论；

（三）对被审计企业的领导班子、主要业务部门及重要子企业负责人开展访谈工作；

（四）组织开展职工问卷调查；

（五）准备专家评议资料，邀请有关评议专家对被审计企业的管理绩效进行定性的专家评议。专家评议一般采用专家评议会方式，按下列程序进行：

1. 阅读相关资料，了解企业实际情况；

2. 财务审计组介绍财务审计情况及结果；

3. 绩效评价组介绍企业财务绩效定量评价情况及评价结果；

4. 评议专家根据企业实际情况和管理绩效评议参考标准，现场评议，独立打分；

5. 计算汇总评议打分结果；

6. 集体评议，现场形成专家评议结论。

（六）根据财务绩效定量评价结果和管理绩效定性评价结果，起草企业绩效评价报告初稿。

第十九条 报告阶段。主要工作包括：形成经济责任审计报告初稿，财务审计报告和经济责任审计报告初稿征求各方面意见，修改报告初稿，形成正式经济责任审计报告。

（一）审计项目组根据财务审计报告初稿和绩效评价报告初稿，综合分析评价企业负责人任期的经营业绩与经济责任，起草企业负责人经济责任审计报告。

（二）审计项目组提交的经济责任审计报告，经国资委同意后，形成经济责任审计报告初稿，并将经济责任审计报告初稿和财务审计报告初稿一并征求企业干部管理部门、相关监事会、企业及被审计人的意见。

（三）由审计项目组组长组织当面征求被审计企业和被审计人意见，审计项目组应将与被审计企业和被审计人交换意见的情况整理形成书面资料。

（四）在对各方面反馈意见进行分析核实的基础上，依据合理意见对审计报告初稿进行修改。

（五）经对审计报告初稿修改后，形成财务审计报告和经济责任审计报告征求意见稿，以书面形式正式征求被审计企业和被审计人的意见。一般规定在 7 个工作日内反馈意见，对逾期不反馈意见的视为无不同意见。

（六）经过正式征求意见后，对审计报告进行再次修改，财务审计组出具正式的财务审计报告，并报国资委；国资委出具正式的经济责任审计报告，送达企业并抄送被审计人。

第二十条 在经济责任审计工作结束后，国资委根据审计报告，向被审计企业下达审计处理意见。

第二十一条 为改进工作，积累经验，不断提高经济责任审计工作质量，经济责任审计工作完成后，审计项目组应当对经济责任审计的组织、程序、方式、方法等方面进行总结，并将工作总结及时提交国资委。

第二十二条 经济责任审计工作结束后，审计项目组应当按照有关工作分工和审计档案管理规定，整理有关经济责任审计工作档案移交国资委和明确配合机构保管。

（一）应当明确由配合机构负责保管的资料有：审计计划、审计证据、审计工作底稿、审计报告及征求意见稿、有关意见反馈、有关审计问题的请示和报告等资料。

（二）应当移交国资委保管的资料有：财务审计工作方案、经济责任审计工作报告、企业及监事会等有关方面的反馈意见、审计决定执行情况、有关审计问题的请示和报告、批示等有关工作文件，以及与具体审计项目有关的群众来信、来访记录、举报材料等。

第四章 财务基础审计

第二十三条 财务基础审计主要包括被审计企业负责人任职期间的企业财务收支状况真实性审计、资产质量审计、经营成果审计、企业重大经营活动和经营决策审计、经营合法合规性审计等内容。

第二十四条 财务收支状况真实性审计。根据国家统一财务会计制度及相关法律法规，通过必要的审计程序，了解企业负责人任职期间企业的财务收支管理是否符合国家有关法律法规的规定，会计信息是否真实、完整，账实、账账、账表是否相符，据此判断企业会计核算的合规性，检查企业财务管理中存在的有关问题。

财务收支状况真实性审计应特别关注对货币资金、往来款项、存货、固定资产、应付职工薪酬—工资等科目，以及资本性支出和收益性支出、合并会计报表的审计。

第二十五条 任职期间资产质量审计。结合内控审计和财务收支审计，查实企业的会计信息是否真实反映了企业资产的实际质量状况。重点审计企业负责人任职期间资产质量变动情况，特别是任职期间不良资产的变动情况，审计确认任职期初到任职期末各年的不良资产总额、任期内新增不良资产及任期内消化不良资产的情况。

本实施细则所称不良资产是指预期不能给企业带来经济利益的资产和企业尚未处理的资产净损失和潜亏（资金）挂账，以及按财务会计制度规定各类有问题资产预计损失金额。

第二十六条 对仍执行行业会计制度企业的不良资产审计时，应当重点关注以下内容：

（一）待处理资产净损失，重点审查任期末待处理的流动资产和固定资产净损失，以及固定资产毁损、报废的真实性、合规性；

（二）长期积压商品物资，重点审查任期末积压一年或一个经营周期以上但尚未丧失使用价值的商品物资；

（三）不良投资，重点审查由于被投资企业（或项目）濒临破产、倒闭、发生长期亏损（一般指连续三年以上）等原因造成难以收回的投资等，包括未确认的投资损失；

（四）三年以上应收款项可能导致的潜在损失；

（五）处于对外经济担保、未决诉讼、应收票据贴现等状态下的资产可能导致的潜在损失；

（六）潜亏，重点审查企业未足额计提或者摊销的成本费用；

（七）挂账，重点审查企业由于经营管理或者政策性等因素形成的，并经财务认定和记录，但又未被纳入企业当年损益核算或者进行相应财务处理的损失、费用等；

（八）经营亏损挂账，重点审查因经营活动因素产生的累计未弥补亏损总额；

（九）关停并转企业和未纳入财务决算范围企业的不良资产；

（十）其他因素引起的资产损失。

第二十七条 对执行企业会计准则企业的不良资产审计中，应当重点关注以下内容：

（一）应提未提或少提的各项减值准备；

（二）应转销而未转销的待处理流动资产和固定资产损益、应提未提及应摊未摊的折旧和费用；

（三）不符合资本化条件的固定资产装修及修理支出中尚未计入当期费用的金额；符合资本化条件的固定资产改良支出，因未遵循谨慎性原则随意延长折旧年限而少计入当期成本费用的金额；其他按照企业会计准则的规定应计入当期成本费用而结转下期的金额；

（四）对外经济担保、未决诉讼、应收票据贴现等或有事项状态下的资产，由于未按照企业会计准则的规定预计费用和负债而虚增的金额；

（五）关停并转企业和未纳入财务决算范围企业的不良资产；

（六）其他因素引起的资产损失。

第二十八条 在对企业不良资产审计中，还应当关注以下情况：

（一）审计分析企业清产核资结果是否如实披露。对于企业在清产核资中未披露的损失（除政策性原因允许企业暂不处理的损失外），一般视同为清产核资后企业负责人任期的不良资产损失。

（二）审计分析企业任期内资产质量变动的原因。分析产生不良资产的主、客观原因，客观原因主要指国际环境、国家政策、自然灾害等；主观因素主要指决策失误、经营不善等。

（三）审计分析企业任期内不良资产责任划分

按照企业负责人任期职责、任期时间及不良资产产生原因等情况，分清企业不良资产的责任，审计分析企业任职期间不良资产情形。

1. 核实任期以前存在的不良资产；

2. 核实任期内消化的任期以前的不良资产；

3. 核实任期间内新增不良资产；

4. 核实任期间因客观因素而新增的不良资产。

第二十九条　任职期间经营成果审计。在财务收支审计与资产质量审计的基础上，审计企业负责人任期内经营成果的真实性与完整性。同时审计确认企业负责人任期初至任期末各年的利润总额、净利润、主营业务收入、主营业务成本、期间费用等财务定量评价指标。在审计中应当重点关注：

（一）任期企业收入确认和核算是否真实、完整、及时，是否符合国家财务会计制度规定，有无虚列、多列或透支未来收入，少列、漏列或者转移当期收入等问题。

（二）任期企业成本费用开支范围和开支标准是否符合国家财务会计制度规定，成本核算是否真实、完整，符合配比原则，有无错列、多列、少列或者漏列成本费用等问题。

（三）任期经营成果的调整

如果企业存在经营成果不实问题，应当根据审计结果对企业相关的会计数据进行调整，对任期产生的不良资产进行扣除，并作出调整后的新的会计报表。

（四）确认任期企业实际业绩利润

对企业负责人任期实际业绩利润一般按照以下公式计算：

任期实际业绩利润＝经过审计调整核实后的任期利润总额（已扣除任期产生的不良资产）＋消化任期以前年度不良资产

第三十条　任职期间企业重大经营活动和经营决策审计。重点关注企业的重大经营活动和经营决策过程是否合法合规，以及所产生的结果等。

（一）对外投资、担保、大额采购、改组改制、融资上市、兼并破产等重大经营活动和重大经济决策是否符合国家有关法律法规、政策及有关规定；

（二）有关决策是否有相关管理控制制度；

（三）有关决策是否履行相关管理控制制度，并按照规定程序进行；

（四）有关决策协议或者合同内容是否符合企业实际，是否存在损害本企业的条款，其中有无个人谋利行为；

（五）有关决策的执行是否明确了具体的实施管理部门，有无进行过程监控；

（六）有关决策结果有无给企业造成损失等。

第三十一条　任职期间企业经营合法合规性审计。主要审计企业负责人任职期间的有关经营、管理等行为是否符合国家有关法律法规的规定等。应当重点关注以下情况：

（一）公款私存，坐收坐支，私设"小金库"，资金账外循环；

（二）违规越权炒作股票、期货等高风险金融品种；

（三）违规对外拆借、出借账户；

（四）违规对外出借资金等。

第三十二条　财务基础审计。在对被审计企业任职期间的基本财务状况、经营成果和经营决策等进行审计和出具财务审计报告的同时，还应当对被审计企业负责人任职期间的有关绩效评价基础数据进行核实，为绩效评价工作奠定基础。

第五章　企业绩效评价

第三十三条　在对企业负责人任职期间财务状况审计工作的基础上，绩效评价组应当运用国资委制定的企业绩效评价体系，对企业负责人任职期间的企业绩效状况进行评价，为做好企业负责人任期经营业绩和经济责任评价工作奠定基础。企业绩效评价分为财务绩效定量评价和管理绩效定性评价。

第三十四条 财务绩效定量评价是指根据审计核实后的企业财务数据，利用绩效评价指标体系，比照行业评价标准，对企业负责人任期的财务绩效进行的定量分析评价。根据企业绩效评价指标体系，财务绩效定量评价主要从企业的盈利能力、资产质量、债务风险、发展能力四个方面进行评价。

第三十五条 为保证评价结果的客观、科学，企业绩效评价所使用的评价基础数据应当根据评价需要进行评价调整。评价基础数据调整主要包括以下两个方面：

（一）根据财务基础审计结果对企业有关数据进行调整；

（二）根据评价要求，对非经营绩效因素进行调整。

第三十六条 管理绩效定性评价是通过对企业负责人任期内的企业发展战略规划、经营决策机制、内部风险控制、人力资源建设等方面的分析评议，来反映企业所采取的各项管理措施及其管理成效，对定量分析结果进行补充修正。

第三十七条 为客观公正地评价企业负责人任职期间的企业管理绩效状况，审计项目组可采用聘请相关专家组成专家评议组方式，对企业的管理绩效指标进行评议，形成管理绩效定性评价结果。

（一）经济责任审计中，专家评议组一般由7~9人组成。

（二）评议专家一般从企业监管部门、行业协会、高等院校、社会中介机构、企业监事会等方面聘请。

（三）评议专家必须具备以下基本条件：

1. 有较丰富的企业管理、财务会计和资产管理等方面的知识；

2. 了解企业绩效评价业务，具有较强的综合分析判断能力；

3. 了解被评价企业所处行业的状况；

4. 坚持原则，清正廉洁，秉公办事。

（四）评议专家的主要职责。根据财务基础审计结果和财务绩效定量评价结果，对企业非财务的管理绩效指标进行评议，对企业负责人任期的经营业绩和经济责任进行评价，对经济责任审计中的有关问题提供咨询，并出具评议意见。

第三十八条 绩效评价组综合企业财务基础审计结果、财务绩效定量评价结果和管理绩效定性评价结果，形成企业绩效评价报告初稿。

第六章 经济责任评价

第三十九条 经济责任评价是指根据财务基础审计结果和企业绩效评价结果，综合考虑企业负责人任期内影响企业发展的相关因素，对企业负责人任期的经营业绩与经济责任进行客观公正的分析和评价。

第四十条 开展经济责任评价应遵循以下原则：

（一）客观性原则。开展业绩与经济责任评价要客观地反映企业负责人的实际业绩与问题，避免由于证据不足、个人主观印象等造成的人为误差。

（二）全面性原则

开展业绩与经济责任评价不但要充分考虑企业负责人的责任，还要充分考虑企业负责人的贡献，以全面评估企业负责人任期的成绩与不足。

（三）公正性原则

内部审计人员应根据有关问题的性质，比照公平、明确的评价标准，分清企业负责人应当承担的责任，做到责任定位准确、公正。

（四）发展性原则

内部审计人员对企业负责人的业绩与经济责任评价时，不但要充分考虑其任期企业的效益、管理等情况，还要充分考虑企业负责人本任期行为对企业今后发展的贡献。

第四十一条　在经济责任审计工作中，应当客观公正地评价企业负责人任职期间对企业的主要贡献，重点关注企业的经营效益状况、基础管理水平、重大改制改革、发展战略及执行情况、内部控制建设与落实情况、企业可持续发展情况等内容。

第四十二条　在经济责任审计工作中，应当明确企业负责人对其任期内企业存在问题应承担的经济责任。经济责任是指企业负责人在任期内职责可控范围内应当负有的责任，分为直接责任、主管责任和领导责任。

（一）直接责任是指企业负责人因直接违反或通过授意、指使、强令、纵容、包庇下属人员违反国家财经法规以及失职、渎职等其他违反国家财经纪律的行为所应负有的责任。

（二）主管责任是指根据企业内部分工，企业负责人对其分管部分工作以及企业经营、投资等重大事项，因未履行或者未正确履行职责所应负有的经济责任。

（三）领导责任是指企业负责人对其所在企业所应当负有的直接责任、主管责任以外的管理责任。

第四十三条　对于企业负责人任期经济责任的评价，既要考虑企业负责人的经营业绩，又要分析企业负责人的经济责任，并要充分考虑企业自身发展状况、历史负担、行业特点、持续发展等因素。

第四十四条　经济责任审计中，原则上以会计年度作为企业负责人经济责任审计期间，并以此确定审计和评价财务数据的期初数；但对于重大经营决策、重大财务事项等的责任界定，以企业负责人的实际任期为准。

（一）如企业负责人的任职时间为某一年度的上半年，则以本年度初作为企业负责人经济责任审计期间的期初。

（二）如企业负责人的任职时间为某一年度的下半年，则以下一年度初作为企业负责人经济责任审计期间的期初。

第七章　工作报告

第四十五条　经济责任审计工作报告由财务审计报告、绩效评价报告和经济责任审计报告组成。

第四十六条　财务审计报告是财务审计组根据审计工作结果形成的反映企业会计信息真实性及企业资产质量、经营成果、重大经营管理决策及遵守国家法律法规等情况的阶段性工作报告。

第四十七条　财务审计报告应当由标题、收件人、正文、附件、签章、报告日期等基本要素组成。

（一）标题。

标题中应当明确被审计企业名称、主要审计事项等审计主要内容。

（二）收件人应为委托人。

（三）报告正文。

审计报告的正文内容一般包括：

1. 审计任务的说明

审计报告应当对本次审计的任务进行说明。主要包括：执行审计的依据，被审计企业名称，被审计企业负责人姓名，审计范围、内容、方式和时间，采用的主要审计方法，延伸或追溯审计的重要事项，以及对被审计企业及负责人配合与协助情况的评价等。

2. 被审计企业负责人及企业基本情况

主要包括：企业的经济性质、管理体制、业务范围及经营规模、财务隶属关系或资产监管关系、核算管理体制、财务收支状况等；被审计企业负责人姓名、职务、任职时间等基本内容。

3. 被审计企业的基本财务状况

主要包括：审计前后企业基本财务数据的变化及原因，任期内各年企业的财务状况、资产质量、收入效益、成本费用等主要财务指标的变化情况及原因等。

4. 截至任期末，经审计发现企业存在的主要问题，包括企业的问题和负责人的问题两方面。对于审计中发现的主要问题要进行分类整理，并载明发现问题的事实，产生问题的原因，所违反有关法律法规的具体内容，存在问题所造成的影响或后果等。

5. 审计建议

对审计发现的有关问题，审计组应当在职权范围内提出审计处理意见和审计建议。

6. 需要在审计报告中反映的其他情况。

（四）附件

附件包括：审定的任职期间各年度审计调整后的资产负债表及利润表、会计账项调整表、其他需要说明的重要事项等。

第四十八条 绩效评价报告是由绩效评价组结合前期了解掌握的企业有关情况，利用财务审计组审定的企业财务数据，对企业实施财务绩效定量评价和管理绩效定性评议后形成的关于企业整体绩效状况的阶段性工作报告。绩效评价报告是企业经济责任审计项目组内部的分析报告。

第四十九条 绩效评价报告应由标题、正文、附件、签章、报告日期等基本要素组成。

（一）标题

标题中应当明确企业名称和报告性质。

（二）报告正文

对照行业评价标准值，重点分析企业负责人任职期间，企业在盈利能力、资产质量、债务风险、发展能力等方面财务指标和评价得分的变化情况，并说明变化的主要原因；分析企业负责人任期在发展战略规划、改革改组改制、生产经营成果、内部控制机制、提高企业市场竞争能力和持续发展能力等方面的主要业绩；结合专家评议结果，形成对企业综合绩效状况的评价结论。

（三）附件

一般应包括：企业绩效评价计分表、采用的评价标准值、评价调整情况表等。

（四）签章

由绩效评价组组长签章。

（五）报告日期

指完成评价报告的日期。

第五十条 经济责任审计报告是经济责任审计工作最终的工作报告，应由标题、收件人、正文、附件、签章、报告日期等基本要素组成。

（一）标题

标题中应明确经济责任审计的企业名称和报告性质。

（二）收件人应为委托人

（三）前言

简要概述依据、组织、时间、对象等情况。

（四）报告正文

主要包括企业的基本情况及根据财务审计报告和绩效评价报告对企业负责人经营业绩与经济责任的评价。

1. 基本情况

被审计企业、企业负责人及本次审计的基本情况。

2. 财务绩效分析

主要包括审计前后企业的主要财务指标及调整数，审计后企业基本财务数据的变化及原因、任期内的企业基本财务绩效状况等。

3. 任期企业负责人的主要业绩

主要为企业负责人任职期间所做的主要工作及成效。

4. 任期审计发现的主要问题

5. 审计结论

根据审计中发现的问题与业绩，结合企业的历史沿革、发展战略等，对企业负责人任职期间的经营业绩与经济责任进行综合客观的评价，并明确其应当承担的经济责任。

6. 审计建议

结合审计发现的主要问题提出相关改进建议。

7. 其他需要在审计报告中反映的情况

（五）附件

主要包括：财务审计报告，绩效评价报告；企业及负责人反馈意见；如审计人员认为有必要，可以提出审计建议或者管理建议等。

第五十一条　经济责任审计报告基本撰写要求：

（一）经济责任审计报告中涉及的相关内容必须在财务审计报告和绩效评价报告中有证据支撑；

（二）经济责任审计报告应当观点明确，内容清晰，业绩要讲透，问题要讲准，责任要讲清；

（三）报告应当语言严谨精练、论述清楚；

（四）篇幅一般应控制在 1 万字以内。

第八章　质量控制

第五十二条　审计项目组的质量控制主要包括以下内容：

（一）与被审计企业或者被审计人有利害关系的人员，不应当进入审计项目组；

（二）财务审计组应当取得企业关于保证所提供资料真实性、完整的书面承诺，以明确会计责任和审计责任；

（三）审计项目组应当建立严格的审计复核制度；

（四）审计项目组对于难以把握的专业难题，可以请专家出具意见书；对未经审计的项目或内容不予评议；审计中发现违纪和涉嫌违法问题时，要及时向委托方反映，由委托方依法移送纪检监察部门和司法机关处理；

（五）审计项目组在实施审计时，应当通过委托方与组织、人事、纪检部门联系，将了解到的被审计企业财务管理情况与干部管理部门掌握的企业负责人考核情况有机结合，以客观评估企业负责人任期的经营业绩和经济责任。

第五十三条 审计程序上的质量控制，主要包括审计计划质量控制、审计项目实施过程质量控制、审计结论和报告质量控制三部分。

（一）审计计划质量控制

1. 在制订项目审计计划前，应认真考虑风险、管理需要及审计资源等，并事先评估各审计项目的风险程度；

2. 制订项目审计计划时，应同时明确项目审计的工作目标、工作顺序、所分配的审计资源、后续内部审计的必要安排等；

3. 定期检查审计计划的执行情况，及时对计划进行修改和补充，保证审计计划的严肃性和落到实处。

（二）审计项目实施过程质量控制

1. 加强过程指导与监督，应对各个层次的审计人员所从事的工作给予充分的指导和监督；

2. 合理分配现场审计任务，并根据审计任务明确工作责任，明确审计人员应完成的程序、目标及重要性；

3. 关注重大财务欺诈、关联方交易及非货币性交易等容易产生审计风险的重要事项；

4. 重视对审计取证和审计工作底稿编制的控制，及时做好有关记录；

5. 注重现场检查与复核工作；

6. 对于现场审计中遇到的有关问题要注意及时沟通。

（三）审计结论和报告质量控制

1. 审计项目组应以前期有效审计工作为基础，以合格证据为依据，以有关法律法规和规章为评判标准，及时整理、分析和总结，得出恰当的审计和评价结论，形成财务审计报告、绩效评价报告和经济责任审计报告；

2. 重视并切实做好有关报告的层层复核工作；

3. 经与被审计企业及其负责人交换意见后，对有关交换意见的报告征求意见稿应予以保留，并将被审计企业及其负责人对审计报告的书面意见、审计项目组的书面说明、审计报告修改之处及其他有关材料进行再次复核。

第九章 审计责任与工作纪律

第五十四条 企业经济责任审计中，委托方和被审计企业应当协调配合审计项目组共同做好经济责任审计工作。

（一）经济责任审计的委托方应做好整个审计工作的组织与协调工作，对审计项目实施过程进行监控，对审计过程中出现的有关问题进行协调解决，提出审计质量要求并对审计质量进行监督复核。

（二）被审计企业应积极做好审计配合工作：

1. 提供必要的工作条件，如实反映经营管理中与审计内容相关的事项；

2. 提交真实、完整、合法的会计凭证、会计账簿、财务会计报告和其他有关资料，特别是有关未决诉讼、抵押借款、投资融资、银行存款、担保等方面的资料；

3. 说明有无账外资产，有无转移、隐匿、篡改、毁弃会计资料以及其他资料的行为等；

4. 说明在财务、会计以及其他相关经济活动中，有无重大违反财经法纪问题。

第五十五条 企业经济责任审计中，审计人员和评价人员对其承担的工作任务负有相应的责任。

（一）财务审计人员应当对其承担的审计任务承担责任，其中：财务审计组组长应当对审计工作程序与进程、审计报告的真实性、合法性等承担责任；

（二）绩效评价人员应当对其承担的评价任务承担责任，其中：绩效评价组长应当绩效评价报告承担责任；

（三）评议专家应当对其评议结果承担责任；

（四）复核人员应当对其复核的相关内容承担责任。

第五十六条 审计过程中应认真遵守以下工作要求和工作纪律：

（一）审计人员应当认真遵守与委托方签订的审计业务约定书中所规定的各类约定，按照国家相关的法律法规和国资委有关工作规定以及《独立审计准则》的要求，按时完成受托项目的财务审计、绩效评价和经济责任评价工作。

（二）在财务审计中，如需对审计期间或审计范围进行延伸审计，须征得委托方同意。

（三）财务审计报告应当如实反映审计结果，不得出具虚假不实的报告，不得避重就轻、回避问题或者明知有重要事项不予披露。

（四）对有关审计项目进展情况、发现的问题、遇到的难点等，应当及时以书面形式报告委托方。

（五）审计项目组人员应当严格保守被审计企业的商业机密。

除法律另有规定外，不得将被审计企业提供的资料泄露给委托方以外的第三方。

（六）审计项目组人员应自备个人所需的计算机等办公设备，不得向被审计企业提出不合理要求。

（七）被审计企业应按本单位一般接待及差旅标准为审计项目组提供必要的食宿条件及因公外出费用。

审计项目组人员不得向被审计企业提出与审计工作无关的要求，不得在被审计企业报销任何私人费用。

（八）审计项目组人员不得索要或者接受被审计企业任何礼品、礼金和各种有价证券等。

（九）审计项目人员不得向被审计企业提出与审计工作无关的要求。

第十章 附 则

第五十七条 本实施细则适用于国资委直接组织开展经济责任审计工作的企业。

第五十八条 国资委委托重组企业或者托管企业组织实施经济责任审计，比照本实施细则执行。

第五十九条 企业内部组织开展经济责任审计工作，参照本实施细则执行。

文案范本

中共中央办公厅 国务院办公厅

关于印发《党政主要领导干部和国有企业领导人员经济责任审计规定》的通知

各省、自治区、直辖市党委和人民政府，中央和国家机关各部委，解放军各总部、各大单位、各人民团体：

《党政主要领导干部和国有企业领导人员经济责任审计规定》（以下简称《规定》）已经中央同意，现印发给你们，请遵照执行。

《规定》的颁布施行，是贯彻落实党的十七大和十七届四中全会精神的重要举措，是加强经济责任审计法规制度建设、规范经济责任审计行为、促进经济责任审计工作科学发展的现实需要，对于增强领导干部依法履行经济责任意识、完善领导干部管理和监督机制、促进惩治和预防腐败体系建设具有重要意义。地方各级党委和政府要切实加强对经济责任审计工作的领导，党政主要领导干部和国有企业领导人员要依法依规自觉接受、主动配合经济责任审计。各地区各部门要按照中央的统一部署和要求，认真抓好《规定》的贯彻执行工作，结合实际情况，研究制定加强领导干部经济责任审计的具体措施。

《规定》执行过程中的重要情况和建议，要及时报告中央。

中共中央办公厅　国务院办公厅

2010 年 10 月 12 日

第一章　总　则

第一条　为健全和完善经济责任审计制度，加强对党政主要领导干部和国有企业领导人员（以下简称领导干部）的管理监督，推进党风廉政建设，根据《中华人民共和国审计法》和其他有关法律法规，以及干部管理监督的有关规定，制定本规定。

第二条　党政主要领导干部经济责任审计的对象包括：

（一）地方各级党委、政府、审判机关、检察机关的正职领导干部或者主持工作一年以上的副职领导干部；

（二）中央和地方各级党政工作部门、事业单位和人民团体等单位的正职领导干部或者主持工作一年以上的副职领导干部；上级领导干部兼任部门、单位的正职领导干部，且不实际履行经济责任时，实际负责本部门、本单位常务工作的副职领导干部。

第三条　国有企业领导人员经济责任审计的对象包括国有和国有控股企业（含国有和国有控股金融企业）的法定代表人。

第四条　本规定所称经济责任，是指领导干部在任职期间因其所任职务，依法对本地区、本部门（系统）、本单位的财政收支、财务收支以及有关经济活动应当履行的职责、义务。

第五条　领导干部履行经济责任的情况，应当依法接受审计监督。

根据干部管理监督的需要，可以在领导干部任职期间进行任中经济责任审计，也可以在领导干部不再担任所任职务时进行离任经济责任审计。

第六条　对领导干部的经济责任审计依照干部管理权限确定。

对地方审计机关主要领导干部的经济责任审计，由本级党委与上一级审计机关协商后，由上一级审计机关组织实施。

对审计署审计长的经济责任审计，报请国务院总理批准后实施。

第七条　审计机关依法独立实施经济责任审计，任何组织和个人不得拒绝、阻碍、干涉，不得打击报复审计人员。

第八条　审计机关和审计人员对在经济责任审计工作中知悉的国家秘密、商业秘密，负有保密义务。

第九条　各级党委和政府应当保证审计机关履行经济责任审计职责所必需的机构、人员和经费。

第二章　组织协调

第十条　各级党委和政府应当加强对经济责任审计工作的领导，建立经济责任审计工作联席会议（以下简称联席会议）制度。联席会议由纪检、组织、审计、监察、人力资源社会保障和国有资产监督管理等部门组成。

联席会议下设办公室，与同级审计机关内设的经济责任审计机构合署办公，负责日常工作。联席会议办公室主任为同级审计机关的副职领导或者同职级领导。

第十一条　联席会议的主要职责是研究制定有关经济责任审计的政策和制度，监督检查、交流通报经济责任审计工作开展情况，协调解决工作中出现的问题。

第十二条　联席会议办公室的主要职责是研究起草有关经济责任审计的法规、制度和文件，研究提出年度经济责任审计计划草案，总结推广经济责任审计工作经验，督促落实联席会议决定的有关事项。

第十三条　经济责任审计应当有计划地进行。组织部门每年提出下一年度经济责任审计委托建议，经联席会议办公室研究后提出经济责任审计计划草案，由审计机关报请本级政府行政首长审定后，纳入审计机关年度审计工作计划并组织实施。

第三章　审计内容

第十四条　经济责任审计应当以促进领导干部推动本地区、本部门（系统）、本单位科学发展为目标，以领导干部守法、守纪、守规、尽责情况为重点，以领导干部任职期间本地区、本部门（系统）、本单位财政收支、财务收支以及有关经济活动的真实、合法和效益为基础，严格依法界定审计内容。

第十五条　地方各级党委和政府主要领导干部经济责任审计的主要内容是：本地区财政收支的真实、合法和效益情况；国有资产的管理和使用情况；政府债务的举借、管理和使用情况；政府投资和以政府投资为主的重要项目的建设和管理情况；对直接分管部门预算执行和其他财政收支、财务收支以及有关经济活动的管理和监督情况。

第十六条　党政工作部门、审判机关、检察机关、事业单位和人民团体等单位主要领导干部经济责任审计的主要内容是：本部门（系统）、本单位预算执行和其他财政收支、财务收支的真实、合法和效益情况；重要投资项目的建设和管理情况；重要经济事项管理制度的建立和执行情况；对下属单位财政收支、财务收支以及有关经济活动的管理和监督情况。

第十七条　国有企业领导人员经济责任审计的主要内容是：本企业财务收支的真实、合法和效益情况；有关内部控制制度的建立和执行情况；履行国有资产出资人经济管理和监督职责情况。

第十八条　在审计以上主要内容时，应当关注领导干部在履行经济责任过程中的下列情况：贯彻落实科学发展观，推动经济社会科学发展情况；遵守有关经济法律法规、贯彻执行党和国家有关经济工作的方针政策和决策部署情况；制定和执行重大经济决策情况；与领导干部履行经济责任有关的管理、决策等活动的经济效益、社会效益和环境效益情况；遵守有关廉洁从政（从业）规定情况等。

第十九条　有关部门和单位、地方党委和政府的主要领导干部由上级领导干部兼任，且实际履行经济责任的，对其进行经济责任审计时，审计内容仅限于该领导干部所兼任职务应当履行的经济责任。

第四章　审计实施

第二十条　审计机关应当根据年度经济责任审计计划，组成审计组并实施审计。

第二十一条　审计机关应当在实施经济责任审计3日前，向被审计领导干部及其所在单位或者原任职单位（以下简称所在单位）送达审计通知书。遇有特殊情况，经本级政府批准，审计机关可以直接持审计通知书实施经济责任审计。

第二十二条　审计机关实施经济责任审计时，应当召开有审计组主要成员、被审计领导干部及其所在单位有关人员参加的会议，安排审计工作有关事项。联席会议有关成员单位根据工作需要可以派人参加。

审计机关实施经济责任审计，应当进行审计公示。

第二十三条 审计机关在经济责任审计过程中，应当听取本级党委、政府和被审计领导干部所在单位有关领导同志，以及本级联席会议有关成员单位的意见。

第二十四条 审计机关在进行经济责任审计时，被审计领导干部及其所在单位，以及其他有关单位应当提供与被审计领导干部履行经济责任有关的下列资料：

（一）财政收支、财务收支相关资料；

（二）工作计划、工作总结、会议记录、会议纪要、经济合同、考核检查结果、业务档案等资料；

（三）被审计领导干部履行经济责任情况的述职报告；

（四）其他有关资料。

第二十五条 被审计领导干部及其所在单位应当对所提供资料的真实性、完整性负责，并作出书面承诺。

第二十六条 审计机关履行经济责任审计职责时，可以依法提请有关部门和单位予以协助，有关部门和单位应当予以配合。

第二十七条 审计组实施审计后，应当将审计组的审计报告书面征求被审计领导干部及其所在单位的意见。根据工作需要可以征求本级党委、政府有关领导同志，以及本级联席会议有关成员单位的意见。

被审计领导干部及其所在单位应当自接到审计组的审计报告之日起 10 日内提出书面意见；10 日内未提出书面意见的，视同无异议。

第二十八条 审计机关按照《中华人民共和国审计法》及相关法律法规规定的程序，对审计组的审计报告进行审议，出具审计机关的经济责任审计报告和审计结果报告。

第二十九条 审计机关应当将经济责任审计报告送达被审计领导干部及其所在单位。

第三十条 审计机关应当将经济责任审计结果报告等结论性文书报送本级政府行政首长，必要时报送本级党委主要负责同志；提交委托审计的组织部门；抄送联席会议有关成员单位。

第三十一条 被审计领导干部所在单位存在违反国家规定的财政收支、财务收支行为，依法应当给予处理、处罚的，由审计机关在法定职权范围内作出审计决定。

审计机关在经济责任审计中发现的应当由其他部门处理的问题，应依法移送有关部门处理。

第三十二条 被审计领导干部对审计机关出具的经济责任审计报告有异议的，可以自收到审计报告之日起 30 日内向出具审计报告的审计机关申诉，审计机关应当自收到申诉之日起 30 日内作出复查决定；被审计领导干部对复查决定仍有异议的，可以自收到复查决定之日起 30 日内向上一级审计机关申请复核，上一级审计机关应当自收到复核申请之日起 60 日内作出复核决定。

上一级审计机关的复核决定和审计署的复查决定为审计机关的最终决定。

第五章　审计评价与结果运用

第三十三条 审计机关应当根据审计查证或者认定的事实，依照法律法规、国家有关规定和政策，以及责任制考核目标和行业标准等，在法定职权范围内，对被审计领导干部履行经济责任情况作出客观公正、实事求是的评价。审计评价应当与审计内容相统一，评价结论应当有充分的审计证据支持。

第三十四条　审计机关对被审计领导干部履行经济责任过程中存在问题所应当承担的直接责任、主管责任、领导责任，应当区别不同情况作出界定。

第三十五条　本规定所称直接责任，是指领导干部对履行经济责任过程中的下列行为应当承担的责任：

（一）直接违反法律法规、国家有关规定和单位内部管理规定的行为；

（二）授意、指使、强令、纵容、包庇下属人员违反法律法规、国家有关规定和单位内部管理规定的行为；

（三）未经民主决策、相关会议讨论而直接决定、批准、组织实施重大经济事项，并造成重大经济损失浪费、国有资产（资金、资源）流失等严重后果的行为；

（四）主持相关会议讨论或者以其他方式研究，但是在多数人不同意的情况下直接决定、批准、组织实施重大经济事项，由于决策不当或者决策失误造成重大经济损失浪费、国有资产（资金、资源）流失等严重后果的行为；

（五）其他应当承担直接责任的行为。

第三十六条　本规定所称主管责任，是指领导干部对履行经济责任过程中的下列行为应当承担的责任：

（一）除直接责任外，领导干部对其直接分管的工作不履行或者不正确履行经济责任的行为；

（二）主持相关会议讨论或者以其他方式研究，并且在多数人同意的情况下决定、批准、组织实施重大经济事项，由于决策不当或者决策失误造成重大经济损失浪费、国有资产（资金、资源）流失等严重后果的行为。

第三十七条　本规定所称领导责任，是指除直接责任和主管责任外，领导干部对其不履行或者不正确履行经济责任的其他行为应当承担的责任。

第三十八条　各级党委和政府应当建立健全经济责任审计情况通报、审计整改以及责任追究等结果运用制度，逐步探索和推行经济责任审计结果公告制度。

第三十九条　有关部门和单位应当根据干部管理监督的相关要求运用经济责任审计结果，将其作为考核、任免、奖惩被审计领导干部的重要依据，并以适当方式将审计结果运用情况反馈审计机关。

经济责任审计结果报告应当被归入被审计领导干部本人档案。

第六章　附　则

第四十条　审计机关和审计人员、被审计领导干部及其所在单位，以及其他有关单位和个人在经济责任审计中的职责、权限、法律责任等，本规定未做规定的，依照《中华人民共和国审计法》、《中华人民共和国审计法实施条例》和其他法律法规的有关规定执行。

第四十一条　审计机关开展领导干部经济责任审计适用本规定。有关机构依法履行国有资产监督管理职责时，按照干部管理权限开展的经济责任审计，参照本规定组织实施。部门和单位可以根据本规定，制定内部管理领导干部经济责任审计的规定。

第四十二条　中央经济责任审计工作联席会议应当根据本规定，制定实施细则或者贯彻实施意见。

第四十三条　本规定由审计署负责解释。

第四十四条　本规定自印发之日起施行。1999年5月中共中央办公厅、国务院办公厅印发的《县级以下党政领导干部任期经济责任审计暂行规定》和《国有企业及国有控股企业领导人员任期经济责任审计暂行规定》（中办发〔1999〕20号）同时废止。

第4篇　内部审计管理准则

第10章 ▶▶▶

内部审计管理

第一节　内部审计管理概述

　　内部审计管理是内部审计机构的负责人采用科学的管理手段和方法对内部审计工作所进行的计划、组织、指挥、控制和监督等管理活动。

一、内部审计工作管理体系

　　一个理想的内部审计工作管理体系应包括支持保障系统、人力资源系统和业务管理系统。支持保障系统为审计业务工作提供财力、物力和其他行政方面的保障，使审计工作能有一个良好的物质环境。人力资源系统为审计业务工作提供具备资格和能力的内部审计人员，并通过建立责任体系和培训管理，保证和提高审计工作的质量。业务管理系统通过期间计划的制定和落实来控制审计业务工作的进程，保证审计任务的完成。

　　协调配合，通过合理地调配审计机关的人财物力、协调审计任务，严格监督和控制审计作业过程，以取得满意的审计成果。

　　我国的内部审计工作虽然起步较晚，但是一些审计机构的负责人已经认识到了内部审计管理的重要性，并逐步采用了一些行之有效的管理制度，对审计计划工作、审计档案、审计质量和人员培训等方面进行分项管理。这些管理制度虽然大都还没有形成一个互相协调配合的综合性的管理体系，但是它们已经在提高内部审计工作的效率和质量方面起到了积极的作用。

　　国外的审计管理工作已经有很长时间的实践，积累了比较丰富的经验。我们应该根据我国内部审计的现状，结合我国内部审计工作的特点，引进和消化国外成熟的内部审计管理技术和方法，为发展我国的内部审计事业服务。

二、内部审计部门与外部审计人员的合作

　　内部审计经理应该协调内部审计与外部审计的工作，以确保既有合适的审计内容，又能减少重复的工作。由于注册会计师审计在审计内容、审计依据、审计方法等方面与内部审计有相似之处，因此，内部审计部门可与注册会计师密切配合，利用其全部或部分工作成果，减少现

场测试的工作量，从而提高工作效率，节省审计费用。

📝 小知识　　　　**内部审计机构与外部审计机构的协调**

内部审计机构与外部审计机构的协调，是指内部审计机构与社会审计组织、国家审计机关在审计工作中的沟通与合作。

1. 一般原则

内部审计机构应当做好与外部审计机构的协调工作，以实现下列目的：

（1）保证充分、适当的审计范围；

（2）减少重复审计，提高审计效率；

（3）共享审计成果，降低审计成本；

（4）持续改进内部审计机构工作。

内部审计机构与外部审计机构的协调工作，应当在组织董事会或者最高管理层的支持和监督下，由内部审计机构负责人具体组织实施。内部审计机构负责人应当定期对内外部审计的协调工作进行评估，并根据评估结果及时调整、改进内外部审计协调工作。内部审计机构应当在外部审计对本组织开展审计时做好协调工作。

2. 协调的方法和内容

内部审计机构与外部审计机构之间的协调，可以通过定期会议、不定期会面或者其他沟通方式进行。内部审计机构与外部审计机构的协调工作包括下列方面：

（1）与外部审计机构和人员的沟通；

（2）配合外部审计工作；

（3）评价外部审计工作质量；

（4）利用外部审计工作成果。

内部审计机构与外部审计机构应当在审计范围上进行协调。在编制年度审计计划和项目审计方案时，应当考虑双方的工作，以确保充分、适当的审计范围，最大限度减少重复性工作。在条件允许的情况下，内部审计机构与外部审计机构应当在必要的范围内互相交流相关审计工作底稿，以便利用对方的工作成果。内部审计机构与外部审计机构应当相互参阅审计报告。内部审计机构与外部审计机构应当在具体审计程序和方法上相互沟通，达成共识，以促进双方的合作。

📝 小知识　　　　**评价外部审计工作质量**

评价外部审计工作质量，是指由内部审计机构对外部审计工作过程及结果的质量所进行的评价活动。

1. 一般原则

内部审计机构应当根据适当的标准对外部审计工作质量进行客观评价，合理利用外部审计成果。评价外部审计工作质量，可以按照评价准备、评价实施和评价报告三个阶段进行。内部审计机构应当挑选具有足够专业胜任能力的人员对外部审计工作质量进行评价。

2. 评价准备

在评价外部审计工作质量之前，内部审计机构应当考虑下列因素：

（1）评价活动的必要性；

（2）评价活动的可行性；

（3）评价活动预期结果的有效性。

在决定对外部审计工作质量进行评价后，内部审计机构应当编制适当的评价方案。评价方案应当包括下列主要内容：

（1）评价目的；

（2）评价的主要内容与步骤；

（3）评价的依据；

（4）评价工作的主要方法；

（5）评价工作的时间安排；

（6）评价人员的分工。

内部审计机构应当取得反映外部审计工作质量的审计报告及其他相关资料。内部审计机构应当详细了解外部审计所采用的审计依据、实施的审计过程及其在审计过程中与组织之间进行协调的情况。如有必要，内部审计机构可以与外部审计机构就评价事项进行适当的沟通。

3. 评价实施

内部审计机构在评价外部审计工作质量时，应当重点关注下列内容：

（1）外部审计机构和人员的独立性与客观性；

（2）外部审计人员的专业胜任能力；

（3）外部审计人员的职业谨慎性；

（4）外部审计机构的信誉；

（5）外部审计所采用审计程序及方法的适当性；

（6）外部审计所采用审计依据的有效性；

（7）外部审计所获取审计证据的相关性、可靠性和充分性。

内部审计机构在评价外部审计工作质量时，应当充分考虑其与内部审计活动的差异。内部审计机构在评价外部审计工作质量时，可以采用审核、观察、询问等常用方法，以及与有关方面进行沟通、协调的方法。内部审计机构应当将评价工作过程及结果记录于审计工作底稿中。

4. 评价报告

内部审计机构作出外部审计工作质量评价结论之前，应当征求组织内部有关部门和人员的意见。必要时，内部审计人员也可以就评价结论与被评价的外部审计机构进行沟通。内部审计机构完成外部审计工作质量评价之后，应当编制评价报告。评价报告一般包括下列要素：

（1）评价报告的名称；

（2）被评价外部审计机构的名称；

（3）评价目的；

（4）评价的主要内容及方法；

（5）评价结果；

（6）评价报告编制人员及编制时间。

第二节　内部审计机构

一、内部审计机构的设置

当前我国内部审计机构设立的种类如表10-1所示。

表10-1　我国内部审计机构设立的种类

我国内部审计机构设立的种类	设在董事会	董事会是公司的经营决策机构，它直接对股东大会负责。将内部审计机构设在董事会，有利于保持内部审计较强的独立性、较高的地位，同时可使内部审计具有一定的灵活性，既便于其为委托人服务，又便于其与经营管理层联系；既便于其对管理层进行独立的评价与监督，又便于其为管理层加强管理，提高服务效益。但不足的是，如凡事都通过董事会集体讨论决定，将降低内部审计工作的效率，不便于内部审计工作的正常开展。因此，可通过在董事会内设审计委员会，由审计委员会批准内部审计部门主任的任免，内部审计部门工作日程，人员预备计划，费用预算的审查和批准，以及和决策管理人员一起复查组织内部审计人员的业绩等的方式，与决策管理部门共同承担管理内部审计部门的职责。相对而言，这种方式是最合理的设置

续表

我国内部审计机构设立的种类	隶属于总经理	总经理是公司的最高经营管理人员，对董事会负责。将内部审计机构隶属于总经理，使内部审计接近经营管理层，有利于为经营决策服务，同时这种设置方式还使内部审计保持了一定的独立性和较高层次的地位，使内部审计机构与财会等部门相对独立，便于通过内部审计对这些部门进行有效的评价和监督。但是这种设置不利于内部审计机构对总经理的责任、业绩等进行独立的评价和监督。由于总经理下属部门的很多活动是在其授意下进行的，内部审计机构对这些部门的检查，可能在一定程度上受到阻碍。因此，这种设置方式未能使内部审计的地位达到应有的高度，并不能完全保证其内部审计职能的正常履行
	设在监事会	监事会是公司的监督机构，由股东代表和职工代表组成，职权主要是对董事、经理执行公司职务时违反法律、法规或公司章程的行为进行监督。将内部审计机构设在监事会，使内部审计完全以监督者的身份出现，与管理阶层脱钩，不但不便于促进公司改善经营管理，提高经济效益，而且使内部审计监督带上了很浓的行政色彩，不利于其评价、服务职能的发挥

《第 1101 号　内部审计基本准则》第二十四条规定："内部审计机构应当接受组织董事会或者最高管理层的领导和监督，并保持与董事会或者最高管理层及时、高效的沟通。"根据《第 2302 号　内部审计具体准则——与董事会或者最高管理层的关系》第二条的规定，我国内部审计机构隶属于董事会或者最高管理层所形成的接受其领导并向其报告的组织关系。

二、内部审计机构的任务

内部审计机构对本单位及所属单位的下列事项进行审计：

（1）财务计划或者单位预算的执行和决算。

（2）财务收支及其有关的经济活动。

（3）经济效益。

（4）内部控制制度。

（5）经济责任。

（6）建设项目预（概）算、决算。

（7）国家财经法规和部门规章制度的执行。

（8）其他审计事项。

（9）与境内外经济组织兴办的合资、合作经营企业以及合作项目等的合同执行情况、投入资金、财产的经营状况及其效益。

（10）对行业经济管理中的重要问题开展行业审计调查。

三、内部审计机构的权限

（1）根据内部审计工作的需要，要求有关单位按时报送计划，预算、决算、报表和有关文件、资料等。

（2）审核凭证、账表、决算、检查资金和财产，检测财务会计软件，检查有关文件和资料。

（3）参加有关会议。

（4）对审计涉及的有关事项进行调查，并索取有关文件、资料等证明材料。

（5）对正在进行的严重违反财经法规，严重损失浪费的行为，经部门或者单位负责人同意，作出临时制止决定。

（6）对阻挠、妨碍审计工作以及拒绝提供有关资料的，经单位领导人批准，可以采取必要的临时措施，并提出追究有关人员责任的建议。

（7）提出改进管理，提高效益的建议和纠正、处理违反财经法规行为的意见。

（8）对严重违反财经法规和造成严重损失浪费的直接责任人员，提出处理建议，并按有关规定，向上级内部审计机构和审计机关反映。

（9）部门、单位可以在管理权限范围内，授予内部审计机构经济处理、处罚的权限。

📋 小知识　　　　　　　内部审计机构的管理

内部审计机构的管理，是指内部审计机构对内部审计人员和内部审计活动实施的计划、组织、领导、控制和协调工作。

1. 一般原则

内部审计机构的管理主要包括下列目的：

（1）实现内部审计目标；

（2）促使内部审计资源得到充分和有效的利用；

（3）提高内部审计质量，更好地履行内部审计职责；

（4）促使内部审计活动符合内部审计准则的要求。

内部审计机构应当接受组织董事会或者最高管理层的领导和监督，内部审计机构负责人应当对内部审计机构管理的适当性和有效性负主要责任。内部审计机构应当制定内部审计章程，对内部审计的目标、职责和权限进行规范，并报经董事会或者最高管理层批准。

内部审计章程应当包括下列主要内容：

（1）内部审计目标；

（2）内部审计机构的职责和权限；

（3）内部审计范围；

（4）内部审计标准；

（5）其他需要明确的事项。

内部审计机构应当建立合理、有效的组织结构，多层级组织的内部审计机构可以实行集中管理或者分级管理。实行集中管理的内部审计机构可以对下级组织实行内部审计派驻制或者委派制。实行分级管理的内部审计机构应当通过适当的组织形式和方式对下级内部审计机构进行指导和监督。

内部审计机构管理的内容主要包括下列方面：

（1）审计计划；

（2）人力资源；

（3）财务预算；

（4）组织协调；

（5）审计质量；

（6）其他事项。

内部审计机构的管理可以分为部门管理和项目管理。部门管理主要包括内部审计机构运行过程中的一般性行政管理。项目管理主要包括内部审计机构对审计项目业务工作的管理与控制。

2. 部门管理的内容和方法

内部审计机构应当根据组织的风险状况、管理需要及审计资源的配置情况，编制年度审计计划。内部审计机构应当根据内部审计目标和管理需要，加强人力资源管理，保证人力资源利用的充分性和有效性，采取下列举措：

（1）内部审计人员的聘用；

（2）内部审计人员的培训；

（3）内部审计人员的工作任务安排；

（4）内部审计人员专业胜任能力分析；

（5）内部审计人员的业绩考核与激励机制；

（6）其他有关事项。

内部审计机构负责人应当根据年度审计计划和人力资源计划编制财务预算。编制财务预算时应当考虑下列因素：

（1）内部审计人员的数量；

（2）内部审计工作的安排；

（3）内部审计机构的行政管理活动；

（4）内部审计人员的教育及培训要求；

（5）内部审计工作的研究和发展；

（6）其他有关事项。

内部审计机构应当根据组织的性质、规模和特点，编制内部审计工作手册，以指导内部审计人员的工作。内部审计工作手册主要包括下列内容：

（1）内部审计机构的目标、权限和职责的说明；

（2）内部审计机构的组织、管理及工作说明；

（3）内部审计机构的岗位设置及岗位职责说明；

（4）主要审计工作流程；

（5）内部审计质量控制制度、程序和方法；

（6）内部审计人员职业道德规范和奖惩措施；

（7）内部审计工作中应当注意的事项。

内部审计机构和内部审计人员应当在组织董事会或者最高管理层的支持和监督下，做好与组织其他机构和外部审计的协调工作。

内部审计机构应当接受组织董事会或者最高管理层的领导和监督，在日常工作中保持有效的沟通，向其定期提交工作报告，适时提交审计报告。

内部审计机构应当制定内部审计质量控制制度，通过实施督导、分级复核、审计质量内部评估、接受审计质量外部评估等，保证审计质量。

3. 项目管理的内容和方法

内部审计机构应当根据年度审计计划确定的审计项目，编制项目审计方案并组织实施，在实施过程中做好审计项目管理与控制工作。在审计项目管理过程中，内部审计机构负责人与项目负责人应当充分履行职责，以确保审计质量，提高审计效率。

内部审计机构负责人在项目管理中应当履行下列职责：

（1）选派审计项目负责人并对其进行有效的授权；

（2）审定项目审计方案；

（3）督导审计项目的实施；

（4）协调、沟通审计过程中发现的重大问题；

（5）审定审计报告；

（6）督促被审计单位对审计发现问题的整改；

（7）其他有关事项。

审计项目负责人应当履行的职责包括下列方面：

（1）编制项目审计方案；

（2）组织审计项目的实施；

（3）对项目审计工作进行现场督导；

（4）向内部审计机构负责人及时汇报审计进展及重大审计发现；

（5）组织编制审计报告；

（6）组织实施后续内部审计；

（7）其他有关事项。

内部审计机构可以采取下列辅助管理工具，完善和改进项目管理工作，保证审计项目管理与控制的有效性：

（1）审计工作授权表；

（2）审计任务清单；

（3）审计工作底稿检查表；

（4）审计文书跟踪表；

（5）其他辅助管理工具。

内部审计机构应当建立审计项目档案管理制度，加强审计工作底稿的归档、保管、查询、复制、移交和销毁等环节的管理工作，妥善保存审计档案。

第三节　内部审计人员

一、内部审计人员的必备条件

每个企业内部审计机构都要求拥有一定数量的称职的内部审计人员，以完成内部审计项目。一般来说，目前内部审计人员的来源多是财会人员，少数是工程技术人员等。由于企业内部审计领域比较宽广，内部审计人员不仅要拥有财会知识，而且要拥有经济管理、工程技术、电子计算机等知识。内部审计人员应具备如下条件：

（1）热爱本职工作；

（2）公关能力和协调能力强，善于处理好各职能部门的关系；

（3）掌握财务、会计、审计知识，熟悉经济学、法学、统计学、电子数据处理、工程技术、税收等方面业务；

（4）工作主动，富有想象力，善于抓住工作疑点，深入突破；

（5）事业心强，刻苦钻研业务，在工作上有所建树。

政治条件：

（1）正确处理集体、个人三者的关系；

（2）遵守内部审计职业道德；

（3）有良好的人际关系；

（4）有良好的个人修养；

（5）依法审计，廉洁奉公；

（6）遵纪守法，勤奋工作。

业务条件：

（1）掌握财会知识，通晓基础会计学、专业会计学、财务管理学等学科知识；

（2）掌握审计知识，通晓审计基础学、专业审计学、审计方法学等学科知识；

（3）掌握统计、经济活动分析等方面知识；

（4）掌握经济法规体系知识；

（5）掌握经济合同、基本建设、税收、工商行政、价格、物资、财政、金融、海关、质量计量、公司、劳动工资等方面知识；

（6）掌握经济、数学和电子计算机方面知识；

（7）掌握工程技术方面知识；

（8）熟悉所在部门、单位的供、产、销业务，了解整个生产流程、工艺、工序等情况；

（9）综合协调能力；

（10）文字能力；

（11）口头表达能力；

（12）其他能力。

二、内部审计人员的组成

典型的内部审计部门有 4 个层次的专业审计人员。各种不同背景的人均可加入内部审计人员的队伍。

（一）内部审计主任

对全面的内部审计职能负责，负责全面领导本部门，建立计划过程，制定审计政策和程序，协调管理部门人员和外部审计人员的审计工作，以及建立审计质量保证计划。同时负责和审计委员会联系。

（二）内部审计经理

一般主管一项审计工作，包括计划和协调审计工作，通常有丰富的审计和管理经验。

（三）高级审计人员

管理审计工作的各个方面，并执行许多实际的、具体的工作，通常至少有 3 年审计经验。

（四）一般审计人员

通常做不太复杂的和常规性的工作，可逐渐成为专业人员，或者有时参与其他部门的管理培训。

三、内部审计人员的独立性

内部审计人员应独立于其所审计的活动，只有当他们能自由地、客观地进行其工作时，内部审计人员才是独立的。独立性可使内部审计人员作出公正的、无偏见的判断。在这里"自由地"意味着无外部管理部门或组织中其他人员的干扰，"客观地"意味着对被审计事项在精神上的、感情上的超脱（不偏不倚）。保护内部审计人员独立性的必备条件是：

（1）组织地位。内部审计人员的地位应使其在整个组织被严肃地对待，管理部门给予审计职能的尊敬越多，其他人给予内部审计职能的尊重就越高，给予审计发现和建议的注意就越大。在组织内部将内部审计置于一个较高的层次最容易获得这种地位。

（2）立场客观。这种客观性来自心理训练，为了促进客观的态度，禁止内部审计人员以任何决策制定者的资格参与所有的经营。

四、内部审计人员的职权

（1）内部审计人员有权检查企业各职能部门以及下属单位的会计原始凭证、记账凭证、会计账簿、会计报表、财务决算、资金、财产以及经济活动的资料，查阅有关文件，调阅会计档案，检索会计资料；

（2）内部审计人员有权参加被审计单位各种涉及经济活动的会议，有权参加企业有关职能部门（如财务部门、计统部门、企管部门、生产部门等）召开的会议；

（3）内部审计人员有权对审计过程中发现的问题进行调查取证，被调查单位或被调查人不得以任何理由加以推诿、拒绝；

（4）内部审计人员有权制止和责成违反财经法纪的单位或个人纠正违反财经纪律的一切财

务收支活动，并按国家有关规定，采取罚款、报告措施；

（5）内部审计人员有权对阻挠破坏内部审计工作的单位和个人按国家有关规定采取封存账册、冻结资金等必要手段，并追究有关人员的责任；

（6）内部审计人员有权检查下属单位审计机构以及专职审计员的日常工作；

（7）对不符合标准的内部审计报告、内部审计工作底稿以及其他应归档的内部审计资料有权拒绝归档；

（8）内部审计人员对有关部门（或人员）正在进行的严重违反财经法纪、严重损失浪费行为，可以作出临时的制止决定；

（9）内部审计人员有责任、有义务、有权力向有关部门领导提出改进管理、提高经济效益的建议，以及纠正、处理违反财经法纪行为的意见；

（10）内部审计人员有责任对严重违反财经法纪和造成严重损失浪费的人员，提出追究责任的建议；

（11）内部审计人员有责任对其审计工作的重大事项，向对其进行指导的上级内部审计机构和审计机关反映。

五、内部审计人员守则

内部审计人员必须遵守内部审计工作纪律，要依法审计、忠于职守、坚持原则、客观公正、廉洁奉公、保守秘密，不得滥用职权徇私舞弊、泄露秘密、玩忽职守。

（一）忠于职守

内部审计人员忠于职守不仅取决于人员素质，而且属于职业道德问题。一个内部审计人员只有干一行，爱一行，兢兢业业，一心一意，刻苦钻研，勤奋工作，才能完全搞好内部审计工作。内部审计工作从某种角度上讲，比财务会计工作更重要，这主要体现在以下几个方面：

（1）重在检查、发现、纠正问题；

（2）事前、事中把关，防止损失浪费；

（3）综合性强、对业务素质要求高；

（4）协调关系十分重要；

（5）起好参谋作用。

从上述内部审计特点来看，内部审计人员比财务会计人员更具有优越性，工作上的回旋余地更大，更应热爱本职工作，忠于职守，努力工作。

（二）坚持原则

坚持原则也就是坚持依法审计，正确处理好国家、集体、个人的三者利益关系，在大是大非问题上不含糊，应该坚持什么、反对什么，每个内部审计人员都应胸中有数，这也是政治素质好的表现。对违纪违规问题，内部审计人员不能轻易许诺开口子，不能依法进行处理，或避重就轻，轻描淡写一阵子。

（三）客观公正

客观公正也就是实事求是。内部审计人员对于内部审计事项中存在的问题，既不能无原则地"开口子"，一味求"寓监督于服务之中"，也不能为追求内部审计工作成绩而拔高问题的性质和处理过重、过火。实事求是，客观公正，要求内部审计人员对内部审计事项中存在的问题，依其经济性质，对照现行经济法规，一是一、二是二，既不拔高，也不降低，按其事物本身的特性来处理，依法办事，这样不但能使被审计单位心服口服，而且也容易处理好相互关系。

（四）廉洁奉公

内部审计人员在工作中，不得利用职务之便，以权谋私；不得利用检查名义，收受被检查单位（或人员）馈赠的物品（或钱票）；更不得利用各种名目，向被审计单位索取财物，或变相购买物品；不得借检查为名，游山玩水；不得借审计为名，大吃大喝；等等。

（五）保守秘密

被审计单位的许多经济事项、经济指标、工艺过程、技术资料属于机密和绝密的东西，内部审计人员应严守审计工作纪律，不该问的东西不问，不该看的东西不看。就是在审计过程中需要接触的材料，也应按一定程序和一定密级给予保管或销毁。个人不得扩散，不得口述，不得复印，不得笔记。审计完毕后，应将工作笔记等材料统一归档，委派专人、专柜保管或销毁。

（六）依法审计

依法审计，从内部审计主体来说，是依据《审计法》《审计条例》《审计署关于内部审计工作的规定》等法规行使内部审计监督权；从内部审计客体来说，处理内部审计事项的有关问题，其衡量标准只能是现行经济法规。对于无法可依或者有些部门、地方法规明显与中央政策相违背的情况，要及时向同级政府审计部门和主管部门的上一级内部审计机构反映，力求有关部门从总体上和根本上予以纠正。

六、内部审计职业道德

内部审计道德是依据审计道德研究的基本原则和方法，进行内部审计道德实践研究的重要组成部分。为了规范内部审计人员的职业行为，维护内部审计职业声誉，根据《审计法》及其实施条例，以及其他有关法律、法规和规章，中国内部审计协会制定了《第 1201 号　内部审计人员职业道德规范》，规范自 2014 年 1 月 1 日起施行。

（一）内部审计人员职业道德的概念

内部审计人员职业道德是内部审计人员在开展内部审计工作中应当具有的职业品德、应当遵守的职业纪律和应当承担的职业责任的总称。内部审计人员从事内部审计活动时，应当遵守《第 1201 号　内部审计人员职业道德规范》，认真履行职责，不得损害国家利益、组织利益和内部审计职业声誉。

（二）一般原则

内部审计人员在从事内部审计活动时，应当保持诚信正直。内部审计人员应当遵循客观性原则，公正、不偏不倚地作出审计职业判断。内部审计人员应当保持并提高专业胜任能力，按照规定参加后续教育。内部审计人员应当遵循保密原则，按照规定使用其在履行职责时所获取的信息。如有内部审计人员违反《第 1201 号　内部审计人员职业道德规范》要求，组织应当对之批评教育，也可以视情节给予一定的处分。

（三）诚信正直

内部审计人员在实施内部审计业务时，应当诚实、守信，不应有下列行为：

（1）歪曲事实；

（2）隐瞒审计发现的问题；

（3）进行缺少证据支持的判断；

（4）做误导性的或者含糊的陈述。

内部审计人员在实施内部审计业务时，应当廉洁、正直，不应有下列行为：

（1）利用职权谋取私利；

（2）屈从于外部压力，违反原则。

（四）客观性

内部审计人员实施内部审计业务时，应当实事求是，不得由于偏见、利益冲突而影响职业判断。

内部审计人员实施内部审计业务前，应当采取下列步骤对客观性进行评估：

（1）识别可能影响客观性的因素；

（2）评估可能影响客观性因素的严重程度；

（3）向审计项目负责人或者内部审计机构负责人报告客观性受损可能造成的影响。

内部审计人员应当识别下列可能影响客观性的因素：

（1）审计本人曾经参与过的业务活动；

（2）与被审计单位存在直接利益关系；

（3）与被审计单位存在长期合作关系；

（4）与被审计单位管理层有密切的私人关系；

（5）遭受来自组织内部和外部的压力；

（6）内部审计范围受到限制；

（7）其他。

内部审计机构负责人应当采取下列措施保障内部审计的客观性：

（1）提高内部审计人员的职业道德水准；

（2）选派适当的内部审计人员参加审计项目，并进行适当分工；

（3）采用工作轮换的方式安排审计项目及审计组；

（4）建立适当、有效的激励机制；

（5）制定并实施系统、有效的内部审计质量控制制度、程序和方法；

（6）在内部审计人员的客观性受到严重影响，且无法采取适当措施降低影响时，停止实施有关业务，并及时向董事会或者最高管理层报告。

（五）专业胜任能力

内部审计人员应当具备下列履行职责所需的专业知识、职业技能和实践经验：

（1）审计、会计、财务、税务、经济、金融、统计、管理、内部控制、风险管理、法律和信息技术等专业知识，以及与组织业务活动相关的专业知识；

（2）语言文字表达、问题分析、审计技术应用、人际沟通、组织管理等职业技能；

（3）必要的实践经验及相关职业经历。内部审计人员应当通过后续教育和职业实践等途径，了解、学习和掌握相关法律法规、专业知识、技术方法和审计实务的发展变化，保持和提升专业胜任能力。

内部审计人员实施内部审计业务时，应当保持职业谨慎，合理运用职业判断。

（六）保密

内部审计人员应当对实施内部审计业务所获取的信息保密，非因有效授权、法律规定或其他合法事由不得披露。内部审计人员在社会交往中，应当履行保密义务，警惕非故意泄密的可能性。内部审计人员不得利用其在实施内部审计业务时获取的信息牟取不正当利益，或者以有悖于法律法规、组织规定及职业道德的方式使用信息。

七、内部审计人员后续教育

后续教育，是指内部审计人员为保持和提高其专业胜任能力，掌握和运用相关新知识、新技能和新法规所进行的学习与研究。

（一）一般原则

内部审计人员应当根据职业发展需要，确定合理的后续教育内容，选择适当的后续教育形式。内部审计机构应当为内部审计人员接受后续教育提供必要的保障。

（二）内容与形式

后续教育应当讲求实效、学以致用。主要内容包括：

（1）国家颁布的有关法律法规；

（2）内部审计准则及内部审计人员职业道德规范；

（3）内部审计理论与实务；

（4）会计理论与方法；

（5）信息技术理论与应用技术；

（6）公司治理、内部控制和风险管理理论；

（7）其他相关专业知识与技能。

后续教育应当区分内部审计机构负责人、审计项目负责人和审计助理人员三个层次，突出重点、按需施教。具体内容包括：

（1）内部审计机构负责人应当学习和研究组织领导本单位（部门）内部审计工作方面的知识和技能，包括：相关法律法规、内部审计准则和会计准则及其最新变化，内部审计在公司治理、内部控制、风险管理和企业流程再造过程中的作用及其最新发展，内部审计章程拟定，审计关系处理与协调，审计管理案例，组织文化与政策，以及开展咨询服务业务的有关理论和实务等；

（2）审计项目负责人应当学习和研究独立完成一个审计项目方面的知识和技能，包括：内部审计准则和会计准则，财务管理理论与方法，经济管理理论，项目审计计划与审计方案制订，审计评价标准解读和选择，审计报告撰写与提出，审计案例分析，审计助理人员监督和指导，人际关系沟通等；

（3）审计助理人员应当学习和研究参与完成一个审计项目方面的知识和技能，包括：内部审计准则和会计准则，审计基本理论与技术方法，计算机基础知识，逻辑推理，相关人际关系沟通等。

内部审计人员接受培训是后续教育的主要方式。内部审计人员自学是后续教育的重要补充方式。一般应当包括以下形式：

（1）参加中国内部审计协会和省级内部审计（师）协会开办的网络教育；

（2）参加由本单位（部门）内部审计机构开展的业务技术培训；

（3）主持或参与完成省级以上内部审计（师）协会发布的课题研究，并取得研究成果；

（4）公开出版专业著作或发表专业论文；

（5）个人专业学习和实务研究；

（6）其他形式。

![法律依据]

《审计署关于内部审计工作的规定》

中关于内部审计机构和内部审计人员的相关规定

第五条 内部审计机构和内部审计人员从事内部审计工作，应当严格遵守有关法律法规、本规定和内部审计职业规范，忠于职守，做到独立、客观、公正、保密。

内部审计机构和内部审计人员不得参与可能影响独立、客观履行审计职责的工作。

第六条 国家机关、事业单位、社会团体等单位的内部审计机构或者履行内部审计职责的内设机构，应当在本单位党组织、主要负责人的直接领导下开展内部审计工作，向其负责并报告工作。

国有企业内部审计机构或者履行内部审计职责的内设机构应当在企业党组织、董事会（或者主要负责人）直接领导下开展内部审计工作，向其负责并报告工作。国有企业应当按照有关规定建立总审计师制度。总审计师协助党组织、董事会（或者主要负责人）管理内部审计工作。

第七条 内部审计人员应当具备从事审计工作所需要的专业能力。单位应当严格内部审计人员录用标准，支持和保障内部审计机构通过多种途径开展继续教育，提高内部审计人员的职业胜任能力。

内部审计机构负责人应当具备审计、会计、经济、法律或者管理等工作背景。

第八条 内部审计机构应当根据工作需要，合理配备内部审计人员。除涉密事项外，可以根据内部审计工作需要向社会购买审计服务，并对采用的审计结果负责。

第九条 单位应当保障内部审计机构和内部审计人员依法依规独立履行职责，任何单位和个人不得打击报复。

第十条 内部审计机构履行内部审计职责所需经费，应当列入本单位预算。

第十一条 对忠于职守、坚持原则、认真履职、成绩显著的内部审计人员，由所在单位予以表彰。

第四节 内部审计关系处理

一、与董事会或者最高管理层的关系

与董事会或者最高管理层的关系，是指内部审计机构因其隶属于董事会或者最高管理层所形成的接受其领导并向其报告的组织关系。

（一）一般原则

内部审计机构应当接受董事会或者最高管理层的领导，保持与董事会或最高管理层的良好关系，实现董事会、最高管理层与内部审计在组织治理中的协同作用。

对内部审计机构有管理权限的董事会或者类似的机构包括：董事会；董事会下属的审计委员会；非营利组织的理事会。

对内部审计机构有管理权限的最高管理层包括：总经理；与总经理级别相当的人员。

内部审计机构与董事会或者最高管理层的关系主要包括：接受董事会或者最高管理层的领导；向董事会或者最高管理层报告工作。

内部审计机构负责人应当积极寻求董事会或者最高管理层对内部审计工作的理解与支持。

在设立监事会的组织中，内部审计机构应当在授权范围内配合监事会的工作。

（二）接受董事会或者最高管理层的领导

内部审计机构接受董事会或者最高管理层领导的方式主要包括：报请董事会或者最高管理层批准审计工作事项；接受并完成董事会或者最高管理层的业务委派。

内部审计机构应当向董事会或者最高管理层报请批准的事项主要包括：内部审计章程；年度审计计划；人力资源计划；财务预算；内部审计政策的制定及变动。

内部审计机构除实施常规审计业务外，还可以接受董事会或者最高管理层委派的下列事项：进行舞弊检查；实施专项审计；开展经济责任审计；评价社会审计组织的工作质量；其他。

（三）向董事会或者最高管理层报告

内部审计机构应当与董事会或者最高管理层保持有效的沟通，除向董事会或者最高管理层提交审计报告之外，还应当定期提交工作报告，一般每年至少一次。

内部审计机构的工作报告应当概括、清晰地说明内部审计工作的开展以及内部审计资源的使用情况，内容主要包括：年度审计计划的执行情况；审计项目涉及范围及审计意见的总括说明；对组织业务活动、内部控制和风险管理的总体评价；审计中发现的差异和缺陷的汇总及其原因分析；审计发现的重要问题和建议；财务预算的执行情况；人力资源计划的执行情况；内部审计工作的效率和效果；董事会或者最高管理层要求或关注的其他内容。

内部审计机构提交工作报告时，还应当对年度审计计划、财务预算和人力资源计划执行中出现的重大偏差及原因作出说明，并提出改进措施。

内部审计机构应当及时向董事会或者最高管理层提交审计报告，审计报告应当清晰反映审计发现的重要问题、审计结论、意见和建议。

在日常工作中，内部审计机构还应当与董事会或者最高管理层就下列事项进行交流：董事会或者最高管理层关注的领域；内部审计活动满足董事会或者最高管理层信息需求的程度；内部审计的新趋势和最佳实务；内部审计与外部审计之间的协调。

二、人际关系

人际关系，是指内部审计人员与组织内外相关机构和人员之间的相互交往与联系。

（一）一般原则

内部审计人员在从事内部审计活动中，需要与下列机构和人员建立人际关系：组织适当管理层和相关人员；被审计单位和相关人员；组织内部各职能部门和相关人员；组织外部相关机构和人员；内部审计机构中的其他成员。

内部审计人员应当与组织内外相关机构和人员进行必要的沟通，保持良好的人际关系，以实现下列目的：

（1）在内部审计工作中与相关机构和人员建立相互信任的关系，促进彼此的交流与沟通；

（2）在内部审计工作中取得相关机构和人员的理解和配合，及时获得相关、可靠和充分的信息，提高内部审计效率；

（3）保证内部审计意见得到有效落实，实现内部审计目标。

内部审计人员应当具备建立良好人际关系的意识和能力。内部审计人员在人际关系的处理中应当注意保持独立性和客观性。内部审计人员应当在遵循有关法律、法规的情况下灵活、妥善地处理人际关系。内部审计机构负责人应当定期对内部审计人员的人际关系进行评价，并根据评价结果及时采取措施改进人际关系。

（二）处理人际关系的方式和方法

内部审计人员在处理人际关系时，应当主动、及时、有效地进行沟通，以保证信息的快捷传递和充分交流。内部审计人员处理人际关系时采用的沟通类型包括：

（1）人员沟通，即内部审计人员与相关人员之间的沟通。

（2）组织沟通，即内部审计机构在特定组织环境下的沟通，主要包括与上下级部门之间的信息交流，与组织内各平行部门之间的信息交流，信息在非平行、非隶属部门之间的交流。

内部审计人员处理人际关系时采用的主要沟通方式有口头沟通和书面沟通两种。口头沟通，即内部审计人员利用口头语言进行信息交流。书面沟通，即内部审计人员利用书面语言进行信息交流。

内部审计人员人际关系冲突的原因主要包括：

（1）缺乏必要、及时的信息沟通；

（2）对同一事物的认识存在分歧，导致不同的评价；

（3）各自的价值观、利益观不一致；

（4）职业道德信念的差异。

内部审计人员应当及时、妥善地化解人际冲突，可以采取的方法主要包括：暂时回避，寻找适当的时机再进行协调；说服、劝导；适当的妥协；互相协作；向适当管理层报告，寻求协调；其他。

内部审计人员应当积极、主动地与对内部审计工作负有领导责任的组织适当管理层进行沟通，可以采取的沟通途径主要包括：

（1）与组织适当管理层就审计计划进行沟通，以达成共识；

（2）咨询组织适当管理层，了解内部控制环境；

（3）根据审计发现的问题和作出的审计结论，及时向组织适当管理层提出审计意见和建议；

（4）出具书面审计报告之前，利用各种沟通方式征求组织适当管理层对审计结论、意见和建议的意见。

内部审计人员应当与被审计单位建立并保持良好的人际关系，可以采取下列沟通途径获得被审计单位的理解、配合和支持：

（1）在了解被审计单位基本情况时，应当进行及时、有效的沟通和协调；

（2）通过询问、会谈、会议、问卷调查等沟通方式，了解被审计单位业务活动、内部控制和风险管理的情况；

（3）通过口头方式或者其他非正式方式，与被审计单位交流审计中所发现的问题；

（4）在审计报告提交之前，以书面方式与被审计单位进行结果沟通。

内部审计人员应当与组织内其他职能部门建立并保持良好的人际关系，确保在下列方面得到支持与配合：

（1）了解组织及相关职能部门的情况；

（2）寻求审计中发现问题的解决方法；

（3）落实审计结论、意见和建议；

（4）有效利用审计成果；

（5）其他。

内部审计人员应当与组织外部相关机构和人员之间建立并保持良好的人际关系，以获得更多的认同、支持及协助。内部审计人员应当重视内部审计机构成员间的人际关系，相互协作，相互包容。

第五节　内部审计计划管理

审计计划，是指内部审计机构和内部审计人员为完成审计业务，达到预期的审计目的，对审计工作或者具体审计项目所作出的安排。

内部审计工作计划是对内部审计部门在一定时期内部审计计工作所做的统一组织、协调和控制。计划管理的主要目标是，体现计划期内工作的重点，协调机构内部的工作，合理地调配人力、财力、物力，保证审计工作任务的完成。内部审计计划管理中的计划与涉及具体审计项目的审计计划不同，它是指审计部门管理人员制订的全局性的期间计划。

一个完整的计划管理应该包括下述各项因素：明确审计目标，确定应审计单位，确定审计重点，制订长期计划，制订年度计划，执行计划，协调计划，拟定汇总工作报告。

为了规范审计计划的编制与执行，保证有计划、有重点地开展审计业务，提高审计质量和效率，根据《内部审计基本准则》，中国内部审计协会制定了《内部审计具体准则——审计计划》，准则自 2014 年 1 月 1 日起施行。

一、明确审计目标

内部审计机构在制订其长期和短期审计期间计划之前，必须明确其最基本的审计目标，即审计计划应该遵循的基本方针。主要包括：

（1）满足国家有关法律、规定和制度的要求；

（2）在一定周期内覆盖所有重要的审计领域；

（3）满足最高管理当局的需求；

（4）最有效地使用审计资源并开发人力资源；

（5）对那些可能产生舞弊、浪费、管理不善或滥用职权的领域进行重点控制；

（6）与外部审计密切配合，满足外部审计的要求；

（7）满足其他监督部门的需求。

明确了审计目标，再结合在不同时期的要求和任务，就形成了制订内部审计工作计划的基础。审计目标的条款应该以书面形式形成文件，使每一个内部审计人员都清楚在一定时期内的主要目标。

二、确定应审计单位

内部审计的审计范围是相对固定的，这对制订详细和周密的审计计划十分有利。确定应审计单位是内部审计机构制订长期和年度计划的基础。其基本做法是，按照内部审计工作的性质和类别，确定全部的应审计单位，即审计单位总体，并作出详细的记录。在确定了应审计单位以后，就能够计算审计覆盖面，根据审计机构现有的能力，合理地安排审计周期和工作量，保证将有限的审计资源投入最需要的地方，不遗漏审计重点，完成审计任务。在确定应审计单位时应该注意：

（1）应审计单位与计划审计单位或已审计单位的概念并不相同。在一般情况下，由于内部审计机构自身能力的限制，并不能对所有单位都进行审计，这时，应审计单位的数量应大于计划审计单位或已审计单位的数量；

（2）应审计单位不一定都是按照行政概念划分的单位，它可能包括一些项目、系统或活动内容等。应审计单位的划分应该按照内部审计机构安排审计项目时的口径来进行；

（3）应审计单位在数量和形式上都会发生变化。为了保持应审计单位记录的可用性，应该随时根据变化的情况对记录进行调整。

三、确定审计重点

内部审计机构应该定期地对应审计单位进行全面的分析并确定在一定时期内部审计计覆盖面的比率、审计频率和重要领域。在确定审计重点时所要考虑的主要因素是：

（1）国家法律、规定和制度的要求；

（2）内部控制系统的充分性；

（3）项目、单位或活动内容的成熟程度、变化情况或敏感性；

（4）当前的或潜在审查价值；

（5）产生舞弊、浪费、滥用职权、盗窃资产，或为个人谋取私利的可能性；

（6）以前的审计经验；

（7）外部审计或其他外部监督部门的参与程度；

（8）与本部门管理决策联系的紧密性；

（9）内部审计机构自身的资源情况；

（10）其他评价、监督工作的结果，如项目评估等。

四、制订长期计划

长期计划一般是 3～5 年的期间计划，它的制订，体现了在计划期内对审计目标的落实。每个单位的情况都有其自身的特点，因此，审计计划也不可能完全相同。三年计划形式的特点是，它带有"滚动"的性质。最近的一个计划年度又划分为详细的季度计划。这种计划不仅能够在年度的基础上合理安排三年的审计业务，而且能够对最近的计划年度进行更为周密的安排。长期计划不仅能够合理地安排内部审计人员和审计时间，还能对审计业务的作业过程进行控制，并协调各部门之间的关系。长期计划所能发挥的主要作用包括：

（1）显示计划期内的审计覆盖面；

（2）将审计业务按照逻辑进程进行排列；

（3）突出重要的审计领域；

（4）合理地安排内部审计人员；

（5）通过将实际作业进展与计划核对控制审计工作的进程；

（6）通过对计划的检查，评价内部审计人员的工作效率；

（7）将内部审计与外部审计加以协调。

长期计划不仅可以对单一的审计类型（如财务审计）作出安排，还可以合理地调配不同类型的审计项目（如财务审计、效益审计、专项审计等）。通过长期计划的安排，保证或改变审计的重点领域。例如，在从财务审计向效益审计逐渐转移重点的过程中，就可以利用一项五年计划，通过逐年增加效益审计的比重，减少财务审计的比重，以培养内部审计人员的适应能力，保持审计工作的连续性和稳定性。

五、制订年度计划

年度计划是一种在长期计划（3～5 年计划）的基础上，对计划年度审计业务作出安排的最为常见的期间计划。年度计划应该比长期计划更为详细具体，并且为每一项目的项目计划制订总体的目标。对于每个选入年度计划的项目，都应该说明：

（1）选择该项目的原因；

（2）总体的审计目标；

（3）审计业务进行的地点；

（4）负责审计的单位；

（5）预计审计天数和所需其他财力保证；

（6）通过审计所带来的收益。

在制订年度计划的过程中，除了考虑长期计划所确定的长期目标，还应充分考虑内部审计机构的现有条件。例如，在计划年度中可供使用的全部人力和时间；审计业务的重点领域及其作业难度；差旅费数量；审计进行的地点等。在计划制订过程，除了安排审计业务，同时应对政治思想工作、基础管理工作、辅助性工作和其他临时性任务等因素进行综合考虑。影响年度计划安排的主要因素包括：

（1）政治学习和其他政治活动。如党员评议；

（2）业务培训。包括主管部门组织机构安排的各类培训班、研讨班、电大课程或自学课程等；

（3）基础建设。如编写审计手册、开发审计业务程序、制定审计规范、总结案例等；

（4）经验交流。如审计机构内部和审计机构之间的经验交流会或专题研讨会；

（5）休假。包括所有的公共假日和工作人员按照规定享受的探亲假和年假；

（6）临时任务。包括本单位领导和管理部门布置的或本机构临时安排的各项任务。将上述因素加以充分考虑后，再结合审计业务工作进行综合安排，就能够拟订出一份比较周密的年度计划。拟订的年度计划通常还要经过一定的审批手续才能付诸实行。

六、执行计划

在计划经过正常的审批程序被批准执行后，内部审计机构的负责人应采取措施，保证计划的落实和完成。审计计划完成得好坏，取决于负责人在监督和协调方面所作出的努力。

在计划执行过程中的监督主要是通过内部审计部门的责任体系加以贯彻的。它包括对审计工作数量指标的检查和审计工作质量指标的检查。对审计工作质量指标的检查重点是在审计项目的基础上进行的。对审计工作数量指标的检查则是按照内部审计部门所确定的中长期计划和年度计划来进行的。这种检查的目的就是确定审计的总体目标是否能得以实现，审计的重点是否能得到特别的重视，审计任务是否能如期完成，以及审计工作过程中是否出现了任何新的变化因素。在计划年度过半后，一般应该提交期中报告，将计划完成情况和预期将出现的变化加以说明，并据此及时修改计划。

七、协调计划

在审计计划的执行过程中，内部审计部门的负责人还应该注意将内部审计工作的计划与其他部门的工作很好地协调起来，以争取最大限度的配合，顺利地完成审计任务（见表 10-2）。

表 10-2　协调计划的内容

协调计划的内容	与管理部门的协调	在进入审计现场之前，内部审计小组负责人要向管理部门通报审计的目的、范围和预计所用的时间以及审计的主要目标。在退出审计现场时，要向管理部门通报审计工作的结果，初步征求管理部门的意见。当然，这项工作并不能够取代向管理部门发送正式的内部审计报告书和管理部门在规定时间内作出正式答复。

续表

协调计划的内容	与管理部门的协调	在审计业务进行过程中，要及时向管理部门通报审计工作进展情况。特别是在审计范围大大扩展时，无论是审计工作从一个阶段转入另一个阶段，还是审计工作遇到障碍，都要通知管理部门，争取得到管理部门相应的配合。 在某些审计领域，管理部门可能已经在审计开始前进行过一些专项调查研究，内部审计人员应该在审计工作开始之前了解这类调查研究的情况，并尽可能地取得这些调查的第一手材料，并充分利用这些已有的材料，以减少在同一领域内工作的重复
	与外部审计的协调	内部审计部门的负责人应该充分考虑外部审计的工作计划，一方面配合外部审计的工作，另一方面也可以积极利用外部审计的工作成果，以减少不必要的工作重复。对可能出现重复工作的领域，内部审计部门的负责人应该及时与外部审计机构联系，减少、推迟或取消一些工作内容。 在审计技术方面，内部审计部门也应尽可能地利用外部审计的一些辅助工具，如审计指南、审计程序表、内部控制调查表等。当然，在应用之前要进行必要的消化或修改。通过这种方式能够在花费较小的代价的前提下，提高审计工作的效率
	与其他监督部门的协调	在审计工作中，内部审计部门还应很好地协调与税务等部门的关系。特别是在审计工作中发现重大违纪问题或舞弊现象时，更应该加强与其他有关监督部门的联系，在接受其他监督部门的委托进行专项审计或专项调查时，也应与有关部门互通情况、交换信息，并注意按照程序处理所发生的问题

八、拟定汇总工作报告

汇总工作报告通常由内部审计部门负责人定期向本单位最高管理当局报送。它可以说明审计计划的完成情况，也可以让最高管理当局了解内部审计人员的能力和经验，以及内部审计部门与外部审计部门的关系等情况。这对最高管理当局确定或修改内部审计部门的工作目标具有重要的参考价值。因此说，汇总工作报告是内部审计部门完成审计计划、实现内部审计部门计划目标的成果总结，拟定汇总工作报告成为内部审计计划管理系统的终结环节。汇总工作报告所包括的内容十分广泛，可以视不同部门、不同时期的情况而确定。在一般情况下，汇总工作报告的内容如表 10-3 所示。

表 10-3 汇总工作报告的内容

汇总工作报告的内容	审计目标和责任	（1）内部审计部门的主要职责； （2）期间计划和审计目标； （3）审计工作的重点
	审计覆盖面	（1）审计覆盖百分比； （2）审计项目完成情况； （3）已完成审计项目的概况； （4）进行中审计项目的概况； （5）审计项目协调情况
	审计成果	（1）最高管理当局的要求； （2）重要成果的汇总； （3）重大的管理建议； （4）对内部控制缺陷的汇总
	内部审计人员	（1）审计部门人员配备情况； （2）业务培训情况

小知识　　　　　　　　　　内部审计计划

1. 一般原则

审计计划一般包括年度审计计划和项目审计方案。年度审计计划是对年度预期要完成的审计任务所作出的工作安排，是组织年度工作计划的重要组成部分。项目审计方案是对实施具体审计项目所需要的审计内容、审计程序、人员分工、审计时间等作出的安排。

内部审计机构应当在本年度编制下年度审计计划，并报经组织董事会或者最高管理层批准；审计项目负责人应当在审计项目实施前编制项目审计方案，并报经内部审计机构负责人批准。内部审计机构应当根据批准后的审计计划组织开展内部审计活动。在审计计划执行过程中，如有必要，应当按照规定的程序对审计计划进行调整。

内部审计机构负责人应当定期检查审计计划的执行情况。

2. 年度审计计划

内部审计机构负责人负责年度审计计划的编制工作。编制年度审计计划应当结合内部审计中长期规划，在对组织风险进行评估的基础上，根据组织的风险状况、管理需要和审计资源的配置情况，确定具体审计项目及时间安排。年度审计计划应当包括下列基本内容：

（1）年度审计工作目标；

（2）具体审计项目及实施时间；

（3）各审计项目需要的审计资源；

（4）后续内部审计安排。

内部审计机构在编制年度审计计划前，应当重点调查了解下列情况，以评价具体审计项目的风险：

（1）组织的战略目标、年度目标及业务活动重点；

（2）对相关业务活动有重大影响的法律、法规、政策、计划和合同；

（3）相关内部控制的有效性和风险管理水平；

（4）相关业务活动的复杂性及其近期变化；

（5）相关人员的能力及其岗位的近期变动；

（6）其他与项目有关的重要情况。

内部审计机构负责人应当根据具体审计项目的性质、复杂程度及时间要求，合理安排审计资源。

3. 项目审计方案

内部审计机构应当根据年度审计计划确定的审计项目和时间安排，选派内部审计人员开展审计工作。审计项目负责人应当根据被审计单位的下列情况，编制项目审计方案：

（1）业务活动概况；

（2）内部控制、风险管理体系的设计及运行情况；

（3）财务、会计资料；

（4）重要的合同、协议及会议记录；

（5）上次审计结论、建议及后续内部审计情况；

（6）上次外部审计的审计意见；

（7）其他与项目审计方案有关的重要情况。

项目审计方案应当包括下列基本内容：

（1）被审计单位、项目的名称；

（2）审计目标和范围；

（3）审计内容和重点；

（4）审计程序和方法；

（5）审计组成员的组成及分工；

（6）审计起止日期；

（7）对专家和外部审计工作结果的利用；

（8）其他有关内容。

第六节　内部审计培训管理

内部审计培训管理是内部审计工作管理体系中的重要组成部分。内部审计部门应该根据本单位特点和内部审计人员的素质，制定相应的培训办法。

内部审计的培训与专业会计、审计教育不同，它是根据在审计工作中内部审计人员的需要而进行的，其目的是迅速地提高内部审计人员的专业水平和作业技能，在较短的一段时间内改善审计工作质量。并由此形成了审计培训是以需求为导向，紧密结合审计业务工作的特点。

内部审计培训工作能否成功开展，在很大程度上取决于内部审计部门领导人对这项工作的重视程度。因为内部审计部门都是分布在各个领域的，其行政领导也因此被归口到不同的主管部门，而这些主管部门对内部审计人员培训的标准并不相同。内部审计部门的领导应该经常对培训需求的变化进行了解，熟悉内部审计人员对目前和将来培训工作的想法和意见，鼓励和支持其参加各类培训项目，并且提供充裕的时间和财力方面的支持。

一个良好的培训管理系统应该包括下述各项因素：确定培训方针，进行需求调查，拟定培训大纲，参照作业评价，制订培训计划，协调培训资源，多种渠道培训，评价反馈。

一、确定培训方针

一个内部审计部门在开展培训工作时，首先应该有一个明确的培训方针。培训方针中应该包括的主要内容是：对培训工作职责的定义；每一职位最低限度的培训要求；制定培训计划的程序；衡量培训成果的标准等。

培训工作是内部审计部门进行自我保护的一种方式。因为一些具有良好素质的内部审计师的流失，有可能对内部审计部门产生严重的影响。而开展有计划的培训能够保证本部门有充裕的后备力量，或在一段不长的时间内补充到必要的人员。因此，对培训方针的确定应侧重于本部门的实际需要。

现代内部审计对内部审计人员的素质要求越来越高。因为内部审计的范围已经大大扩展，内部审计的对象早已超出了会计、财务领域而进入广阔的管理领域，而且效益审计在内部审计部门全部工作中的比例也越来越大。在这种情况下，内部审计部门必须在培训本部门内部审计人员和聘用外部专家这两者之间做好协调和平衡。这一因素也是在确定培训方针时应该予以认真考虑的。很明显，培训工作管理与人事管理有着紧密的联系。这两种管理制度都是审计管理体系中人力资源系统的组成部分。因此，对培训管理方针的制定应该在确定人事管理方针的同时考虑，只有这样，才能够保证培训管理方针的适用和具有延续性。

二、进行需求调查

内部审计人员的工作背景、受教育程度、职务级别等因素都可以影响他们对培训的不同需求。在一般情况下，为了便于安排培训，都是按照行政级次或专业职称来区别内部审计人员对培训的不同需求。

（一）内部审计人员的培训需求的分类

在国外，人们对内部审计人员的培训需求进行的划分比较细，一般分为如表 10-4 所示 4 个级次。

表 10-4　内部审计人员的培训需求的分类

内部审计人员的培训需求的分类	基础级的培训	此类培训针对所有新加入内部审计部门的内部审计人员开展。这一级次的内部审计人员通常对审计工作不熟悉或虽有一定了解但从未参与过审计实践，他们需要了解内部审计部门的工作环境，通过这样一些入门培训班能够使他们了解内部审计的基本原理，掌握初步的审计技术和交往技能，并了解不同专业工作的特点和审计业务工作的概况
	中级培训	此类培训在完成基础级培训后进行。这个级次上的内部审计人员接受培训的目的主要是提高审计工作效率和适应不同专业工作的需要
	高级培训	其对象一般都已经过前两个级次的培训，并在审计工作中负有一定责任。他们要求了解和掌握一些专业审计领域中应用的特殊技能，并掌握一般的审计管理知识和高级书面交往技能
	行政级培训	此类培训针对内部审计部门中较高级行政人员。他们重点需要接受一些高级管理技能的培训，如审计计划管理、质量控制、责任体系建立等

（二）我国内部审计人员的培训的两个层次

按照目前我国内部审计组织的现状和内部审计人员知识结构的状况，我国内部审计人员的培训至少应划分为两个层次（见表 10-5）。

表 10-5　我国内部审计人员的培训的两个层次

我国内部审计人员的培训的两个层次	基础培训	其对象是所有新进入内部审计部门的内部审计人员和所有具有初级技术职称的内部审计人员。培训的目标是使他们掌握基础的审计知识和基本的审计作业技能。培训的重点包括：审计学基本原理、审计程序、审计证据、财务审计技术、内部控制评价、计算机辅助内部审计基础、书面交往技能等方面
	提高培训	其对象是所有已经具备了审计中级技术职称或达到同等水平的内部审计人员和已经担任内部审计部门较高级别的行政领导职务的人员。培训的目标是使他们掌握全面的审计知识，熟悉比较复杂和深入的审计技能，并能够运用审计管理技能。培训的重点包括：有关专业领域内的特别的审计技术方法、宏观分析技能、效益审计理论和实践、审计管理、计算机审计等方面

三、拟定培训大纲

培训大纲是根据内部审计部门人员素质状况和培训需求而制定的、在一定时期内适用的培训规划。当内部审计培训工作已经规范化、制度化以后，内部审计管理部门（内部审计指导机构、内部审计学会、协会等）应该制定出一种内部审计培训项目指南，供各内部审计部门在拟定培训大纲时参考。这种内部审计培训项目指南按照内部审计人员的不同级次，列举了需要提供培训的各个主要领域和具体培训内容。

通过拟定培训大纲可以使内部审计部门掌握培训工作的主要方向，明确培训的内容，并为下一步制订详细的培训计划打下良好的基础。

四、参照作业评价

培训大纲虽然使培训工作有了明确的方向，但是它并不一定反映每一位内部审计人员的具体审计培训需求。从内部审计人员的日常工作表现就可以看出他们的学识水平和工作能力能否满足审计业务工作的需要。除了一些最为基本的入门课程和基础知识，对更为深入的专业培训的需求往往取决于内部审计人员在工作中的业绩。因此，对内部审计人员定期进行的业绩评价，可以作为确定每一位内部审计人员具体的培训计划的另一项重要参照依据。

按照内部审计部门责任制的要求，各级监督人员都应该定期对下属的业绩进行评价，评价的周期可以是半年，也可以是一年。在评价中，要识别被评价人的缺点和不足，以及那些经过学习、开发和实践而能够加以改进和提高的领域，负责培训的工作人员与监督人员对这些信息要认真分析，以共同寻找问题形成的原因，并确定适当的培训方式。

一般都应用正式的作业评价表来进行作业评价。作业评价表的种类很多，其中大部分内容对确定被评价人的培训内容都有价值。

五、制订培训计划

培训计划应该对培训方式、培训时间、预期效果和培训评估等方面都作出明确要求。培训计划是在总的培训目标指导下，以培训需求、培训大纲和作业评价为依据而制订的。它一般以年度为期限，也可以采取滚动计划的形式。

在培训计划中，不仅要对参加培训的内部审计人员的各种情况加以预测和估算，还要对可以运用的资金和师资力量加以计算。经过平衡，就能够发现培训资源方面的问题，并及早作出相应的调整或采取其他措施。

对于不同级次的内部审计人员，在安排计划时要分别加以考虑。一种方法是根据业务工作量和培训资源情况来计算（见表 10-6）：

表 10-6　培训计划安排 1

内部审计人员工作时间	每年培训课时
第一年和第二年	40～120
第三年和以后	40～80

另一种培训计划安排的方法则是按照星期数量来计算的（见表 10-7）：

表 10-7　培训计划安排 2

内部审计人员	培训时间	完成时间
初级	6～8 星期	2 年内
中级	8～10 星期	2 年内
高级	8～10 星期	3～5 年内
行政	4～6 星期	—

六、协调培训资源

由于内部审计部门处于企业、事业单位或行政机构内部，在很多情况下都没有专门的培训机构，可以用于培训的资金、人力和时间也很有限，因此，应该根据每个组织的不同特点，采取灵活多样的培训方式，最大限度地利用培训资源。

培训的途径有很多种，例如，参加中央和地方各级国家审计机关举办的各类内部审计和外部审计培训班，观看各类审计培训课程视频，自己开发、讲授审计课程，参加大专院校专业或非专业长期和短期审计培训班，请大专院校、审计科研机构、审计培训中心或其他有关单位的学者、专家进行专项培训或举办专题研讨班等。

七、多种渠道培训

培训方式可以多样化，培训的渠道也可以有很多方面。除了由内部审计机构举办的各种类型的正式的培训班、研讨班，内部审计人员还可以通过制订自我发展计划来达到培训的目的。内部审计部门的负责人应该鼓励内部审计人员参加电视大学、函授大学、自学考试、业余大学等有关审计、会计、管理、法律、行政学等方面课程的学习。无论这类课程是否具有正式的学历和证书，内部审计部门的负责人都应该在条件允许的情况下给予必要的财力支持，使内部审计人员经过一段时间的自学，掌握必要的审计和其他学科的专业知识，以及基本的审计作业技能。

对内部审计部门中的一些骨干力量，还可以采取人员交流的方法进行培训，使他们能够在较短的时间内承担更多的职责，取得更为广泛和直接的经验。这实际上是一种更积极的培训形式。

八、评价反馈

评价反馈是培训管理系统的最后一环。它一方面反映了培训管理运行一个周期的结束和运行的成果，另一方面也为下一个运行周期提供了必要的校正数据，以改善运行过程中的薄弱环节，更好地满足内部审计培训工作的需要。

评价反馈所采用的形式有几种，使用最为普遍的是评价表形式。评价表可以根据需要设计成不同形式。除了培训项目名称、被培训人员姓名等必要资料，被培训人员的背景情况也很重要。例如，被培训人员从事审计工作工龄、从事内部审计工作工龄、专长或目前工作重点、职级、所属单位等，对这些资料的归纳整理，能够帮助培训人员了解不同层次的内部审计人员对于培训项目的不同感受和不同需要，以便进一步改进培训工作。

内部审计部门应重视对评价反馈信息的归纳和分析。这项工作不仅能够反映培训工作的成果，而且对下一个培训周期中培训项目的安排、培训教师的选聘、培训教材及培训方法的选用、培训时间的安排等都会产生影响。对评价反馈信息的分析结果，应该定期汇总，并以总结报告的形式提交给内部审计部门的负责人。

文案范本

企业内部审计管理办法范本

第一章　总　　则

第一条　为加强对企业的内部监督和风险控制，规范企业内部审计工作，保障企业财务管理、会计核算和生产经营符合国家各项法律法规要求，特制定本办法。

第二条　企业开展内部审计工作，适用本办法。

第三条　本办法所称企业内部审计，是指企业内部审计机构依据国家有关法律法规、财务会计制度和企业内部管理规定，对本企业及子企业（单位）财务收支、财务预算、财务决算、资产质量、经营绩效，以及建设项目或者有关经济活动的真实性、合法性和效益性进行监督和评价工作。

第四条　企业应当按照国家有关规定，依照内部审计准则的要求，认真组织做好内部审计工作，及时发现问题，明确经济责任，纠正违规行为，检查内部控制程序的有效性，防范和化解经营风险，维护企业正常生产经营秩序，促进企业提高经营管理水平，实现国有资产的保值增值。

第五条 国资委依法对企业内部审计工作进行指导和监督。

第二章 内部审计机构设置

第六条 企业应当按照国家有关规定，建立相对独立的内部审计机构，配备相应的专职工作人员，建立健全内部审计工作规章制度，有效开展内部审计工作，强化企业内部监督和风险控制。

第七条 国有控股公司和国有独资公司，应当依据完善公司治理结构和完备内部控制机制的要求，在董事会下设立独立的审计委员会。企业审计委员会成员应当由熟悉企业财务、会计和审计等方面专业知识并具备相应业务能力的董事担任，其中主任委员应当由外部董事担任。

第八条 企业审计委员会应当履行以下主要职责：

（一）审议企业年度内部审计工作计划；

（二）监督企业内部审计质量与财务信息披露；

（三）监督企业内部审计机构负责人的任免，提出有关意见；

（四）监督企业社会中介审计等机构的聘用、更换和报酬支付；

（五）审查企业内部控制程序的有效性，并接受有关方面的投诉；

（六）其他重要审计事项。

第九条 未建立董事会的国有独资公司及国有独资企业，应当按照加强财务监督和完善内部控制机制的要求，依据国家的有关规定，加强内部审计工作的组织领导，明确工作责任，强化企业内部审计工作，做好内部审计机构与内部监察（纪检）、财务、人事等有关部门的协调工作。

第十条 企业内部审计机构依据国家有关规定开展内部审计工作，直接对企业董事会（或主要负责人）负责；对于设立审计委员会的企业，内部审计机构应当接受该委员会的监督和指导。

第十一条 企业所属子企业应当按照有关规定设立相应的内部审计机构；尚不具备条件的应当设立专职内部审计人员。

第十二条 企业内部审计人员应当具备审计岗位所必备的会计、审计等专业知识和业务能力；内部审计机构的负责人应当具备相应的专业技术职称资格。

第三章 内部审计机构主要职责

第十三条 根据国家有关规定，结合出资人财务监督和企业管理工作的需要，企业内部审计机构应当履行以下主要职责：

（一）制定企业内部审计工作制度，编制企业年度内部审计工作计划；

（二）按企业内部分工组织或参与组织企业年度财务决算的审计工作，并对企业年度财务决算的审计质量进行监督；

（三）对国家法律法规规定不适宜或者未规定须由社会中介机构进行年度财务决算审计的有关内容组织进行内部审计；

（四）对本企业及其子企业的财务收支、财务预算、财务决算、资产质量、经营绩效以及其他有关的经济活动进行审计监督；

（五）组织对企业主要业务部门负责人和子企业的负责人进行任期或定期经济责任审计；

（六）组织对发生重大财务异常情况的子企业进行专项经济责任审计工作；

（七）对本企业及其子企业的基建工程和重大技术改造、大修等的立项、概（预）算、决算和竣工交付使用进行审计监督；

（八）对本企业及其子企业的物资（劳务）采购、产品销售、工程招标、对外投资及风险控制等经济活动和重要的经济合同等进行审计监督；

（九）对本企业及其子企业内部控制系统的健全性、合理性和有效性进行检查、评价和意见反馈，对企业有关业务的经营风险进行评估和意见反馈；

（十）对本企业及其子企业的经营绩效及有关经济活动进行监督与评价；

（十一）对本企业年度工资总额来源、使用和结算情况进行检查；

（十二）其他事项。

第十四条　企业内部审计机构对年度财务决算的审计质量监督应当根据企业的内部职责分工，依据独立、客观、公正的原则，保障企业财务管理、会计核算和生产经营符合国家各项法律法规要求。

第十五条　为保证企业年度财务决算报告的真实和完整，企业内部审计机构应按照国资委相关工作要求，对下列特殊情形的子企业组织进行定期内部审计工作：

（一）按照国家有关规定，涉及国家安全、不适宜社会中介机构审计的特殊子企业；

（二）依据所在国家及地区法律规定，在境外进行审计的境外子企业；

（三）国家法律、法规未规定须委托社会中介机构审计的企业内部有关单位。

第十六条　企业内部审计机构对本企业及其子企业的经营绩效及有关经济活动的评价工作，依据国家有关经营绩效评价政策进行。

第十七条　企业内部审计机构应当加强对社会中介机构开展本企业及其子企业有关财务审计、资产评估及相关业务活动工作结果的真实性、合法性进行监督，并做好社会中介机构聘用、更换和报酬支付的监督。

第十八条　企业内部审计机构应当就相关审计工作与外部审计相互协调，并按有关规定对外部审计提供必要的支持和相关工作资料。

第十九条　企业应当依据国家有关法律法规，完善内部审计管理规章制度，保障内部审计机构拥有履行职责所必需的权限：

（一）参加企业有关经营和财务管理决策会议，参与协助企业有关业务部门研究制定和修改企业有关规章制度并督促落实；

（二）检查被审计单位会计账簿、报表、凭证和现场勘察相关资产，有权查阅有关生产经营活动等方面的文件、会议记录、计算机软件等相关资料；

（三）对与审计事项有关的部门和个人进行调查，并取得相关证明材料；

（四）对正在进行的严重违法违规和严重损失浪费行为，可作出临时制止决定，并及时向董事会（或企业主要负责人）报告；

（五）对可能被转移、隐匿、篡改、毁弃的会计凭证、会计账簿、会计报表以及与经济活动有关的资料，经企业主要负责人或有关权力机构授权可暂时予以封存；

（六）企业主要负责人或权力机构在管理权限范围内，应当授予内部审计机构必要的处理权或者处罚权。

第四章　内部审计工作程序

第二十条　企业内部审计机构应当根据国家有关规定，结合企业实际情况，制订企业年度审计工作计划，对内部审计工作作出合理安排，并报经企业主要负责人或审计委员会审核批准后实施。

第二十一条 企业内部审计机构应当充分考虑审计风险和内部管理需要，制订具体项目审计计划，做好审计准备。

第二十二条 企业内部审计机构应当在实施审计前 5 个工作日，向被审计单位送达审计通知书。对于需要突击执行审计的特殊业务，审计通知书可在实施审计时送达。

被审计单位接到审计通知书后，应当做好接受审计的各项准备。

第二十三条 企业内部审计人员在出具内部审计报告前应当与被审计单位交换审计意见。被审计单位有异议的，应当自接到内部审计报告之日起 10 个工作日内提出书面意见；逾期不提出的，视为无异议。

第二十四条 被审计单位若对内部审计报告有异议且无法协调，已设立审计委员会的企业，应当将内部审计报告与被审计单位意见一并报审计委员会协调处理；尚未设立审计委员会的企业，应当将内部审计报告与被审计单位意见一并报企业主要负责人协调处理。

第二十五条 内部审计报告经上报企业董事会或主要负责人审定后，企业内部审计机构应当根据审计结论，向被审计单位下达审计意见（决定）。

对于报请审计委员会、主要负责人协调处理的内部审计报告，应当根据审计委员会、主要负责人的审定意见，向被审计单位下达审计意见（决定）。

第二十六条 企业内部审计机构对已办结的内部审计事项，应当按照国家档案管理规定建立审计档案。

第二十七条 企业内部审计机构应当每年向本企业董事会（或主要负责人）和审计委员会提交内部审计工作总结报告。

第二十八条 企业内部审计机构对主要审计项目应当进行后续内部审计监督，督促检查被审计单位对审计意见的采纳情况和对审计决定的执行情况。

第五章 内部审计工作要求

第二十九条 企业内部审计机构应当根据国家有关规定和企业内部管理需要有效开展内部审计工作，加强内部监督，纠正违规行为，规避经营风险。

第三十条 企业内部审计机构应当对违反国家法律法规和企业内部管理制度的行为及时报告，并提出处理意见；对发现的企业内部控制管理漏洞，及时提出改进建议。

第三十一条 对于被审计单位及相关工作人员不及时落实内部审计意见，给企业造成损失浪费的，企业应当追究相关人员责任；对于给企业造成重大损失的，还应当按有关规定向上一级机构及时反映情况。

第三十二条 企业内部审计机构的下列工作事项应当报国资委备案：

（一）企业年度内部审计工作计划和工作总结报告；

（二）重要子企业负责人及企业财务部门负责人的经济责任内部审计报告；

对在审计工作中发现的重大违法违纪问题、重大资产损失情况、重大经济案件及重大经营风险等，企业内部审计机构应向国资委报送专项报告。

第三十三条 根据出资人财务监督工作需要，企业内部审计机构在按照国资委有关工作要求，对企业及其子企业发生重大财务异常等情况组织进行专项经济责任审计时，应当向国资委提交内部审计报告。

第三十四条 企业内部审计机构要不断提高内部审计业务质量，并依法接受国资委、国家审计机关对内部审计业务质量的检查和评估。

第三十五条　企业内部审计机构应当根据本办法组织开展内部审计工作，并对其出具的内部审计报告的客观真实性承担责任。

第三十六条　为保证内部审计工作的独立、客观、公正，企业内部审计人员与审计事项有利害关系的，应当回避。

第三十七条　企业内部审计人员应当严格遵守审计职业道德规范，坚持原则、客观公正、恪尽职守、保持廉洁、保守秘密，不得滥用职权，徇私舞弊，泄露秘密，玩忽职守。

第三十八条　企业内部审计人员在实施内部审计时，应当在深入调查的基础上，采用检查、抽样和分析性复核等审计方法，获取充分、相关、可靠的审计证据，以支持审计结论和审计建议。

第三十九条　企业董事会（或主要负责人）应当保障内部审计机构和人员依法行使职权和履行职责；企业内部各职能机构应当积极配合内部审计工作。任何组织和个人不得对认真履行职责的内部审计人员进行打击报复。

第四十条　企业对于认真履行职责、忠于职守、坚持原则、作出显著成绩的内部审计人员，应当给予奖励。

第四十一条　企业应当保证内部审计机构所必需的审计工作经费，并将之列入企业年度财务预算。企业内部审计人员参加国家统一组织的专业技术职务资格的考评、聘任和后续教育，企业应当按照国家有关规定予以执行。

第六章　罚　则

第四十二条　对于企业出现重大违反国家财经法纪的行为和企业内部控制程序出现严重缺陷，除按规定依法追究企业主要负责人、总会计师（或者主管财务工作负责人）及财务部门负责人的有关责任外，同时应追究企业审计委员会及内部审计机构相关人员的监督责任。

第四十三条　对于滥用职权、徇私舞弊、玩忽职守、泄露秘密的内部审计人员，由所在单位依照国家有关规定给予纪律处分；涉嫌犯罪的，依法移交司法机关处理。

第四十四条　对于打击报复内部审计人员问题，企业应及时予以纠正；涉嫌犯罪的，依法移交司法机关处理。受打击报复的企业内部审计人员有权直接向国资委报告相关情况。

第四十五条　对于不配合企业内部审计工作、拒绝审计或者不提供资料、提供虚假资料、拒不执行审计结论的被审计单位相关人员，企业应当给予纪律处分；涉嫌犯罪的，依法移交司法机关处理。

第七章　附　则

第四十六条　本办法自20××年×月××日起施行。

第七节　内部审计质量控制

一、内部审计质量控制

内部审计质量控制，是指内部审计机构为保证其审计质量符合内部审计准则的要求而制定和执行的制度、程序和方法。质量控制系统由分级质量监督制度、内部检查制度和外部检查制度组成。

为了规范内部审计质量控制工作，保证内部审计质量，根据《内部审计基本准则》，中国内部审计协会制定了《第 2306 号　内部审计具体准则——内部审计质量控制》，准则自 2014 年 1 月 1 日起施行。

（一）内部审计质量控制的一般原则

内部审计机构负责人对制定并实施系统、有效的质量控制制度与程序负主要责任。内部审计质量控制主要包括下列目标：

（1）保证内部审计活动遵循内部审计准则和本组织内部审计工作手册的要求；

（2）保证内部审计活动的效率和效果达到既定要求；

（3）保证内部审计活动能够增加组织的价值，促进组织实现目标。

内部审计质量控制分为内部审计机构质量控制和内部审计项目质量控制。内部审计机构负责人和审计项目负责人通过督导、分级复核、质量评估等方式对内部审计质量进行控制。

（二）内部审计机构质量控制

内部审计机构负责人对内部审计机构质量负责。内部审计机构质量控制需要考虑下列因素：

（1）内部审计机构的组织形式及授权状况；

（2）内部审计人员的素质与专业结构；

（3）内部审计业务的范围与特点；

（4）成本效益原则的要求；

（5）其他。

内部审计机构质量控制主要包括下列措施：

（1）确保内部审计人员遵守职业道德规范；

（2）保持并不断提升内部审计人员的专业胜任能力；

（3）依据内部审计准则制定内部审计工作手册；

（4）编制年度审计计划及项目审计方案；

（5）合理配置内部审计资源；

（6）建立审计项目督导和复核机制；

（7）开展审计质量评估；

（8）评估审计报告的使用效果；

（9）对审计质量进行考核与评价。

（三）内部审计项目质量控制

内部审计项目负责人对审计项目质量负责。内部审计项目质量控制应当考虑下列因素：

（1）审计项目的性质及复杂程度；

（2）参与项目审计的内部审计人员的专业胜任能力；

（3）其他。

内部审计项目质量控制主要包括下列措施：

（1）指导内部审计人员执行项目审计方案；

（2）监督审计实施过程；

（3）检查已实施的审计工作。

内部审计项目负责人在指导内部审计人员开展项目审计时，应当告知项目组成员下列事项：

（1）项目组成员各自的责任；

（2）被审计项目或者业务的性质；

（3）与风险相关的事项；

（4）可能出现的问题；

（5）其他。

内部审计项目负责人监督内部审计实施过程时，应当履行下列职责：

（1）追踪业务的过程；

（2）解决审计过程中出现的重大问题，根据需要修改原项目审计方案；

（3）识别在审计过程中需要咨询的事项；

（4）其他。

内部审计项目负责人在检查已实施的审计工作时，应当关注下列内容：

（1）审计工作是否已按照审计准则和职业道德规范的规定执行；

（2）审计证据是否相关、可靠和充分；

（3）审计工作是否实现了审计目标。

（四）分级质量监督制度

分级质量监督制度的建立是质量控制系统中的一个基础。在一个内部审计部门，审计任务是由各审计业务处来完成的，而各审计业务处又划分为若干审计小组，为了保证审计工作的质量，就应该建立起一个与审计业务系统相适应的分级质量监督制度，以便对审计工作的各个阶段进行控制。

在这项质量控制制度中，各级监督人员有责任让内部审计人员了解其所承担的审计任务的性质、内容、审查范围和时间要求以及预期要达到的效果，并在审计工作进行过程中，不断地检查和了解工作任务完成情况，同时判断是否有必要修订计划。

分级质量监督制度要求质量控制工作贯穿于审计工作的计划、执行、报告和后续等各个阶段，各级监督人员的主要作用是保证审计作业的质量和审计资源的被合理和有效地使用，因此，他们工作的主要任务是：

（1）参与制订项目计划，并审查计划质量。

（2）合理安排审计力量。

（3）负责与上一级负责人联系，协调审计工作。

（4）深入审计现场，提供必要的技术指导。

（5）及时解决在审计现场所遇到的各种问题。

（6）审阅审计工作底稿。

（7）评价内部审计人员的工作成果。

（8）确保内部审计报告的质量。

在审计业务工作的进行过程中，有一些重要的环节是质量监督的重点，应该引起监督人员的特别注意，如审计项目计划的制订、审计工作底稿的拟定、内部审计报告的起草等。不同级别的监督人员在分级质量监督制度中担负着不同的职责，表 10-8 就反映了高级、中级和低级监督人员对审计项目计划、工作底稿和内部审计报告的质量进行监督时的不同职责。

在分级质量监督制度中，各级监督人员用于监督的时间长短，取决于审计项目的复杂程度、内部审计人员的经验以及审计对象的敏感程度等因素。在不同的审计项目中，对不同的内部审计人员和审计内容，应该采取不同的监督方式，而不是采取不变的策略。

表 10-8　不同级别的监督人员在分级质量监督制度中担负的不同职责

监督项目	高　　级	中　　级	低　　级
项目计划	检查审计项目的主要目标实现和工作领域的落实情况	检查审计工作重点的落实情况，人力、时间安排情况	检查具体审计目标落实和工作日程安排情况
工作底稿	审阅重大审计发现的工作底稿，确定审计目标的实现情况	检查是否所有的审计发现都有工作底稿的充分支持	检查全部工作底稿的质量，保证审计底稿的完整、准确、相关和整洁
审计报告	审阅报告提纲和报告初稿	审查与被审计单位讨论的结果，报告最终定稿	保证报告的事实清楚、文字简洁

法律依据

第 2306 号　内部审计具体准则——内部审计质量控制

第一章　总　　则

第一条　为了规范内部审计质量控制工作，保证内部审计质量，根据《内部审计基本准则》，制定本准则。

第二条　本准则所称内部审计质量控制，是指内部审计机构为保证其审计质量符合内部审计准则的要求而制定和执行的制度、程序和方法。

第三条　本准则适用于各类组织的内部审计机构和内部审计人员。

第二章　一般原则

第四条　内部审计机构负责人对制定并实施系统、有效的质量控制制度与程序负主要责任。

第五条　内部审计质量控制主要包括下列目标：

（一）保证内部审计活动遵循内部审计准则和本组织内部审计工作手册的要求；

（二）保证内部审计活动的效率和效果达到既定要求；

（三）保证内部审计活动能够增加组织的价值，促进组织实现目标。

第六条　内部审计质量控制分为内部审计机构质量控制和内部审计项目质量控制。

第七条　内部审计机构负责人和审计项目负责人通过督导、分级复核、质量评估等方式对内部审计质量进行控制。

第三章　内部审计机构质量控制

第八条　内部审计机构负责人对内部审计机构质量负责。

第九条　内部审计机构质量控制需要考虑下列因素：

（一）内部审计机构的组织形式及授权状况；

（二）内部审计人员的素质与专业结构；

（三）内部审计业务的范围与特点；

（四）成本效益原则的要求；

（五）其他。

第十条　内部审计机构质量控制主要包括下列措施：

（一）确保内部审计人员遵守职业道德规范；

（二）保持并不断提升内部审计人员的专业胜任能力；

（三）依据内部审计准则制定内部审计工作手册；

（四）编制年度审计计划及项目审计方案；

（五）合理配置内部审计资源；

（六）建立审计项目督导和复核机制；

（七）开展审计质量评估；

（八）评估审计报告的使用效果；

（九）对审计质量进行考核与评价。

第四章　内部审计项目质量控制

第十一条　内部审计项目负责人对审计项目质量负责。

第十二条　内部审计项目质量控制应当考虑下列因素：

（一）审计项目的性质及复杂程度；

（二）参与项目审计的内部审计人员的专业胜任能力；

（三）其他。

第十三条　内部审计项目质量控制主要包括下列措施：

（一）指导内部审计人员执行项目审计方案；

（二）监督审计实施过程；

（三）检查已实施的审计工作。

第十四条　内部审计项目负责人在指导内部审计人员开展项目审计时，应当告知项目组成员下列事项：

（一）项目组成员各自的责任；

（二）被审计项目或者业务的性质；

（三）与风险相关的事项；

（四）可能出现的问题；

（五）其他。

第十五条　内部审计项目负责人监督内部审计实施过程时，应当履行下列职责：

（一）追踪业务的过程；

（二）解决审计过程中出现的重大问题，根据需要修改原项目审计方案；

（三）识别在审计过程中需要咨询的事项；

（四）其他。

第十六条　内部审计项目负责人在检查已实施的审计工作时，应当关注下列内容：

（一）审计工作是否已按照审计准则和职业道德规范的规定执行；

（二）审计证据是否相关、可靠和充分；

（三）审计工作是否实现了审计目标。

第五章　附　　则

第十七条　本准则由中国内部审计协会发布并负责解释。

第十八条　本准则自 2014 年 1 月 1 日起施行。

二、内部审计质量评估

为规范内部审计质量评估工作，提高内部审计工作质量，推动内部审计的职业化发展，根据《第 1101 号　内部审计基本准则》，中国内部审计协会 2014 年 8 月 14 日发布了《内部审计质量评估办法》(本节简称本办法)，办法自 2014 年 9 月 1 日起施行。中国内部审计协会于 2012 年 4 月 6 日发布的《内部审计质量评估办法（试行）》同时废止。中国内部审计协会负责指导和管理全国内部审计质量评估工作。

（一）概念

本办法所称内部审计质量评估，是指由具备职业胜任能力的人员，以内部审计准则、内部审计人员职业道德规范为标准，同时参考风险管理、内部控制等方面的法律法规，对组织的内部审计工作进行独立检查和客观评价的活动。

（二）目标

内部审计质量评估的目标是帮助组织改善内部审计环境，提升内部审计水平，防范内部审计风险，增强内部审计的有效性，促进内部审计的规范化和制度化建设。

（三）内部审计质量评估的原则

1. 客观性原则

评估工作的开展应当以事实为基础，以内部审计准则和相关法律法规为依据，客观公正，实事求是。

2. 重要性原则

评估工作应根据评估内容确定评估重点，关注重点业务，并根据重要性原则对评估过程和结果进行判断。

3. 实质重于形式原则

评估工作可以根据行业的特殊性和适用性，选择适用的评估方法和技术，目的是使评估结果更接近实际情况。

4. 独立性原则

评估工作应由评估组独立进行，评估组成员应独立于接受评估单位，以避免利益冲突。

5. 全面性原则

评估范围应当涵盖有关内部审计的全面工作，对内部审计机构的所有确认和咨询业务进行检查和评价。

6. 一致性原则

开展评估时，应根据制订相关的评估方案，对评估标准的理解和适用应统一，消除分歧，以保证评估过程和结果的准确性和可比性。

7. 保密性原则

评估人员对评估过程中获取或知悉的商业秘密应当保密，不得对外泄露取得的资料、数据及文件；对评估的结果，不得向无关人员透露。

（四）内部审计质量评估的内容

内部审计质量评估的内容涵盖内部审计管理和实施的全过程，主要包括以下方面：

（1）内部审计准则和内部审计章程等的遵循情况；

（2）内部审计组织架构及运行机制的合理性、健全性；

（3）内部审计管理的规范性；

（4）审计工具和技术的适用性；

（5）内部审计人员的知识结构、工作经验和不同专业的组合搭配；

（6）各利益相关方对内部审计机构的满意程度；

（7）内部审计工作是否为组织增加了价值、改进了组织运营。

评估内容可分为内部审计环境和内部审计业务两大类，其中，内部审计环境评估的内容包括内部审计的独立性与客观性、内部审计机构与治理层或最高管理层的关系、内部审计机构管理、内部审计质量控制、内部审计督导、人际关系管理、结果沟通、后续教育、内部审计与外部审计协调、评价外部审计（外部专家）工作质量和内部审计人员职业道德规范 11 项评估要素、19 个评估要点。内部审计业务评估的内容包含审计计划、审计通知书、重要性和审计风险、审计工具和技术、审计证据、审计工作底稿、审计报告和后续内部审计 8 项评估要素、15 个评估要点。各评估要素和评估要点的细化内容参见内部审计质量评估工具——《评估工作底稿》。

（五）内部审计质量评估的形式

1. 内部评估

内部评估是由组织内部的有关人员对内部审计管理和实施情况进行检查和评价的活动。内部审计、人力资源、内控合规、风险管理等部门中了解和熟悉内部审计工作的人员都可以参与内部评估。内部评估的优点是评估人员来自组织内部，对组织文化及各项具体业务活动的了解较为深入。实践中，由于各个组织的内部审计活动在规模、权限、工作范围、人员技能等方面存在差异，因此，可以根据不同的情况灵活运用内部评估程序。通常，内部评估主要通过以下方式进行：

（1）对审计业务实施日常监督（如审计项目质量管理）；

（2）通过审计管理系统对审计项目实施情况的实时跟踪；

（3）审计工作结束后，由被审计单位和其他利益相关方作出评价或反馈；

（4）由未参与审计项目的其他内部审计人员有选择地进行审计工作底稿互查；

（5）对利益相关方进行深入访谈和调查；

（6）对审计绩效衡量指标（如审计项目预算的控制情况、审计计划完成情况、审计建议采纳情况）考核评估等。

📋 小知识　　　　　　　　　内部检查制度

内部检查制度是质量控制系统中的第二个方面。它是通过定期选择的审计项目进行检查，从而保证审计工作质量的措施。内部检查的任务是由内部审计部门中一个独立的工作小组完成的。它所检查的主要内容包括：

（1）审计方针和作业程序的完成。

（2）工作计划和业务量的落实结果。

（3）工作任务的分配和实施进度。

（4）工作成果与质量标准的比较。

一个内部审计部门所进行的内部检查的深度和广度取决于多种因素，如审计部门的规模、审计部门的组织结构、审计业务的性质、内部审计人员工作的自主权限等，此外还要考虑到成本效益因素。

因此，每个内部审计部门所建立的内部检查制度都应该体现本组织的特点和审计工作现状。

对内部审计部门的每个主要单位都应该按照至少三年一个周期的频率进行内部检查。主要单位是指审计部门的处、室、地区审计处或大的现场办公室或分支机构。

内部审计部门应该制定和公布进行内部检查的方针，说明内部检查的责任性质、对内部质量控制进行计划控制和执行过程监督的方针以及将内部检查的结果报告给有关部门的报告方针。

这些方针的制定和公布有助于各级内部审计人员了解内部检查的主要目的和作用，以及对其个人的影响，使其能够真正重视这项工作。

在内部检查方针的基础上应该进一步制订内部检查计划，包括中长期计划和年度计划。刚开始做这一项工作时，检查的频率可以高一些，随着各项制度的完善和工作质量的提高，可以逐渐将检查频率降低至三年一次。内部检查计划应该按年度事先加以公布，并组织足够的力量加以实施。在内部检查计划中一般应该包括的内容是：所要审查的目标、部门或功能名称、时间以及所需要的人力等。

内部检查既要全面，保证不遗漏重大问题，又要简便易行，不影响审计业务工作的进行。因此，内部检查中广泛使用了问卷式调查表。

内部检查进行后要拟定一份检查报告，以说明检查的结果。报告的内容包括：检查的目标，发现的问题，对所发现问题提出的改进建议，以及被检查部门对这些问题的解释和实施改进建议的措施等。

2. 外部评估

外部评估是由组织外部独立第三方对内部审计管理和实施情况进行检查和评价的活动。外部评估需要在经验丰富的专业人员领导下、由胜任的评估人员组成团队独立负责实施。外部评估的优点是评估的专业性和独立性能够得到有效保证，有利于对组织的内部审计活动作出更客观的评价。外部评估在为内部审计机构负责人和内部审计机构提供有价值信息的同时，也为组织治理层、管理层和外部审计等其他利益相关方提供独立质量保证。

确定外部评估的范围时应注意，时间范围应不少于一年，业务范围应涵盖与内部审计相关的所有活动，即包括全部确认和咨询业务。外部评估应定期进行，通常至少每五年进行一次。依据内部审计准则，如果内部审计机构的组织结构较为合理，规章制度较完善，人员素质较高，审计质量控制较为完备，或者组织内部适当管理层在近期对内部审计质量的相关内容进行过考核与评价，则外部评估的时间间隔可以适当延长。

外部评估可采用"内部评估基础上的完全外部评估"和"对内部评估的独立审定"两种形式。这两种形式都要求接受评估单位在外部评估之前参照外部评估程序在内部审计机构负责人的领导下开展并全面记录内部评估工作，这既能够充分发挥接受评估单位内部评估和自我管理的主动性和灵活性，同时又能获得评估专家对内部审计的技术监督与指导，使内部评估过程和结果的专业性、客观性和权威性得到外部确认，所不同的是，"内部评估基础上的完全外部评估"是由外部评估人员对内部审计管理和实施情况进行全面的外部评估，而"对内部评估的独立审定"则是由外部评估人员对内部评估过程及结果作出审定，形成审定结论，这种方式要求外部评估人员实施现场测试后，单独出具独立审定报告，明确对内部评估报告的意见，并在适当的范围内，增加评估中发现的问题及建议。

采用"对内部评估的独立审定"所需的评估人员数量较少，评估时间较短，因而这种评估形式的成本较低，但由于其重点关注对内部审计准则的遵循情况，而对其他领域，如与最佳实务的对比、提供咨询意见、与高级管理层和运营管理层的访谈等较为简化，因此能够获得的信息也比较有限。

✎ **小知识**　　　　　　　　　　　**外部检查制度**

外部检查制度是质量控制系统中的第三个方面。它是由部门以外的其他单位的专业人员所进行的审计业务质量的检查。

外部检查的目的是保证一个内部审计部门的审计业务工作能够按照国家的有关法规和审计标准，稳定而有效地进行。

外部检查的人员都是由外部专业人员组成的，但是在必要时，也可以包括一些内部的专家。但是参与外部检查工作的内部人员必须是没有参加过所检查项目审计工作的人员。

外部检查应用的检查工具与内部检查所用的工具一样，问卷式的调查表也是主要工具。但是它的问题范围更为广泛，包括了诸如内部审计部门与被审计单位的关系是否融洽等。

外部检查也应该定期化，至少三年要检查一次。除此之外，还可以组织一些行业内某一领域的行业审查，以发现一些普遍存在的质量问题。外部检查结束时通常要拟定一份正式的书面报告。报告中要说明检查的目标和检查的结果，指出被检查的内部审计部门是否能够遵循国家的有关法规和部门的有关规定进行审计，披露所发现的问题，并提出改进的建议。在必要时还要进行后续检查，以保证在检查报告中所提出的各项建议得以及时、全面执行。

法律依据

形　式

第六条　内部审计质量评估包括内部评估和外部评估两种形式，由组织根据情况选择实施。

第七条　内部评估由组织内部的人员按照外部质量评估的要求实施，可以由内部审计、人力资源、内部控制、风险管理等部门的人员参与。

第八条　外部评估由中国内部审计协会或者其核准的机构实施。

第九条　选择实施外部评估的组织，应当向中国内部审计协会或者其核准的机构提出书面申请，由双方协商评估范围、评估时间、评估人员、评估费用等事宜。

第十条　参与外部评估的人员应当具备良好的审计职业道德和一定的审计工作经历，具有被评估组织所在行业、领域的相关知识或者经验，接受过中国内部审计协会组织的内部审计质量评估培训，具备从事评估工作的专业胜任能力。

（六）内部审计质量评估工具

质量评估需准备的资料清单、调查问卷、访谈提纲、评估工作底稿，见附录四；内部审计质量评估报告模板，见"内部审计质量评估报告"的相关示例。这些工具既是对评估方法的指引，也是记录评估过程的载体。评估人员可以根据评估项目的实际需要选择使用不同的工具，也可以随着质量评估实践的丰富和完善开发出更多的工具，以更好地进行评估活动。

这里将质量评估需准备的资料清单索引为 A 类、调查问卷索引为 B 类、访谈提纲索引为 C 类、评估工作底稿索引为 D 类。

1. 质量评估需准备的资料清单

按照质量评估需准备的资料清单及时准备好相关资料，是评估工作顺利进行的必要保障。由于质量评估涉及内部审计管理和实施的方方面面，因此，准备资料的过程也是接受评估单位自我梳理内部审计工作的过程。

下面提供的"质量评估需准备的资料清单"从内部审计所处的组织与环境、内部审计管理和实施等诸多方面列示了质量评估将关注的各项内容，从而为现场评估工作的有效开展打下了坚实的基础。一次仔细认真的资料准备过程，同时是接受评估单位自我教育和培训的过程。如果其已开展过内部评估，则更容易理解相关的要求。

文案范本

质量评估需准备的资料清单

以下资料应尽量在现场评估开始前准备完毕。如果简短的回答就能够说明问题，只需在空白处记录，不必提供附件。

A1　组织与环境

A1-1　组织背景

1. 简要描述组织的主要业务活动，并附上最近的年度财务报告。

2. 请提供组织机构图及下列信息：员工的大致人数；运营场所数目；主要经营场所的地点；收入；资产。

A1-2　治理、风险管理、监督、责任等

1. 描述识别、衡量和管理企业风险的过程。列出已被识别的重大风险。

2. 描述最近颁布的法律或规章对内部审计的影响。

3. 附上组织的控制政策文件（如管理控制政策、授权、责任等），并对预计的或潜在的变化提出意见。

4. 附上组织监督和指导内部审计工作的文件。

5. 描述组织的战略是如何确定的，目标是如何建立、评价并报告的，以及管理层如何实现其工作目标。

A2　内部审计活动

A2-1　内部审计机构的背景

1. 内部审计机构负责人的姓名与职务、职称；

2. 内部审计机构主要处室的名称；

3. 简要描述内部审计机构的历史，包括成立时间、过去十年间内部审计机构负责人变更情况、内部审计机构设置、工作范围、报告途径等方面的发展情况。评价上述发展过程对内部审计效果带来的影响；

4. 内部审计机构负责人向其报告的对象的姓名与职务、职称；

5. 负责监督和指导内部审计机构工作的人员的姓名与职务、职称。

姓名：

地址：

电话：

6. 有关外部审计的情况。

外部审计师的姓名：

外部审计负责人（如合伙人或审计经理）：

外部审计师事务所的地址与电话号码：

地址：

邮编：

电话：

传真：

A2-2　内部审计的实务环境（包括支持、授权及范围）

1. 附上整个组织以及内部审计机构自身的设置和职责分配情况。对这种设置能够确保内部审计机构的独立性、与适当管理层沟通以及是否有利于资源的配置进行评价，并就该领域中存在哪些潜在的改进之处发表意见。

2. 附上内部审计章程以及类似的权威性文件，并就内部审计章程是如何确保内部审计机构的独立性、顺畅的沟通渠道以及所需资源，以提高内部审计的效果发表意见，请指出内部审计章程中存在哪些需要改进的地方。

3. 提供内部审计政策及程序手册，请指出内部审计政策及程序中任何需要修改的部分。

4. 内部审计能否接触组织的所有领域？是　　否

如果不能，描述一下内部审计机构在获取审计业务所需的必要信息时受到的约束情况，以及与有关人员沟通时受到的约束情况。

5. 描述确保内部审计人员保持客观性的程序（如利益冲突声明、内部审计人员的轮岗等）。描述向内部审计机构负责人报告的利益冲突或偏见，以及处理这些问题的程序。

6. 描述内部审计的理念、核心价值及其使命和目标。

7. 对定期评价内部审计工作业绩的目标进行描述，并指出组织的治理层和管理层等是如何评价内部审计工作业绩的。

8. 填写目前内部审计机构的最佳实务清单，并指出这些实务是如何提高内部审计工作的效果；对预计会为组织增加价值或提高内部审计效果的实务工作发表意见，如果内部审计机构不打算开展这类工作（或者开展这些工作受到限制），那么就要讨论不开展这项工作的原因以及带来的潜在影响。

9. 列出组织中其他在内部审计机构之外的监督部门，对它们的权限、工作范围与职能（如环境、安全部门等）进行描述。

A2-3　内部审计机构与治理层及高级管理层的关系

1. 描述内部审计机构负责人与治理层及高级管理层在参与管理层战略制定与规划的会议、获取重要信息等方面的互动情况。

2. 描述治理层及高级管理层是如何了解内部审计工作情况的，包括内部审计机构负责人多长时间与他们召开一次会议，哪些人员参加会议，会议的主题是什么，以及治理层和高级经理层一般多长时间收到一次审计情况报告等。对其他正式或非正式接触进行评价。

A2-4　内部审计活动的管理和实施

1. 提供如下资料：

1）当前审计计划与实际情况的比较，包括正在开展的审计业务、已完成的审计业务和发布最终报告的详细资料。

2）前一阶段审计计划与实际情况的比较，包括已完成的审计业务与发布最终报告的详细资料。

3）本阶段，内部审计的财务预算与实际情况的比较。

4）前一阶段，内部审计的财务预算与实际情况的比较。

2. 请按照如下格式提供近一年来的审计业务清单。

业务类型：

被审计单位名称：

业务的起始日期与报告发布日期：

审计人员花费的工时数：

项目的具体审计负责人：

3. 提供一份内部审计机构人员名单，此名单已按照员工的级别和类型进行了分类，并注明了从事内部审计工作的时间和之前具备的经验。准备有关职位描述、技术要求、人员具备的资格、人员来源、空缺职位、对外部服务的利用、最近的人员轮岗及闲置员工等方面的记录，以供评估。

4. 对风险评估和审计计划（年度）的编制进行简单的描述。

讨论如何界定内部审计的确认和咨询领域，并且考虑这些计划是如何编制的。包括：

内部审计机构的风险评估与审计计划（年度）的编制与组织的战略计划、目标及风险框架的一致性；

信息技术计划、当前的系统以及不断发展的技术问题；

控制环境评价；

管理层对审计计划（年度）关注点和优先审计领域的意见；

与管理层合作的可能性及其他增值活动；

所需员工数量与技能，应通过授权、与被审计单位的共同努力、内部审计外包、鼓励自我评估等，以支持内部审计工作的开展；

为了涵盖适当的内部审计领域所编制的长期业务计划。

5. 描述内部审计机构的权限、工作范围以及资源利用方面与企业风险管理框架相吻合的程度。描述内部审计机构是如何为实现组织目标做贡献的。就内部审计的优先权、范围、资源利用等方面存在的潜在或预计的变化进行评价。

6. 说明在下列确认与咨询业务中，内部审计人员的工作时间与外包业务时间的百分比。（注意：如果内部审计的时间控制系统不便于以上述方式对时间进行分类，那么可粗略的估计一下，并列示基于内部审计系统的单独的细目分类。内部审计的时间管理系统，将在评估组现场调查期间得到进一步检查。）

业务类型	百分比
绩效审计	
财务审计	
合规性审计	
舞弊调查	
信息系统审计	
咨询服务	
其他由审计人员支配的直接工时（描述）	
培训、假期、常规管理及其他"未分派事项"	
总计	100%

7. 描述内部审计机构与外部审计师之间的关系，包括审计工作的协调、审计领域和年度计划的对照检查、外部审计师对内部审计工作成果的利用、人员的调换、联合培训、合作业务、审计方法与手段的兼容性、报告的共享以及后续措施。

8. 描述内部审计人员的职业发展政策与方案，包括准备员工培训课程、工作业绩评价与职业生涯规划、员工调查及相关记录的信息，以供评估。

9. 简要描述（给随后的评估准备详细的信息）内部审计的计划、管理、监督、沟通结果以及对确认、咨询业务进行的后续行动。

10. 简要描述（准备相关文件并为现场评估期间的深入讨论做准备）内部审计的质量改进程序，包括内部审计质量评估、评价指标、授权政策以及责任机制。请提供内部和外部质量评估报告（如果已开展）。

A2-5　信息技术

1. 谁为组织提供信息技术服务？子公司、设有内部信息技术中心的分支机构还是第三方提供？请详述。

2. 提供信息技术审计的战略及其理念。

3. 组织正在使用控制框架吗？如果是，请描述是如何应用的。

2. 调查问卷

调查问卷是用于广泛收集相关信息的评估工具。这里设计了封闭式和开放式两种类型的问卷，其中，封闭式调查问卷采用客观评分的方式，问题简洁，回答明确，便于被用来进行分析和汇总，人们在使用时可以根据评估范围将之广泛地发放给调查对象，覆盖到组织各个层级；而使用开放式调查问卷则可以根据评估重点，将之有针对性地分发至重要的管理层级和部门，以获取特定的评估意见和建议，所获得的问卷调查结果可以被和访谈结论进行比较、互相补充、印证，开放式调查问卷也可以被用来对内部审计人员进行专门调查。使用问卷调查时应注意：

（1）调查方式。通常有两种调查方式：一是通过电子邮件将调查问卷发给接受评估单位的联络人员，由其转发给相关调查对象，调查对象完成问卷后直接反馈给评估组。这种方式的优点是效率较高、覆盖面较大、评估成本较低，缺点是问卷回收率较低。二是现场评估阶段，由评估组直接发放给调查对象填写并当场回收。这种方式的优点是评估组可以与调查对象充分沟通，说明调查意图，问卷回收率较高；缺点是调查的覆盖面较为有限。实践中，评估组应根据项目特点选择恰当的调查方式，也可以将两种方式结合使用。

（2）调查时间。调查时间应根据调查目的灵活确定，如果是以信息收集为目的，可以考虑在现场评估开始前两周左右发出，以便为现场评估做好资料准备。如果是为了与现场测试相互印证的目的，可以考虑评估组进驻接受评估单位后，先听取部分调查对象的意见，然后再有针对性地设计和发放调查问卷，以确保调查更加有效。

（3）调查对象。问卷调查对象应选择参与内部审计项目计划、执行、后续管理的中高层管理人员以及与内部审计项目直接相关的参与者（包括内部审计人员）。这些人员对项目有直接的体会，对项目中存在的问题有较为深刻的见解，选择这些人员有利于提高调查结果的可信度和效果。

（4）数据处理。问卷调查的数据处理，即整理回收的问卷，将每份问卷每个问项的答案加总得到一个分数量表，并据此计算出相应的比例。根据这一数据统计结果（见表 10-9），便可以挑出得分较高和较低的项目。以表 10-9 为例，根据在某单位获得的问卷调查反馈情况统计出的结果，可以看出被调查者对审计部门的审前沟通情况打分较高，对这方面表示满意，而对审计用时和内部审计人员在行业/组织/流程/IT 等方面的知识则打分较低，表明对现状不满意。

表 10-9　问卷调查反馈情况统计结果

问卷调查项目内容	统计均值（分）
1. 内部审计人员在执行审计时能不受限制的接触相关的记录、实物和人员	3.62
2. 内部审计通过高质量的工作达到管理层的预期	3.46
3. 内部审计人员的客观性	3.70
4. 内部审计人员的专业性	3.51
5. 内部审计人员在行业/组织/流程/IT 等方面的知识	2.72
6. 内部审计人员与您部门的关系及和谐程度	3.70
7. 内部审计人员的沟通技巧	3.14
8. 选择重要领域进行审计	3.70
9. 审计前告知审计目的和范围	3.80
10. 将您的建议纳入审计范围或议题	3.49
11. 通报审计中发现的问题	3.71
12. 审计用时	2.65

续表

问卷调查项目内容	统计均值（分）
13. 审计报告的及时性	3.61
14. 审计发现的准确性	3.64
15. 审计报告是否清晰	3.74
16. 审计对业务流程和控制的提高是否有帮助	3.52
17. 审计部门对审计整改建议的跟进	3.61
18. 审计结论的沟通	3.61
19. 您对内部审计目的的理解	3.74
20. 内部审计管理的有效性	3.63
21. 为单位输送高质量人才	3.02
22. 协助管理层评估风险	3.75
23. 与管理层共同解决控制问题	3.70
24. 对公司治理的影响程度	3.14

（5）信息有效性判别。有的调查对象在填写问卷时，可能对所调查项目理解有误而作出明显错误的选择，如将单项选择当作多项选择等。对此，应将其对该问项的答案作无效处理，但对其他问项的答案仍视为有效。如果调查对象完全是漫不经心地填写问卷，且选择的答案存在明显的前后矛盾或大量无效选择，那么应将该问卷视为无效问卷。

（6）信息可信度分析。评估组可以将数据处理得到的结论与通过现场评估、访谈等其他评估方法得到的评估结果相比较，判断两者之间是否呈现一致性。如果两者存在较大差异，那么应该通过扩大问卷调查覆盖面等方式进一步增加问卷调查结论的可信程度。

文案范本

内部审计活动调查问卷

B1 内部审计活动调查问卷（封闭式）

请对内部审计活动在以下方面进行评分。对您不能回答的问题，请用线把它画掉。每个问题只能选一个评分。

评估分值（4=优秀，3=良好，2=一般，1=差）

1. 对公司治理的影响程度	4	3	2	1
2. 协助管理层评估风险/解决内部控制问题	4	3	2	1
3. 内部审计独立履行其职责，不受干扰	4	3	2	1
4. 在执行审计时能不受限制地接触相关的记录、实物和人员	4	3	2	1
5. 内部审计通过高质量的工作达到管理层预期	4	3	2	1
6. 客观性/职业道德	4	3	2	1
7. 专业性和对行业/组织/流程/IT方面的知识	4	3	2	1
8. 沟通能力	4	3	2	1
9. 内部审计与您单位的关系及和谐程度	4	3	2	1
10. 选择重要领域或专题进行审计	4	3	2	1
11. 审计前告知审计目的和范围	4	3	2	1
12. 采纳他人建议	4	3	2	1

13. 通报/沟通审计发现	4	3	2	1
14. 审计结论的准确性	4	3	2	1
15. 审计报告的及时性/清晰性	4	3	2	1
16. 审计效率	4	3	2	1
17. 审计对业务流程和控制的提高是否有帮助	4	3	2	1
18. 审计部门对审计意见和建议整改落实的后续跟踪	4	3	2	1
19. 内部审计自身管理情况	4	3	2	1
20. 为单位培养/输送高质量人才	4	3	2	1

签名（可选）：

B2　内部审计活动调查问卷（开放式）（运营管理层成员）

1. 内部审计旨在减少风险，改进运营，通过专业服务帮助各单位改进缺陷，提供建议，为整个组织作出自己的贡献，您觉得内部审计在这方面是否发挥了应有的作用？目前的内部审计工作对您单位的管理和业务是否有帮助？无论是肯定还是否定评价，都请详细评述，可以举例。

2. 目前审计领域和项目安排能否满足您单位的需求？如果不能，请详述您对未来的需求和期望。

3. 您对目前内部审计人员的执业能力有何评价？可从职业道德、专业能力和综合素质等各方面评价，在实际业务处理中，您觉得内部审计人员及其技能在哪些方面还要提高？

B3　内部审计活动调查问卷（开放式）（内部审计人员）

1. 您认为审计部门是否被赋予了足够的权力，以保证有效开展内部审计？内部审计的工作范围、资源安排是否满足了组织高层及各个部门的需要？

2. 您负责的业务领域或审计项目的风险是如何被发现并控制的？您对内部审计风险评估和计划提供过信息和建议吗？如果有，详述一下，如果没有，可以提供具体想法。

3. 您认为自己是否有恰当的知识和专业技能（包括计算机运用能力），哪方面的技能还要提高？对于本行业审计，您认为最关键的技能是什么？可以通过哪些方式充分获得这些技能？

4. 您所做的工作是否能够得到被审计单位的认可和信赖？您与被审计单位的关系有没有影响过您的客观判断？为保持独立性和客观性，对于关系紧密或者冲突矛盾的情形，您是如何处理的？

3. 访谈提纲

访谈不但对于评估内部审计工作的有效性非常有帮助，而且能对提出改进建议提供参考。这里根据不同访谈对象的职责范围及与内部审计之间的关系，分类设计了一系列访谈提纲，评估人员应结合具体情况运用这一工具，并对有关内容进行有针对性的补充和完善。

（1）充分准备。确定访谈提纲前需要进行充分的准备工作，包括：了解接受评估单位的行业性质、组织规模、组织架构、内部审计机构地位及权限、内部审计活动类型等基本情况。针对事先确定的访谈对象及访谈范围收集背景资料，可以帮助对访谈所要了解的内容进行有针对性的设计和安排。评估人员只有对评估重点内容和访谈对象进行一定程度的调查了解，才能恰当、准确地提出问题，收集有用的证据或线索，同时与访谈对象建立起平等、互信的关系。

（2）突出不同侧重点。应明确针对不同的访谈对象预期达到的主要访谈目的，如访谈治理层和高级管理层的主要目的是了解内部审计履职情况和为组织增加价值的信息；访谈运营管理层的主要目的是了解其作为被审计对象在审计过程中的切身感受；访谈内部审计机构负责人，重点是就已收集的信息进行讨论，确认相关内容并适当进行延伸；访谈内部审计人员的主要目的是听取其关于审计工作更细致、更多样的意见；访谈外部审计人员的主要目的是获得有关内、外审协调、相互利用工作成果以及改进方法等方面的意见；访谈员工代表的主要目的是从各个方面听取对内部审计的了解、认识和评价。

（3）访谈问题的设计原则。访谈问题列示应按照由简到繁、由易到难的基本顺序，当然，访谈对象常常会自由发挥，这时就需要评估人员能够准确捕捉其中有价值的信息，灵活掌握访谈的节奏和主题，合理安排时间、提高访谈效率。

文案范本

内部审计质量评估访谈提纲

C1 访谈提纲（治理层成员）

被访谈者：＿＿＿＿＿＿日期：＿＿＿＿＿＿

职位：＿＿＿＿＿＿时间：＿＿＿＿＿＿

访谈者：＿＿＿＿＿＿地点：＿＿＿＿＿＿

在采访之前需熟悉被访谈者的背景。重要的背景信息记录如下：

告知被访谈者本访谈内容对访谈小组之外的人员保密。

简要说明质量评估的目的以及访谈对达成这些目的的重要性。

1. 组织如何保证把质量意识、道德规范和价值观贯穿于组织经营活动中？

2. 内部审计活动应该发挥什么作用？请从总体上评价内部审计活动。

3. 您认为内部审计有助于重大风险的识别、改善组织的控制和治理架构吗？

4. 您是否要求内部审计机构负责人报告质量评估的结果？

5. 您从内部审计机构获得哪些报告？这些报告中的信息是否符合您的需要？您认为这些报告能在哪些方面应出改进？

6. 内部审计对上述报告中提出的问题解决情况、建议采纳情况进行跟踪吗？

7. 内部审计机构负责人和内部审计人员的能力如何？（专业性、沟通能力、对经营业务及相关的业务流程的了解程度）

8. 内部审计能够为组织增加价值吗？如果能，是如何增加价值的？

C2 访谈提纲（高级管理层成员）

被访谈者：＿＿＿＿＿＿日期：＿＿＿＿＿＿

职位：＿＿＿＿＿＿时间：＿＿＿＿＿＿

访谈者：＿＿＿＿＿＿地点：＿＿＿＿＿＿

在访谈之前需熟悉被访谈者的背景。重要的背景信息记录如下：

告知被访谈者本访谈内容对访谈小组之外的人员保密。

简要说明质量评估的目的以及访谈对达成这些目的的重要性。

1. 组织中是否有书面的内部控制制度？您认为这些是否足够？

2. 您如何知道组织的最新风险状况？最重要的风险和机会是什么？内部审计活动在风险识别和应对中的作用是什么？内部审计活动的风险评估和计划是否有足够的资源投入？

3. 目前内部审计机构的设置能否使其充分发挥职能并保持足够的独立性？

4. 内部审计机构与组织内其他监督部门及外部审计如何协调工作？

5. 内部审计机构负责人和内部审计人员的胜任能力怎么样？（专业性、沟通能力、对公

司经营业务及相关的业务流程的了解程度、IT 方面的知识）

6. 您从内部审计机构获得哪些报告？这些报告中的信息是否符合您的需要？您对审计发现的问题及内部审计报告的内容有何看法？审计报告是否披露了需要关注的重要问题？审计的时效性如何？您认为这些报告应在哪些方面作出改进？

7. 高级管理层与内部审计意见不一致的时候是如何解决的？

8. 内部审计机构对审计报告中提出的问题和建议进行后续跟踪了吗？

9. 内部审计在公司治理中的作用如何？如在公司治理结构，内部控制系统的完善，信息技术安全，公司文化建设及舞弊预防等方面的作用？

10. 内部审计在哪些方面还需要进一步提高？

C3 访谈提纲（运营管理层成员）

访谈者：＿＿＿＿＿＿日期：＿＿＿＿＿＿

职位：＿＿＿＿＿＿时间：＿＿＿＿＿＿

访谈者：＿＿＿＿＿＿地点：＿＿＿＿＿＿

在访谈之前需熟悉被访谈者的背景。重要的背景信息记录如下：

告知被访谈者本访谈内容对访谈小组之外的人员保密。

简要说明质量评估的目的以及访谈对达成这些目的的重要性。

1. 请描述您所负责的领域中风险是如何被识别、衡量和管理的。在您所负责的领域里最重要的风险和机会是什么？您决定采取哪些方式（接受、减轻、分担、转移）应对这些风险？您所在领域的风险管理是如何适当的与组织风险相结合的？

2. 您认为内部审计活动应该发挥什么作用？您对内部审计活动的总体评价是什么？

3. 内部审计有助于重大风险的识别、有助于改善您所负责领域的控制体系吗？请举例说明。

4. 内部审计计划和审计范围是否与运营部门沟通？

5. 内部审计是否保持独立性？是否满足管理需要？

6. 您认为内部审计机构负责人和内部审计人员的能力怎么样？（专业性、沟通能力、对公司经营业务及相关的业务流程的了解）

7. 您能收到与己有关的内部审计报告吗？

8. 内部审计报告的结论公允吗？您是否参与了沟通审计发现？您认为内部审计提出的建议有价值吗？

9. 您会考虑将有潜质的高级员工送去内部审计机构工作吗？

10. 内部审计与组织里其他监督部门及外部审计协调性如何？有没有重复的审计和监督？

C4 访谈提纲（内部审计机构负责人）

被访谈者：＿＿＿＿＿＿日期：＿＿＿＿＿＿

职位：＿＿＿＿＿＿时间：＿＿＿＿＿＿

访谈者：＿＿＿＿＿＿地点：＿＿＿＿＿＿

在访谈之前需熟悉被访谈者的背景。重要的背景信息记录如下：

告知被访谈者本访谈内容对访谈小组之外的人员保密。

简要说明质量评估的目的以及访谈对达成这些目的的重要性。

1. 对组织来说，目前最重要的风险和机会是什么？

2. 内部审计如何协助管理层对重要的风险进行识别和管理？

3. 治理层参与内部审计机构每年的计划/预算活动吗?以何种方式参与？

4. 您在组织中的地位和作用是通过参与战略规划会议，其他行政管理会议，以及及时沟通的方式体现出来的吗？

5. 内部审计章程是否规定了内部审计活动的任务、定期与治理层和高级管理层沟通等事项，并取得他们的正式认可？

6. 内部审计是如何与其他内部监督部门协调以确保审计覆盖面充分且不重复的？内部审计对其他监督部门提出的建议负责跟踪或协助跟踪吗？

7. 内部审计与外部审计师或政府有关部门的协调是否足以减少重复的工作？

8. 在内部审计的年度风险评估和审计计划过程中，是否征求了各利益相关方，包括治理层、高级管理层和外部审计师的意见？是否考虑了组织的风险框架、战略经营规划？

9. 对内部审计活动运用信息技术是否给予足够的重视？内部审计活动是否需要广泛、多成果的运用信息技术？

10. 为充分实现审计计划，所需资金、人员技能、技术和其他相关资源是否能得到保障？

11. 每个项目是否都有具体的审计计划，包括审计范围、时间和相关资源分配等？

12. 组织架构是否有助于内部审计活动任务和目标的实现？

13. 内部审计时是否积极参与到运营人员的职业发展、轮换制或相似的项目，是否将内部审计作为组织的一种管理资源？请给予解释说明。

14. 内部审计人员是否拥有审计所需要的相关知识？

15. 是否开展用来评估所有重大风险和控制的业务流程审计，以帮助组织增加价值？

16. 审计业务的所有重大发现事项是否都被恰当披露了？

17. 是否是由内部审计机构决定采取及时的后续内部审计，以确定管理层的纠正行为是否达到预期结果？

18. 外部审计对内部审计工作的依赖程度是否令人满意？

19. 描述内部审计活动的质量保证和改进程序。

20. 是否有外部评估？多长时间一次？

21. 内部审计机构计划在客户关系、减少审计周期、改进审计方法和技术以及学习最佳实务等方面采取哪些质量保证和改进措施？

C5 访谈提纲（内部审计人员）

被访谈者：_____ 日期：_____
职位：_____ 时间：_____
访谈者：_____ 地点：_____

在访谈之前需熟悉被访谈者的背景。重要的背景信息记录如下：
告知被访谈者本访谈内容对访谈小组之外的人员保密。
简要说明质量评估的目的以及访谈对达成这些目的的重要性。

1. 是否存在影响内部审计独立性的障碍？您是否遇到过影响您报告事实的不当干预？

2. 内部审计章程是否赋予内部审计足够的权限，以保证有效开展内部审计活动？

3. 内部审计的工作范围是否满足组织需要？内部审计活动是否充分利用了审计资源？

4. 您认为内部审计活动的重要性次序是与组织的目标相一致的吗？

5. 内部审计是否能够帮助组织识别重要的风险和改善组织的控制与治理系统？

6. 您是否认为内部审计能够为组织增加价值？如果是，请举例说明。

7. 除了计划的审计，内部审计是否能够帮助管理层解决业务问题或改善业务流程？如果不能，请解释原因。

8. 内部审计有没有得到管理层对其活动有效性的意见反馈？

9. 内部审计有没有对审计报告提到的审计问题整改情况进行跟踪？

10. 您认为内部审计机构负责人及内部审计人员有能力吗？专业吗？沟通技巧如何？与人交往的能力如何？

11. 您的上级是如何对您的工作进行管理的？对您的管理和指导充足吗？

12. 您是否认为需要改善针对建议采取的后续跟踪程序？

13. 您有哪些关于内部审计机构改进审计流程的建议？

C6　访谈提纲（外部审计人员）

被访谈者：_____日期：_____

职位：_____时间：_____

访谈者：_____地点：_____

在访谈之前需熟悉被访谈者的背景。重要的背景信息记录如下：

告知被访谈者本访谈内容对访谈小组之外的人员保密。

简要说明质量评估的目的以及访谈对达成这些目的的重要性。

1. 内部审计活动发挥了什么作用或者应该发挥什么作用？

2. 内部审计为组织提供服务的质量以及您对内部审计的依赖程度如何？

3. 内部审计人员是否公正、不偏不倚并避免利益冲突？

4. 内部审计对重大问题与您存在不一致的看法吗？如果有，那么这些问题和不一致看法有没有得到解决？如果得到解决，是怎么解决的？

5. 您认为内部审计机构负责人和内部审计人员的能力怎么样？（专业性、沟通能力、对公司经营业务及相关的业务流程的了解）

6. 您被告知外部质量评估的结果了吗？

7. 您为内部审计活动的风险评估过程提供过信息吗？

C7　访谈提纲（员工代表）

被访谈者：_____日期：_____

职位：_____时间：_____

访谈者：_____地点：_____

在访谈之前需熟悉被访谈者的背景。重要的背景信息记录如下：

告知被访谈者本访谈内容对访谈小组之外的人员保密。

简要说明质量评估的目的以及访谈对达成这些目的的重要性。

1. 你对内部审计工作或者人员有何印象？你是否欢迎内部审计人员来审计？无论持肯定还是否定的态度，请详述原因。

2. 经过内部审计之后，有没有根据审计建议得到改进的情形？你有没有得到过一些能让你在工作中自觉地改善的启发？请举例说明。

3. 你对内部审计的意见和建议提供了适当的反馈信息了吗？你会在多大程度上信赖内部审计的工作？有没有哪些方面你不信赖？为什么？

4. 你认为内部审计来现场进行审计所花费的时间是否合理？针对具体的业务环节是否有必要缩短审计时间？你是否认为某些审计流程不必要或者是负担？如果有，请举例说明。

4. 评估工作底稿

在这里我们根据设定的评估标准体系，设计了用于评估内部审计活动各个方面的工作底稿，逐项细化了内部审计活动的各关键控制点，并按照 34 个评估要点进一步明确了评估要素中的主要质量要求，如 D 1-1 内部审计独立性与客观性、D 1-2 内部审计机构与治理层或最高管理层的关系以及D1-9内部审计与外部审计的协调主要用于评价内部审计机构的组织结构和特征；D1-3内部审计机构管理、D1-4内部审计质量控制、D1-5内部审计督导以及D1-10评价外部审计（外部专家）工作质量主要用于评价内部审计管理工作的有效性；D1-6人际关系、D1-7结果沟通、D1-8后续教育和D1-11内部审计人员遵守职业道德规范主要用于评估内部审计人员遵守职业道德规范和专业胜任能力；D2-1审计计划、D2-2审计通知书、D2-3重要性与审计风险、D2-4审计工具和技术、D2-5审计证据、D2-6审计工作底稿、D2-7审计报告和D2-8后续内部审计主要用于评价和验证内部审计工作的执行效果、审计技术方法的合理性和适用性以及审计流程的标准化程度等。

评估人员在填写评估工作底稿时，应注意下列要求：

1）"评估记录"栏主要用来记录接受评估单位内部审计活动在哪些方面做得好（包括高于内部审计准则要求的良好实务事项），在哪些领域有差距，通常不要求对已符合评估标准的事项进行详细记录；

2）"评估意见和建议"栏主要用来记录对各评估发现作出的专业判断，如形成的评估意见、提出的改进建议等；

3）"得分"栏主要用于对每一评估要点在0~3的区间内进行量化打分，以便最终根据汇总值得出总体评估结论（"内部评估"评估要点则根据具体情形判断得分与否）；

4）应填列完整评估工作底稿的其他内容，如接受评估单位名称、评估时间范围、评估人员姓名及评估日期、复核人员姓名及复核日期等。

（七）内部审计质量评估标准

1. 内部审计质量评估标准体系

内部审计质量评估标准是质量评估的核心内容，我们在这里以内部审计准则为基础设计了涵盖内部审计管理和实施全过程的标准体系。该标准体系将评估内容分为两大类别，一是内部审计环境类，主要对照内部审计准则中内部审计管理方面的要求，对组织的内部审计环境和管理情况进行评估；二是内部审计业务类，主要对照内部审计准则中内部审计实施方面的要求，对组织的内部审计方法和流程进行评估。通过对两大类别分别细化，最终形成了包含19个评估要素、34个评估要点的内部审计质量评估标准体系（见表10-10）。该体系将内部审计准则与内部审计工作联系起来，通过逐项梳理内部审计活动各关键环节的质量要求，为处于不同组织中的内部审计机构评价自身工作提供了一个统一的衡量尺度。

表10-10　内部审计质量评估标准体系

评估类别	评估要素	评估要点及标准分值
内部审计环境	1. 内部审计的独立性与客观性	独立性（3分）
		客观性（3分）
	2. 内部审计机构与治理层或最高管理层的关系	工作关系（3分）
	3. 内部审计机构的管理	内部审计章程（3分）
		部门管理（3分）
		年度审计计划（3分）
		项目管理（3分）
	4. 内部审计质量控制	机构质量控制（3分）
		项目质量控制（3分）
		外部评估（3分）

评估类别	评估要素	评估要点及标准分值
内部审计环境	5. 内部审计督导	内部评估（1 分）
		内部审计督导方法与内容（3 分）
		内部审计督导执行效果（3 分）
	6. 人际关系	人际关系管理（3 分）
	7. 结果沟通	审计结果沟通（3 分）
	8. 后续教育	后续教育的管理（3 分）
	9. 内部审计与外部审计的协调	内、外部审计协调机制及效果（3 分）
	10. 评价外部审计（外部专家）工作质量	内部审计外包的质量控制（3 分）
	11. 内部审计人员职业道德规范	内部审计人员的履职表现（3 分）
内部审计业务	1. 审计计划	年度审计计划执行情况（3 分）
		项目审计计划与审计工作方案（3 分）
	2. 审计通知书	审计通知书的规范性（3 分）
	3. 重要性与审计风险	重要性（3 分）
		审计风险（3 分）
	4. 主要审计工具与技术	审计抽样的应用（3 分）
		分析性复核的应用（3 分）
		计算机辅助审计技术的应用（3 分）
	5. 审计证据	审计证据的基本要求（3 分）
		审计证据的管理（3 分）
	6. 审计工作底稿	审计工作底稿的基本要求（3 分）
		审计工作底稿的复核与管理（3 分）
	7. 审计报告	审计报告的编制要求（3 分）
		审计报告的主要内容与管理（3 分）
	8. 后续内部审计	后续内部审计的管理（3 分）

评估标准体系的各要点总分为 100 分，除"内部评估"的标准分值被设定为 1 分外，其他评估要点的标准分值均被设定为 3 分；需要说明的是，如果接受评估单位已参照外部评估的程序全面开展了详细的内部评估，所评估要点可得 1 分，否则，不得分。

2. 依据评估标准作出评估结论

在评估实践中，每位评估组成员按照分工对评估要点逐项打出分数，然后汇总得出接受评估单位的总分，再根据总分所处区间得出相应的评估结论：总分在 80～100 分的属于"总体遵循"；总分在 61～79 分的属于"部分遵循"；总分低于 60 分的属于"未遵循"。

（1）三种评估结论。

1）总体遵循。表明接受评估单位的审计组织架构、审计管理、审计技术方法和审计流程与内部审计准则要求总体一致，内部审计活动符合本组织实际并得到有效执行，且无明显瑕疵，已实现了审计目标，但仍有改进空间。值得关注的是，总体遵循并不是要求完全遵循内部审计准则，或达到理想状态、"最佳实务"等，存在改进空间并不代表内部审计机构没有有效执行内部审计准则或没有达到既定目标。

2）部分遵循。表明接受评估单位在审计组织架构、审计管理、审计技术方法或审计流程等方面存在违反或偏离内部审计准则要求的情形或者被认为不能有效执行。内部审计活动有明显瑕疵，但尚未妨碍审计目标的实现。"有明显瑕疵"通常意味着在有效执行内部审计准则方面还有很大的改进空间，有些不足或缺陷甚至可能已经超过了内部审计机构所能控制的范围，需要内部审计人员向治理层（审计委员会）和高级管理层提出建议。

3）未遵循。表明接受评估单位在审计组织架构、审计管理、审计技术方法或审计流程等方面与内部审计准则的要求差距较大，内部审计活动有明显缺陷，影响内部审计机构充分开展其职责范围内所有或重要领域的工作，严重妨碍审计目标的实现。这些缺陷是内部审计改进和提高的机会，也包括治理层（审计委员会）和高级管理层需要采取的措施。

需要注意的是：通过对内部审计准则遵循情况评估，要重点考虑存在的改进空间，帮助内部审计机构发现潜能，提高审计工作的有效性，为组织增加价值。

（2）量化打分。对各评估要点的量化打分是评估工作的重点和难点，它可直接影响对接受评估单位的评估结论，对此需要综合考虑影响每个评估要点的各方面因素，以作出客观的专业判断。具体操作时可参照下列说明（见表 10-11）：

表 10-11　各评估要点量化打分表

得　　分	评估要点状况
2～3 分	该评估要点对应的组织架构、审计管理、审计技术、审计方法或审计流程的设计健全、合理，总体遵循内部审计准则和相关监管制度要求，符合本组织管理实际，并得到有效执行，相关内部审计活动无明显瑕疵，实现了审计目标，但仍有优化空间
1～2 分	该评估要点对应的组织架构、审计管理、审计技术、审计方法或审计流程的设计部分遵循内部审计准则和相关监管制度要求，基本符合组织管理实际，但仍存在违反中国内部审计准则和监管制度要求或不符合本组织实际的情况，导致政策、方法和程序不能有效执行，相关内部审计活动存在明显瑕疵，不能完全满足审计目标需要，有待较大幅度改进
0～1 分	该评估要点对应的组织架构、审计管理、审计技术、审计方法或审计流程的设计未遵循内部审计准则和相关监管制度要求，不符合组织管理实际，相关内部审计活动有明显瑕疵，这些瑕疵对审计目标实现造成重大影响，以致不能实现审计目标

现就如何量化打分并形成内部审计质量评估工作底稿，举例说明如下：

对"内部审计环境"类的"内部审计督导"要素中"内部审计督导执行效果"这一评估要点进行评估时，首先要依据评估要点的提示，结合接受评估单位质量控制的相关规定，有针对性地进行访谈，核实内部审计机构负责人和审计项目负责人的督导重点，然后结合对"内部审计业务"类的"审计工作底稿""审计证据"等要素的评估结果，由评估组采用观察、审阅、验证等方法评价督导流程的执行过程和效果，包括审计工作底稿是否实行分级复核、各级督导工作是否采取书面形式记录，即督导者是否以书面的形式记录其督导流程，包括阅读审计计划与审计方案、复核审计工作底稿，考察审计证据，确认审计报告及与被审计单位交流等各个环节后的疑问和要求，要求被督导人员及时修订和完善其工作环节并记录于审计工作底稿等。在此基础上，综合评价"内部审计督导"在管理和执行效果方面是否有瑕疵，并根据上述"各评估要点量化打分表"的要求打分，如果上述"内部审计督导"在管理和执行效果上无明显瑕疵，则评分为 2～3 分，如果有明显瑕疵，则评分为 1～2 分，如果基本未执行，则评分则为 0～1分（见表 10-12）。

表 10-12　内部审计督导执行效果

接受评估单位：　　　　　评估时间范围：
评估人/日期：　　　　　复核人/日期：　　　　索引号：D1-5-2

评估要点		评估记录	评估意见及建议	得分（0～3分）
内部审计督导执行效果	（1）运用调查、访谈等评估工具核实部门负责人和项目负责人督导重点； （2）结合对"内部审计业务"类"审计工作底稿""审计证据"等评估要素的评估结果，由评估人员采用观察、审阅、验证等方法评价督导流程的执行过程和效果； （3）重点关注工作底稿是否实行分级复核、各级督导工作是否采取书面形式记录，即督导者是否以书面的形式记录其督导流程，包括阅读审计计划与审计方案、复核审计工作底稿，考察审计证据，确认审计报告及与被审计单位交流等各个环节后的疑问和要求，要求被督导人员及时修订和完善其工作环节并记录于工作底稿中等。 （4）综合评价"内部审计督导"在执行效果是否有瑕疵	（1）访谈中了解到各层级负责人在审计过程中采取召开审计业务会议方式对审计方案的落实情况进行检查，但没有形成书面记录。 （2）详细审阅工作底稿时也没有看到正式的分级复核记录。 （3）适当增加对相关项目负责人的调查、访谈，了解、验证督导过程的实际执行情况，发现对个别项目可在负责人的审计日志中找到督导复核记录，但并不完整	（1）从最终的审计结果来看，审计部实施了督导程序，但工作底稿中未留下正式书面记录，"内部审计督导"在执行效果上存在瑕疵。这种做法不利于分清责任，控制风险。 （2）建议通过培训进一步明确督导者的职责，树立审计风险意识，并结合自身有关质量控制的管理制度，有针对性地采取措施加大督导流程的执行力度	2.7

　　如果某一项评估要点存在不适用的情况，则可在现场评估阶段先对该项按不得分处理，然后在汇总评估结论的过程中再根据总体情况予以考虑，原则上，在不影响评估结论的情况下，可以不对该项要点的分值做重新分配，否则，就要考虑对该项要点的分值做重新分配，并将这一调整事项在评估工作底稿中专项说明。

法律依据

制　度

　　第四条　组织应当建立内部审计质量评估制度，定期开展内部审计质量评估工作。

（八）《内部审计质量评估手册》

　　中国内部审计协会制定的《内部审计质量评估手册》是开展质量评估的技术指南，对评估程序、评估方法和评估要求提供了具体指引。

（九）内部审计质量评估流程

　　内部审计质量评估流程通常分为前期准备、现场实施和出具报告三个阶段。其中，前期准备阶段包含组建评估组、编制评估方案；现场实施阶段包含召开进点会、现场评估、汇总评估结果、召开出点会；出具报告阶段包括在现场评估结束后的一定时间内出具质量评估报告。在实践中，评估流程会因具体情况不同而略有差别。

1. 组建评估组

不论采用何种方式开展质量评估，评估实施主体确定后的首要任务都是组建评估组，这是开展质量评估的初始环节和基础环节，关系到质量评估结果的客观性与专业性，因此，评估组成员不能与接受评估单位存在任何实质上或形式上的利益冲突。组建评估组包括选定评估组组长、确定组内其他成员两项工作。

（1）确定评估组组长。评估组组长是质量评估工作的核心成员，负责评估工作的组织、协调、监督和指导。无论是内部评估还是外部评估，对于评估组组长的选择都不仅要考虑其业务胜任能力和经验，还要考察其在项目组织方面的整体掌控能力、协调能力和沟通能力。因此，评估组组长除了具备一般评估人员应有的素质，还应具有大型企事业单位内部审计负责人、社会审计组织负责人或类似的工作经历。

（2）选择评估组成员。评估人员应当具备较高的职业素质，通常需具备以下条件：

1）具有良好的审计职业道德，从业经历无不良记录；

2）具有国际注册内部审计师等执业资格或高级审计师、高级会计师等专业技术职称；

3）从事内部审计或外部审计工作 6 年以上，或担任过内部审计机构负责人，或从事审计相关咨询工作 6 年以上；

4）深入理解中国内部审计准则，熟悉和了解审计流程与方法；

5）参加过中国内部审计协会的内部审计质量评估培训。

除此之外，评估组应保证其成员中至少有 1 人熟悉接受评估单位所在行业或领域的相关知识或具有相关从业经验，也可利用其他领域的专家，例如企业风险管理、IT 审计、统计抽样或控制自我评估方面的专家，参与评估工作的特定环节，以协助评估组开展工作。

2. 制订评估方案

评估方案是评估人员在整个质量评估过程中要依据的重要文件。评估组应在了解和熟悉接受评估单位基本情况的基础上，按照评估标准和评估流程制订评估方案。一般情况下，评估方案可以在前期准备阶段编制完成，在现场实施过程中，执行人员可以根据实际情况对之进行调整。制订评估方案的实施要点如下：

（1）准备工作。评估组应围绕质量评估目标，充分做好制订评估方案前的准备工作。首先，应将质量评估需准备的资料清单提交给接受评估单位，以便其及时收集整理相关资料，同时，初步与接受评估单位沟通评估工作的基本事项，如评估的时间安排、评估的一般性流程、拟参与本次评估的评估组成员是否与接受评估单位存在利益冲突等。这一阶段还可以有针对性地发放调查问卷，以帮助评估组获得有关内部审计活动的相关信息。

（2）制订评估方案。在详细了解接受评估单位的经营管理环境、组织架构、业务运行机制、风险管理与内部控制状况以及内部评估情况，尤其是治理层、高级管理层的工作期望和特定工作要求的基础上，评估组可结合评估目标制订评估方案，对具体评估范围、时间及资源需求等内容作出详细安排，并重点考虑现场评估阶段调查问卷的发放范围和访谈时间安排。评估方案的内容主要包括评估目的、接受评估单位的基本状况、评估依据、评估标准、评估程序、评估范围及方法、评估组成员构成及分工、评估时间安排以及评估重点等。

（3）明确评估职责。评估方案编制完成后，应当以内部培训或讨论的形式使评估组成员进一步了解接受评估单位的基本情况，明确本次评估的目标、基本内容、评估方法及步骤，并按照评估方案的进度要求和任务分工，明确评估组成员的职责。

3. 召开进点会

进点会是与接受评估单位的管理层、内部审计机构负责人和其他利益相关方建立正式联系的第一次正式会议。成功的进点会是双方良好合作的开端。评估组应根据评估方案的安排，与接受评估单位确定召开进点会的具体时间和内容。召开进点会的实施要点如下：

（1）初步熟悉评估环境。评估双方应相互介绍参加会议人员，熟悉评估领域的情况，询问限制条件，对评估组不宜实地了解的区域或特殊情况，应协商做好安排。

（2）评估组组长介绍评估方案。向接受评估单位介绍此次评估工作实施的整体情况，如评估目标、评估依据、评估标准、评估程序，说明评估方法、评估范围，提示特别注意事项等。

（3）接受评估单位介绍内部评估情况。接受评估单位就以前开展过的内部评估情况，包括评估人员构成、评估所花费的时间、评估范围、评估中发现的问题及整改情况逐一介绍。

（4）作出保密承诺。除了说明对评估过程中知悉的接受评估单位商业秘密予以保密，更要强调评估组将对问卷调查和访谈所获得的具体内容予以保密，但其汇总结果可被运用到评估报告中。

（5）落实后勤保障。就现场评估中评估组有关办公、后勤保障等事项与接受评估单位协商落实，并要求其指定一名协调人或成立工作组具体配合，以便评估工作顺利实施。

4. 现场评估

现场评估的重点在于发现和验证。对于内部审计环境类的评估，通常采用问卷调查、访谈等评估技术获得信息和线索，并通过核对审计管理文件、审计工作报告、会议记录等相关资料予以印证；对于内部审计业务类的评估则通过抽取具有代表性的审计业务工作档案等资料，检查其程序执行是否到位、归档是否完整等。现场评估的实施要点如下：

（1）编制评估工作底稿。现场评估过程中需要编制评估工作底稿，对内部审计活动在遵循内部审计准则中做得好的方面和存在的差距加以记录，同时要反映出有关改进内部审计工作有效性的意见或建议。需注意的是，不要求对接受评估单位已符合评估标准要求的每项做法予以记录。评估工作底稿应当内容完整、记录清晰、结论明确，客观。

（2）运用问卷调查和访谈技术。问卷调查是一种客观收集接受评估单位各利益相关方对内部审计质量的观点、意见和建议的评估方法。问卷调查的使用方式较为灵活，可以在现场评估时使用，也可以作为评估前的调查工具。

访谈是现场评估阶段的一项重要工作，主要是根据评估需要有选择地进行面对面的交流，深入了解接受评估单位的各方面人员对于内部审计工作的认识和理解，深化和拓展前期调查的有关结果，同时获取更详细的信息。通过访谈，可以促进评估人员与访谈对象相互熟悉和理解，使访谈对象对质量评估的目的有更充分的认识，从而认真对待，帮助形成客观的评估结果。选定访谈对象后，应当提前联系并落实访谈时间，以便相关人员做好准备。为了能在短暂的访谈时间内获得更多有价值的信息，评估人员应在访谈前针对不同的访谈对象拟定不同的访谈提纲、选择适宜的访谈场所，以保证访谈的顺利进行，并取得预期的效果。

需要注意的是，问卷调查和访谈收集的信息和线索均需要加以证实。其重点是了解情况，收集评估线索，评估人员应认真分析和整理访谈和问卷调查反馈的内容，计划并实施严谨的验证程序，确保相关信息的可信度。

（3）调阅资料。

1）评估组进驻接受评估单位后，可根据评估关注点确定调阅内部审计章程（或同样性质的内部审计管理制度等资料）、审计工作手册等制度文件，查阅审计计划、审计工作底稿、审计报告等相关资料，同时可以根据评估发现情况延伸调阅审计工作底稿对应的原始凭证、会计账证、报表、会议记录和其他相关资料。

2）评估组应就接受评估单位所开展的每个审计业务类型，至少选取一个较近期的审计项目档案用于测试。对于已开展审计项目质量管理的组织，现场评估时可以参考日常审计监督和跟踪的结果。

3）评估组可以要求接受评估单位指定专人负责评估组调阅、退还资料事宜，具体办理资料的调、退手续。评估组调阅资料完毕后，应及时归还接受评估单位。通常，评估组不需复印所调阅的资料。

5. 汇总评估结果

汇总评估结果是评估组组长召集评估组成员对现场评估阶段的情况逐一进行分析、确认和汇总，主要目的是确定针对各评估要点的评估意见和建议是否准确、所打分值是否合理，同时汇总得出评估结论，为出点会做充分准备。汇总评估结果时应注意：

（1）确认评估程序和评估方法的恰当性。其目的是验证产生评估结论过程的正确性。重点是核实是否按照规定的评估程序和步骤实施评估，是否采用了合理适用的评估技术方法，以避免因为评估程序和技术方法使用不当而导致作出错误评估结论的风险。

（2）确认评估证据的准确性。其重点是核实支持评估意见和建议的评估工作底稿、相关资料以及接受评估单位的反馈意见等是否真实、充分、可靠，据以确认评估意见和建议是否客观、合理。

（3）确认评估发现的问题与评估目标的相关性。核对评估目标、评估设定的时间和业务范围，以确认评估问题符合本次评估目标，并具有相关性。

6. 召开出点会

现场评估结束后，评估组应召集接受评估单位管理层、内部审计机构负责人和其他利益相关方人员召开出点会，就评估发现的需关注事项、相关意见和建议等交换意见，确定事实是否清楚，证据是否恰当，评估结论是否客观等。

评估组组长应控制出点会的时间及会议的合作气氛，在沟通信息、达成共识的基础上，明确内部审计工作的改进方向。召集出点会的实施要点为：

（1）介绍评估实施情况。介绍评估工作的整体开展情况，重申评估目的、评估依据、评估范围和评估方法，对接受评估单位的支持与合作致谢。

（2）提出评估意见和建议。向接受评估单位提出评估意见和建议及主要的评估发现，肯定接受评估单位内部审计管理的成效及特点，提出发现的需关注事项，与接受评估单位交换意见。

（3）明确后续工作。与接受评估单位就出具质量评估报告、后续跟踪事项进行沟通，以保持整个评估过程的完整，确保质量评估对组织内部审计工作切实产生促进作用。

7. 出具质量评估报告

质量评估报告是在综合评估的基础上，对接受评估单位遵循内部审计准则的情况、审计管理的健全性和规范性、审计业务的效果和效率等方面发表评估意见，并提出改进建议。质量评估报告应采用规范的格式。通常应在现场实施结束后的10个工作日内将质量评估报告草稿提交给接受评估单位征求意见，在其书面反馈后的10个工作日内出具正式报告。

法律依据

程 序

第十二条 内部审计质量评估的程序包括前期准备、现场实施和出具评估报告三个阶段。评估可以运用问卷调查、访谈、现场查阅文档等方法。

（十）结论、结果

内部审计质量评估的结论分为合格与不合格两类。对评估合格的组织还应进行评级，由高至低依次分为 AAA 级、AA 级和 A 级。

外部评估结果由中国内部审计协会统一公布。对经中国内部审计协会核准的机构实施的外部评估的结果，应报送中国内部审计协会备案。

内部审计质量评估结果可以作为考核被评估组织内部审计工作质量和作出相关决策的依据。

（十一）内部审计质量评估报告

内部审计质量评估报告反映了评估工作的最终成果，应采用规范的报告格式。通常，内部审计质量评估报告应包括：

（1）标题，应明确体现出所采用的评估形式，包括内部审计质量外部评估报告、内部审计质量外部独立审定报告、内部审计质量内部评估报告三种。

（2）目录，是对报告正文的索引提示，应便于阅读和关注重要事项。

（3）评估概要段，应介绍委托方、评估时间和评估目的等。

（4）评估依据及范围，应介绍本次评估的依据、评估覆盖的期间和业务类型等。

（5）评估方法，应介绍评估程序和使用的评估工具等。

（6）评估结论，应高度总结和概括，语言力求简练、规范，应首先表明评估结论，然后列示各评估要点的评估结果，使得评估报告的阅读者对各评估要点的遵循情况一目了然。另外，可以根据实际情况，加上"良好实务"的内容，以体现接受评估单位在遵循内部审计准则的基础上较为突出的做法或经验。

（7）需关注的事项及改进建议，应反映接受评估单位存在的不足之处及相应的改进建议，这一部分可分为两方面阐述，一方面是管理层需关注的事项及建议，另一方面是内部审计机构需关注的事项及建议。如果管理层或内部审计机构对该项内容已反馈了意见，就要将其意见也包括在内。

（8）评估组组长签字、评估机构盖章、评估报告日期（通常为评估机构批准评估报告的时间）。

下面以 ABC 公司为例介绍内部审计质量外部评估报告：

文案范本

ABC 公司内部审计质量外部评估报告

×××评字（201×）第×××号

ABC 公司：

受 ABC 公司委托，本评估组于××××年××月××日至××××年××月××日对 ABC 公司的内部审计质量进行了外部评估。目的是通过评估 ABC 公司内部审计工作遵循《中国内部审计准则》及《内部审计人员职业道德规范》（简称内部审计准则）的情况，从内部审计的管理和实施两方面，客观评价其审计组织架构的健全性、审计管理的规范性、审计技术和方法的适用性以及审计流程的标准化等，发现改进空间，提出改进建议，以提高内部审计工作效率和效果，为组织增加价值。

一、评估依据及范围

本次评估是依据《中国内部审计质量评估办法（试行）》和《中国内部审计质量评估手册》（简称《评估手册》）进行的，其范围覆盖了××××年××月至××××年××月内部审计的各种业务类型，本评估组还现场查阅了 ABC 公司截至××××年××月的内部审计制度和程序。ABC 公司提供的相关资料为作出本次评估结论提供了合理的基础。

二、评估方法

依据《评估手册》对质量评估程序的要求，在前期准备阶段，评估组对接受评估单位进行了初步调查，收集了相关的背景信息，并在此基础上设计出调查问卷、确定了访谈人员与内容。在现场评估阶段，评估组获取了与公司内部审计环境相关的资料和证据，并根据业务类型选取样本，按照评估要点针对每个样本进行打分，完成评估工作底稿，汇总分析，综合评价，形成评估结论，并征求接受评估单位反馈意见，出具评估报告。

三、评估结论

按照《评估手册》的评估标准，评估组逐一对内部审计环境和内部审计业务两大类别、19 个评估要素、34 个评估要点进行了量化评分，在此基础上，得出 ABC 公司遵循程度的评估结论如下，具体遵循情况见"评估结果汇总表"（见表 10-13）。（注：此处评估结论三选一。）

（1）ABC 公司总体遵循内部审计准则，审计组织架构、审计管理、审计技术方法和审计流程与内部审计准则要求总体一致，内部审计活动符合本组织实际并得到有效执行，且无明显瑕疵，实现了审计目标，但仍有改进空间。

（2）ABC 公司部分遵循内部审计准则，审计组织架构、审计管理、审计技术方法或审计流程等方面存在违反或偏离内部审计准则要求的情形或者被认为不能有效执行。内部审计活动有明显瑕疵，但尚未妨碍审计目标的实现。

（3）ABC 公司未遵循内部审计准则，审计组织架构、审计管理、审计技术方法或审计流程等方面与内部审计准则的要求差距较大，内部审计活动有明显缺陷，影响内部审计机构充分开展其职责范围内所有或重要领域的工作，严重妨碍审计目标的实现。

表 10-13　评估结果汇总表

评估类别	评估要素	评估要点	得分（0~3 分）
内部审计环境	1. 内部审计的独立性与客观性	独立性	
		客观性	
	2. 内部审计机构与治理层或最高管理层的关系	工作关系	
	3. 内部审计机构的管理	内部审计章程	
		部门管理	
		年度审计计划	
		项目管理	

续表

评估类别	评估要素	评估要点	得分(0~3分)
内部审计环境	4. 内部审计质量控制	机构质量控制	
		项目质量控制	
		外部评估	
		内部评估	
	5. 内部审计督导	内部审计督导方法与内容	
		内部审计督导执行效果	
	6. 人际关系	人际关系管理	
	7. 结果沟通	审计结果沟通	
	8. 后续教育	后续教育	
	9. 内部审计与外部审计的协调	内外部审计协调机制及效果	
	10. 评价外部审计（外部专家）工作质量	内部审计外包的质量控制	
	11. 内部审计人员职业道德规范	内部审计人员的履职表现	
内部审计业务	审计计划	年度审计计划执行情况	
内部审计业务	1. 审计计划	项目审计计划与审计工作方案	
	2. 审计通知书	审计通知书的规范性	
	3. 重要性与审计风险	重要性	
		审计风险	
	4. 主要审计工具与技术	审计抽样的应用	
		分析性复核的应用	
		计算机辅助审计技术的应用	
	5. 审计证据	审计证据的基本要求	
		审计证据的管理	
	6. 审计工作底稿	审计工作底稿的基本要求	
		审计工作底稿的复核与管理	
	7. 审计报告	审计报告的编制要求	
		审计报告的主要内容与管理	
	8. 后续内部审计	后续内部审计的管理	
总分			

　　通过评估，我们认为 ABC 公司内部审计活动在以下方面提供了良好实务范例，具体包括：

管理层方面：

内部审计工作方面：

四、需关注事项及改进建议

　　我们注意到 ABC 公司的内部审计工作仍存在一些有待改进和完善的地方，这需要引起 ABC 公司管理层和内部审计机构关注。

　　（一）公司管理层需关注的事项

　　审计独立性与客观性方面：

内部审计章程及制度方面：

内部审计人员与资源配置方面：

……

针对以上情况，评估组建议：

管理层的反馈意见：

（二）内部审计机构需关注的事项

审计技术方法方面：

审计流程标准化方面：

内部审计人员胜任能力方面：

……

针对以上情况，评估组建议：

内部审计机构的反馈意见：

感谢 ABC 公司审计委员会、高级管理层、运营管理层、内部审计机构的每一位成员以及其他员工代表和外部审计师给予本次评估工作的配合和支持。

评估组组长：（姓名）×××（签字）

评估组组员：（姓名）×××（签字）

（姓名）×××（签字）

××××××评估机构（盖章）

××××年××月××日

🔑 法律依据

《内部审计质量评估办法》

为进一步推动内部审计质量评估工作的开展，现发布《内部审计质量评估办法》，办法自 2014 年 9 月 1 日起施行。中国内部审计协会于 2012 年 4 月 6 日发布的《内部审计质量评估办法（试行）》同时废止。

中国内部审计协会

2014 年 8 月 14 日

内部审计质量评估办法

第一条 为规范内部审计质量评估工作，提高内部审计工作质量，推动内部审计的职业化发展，根据《第 1101 号 内部审计基本准则》，制定本办法。

第二条 本办法所称内部审计质量评估，是指由具备职业胜任能力的人员，以内部审计准则、内部审计人员职业道德规范为标准，同时参考风险管理、内部控制等方面的法律法规，对组织的内部审计工作进行独立检查和客观评价的活动。

第三条 内部审计质量评估的目标是帮助组织改善内部审计环境，提升内部审计水平，防范内部审计风险，增强内部审计的有效性，促进内部审计的规范化和制度化建设。

第四条 组织应当建立内部审计质量评估制度，定期开展内部审计质量评估工作。

第五条 中国内部审计协会负责指导和管理全国内部审计质量评估工作。

第六条 内部审计质量评估包括内部评估和外部评估两种形式，由组织根据情况选择实施。

第七条　内部评估由组织内部的人员按照外部质量评估的要求实施，可以由内部审计、人力资源、内部控制、风险管理等部门的人员参与。

第八条　外部评估由中国内部审计协会或者其核准的机构实施。

第九条　选择实施外部评估的组织，应当向中国内部审计协会或者其核准的机构提出书面申请，由双方协商评估范围、评估时间、评估人员、评估费用等事宜。

第十条　参与外部评估的人员应当具备良好的审计职业道德和一定的审计工作经历，具有被评估组织所在行业、领域的相关知识或者经验，接受过中国内部审计协会组织的内部审计质量评估培训，具备从事评估工作的专业胜任能力。

第十一条　内部审计质量评估的内容主要包括以下方面：

1. 内部审计准则和内部审计人员职业道德规范的遵循情况；
2. 内部审计组织结构及运行机制的合理性、健全性；
3. 内部审计人员配置及专业胜任能力；
4. 内部审计业务开展及项目管理的规范程度；
5. 各利益相关方对内部审计的认可程度和满意程度；
6. 内部审计增加组织价值、改善组织运营的情况。

第十二条　内部审计质量评估的程序包括前期准备、现场实施和出具评估报告三个阶段。评估可以运用问卷调查、访谈、现场查阅文档等方法。

第十三条　内部审计质量评估的结论分为合格与不合格两类。对评估合格的组织还应进行评级，由高至低依次分为 AAA 级、AA 级和 A 级。

第十四条　外部评估结果由中国内部审计协会统一公布。经中国内部审计协会核准的机构实施的外部评估的结果，应报送中国内部审计协会备案。

第十五条　内部审计质量评估结果可以作为考核被评估组织内部审计工作质量和作出相关决策的依据。

第十六条　中国内部审计协会制定的《内部审计质量评估手册》是开展质量评估的技术指南，对评估程序、评估方法和评估要求提供具体指引。

第十七条　本办法由中国内部审计协会负责解释。

第十八条　本办法自 2014 年 9 月 1 日起施行。

法律依据

第 2307 号　内部审计具体准则——评价外部审计工作质量

第一章　总　则

第一条　为规范内部审计机构对外部审计工作质量的评价工作，有效利用外部审计成果，提高内部审计效率和效果，根据《内部审计基本准则》，制定本准则。

第二条　本准则所称评价外部审计工作质量，是指由内部审计机构对外部审计工作过程及结果的质量所进行的评价活动。

第三条　本准则适用于各类组织的内部审计机构。

第二章　一般原则

第四条　内部审计机构应当根据适当的标准对外部审计工作质量进行客观评价，合理利用外部审计成果。

第五条　评价外部审计工作质量，可以按照评价准备、评价实施和评价报告三个阶段进行。

第六条 内部审计机构应当挑选具有足够专业胜任能力的人员对外部审计工作质量进行评价。

第三章 评价准备

第七条 在评价外部审计工作质量之前，内部审计机构应当考虑下列因素：

（一）评价活动的必要性；

（二）评价活动的可行性；

（三）评价活动预期结果的有效性。

第八条 在决定对外部审计工作质量进行评价后，内部审计机构应当编制适当的评价方案。评价方案应当包括下列主要内容：

（一）评价目的；

（二）评价的主要内容与步骤；

（三）评价的依据；

（四）评价工作的主要方法；

（五）评价工作的时间安排；

（六）评价人员的分工。

第九条 内部审计机构应当取得反映外部审计工作质量的审计报告及其他相关资料。

第十条 内部审计机构应当详细了解外部审计所采用的审计依据、实施的审计过程及其在审计过程中与组织之间进行协调的情况。

第十一条 如有必要，内部审计机构可以与外部审计机构就评价事项进行适当的沟通。

第四章 评价实施

第十二条 内部审计机构在评价外部审计工作质量时，应当重点关注下列内容：

（一）外部审计机构和人员的独立性与客观性；

（二）外部审计人员的专业胜任能力；

（三）外部审计人员的职业谨慎性；

（四）外部审计机构的信誉；

（五）外部审计所采用审计程序及方法的适当性；

（六）外部审计所采用审计依据的有效性；

（七）外部审计所获取审计证据的相关性、可靠性和充分性。

第十三条 内部审计机构在评价外部审计工作质量时，应当充分考虑其与内部审计活动的差异。

第十四条 内部审计机构在评价外部审计工作质量时，可以采用审核、观察、询问等常用方法，以及用以与有关方面进行沟通、协调的其他方法。

第十五条 内部审计机构应当将评价工作过程及结果记录于审计工作底稿中。

第五章 评价报告

第十六条 内部审计机构作出外部审计工作质量评价结论之前，应当征求组织内部有关部门和人员的意见。必要时，内部审计人员也可以就评价结论与被评价的外部审计机构进行沟通。

第十七条 内部审计机构完成外部审计工作质量评价之后，应当编制评价报告。评价报告一般包括下列要素：

（一）评价报告的名称；

（二）被评价外部审计机构的名称；

（三）评价目的；

（四）评价的主要内容及方法；

（五）评价结果；

（六）评价报告编制人员及编制时间。

第六章　附　　则

第十八条　本准则由中国内部审计协会发布并负责解释。

第十九条　本准则自 2014 年 1 月 1 日起施行。

第 11 章 ▶▶

内部审计信息

第一节　内部审计信息综合知识

内部审计信息是内部审计人员所看到、听到和感觉到的与内部审计工作休戚相关的各种事物，以及所得到的各种内部审计情报、知识和资料等。

内部审计情报是内部审计信息的主要内容，它是内部审计人员的主观行为与客观事物紧密相结合，通过各传递手段达到应用的目的的一种"信息"。

内部审计知识也是内部审计信息的重要内容，它作为内部审计人员对内部审计工作的理性认识，成为其必不可少的"信息"。

审计资料是已经储存起来的各种内部审计信息的集合体。

一、内部审计信息的分类

内部审计信息的分类如表 11-1 所示。

表 11-1　内部审计信息的分类

内部审计信息的分类	按内部审计工作程序	内部审计决策信息	内部审计决策信息是内部审计机构负责人用于制订内部审计工作规划或计划的信息，如政策信息、社会信息、技术信息、经济信息等，具有时间性强的特点
		内部审计分析信息	内部审计分析信息是内部审计机构负责人以及其他内部审计人员用于分析内部审计事物的信息，可分为直观信息和再生信息
		内部控制信息	内部审计控制信息是指用于控制和预防某种不良经济现象以达到内部监督目的的信息
		内部审计反馈信息	内部审计反馈信息是用于传递、储存的信息，如内部审计报告、内部审计处理决定、内部审计工作底稿等。将内部审计报告反馈给上级、同级审计机关或主管部门，可以起到推进宏观调控加强的作用；将内部审计处理决定反馈给被审计单位，可以起到促进加强内部控制制度，提高经济效益的作用
	按内部审计信息来源	内来审计信息	内来审计信息产生于内部，指自身制订的计划、规则、审计职业道德规范、程序、方案、方法、技巧等
		外来审计信息	外来审计信息，指来源于与内部审计工作相关的部门、单位的信息，如国家政策、方针，宏观经济发展计划，部门经济状况，单位经营状况，国外经济、政治动态等

续表

内部审计信息的分类	按内部审计工作内容	财务审计信息	财务审计信息是从事财务审计工作的有关资料的集合体，如被审计单位情况、审计工作底稿、内部审计报告、审计决定等
		经济效益审计信息	经济效益审计信息是从事效益审计工作所需要的有关知识、资料，如被审计单位组织机构、管理体制及方式、生产经营能力、工艺水平、设备利用程度、计划落实情况、产品质量、市场销售情况等
	按内部审计工作的时间性	事前内部审计信息	事前内部审计信息是用来进行内部审计决策的信息
		事中内部审计信息	事中内部审计信息是用来进行内部审计分析和内部审计控制的信息
		事后内部审计信息	事后内部审计信息是用来进行内部审计反馈的信息

二、内部审计人员进行内部审计信息处理的原则

内部审计人员在内部审计信息收集、处理中应遵守真实性、及时性、系统性和全面性等原则（见表 11-2）。

表 11-2　内部审计人员进行内部审计信息处理的原则

内部审计人员进行内部审计信息处理的原则	内部审计信息的真实性	内部审计信息要客观反映内部审计事物的本质特征和变化规律，不能凭自己主观意志对内部审计信息进行人为的加工，使内部审计信息失真。对外来的内部审计信息不真实问题，要有鉴别能力，使其成为内部审计证据，如失真的会计凭证、会计账册和财务报表
	内部审计信息的及时性	许多内部审计信息具有瞬息万变的特点，如进行某设备引进项目的可行性审计，如不及时掌握该设备同类报价、外汇风险、技术水平、运输方式、海关关税、方案选择等信息，则有可能产生错误的内部审计信息，造成巨大的损失浪费
	内部审计信息的系统性	内部审计信息不是静态的东西，而是动态的东西，只有把内部审计信息置于收集、分析、传递、运用、储存的全过程进行系统观察，才能正确进行内部审计信息处理工作
	内部审计信息的全面性	内部审计工作实质是内部审计信息流的处理。在处理过程中，抓主要信息是必要的，但以偏概全的方式是不可取的。审计时，不仅要有直接内部审计信息，还要有间接内部审计信息；不仅要抓主要内部审计信息，还要抓次要内部审计信息。在特殊情况下，次要内部审计信息有可能转化为主要内部审计信息

第二节　内部审计信息处理程序

内部审计信息处理分为内部审计信息收集、分析、传递、运用和储存五个阶段。

一、内部审计信息收集阶段

收集是整个内部审计信息处理工作的首要环节。收集的方式有以下两种：

（一）有意识收集

如某审计小组要审计一项目，要针对该项目的特点、要求，有选择地收集与此相关的审计项目信息。

（二）无意识收集

无意识收集即在日常审计工作中，对整个内部审计工作有用的信息都加以收集，以备常用。

前者是针对性收集，而后者则是广泛性收集。在收集审计信息中，应充分运用听、看、说、摸、嗅、照相、复制等方法，在信息海洋中找寻所需要的内部审计信息。同时，要运用内部审计系统或社会上其他部门的信息成果，实行信息共享，以提高收集信息效率和减少不必要的浪费。

二、内部审计信息分析阶段

分析是了解事物现象及其本质特征的最好办法。在内部审计信息分析阶段，除了掌握如表 11-3 所述四个方面的内容，还要注意内部审计信息的准确性和重点性。

表 11-3　内部审计信息分析阶段的内容

内部审计信息分析阶段的内容	有用内部审计信息与无用内部审计信息的辨别	并非所有收集来的内部审计信息都是有用的。无用的内部审计信息包括虚假内部审计信息、过时内部审计信息、真实但不适用于某一个内部审计对象的信息等。过时内部审计信息尽管用不上，但作为历史资料储存起来也未尝不可。真实但不适用于某一个内部审计对象的信息是隐性有用信息，尽管它对某一个内部审计项目不适用，但对另一个内部审计事项可能适用，应对之加以储存。 辨别有用与无用的内部审计信息一靠基本知识、生活常识与工作经验来判断，二靠跟踪追击信息来源是否确切，三靠调查当事人的资信程度是否可靠，四靠同类信息对比分析
	内部审计信息的分类分析	分类选择信息可分为以下几步：第一步，把内部审计信息分为相关类与不相关类，这是粗选；第二步，把相关类信息又分为重要信息与不重要信息，这是精选；第三步，把重要信息又分为直接信息与间接信息，这是综合选
	对内部审计信息的查证	对于有问题或有疑点的内部审计信息，如认为其自身价值较大，则有必要把它弄个水落石出。对内部审计信息的查证要多问几个为什么，诸如：是谁需要这个（些）内部审计信息?这个（些）内部审计信息能起什么作用?这个（些）内部审计信息来源于何处?这个（些）内部审计信息产生于何时?导致这个（些）内部审计信息存在疑点的主要因素是什么
	对内部审计信息的定性分析与定量分析	对原则性的内部审计信息进行分析可用定性分析方法，对具体的内部审计信息进行分析可用定量分析方法，但相互交叉综合应用，效果会更好

三、内部审计信息传递阶段

传递是内部审计信息处理最重要的环节，涉及审计信息的有效利用。内部审计信息传递要求准确、快速。传递也是反馈的一种方式。

内部审计信息传递方式分时间传递和空间传递。时间传递方式有写字、打字、印刷、照相、唱片、磁带、激光、微缩等手段；空间传递方式有电话、传真、邮政等手段。信息传递的方式有：①邮路传递；②电话传递；③新闻传递；④固定文牍传递（如内部审计简报、内部审计文件、内部审计报表、内部审计情况反映等）；⑤谈话、座谈方式传递。

在内部审计信息传递过程中，应充分考虑信息传递的成本费用。

四、内部审计信息运用阶段

内部审计信息运用是在分析基础上进行的，可以说，运用阶段也是再分析与利用阶段。内部审计信息运用的标准是内部审计信息最优化，即按全面、系统、准确、可靠、灵敏、保密、高效的要求加工内部审计信息，以达到内部审计信息最佳利用的目的。内部审计信息运用分为内部审计系统内利用与内部审计系统外利用两个方面。系统内利用又分为纵向利用和横向利用，即条、块利用。系统外利用又分为经济管理部门利用、监督部门利用和新闻部门利用等。运用中，需要注意对某些内部审计信息做好保密工作。

五、内部审计信息储存阶段

这是内部审计信息处理过程的最后一环，不管是收集的内部审计信息，还是运用过的或者总结出来的内部审计信息，对绝大多数都要用各种方式保存起来。储存的目的在于再利用。具体的储存手段可因地制宜，因人制宜，多样化。如档案形式储存，书架形式储存，书库形式储存，计算机形式储存，录音、录像形式储存，微缩形式储存，记忆形式储存，笔记形式储存，卡片形式储存，剪贴形式储存，袋装形式储存等。

📝 小知识　　　　　　　信息系统审计

信息系统审计，是指内部审计机构和内部审计人员对组织的信息系统及其相关的信息技术内部控制和流程所进行的审查与评价活动。

1. 一般原则

信息系统审计的目的是通过实施信息系统审计工作，对组织是否实现信息技术管理目标进行审查和评价，并基于评价意见提出管理建议，协助组织信息技术管理人员有效地履行职责。

组织的信息技术管理目标主要包括：①保证组织的信息技术战略充分反映组织的战略目标；②提高组织所依赖的信息系统的可靠性、稳定性、安全性及数据处理的完整性和准确性；③提高信息系统运行的效果与效率，合理保证信息系统的运行符合法律法规以及相关监管要求。

组织中信息技术管理人员的责任是进行信息系统的开发、运行和维护，以及与信息技术相关的内部控制的设计、执行和监控；信息系统审计人员的责任是实施信息系统审计工作并出具审计报告。

从事信息系统审计的内部审计人员应当具备必要的信息技术及信息系统审计专业知识、技能和经验。必要时，可以利用外部专家实施信息系统审计。

信息系统审计可以被作为独立的审计项目组织实施，也可以被作为综合性内部审计项目的组成部分实施。当信息系统审计被作为综合性内部审计项目的一部分时，信息系统审计人员应当及时与其他相关内部审计人员沟通在信息系统审计中的发现，并考虑依据审计结果调整其他相关审计的范围、时间及性质。

内部审计人员应当采用以风险为基础的审计方法进行信息系统审计，风险评估应当贯穿于信息系统审计的全过程。

2. 信息系统审计计划

内部审计人员在实施信息系统审计前，需要确定审计目标并初步评估审计风险，估算完成信息系统审计或者专项审计所需的资源，确定重点审计领域及审计活动的优先次序，明确审计组成员的职责，编制信息系统审计方案。

编制信息系统审计方案时，除遵循相关内部审计具体准则的规定，还应当考虑下列因素：①高度依赖信息技术、信息系统的关键业务流程及相关的组织战略目标；②信息技术管理的组织架构；③信息系统框架和信息系统的长期发展规划及近期发展计划；④信息系统及其支持的业务流程的变更情况；⑤信息系统的复杂程度；

⑥以前年度信息系统内、外部审计所发现的问题及后续内部审计情况；⑦其他影响信息系统审计的因素。

当信息系统审计被作为综合性内部审计项目的一部分时，内部审计人员在审计计划阶段还应当考虑项目审计目标及要求。

3. 信息技术风险评估

内部审计人员进行信息系统审计时，应当识别组织所面临的与信息技术相关的内、外部风险，并采用适当的风险评估技术与方法，分析和评价其发生的可能性及影响程度，为确定审计目标、范围和方法提供依据。

信息技术风险是指组织在信息处理和信息技术运用过程中产生的、可能影响组织目标实现的各种不确定因素。信息技术风险，包括组织层面的信息技术风险、一般性控制层面的信息技术风险及业务流程层面的信息技术风险等。

内部审计人员在识别和评估组织层面、一般性控制层面的信息技术风险时，需要关注下列内容：①业务关注度，即组织的信息技术战略与组织整体发展战略规划的契合度以及信息技术（包括硬件及软件环境）对业务和用户需求的支持度；②信息资产的重要性；③对信息技术的依赖程度；④对信息技术部门人员的依赖程度；⑤对外部信息技术服务的依赖程度；⑥信息系统及其运行环境的安全性、可靠性；⑦信息技术变更；⑧法律规范环境；⑨其他。

业务流程层面的信息技术风险会因受行业背景、业务流程的复杂程度、上述组织层面及一般性控制层面的控制有效性等因素的影响而存在差异。一般而言，内部审计人员应当了解业务流程，并关注下列信息技术风险：①数据输入；②数据处理；③数据输出。

内部审计人员应当充分考虑风险评估的结果，以合理确定信息系统审计的内容及范围，并对组织的信息技术内部控制设计合理性和运行有效性进行测试。

4. 信息系统审计的内容

信息系统审计主要是指对组织层面信息技术控制、信息技术一般性控制及业务流程层面相关应用控制的审查和评价。

信息技术内部控制的各个层面均包括人工控制、自动控制和人工、自动相结合的控制形式，内部审计人员应当根据不同的控制形式采取恰当的审计程序。

组织层面信息技术控制，是指董事会或者最高管理层对信息技术治理职能及内部控制的重要性的态度、认识和措施。内部审计人员应当考虑下列控制要素中与信息技术相关的内容：

（1）控制环境。内部审计人员应当关注组织的信息技术战略规划对业务战略规划的契合度、信息技术治理制度体系的建设、信息技术部门的组织结构和关系、信息技术治理相关职权与责任的分配、信息技术人力资源管理、对用户的信息技术教育和培训等方面。

（2）风险评估。内部审计人员应当关注组织的风险评估的总体架构中信息技术风险管理的框架、流程和执行情况，信息资产的分类以及信息资产所有者的职责等方面。

（3）信息与沟通。内部审计人员应当关注组织的信息系统架构及其对财务、业务流程的支持度、董事会或者最高管理层的信息沟通模式、信息技术政策/信息安全制度的传达与沟通等方面。

（4）内部监督。内部审计人员应当关注组织的监控管理报告系统、监控反馈、跟踪处理程序以及组织对信息技术内部控制的自我评估机制等方面。

信息技术一般性控制是指与网络、操作系统、数据库、应用系统及其相关人员有关的信息技术政策和措施，以确保信息系统持续稳定的运行，支持应用控制的有效性。对信息技术一般性控制的审计应当考虑下列控制活动：

（1）信息安全管理。内部审计人员应当关注组织的信息安全管理政策，物理访问及针对网络、操作系统、数据库、应用系统的身份认证和逻辑访问管理机制，系统设置的职责分离控制等。

（2）系统变更管理。内部审计人员应当关注组织的应用系统及相关系统基础架构的变更、参数设置变更的授权与审批，变更测试，变更移植到生产环境的流程控制等。

（3）系统开发和采购管理。内部审计人员应当关注组织的应用系统及相关系统基础架构的开发和采购的授权审批，系统开发的方法论，开发环境、测试环境、生产环境严格分离情况，系统的测试、审核、移植到生产环境等环节。

（4）系统运行管理。内部审计人员应当关注组织的信息技术资产管理、系统容量管理、系统物理环境控制、系统和数据备份及恢复管理、问题管理和系统的日常运行管理等。

业务流程层面应用控制是指在业务流程层面为了合理保证应用系统准确、完整、及时完成业务数据的生成、记录、处理、报告等功能而设计、执行的信息技术控制。对业务流程层面应用控制的审计应当考虑下列与数据输入、数据处理以及数据输出环节相关的控制活动：①授权与批准；②系统配置控制；③异常情况报告和差错报告；④接口/转换控制；⑤一致性核对；⑥职责分离；⑦系统访问权限；⑧系统计算；⑨其他。

对信息系统审计除上述常规的审计内容外，内部审计人员还可以根据组织当前面临的特殊风险或者需求，设计专项审计以满足审计战略，具体包括（但不限于）下列领域：①信息系统开发实施项目的专项审计；②信息系统安全专项审计；③信息技术投资专项审计；④业务连续性计划的专项审计；⑤外包条件下的专项审计；⑥法律、法规、行业规范要求的内部控制合规性专项审计；⑦其他专项审计。

5. 信息系统审计的方法

内部审计人员在进行信息系统审计时，可以单独或者综合运用下列审计方法获取相关、可靠和充分的审计证据，以评估信息系统内部控制的设计合理性和运行有效性：①询问相关控制人员；②观察特定控制的运用；③审阅文件和报告及计算机文档或者日志；④根据信息系统的特性进行穿行测试，追踪交易在信息系统中的处理过程；⑤验证系统控制和计算逻辑；⑥登录信息系统进行系统查询；⑦利用计算机辅助内部审计工具和技术；⑧利用其他专业机构的审计结果或者组织对信息技术内部控制的自我评估结果；⑨其他。

信息系统审计人员可以根据实际需要利用计算机辅助内部审计工具和技术进行数据的验证、关键系统控制/计算的逻辑验证、审计样本选取等；内部审计人员在充分考虑安全的前提下，可以利用可靠的信息安全侦测工具进行渗透性测试等。

内部审计人员在对信息系统内部控制进行评估时，应当获得相关、可靠和充分的审计证据以支持审计结论完成审计目标，并应当充分考虑系统自动控制的控制效果的一致性及可靠性的特点，在选取审计样本时根据情况适当减少样本量。在系统未发生变更的情况下，可以考虑适当降低审计频率。

内部审计人员在审计过程中应当在风险评估的基础上，依据信息系统内部控制评估的结果重新评估审计风险，并根据剩余风险设计进一步的审计程序。

第 12 章 ▶▶

内部审计档案工作

为了规范审计档案工作，提高审计档案质量，发挥审计档案作用，根据《中华人民共和国档案法》和《内部审计基本准则》，中国内部审计协会制定了《第 2308 号内部审计具体准则——审计档案工作》（本章简称本准则），准则自 2016 年 3 月 1 日起施行。

第一节 综合知识

一、相关概念

审计档案，是指内部审计机构和内部审计人员在审计项目实施过程中形成的、具有保存价值的历史记录。审计档案工作，是指内部审计机构对应纳入审计档案的材料（以下简称审计档案材料）进行收集、整理、立卷、移交、保管和利用的活动。通过研究审计档案，可以对过去的审计工作加以总结，还可以为未来的审计工作提供帮助和指导。

二、内部审计档案管理的作用

（一）提供证据

审计工作是依据国家法规进行的，具有很强的权威性，内部审计报告中的结论和意见都有充分的事实作为依据。因此，内部审计人员应非常注重审计证据。由于审计档案的积累和形成是随着审计工作的开展而进行的，当审计工作完成时，就会形成比较全面、系统的档案材料。对一些重要的证据材料要长期保存，因为一旦涉及法律诉讼或进行复审，其中一部分，甚至是与一个审计项目有关的全部档案材料就有可能被调用。

（二）改进审计工作质量

审计档案中详细记录了内部审计人员进行审计的全过程，包括他们制订的计划、选择的审计重点、收集和分析的证据、各种判断和结论等。通过研究审计档案，有可能发现审计工作中的质量问题，找出在审计工作中组织协调和技术方法应用等方面存在的不足。而及时发现这些不足之处，可以有助于进一步改善审计工作。因此，定期或不定期地对审计档案进行检查，也是人们对审计工作质量进行控制的一种方法。

（三）促进成果的交流

审计档案中保存着审计业务实践的丰富素材，如果将这些素材进行必要的加工，就有可能形成各种审计案例。而审计案例被广泛地应用于科研、教学和宣传等方面，促进了审计工作的制度化和规范化，也促进了审计成果在更为广泛的领域内的应用。

三、适用范围

本准则适用于各类组织的内部审计机构、内部审计人员及其从事的内部审计活动。其他单位或人员接受委托、聘用后，承办或者参与内部审计项目，应将形成的审计档案材料交回组织，并遵守本准则。

四、内部审计档案的分类

（一）永久文件

永久文件是需要长期保存并能被连续使用和在每一次审计中都能发挥作用的背景性文件。这类文件中存储着与被审计单位有关的重要资料和历次审计的结果。其内容主要包括：

（1）被审计单位的组织结构；

（2）被审计单位主要负责人名单；

（3）财务部门人员名单；

（4）内部控制系统流程图；

（5）被审计单位涉及重大财务问题会议的记录；

（6）涉及被审计单位的重大政策、法规变化的文件或报告；

（7）与审计结论有关的重要的财经制度；

（8）历次的内部审计报告、处理意见和被审计单位意见；

（9）其他监督组织进行检查、监督结果的副本。

有一些部门将与内部控制系统有关的文件作为单独的一大类，所形成的系统文件与永久文件和当期文件构成三个平行的部分。在一般情况下，系统文件都是永久文件的一个组成部分。

由于永久文件需要被长期使用，因此应该定期对永久文件的内容加以更新，使文件中所包含的信息不致因实际情况的变化而失去效能。通常的做法是，在审计项目开始前和结束时对永久文件由专人进行两次更新，以保持永久文件的可用性。

永久性文件不仅能够供内部审计部门使用，还可以供外部审计单位使用。因为永久文件中包含了外部审计人员感兴趣的多数背景资料，外部审计人员应用这些文件能够避免外部审计工作在范围和内容等方面与内部审计重复，从而提高了工作效率。

（二）当期文件

当期文件是在审计执行过程中积累起来的与当期审计项目有直接关系的文件。当期文件主要是由各类工作底稿组成的。当期文件的归集原则是，让阅读者能够根据文件了解审计的过程和结论的性质，而不需要再做其他口头解释。当期文件中的工作底稿应该清楚、完整和简洁，便于阅读者确定审计工作的目的、性质、范围和审计结论。

当期文件按照一定的逻辑顺序被排列，通常被按照审计程序的阶段划分为计划、实施、报告、后续等阶段。一些大型审计项目的当期文件也可以被按照几个互不相连的部分来划分，如审计项目计划为一部分，按领域划分的工作底稿为一部分，与被审计单位的讨论和意见交流为一部分，其他与审计项目整体有关的记录、文件为一部分。

在当期文件中，审计实施阶段的工作底稿是最为重要的一部分，因为它是内部审计报告中结论的基础，其中包含着重要的审计证据。每一份工作底稿中都应该包括一些最为基本的内容。当这些内容对一系列的工作底稿都适用时，可只在第一份工作底稿中对之加以记录。工作底稿中的基本内容包括：

（1）工作底稿的名称；

（2）所要审计的对象或功能名称；

（3）所审查资料的时间范围；

（4）拟定人/审阅人；

（5）拟定时间/审阅时间；

（6）所使用的缩略语、符号、标志的说明；

（7）工作底稿编号、参照号、序号。

还有一些内容对于理解工作底稿中的某些内容也是必要的，有时也被要求包括在工作底稿之中，例如：

（1）资料来源；

（2）拟定工作底稿的主要目的；

（3）内部审计人员审查的范围、审查依据和其他要求；

（4）内部审计人员所依据的审计标准；

（5）对资料进行分析后所做的判断。

当审计工作结束时，在当期文件中应该显示出充分的证据，表明在审计过程中所提出的全部问题都已得到妥善的解决，所有的工作底稿都已经得到审阅。当审计工作结束，还有一些遗留问题时，在当期文件中也应该明确地说明这些问题的性质，预期解决的时间和负责人，并将这些遗留问题列出清单，放在卷首明显位置。

五、一般原则

内部审计人员在审计项目实施结束后，应当及时收集审计档案材料，按照立卷原则和方法进行归类整理、编目装订、组合成卷和定期归档。内部审计人员立卷时，应当遵循按性质分类、按单元排列、按项目组卷的原则。内部审计人员应当坚持谁审计、谁立卷的原则，做到审结卷成、定期归档。内部审计人员应当按审计项目立卷，不得将不同审计项目合并立卷。对跨年度的审计项目，在审计终结的年度立卷。

审计档案质量的基本要求是：审计档案材料应当真实、完整、有效、规范，遵循档案材料的形成规律和特点，档案材料之间保持有机联系，重要程度区别清楚，便于保管和利用。

内部审计机构应当建立审计档案工作管理制度，明确规定审计档案管理人员的要求和责任。内部审计项目负责人应当对审计档案的质量负主要责任。

小知识　　　　　　　　　信息技术手段的利用

单位可以利用计算机、网络通信等信息技术手段管理审计档案。

利用计算机、网络通信技术管理审计档案，简而言之，就是将分布在不同地理位置上的具有独立功能的多台计算机或终端及其附属设备，用通信设备和通信线路连接起来，并配以相应的档案管理软件，以实现档案资源的共享。计算机、网络通信等技术在审计档案管理中的应用已从最初的检索、编目、统计等几个环节向多元化管理方向发展。在计算机、网络通信等技术条件下，审计档案管理工作不再单单局限于在传统模式下通过实体档案来实现对档案工作的技术性管理，而是前移至文件的形成阶段，逐步实现对审计档案全生命周期的管理。

利用计算机和网络通信等技术管理审计档案，应把握好以下几点：

第一，实现档案管理自动化。

计算机具有高效的信息处理能力，能够以极快的速度输入、存储和输出信息，并进行逻辑推理及判断。通过计算机对审计档案信息资源进行分类、提取、分析加工后，可以大大提升审计档案资源管理的效能。如审计档案编目工作在传统模式下由审计人员手工处理，工作量较大，而在利用信息技术条件下，可以由计算机程序自动完成，大大缩短了处理时间，节约了人工成本。

第二，实现档案信息数字化。

通过数据挖掘和整理，建立审计档案数据库，实现审计档案数字化管理，促进审计信息资源的共享。在此基础上，单位可以运用自动分词技术、纯文件级数据检索、二维码检索、云检索等技术增强对电子审计档案的检索功能，提高档案利用的效率，降低纸质档案磨损、遗失的风险，实现审计档案由静态管理向动态管理的跨越。

第三，实现审计档案全生命周期电子化管理。

应用电子档案管理系统，特别是在系统中引入传输加密技术和异地备份技术后，单位应利用网络监控技术对计算机接口进行有效控制，根据涉密级别的不同，设置不同权限，通过用户认证机制区别不同使用者，同时加强对网络非法入侵的抵御能力。运用这些安全技术措施，能够保证审计档案在安全可靠的前提下得到充分利用。

第四，档案存储方式多样化。

电子审计信息通过接口传输到档案终端，可以非结构化、半结构化及结构化等多种数据格式进行存储。存储可使用只读光盘、一次写光盘、磁带、可擦写光盘、硬磁盘等多种介质。但是，需要指出的是，利用计算机、网络通信等信息技术手段管理审计档案存在易遭破坏、难留痕迹等问题，还会受到载体质量、存放环境等因素的影响，因此，如何保障电子审计档案的真实、完整和安全变得极为重要。

第二节　操作实务

一、审计档案的范围与排列

内部审计人员应当及时收集在审计项目实施过程中直接形成的文件材料以及与审计项目有关的其他审计档案材料。

内部审计人员应当根据审计档案材料的保存价值和相互之间的关联度，以审计报告相关内容的需要为标准，整理鉴别和选用需要立卷的审计档案材料，并将之归集形成审计档案。审计档案材料主要包括以下几类：

（1）立项类材料。包括审计委托书、审计通知书、审前调查记录、项目审计方案等。

（2）证明类材料。包括审计承诺书、审计工作底稿及相应的审计取证单、审计证据等。

（3）结论类材料。包括审计报告、审计报告征求意见单、被审计对象的反馈意见等。

（4）备查类材料。包括审计项目回访单、被审计对象整改反馈意见、与审计项目联系紧密且不属于前三类的其他材料等。

对审计档案材料应当按下列四个单元排列：

（1）结论类材料。按逆审计程序、结合其重要程度予以排列。

（2）证明类材料。按与项目审计方案所列审计事项对应的顺序、结合其重要程度予以排列。

（3）立项类材料。按形成的时间顺序、结合其重要程度予以排列。

（4）备查类材料。按形成的时间顺序、结合其重要程度予以排列。

在审计档案内应对每组材料按下列要求进行排列：

（1）正件在前，附件在后；

（2）定稿在前，修改稿在后；

（3）批复在前，请示在后；

（4）批示在前，报告在后；

（5）重要文件在前，次要文件在后；

（6）汇总性文件在前，原始性文件在后。

二、纸质审计档案的编目、装订与移交

纸质审计档案主要包括下列要素：

（1）案卷封面；

（2）卷内材料目录；

（3）卷内材料；

（4）案卷备考表。

对案卷封面应当采用硬卷皮封装。对卷内材料目录应当按卷内材料的排列顺序和内容编制。对卷内材料应当逐页注明顺序编号。案卷备考表应当填写立卷人、项目负责人、检查人、立卷时间以及情况说明。

纸质审计档案的装订应当符合下列要求：

（1）拆除卷内材料上的金属物；

（2）无破损和褪色的材料，如材料有破损和褪色，应当予以修补或复制；

（3）如卷内材料装订部分过窄或有文字，用纸加宽装订；

（4）当卷内材料字迹难以辨认，应附抄件加以说明；

（5）装订卷内材料一般不应超过 200 页。

内部审计人员（立卷人）应当将获取的电子证据的名称、来源、内容、时间等完整、清晰地记录于纸质材料中，并将证物装入卷内或物品袋内附卷保存。

内部审计人员（立卷人）完成归类整理，经项目负责人审核、档案管理人员检查后，按规定进行编目和归档，向组织内部档案管理部门（简称档案管理部门）办理移交手续。

三、电子审计档案的建立、移交与接收

内部审计机构可以在条件允许的情况下，为审计项目建立电子审计档案。并确保电子审计档案的真实、完整、可用和安全。

对电子审计档案应当采用符合国家标准的文件存储格式，确保其能够长期被有效读取。电子审计档案主要包括以下内容：

（1）用文字处理技术形成的文字型电子文件；

（2）用扫描仪、数码相机等设备获得的图像电子文件；

（3）用视频或多媒体设备获得的多媒体电子文件；

（4）用音频设备获得的声音电子文件；

（5）其他电子文件。

内部审计机构在审计项目完成后，应当以审计项目为单位，按照归档要求，向档案管理部门办理电子审计档案的移交手续，并符合以下基本要求：

（1）应将元数据与电子审计档案一起移交，一般采用基于 XML 的封装方式组织档案数据；

（2）当电子审计档案的文件有相应纸质、缩微制品等载体时，应当在元数据中著录相关信息；

（3）对采用技术手段加密的电子审计档案，应当在对之解密后移交，对压缩的电子审计档案，应当在对之解压缩后移交；对特殊格式的电子审计档案，应当将之与其读取平台一起移交；

（4）内部审计机构应当将已移交的电子审计档案在本部门至少保存 5 年，对其中的涉密信息的存储必须符合保密要求。

移交电子审计档案的主要流程包括：组织和迁移转换电子审计档案数据、检验电子审计档

案数据和移交电子审计档案数据等步骤。

对电子审计档案的移交可采用离线或在线方式进行。离线方式是指内部审计机构一般采用光盘移交电子审计档案；在线方式是指内部审计机构通过与管理要求相适应的网络传输电子审计档案。

档案管理部门可以建立电子审计档案接收平台，进行电子审计档案数据的接收、检验、迁移、转换、存储等工作。

对电子审计档案检验合格后双方办理交接手续，签字确认；也可采用电子形式并以电子签名方式予以确认。

小知识　　　　　　　单位内部形成的电子审计档案

各单位应首先全面梳理和细化本单位属于归档范围的审计资料，再依照相关标准进行衡量。

1. 对电子审计资料产生与传递过程的要求

一是电子审计资料的来源要真实有效，二是电子审计资料产生与传递的全过程不能脱离计算机等电子设备，不能有人为干预从而导致审计信息不可靠的中间环节。

对于单位内部形成的电子原始凭证，需要在信息系统中内嵌符合单位授权审批管理制度的审批流程中完成了有效的审批程序，方可被视为符合条件。如通过办公自动化系统审批生效的电子文件等。如果内部电子原始凭证在形成过程中经过可靠验证，无须审批程序也可将之视为符合条件。

对于单位接收的外部电子原始凭证，可由本单位的信息系统与外部机构（如银行、税务部门）信息系统进行对接互联，利用接口传输方式获取电子审计资料，也可使用其他电子设备传输方式，如电子邮件获取电子审计资料，无论哪种方式，只有确保传输过程安全可靠，方可被视为符合条件。需要特别注意的是：第一，将纸质审计资料扫描为电子影像件或其他电子文件类型的，不能仅以电子文件归档，仍须保留纸质审计资料，电子文件仅可作为数字副本归档保存。第二，如电子审计资料的生成方、发送方来源不可靠或不具有权威性，不得仅以电子文件归档。

2. 对电子档案管理系统的要求

国内外实践表明，由于技术升级进步，电子审计档案可能因其原生成系统的升级换代而造成无法被升级后的系统兼容和读取；或者，由于单位信息系统升级改造，需要更换审计软件或硬件设备，而新的软件或硬件设备也不一定兼容电子审计档案原生成系统和原存储介质。因此，电子审计档案应脱离原生成系统进行归档保存。需要注意的是：第一，系统升级后不再兼容原生成系统的，对原生成系统也应进行归档保存；涉及硬件设备更新换代可能无法继续读取以前生成的电子审计档案的，还应将硬件设备进行保存。第二，因系统运行维护需要而对原生成系统进行的备份，无论是在线的还是离线的，都不是真正意义上的归档保存。

电子档案管理系统是对电子审计档案进行采集、归档、编目、管理和处置的信息系统，审计档案电子化要求单位建设与管理要求相适应的档案管理系统。电子档案管理系统功能要求可参照《电子文件管理系统通用功能要求》（GB/T29194）。概括而言，电子档案管理系统应具备以下功能：①系统配置管理功能，包括分类方案管理、档号规则管理、保管期限表管理、元数据方案管理、门类定义等。②电子档案管理功能，包括电子档案及其元数据的采集、登记、分类、编目、命名、存储、利用、统计、鉴定、销毁、移交、备份、报表管理等。③电子档案安全管理功能，包括身份认证、权限管理、跟踪审计、生成固化信息等。本功能对于保证电子档案的真实、可靠具有重要作用。④系统管理功能，包括系统参数管理、系统用户和资源管理、系统功能配置、操作权限分配、事件曝光等。⑤各门类纸质档案管理功能，包括对电子档案盒纸质档案同步编目、排序、编制档号等。⑥纸质档案数字化以及纸质档案数字副本管理功能。

接收电子文件归档的电子档案管理系统接口应具备以下功能：

①向业务系统发送归档数据包存储位置信息；②接收业务系统传递来的数据包；③对归档数据包进行正确解析，并将解析后的电子文件及其元数据存储在指定位置；④向业务系统发送电子文件归档成功或失败消息；⑤在归档数据包接收、解析和数据存储过程中，信息不丢失、不被非法更改。

审计档案的数量达到一定程度，可检索性就成为与安全性、真实性同等重要的一个问题。尽管储存方式不同，电子审计档案和纸质审计档案是内在有机联系的整体。建立电子审计档案与其相关联的其他纸质审计档案的检索关系，是指在电子档案管理系统中调阅电子审计档案可以准确定位对应纸质审计资料的归档存放位置，反之，查阅纸质审计档案时也可以利用关键信息查找电子审计档案的内容，其目的是保证审计档案的线索性和相互关联性。

3. 建立电子审计档案的防篡改机制

电子审计档案不可被篡改。档案的本质属性是原始记录性，传统的纸质审计档案具有信息与载体完整不可分割的特点，并且修改后通常会留下痕迹。由于电子审计档案可以在不同载体之间转换存储，而且在此过程中容易被篡改且难以被发现，因此，采用信息安全技术手段来保证它的真实性和完整性显得尤为重要。各单位应采用技术和管理相结合的方式，保证电子文件在收集、移交、检测、整理和电子档案保管、利用、迁移、移交等过程中操作的不可抵赖性、数据存储的完整性、用户身份的真实性，并妥善管理在运行过程中使用的密码、密钥等认证数据，以保证电子文件和电子档案信息不被非法更改。具体而言，建立电子审计档案的防篡改机制主要包括以下几方面：

（1）制定相应的风险控制策略，防止审计系统、电子档案管理系统在运行和业务处理过程中发生有意或无意的危害信息完整性和真实性的变化，并具备有效的业务容量、业务连续性计划和应急计划。

（2）电子文件收集过程保证防篡改。采用在线归档时，应保证电子档案管理系统衔接的审计系统的可靠性；采用离线或手工归档时，应通过多人监督等方式保证归档移交过程中归档电子文件不被非法更改。

（3）利用电子档案管理系统保证电子文件在鉴定、整理、移交过程中不被篡改。电子档案管理系统必须符合一定的真实性保证功能需求，具体包括：①能够确保电子档案保存完整且不被修改，对电子档案进行的任何非常规的改动均能被记录在相关的元数据中；能维持系统中电子档案及其元数据的技术、结构和关系的完整性。②能够进行访问控制，即能够根据用户角色，限定对某些系统功能的使用权限，并严格系统地进行监管控制；③建立安全控制机制，仅允许经授权的档案管理员设定用户参数文件，并分配用户组成员；限定特定的用户或用户组访问电子档案及其元数据、修改单份文件的密级、更改用户组或用户的安全属性（如访问权限、安全级别、优先权、初始密码的分配和管理）；④划定安全级别，仅允许经授权的档案管理员对用户的参数文件属性进行设定，根据用户的安全许可控制用户访问电子档案管理系统的权限，以及用户可以使用的系统功能、访问的元数据和文件或案卷；⑤能够执行安全控制，例如，任何一份电子档案的安全等级一旦出现下调，系统必须能够及时发出警示，并在完成该操作前等待确认；⑥能够对电子档案过程元数据进行有效管理，例如，对电子档案实施的管理操作能生成不可更改的元数据，记录操作的类型、具体操作的内容、执行操作的日期和时间等；⑦能够追踪电子档案的移动，系统具有追踪功能以监控和记录有关电子档案的位置及其移动的信息。

（4）对于需手工管理的电子档案，通过多人监督、特征比对等方式确保电子档案在整理、移交、鉴定、保管、利用等过程中不被非法修改；采用存储环境管理等方式确保离线存储的电子档案不被非法更改。

（5）采用实时连续监控、信息确认技术等措施确保离线备份和离线传递的电子档案不被非法更改。

（6）保证电子档案管理系统运行维护过程中电子档案真实、不被非法更改；应制定有效的运行维护管理制度，保证对系统的任何维护更改都必须经过审批；对电子档案管理系统施行的任何维护性更改都应事先在测试环境中进行测试并确保不会对电子档案及其元数据施加影响，方可被允许在正式的电子档案管理系统中实施更新。电子档案管理系统应按照《档案信息系统运行维护规范》（DA/T56）进行运行维护。

（7）单位应采取有效措施保证电子档案管理系统中的职责分离：①电子档案管理系统开发人员与系统用户相分离；电子档案管理系统用户、系统管理员、日志审核员等相分离；②电子档案管理流程和管理制度的设计应确保本企业任何单个雇员都无法独立完成一条记录的操作；③对电子档案管理系统进行测试，确保职责分离的实现。

4. 建立电子审计档案备份制度

单位须建立电子审计档案的备份制度，这是保证审计资料安全的基本要求。相对于纸质资料，电子资料存在更多的灭失风险因素，易受高温、潮湿、电磁、剧烈震动等影响而失效。在审计资料打印输出的情况下，纸质资料与电子资料实际形成相互备份关系，而一旦不打印，则对于电子资料的备份要求就相应增强。电子档案管理系统应当依照《档案信息系统运行维护规范》（DA/T56）进行备份，具体做法如下：对各项操作均应进行日志记录，内容包括操作人、操作时间和操作内容等详细信息。运行维护人员应定期对操作日志、安全日志进行审查，对异常事件及时跟进解决。运行维护实施小组应负责针对每个子系统，依据数据变动的频繁程度以及业务数据重要性制订备份计划，经过运行维护领导小组批准后组织实施。备份数据应包括系统软件和数据、业务数据、操作日志。运行维护实施小组应按照备份计划，对档案信息系统进行定期备份，原则上对于系统实施每周一次的数据库级备份、每月一次的系统级备份。对所有备份的数据，应每月进行不少于一次的数据完整性校验。对于需实施系统升级等变更的系统，在变更实施前后均应进行数据备份，必要时还应进行系统级备份。

有条件的单位应对电子档案进行以单份文件（含元数据）为存储单元的离线存储，以进一步降低电子档案长期保存风险。离线存储时，应按《电子文件移交与接收办法》（档发〔2012〕7 号）和离线存储载体容量进行信息组织，不能用运维备份的文件组织方式来进行离线存储，更不能用系统备份文件代替离线存储文件。重要的电子档案应进行一式三套离线存储，载体应具有较好的耐久性，载体选择依次为一次写光盘、磁带、可擦写光盘、硬磁盘等。三套载体最好分开保存，有条件的单位应将一套载体置于距离 300 千米以上、不在同一流域的地点保存，或不同的建筑物内保管。离线存储载体按照《电子文件归档光盘技术要求和应用规范》（DA/T38）和《磁性载体档案管理与保护规范》（DA/T15）进行管理。对磁性载体上的电子档案每满 2 年、光盘每满 4 年进行一次抽样机读检验，且抽样率应不低于 10%，如发现问题应及时采取相应恢复措施。对磁性载体上的电子档案，应每 4 年转存一次，原载体同时保留时间应不少于 4 年。

需要指出的是，该项"有效防范自然灾害、意外事故和人为破坏的影响"，对单位提出的要求比较高。例如，要防止人为破坏，需要建立对审计资料存储设备的物理保护措施，防止无关人员对设备的接触。对于一般规模较小的企业，特别是小微企业而言，这些条件一般是达不到的。小微企业要实行审计资料的无纸化管理，可以选择采用大型审计软件厂商提供的审计软件云服务，以满足上述要求。

5. 必须以纸质形式保存的审计档案

保管期限为永久的审计资料必须以纸质形式归档保存，如年度财务审计报告、审计档案移交清册、审计档案保管清册、审计档案销毁清册、审计档案鉴定意见书等。经各单位自行鉴定认为具有重要保存价值的其他审计档案也应以纸面形式保存。

📋 **小知识**　　　　单位外部接收的电子审计资料形成审计档案

满足规定条件，单位从外部接收的电子审计资料附有符合《中华人民共和国电子签名法》规定的电子签名的，可仅以电子形式归档保存，形成电子审计档案。

单位对从外部接收的电子审计资料的管理除具备与内部形成的电子审计资料管理相同的条件以外，还需要具备符合《中华人民共和国电子签名法》（2015 年修正）（简称《电子签名法》）规定的电子签名。

在传统的交易过程中，为了保证交易安全，交易中的文件一般都要由当事人签字或者盖章，以便能够确认签名人的身份，并确保签字或者盖章的人认可文件的内容。当交易通过电子的形式进行时，传统的手写签字和盖章变得无法实现，就必须依靠技术手段予以替代。这种在电子文件中识别交易人身份，保证交易安全的电子技术手段，就是电子签名。《电子签名法》第二条规定："本法所称电子签名，是指数据电文中以电子形式所含、所附用于识别签名人身份并表明签名人认可其中内容的数据。"第十四条规定"可靠的电子签名与手写签名或者盖章具有同等的法律效力"。

信息化时代，电子签名在电子金融、电子政务和电子商务领域得到广泛应用。电子签名技术能确保经签名的电子数据一旦被篡改即能被发现，从而保证电子数据的真实性和完整性。《电子签名法》第十三条规定"电子签名同时符合下列条件的，视为可靠的电子签名：①电子签名制作数据用于电子签名时，属于电子签名人专有；②签署时电子签名制作数据仅由电子签名人控制；③签署后对电子签名的任何改动能够被发现；④签署后对数据电文内容和形式的任何改动能够被发现"。一项电子签名如果同时符合上述四项条件，就可以被视为可靠的电子签名。然而，《电子签名法》没有对达成上述法定条件的电子签名所需采取的技术作出统一规定。由于电子签名技术手段的多样性，当事人在从事电子商务或者其他活动中所约定采用的电子签名技术如能够满足当事人对于保障交易安全性的需求，同样具有法律效力。

目前，各国电子商务或者电子签名立法中确认的需要认证的电子签名一般指的是数字签名。数字签名，是指通过使用非对称密码加密系统对电子记录进行加密、解密变换来实现的一种电子签名，它在各国的电子商务实践中得到广泛应用。例如，当前银行普遍开展电子银行服务，客户通过互联网发出转账、付款等各项指令，就附有电子签名。其中，有的银行使用的是第三方认证，有的银行使用的是自己认证（未使用第三方认证）。对于电子银行业务来说，如果银行与客户之间就某笔业务存在争议，对于银行自己认证的情形，银行依据自己的认证结论为自己提供证据则显得公信力不足。而如果采用第三方认证，则银行和客户双方所得到的交易凭据数据的公信力都能得到保证。

《电子签名法》对于第三方认证问题在第十六条中进行了规定，指出"电子签名需要第三方认证的，由依法设立的电子认证服务提供者提供认证服务"。《电子认证服务管理办法》（工业和信息化部令第 1 号）第二十八条规定"电子签名认证证书应当准确载明下列内容：①签发电子签名认证证书的电子认证服务机构名称。②证书持有人名称。③证书序列号。④证书有效期。⑤证书持有人的电子签名验证数据。⑥电子认证服务机构的电子签名。⑦工业和信息化部规定的其他内容"。作为第三方的数字签名认证机构通过给从事交易活动的各方主体颁发数字证书、提供证书验证服务等手段来保证交易过程中各方主体电子签名的真实性和可靠性，能够进一步提高电子审计资料的公信力。

四、审计档案的保管和利用

审计档案应当归组织所有。一般情况下，审计档案由档案管理部门负责保管，档案管理部门应当安排对审计档案业务熟悉的人员对所接收的纸质和电子审计档案进行必要的检查。归档与纸质文件相同的电子文件时，应当在彼此之间建立准确、可靠的标识关系，并注明含义、保持一致。

内部审计机构和档案管理部门应当按照国家法律法规和组织内部管理规定，结合自身实际需要合理确定审计档案的保管期限。

对审计档案的密级和保密期限，应当根据审计工作保密事项范围和有关部门保密事项范围予以合理确定。

内部审计机构和档案管理部门应当定期开展保管期满审计档案的鉴定工作，对不具有保存价值的审计档案进行登记造册，经双方负责人签字，并报组织负责人批准后，予以销毁。

内部审计机构应当建立健全审计档案利用制度。借阅审计档案，一般被限定在内部审计机构内部。内部审计机构以外或组织以外的单位查阅或者要求出具审计档案证明的，必须经内部审计机构负责人或者组织的主管领导批准，国家有关部门依法进行查阅的除外。

损毁、丢失、涂改、伪造、出卖、转卖、擅自提供审计档案的，由组织依照有关规定追究相关人员的责任；对构成犯罪的，移送司法机关依法追究其刑事责任。

第 5 篇　内部审计实务指南

第 13 章 ▶▶▶

业务循环内部审计

第一节　企业的基本业务循环

在内部审计实务中，不同类型的企业，其业务循环的划分也有所不同。下面主要以制造业企业为例，介绍业务循环及其分类。通常，制造业企业业务的内部控制，可以进行如下分类（见表 13-1）。

表 13-1　制造业企业业务的内部控制的分类

制造业企业业务的内部控制的分类	销售与收款循环	本循环是企业生产的产品或提供的劳务实现销售并取得经济利益流入的过程。具体而言，本循环包括向顾客收受定购单，核准购货方的信用，装运商品，开具销货发票，记录收益和应收账款及记录现金收入等程序
	购货与付款循环	本循环是企业为保证持续生产经营而进行的材料等采购并支付货款的过程。具体而言，本循环包括购买存货、其他资产或劳务，发出订货单，检查所收货物和开具验收报告，记录应付销货款、核准付款、支付款项和记录现金支出等的程序
	生产循环	本循环是企业组织生产活动，完成由原材料转化为产成品的过程。具体而言，本循环包括领取各种原材料及其他物料用品、交付生产、分摊费用、计算生产成本、核算销售成本等程序；还包括雇用、辞退员工，制定工资标准，核计实际工时，计算应付工薪，计算个人所得税和其他代扣款项，记录工薪卡，发放工资等程序
	筹资与投资循环	本循环包括企业筹集资金和对外投资的活动。具体而言，本循环包括授权、核准、执行和记录有关银行贷款、融资租赁、应付公司债务和股本、短期投资与长期投资等业务项目

应该指出的是，如何划分业务循环，应视企业的业务性质和规模而定。例如，对于银行业，上述业务循环的划分方法显然就不适用，银行业根据自身的业务特点可以考虑按贷款与利息收入循环、存款与利息支出循环和投资与财务管理循环进行分类；又如，对于大型制造业企业而言，如果管理需要，还可以考虑将上述的销售与收款循环按照销货的程序和现金收入的程序细

化为两个循环进行管理。

按照各财务报表项目与业务循环的相关程度，建立起各业务循环与各业务循环所涉及的主要财务报表项目之间的对应关系，如表 13-2 所示。

表 13-2　业务循环与主要财务报表项目对照表

业务循环	资产负债表项目	利润表项目
销售与收款循环	应收票据、应收账款、坏账准备、预收账款、代销商品款、应交税费	主营业务收入、销售费用、税金及附加、其他业务利润（包括其他业务收入和其他业务成本）
购货与付款循环	预付账款、固定资产、累计折旧、在建工程、工程物资、固定资产清理、待处理固定资产净损失、应付票据、应付账款	
生产循环	存货（包括在途材料、原材料、包装物、材料成本差异、低值易耗品、库存商品、委托加工物资、委托代销商品、受托代销商品、分期收款发出商品、生产成本、制造费用）、存货跌价准备、待处理流动资产净损失、应付职工薪酬—工资、应付职工薪酬—福利费	主营业务成本、存货跌价损失
筹资与投资循环	交易性金融资产、应收股利、应收利息、其他应收款、长期股权投资、债权投资、其他债权投资、无形资产、长期待摊费用、短期借款、其他应付款、应付股利、长期借款、应付债券、长期应付款、股本、资本公积、盈余公积、未分配利润	管理费用、财务费用、投资收益、营业外收入、营业外支出、所得税费用

第二节　销售与收款循环的内部审计

一、销售与收款循环的基本业务

销售与收款循环涉及的基本业务包括：接受顾客订单→批准赊销信用→编制销售通知单→按销售通知单供货→按销售通知单装运货物→向顾客开具销售发票→记录销售→办理和记录现金、银行存款收入→办理和记录销货退回、销货折扣与折让→注销坏账→提取坏账准备（见表 13-3）。上述业务主要涉及的部门有销售部门、信用管理部门、仓储保管部门和会计部门。

表 13-3　销售与收款循环涉及的基本业务

销售与收款循环涉及的基本业务	接受顾客订单	顾客提出订货要求是整个销售与收款循环的起点。顾客的订单只有在符合企业的授权标准的条件下，才能被接受。企业一般都会列出一份已被批准销售的顾客名单。销售部门在决定是否同意接受某顾客的订单时，应追查该顾客是否已被列入上述顾客名单。如果该顾客未被列入顾客名单，则通常需要由销售部门的主管决定是否批准销售
	批准赊销信用	对于赊销业务，赊销批准是由信用管理部门根据企业的赊销政策，以及对每个顾客的已授权的信用额度来进行的。信用部门的职员在收到销售部门的销售通知单后，即将销售通知单与该顾客已被授权的赊销信用额度以及至今尚欠的账款余额加以比较。执行人工赊销信用检查时，还应合理划分工作职责，以切实避免销售人员为扩大销售而使企业承受不适当的信用风险

续表

销售与收款循环涉及的基本业务	批准赊销信用	企业应对每个新顾客进行信用调查，包括获取信用评审机构对顾客信用等级的评定报告。无论批准赊销与否，都要求被授权的信用部门人员在销售通知单上签署意见，其后再将签署意见后的销售通知单送回销售通知单管理部门
	编制销货通知单	一般情况下，企业的销售部门在接受了顾客的订单之后应编制一式多联的销售通知单
	按销售通知单供货	企业通常要求仓库部门只有在收到经过批准的销售通知单时才能供货。设立这项控制程序的目的是防止仓库在未经授权的情况下擅自发货。因此，已批准销售通知单的副联通常应被送达仓库，作为仓库按销售通知单供货和发货给装运部门的授权依据
	按销售通知单装运货物	将按经批准的销售通知单供货与按销售通知单装运货物职责相分离，有助于避免装运职员在未经授权的情况下装运产品。此外，装运部门职员在装运之前，还必须进行独立验证，以确定从仓库提取的商品都附有经批准的销售通知单，并且所收到商品的内容与销售通知单一致。 装运凭证或提货单由计算机或人工编制，一式多联且连续编号，按序归档的装运凭证通常由装运部门保管。装运凭证则提供了商品确实已装运的证据
	向顾客开具销售发票	开单业务包括编制和向顾客寄送事先连续编号的销售发票。这项业务所针对的主要问题是：是否对所有装运的货物都开了账单；是否只对实际装运才开账单，有无重复开单或虚构交易；是否按已授权批准的商品价目表所列价格计价。为了降低开单过程中出现遗漏、重复、错误计价或其他差错的风险，应设立以下的控制程序： （1）开单部门职员在编制每张销售发票之前，应独立检查是否存在装运凭证和相应的、经批准的销售通知单； （2）应依据已被批准的商品价目表编制销售发票； （3）独立检查销售发票计价和计算的正确性； （4）将装运凭证上的商品总数与相对应的销售发票上的商品总数进行比较。 上述的控制程序有助于确保用于记录销货交易的销售发票的正确性。销售发票副联的档案通常由开单部门保管
	记录销售	对这项职能，内部控制制度所要关注的问题是销售发票是否记录正确，并归属适当的会计期间。在手工会计系统中，记录过程包括区分赊销、现销，按销售发票编制转账记账凭证或现金、银行存款收款凭证，再据以登记销售明细账和应收账款明细或现金、银行存款日记账。 记录销售的控制程序包括以下内容： （1）只依据附有有效装运凭证和销售通知单的销售发票记录销售。这些装发运凭证和销售通知单应能证明销货交易的发生及其发生的日期； （2）控制所有事先连续编号的销售发票； （3）独立检查已处理销售发票上的销售金额同会计记录金额的一致性； （4）记录销售的职责应与前面说明的处理销货交易的其他功能相分离； （5）对记录过程中所涉及的有关记录的接触予以限制，以减少未经授权批准的记录的发生； （6）定期独立检查应收账款的明细账同总账的一致性； （7）定期向顾客寄送对账单，并要求顾客将任何例外情况直接向指定的未涉及执行或记录销货交易循环的会计主管报告

销售与收款循环涉及的基本业务	办理和记录现金、银行存款收入	债务人偿还货款或劳务款时，会涉及记录货币资金的增加以及应收账款的减少。由于货币资金的高流动性，办理和记录现金、银行存款收入时，应高度关注货币资金的安全性和完整性。可能的货币资金失窃会发生在货币资金收入登记入账之前或入账之后。处理货币资金收入时最重要的是要保证全部货币资金都必须如数、及时地记入现金收入、银行存款日记账或应收账款明细账，并如数、及时地被存入银行。在这方面，汇款通知单起着很重要的作用
	办理和记录销货退回、销货折扣与折让	顾客如果对商品不满意，销货企业一般都会同意接受退货，或给予一定的销货折让；顾客如果提前支付货款，销货企业则可能给予一定的现金折扣。发生此类业务时，经办人员必须经授权审批，并应确保与办理此事有关的部门和职员各司其职，负责实物接收、保管的人员应与账务处理的人员职务分离。对于此项业务，建议严格使用贷项通知单进行控制
	注销坏账	对于赊销的业务，由于债务人宣告破产、死亡等原因而无法支付货款的事项，企业应明确原因，获取重要的证据，一旦根据合理的理由确认某项货款再也无法收回，就应当按照企业的授权权限，经过恰当的审批后，核销这笔货款，并及时进行正确的会计处理
	提取坏账准备	坏账准备提取方法应符合国家有关规定，提取的数额应恰当合理，计提方法应保持前后会计期间的一致性

二、销售与收款循环的基本内部控制制度

（一）内部控制目标与内部控制要点

了解了销售与收款循环的上述基本业务之后，我们需要进一步讨论销售与收款循环的内部控制目标和内部控制要点。明确了内部控制的目标之后，就需要分析各项基本业务，从中总结出关键控制点，这些关键控制点就是我们所称的内部控制要点。

销售与收款循环的控制目标与内部控制要点如表13-4所示。该表的第一栏为"内部控制目标"，列示了企业建立销售与收款循环内部控制的六项目标；第二栏为"内部控制要点"，列示了与上述各项内部控制目标相对应的一项或数项主要的内部控制环节。这种列示方法旨在帮助实务工作者清晰了解内部控制目标和相关内部控制要点的关系。

表13-4　销售与收款循环的内部控制目标和内部控制要点

内部控制目标	内部控制要点
登记入账的销货业务确系已经发货给真实的顾客	（1）在发货前，顾客的赊销已经被授权批准； （2）销货业务是以经过审核的发运凭证及经过批准的顾客订货单为依据登记入账的； （3）销售发票均经事先编号，并已恰当地登记入账； （4）每月向顾客寄送对账单，对顾客提出的意见作专案追查
现有销货业务均已登记入账	（1）发运凭证（或提货单）均经事先编号并已经被登记入账； （2）销售发票均经事先编号，并已被登记入账
登记入账的销货数量确系已发货的数量，并已正确开具收款账单并登记入账	（1）销售价格、付款条件、运费和销售折扣的确定已经适当的授权批准； （2）由独立人员对销售发票的编制作内部核查

续表

内部控制目标	内部控制要点
销货业务的分类正确	（1）采用适当的会计科目表； （2）内部复核和核实
销货业务的记录及时	（1）尽量采用能在销货发生时开具收款账单和登记入账的控制方法； （2）内部核查
销货业务已经被正确地记入明细账，并经正确汇总	（1）每月定期给顾客寄送对账单； （2）由独立人员对应收账款明细账作内部核查； （3）将应收账款明细账余额合计数与其总账余额进行比较

需要说明的是，上述列示仅仅作为范例供参考，它既未包含销售与收款循环所有的内部控制，也并不意味着实务工作中必须按此一成不变。另外，销售与收款循环内部控制，应同时达到上述目标。因为即使其他目标的控制非常有效，只要某一项目标所必需的控制无效，则很可能会影响企业整个销售与收款循环的内部控制制度的有效性。

（二）基本内部控制制度（见表 13-5）

表 13-5　基本内部控制制度

基本内部控制制度	适当的职责分离	适当的职责分离是现代企业内部会计控制的重要方式之一，职责分离的核心是"内部牵制"。内部牵制要求企业对不相容职务进行分离，所谓不相容职务，简单来说就是，如果某些职务由同一职员担任，可能就会出现舞弊行为，而且该舞弊行为不易被发现。对于这些不相容职务，应分别由不同的职员担任，这样一来，这些职员之间就形成了内部牵制。舞弊行为只有在各个职员相互勾结的前提下才可能得逞，如果职员各尽其职，其发生的可能性将很小。 　　对于销售与收款循环，适当的职责分离有助于防止各种有意的或无意的错误。例如，主营业务收入账簿由记录应收账款账以外的职员独立登记，另一位不负责账簿记录的职员定期调节总账和明细账，这样就构成了一种有效的内部牵制，有利于职员之间的监督和检查；禁止记录主营业务收入账簿和应收账款账簿的职员经手现金，也是防止舞弊的一项重要控制；将销售业务与批准赊销的业务分离，会有效防止由于销售人员盲目追求销售业绩而忽略客户的资信状况给企业造成的巨额坏账损失。 　　销售与收款循环应适当分离的职务主要包括： 　　（1）接受客户订单的人员不能同时是负责最后核准付款条件的人员。付款条件必须同时获得销售部门以及专门追踪和分析客户信用情况的信贷部门（或会计部门下的信贷小组）的批准。 　　（2）发货通知单的编制人员不能同时负责货款的收取、产品的包装和托运工作。 　　（3）填制发票人员不能同时担任发票的复核工作。 　　（4）退货实物验收工作必须同退货账务记录相分离。 　　（5）应收账款的记账人员不能同时成为应收账款的核实人员
	正确的授权审批	授权审批是指每一项经济业务的执行都必须经过一定形式的授权或批准。有效的授权审批应明确授权的责任和建立经济业务授权审批的程序。对于销售与收款循环而言，主要存在以下三个关键的审批要点： 　　（1）在销货发生之前，赊销业经正确审批； 　　（2）非经正当审批，不得发出货物；

续表

基本内部控制制度	正确的授权审批	（3）销售价格、销售条件、运费、折扣等必须经过审批。 前两项控制的目的在于防止企业因向虚构的或者无力支付货款的顾客发货而蒙受损失，价格审批控制的目的则在于保证销货业务按照企业政策规定的价格开票收款
	充分的凭证和记录	充分的凭证与记录是现代企业内部控制的重要因素，是记录和反映经济业务的载体，也是其他控制形式的有效保证。凭证与记录需预先连续编号，检查全部有编号的凭证与记录是否按规定处理是检查完整性的重要控制措施，可以有效地防止经济业务的遗漏和重复，并可根据完整性检查发现是否存在舞弊现象。 例如，企业在收到顾客订货单之后，如果立即编制一份预先编号的一式多联销售通知单，以分别用于批准赊销、审批发货、记录发货数量以及向顾客开具销售发票的控制制度，就会比企业仅仅在发货以后才编制销售发票的制度大大减少漏开销售发票的情况，在前一种制度下，企业可以通过检查预先编号销售通知单检查是否对已发货业务全部开具销售发票
	定期寄送对账单	定期与企业外部的客户进行账务的核对工作，有助于检查企业的会计处理是否正确及时，同时有助于减少债务纠纷。企业应独立于现金出纳、销售人员及应收账款记账的人员定期向客户寄送对账单。客户对于应付账款余额不符情况及时作出说明，企业便可以据此检查账簿记录并进行恰当的处理。为保证该项控制的有效性，企业应考虑指定一位独立于现金出纳、销售人员及应收账款记账的人员进行处理
	内部核查程序	由内部审计人员或其他独立人员核查销货业务的处理和记录，是实现内部控制六项目标所必不可少的一项控制措施

下面举例说明内部控制目标与内部核查程序（见表 13-6）。

表 13-6   内部控制目标与内部核查程序

内部控制目标	内部核查程序
登记入账的销货业务是真实的	检查销售发票的连续性并审查后面作为附件的佐证凭证
销货业务均经适当审批	查阅顾客的信用情况，确定按企业的政策是否应批准赊销
所有销货业务均已登记入账	检查发运凭证的连续性，并将其与主营业务收入明细账核对
登记入账的销货业务均经正确估价	将销售发票上的数量与发运凭证上的记录进行比较核对
登记入账的销货业务的分类恰当	将登记入账的销货业务的原始凭证与会计科目表比较核对
销货业务的记录及时	检查开票员所保管的未开票发运凭证，确定是否包括所有应开票的发运凭证在内
销货业务已经正确地记入明细账并经准确汇总	从发运凭证追查至主营业务收入明细账和总账

三、销售与收款循环的基本业务流程

（一）订单的证实和审核流程

企业的销售预收款循环始于客户提出的购货订单，企业的销售部门制定订单后，需要首先将之送到企业的信贷部门来办理批准手续。对于赊销业务，信贷部门应根据企业的赊销政策，以及对每个顾客的已授权的信用额度来进行审批。企业应对每个新顾客进行信用调查，包括获取信用评审机构对顾客信用等级的评定报告。信贷部门的有关人员应在销售通知单上签署是否予以赊销的意见后将之返还销售部门，批准只有在经信贷部门经理或其他被授权人签字同意的书面证实下才有效。

企业应分别对原有客户和新客户进行审查：对于企业的原有客户，应考察过去的成交记录，确认其是否具有良好的商业信用；同时信贷部门还应考虑本次订购的数量是否异常，如企业具有良好的商业信用且此次订购基本接近历来订购数量，即可办理批准手续，如果所需数量大大超过了历史记录，在办理批准手续前，必须求客户提供近期的财务报表，并通过对财务报表的审查来判断客户近期的财务状况，然后决定是否接受赊销。

对于新客户提出的购货订单，信贷部门必须求其同时提供能够证明其资信情况的资料和财务报表。通过分析其资信情况和审查财务报表来决定是否接受其购货订单，以及允许的信贷限额。当客户难以提供其资信情况的资料时，企业也可以采用另一种控制手段来接受订单，即对本次订单规定最大供货数量，只有在客户被证实确有良好信誉后，才能允许供货数量被扩大。

对于现销的购货订单，上述审核客户信誉的控制程序可以省略，但订单的接受仍需得到销售部门经理人的签字同意。

对收到的每一份销售订单都必须登记在购货订单登记簿上，在成交后，对销售执行情况和客户支付情况也应记录在该登记簿上，从而保证从可信赖客户处收到的订单尽快得以满足，并为日后再处理客户的购货订单积累资料。

（二）销售通知单的编制和核实流程

企业收到客户的订货单以后，应编制统一的销售通知单，将之作为贯穿控制整个销售业务的执行的单据。在编制销售通知单前，销售部门应首先向发货部门询问所订货物是否有库存，如无库存，应及时通知客户；如有库存，应及时编制销售通知单。销售通知单应一式多联，以完整和规范化的格式记录不同的客户订单内容，如所订货物的货号、数量、价格等，同时记录销售过程所需的各种授权和批准，为发运业务的执行和有关账册的记录提供书面依据。

发运通知单必须在事前进行连续编号，在执行后应归档管理，并由专门的人员对其进行定期检查。

（三）销货业务的执行流程

企业仓储部门根据已获批的销售通知单发货。应将实际发货的品种和数量记录在有关账册和销售通知单各副联上，并将其中一联交会计部门入账，如果包装业务也由仓储部门执行，则应同时填报包装情况表，记录其完成的工作量。

运输部门的职员在装运之前，必须进行独立验证，以确定从仓库提取的货物都附有经批准的销售通知单，并且所收到货物的内容与销售通知单一致。运输部门的装运凭证或提货单由计算机或人工根据销售部门的销售通知单编制，一式多联且连续编号，按序归档的装运凭证通常由装运部门保管。装运凭证提供了商品确实已被装运的证据。

不管是仓储部门还是运输部门，发货业务执行者的行为必须要受到其他独立职员的监督，这其中就包括对所发运货物实物的清点以及同销售通知单上列明的品种和数量的核对。对发运货物实物进行清点的复核人员应在有关凭证上签字。

（四）销货发票的控制流程

在会计上，销售发票是销售业务的证实记录。如果在发票和开具的账单方面缺乏有效的控制，就会导致企业财务状况的反映不实和舞弊行为的发生。例如，如果货物已发运或劳务已提供，但未开具发票，就有可能导致销售收入和应收账款的少计、货物的多计；而收款时间的延长，也会使发生坏账的可能性增加。

对填制发票的控制，是通过对开票的授权来进行的。而这一授权是以适当的附件为依据的。这些附件包括客户的购货订单、发货通知单等。当这些附件获得之后，开票人员就可以据此开具发票。

对发票开列的数据和其他内容的控制可以从以下几个方面进行控制：

（1）依据发货通知单等上面的连续编号开票，以保证所有发出货物均被开票。

（2）发票上客户的名称应同主要客户一览表或客户购货订单相对应。

（3）发票上的数量必须以发货通知单上载明的实际发货数量记录或完成的劳务数量记录为依据，并应受到非记录发运数量人员的检查。

（4）发票上的价格必须以信贷部门和销售部门批准的金额或价格目录标为依据，并应受到独立于销售职能的其他人员的检查。

（5）发票的内容应受到其他独立于发票编制人员的复核。

（6）对发票总额应加以控制，即应定期合计所开发票金额，以便同应收账款或销货合计数相核对。

开票人应使用和保留被连续编号的发票（包括作废的发票），以便独立于发运货物和开票的人员通过对之和作同样编号处理的发货通知单定期检查来实现监督。

发票格式可根据企业的规模和所采用设备的复杂程度来确定。它通常包括的内容有：价格、信贷条款、特殊的折扣、应向客户收取的运费以及应由客户负担的销售费用或其他税金等。

发票联数在不同的企业有着不同的确认方法，它可以根据各个客户、税务部门和本企业管理的要求的变化而变化。

（五）折扣与折让政策的制定和审核流程

折扣与折让是营业收入和应收账款的抵减项目，企业应对此建立严格的审核制度。对多数企业来讲，给予客户一定的折扣是相当普遍的销售行为，因此企业应当制定较为详细的折扣政策或规定。例如，商业折扣规定应详细说明可以享受折扣的客户的条件，不同数量和品种的购货订单可以享受的折扣比例等；现金折扣规定应详细说明适用的范围和不同支付时间可享受的折扣比例等。折扣政策必须得到有关授权人员（一般为销售部门的经理）的批准。办理现金收入或记录应收账款明细业务的人员不能同时被授权处理给予客户折扣的业务。

销售折让属偶然经济行为，一般不具有共性特征，往往需要具体问题具体分析，因此，当客户提出折让要求时，企业应对其提出的理由加以记录，并派专人核实理由，最后由授权人员复核客户提出的理由和企业调查结果，并决定在特定情况下给予客户的特定折让金额。

企业应将所有折扣和折让的批准文件都记录在事先连续编号的折扣折让事项备忘录上，并指派专门人员定期检查此备忘录。

接受折扣和折让业务控制流程如图 13-1 所示：

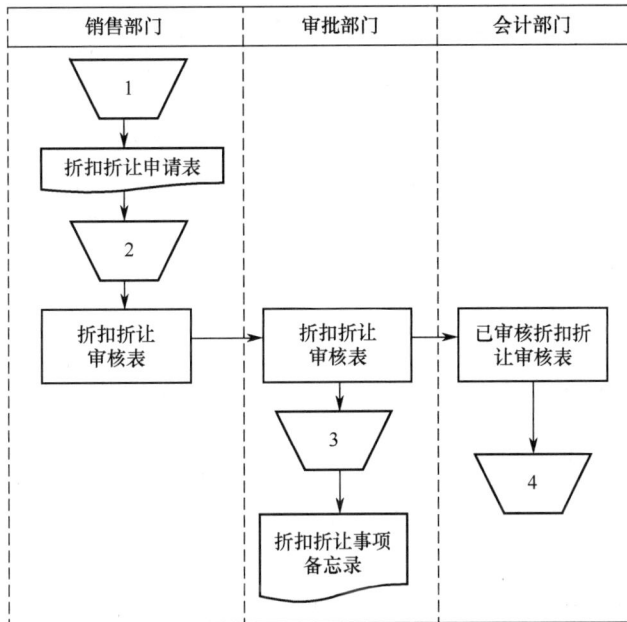

注：
1. 销售部门根据客户的要求和申请材料编制折扣折让申请表；
2. 销售部门的授权人员对折扣折让事项进行审核，编制折扣折让审核表；
3. 高级管理人员对折扣折让事项进行审核并对该事项进行登记；
4. 会计部门根据已审核的折扣折让审核表完成会计处理。

图 13-1　接受折扣和折让业务控制流程

（六）应收账款的控制流程

在大量采用赊销的情况下，应收账款往往会在企业的资产中占相当大的比重。应收账款控制是销售环节的控制重点，这是因为应收账款是一种记录在账上的债权而非存在于公司中的实物资产，它很容易被非法职员挪用，而其是否可以被收回会直接影响公司的资金流，此外，应收账款记录也是信贷部门确定信贷政策和是否增加限额的依据。企业一般会实施下列控制方法：

（1）编制应收账款的记录必须以经销售部门核准的销售发票和发运单等为依据。

（2）根据应收账款的明细账户余额定期编制应收账款余额核对表，并将该表寄给客户核实，编制该表的人员不能同时担任记录和调整应收账款的工作。

（3）应收账款的总账和明细账户的登记应由不同的人员根据汇总的记账凭证和各种原始凭证、记账凭证完成，并由独立于记录应收账款的其他人员定期检查核对总账户和明细账户的余额。

（4）由信贷部门定期编制应收账款分析表，从中分析出是否存在虚列的应收账款或不能收回的应收账款。

（5）指定专人对应收账款账龄较长的客户进行催收和索取货款，以保证公司债权得以收回；应收账款的各种贷项调整（包括坏账冲销、折扣与折让的给予等）必须经财务经理批准才能进行。

（七）退货理赔的审核流程

在正常情况下，理赔业务在销售环节中所占比例很小，但由于其对企业的信誉有较大的影响，这使得理赔审核的控制仍非常重要。退货理赔控制包括下列要点（见表 13-7）：

表 13-7　退货理赔控制的审核流程要点

退货理赔控制的审核流程要点	验收客户退回的货物	客户退回的货物应由验收部门来验收，验收时应清点、检验和注明退回货物的数量和质量情况，为日后确定退货金额、确定退货是否需要修理和再存放提供依据
	填制退货接收报告	退货接收报告是对退回货物进行文件记录和进行控制的重要方法。它应在事先加以编号，当货物退回时就填制，填制该报告的人员不应同时从事货物发运业务。一切有关的资料，例如，客户名称、退货名称、数量、日期、退货性质、原始发票号及价格以及一般情况的说明和退款理由等，都必须被准确记录在该报告上。填制后的退货接收报告应受到独立于发货和收货职能的人员的检查
	调查退货索赔	收货部门收到和清点检验退回货物后，客户的退货要求应交由客户服务部门调查。这一程序的目的在于确定对退回货物索赔的有效性，以及如果索赔有效应给予客户的金额。客户服务部门应将调查结果和意见记录在退货接收报告上，并交信贷、会计、销售部门最后审核
	核准退货	退货理赔的最终核准应由销售部门决定。销售部门依据退货接收报告，对退回货物仔细调查，其后在退货接收报告上签署批准意见
	填制和邮寄贷项通知单	贷项通知单应由销售部门中的职员在得到批准的退货接收报告的基础上来编制。贷项通知单事先应编号加以控制。在邮寄贷项通知单前，其表明的数量、价格和其他内容需经其他人员复核。应将贷项通知单和其他相应的资料附在有关分录凭证上，作为过入应收账款明细分类账的附件

在批准后应将退货及时入账，以便修正营业收入和应收账款的余额。

退货理赔业务控制流程如图 13-2 所示。

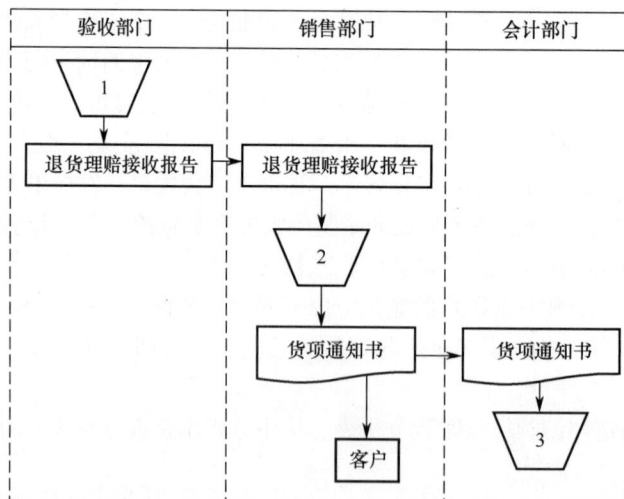

注:

1. 验收部门验收客户退回的货物并填制退货理赔接收报告;

2. 销售部门根据有关调查结果核准退货项通知书;

3. 会计部门根据贷项通知书进行相应会计处理。

图 13-2　退货理赔业务控制流程

（八）计提坏账准备和核销坏账

坏账准备的计提方法和比例应符合制度规定，计提的数额恰当，会计处理正确，前后期处理一致。

公司对于不能收回的应收款项应查明原因，追究责任。对有确凿证据表明确实无法收回的应收账款，应根据公司的管理权限，报经股东大会或董事会批准作为坏账损失，冲销提取的坏账准备。

四、销售与收款循环的主要凭证

在内部控制制度比较健全的企业，处理销售与收款业务通常需要使用很多凭证和会计记录。典型的销售与收款循环所涉及的主要凭据和会计记录如表 13-8 所示。

表 13-8　典型的销售与收款循环所涉及的主要凭据和会计记录

典型的销售与收款循环所涉及的主要凭据和会计记录	顾客订货单	即顾客提出的书面购货要求。企业可以通过销售人员或其他途径，如采用电话、信函和向现有的及潜在的顾客发送订货单等方式接受订货，取得顾客订货
	销售通知单	是列示顾客所订商品的名称、规格、数量以及其他与顾客订货单有关的资料的表格，作为企业内部处理顾客订货单的依据
	发运凭证	即在发运货物时编制的，用以反映发出商品的规格、数量和其他有关内容的凭据。一般将发运凭证的正联寄送给顾客，企业保留副联（一份或数份）。这种凭证可被用作向顾客开票收款的依据
	销售发票	一种被用来表明已销售商品的规格、数量、销售金额、运费和保险费的价格、开票日期、付款条件等内容的凭证。一般将销售发票的正联寄送给顾客，企业保留副联。销售发票也是在会计账簿中登记销售业务的基本凭证
	退货接收报告	退货接收报告应于货物退回时填制，内容应包括：购货单位名称、原始发票号数、购货日期、商品名称、规格与单价、采购数量、退货数量与金额、退货的原因以及处理意见
	货项通知单	一种被用来表示由于销货退回或经批准的折让而引起的应收销货款减少的凭证。这种凭证的格式通常与销售发票的格式相同，只不过它不是被用来说明应收账款的增加，而是被用来说明应收账款的减少
	汇款通知书	一种与销售发票一起被寄给顾客，由顾客在付款时再寄回销货单位的凭证。这种凭证注明顾客的姓名、销售发票号码、销货单位开户银行账号以及金额等内容。如果顾客没有将汇款通知书随同货款一并寄回，一般应由收受邮件的人员在开拆邮件时再代编一份汇款通知书。采用汇款通知书能使现金立即存入银行，也可以改善对资产保管的控制
	应收账款明细账	即被用来记录每个顾客各项赊销、现金收入、销货退回及折让的明细账。各应收账款明细账的余额合计数应与应收账款总账的余额相等
	主营业务收入明细账	一种被用来记录销货业务的明细账。它通常记载和反映不同类别的销货总额（如按销售商品的品种、类别等）
	折扣与折让明细账	一种被用来核算企业销售商品时，按销售合同规定为了及早收回货款而给予顾客的销售折扣和因商品品种、质量等原因而给予顾客的销货折让情况的明细账

续表

典型的销售与收款循环所涉及的主要凭据和会计记录	现金日记账和银行存款日记账	被用来记录应收账款的收回或现销收入以及其他各种现金、银行存款收入和支出的日记账
	坏账审批表	一种被用来批准将某些应收款项注销为坏账的、仅在企业内部使用的凭证
	顾客月末对账单	一种被定期寄送给顾客的凭证，凭证上注明应收账款的月初余额、本月各项销货业务的金额、本月已收到的货款、各贷项通知单的数额以及月末余额等内容，用于购销双方定期核对账目

第三节　采购与付款循环的内部审计

一、采购与付款循环的基本业务

采购商品或取得劳务是企业组织生产和满足销售需要的前提，对于一个企业的采购与付款环节，我们首先仍从了解该循环的基本业务开始。

采购与付款循环涉及的基本业务为：请购商品或劳务、签订采购合同、商品验收、储存已验收的商品、编制付款凭单、偿付款项、记录现金和银行存款支出（见表 13-9）。上述业务主要涉及的部门包括生产计划部门、采购部门、验收部门、仓储保管部门和会计部门。

表 13-9　采购与付款循环涉及的基本业务

采购与付款循环涉及的基本业务	请购商品和劳务	企业的生产计划部门一般会根据顾客订单或者对销售预测和存货需求的分析来决定生产授权，签发预先编号的生产通知单和材料需求报告，列示所需要的材料和零件及其库存。仓库负责检查上述需求报告所列存货的库存数量，根据需要填制请购单，报采购部门。其他部门也可以对生产所需物资以外的办公设备等项目直接填制请购单报采购部门。大多数企业对正常生产经营所需的物资的购买均作一般授权，比如，仓库在现有库存达到再订购点时就可直接提出采购申请，其他部门也可为正常的维修工作和类似工作直接申请采购有关物品。但对资本支出和租赁合同，企业通常会要求作特别授权，只允许特定人员提出请购。为加强控制，每张请购单应经过对这类支出预算负责的主管人员签字批准
	签订采购合同	为落实请购事项，企业应与供货单位签订采购合同，采购合同是供需双方共同签订的具有法律效力的经济合同，也是企业采购业务的订购单，对于供货方而言，该合同是销售订单。采购部门在收到请购单后，对业经批准的请购单确定最佳的供应来源，对于大额、重要的采购项目，应采取竞标方式来确定供应商，以保证供货的质量、及时性和成本的低廉。采购部门在与供应商签订的采购合同内容必须详细明确、文字表述准确完整。采购合同应主要规定所需商品的品名、规格、数量、质量、价格、供货日期、结算方式、商品的包装与运输办法、质量检验手续、违约责任以及纠纷解决方式等。会计部门应当参与采购合同的签订工作，并监督执行。采购合同应预先编号并经过被授权的采购人员签名。应将其正联送交供应商，副联送至企业内部的验收部门、会计部门和编制请购单的部门
	商品验收	验收部门收到有效的采购合同后，应对供应商发运的商品进行验收。验收部门首先应比较所收商品与订购单上的要求是否相符，如商品的品名、说明、数量、到货时间等，然后再盘点商品并检查商品有无损坏。

采购与付款循环涉及的基本业务	商品验收	验收后，验收部门应对已收货的每张订购单编制一式多联、预先编号的验收单，作为验收和检验商品的依据。验收人员将货品送交仓库或其他请购部门时，应取得经过签字的收据，或要求他们在验收单的副联上签收，以确立其对所采购的资产应负的保管责任，验收人员还应将其中的一联验收单送交会计部门
	储存已验收的商品	对验收的商品应进行恰当的储存，应恰当分离商品的保管与商品采购的职责，以减少未经授权的采购和盗用商品的风险。存放商品的仓储区应相对独立，限制无关人员进出
	编制付款凭单	记录采购交易之前，会计部门的应付账款管理人员应编制付款凭单，编制时应该核查以下事项： （1）核查供应商发票的内容与相关的验收单、订购单的内容是否一致； （2）核查供应商发票的计算是否正确无误： （3）编制有预先编号的付款凭单，并附上支持性凭据（如订购单、验收单和供应的发票的等）： （4）检查付款凭单计算的正确性； （5）在付款凭单上填入应借记的资产或费用账户名称； （6）由被授权人员在凭单上签字，以示批准照此凭单要求付款。 所有未付凭单的副联均应被保存在未付凭单档案中，以待日后付款之用
	偿付款项	对于上述未付凭单，应于到期日偿付有关款项。企业有多种款项结算方式，以支票结算方式为例，编制和签署支票的有关控制包括： （1）独立检查已签发支票的总额与所处理的那批付款凭单的总额的一致性： （2）应由被授权的会计部门的人员负责签署支票； （3）被授权签署支票的人员应确定每张支票都附有一张已经适当批准的未付款凭单，还应确定支票受款人姓名和金额与凭单内容的一致性； （4）支票一经签署就应在其凭单和支持性凭证上用加盖印戳或打洞等方式将其注销，以免重复付款； （5）支票签署人不应签发无记名甚至空白的支票； （6）支票应预先连续编号，保证支出支票存根的完整性和作废支票处理的恰当性； （7）应确保只有被授权的人员才能接近未经使用的空白支票
	记录现金和银行存款支出	仍以支票结算方式为例，在手工系统下，会计部门应根据已签发的支票编制付款记账凭证，并据以登记银行存款日记账及其他相关账簿。记录现金、银行存款支出的有关控制包括： （1）会计主管应独立检查记入银行存款日记账和应付账款明细账的金额的一致性，以及与支票汇总记录的一致性； （2）通过定期比较银行存款日记账记录的日期与支票副本的日期，独立检查入账的及时性； （3）独立编制银行余额调节表

二、采购与付款循环的基本内部控制制度

（一）内部控制目标与基本内部控制要点

1. 采购业务和生产销售要求一致

采购环节上的内部控制制度应使采购材料的一切活动，包括订货要求的提出和审批、供应

商的报价、材料和商品的验收等，严格按照生产和销售的要求进行，防止不恰当的采购和销售要求和某些人为了个人的目的，以牺牲企业的利益购入与生产和销售要求不符的原料和商品的行为发生。

2. 支付款项后获得相应的物品或劳务

购买环节中款项的支付应以获得相应的物品或劳务为条件，内部控制制度的建立和实施应保证一切购买活动在这一条件下进行，以防止实物或劳务的数量和金额被错计和篡改，保证账面记录的数字与实际获得的物品或劳务相一致。

3. 应付账款记录的真实性和合理性

企业应根据实际经济业务的情况，合理记录应付账款的金额。

4. 合理揭示企业应享有的折扣、折让

供应商提供的折扣是整个买卖交易活动的一个组成部分，折扣会给企业带来相应的经济利益。内部控制制度应合理地揭示企业已享有的各种折扣和折让，合理地冲销相应的应付账款，防止有人将企业享有的折扣与折让隐匿起来，避免企业获得的利益为私人占有。

采购与付款循环的内部控制目标与内部控制要点如表 13-10 所示。

表 13-10　采购与付款循环的内部控制目标与内部控制要点

内部控制目标	内部控制要点
所记录的购货都已收到物品或已接受劳务，并符合购货方的最大利益	（1）请购单、订货单、验收单和卖方发票一应俱全，并附在付款凭单后； （2）购货按正确的级别批准； （3）注销凭证以防止重复使用； （4）对卖方发票、验收单、订货单和请购单作内部核查
已发生的购货业务均已记录	（1）订货单均经事先编号并已被登记入账； （2）验收单均经事先编号并已被登记入账； （3）卖方发票均经事先编号并已被登记入账
所记录的购货业务估价正确	（1）计算和金额的内部查核； （2）采购价格和折扣的批准
购货业务的分类正确	（1）采用适当的会计科目表； （2）分类的内部核查
购货业务按正确的日期记录	（1）要求收到商品或接受劳务立即记录购货业务； （2）内部核查
购货业务被正确记入应付账款和存货等明细账中，并被准确汇总	应付账款明细账内容的内部查核

（二）基本内部控制制度

企业的采购与付款循环一般包括商品劳务的采购和固定资产的采购。虽然，一般商品或劳务的采购与固定资产的采购具有共同的特征，但是固定资产对于制造业企业而言具有特殊的意义，这不仅仅是因为它在其资产总额中占有很大的比重，大额固定资产的购建会影响其现金流量，还因为它的折旧、维修等费用是影响其损益大小的重要因素，因此，固定资产管理一旦失控，所造成的损失将远远超过一般的商品存货等流动资产。

一般商品或劳务的采购的基本内部控制制度如表 13-11 所示。

表 13-11　一般商品或劳务的采购的基本内部控制制度

一般商品或劳务的采购的基本内部控制制度	适当的职责分离	采购与付款循环中需要做职务分离的业务有： （1）生产和销售对原材料、物品和商品的需要必须由生产或销售部门提出，由采购部门采购； （2）付款审批人和付款执行人不能同时办理寻求供应商和索价业务； （3）商品的采购人不能同时担任商品的验收工作； （4）商品的采购、存储和使用人不能同时担任账务的记录工作； （5）接受各种劳务的部门或主管这些业务的人员应恰当地同账簿记录人分离； （6）审核付款的人员应同付款的人员分离； （7）记录应付账款的人员不能同时担任付款业务
	正确的授权审批	对于采购与付款循环，一般应予以关注的控制审批要点包括： （1）企业的生产计划部门一般会根据顾客订单或者对销售预测和存货需求的分析来决定生产授权； （2）对资本支出和租赁合同，企业通常会要求作特别授权，只允许特定人员提出请购； （3）采购合同的签订需经有关授权人员审批； （4）采购款项的支付需经有关授权人员审批
	充分的凭证与记录	应付账款是因在正常的商业过程中接受商品和劳务而产生的未予付款的负债。已经验收的商品和劳务若未予以入账，将直接影响应付账款余额，从而导致企业的负债被低估。企业所有的购货业务应被准确、及时地登记入账

为了确保固定资产的真实、完整、安全和被有效利用，企业应当建立和健全固定资产的内部控制制度，一般会采取以下控制制度（见表 13-12）：

表 13-12　固定资产的内部控制制度

固定资产的内部控制制度	固定资产的预算制度	预算制度是固定资产内部控制中最重要的部分。通常，大企业应编制旨在预测与控制固定资产增减和合理运用资金的年度预算；小企业即使没有正规的预算，对固定资产的购建也应事先加以计划。对固定资产的取得和处置应均依据预算，对实际支出与预算之间的差异以及未列入预算的特殊事项，应履行特别的审批手续
	授权批准制度	完善的授权批准制度包括：企业的资本性预算只有经过董事会等高层管理机构批准方可生效；所有固定资产的取得和处置均需经企业管理者书面认可
	账簿记录制度	除固定资产总账外，企业还须设置固定资产明细分类账和固定资产登记卡，按固定资产类别、使用部门和每项固定资产进行明细分类核算。固定资产的任何增减变化均应有充分的原始凭证。一套设置完善的固定资产明细分类账和登记卡，可为盘点、维护以及计提折旧提供支持
	职责分工制度	即对固定资产的取得、记录、保管、使用、维修、处置等，均应明确划分责任，由专门部门和专人负责。明确的职责分工制度，有利于防止舞弊
	资本性支出和收益性支出的区分制度	企业应制定区分资本性支出和收益性支出的书面标准。通常须明确资本性支出的范围和最低金额，凡不属于资本性支出的范围、金额低于下限的任何支出，均应列作费用并抵减当期收益

续表

固定资产的内部控制制度	固定资产的处置制度	对固定资产的处置，包括投资转出、报废、出售等，均要有一定的申请报批程序
	固定资产的定期盘点制度	对固定资产的定期盘点，是验证各项资产真实存在、了解资产放置地点和使用状况以及发现是否存在未入账固定资产的必要手段。企业应建立并严格执行固定资产盘点制度，同时应注意查询盘盈、盘亏固定资产的处理情况
	固定资产的维护保养制度	对固定资产应有严密的维护保养制度，以防止其因各种自然和人为的因素而遭受损失，并应建立日常维护和定期检修制度，以延长其使用寿命
	固定资产的保险制度	固定资产在企业的生产和经营中占有重要的地位，一般具有数量少、价值高的特点，固定资产的失窃、意外毁损等势必会给企业带来重大的损失，由于自然灾害和意外事故等偶然性因素具有不可控性，企业应建立固定资产的保险制度，由专门的部门或人员负责固定资产的投保事项，以避免不必要的损失

三、采购与付款循环的基本业务流程

（一）商品或劳务的请购流程

提出商品或劳务的请购是购买环节上的首个步骤。企业应区别不同的商品或劳务并分别制定相关的控制制度。

1. 原材料或零配件的请购

原材料或零配件的请购，一般先由生产部门根据生产计划即签发的生产通知单提出请购计划，材料保管人员在接到请购单以后，应将材料明细账记录的库存数量同生产部门需要的数量进行比较，当生产所需的数量和仓储所需的后备数量累计超过库存数量时，就应会签同意进行采购。对于从事大批量生产且产品生产一直比较稳定的企业，其材料保管部门也可以在库存材料已达到最低存量时提出请购单，经材料保管部门主管签字后送交采购部门，采购人员负责审查采购单上的请求是否合理，并根据市场行情对采购所需资金进行估算，如同意采购便可在签署意见后将请购单交负责资金预算的管理人员进行审批，而预算管理人员如认为该项请购符合经营目标并在指定的资金预算范围之内，便可在签字后将请购单交采购部门办理订货手续。采购部门应将处理过的请购单归档管理。

2. 临时性物品的采购

临时性物品的采购通常由使用者直接提出，并在请购单上对采购需求作出描述，解释其目的和用途只有在请购单由使用者的部门主管审批同意，并经资金预算的负责人同意签字后，采购部门才能办理采购手续。

3. 特殊服务项目的采购

对于某些特殊服务项目，例如，保险、广告、法律和审计服务项目，一般由专门指定的人员负责提出需求，包括选定的广告商、事务所及费用水平比较分析等，并报企业最高负责人审批。

商品或劳务请购流程如图 13-3 所示。

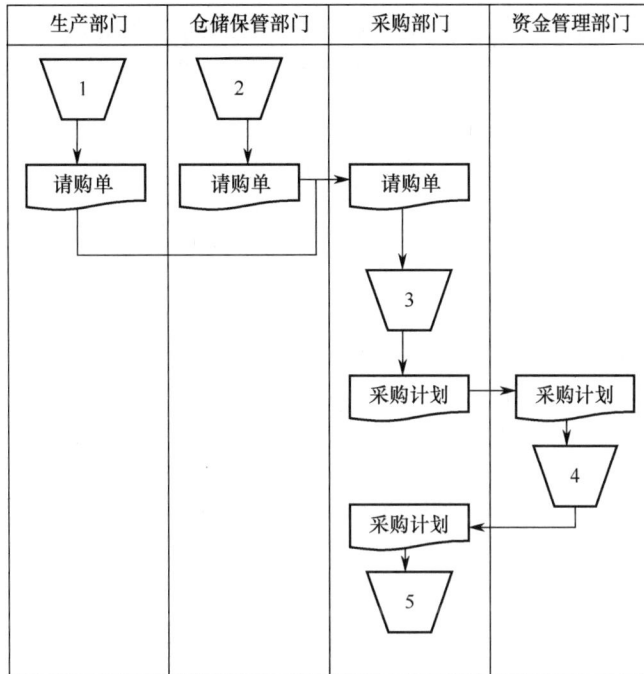

注:

1. 生产部门根据生产计划提出请购计划并编制请购单;

2. 仓储保管部门根据库存材料最低存量的需要提出请购计划并编制请购单;

3. 采购部门根据各部门的请购单编制采购计划;

4. 资金管理部门审查采购计划符合经营目标并在资金预算范围内;

5. 采购部门根据已审核的采购计划组织进货。

图 13-3　商品或劳务请购流程

（二）订货控制流程

采购部门对每一份请购单应首先审查其请购数量是否在控制限额的范围内，其次是检查使用物品或获得劳务的部门主管是否在请购单上签字同意。对于需要大量采购的原材料、零配件等，必须做各种采购数量对成本影响的成本分析。内部控制制度必须对这些作为管理和会计控制的一种方法的成本分析作出强制性的规定，并指定专人对成本分析是否实施进行监督。成本分析的主要内容是将各种请购项目进行有效的归类，然后利用经济批量法来测算成本。

对于请购数量不大，或者零星采购的物品，采购批量的成本分析控制可对照资金预算来执行。

采购部门在正式填制购货订单之前，必须向不同的供应商索取供应物品的价格、质量指标、折扣和付款条件以及缴获时间资料:其次要比较不同供应商所提供的资料，选择最有利于企业生产和成本最低的供应商。

购货订单的控制制度包括:

（1）预先应对每份订单进行编号，以确保日后订单能被完整地保存和对所有的购货订单进行会计处理:

（2）在购货订单项供应商发出前，必须由专人检查该订单是否得到授权人的签字，以及是否有经请购部门主管批准的请购单作为支持凭证，以确保购货订单的有效性;

（3）由独立人员复查购货订单的编制过程和内容。包括复查从请购单上摘录的资料、价格数量和金额的计算等。对于价格，须将之同根据过去经验确定的标准或平均价格相比较，以保证购货订单的正确性。如果购货订单的金额较小或属零星的购货性质，此项复查可以简略一些。

（三）购入商品的验收流程

购入商品或劳务的验收工作必须由独立于请购、采购和会计部门的人员担任。验收部门应根据购货订单上的数量和质量要求，对供应商发运的商品进行验收。验收部门首先应比较所收商品与订购单上的要求是否相符，如商品的品名、说明、数量、到货时间等，然后再盘点商品并检查商品有无损坏。在商品质量检验过程中，对于需要具有较高的专业知识或者必须经过仪器或实验才能进行检验的特殊商品，验收部门应将部分样品送交专家和实验室，由分析人员签署质量验收意见。

对于直接由使用者接收的某些商品或劳务，那么控制程序就应规定由使用者根据其提出的请购单和供应商的发票来填制收货报告单，并由部门主管签字。

验收后，验收部门应对已收货的每张订购单编制一式多联、预先编号的验收单，作为验收和检验商品的依据。验收人员在将货品送交仓库或其他请购部门时，应取得经过签字的收据，或要求其在验收单的副联上签收，以确立他们对所采购的资产应负的保管责任，验收人员还应将其中的一联验收单送交会计部门。商品经收货部门验收合格后，应将之交适当的场所存储或直接交使用者。

（四）退货和折让的控制流程

采购部门在接到验收报告后，如发现商品的数量和质量不符合购货订单要求，应及时函告或电告供应商。对于数量短缺的情况，通常要求供应商予以补足。对于质量问题，应首先通知仓储保管部门不得发放该批商品，再行决定退货或要求供应商给予适当的折扣。当决定退货时，采购部门应编制退货通知单，授权运输部门将商品退回，同时将退货通知单副本寄给供应商，运输部门应于商品退回后，通知采购部门和会计部门。采购部门在商品退回后，应编制借项凭证，其内容包括退货数量、价格日期、供应商名称以及金额等。借项凭单应由独立与购货、运输、存货职能的人员检查。会计部门应根据借项凭单来调整应付账款。

由于购货质量而向供应商提出的折让，往往需要同供应商谈判以最终解决。企业一般应规定，折让金额必须由授权的高级管理人员批准许可。当合适的折让金额一经确定，采购部门即应编制借项凭单，通知会计部门调整应付账款。

商品退货折让的控制流程如图 13-4 所示。

（五）应付账款的控制流程

应付账款是企业流动负债的主要构成内容，它对资产负债表能否正确揭示企业的财务状况影响很大。由于应付账款即债权人的应收账款，债权人必备有其详细的记录，因此，对任何应付账款的不正确记录和不按时偿还债务，都会导致交易双方不必要的债务纠纷。对应付账款的控制有：

（1）对应付账款的记录必须由独立于请购、采购、验收、付款的职员来进行，以保证采购环节中的控制得以有效的实施，防止错误和欺诈行为的发生。

（2）对应付账款的入账必须在取得和审核各种必要的凭证以后才能进行。这些凭证主要是供应商的发票，以及可核对发票的正确性的其他凭证。例如，请购部门的请购单、验收部门验收报告单、采购部门的购货订单以及借项通知单等。负责应付账款的人员必须审核这些原始凭

验收部门	采购部门	审批部门	会计部门

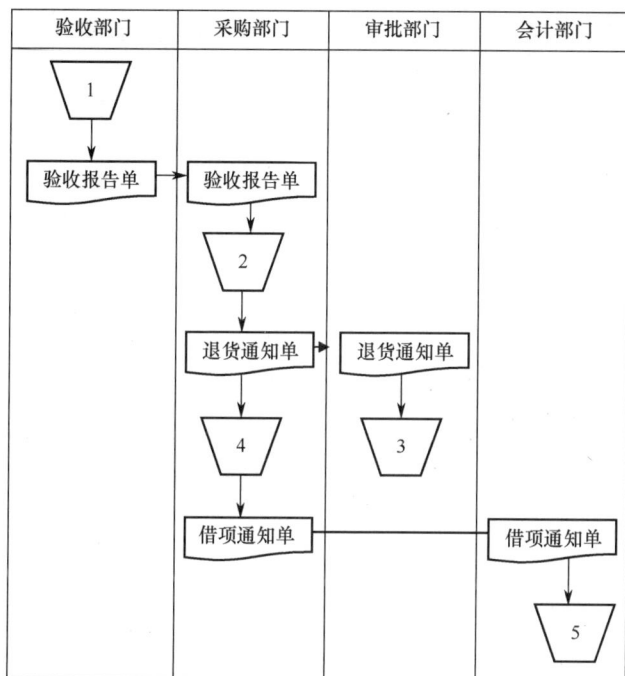

注：

1. 验收部门验收商品时，如发现商品的数量或质量不符合订单的要求，应填制详细的验收报告单；

2. 采购部门根据验收报告单审查是否进行退货，如决定退货，编制退货通知单；

3. 授权部门进行批准；

4. 采购部门根据核准退货后编制借项通知单；

5. 会计部门根据借项通知单进行相应会计处理。

图 13-4　商品退货折让的控制流程

证是否齐全、日期和商品内容是否一致，有无经授权人核准签字、发票的折扣是否与购货订单要求相一致，并且验算它们之间的数量、价格、加总合计是否正确，并在审核后签字以示这一控制过程已经完成。

（3）对于有预付货款的交易，在收到供应商发票后，应将预付金额冲抵部分发票金额，以记录应付账款。

（4）对于享有折扣的交易，良好的控制制度要求将供应商发票金额扣去折扣金额的净额来登记应付账款，以防有人在付款的时候贪污折扣。

（5）每月月末核对供应商的对账单，此项工作应由财务经理或其授权的、独立于应付账款明细账的人员办理。任何差异都应受到追查，如追查结果表明本企业无会计记账的错误，则必须及时与债权人联系，以便调整差异。

（六）付款的控制制度

1. 防止未核准的款项被支付

对于现金支付的交易，付款部门在付款前，首先必须检查供应商的发票是否盖有"款已收讫"的戳记，以防止已经支付的款项被第二次支付。其次应审查支付款项是否具备与该款项有关并已取得经核准认可的验收报告单。对于应付账款，付款人应检查付款凭证是否经授权人批准，任何付款都必须经财务经理签字批准。

2. 所有已确认的负债都应及时支付，以获得现金折扣的好处，加强同供应商的良好关系和维持企业的信用

会计部门应定期检查应付账款的明细账和有关文件，以防止失去可能的现金折扣。

3. 正确的付款和记录

在付款前，应复核供应商发票上的数量、价格和合计数以及折扣条件。对于因退货或者让利而造成的应付款借项，在良好的控制制度下，也可于收到供应商的贷项通知单之前，将之从付款金额中予以扣除。

四、采购与付款循环的主要凭证及其传递程序

采购与付款循环的主要凭证，除外部单证如供货单位的销售发票、提货单、运输部门的运单（或提单）以及银行机构的转账结算凭证以外，为了加强对采购与付款循环的有效管理和控制，企业应制定相关的内部凭证，典型的采购与付款循环所涉及的主要凭证和会计记录有以下几种：

（一）请购单

请购单是由仓库或有关部门填写，并送交采购部门，申请购买商品、劳务或其他资产的书面凭证。请购单一般应包括生产通知单编号、所需要的材料和零件的型号、数量、库存数量、请购数量等。请购单应由有关授权人员签字确认。

（二）采购合同

采购合同是由采购部门填写，向另一个企业购买订购单上所指定商品、劳务或其他资产的书面凭证。采购合同应主要规定所需商品的品名、规格、数量、质量、价格、供货日期、结算方式、商品的包装与运输办法、质量检验手续、违约责任以及纠纷解决方式等。采购合同应被预先编号并经过被授权的采购人员签名。其正联应被送交供应商，副联被送至企业内部的验收部门、会计部门和编制请购单的部门。

（三）验收单

验收单是对收到商品进行验收和检验所编制的凭证。验收单应列示从供应商处收到的商品的品名、说明、数量、到货时间、外观状况、质量状况等，以及所签署的验收意见。在将货品送交仓库或其他请购部门时，应由这些部门在验收单的副联上签收，之后将验收单的一联送交会计部门。

（四）退货单

退货单采购过程中，如发现所收的材料与合同、发货单明显不符，应办理手续予以退回。退回时应填制退货单。退货单一般应填列的内容包括：原合同号数、原发票号数、退货原因、退货商品的名称、发票数量、退货数量、退货金额等。退货单应由授权人员签字确认。

（五）付款凭单

付款凭单是采购方企业的应付凭单部门编制的、用来记录已收到商品、资产或已接受劳务的厂商、应付款金额和付款日期的凭证，是企业内部记录和支付负债的授权证明文件。

（六）材料采购明细账

材料采购明细账应根据材料的类别如原材料、辅助材料、燃料、包装物、低值易耗品等分设账页，并根据收料单、付款凭证、发票账单等登记。

（七）应付账款明细账

以赊销方式购入的商品经验收合格后，企业应根据供应商提供的销售发票和企业内部的验收单等原始凭证登记应付账款明细账。企业应分别供应商登记，如需要按合同核算的，还应按合同明细核算。

📋 **小知识**　　　　　　　　　　　物资采购内部审计专题

一、物资采购内部审计概述

（一）物资采购内部审计的概念

物资采购审计是指组织内部审计机构及人员依据有关法律、法规、政策及相关标准，按照一定的程序和方法，对物资采购各部门和环节的经营活动和内部控制等所进行的独立监督和评价活动。此处所称"物资"是指组织在产品生产、基本建设和专项工程中所使用的主要原材料、辅助材料、燃料、动力、工具、配件和设备等。

（二）物资采购内部审计的目的

对物资采购审计的目的是改善物资采购质量，降低采购费用，维护组织的合法权益，促进组织价值的增加及目标的实现。

（三）物资采购内部审计的主要内容

物资采购审计是对物资采购全过程实施的监督和评价，是财务审计与管理审计的融合。

物资采购审计的主要内容包括审计物资采购内部控制、采购计划、采购合同、采购招标、供货商选择、采购数量、采购价格、采购质量、物资保管、结算付款以及物资采购期后事项等。

（四）物资采购审计的模式

根据组织的管理模式和要求、物资采购业务量的大小、内部审计机构资源等的不同，对物资采购审计可以采取项目管理式审计和过程参与式审计两种模式（见表 13-13）。

表 13-13　物资采购审计的模式

物资采购审计的模式	项目管理式审计	它是有重点、有目的地将某物资采购部门、环节或物资品种纳入年度审计计划，形成特定审计项目，并实施相应审计程序的审计模式。适用于大、中型规模的组织
	过程参与式审计	它是由专职内部审计人员参与监督物资采购的全过程或者部分重要过程，以实现物资采购审计的日常化。小规模组织可以采用该模式

（五）物资采购内部审计对内部审计人员的要求

内部审计人员有责任警示被审计单位关注物资采购的现有和潜在风险。内部审计人员应具有物资采购管理的相关专业知识，熟悉相关法律、法规、政策和组织内部有关规定，掌握物资采购内部控制原理，了解组织物资采购现状和外部环境的变化。在开展专业技术性较强的物资采购审计时，内部审计机构可聘请外部专家参与。

二、物资采购前期审计

（一）物资采购前期审计的概念

物资采购前期审计是从制订年度审计计划开始到具体实施物资采购审计程序之前对各项审计工作作出的安排。

（二）物资采购前期审计的基本过程

1. 编制年度审计计划，确定审计对象。

内部审计人员应综合考虑如表 13-14 所示的因素。

表 13-14　内部审计人员应综合考虑的因素

内部审计人员应综合考虑的因素	重要性	选择采购数量较大、采购次数频繁、采购价格较高、采购价格变化频繁、质量问题突出、长期积压或短缺、在 ABC 分类管理法下的 A 类和 B 类物资，以及群众反映普遍、领导关注、内部控制薄弱和出现错弊概率较高的部门、环节或物资类别等

续表

内部审计人员应综合考虑的因素	物资采购方案、内部控制的重大变化	内部审计应根据外部环境和内部条件的变化,适时审查新的物资采购方案和内部控制的适当性、合法性和有效性,将其列入审计计划
	改进空间	根据成本效益原则,内部审计人员应将工作改进空间较大、在增值性方面有潜力的物资采购部门、环节或物资类别确定为审计项目
	审计资源	
	风险因素	风险因素可能来自组织内部或外部。组织规模、经济业务性质、账户余额大小、出现错弊概率、物价变动幅度、技术变化速度、管理人员素质和能力、业务量大小等都是潜在的风险因素。一般而言,对风险大的项目应优先作出审计安排

2. 获取与研究相关资料,制订项目审计计划和审计方案

相关资料包括:

(1) 物资采购目标和计划;

(2) 前期物资采购审计工作底稿;

(3) 组织资料,例如组织结构图和工作说明、政策和程序手册以及重大的组织系统变化等;

(4) 财务会计资料;

(5) 相关制度规定,例如采购政策、采购程序制度、授权审批制度、供货商管理制度、财产接触制度、合同或协议签订制度、凭证管理制度和定价策略等;

(6) 外部信息资料,例如同行业相关资料、物价水平和变化幅度、技术变化程度和供货商资料等;

(7) 法律性文件。

内部审计人员应通过审阅资料、咨询技术专家、进行分析性复核、现场观察物资采购流程、询问等方法,研究相关背景资料,初步评价重要性和审计风险,进而制订适合本组织实际情况的物资采购项目审计计划及审计方案。并在经适当管理层批准后,向被审计单位发出物资采购审计通知书。

3. 物资采购内部控制

物资采购内部控制包括采购控制环境、采购风险管理、采购控制活动、采购信息与沟通及采购监督五个要素（见表13-15）。

表13-15　物资采购内部控制五要素

物资采购内部控制五要素	采购控制环境	采购控制环境包括以下内容：董事会成员的知识和经验丰富程度、独立性地位、独立董事所占比例、审计委员会的设置情况；管理者对物资采购内部控制的重视程度、采取的经营理念和管理模式；企业文化所塑造的员工基本信念、价值观念、思维和行为方式；组织结构的适当性、权责划分的明确性、奖惩的分明性、岗位设置的合理性、人员素质的适当性；组织人力资源政策的适当性等
	采购风险管理	采购风险管理包括物资采购风险识别、风险评估和风险应对策略。风险识别包括检查外部因素（如竞争、技术和经济变化等）和内部因素（如员工素质、组织活动性质、信息系统处理特点等）；风险评估包括估计风险的严重程度、评价风险发生的可能性；风险应对策略包括根据风险评估结果作出的回避、接受、降低或分担等风险应对措施等
	采购控制活动	物资采购控制活动包括以下内容：业务授权、职责分离、质量验收控制、物资采购招标控制、凭证和记录控制、资产接触和记录使用控制、独立检查、物价信息控制

续表

物资采购 内部控制 五要素	采购信息 与沟通	物资采购相关信息除了涉及财务信息，还涉及非财务信息，如物价变动信息、市场需求信息、经济政策信息、技术信息、供应渠道变化信息、业务流程再造信息等。信息沟通方式包括政策手册、财务报告手册、备查簿、口头交流、例外情况报告和管理事例等
	采购监督	采取的方式包括物资采购内部控制自我评估、内部审计报告、内部控制例外情况报告、操作人员反馈以及顾客投诉等。 　物资采购内部控制审计可通过设置采购内部控制调查表等方式进行深入调查、了解和测试，并形成审计工作底稿

物资采购内部控制调查表格式如表 13-16 所示。

表 13-16　物资采购内部控制调查表格式

被审计单位名称	××部门		日　期			索引号	
审计项目名称	物资采购内部控制 调查		编制人			××	
会计期间或截止日	20××年度		复核人		××	页次	
问　　题	是			否	不适用	备注
	强	弱	一般			
1. 物资采购控制环境问题调查 （1）管理部门是否认为健全的内部控制能促成物资采购目标的实现？ （2）组织结构的设置是否有利于物资采购各部门职责的明确划分和协调运行？ （3）有无物资采购程序、手册和详细的岗位说明书？ （4）物资采购涉及的所有员工是否清楚自己所要履行的岗位职责和必须遵循的政策与程序？ （5）对物资采购政策及其变化是否及时向相关员工进行了传达？ （6）管理部门是否定期向员工说明道德行为的重要性？ （7）是否制定了书面的道德政策并使员工了解了这些政策？ （8）有无制定不合理的采购目标与高业绩挂钩的奖励诱使员工舞弊？ （9）员工的素质与其从事的物资采购业务是否相称？ （10）有无对员工进行定期专业培训？ 2. 物资采购风险管理问题调查 （1）是否有适当层次的管理部门参与了对物资采购风险的评估？ （2）有无识别物资采购风险的适当办法？ （3）对物资采购风险的识别是否全面？ （4）是否对物资采购风险进行了评估？ （5）是否有对物资采购风险的防范和化解措施？ （6）是否有识别人事、控制程序变化并作出相应反应的机制？ （7）有无防止物资积压或短缺的有效办法？ （8）对物资安全库存量的确定是否合理？有无进一步降低的可能？ 3. 物资采购控制活动问题调查 （1）所有物资采购是否以合法经营需求或目的为依据？						

续表

被审计单位名称	××部门	日 期		索引号	
审计项目名称	物资采购内部控制调查	编制人		××	
会计期间或截止日	20××年度	复核人	××	页次	

问 题	是 强	否 弱	否 一般	不适用	备注
（2）物资采购是否经过适当的授权批准？					
（3）是否以最具成本效益的方式取得物资？					
（4）是否对物资采购实施合同控制？					
（5）是否对物资采购不相容职务执行了分离？					
（6）是否对承担采购职责的员工进行定期轮岗？					
（7）对大宗物资采购是否实行招标控制？					
（8）对供货商选择是否做了充分的调查并持续监督供货商业绩？					
（9）采购物资的价格确定是否合理？					
（10）有无健全的物资价格信息控制措施，包括对物价信息收集、分类、加工、比较的程序控制，对信息的质量要求，对信息资料的归档保管等？					
（11）是否由独立部门对到货物资组织认真验收？					
（12）对验收不合格的采购物资是否及时查明原因并落实责任？					
（13）是否对物资采购进行了永续盘存记录？					
（14）在缺乏永续盘存记录时，是否存在补偿控制措施？					
（15）对物资采购是否实施了 ABC 分类管理法？					
（16）是否对物资进行定期盘点？					
（17）是否在有关物资采购票证审核一致、无误的基础上确认应付账款负债？					
（18）是否定期发送供货商对账单？					
（19）有无物资接触和记录使用控制措施？					
（20）对物资采购是否采取了健全的凭证和记录控制？					
（21）是否有针对计算机环境下物资采购信息处理的安全控制标准和措施？					
4．物资采购信息与沟通问题调查					
（1）管理部门是否鼓励涉及物资采购的所有各方交流信息？组织内部信息渠道是否通畅？					
（2）信息沟通是否能使员工有效履行职责？					
（3）与组织外部是否有信息沟通？					
（4）是否根据截止日期信息对物资采购明细账和总账进行控制和调节？					
（5）是否对重大物资采购差异进行了及时调查和处理，是否将调查结果向管理层提交？					
（6）管理部门是否投入充分的资源来支持对信息系统的开发和修改？					
（7）是否保持最新的物资采购会计文件？					

续表

被审计单位名称	××部门	日　期		索引号		
审计项目名称	物资采购内部控制调查	编制人		××		
会计期间或截止日	20××年度	复核人	××	页次		
问　　题		是		否		不适用	备注

问　　题	是 强	否 弱	否 一般	不适用	备注
（8）收集的外部信息是否全面，包括物价变动信息、市场需求信息、经济政策信息、技术信息、供应渠道变化信息、业务流程再造信息等？					
（9）有无通畅的例外情况报告渠道？					
（10）员工的反馈以及供货商的投诉渠道是否畅通？					
（11）是否采取措施保证网络环境下信息处理和传递安全完整和防范计算机病毒？					
5．物资采购监督问题调查					
（1）是否建立适当管理程序来保证物资采购控制的运行并对运行的效果进行评估？					
（2）是否存在适当的程序对物资采购活动进行持续的日常监督？					
（3）监督活动中发现的控制薄弱环节是否向适当管理层汇报？是否根据需要对政策和程序进行修改？					
（4）是否设立独立稽核员对物资采购实施独立监督？					
（5）审计活动范围是否能够足以证明物资采购内部控制的有效性？					
审计结论：					

三、物资采购过程审计

（一）物资采购过程审计的概念

物资采购过程审计是根据采购内部控制评审结果，确定采购计划、价格、合同、执行等方面的测试范围、重点和方法，以收集审计证据。

（二）采购计划审计

采购计划审计是对采购计划中所列物资价格、数量、质量、采购方式和供货商选择等的真实性、合理性和有效性等进行的审计。

1．应获取的相关资料

包括采购政策、采购计划、物资储备定额补库计划、销售计划、产品产量计划、技术措施计划、生产作业计划、在制品期初存量和期末预计存量、新产品试制计划、物资工艺消耗定额、生产设备大中小修理计划、技术改造计划和物资价格供应状况等。

2．应关注的风险领域

包括采购计划程序失控、采购计划依据不当、采购计划分解不到位、采购计划执行不彻底、采购计划与其他计划不协调等。

3．采购计划审计的内容（见表 13-17）

表 13-17　采购计划审计的内容

采购计划审计的内容	采购计划编制依据的可靠性	内部审计人员应审查采购计划的编制是否依据经过批准的物资采购申请单，在物资需求计划环境下，采购计划的编制是否依据主生产计划、主产品结构文件、库存文件和各种零部件的生产时间或订货时间精确计算；采购计划是否与生产计划、销售计划、物资库存控制计划和资金供应计划等相协调；是否符合组织的存货政策、采购政策和资金管理政策

续表

采购计划审计的内容	采购计划审批程序的合规性	审查各物资使用部门是否根据本期生产计划和物资消耗定额确定物资实际需要量，据以填具物资采购申请单；物资管理部门是否每月根据物资实际库存和储备需要填具物资储备定额补库计划表，提交补库申请单；各部门负责人是否按职责分工和授权范围对提交的采购申请单进行分类初审、对口把关；计划部门有无会同物资管理部门核实物资库存；最终下达的《月份物资采购计划》有无报经组织分管领导审批；对不符合规定的采购申请，有无要求请购部门或人员调整采购内容或拒绝批准；重要的和技术性较强的物资采购，是否执行特别授权审批程序，是否组织专家进行论证，实行集体决策和审批；对生产急需和突发性的紧急物资采购，是否以适当形式事先通知价格信息部门，并于规定时日内补齐办妥有关手续。在过程参与式物资采购审计模式下，在将采购计划报组织分管领导审批前，可首先提交内部审计人员审核
	采购计划所列价格的合理性	对于重复购置的物资，如价格未发生变化，则以上次成交价格为依据，将高出确定标准的计划价作为重点审计对象；如价格已发生变化，应掌握最新市场公允价作为审计标准。审计物资采购计划价格时，应将新购物资作为审计的重点。当产品降价时，基于价值链管理的思想，应考虑供货商有无对供应物资协同降价的可能。在过程参与式物资采购审计模式下，对经内部审计人员审核后的物资采购计划价格的处理有两种方式，一种是只作为编制采购计划和内部经济核算的价格依据，而不作为实际采购时的价格控制标准，实际采购之前采购部门需重新报送《价格申报单》；另一种是在编制采购计划之前，采购部门提报《价格申报单》，将通过审查后的价格作为编制采购计划的依据和实际采购时的价格控制标准
	采购计划所列物资数量的合理性	审查计划部门对申请单是否做了最有效的归类；物资采购数量是否考虑了经济批量；是否与生产计划和物资库存相适应
	采购方式选择的合理性	物资的取得方式有定点进货和非定点进货，具体包括市场选购、电子商务采购、招标采购、委托加工、互惠购买、融资租赁和企业自制等方式。内部审计人员应审查采购方式的确定是否综合考虑了下列因素：现有资源的充分利用、物资的重要性程度、资金的贴现幅度、供货商的信誉和各种价格构成要素等。采用招标方式，应具体审查如下内容： （1）监督招标过程和招标标准是否符合"公开选购、公平竞争、公正交易"的原则，在招标、开标、评标和定标过程中有无违反规定程序、私自与供货商串通、泄露招标信息等情况。 （2）审查有关招标文书的内容是否完整、严密，有关条款规定是否得到切实遵守。 （3）监督招标方式的选择是否合理。采用公开招标方式的，审查对外发布的招标信息是否全面、准确，发布范围是否具有广泛性，参与招标的投标人是否合格；采用邀请招标的，审查接受邀请的投标单位是否具有良好信誉、资质和财务状况，是否邀请至少三个以上投标人参加；采用议标采购方式的，审查所采购的物资是否确实存在没有供方投标、没有合格投标者、因技术复杂或性质特殊不能详细确定规格或具体要求、采用招标所需时间不能满足各组织紧急需要、不能预先计算出价格等情况，参加议标的单位是否在两家以上。

续表

采购计划审计的内容	采购方式选择的合理性	（4）审查招标采购的价格是否合理。复验标的价格，对编制标的的工作底稿所载明的物资数量、价格、人工耗费、各项其他费用及税金等进行复核、验算；审查最高采购限价的合理性和公允性；对于不能编制标的的招标物资或采用议标方式招标的，可根据市场行情对标的进行合理的价位判断
	供货商选择的合理性	根据供货商与组织的业务稳定性，将供货商区分为定点供货商和非定点供货商。内部审计人员应重点审查组织对定点供货商选择的合理性，包括供货商选择评价程序是否规范；有无明确的供货商选择目标和评价标准；有无建立供货商评价小组，小组人员组成是否合理；有无完整、真实的供货商资料；供货商资料筛选、排序和审批是否流于形式；是否经集体决策进行供货商优选并形成供货商名单；是否根据供货商和本组织的实际情况采用实地考察、书面调查、样品检验或试用的方式确定供货商；有无过度依赖特定供货商，是否设立了备选供货商团队；有无对供货商档案进行规范管理，建立《合格供货方目录》，定期组织对供货商调查和复审；修改供货商档案是否经过特定授权并进行有效信息沟通等

4. 审计方法

对采购计划审计主要采用分析法、复算法、复核法、检查法、源头审计法、全面审计法、简单审计法和重点审计法等方法。

源头审计法是始终把握问题的根源而不为表象所左右。如一般物资采购的公允价格信息源是市场，在招标采购审计中，内部审计人员不仅要审查是否履行了规范的招标程序，还应关注招标与市场价的差异，关注结算价与中标价之间的差异，关注中标人的实质性运作。

全面审计法是对物资采购涉及的每一个环节、每一项资料和资料的每一个方面进行全面审计的一种方法。优点是细致、审核质量高，缺点是效率低、成本高。

简单审计法是在审计力量不足或者有特殊要求时，仅针对物资采购价格或者物资采购的其他某一方面实施审计的方法。

重点审计法是针对重点物资（如采购数量大、单价高）、敏感性物资、问题较多物资的采购进行重点审查。

（三）采购申报价格审计

采购申报价格审计是对采购价格申报内容的完整性、价格标准确定的合理性和申报程序的规范性等方面所进行的审计。

1. 应获取的相关资料

包括组织的物资价格制定政策、物资采购价格申报单、价格标准、物价变动信息、市场需求信息、经济政策信息、技术信息、供应渠道变化信息和业务流程再造信息等。

2. 应关注的风险领域

包括价格标准失控、价格信息系统无效和低效、采购效率降低、价格审查形式化、价格组成内容单一化和串通作弊风险等。

3. 采购申报价格审计的内容（见表 13-18）

表 13-18　采购申报价格审计的内容

采购申报价格审计的内容	《价格申报单》填列的完整性	采购部门应在比质比价的基础上，初步确定物资采购意向，填制《价格申报单》，并在报经采购部门负责人签章后，将之送交价格信息部门进行价格核定。内部审计人员应审查《价格申报单》是否包括物资品名、规格、型号、数量、单价、金额、使用部门、技术要求、供货单位、货比三家情况等栏目
	价格标准确定的合理性	（1）审查价格信息收集渠道的广泛性和使用的有效性。可供采用的价格收集渠道有网络、报纸、杂志、电视、广播、行业公报、供货商提供和竞争对

续表

采购申报价格审计的内容	价格标准确定的合理性	手披露等。内部审计人员应审查采购部门和价格信息部门是否充分利用了各种价格来源渠道，建立起容量丰富的价格信息资料库；对于获取的各种信息源，是否按照本组织的物资种类进行了适当分类以提高检索能力，发挥信息使用效率；是否在各部门之间进行了信息共享。 （2）审查价格信息资料收集的准确性和及时性。审查价格来源渠道是否正规，是否根据环境的变化适时地更换价格信息，以及能否综合各种信息源较准确地预测未来的价格变化趋势，为组织实施战略物资管理提供价格导向。 （3）审查价格标准确定方法的适当性和计算结果的正确性。物资采购价格标准的确定方法有：分别询价法、交叉询价法、调查法、信息资料查询法、历史资料评价法、测算法、专家评估辅助法、集中询价法、公开招标法、提供佐证法、限价法。 （4）审查价格标准构成内容的全面性。物资采购价格包括采购物资的买价、运杂费、保险费、途中损耗、入库前的整理挑选费用、大宗材料的市内运输费、采购资金利息和其他相关费用。其中买价和运费是物资采购价格的主要影响因素
	采购申报价的合理性	（1）审查是否根据不同的物资采购方式确定申报价； （2）审查申报单中所列物资品种是否在采购计划范围内，是否已被列入采购预算； （3）审查采购申报价有无高估虚报问题； （4）审查采购申报价的构成是否齐全，是否包括综合比价； （5）审查采购部门有无随意压价而忽视物资质量的现象； （6）对于重复购置的物资，审查申报价是否超过最高限价，对最高限价是否根据市场价格变动及时进行相应调整； （7）审查采购部门是否进行比质比价
	申报价格核定程序的规范性	审查价格信息部门是否根据确定的价格标准，在测算评估、对比分析的基础上，确定采购部门报价和相关费用的合理性和公允性，并提出核定意见。对违反规定或报价不合理的，价格信息部门具有否决权，可提出重新询价的建议或者核定一个最高控制价格。采购部门应参照核定意见，在核定的价格控制标准范围内进行采购

4. 审计方法

对采购申报价格审计主要采用价格比较法、复算法、复核法、检查法、源头审计法、重点审计法和简单审计法等方法。

（四）采购合同审计

对采购合同审计是对采购合同的合法性、完整性和有效性等所进行的审计。

1. 应获取的相关资料

包括合同法、组织内部有关合同制度、合同正文和副本以及供货商资料等。

2. 应关注的风险领域

包括盲目签订采购合同风险、合同无效风险、合同条款不利风险、合同违约风险和合同档案管理混乱风险等。

3. 采购合同审计的内容

采购合同审计的内容如表 13-19 所示：

表 13-19　采购合同审计的内容

采购合同审计的内容	采购合同签订的合规合法性	（1）审查供货商是否具有签约资格。 （2）审查合同的签订程序是否合规。 　　合同的签订需经市场调查、业务洽谈、合同起草、合同评审、合同执行以及合同变更、解除或终止等过程。内部审计人员应审查在市场调查阶段是否按"货比三家"的原则进行市场调查，是否取得了供货商完整的档案资料以确认供货商的信誉和履约能力，是否在必要时对供货商进行现场考察；参与业务洽谈的代表是否具备相应的业务能力和技术水平，是否由两人以上参与谈判；合同起草是否使用了正规的合同版本；草签的合同是否经过组织法律部门、财会部门评审；是否根据组织授权要求报经有关领导审批，有无履行分级授权审批手续；是否办理了必要的公证手续；合同变更、解除或终止的理由是否充分，是否签署了书面变更协议并履行了审批手续，对于发现的将严重损害组织利益的已签署合同，是否及时采取了纠正措施
	采购合同条款的完备性和合同内容的合法性	采购合同应包含如下基本内容：合同标的；数量和质量；价格和结算方式；运输方式；履约期限、地点和方式；违约责任等。内部审计人员首先应审查合同中是否包含上述内容，有关规定是否明确、具体。其次，应审查签约双方的权利和义务是否明确并具有对等性。再次，应审查确定有无利用合同从事非法行为的可能性。最后，应审查合同条款规定是否为组织争取到最大的财务利益，如充分考虑付款条件和资金优势，选择合理的货款支付方式等
	采购合同的执行结果	审查合同内容是否得到全面、严格地履行；审查有无合同违约、违约的原因及违约处理结果，如对方违约，是否及时组织索赔，如本方违约，责任人是否向分管领导提交书面报告，经审批后是否办理赔偿手续，并被追究相关责任；对协商不成的合同纠纷是否及时上报上级领导和法律部门，通过申请仲裁或向人民法院起诉解决合同纠纷
	审查合同的管理是否规范	（1）审查组织有无设置专门的合同管理机构，合同管理人员是否具备相应资格，合同管理制度是否完善，有无重大合同变更的应对防范措施。 （2）审查合同的归档和保管是否完整。 　　审查合同是否按序编号；台账登记是否清晰完整；支持性文件是否齐全，是否包括采购合同正本、合同补充协议、技术协议、采购订单、合同评审表及其他合同附件

4. 审计方法

对采购合同审计主要采用检查法、函证法、询问法和重点审计法等方法。

（五）物资采购计划执行情况审计

物资采购计划执行情况审计是指在采购物资运达组织后，对物资验收、入库、计量、价格和货款支付等业务执行的适当性、合法性和有效性等所进行的审查和评价。

1. 应获取的相关资料

包括物资采购申请单、采购计划、采购合同、价格申报单、采购发票、运费单、检验报告、入库单、退货单、付款凭单、转账凭证、应付账款明细账、材料采购明细账和对账单等。

2. 应关注的风险领域

包括采购方式和供货商改变、价格失控、质量检验失控、计量不实、保管低效、票据失真、付款提前或滞后、付款不实和违规结算风险等。

3. 物资采购计划执行情况审计的内容（见表 13-20）

表 13-20　物资采购计划执行情况审计的内容

物资采购计划执行情况审计的内容	采购方式执行情况审计	审查采购部门是否按照采购计划、采购申报单确定的采购方式和供货商进行采购。如物资采购执行的是定点供货制度，内部审计人员应取得《物资定点供货目录》作为审计标准，据以确定采购部门是否在合格供货商目录中选择供货商，如有改变，其改变的原因和批准手续是否合理。对于发现的供货商供货问题，采购人员是否及时填写《供货商供货问题信息反馈单》交价格信息部门，价格信息部门是否及时发出《纠正/预防措施通知单》，限期整改并追踪整改结果；整改无效者，是否暂停其供货或取消其合格供货商资格
	质量控制执行情况审计	（1）审查是否设置独立的质量检验部门组织物资验收，有无采取适当措施防止采购人员、质检人员与保管人员串通舞弊； （2）审查物资验收是否根据货运单、发票和经过批准的采购合同副本、采购价格申报单、采购计划进行； （3）审查物资验收是否签署顺序编号的验收报告； （4）审查超过采购合同的进货数量和提前到货的采购是否经过适当批准； （5）审查是否对短缺物资和不符合质量要求的物资查明了原因，有无根据不同情况及时组织索赔，是否每月编制退货报告，以供采购和质检部门进行审查、分析和考核供货商表现等； （6）审查对逾期未交货者，有无按合同规定给予罚款或没收违约金； （7）对于大型或数额较大的物资采购，审查有无取得供货商合格的检验证明，合同中是否规定了必要的质保内容；物资验收是否严格，有无存在由于验收不严造成以次充好、以劣充优、不合格物资入库等问题
	计量执行情况审计	（1）审查计量器具。包括：计量器具是否经过国家法定检验机构的检验并有相应的书面证明；内部计量部门是否定期检查和校对计量器具；对计量器具的操作是否正确合规；抽查计量记录并核对实物数量，验证计量的准确性。 （2）审查采购物资途中损耗。包括：是否制定了合理的损耗标准；实际损耗是否控制在标准范围之内；损耗的处理是否合理。 （3）审查质量检验对计量结果的影响。对于化工、石油、煤炭、矿山等行业的物资采购，应注意审查是否运用质量检验结果对采购物资的数量进行适当的调整
	价格执行情况审计	（1）审查物资采购是否按批准价格执行。审查发票、货运单、验收单等原始资料上载明的价格是否与价格申报单、采购计划、采购合同一致，价格的变动是否经过核准。 （2）审查运费的组成和数额是否合理。应根据确定的运费价格标准审查物资采购运费，保证实际运费被控制在标准范围之内。包括：运输方式的选择、运输里程的确定、运输商的选择、运价组成等
	仓储保管情况审计	（1）审查仓库的位置与内部空间的布置。审查仓库位置的设置是否有利于组织内物资流动的经济性、合理性；仓库内部空间的布置是否有利于利用仓库的有效面积和提高仓库的作业效率。 （2）审查仓库面积利用率。通过计算和比较"仓库面积利用率"指标，确定仓库利用效率高低和利用潜力的大小。

续表

物资采购计划执行情况审计的内容	仓储保管情况审计	（3）审查仓库存放保管工作。物资是否按分区及编号有序排放；物资包装、标示是否符合规范；易燃、易爆、剧毒等危险物资是否隔离存放；库房防火、防盗、防潮等措施是否到位。 （4）审查是否建立健全物资保管账卡档案，并定期将之与相关资料、账簿核对。 （5）审查物资分类保管情况。审查物资保管是否按照物资的重要程度、消耗数量、价值大小等区别对待，实施 ABC 分类管理法。 （6）审查物资储备定额制定是否合理。审查物资最高储备、经常储备、保险储备和季节性储备等定额是否经济合理，是否做到既满足生产需要，又最大限度地压缩库存
	采购票据审计	（1）审查物资采购的票据是否齐全，是否按照采购业务发生的先后顺序编号。 （2）审查各种票据载明的采购数量、单价、金额、品种、规格、产地、型号等是否真实，数量、单价、金额等计算是否正确，各种票据相关内容是否一致。 （3）审查票据的填写是否合规，手续是否齐全，来源渠道是否正规，保管、领用和注销措施是否完善，传递程序是否合规等
	采购负债确认及付款执行情况审计	（1）审查负债的确认是否正确。审查采购部门是否在物资采购申请单、验收单、供货商发票等核对无误的基础上出具付款申请单，并及时通知财务部门；财务部门是否在进一步审核的基础上，编制记账凭证，登记付款凭单登记簿或应付账款明细账，确认负债。 （2）审查应付账款的登记是否正确。审查应付账款登记和管理是否由独立于请购、采购、验收、付款以外的职员执行；是否根据不同供货商设置明细账进行明细分类核算；是否根据审核无误的原始凭证和记账凭证及时登记账簿记录，有无遗漏、隐瞒负债情况；是否定期将应付账款明细账余额与供货商寄回的对账单相核对，与应付账款总账相核对，与采购部门台账相核对，对存在的差异是否及时妥善处理；对享有折扣的交易，是否以扣除折扣后的货款净额登记应付账款，以防止有人在付款时贪污折扣。 （3）审查付款处理是否合规。审查付款是否符合资金结算制度的要求；付款是否在会计人员审核的基础上，经过授权人审批；是否按确定的付款方式付给指定的收款人；核实付款金额和收款人是否正确；有无使用空白支票；对已付货款是否在发票上加盖"付讫"戳记等。 （4）审查预付账款处理是否合规。审查预付账款是否经过申请、审批；收到采购物资后，是否根据供应商发票及时冲减预付账款；是否与供货商定期对账。 （5）审查应付账款余额的整体合理性。审查财务部门是否定期编制应付账款账龄分析表、物资已收发票未到情况汇总表；是否每月计算主要业绩指标并据以监控应付账款状况；采用分析性复核方法，通过比较本期与上期各应付账款明细账户余额、相关比率和相关费用账户金额，确定应付账款有无异常变动

4. 审计方法

对物资采购计划执行情况审计可以采用检查法、复核法、分析法、复算法、盘点法、鉴证法、抽样法、观察法、函询法和询问法等方法。

四、物资采购后续内部审计

（一）物资采购后续内部审计的概念

物资采购后续内部审计是内部审计人员在提交了物资采购审计报告后，针对报告中所涉及的审计发现和审计建议所进行的跟踪审计，目的是确定被审计单位对于审计报告中所揭示的问题和偏差的纠正与改进情况以及产生的实际效果。

（二）物资采购后续内部审计应关注的风险领域

物资采购后续内部审计应关注的风险领域，包括物资超储积压或储备不足风险、物资使用质量低劣风险、物资价格失控风险、资信低的供货商定点供货风险和审计建议无效风险等。

（三）物资采购后续内部审计的基本过程（见表 13-21）

表 13-21　物资采购后续内部审计的基本过程

物资采购后续内部审计的基本过程	应获取的相关资料。包括审计报告、审计回复、定点供货目录、价格申报单、采购计划和物资质量标准等
	取得被审计单位的反馈意见并进行合理分析。内部审计人员应关注如下事项：被审计单位不做反馈和反馈不充分的事项；被审计单位有异议或误解的事项；反馈意见中说明不采取纠正措施的事项等。内部审计人员应逐项分析上述事项的具体原因，并且特别注意反馈意见中对于问题原因的分析是否具有针对性，拟采取的措施是否具体
	实施适当的审计程序。对重大的审计发现和建议通过现场访问、直接观察、测试和检查文件等方式，编制"后续内部审计面谈结果小结"和"后续内部审计跟踪记录表"等工作底稿
	评估采纳审计建议所达到的效果
	提交后续内部审计报告

（四）物资采购后续内部审计的审计方法

开展物资采购后续内部审计主要采用审计分析方法、详查法、抽查法、终点审计法、重点审计法、函证法和查询法等方法。终点审计法是通过某一个环节的重点审计，反馈后续环节中存在的问题。例如，通过物资采购后续内部审计，验证供货商选择、物资验收、价格执行等方面存在的问题，反馈物资采购审计工作中存在的不足。

🔑 法律依据

财政部关于加强政府采购活动内部控制管理的指导意见

财库〔2016〕99 号

党中央有关部门，国务院各部委、各直属机构，全国人大常委会办公厅，全国政协办公厅，高法院，高检院，各民主党派中央，有关人民团体，中央国家机关政府采购中心，中共中央直属机关采购中心，全国人大机关采购中心，各省、自治区、直辖市、计划单列市财政厅（局）、政府采购中心，新疆生产建设兵团财务局、政府采购中心：

加强对政府采购活动的内部控制管理，是贯彻《中共中央关于全面推进依法治国若干重大问题的决定》的重要举措，也是深化政府采购制度改革的内在要求，对落实党风廉政建设主体责任、推进依法采购具有重要意义。近年来，一些采购人、集中采购机构和政府采购监管部门积极探索建立政府采购活动内部控制制度，取得了初步成效，但总体上还存在体系不完整、制度不健全、发展不平衡等问题。为了进一步规范政府采购活动中的权力运行，强化内部流程控制，促进政府采购提质增效，现提出如下意见：

一、总体要求

（一）指导思想

贯彻党的十八大和十八届三中、四中、五中全会精神，按照"四个全面"战略布局，适应政府职能转变和构建现代财政制度需要，落实政府采购法律法规要求，执行《行政事业单位内部控制规范（试行）》（财会〔2012〕21 号）和《财政部关于全面推进行政事业单位内部控制建设的指导意见》（财会〔2015〕24 号）相关规定，坚持底线思维和问题导向，创新政府采购管理手段，切实加强政府采购活动中的权力运行监督，有效防范舞弊和预防腐败，提升政府采购活动的组织管理水平和财政资金使用效益，提高政府采购公信力。

（二）基本原则

1. 全面管控与突出重点并举

将政府采购内部控制管理贯穿于政府采购执行与监管的全流程、各环节，全面控制，重在预防。抓住关键环节、岗位和重大风险事项，从严管理，重点防控。

2. 分工制衡与提升效能并重

发挥内部机构之间，相关业务、环节和岗位之间的相互监督和制约作用，合理安排分工，优化流程衔接，提高采购绩效和行政效能。

3. 权责对等与依法惩处并行

在政府采购执行与监管过程中贯彻权责一致原则，因权定责、权责对应。严格执行法律法规的问责条款，有错必究、失责必惩。

（三）主要目标

以"分事行权、分岗设权、分级授权"为主线，通过制定制度、健全机制、完善措施、规范流程，逐步形成依法合规、运转高效、风险可控、问责严格的政府采购内部运转和管控制度，做到约束机制健全、权力运行规范、风险控制有力、监督问责到位，实现对政府采购活动内部权力运行的有效制约。

二、主要任务

（一）落实主体责任

采购人应当做好政府采购业务的内部归口管理和所属单位管理，明确内部工作机制，重点加强对采购需求、政策落实、信息公开、履约验收、结果评价等的管理。

集中采购机构应当做好流程控制，围绕委托代理、编制采购文件和拟订合同文本、执行采购程序、代理采购绩效考评等政府采购活动的重点内容和环节加强管理。

监管部门应当强化依法行政意识，围绕放管服改革要求，重点完善采购方式审批、采购进口产品审核、投诉处理、监督检查等内部管理制度和工作规程。

（二）明确重点任务

1. 严防廉政风险

牢固树立廉洁是政府采购生命线的根本理念，把纪律和规矩挺在前面。针对政府采购岗位设置、流程设计、主体责任、与市场主体交往等重点问题，细化廉政规范、明确纪律规矩，形成严密、有效的约束机制。

2. 控制法律风险

切实提升采购人、集中采购机构和监管部门的法治观念，依法依规组织开展政府采购活动，提高监管水平，切实防控政府采购执行与监管中的法律风险。

3. 落实政策功能

准确把握政府采购领域政策功能落实要求，严格执行政策规定，切实发挥政府采购在实现国家经济和社会发展政策目标中的作用。

4. 提升履职效能

落实精简、统一、效能的要求，科学确定事权归属、岗位责任、流程控制和授权关系，推进政府采购流程优化、执行顺畅，提升政府采购整体效率、效果和效益。

三、主要措施

（一）明晰事权，依法履职尽责

采购人、采购代理机构和监管部门应当根据法定职责开展工作，既不能失职不作为，也不得越权乱作为。

1. 实施归口管理

采购人应当明确内部归口管理部门，具体负责本单位、本系统的政府采购执行管理。归口管理部门应当牵头建立本单位政府采购内部控制制度，明确本单位相关部门在政府采购工作中的职责与分工，建立政府采购与预算、财务（资金）、资产、使用等业务机构或岗位之间沟通协调的工作机制，共同做好编制政府采购预算和实施计划、确定采购需求、组织采购活动、履约验收、答复询问质疑、配合投诉处理及监督检查等工作。

2. 明确委托代理权利义务

委托采购代理机构采购的，采购人应当和采购代理机构依法签订政府采购委托代理协议，明确代理采购的范围、权限和期限等具体事项。采购代理机构应当严格按照委托代理协议开展采购活动，不得超越代理权限。

3. 强化内部监督

采购人、集中采购机构和监管部门应当发挥内部审计、纪检监察等机构的监督作用，加强对采购执行和监管工作的常规审计和专项审计。畅通问题反馈和受理渠道，通过检查、考核、设置监督电话或信箱等多种途径查找和发现问题，有效分析、预判、管理、处置风险事项。

（二）合理设岗，强化权责对应

合理设置岗位，明确岗位职责、权限和责任主体，细化各流程、各环节的工作要求和执行标准。

1. 界定岗位职责

采购人、集中采购机构和监管部门应当结合自身特点，对照政府采购法律、法规、规章及制度规定，认真梳理不同业务、环节、岗位需要重点控制的风险事项，划分风险等级，建立制度规则、风险事项等台账，合理确定岗位职责。

2. 不相容岗位分离

采购人、集中采购机构应当建立岗位间的制衡机制，对采购需求制定与内部审核、采购文件编制与复核、合同签订与验收等岗位原则上应当分开设置。

3. 相关业务多人参与

采购人、集中采购机构对于评审现场组织、单一来源采购项目议价、合同签订、履约验收等相关业务，原则上应当由 2 人以上共同办理，并明确主要负责人员。

4. 实施定期轮岗

采购人、集中采购机构和监管部门应当按规定建立轮岗交流制度，按照政府采购岗位风险等级设定轮岗周期，风险等级高的岗位原则上应当缩短轮岗年限。不具备轮岗条件的应当定期采取专项审计等控制措施。建立健全政府采购在岗监督、离岗审查和项目责任追溯制度。

（三）分级授权，推动科学决策

明确不同级别的决策权限和责任归属，按照分级授权的决策模式，建立与组织机构、采购业务相适应的内部授权管理体系。

1. 加强所属单位管理

主管预算单位应当明确与所属预算单位在政府采购管理、执行等方面的职责范围和权限划分，细化业务流程和工作要求，加强对所属预算单位的采购执行管理，强化对政府采购政策落实的指导。

2. 完善决策机制

采购人、集中采购机构和监管部门应当建立健全内部政府采购事项集体研究、合法性审查和内部会签相结合的议事决策机制。对于涉及民生、社会影响较大的项目，采购人在制定采购需求时，还应当进行法律、技术咨询或者公开征求意见。监管部门处理政府采购投诉应当建立健全法律咨询机制。对决策过程要形成完整记录，任何个人不得单独决策或者擅自改变集体决策。

3. 完善内部审核制度

采购人、集中采购机构确定采购方式、组织采购活动，监管部门办理审批审核事项、开展监督检查、作出处理处罚决定等，应当依据法律制度和有关政策要求细化内部审核的各项要素、审核标准、审核权限和工作要求，实行办理、复核、审定的内部审核机制，对照要求逐层把关。

（四）优化流程，实现重点管控

加强对采购活动的流程控制，突出重点环节，确保政府采购项目规范运行。

1. 增强采购计划性

采购人应当提高编报与执行政府采购预算、实施计划的系统性、准确性、及时性和严肃性，制定政府采购实施计划执行时间表和项目进度表，有序安排采购活动。

2. 加强关键环节控制

采购人、集中采购机构应当按照有关法律法规及业务流程规定，明确政府采购重点环节的控制措施。未编制采购预算和实施计划的不得组织采购，无委托代理协议不得开展采购代理活动，对属于政府采购范围未执行政府采购规定、采购方式或程序不符合规定的要及时予以纠正。

3. 明确时限要求

采购人、集中采购机构和监管部门应当提高政府采购效率，对信息公告、合同签订、变更采购方式、采购进口产品、答复询问质疑、投诉处理以及其他有时间要求的事项，要细化各个节点的工作时限，确保在规定时间内完成。

4. 强化利益冲突管理

采购人、集中采购机构和监管部门应当厘清利益冲突的主要对象、具体内容和表现形式，明确与供应商等政府采购市场主体、评审专家交往的基本原则和界限，细化处理原则、处理方式和解决方案。采购人员及相关人员与供应商有利害关系的，应当严格执行回避制度。

5. 健全档案管理

采购人、集中采购机构和监管部门应当加强政府采购记录控制，按照规定妥善保管与政府采购管理、执行相关的各类文件。

四、保障措施

采购人、集中采购机构和监管部门要深刻领会政府采购活动中加强内部控制管理的重要性和必要性，结合廉政风险防控机制建设、防止权力滥用的工作要求，准确把握政府采购工作的内在规律，加快体制机制创新，强化制度硬约束，切实提高政府采购内部控制管理水平。

（一）加强组织领导

建立政府采购内部控制管理工作的领导、协调机制，做好政府采购内部控制管理各项工作。要严格执行岗位分离、轮岗交流等制度，暂不具备条件的要创造条件逐步落实，确不具备条件的基层单位可适当放宽要求。集中采购机构以外的采购代理机构可以参照本意见建立和完善内部控制管理制度，防控代理执行风险。

（二）加快建章立制

抓紧梳理和评估本部门、本单位政府采购执行和监管中存在的风险，明确标准化工作要求和防控措施，完善内部管理制度，以形成较为完备的内部控制体系。

（三）完善技术保障

运用信息技术落实政府采购内部控制管理措施，通过政府采购管理交易系统及采购人内部业务系统重点强化人员身份验证、岗位业务授权、系统操作记录、电子档案管理等系统功能建设。探索大数据分析在政府采购内部控制管理中的应用，将信息数据科学运用于项目管理、风险控制、监督预警等方面。

（四）强化运行监督

建立内部控制管理的激励约束机制，将内部控制制度的建设和执行情况纳入绩效考评体系，将日常评价与重点监督、内部分析和外部评价相结合，定期对内部控制的有效性进行总结，加强评估结果应用，不断改进内部控制管理体系。财政部门要将政府采购内部控制制度的建设和执行情况作为政府采购监督检查和对集中采购机构考核的重要内容，加强监督指导。

第四节　生产循环的内部审计

一、生产循环的基本业务

生产循环是将原材料转化为产成品的过程，该循环涉及的内容主要是存货的管理及生产成本的计算等。生产循环所涉及的主要业务活动包括计划和安排生产、发出原材料、生产产品、核算生产成本、核算在产品、储存产成品、发出产成品等。上述业务活动通常涉及的部门包括生产计划部门、仓库、生产部门、人事部门、销售部门、会计部门等。

（一）计划和安排生产

生产计划部门的职责是根据顾客订单或者对销售预测和存货需求的分析来决定生产授权。如决定授权生产，即签发预先编号的生产通知单。（该部门通常应将发出的所有生产通知单编号并加以记录控制）。此外，该部门还需要编制一份材料需求报告，列示所需要的材料和零件及其库存。

（二）发出原材料

仓库部门的责任是根据从生产部门收到的原材料领料单发出领料单上列示的材料数量和种类，以及领料部门的名称。领料单可以一料一单，也可以一单多料。通常需要一式三联。仓库发料后，将其中一联连同材料交还领料部门，其余两联留存以登记材料明细账之后送会计部门进行材料收发核算和成本核算。

（三）生产产品

生产部门在收到生产通知单、领取原材料后，便将生产任务分解到每一个生产工人，并将所领取的原材料交给生产工人，由其执行生产任务。生产工人在完成生产任务后，将完成的产品交生产部门查点，然后转交检验员验收并办理入库手续。或者将所完成的产品移交下一个部门，以便进一步加工。

（四）核算产品成本

为了正确地核算产品成本，对在产品进行有效控制，必须建立健全成本会计制度，将生产控制和成本核算有机结合在一起。一方面，将生产过程中的各种记录、生产通知单、领料单、工时单、入库单等文件资料汇集到会计部门，由会计部门对其进行审查和核对，了解和控制生产过程中存货的实物流转。另一方面，会计部门要设置相应的会计账户，会同有关部门对生产过程中的成本进行核算和控制。成本会计制度可以非常简单，只要求在期末记录存货余额；也可以是完善的标准成本制度，要求持续地记录所有材料处理、在产品和产成品，并产生对脱离标准成本差异的分析报告。完善的成本会计制度应要求提供原材料转为在产品，在产品转为产成品，以及按成本分析、分批生产任务通知单或生产周期所消耗的材料、人工和间接费用分配和归集的详细资料。

（五）储存产成品

产成品入库，须由仓库部门先行点验和检查，然后签收。并在签收后将实际入库数量通知会计部门。据此，仓库部门确立了本身应承担的责任，并对验收部门的工作进行验证。除此之外，仓库部门还应根据产成品的品质特征分类存放，并填制标签。

（六）发出产成品

产成品的发出须由独立的发运部门进行。装运产成品时必须持经有关部门核准的发运通知单，并据此编制出库单。出库单至少一式四联，一联交仓库部门；一联发运部门留存；一联送交顾客；一联作为给顾客开发票的依据。

二、生产循环的基本内部控制制度

（一）内部控制目标和内部控制要点

一般而言，对企业生产循环的内部控制主要包括对存货的内部控制和成本会计制度。表 13-22 列示的是存货的内部控制目标和内部控制要点，表 13-23 列示的是成本会计制度的内部控制目标和内部控制要点。

表 13-22　存货的内部控制目标和内部控制要点

内部控制目标	内部控制要点
对存货的采购符合生产的需要	采购存货须经适当的审查批准等
对存货的计价合理正确	采用适当的计价方法并一贯执行；存货成本的计算过程和会计处理正确无误；内部核查
对存货的领用按生产计划进行	领用存货须经适当的审查和批准，手续齐全
对存货实施保护措施，保管人员与记录、批准人员相互独立	存货保管人员与记录、保管人员职务相分离
账面存货与实存存货相符	定期进行存货盘点

表 13-23　成本会计制度的内部控制目标和内部控制要点

内部控制目标	内部控制要点
生产业务是根据管理者一般或特定的授权进行的	对以下三个关键点，应通过恰当手续，经过特别审批或一般审批：生产指令、领料单、工资
记录的成本为实际发生的而非虚构的	成本的核算是以经过审核的生产通知单、领发料凭证、产量和工时记录、人工费用分配表、材料费用分配表、制造费用分配表为依据的

续表

内部控制目标	内部控制要点
所有耗费和物化劳动均已反映在成本中	生产通知单、领发料凭证、产量和工时记录、人工费用分配表、材料费用分配表、制造费用分配表均被事先编号和登记入账
成本以正确的金额，在恰当的会计期间被及时记录于适当的账户	采用适当的成本核算方法，并且前后各期一致；采用适当的费用分配方法，并且前后各期一致；采用适当的成本核算流程和账务处理流程内部核查

（二）基本的内部控制制度

1. 职务分离制度

根据内部牵制的要求，生产循环的下列业务应当明确职责分工：

（1）采购部门的工作人员应与验收、保管部门的人员适当分离；

（2）生产计划的编制者应同其复核和审批人员适当分离；

（3）产成品的验收部门应同产品制造部门相互独立；

（4）负责产成品储存保管职责的人不能同时负责产成品账户的会计记录；

（5）存货的盘点不能只由负责保管、使用或负责记账职能的职员来进行，应由负责保管、使用、记账职能的职员以及独立于这些职能的其他人员共同进行。

2. 存货的储存保管制度

仓储保管部门负责存货的储存保管责任。存货的储存保管制度主要应包括：

（1）适当的授权。对存货的领用必须经过适当的授权，生产部门根据生产计划编制领料单，经授权人员签字后，到仓储保管部门办理领用存货。

（2）进入限制。仓储部门只有经授权批准的人才能进入。非工作人员或非授权人员不得进入。

（3）存货登记。仓储保管收到验收部门送交的存货和验收单后，应填制连续编号的入库通知单，并由交接各方签字后留存。发出存货后，应根据领料单及时登记存货收发存明细账簿，并填制存货出库单或者将一式多联的领料单及时送交会计部门。

（4）存货保管。应指定专人负责存货的存放和管理，并进行分类编目以便于与会计部门的账户记录的核对工作。仓储部门应定期对存货进行检查，查看有无损坏、变质或长期不流动的情况，记录检查结果。如发现有损坏、变质情况，应及时填制专门的报告单，说明数量、原因，并经有关人员批准后，由仓储部门和会计部门分别调整实物和金额记录，以防止存货价值的金额不真实地高于存货的实际价值。

（5）存货库存量管理。在某些企业中，对于生产经营所需的常规存货，由仓储保管部门根据库存情况向采购部门提出请购。在这种情况下，仓库应建立最低库存量的报警系统，或者指定专人逐日根据各种材料的采购间隔期和当日材料的库存量分析确定应采购的日期和数量，或者通过计算机管理系统重新预测材料需求以及重新计算保险存货水平和经济采购量，并据此进行再订购。

3. 存货盘存控制制度

（1）永续盘存制。永续盘存制，是指对于每一笔存货的收发业务，都要根据原始凭证逐笔登记明细账并随时结出账面结存实物和（或）金额。企业应考虑企业对于存货的计价方法以及存货管理的要求，一般而言，企业的仓库的存货账采用数量永续盘存，即按存货的名称分别登记收、发、存的存货数量；财务部门的存货明细账采用数量和金额并用的永续盘存制，即按存货的名称在收、发、存各栏下分别登记数量、单价和金额。

（2）定期盘存制。定期盘存制，是指通过实物盘点的方法确定存货的期末结存数量，倒算本期存货减少数量。在这种方法下，各种存货的账面记录平时只根据原始凭证登记收入的数量和金额，不记录发出存货的数量和金额，期末通过实物盘点确定结存存货的数额，倒算出本期发出存货的数额，并据以登记存货明细账的发出栏。定期盘存制一般适用于受限于人力和核算水平的小型企业，或自然损耗大、数量不确定的鲜活商品。

一项有效的存货控制制度往往将两种存货盘存制度相结合运用，即平时要求保持良好的永续盘存记录，同时规定进行必要的定期和分批的实地盘点，以防止永续盘存制下存在账存数和实存数不相符的错误。

在永续盘存制下，对各种库存存货的明细账应按每一品种规格设置，仓储部门保管账的设置应同会计部门存货明细账相协调，以便两部门相互核对控制。会计部门填制存货明细账应逐笔或逐日登记收入和发出数，并随时计列其结存数量。同时应对存货金额进行登记，实行数量和金额双重控制。仓储部门填制存货保管账时，应由记账员根据收、发货单登记收发数量，进行数量控制。应定期将存货明细账同存货保管账相互核对，以随时反映库存情况和保护存货安全。应定期将明细账同实物保管账核对，对于差异应调查原因。

在采用永续盘存制的同时，企业应对存货进行定期盘点，事先制订盘点计划，盘点计划内容应包括：

（1）盘点时间。存货盘点可以选择在企业员工休假期间、由于某种原因生产停工期间、存货量的低水平期间、年末或资产负债表编制日前某一个方便的月底进行。

（2）盘点参与人员。盘点是整个企业的一件大事，各级领导、有关人员，包括供应、存储、财务、生产等部门的有关人员都应参与。

（3）存货停止流动。为了保证存货数量的准确，盘点时，企业各库房、各车间的存货必须停止流动，并分类摆放。

（4）编制连续编号的盘点标签或填写盘点清单。有条件的还应绘制存货摆放示意图，规划盘点路线。

（5）召开盘点预备会议，将盘点计划或指令贯彻到每一参与人员。

上述盘点人员盘点后，企业应根据实际情况组织独立的小组，在盘点标签尚未取下之前，按照一定的比例进行复盘抽点。在比较抽点结果与盘点单上的记录时，不仅要核对数量，还应该核对存货的编号、品种、规格及产品品质等。在抽点在产品时，还应关注其完工程度是否适当。抽点如发现差异，除应督促更正外，还应扩大抽点范围，如发现差错过大，则应要求重新盘点。

4. 存货计价方法的控制制度

存货计价方法的控制制度的目标是通过采用的计价方法能使计价结果更好地反映存货的实际价值，从而使销货成本的确定更为准确。企业可以根据实际情况选择不同的计价方法。目前，存货的计价方法主要包括：

（1）具体辨认法。在采用具体辨认法时，该项存货必须是可以辨别认定的，而且对每一件存货的品种规格、入账时间、单位成本、存放地点等情况都有详细的记录。

（2）平均成本法。平均成本法，是指按照各批收到的存货的平均单位成本，对发出存货和库存存货进行计价。按照该方法在永续盘存法和定期盘点法的不同应用，平均成本法又可分为加权平均法和移动平均法。

（3）先进先出法。即假设先入库的存货先耗用或销售，这种方法同样可以分别在永续盘存制和定期盘存制下使用。

（4）成本与可变现净值孰低法。采取成本与可变现净值孰低法是基于稳健性原则的考虑。这种方法是指对期末存货的重置成本和实际成本进行比较，取较低者进行计价。我国股份公司会计制度要求对股份公司的存货采用这种计价方法。控制制度应对提供存货账面价值低于可变现净值的证据予以监督，实施对可变现净值的检验。可变现净值为预计售价减去预计完工成本和销售所必需的预计税费后的余额。一般来说，对于外观完好无损、保持原有的使用价值并处于适销对路状态的存货，其可变现净值可按存货市场销售价格来确定；对于外观完好无损、保持原有的使用价值，但样式过时或质量降低的存货，在前一种情况确定的单位可变现净值的基础上，可再适当给予折扣来确定；对于外观完好无损，且需改变原有的使用价值方可用于出售或生产的存货，应按其存货新的用途或使用价值来确定。对于毁损、完全变质、丧失使用价值，不能用作出售或生产的存货，应作出报废处理，并计入当期损益。

5. 产品成本的核算制度

产品的成本核算制度，通常是指将一定期间的生产费用，按各种产品进行归计，并在产成品和在产品之间进行分配，以求得各种产品总成本和单位成本的制度。一般包括成本计算对象的确定、成本核算项目的设置、成本计算方法的确定、生产费用的分配以及完工产品和在产品成本的划分等。

（1）确定成本计算对象。成本计算对象是指为了归集和分配生产费用进行成本计算而确定的生产费用的承担者。确定成本计算对象时，应考虑下面两个因素：

①生产类型的特点。企业的生产类型的特点包括工艺过程和组织方式，前者可以划分为简单生产和复杂生产两种类型，复杂生产可以进一步划分为连续式生产和装配式生产两种类型；后者可以划分为大量生产、成批生产和单件生产。不同工艺过程和生产组织方式的组合构成了不同的生产类型。

一般来说，不同生产类型的成本计算对象也会不同，如表 13-23 所示。

表 13-23　不同生产类型的成本计算对象

生产类型		成本计算对象
生产工艺	生产组织	
简单生产	大量生产	产品品种
复杂生产（连续式）	大量生产	产品加工步骤
复杂生产（装配式）	大量生产	产品加工步骤
复杂生产（装配式）	成批生产	产品加工步骤或产品批别
复杂生产（装配式）	单件生产	产品批别

由此可见，受不同生产类型的影响，在实际工作中，有三种不同的成本计算对象，也就相应的形成了以成本计算对象为主要标志的三种成本计算方法，即品种法、分步法和分批法。

②成本管理要求。对成本计算对象的选择主要受生产类型的影响，同时应满足成本管理的

需要。对于单件小批生产的企业，成本计算一般按批别进行，但对于规模较大的一些大中型装配式生产企业，为了加强各步骤的成本管理，往往不仅要求按照产品的批别计算成本，还要求按照生产步骤计算产品成本。对于连续生产类型企业，一般采用分步法，但对于规模较小的企业而言，如果管理上不要求提供分步骤的成本计算资料或暂时难以按步骤计算成本，也可以不分步骤计算成本，而是仅以产品品种作为成本计算对象。对于实行责任会计的企业，为了考核各责任单位的成本计划的执行情况，既要以各种产品又要以各责任单位作为成本计算对象。

（2）设置成本核算项目。

①直接材料。包括在生产经营中直接用于产品生产或有助于产品形成的原材料、辅助材料、备品配件、外购半成品、燃料、动力、包装物以及其他直接材料。

②直接工资。包括直接从事产品生产人员的工资、奖金、津贴和补贴。

③制造费用。包括生产车间和辅助车间为组织和管理生产所发生的各种费用，如车间管理人员的工资、车间房屋建筑物和机器设备的折旧费、租赁费、修理费、机物料消耗、水电费和办公费等。

如企业发生的废品损失很多，还可以增设"废品损失"项目。如企业耗用的燃料和动力较多时，还可以增设"直接燃料和动力"成本项目。

（3）确定成本计算方法。成本计算方法要根据成本计算对象、成本计算期间和生产费用在完工产品和在产品之间分配的特点加以选择。常用的成本计算方法主要有：

①品种法。品种法是按照产品品种归集生产费用、计算产品成本的一种方法。其特点是以产品品种为成本计算对象，设置成本计算单位。如果只生产一种产品，那么本月所发生的一切生产费用都是直接费用，可以将之直接计入成本计算单的有关成本项目。如果生产的产品不止一种，则本月发生的各种产品直接费用可被直接计入各该成本计算单的有关项目；对间接费用，则要在各种产品之间进行分配后，再分别记入各该成本计算单中的成本项目。月末，如果没有在产品或在产品很少时，就不需要计算在产品成本。成本计算单归集的全部生产费用，就是各该产品的总成本。如果有在产品，而且数量较多，则需将成本计算单中归集的生产费用在完工产品和在产品之间分配，计算出完工产品的总成本。以各种产品总成本除以各该产品数量便可得出各该产品单位成本。

品种法主要适用于大量的单步骤生产，如发电、采掘业等企业。在大量多步骤生产中，如果企业规模较小、其成本管理工作上不要求计算分步骤成本资料时也可以采用此品种法，如小型水泥、制砖业等企业。

②分批法。分批法是按照产品的批别或订单归集生产费用、计算产品成本的一种方法。在单件、小批量生产企业中，有些产品是按订单组织生产的，所以，按批别计算成本又称订单法。分批法（订单法）的特点是成本计算对象是每批产品或每张订单，成本计算期与生产周期一致，通常是在每一批产品或每一张订单完工后，才计算成本，因此一般不计算批别或订单尚未完工的在产品成本。

分批法主要适用于单件小批生产的企业，如船舶制造、重型机械制造等。此外，也适用于一般企业的新产品试制或试验、专项工程以及工业性修理作业等。

③分步法。分步法是按照产品品种和每种产品所经过的生产步骤归集生产费用、计算产品成本的一种方法。其特点是以每个生产步骤作为生产计算对象。如果企业只生产一种产品，则

对成本计算单就应按生产步骤设立，以分别归集几个加工步骤的生产费用；如果企业生产多种产品，对成本计算单就应按照每一加工步骤的每一种产品开设。对成本计算步骤的划分，可以同对生产步骤的划分一致，也可以不一致，这要根据管理上的要求来决定。按结转各步骤半成品成本时的不同方法，分步法又可以划分为逐步结转分步法和平行结转分步法。

逐步结转分步法的特点是各步骤的半成品成本，随着半成品实物的转移，顺序从上一步骤的成本计算单中，转入下一步骤相同产品成本的计算单，从而逐步的计算出各步骤的半成品成本和最后一个步骤的产成品成本。并且，半成品成本随其实物转移而逐步结转。这种方法被广泛地应用于大量大批连续或复杂生产的企业，如钢铁制造企业、棉纺织企业等。

平行结转分步法的特点是各步骤的生产费用不随着半成品实物的转移而结转，各步骤只核算本步骤发生的原材料和加工费用，月末时，将各步骤发生的生产费用计入产成品成本的"份额"，由会计部门将各步骤结转的相同产品成本的"份额"平行地汇总起来，求得产成品的成本。这种方法主要适用于多步骤装配式生产的企业，如机械制造业等。

另外，为了简便核算和控制成本，又可将分类法、系数法、定额法以及标准成本法等与上述成本计算方法结合起来使用，以起到提高成本核算的作用。

必须指出的是，一个企业采取的成本计算方法不是唯一的，又可能同时采取某种成本计算方法。因为企业在从事生产产品过程中，由于生产特点不同，管理要求不同，所采取的成本计算方法也不完全相同。例如，纺织厂对主要产品的生产往往都是采用连续式多步骤生产方式，因此其生产车间对成本计算方法一般都采用逐步结转分步法。但是其锅炉车间由于主要向生产车间和管理部门提供蒸汽，因此采用了品种法计算成本。另外，在实际工作中，往往还会出现以一种成本计算为主，结合其他几种成本计算方法的某些特点而综合应用的情况。例如，机床厂的产品要经过铸造、机械加工和装配等工序，就其最终产品而言，应采用分批法，但从产品生产的某一个阶段来看，铸造车间可以采用品种法核算；铸造与机械加工车间可以采用逐步结转分步法；装配车间可以采用平行结转分步法。这样，该厂就以分批法为基础，结合品种法和分步法的某些特点来计算产品成本。

（4）确定生产费用的分配标准。生产费用归集后要进行分配。合理地分配生产费用是正确计算产品成本的必要条件。

分配生产费用的基本方法是比率法，即分配对象统一分配标准，计算出分配率；然后以某种产品的分配标准数乘以分配率，即可求得该种产品应分配的费用数额。其计算公式是：

$$分配率 = 分配对象 / 各种产品分配标准总数$$
$$某种产品应分配数额 = 该种产品分配标准数 / 分配率$$

对生产费用分配是否正确取决于分配选择是否科学与分配对象之间是否有较大的相关性。因此选择分配标准首先要有代表性，与分配对象有直接联系；其次要简便，即资料的取得较为方便，计算也不复杂。一般而言，主要的生产费用分配标准有：

①直接材料费用分配标准。构成产品实体的材料，通常可以被直接计入成本。只有用同一种材料生产一种以上的产品时，才需要进行分配。常用的分配标准有：

a. 定额用量。

$$分配率 = 材料费用总额 / \sum（某种产品产量 \times 某种产品的该种材料消耗定额）$$
$$某种产品应分配的材料费用 = 某种产品该材料定额用量 \times 分配率$$

b. 产品重量。

$$分配率=材料费用总额/\sum 各种产品重量$$
$$某种产品应分配的材料费用=该种产品重量\times 分配率$$

c. 产量。

$$分配率=材料费用总额/\sum 各种产品产量$$
$$某种产品应分配的材料费用=该种产品产量\times 分配率$$

d. 系数。

$$分配率=材料费用总额/\sum （各种产品产量\times 系数）$$
$$某种产品应分配的材料费用=该种产品产量\times 系数\times 分配率$$

e. 定额成本。

$$分配率=材料费用总额/\sum （各种产品产量\times 单位产量的材料定额成本）$$
$$某种产品应分配的材料费用=该种产品材料定额成本\times 分配率$$

②直接耗用外购动力的分配标准。动力包括电力和蒸汽等，可以分为外购和自制两种。对外购动力的分配在有仪表的情况下，应根据耗用量乘以单价计算，在无仪表计量的情况下，一般可以按照下列标准分配：

a. 生产工时。

$$分配率=各种产品耗用外购动力费用总额/各种产品生产工时总数$$
$$某种产品应分配的外购动力费用=该种产品的生产工时\times 分配率$$

b. 机器工时。

$$分配率=各种产品耗用外购动力费用总额/各种产品耗用机器工时总数$$
$$某种产品应分配的外购动力费用=该种产品耗用的机器工时\times 分配率$$

c. 机器功率时数。

$$分配率=各种产品耗用外购动力费用总额/各种产品的机器功率时数总数$$
$$某种产品应分配的外购功力费用=该种产品耗用的机器功率时数\times 分配率$$

③直接工资费用的分配标准。采用计件工资形式的生产工人的工资是直接费用，可以根据工资结算凭证将之直接计入有关产品的成本。采用计时工资形式的生产工人工资，在生产一种产品时是直接费用，在生产多种产品时是间接费用，通常可以按照实用工时标准进行分配。其计算公式：

$$分配率=生产工人工资总额/各种产品实用工时总数$$
$$某种产品应分配的生产工人的工资=该种产品实用工时\times 分配率$$

在一些产品工时定额比较健全的企业里，也可以按定额工时比例分配工资费用。

④辅助生产成本的分配。

a. 直接分配法。这种方法不考虑辅助生产内部提供的产品或劳务，将各辅助生产车间本身发生的费用归集起来，直接分配给生产车间以外的各受益单位。

b. 一次交互分配法。这种方法是将辅助生产的费用分两步进行分配。第一步在各辅助车间之间交互分配费用；第二步将各辅助生产车间的分配前费用，加上分配转入的费用，减去分配转出的费用，计算出实际费用，再采用直接分配法分配给各生产车间和管理部门。

c. 计划成本分配法。这种方法是将辅助生产车间所提供的产品和劳务，一律按计划成本分配给各受益单位。实际成本与计划成本的差额，就是该车间的节约或超支额，一般被计入管理费用。

⑤制造费用的分配。

a. 生产工时。

分配率=制造费用总额/各种产品生产工时总数（或定额工时总数）

某种产品应分配的制造费用=该种产品的生产工时数（或定额工时数）×分配率

b. 机器工时。

分配率=制造费用总额/各种产品耗用机器工时总数

某种产品应分配的制造费用=某种产品耗用机器工时数×分配率

c. 工资成本。

分配率=制造费用总额/各种产品生产工人工资总额

某种产品应分配的制造费用=某种产品生产工人工资×分配率

（5）确定完工产品和在产品成本划分的标准。生产费用经过归集分配后，成本计算单就集中反映了产品成本。如果某种产品在计算期内已完工，则所反映的该产品成本就是完工产品成本；如果该产品在计算期内尚未全部完工，即有在产品，则所反映的该产品成本还必须在完工产品和在产品成本之间划分。一般来说，对期末在产品是否计算其成本的原则是：当在产品数量很少时，可以忽略不计；当在产品数量较大，但前后期较稳定时，可以抵销不计；当在产品数量波动较大时，则应计算在产品成本。

在产品成本计算的标准有下列三种：

a. 约当产量。

在产品约当产量=在产品数量×完工百分比

分配率=（期初在产品成本+本期发生费用）/∑（完工产品数量+在产品约当产量）

在产品应负担的成本=在产品约当产量×分配率

b. 定额比例。

分配率=（期初在产品实际消耗量+本期实际消耗量）/∑（完工产品定额消耗量+月末在产品定额消耗量）

在产品实际消耗量=月末在产品定额消耗量×分配率

在产品实际成本=在产品实际消耗量×∑（材料单价+工资率+费用率）

c. 定额成本。

各项定额材料成本=在产品数量×单位消耗定额×计划单价

定额工资成本=在产品数量×工时定额×每小时平均工资

各项定额费用成本=在产品数量×工时定额×每小时计划费用

在产品定额成本=∑（各项定额材料成本+定额工资成本+各项定额费用成本）

三、生产循环的基本业务流程

前文已讲述存货的储存保护控制流程，这里仅以简要的形式列示产品成本核算流程，如图13-5所示。

四、生产循环的主要凭证及其传递程序

生产循环由原材料转化为产成品的有关活动组成。该循环包括制造产品品种和数量的生产计划和控制、保持存货水平以及与制造过程有关的交易和事项。该循环交易从领料生产开始到加工、销售产成品结束。该循环所涉及的凭证和记录如表13-24所示。

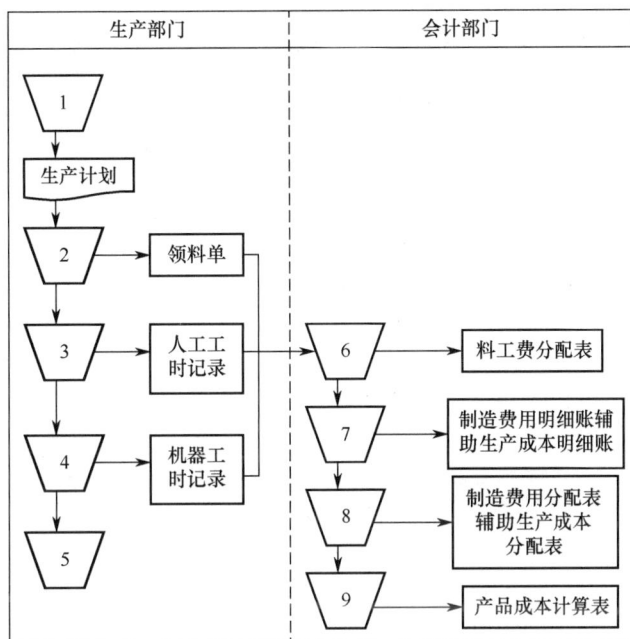

注：
1. 生产部门根据销售订单等编制生产计划；
2. 生产部门根据需要领取的原材料编制领料单；
3. 生产部门组织生产活动，编制人工工时记录；
4. 生产部门组织生产活动，编制机器工时记录；
5. 生产部门办理完工产品入库；
6. 会计部门根据领料单人工工时记录和机器工时记录编制料工费分配表；
7. 会计部门根据料工费分配表登记制造费用明细账和辅助生产成本明细账；
8. 会计部门编制制造费用分配表和辅助生产成本分配表；
9. 会计部门完成产品成本计算表。

图 13-5　产品成本核算流程

表 13-24　生产循环所涉及的凭证和记录

	生产指令	生产指令又称"生产任务通知单"，是企业下达制造产品等生产任务的书面文件，用以通知生产车间组织产品制造、供应部门组织材料发放、会计部门组织成本计算。广义的生产指令也包括用于指导产品加工的工艺规程，如机械加工企业的"路线图"等
生产循环所涉及的凭证和记录	领料凭证	（1）领料凭证是企业为控制材料发出所采用的各种凭证，如领料单、限额领料单、领料登记表、退料单等。 （2）领料单应由领料单位填置，一般一式两联，其中一联由领料单位带领料后，另一联交材料仓库登记材料明细账，此联会由材料会计定期稽核时带回财会部门，据以进行发出材料的核算并进行材料费用的分配。领料单是一种一单一料的一次有效的凭证，一般适用于没有材料消耗定额或不经常领用的材料。 （3）限额领料单由企业的生产计划部门或供应部门根据产品的生产计划和材料消耗定额等资料编制。限额领料单一般一式两联，一联交领料单位，凭以领料，一联则由材料仓库保管，据以发料。每次出料时，材料仓库应在限额领料单上填写实发数量并结算出限额结余数。到了期末材料仓库应计算出金额，将其转交财会部门，作为发出材料核算的依据。

续表

生产循环所涉及的凭证和记录	领料凭证	在采用限额领料单时，若发生超限额领料或变更规定的材料，应区别不同情况进行处理。若超过限额领料是由于增加产品产量或发生废品而补领的材料，应按规定办理手续，经有关部门批准后，另行填制领料单，采用新领料单领料。若限额领料单中规定的材料无存货而须采用代用材料，经有关部门批准后，应重新填制领料单据以领料，材料仓库在发出代用材料后，应在限额领料单内填写代用材料数量，并相应扣除限额数量，结算出限额结余。限额领料单一般适用于经常领用并制定消耗定额的材料。 　　（4）领料登记表是一种可多次使用的累计领料凭证，一般是按一料一单开设，一式两联，领料登记表通常存放在材料仓库，以便对当月每次领料予以登记。到了月末，材料仓库根据登记表结算出全月累计领料数量后，将一联交领料单位予以核对，另一联转交财会部门作为材料费用核算的依据。 　　（5）退料单是指采用上述方式领料的车间或部门，在月末对还没有用完的材料办理退料手续，其中对于下个月不再使用的材料，须填制"退料单"将材料退回仓库；对于下个月继续使用的材料，则须同时填制本月的"退料单"和下个月的"领料单"，将材料仍存放在领料车间或部门
	产量和工时记录	产量和工时记录是登记工人或生产班组在出勤内完成产品数量、质量和生产这些产品所耗费工时数量的原始记录。产量和工时记录的内容与格式多种多样，在不同的生产企业中，甚至在同一企业的不同生产车间中，由于生产类型不同而会采用不同格式的产量和工时记录。常见的产量和工时记录主要有工作通知单、工序进程单、工作班产量报告、考勤表等。 　　（1）产量记录。产量记录是反映工人或班组在出勤时间内生产的产量和耗用工时的记录。产量记录不仅是计算计件工资的依据，同时是统计产量和生产工时的依据。产量记录应能提供产量、合格品产量、废品产量、工时等资料。生产车间的工艺过程和生产组织的特点以及产品的性质不同决定了产量记录的具体内容与编制程序也不一样。 　　在单件小批量生产的企业里，一般采用"工作通知单"作为产量记录。工作通知单是对每位职工或班组按工序分配生产任务并记录其生产数量的一种产量凭证，它应由生产计划部门填制。在成批生产类型的企业里，一般采用"工序进程单"作为产量记录。"工序进程单"一般按每批产品的各个工艺过程开设，用以分配生产任务，并同时用来记录产品的加工过程。由于"工序进程单"反映产品的全部加工过程，应将全部工序列入其中，同时应记录每个工序产品质量的检查结果，此外，为了满足财务部门统计产量和计算工资的需要，还应设置"工作班产量记录"与之结合使用。 　　（2）工时记录。工时记录是计算计时工资的依据，企业一般通过设置考勤记录实现。考勤记录由车间、班组分别填制，考勤人员根据职工的出勤情况逐日进行统计
	材料费用分配表	材料费用分配表是将来汇总反映各生产车间各产品所耗费的材料费用的原始记录。一般先由各生产车间和部门分别编制，最后再进行汇总。各生产车间和部门应根据各种领料凭证对材料费用分配表进行记录编制。在按实际成本核算时，根据各种领料凭证中所登记的实际成本汇总编制材料费用分配表；在按计划成本核算时，除根据各种领料凭证中所登记的计划成本汇总外，还应根据材料成本差异率计算领用材料应负担的材料成本差异，计算发出材料的实际成本

生产循环所涉及的凭证和记录	工资汇总表及人工费用分配表	工资汇总表是为了反映企业全部工资的结算情况，并据以进行工资结算总分类核算和汇总整个企业工资费用而编制的，它是企业进行工资费用分配的依据。人工费用分配表反映了各生产车间各产品应负担的生产工人工资及福利费
	制造费用分配汇总表	制造费用分配汇总表是用来汇总反映各生产车间各产品所应负担的制造费用的原始记录。制造费用分配表是登记"产品成本计算单"的依据，制造费用明细表应填制分配对象、分配标准、分配率和分配金额
	成本计算单	成本计算单是用来归集某一个成本计算对象所应承担的生产费用，计算该成本计算对象的总成本和单位成本的记录。成本计算单的格式由于成本计算方法的不同而不同，成本计算单是结转完工产品成本的依据
	存货盘点报告	企业进行存货盘点后，应编制存货盘点报告，内容应包括：盘点的时间、参加盘点的人员、存货的名称、规格、计量单位、单价、账面结存、盘点实存、盘盈盘亏的数量、盘盈盘亏的原因分析、残次存货的说明等
	废品报告单	废品报告单由发生废品的车间和部门填制，内容应包括发生废品的车间、产品的名称、发生废品的日期、数量和原因、废损的程度和是否可以修复、责任人和处理意见、废品的残值和修复费用等

第五节　筹资与投资循环的内部审计

一、筹资与投资循环的基本业务

筹资与投资循环由筹资活动和投资活动的交易事项构成。筹资活动是指企业为满足生存和发展的需要，通过改变企业资本及债务规模和构成而筹集资金的活动。筹资活动主要由借款交易和股东权益交易组成。投资活动是指企业为通过分配来增加财富，或为谋求其他利益，将资产让渡给其他单位而获得另一项资产的活动。投资活动主要由权益性投资交易和债权性投资交易组成。

筹资与投资循环具有以下特征：

（1）年度内筹资与投资循环的交易数量较少，而每笔交易的金额通常较大。

（2）漏记或不恰当地对一笔业务进行会计处理，都将导致重大错误，从而对企业财务报表的公允反映产生较大的影响。

（3）筹资与投资循环交易必须遵守国家法律、法规和相关契约的规定。

（一）筹资交易活动的基本业务

（1）审批授权。企业通过借款筹集资金需经管理者的审批，其中债券的每次发行均要由董事会授权；企业发行股票必须依据国家有关法规或企业的章程的规定，报经企业最高权力机构（如董事会）及国家有关管理部门批准。

（2）签订合同或协议。向银行或其他金融机构融资需签订借款合同，发行债券需签订债券契约和债券承销或包销合同。

（3）取得资金。企业实际取得银行或金融机构划入的款项或债券、股票的融入资金。

（4）计算利息或股利。企业应按有关合同或协议的规定，及时计算利息或股利。

（5）偿还本息或发放股利。对银行借款或债券应按有关合同或协议的规定偿还本息，对融入的股本根据股东大会的决定发放股利。

（二）投资交易活动的基本业务

（1）审批授权。投资业务应由企业的高层管理机构进行审批。

（2）取得证券或其他投资。企业可以通过购买股票或债券进行投资，也可以通过与其他单位联合形成投资。

（3）取得投资收益。企业可以取得股权投资的股利收入、债券投资的利息收入和其他投资收益。

（4）转让证券或收回其他投资。企业可以通过转让证券实现投资的收回，其他投资一经投出，除联营合同期满，或由于其他特殊原因导致联营企业解散外，一般不得抽回投资。

二、筹资活动的基本内部控制制度

（一）筹资活动内部控制目标和内部控制要点

筹资活动的内部控制目标如表 13-25 所示。

表 13-25　筹资活动的内部控制

筹资活动的内部控制目标	筹资业务经过适当的授权审批	企业筹集资金通常有两种途径，即通过发行股票进行股权筹资，或者通过发行公司债券进行债权筹资。两种途径各有利弊，通过股权筹资不必于定期支付利息，但会稀释原有股东的每股收益；通过债权筹资将面临定期支付利息的压力，同时会影响企业的资产负债率。 企业筹集资金应经董事会授权，有正式的审批程序，以保证企业的筹资方式符合成本效益原则
	筹资业务符合国家的有关法规	筹资活动应严格按照国家的有关法律法规进行，企业应根据要求履行审批手续，向有关机关递交相关文件，并保证文件的真实和有效，在筹资业务完成后，应按照有关法律、法规规定的义务进行公告和披露相关信息
	合理的摊销债券的溢价和折价	由于长期债券溢价和折价的会计处理相对复杂，企业应按照规定保证溢价和折价摊销的正确性。对于按溢价或折价发行债券，应将溢价或折价在债券存续期内采用直线法或实际利率法予以摊销。账务处理上，每期摊销的溢价或折价是对债券应计利息的扣除或追加，因此，每期利息支出应为"应计利息"与溢价摊销额之差或折价摊销额之和
	正确的计提和适当地支付利息和股利	债权人和股东进行投资的目的之一就是及时、恰当地获取利息和股利。企业也只有及时、恰当地支付利息和股利才能取得良好的信誉，保持筹资的优势。企业的控制制度应保证利息的计算正确；对大额的利息支出应按照权责发生制的原则，采用计提的方式进行处理；股利的支付既满足了股东的利益，也符合企业发展的需要；利息和股利的支付应经过适当的授权；已支付的利息或股利应确实为债权人或股东所应得

筹资活动的内部控制目标和基本内部控制要点如表 13-26 所示。

表 13-26　筹资活动的内部控制目标和基本内部控制要点

内部控制目标	基本内部控制要点
借款和所有者权益账面余额在资产负债表中确实存在，借款利息费用和已支付的股利均是由实际发生的交易事项引起的	借款或发行股票经过适当的授权审批； 利息的支付和股利的支付均经过适当的授权审批
借款和所有者权益的增减变动及其利息和股利均已登记入账	筹资业务的会计记录与授权和执行等方面职责分工明确； 借款合同或协议由专人保管；如保存债券持有人的明细资料，应同总分类账核对以确实是否相符，如由外部机构保存，需定期同外部机构核对
借款均为企业承担的债务，所有者权益代表所有者的法定求偿权	签订借款合同或协议、债券契约、债券承销或包销协议等相关法律性文件
借款和所有者权益的期末余额正确无误	建立严密完善的账簿体系和记录制度；核算方法符合会计准则和会计制度的规定
借款和所有者权益在资产负债表上的披露正确无误	筹资业务明细账与总账的登记职务分离； 筹资披露符合会计准则和会计制度的要求

（二）筹资活动的基本内部控制制度

筹资活动的基本内部控制制度如表 13-27 所示。

表 13-27　筹资活动的基本内部控制制度

筹资活动的基本内部控制制度	职务分离制度	在筹资活动中，需要进行职务分离的业务包括： （1）筹资计划的编制人员应与审批人员适当分离； （2）办理债券或股票发行的人员不得接触会计记录，债券与股票的保管一般应委托专门的机构进行； （3）负责利息或股利计算及会计记录的人员应同支付利息或股利的人员分离
	筹资业务的审批制度	尽管筹资业务一般较少发生，但对公司财务状况的影响巨大。因此，在筹资业务发生以前应进行严格的审批控制。董事会一般会授权高级管理人员进行筹资业务的管理，并明确权责范围。 筹资管理人员应定期进行企业经营情况的分析，根据企业的资金预测编制筹资计划。筹集计划应包括以下内容：筹资的原因、筹资时间计划、筹资方式的比较分析（包括对财务状况影响程度、对预期收益的影响情况）和筹资方式的建议等。 筹资管理人员的筹资计划应经过董事会的审批，董事会应会同法律顾问和财务顾问审核筹资计划的合理性和可行性。如果同意筹资计划，董事会应授权财务经理策划具体的筹资事项，包括拟定债券或股票的发行合同条款、确定债券的面值、利率以及利息发放方式和时间、股票的面值、债券或股票的代理发行机构等，在具体筹资事项拟定好后，董事会应逐项审核和确认。 对董事会的审核结果应进行书面记录，这一方面是控制程序的需要，另一方面是因为董事会纪要本身也是证券监督管理委员会所要求呈报的资料之一

续表

筹资活动的基本内部控制制度	债券和股票的签发制度	筹资计划经董事会审核通过后，对外发行债券或股票还需经董事会授权的高级管理人员的签发。一般应由董事会规定负责的有关人员进行会签，会签时应复核签发的债券、股票与董事会的核准文件是否一致，仔细研读证券市场行情分析报告，检查有关文件和手续是否齐备。 由于债券或股票的筹集资金往往很大，因此企业一般会选择有良好资信的证券经营机构负责承销或包销工作，与该机构签订正式的承销或包销协议
	债券或股票的保管制度	由于债券或股票在法律上代表了债权人或股东对公司资产所拥有的权利，同时由于其具有较强的流动性，因此应视同现金进行保管。 为了加强控制，对于已核准但尚未对外发行的债券或股票，一般应委托独立的机构代为保管。独立保管机构拥有专门的保管设备，而且可以避免企业内部人员接近，从而可以有效地保证证券资产的安全和完整。企业从而也可以自行保管债券，但应指定专人负责，并存放于专用的保险柜中。保管人员应与债券发行和账簿记录人员职责分离
	利息支付的控制制度	企业发行债券筹集资金，应按照规定及时偿还利息，以维护企业的信用。为保证按时偿还利息，企业应安排专门人员负责利息的计算工作。对应付利息，企业应当在有关人员签字确认后才对外偿付。如委托代理机构对外偿付利息，企业应根据代理机构交来的利息支付清单作为企业的记账依据，利息支付清单应载明持票人姓名和利息支付金额
	股利的发放控制制度	董事会应根据国家法律的规定、公司章程、公司当年的盈利情况和公司的未来发展经营规划，决定是否发放股利、发放的时间、股利的形式和每股股利。 股利的支付可以由企业自行完成或委托代理机构完成。从控制的有效性而言，由专门的代理机构进行股利的发放有利于控制股利发放时的舞弊和错误。此时企业应核对代理机构的发放股利清单
	详尽的会计核算制度	为有效地控制发行在外的债券，发行记名公司债券的公司应在债券存根簿上记载债券持有人的姓名或者名称及住所、债券持有人、取得债券的日期及债券的编号、债券总额、债券的票面金额、债券的利率、债券的还本付息的期限和方式、债券的发行日期；发行无记名债券的公司应当在公司的债券存根簿上记载债券总额、利率、偿还期限和方式、发行日期和债券编号。 为有效地控制发行在外的股票，公司应设置股东明细账。发行记名股票的公司应详细记录股东名称及住所，各股东所持股份数，各股东所持股票的编号；以及各股东取得其股份的日期；发行无记名股票的公司应当记载其股票数量、编号及发行日期。公司应定期将股东明细账簿与股本总账相核对

三、投资活动的基本内部控制制度

（一）内部控制目标和内部控制要点

投资活动的内部控制目标如表 13-28 所示。

表 13-28　投资活动的内部控制目标

投资活动内部控制目标	保证投资活动经过适当审批程序	无论是短期投资还是长期投资，其成功与失败的结果对于一个企业未来的发展都会产生重大的影响。尤其对于资本并不十分雄厚的企业来讲，投资失败带来的阴影，往往需要经过多年才能摆脱，要使投资达到获利或控制的目的，同时将投资风险降低到最低限度，这也是就要保证一切投资交易活动必须经过适当的审批程序才能进行，这也是投资业务内部控制制度的首要目标。根据这一目标来设置职务分离制度，批准投资活动的负责人级别，各种具体的呈报和审批手续，可以使投资活动在初期就得到严格的控制
	保证投资活动符合政府的投资法规	政府颁布有关投资的法规、条例，旨在使一切投资交易活动按照合法的程序来进行，并使这些交易活动得到有效的管理和控制。事实上，投资者正是依靠了这些法规或条例，才使自己的投资利益得到了保障，或者使自己的投资风险大为减少。在许多国家，投资者由于没有按照投资法规来进行投资交易活动，最终导致投资利益受到损害，这样的例子屡见不鲜
	保护投资资产的实际存在	由于有价证券投资资产的流动性仅次于现金，所以为不法分子挪用或盗窃的可能性较大。此外，由于不同证券在不同日期还有一定的利息或股息收入，如果没有适当的控制制度，它们就较易被冒领或转移。鉴于这些原因，保管好投资证券就成了投资业务内部控制制度的重要目标。企业管理者应尽可能地、不断地完善内部控制制度，堵塞一切投资证券可能被盗窃或挪用的漏洞
	保证投资资产在账面和报表上合理地反映	财务会计准则要求企业为不同的财务报表读者提供合理又有用的财务信息。由于投资资产的价值变化很大，财务报表读者必然会担心报表反映的价值是否真实合理，他们总希望真正了解企业的真实财务状况。企业欲使股东和内部审计人员对其所提供的财务信息感到可信，它就必须对投资资产的计价和反映进行有效的控制，防止计价方法的不恰当运用和记账上的错误及其弊端出现
	使投资收益得到合理地揭示	投资收益代表了企业整个经营活动成果的一部分，作为企业一部分所有权拥有者的股东，出于对自身利益的关心，自然会要求企业合理地揭示投资收益；另外，由于企业投资收益上的应纳税额是国家财政收入的一个组成部分，政府机构对企业是否合理地揭示投资收益也极为关注。企业应通过内部控制制度来为合理确定投资收益时间和投资收益计算方法，以及为划清投资收益和投资的界限提供基本保证，以取得内部审计人员和政府机构对其所揭示投资收益的信赖

投资活动的内部控制目标和基本内部控制要点如表 13-29 所示。

表 13-29　投资活动的内部控制目标和基本内部控制要点

内部控制目标	基本内部控制要点
投资活动经过适当的授权并符合国家法律、法规和相关契约的规定	投资业务经过授权审批
投资账面余额为资本负债表上确实存在的投资，投资收益（或损失）是由实际发生的投资交易事项引起的	与被投资单位签订合同、协议，并获取被投资单位出具的投资证明；内部审计人员或其他不参与投资业务的人员定期盘点证券投资资产，检查是否为企业实际拥有
投资增减变动及其收益（或损失）均已被登记入账	在投资业务的会计记录与授权、执行和保管等方面明确职责、分工，有健全的证券投资资产的保管制度，或者委托专门机构保管，或者由内部建立至少两名人员以上的联合控制制度，证券的存取均需经过详细记录和签名

续表

内部控制目标	基本内部控制要点
投资的计价方法正确，期末余额正确	建立详尽的会计核算制度，按每一种证券分别设立明细账，详细记录相关资料；核算方法符合会计准则的规定；期末进行成本与市价孰低比较，并正确记录投资跌价准备
投资在资产负债表上的披露正确	投资明细账与总账的登记职务分离、投资披露符合会计准则的要求

（二）基本内部控制制度

一般来讲，投资内部控制制度的主要内容如表 13-30 所示。

表 13-30　投资内部控制制度的主要内容

投资内部控制制度的主要内容	合理的职责分工	这是指合法的投资业务应在业务的授权、业务的执行、业务的会计记录以及投资资产的保管等方面都有明确的分工，不得由一人同时负责上述任何两项工作。比如，在投资业务被企业高层管理机构核准后，可由高层负责人员授权签批，由财务经理办理具体的股票或债券的买卖业务，由会计部门负责进行会计记录和财务处理，并由专人保管股票或债券，这种合理的分工所形成的相互牵制机制有利于避免或减少投资业务中发生错误或舞弊的可能性。具体而言，合理的职责分工应达到： （1）投资计划的编制人不能同时掌握该计划的审批权； （2）负责证券购入与出售业务的职员不能届时担任会计的记录工作； （3）证券的保管人必须同负责投资交易账务处理的职员在职责上分离； （4）参与投资交易活动的职员不能同时负责有价证券的盘点工作
	财务分析制度	同其他经营业务相比，投资业务，一般具有高收益、高风险的特征。企业应设立一种有效的财务分析制度，帮助减少投资风险和选择最佳的投资对象和时机。财务分析工作应由熟悉整个企业生产经营活动过程和情况和企业未来发展规划，同时具备投资分析技能的人员担任。企业也可以根据实际情况，聘请证券分析专家、市场分析专家或其他投资咨询公司来进行。财务分析制度应当规定： （1）分析正常生产经营和计划中扩大生产经营情况所需的营运资本额，核查企业的资金存量； （2）根据生产经营计划，编制和调整资本预算； （3）了解分析本行业或其他行业中盈利较高公司的经营政策和财务状况； （4）及时跟踪了解证券市场的相关政策和上市公司的资料； （5）编制财务分析报告，定期向最高管理者或董事会送交
	投资审批制度	企业在对外投资以前应编制详细的投资计划。投资计划的编制应以财务分析的结果为依据，详细说明准备投资的对象及其投资理由，投资的性质和目的，影响投资收益的潜在因素分析以及投资回收期分析等。 　　在正式执行投资计划前必须进行严格的审批。一般情况下，企业应根据投资的性质和余额建立授权审批制度。如果投资行为属利用少量的闲置现金来进行临时性的短期投资，投资计划可由董事会授权的一位高级职员（通常是财务经理）来负责审批；如果投资金额较大或属长期投资性质，审批一般由企业董事会进行。审批的内容主要包括：投资的理由是否恰当；投资行为与企业的战略目标是否一致；对投资收益的估算是否合理无误；对影响投资的其他因素是否充分考虑等。 　　所有的投资决策在被正式执行之前都要经过审批确认。对投资决策的有关书面文件应进行连续编号归档，以便于日后查询

投资内部控制制度的主要内容	投资资产取得的控制制度	实施投资计划必须以经过财务经理或董事会审核批准的文件作为执行指令。企业一般委托证券经纪人从事证券投资行为。选择证券经纪人一般应考虑以下因素：以往与企业合作的记录；担任证券经纪人的资格；从事证券交易的经历等。企业应与证券经纪人签订明确的委托合同，明确双方的权利与义务。 　　经纪人为委托人购置证券，必须从投资企业那里取得有效的投资指令。该指令通常应明确规定购置证券的最高价格、最低投资报酬率和指令的有效期限。经纪人不得从事任何超出授权范围的投资行为。经纪人应填写成交通知书，内容应包括：投资指令号、最高价格和最低投资报酬率、证券名称、数量、面值和实际成交价格等。 　　成交通知书应由财务经理或其授权的其他职员进行审核，以证实购入证券的数量和价格及投资报酬率是否符合投资指令。 　　如果对于一项投资指令，经纪人需要分期执行或需要购置不同的证券，那么，有良好的内部控制制度就能保证经纪人对指令已执行的结果分期填制成交通知书。
	健全的资产保管制度	企业对投资资产（指股票和债券资产）一般有两种保管方式。一种方式是由独立的专门机构保管，如企业拥有较大的投资资产，可委托银行、证券公司、信托投资公司等机构进行保管。这些机构拥有专门的保存和防护措施，可以防止各种证券及单据的失窃或毁损，并且由于它与投资业务的会计记录工作完全分离，可以大大地降低舞弊的可能性。另一种方式是由企业自行保管，在这种方式下，必须建立严格的联合控制制度，即至少要由两名以上人员共同控制，一人不得单独接触证券。对于任何证券的存入或取出，都要将债券名称、数量、价值及存取的日期、数量等详细记录于证券登记簿内，并由所有在场的经手人员签名。财务经理或其他被授权人应当定期检查银行等机构送来的证券存放情况记录，将这些记录同财务经理签署的证明文件存根和公司有关证券账户的余额核对以确定是否相符
	投资资产处置的控制制度	投资资产处置的控制程序基本上与取得的控制程序相同，即任何有价证券的出售必须经财务经理或董事会的批准。代公司进行证券出售活动的经纪人应受到严格的审定，对其同投资者之间的各种通信文件应予记录保存，对反映其处置证券结果的清单应根据处理指令进行检查。如果投资资产的处置为不同证券之间的转移，则应将该业务同时置于证券取得和处置的控制制度之下。如果处置的结果是收回现金，还应结合现金收入的控制方法，来对投资资产处置进行控制
	详尽的会计核算制度	无论企业的投资资产是由自行保管还是由他人保管，都要对此进行完整的会计记录，并对其增减变动及投资收益进行相关会计核算。具体而言，应对每一种股票或债券分别设立明细分类账，并详细记录其名称、面值、证书编号、数量、取得日期、经纪人（证券商）名称、购入成本、收取的股息或利息等，对于联营投资类的其他投资，也应设置明细分类账，核算其他投资的投出及其投资收益和投资收回等业务，并对投资的形式（如流动资产、固定资产、无形资产等）、投向（接受投资单位）、投资的计价以及投资收益等作出详细的记录
	严格的记名登记制度	除无记名证券外，企业在购入股票或债券时应在购入的当日尽快将之登记于企业名下，不能以企业任何个人名义来署名和登记。这对于正确反映企业所拥有的各种投资证券，防止有人在没有得到管理者或董事会核准授权的情况下，利用其个人的名义来冒领、转移或出售企业的证券，或非法获取应归企业所拥有的利息或股息，往往能起到有效的控制作用
	完善的定期盘点制度	对于企业所拥有的投资资产，应由内部审计人员或不参与投资业务的其他人员进行定期盘点，检查是否确为企业所拥有，并将盘点记录与账面记录相互核对以确认账实的一致性。对于企业自行保管的有价证券实物，应由与投资业务无关的独立职员定期进行盘点，检查其实存情况。由于有价证券的实物盘点无须像盘点存货那样花费大量时间，通常也不会影响其他业务的正常进行，加之保护有价证券的重要性，

续表

投资内部控制制度的主要内容	完善的定期盘点制度	盘点工作一般一年至少要进行多次，甚至要每月进行。对有价证券的盘点工作必须由两个以上职员共同进行。盘点职员应将所有证券的盘点内容和结果详细记录在盘点清单上，并将盘点清单记录逐一同证券登记簿和投资明细账进行核对。如委托银行等机构代为保管证券，负有证券盘点职责的职员应定期将银行等机构送来的证券存放清单同证券登记簿和投资明细账进行核对，检查它们是否相一致。如果发现有不一致的情况，应及时追查。在盘点或检查过程中，对于发现的实存数量同账面记录数之间的差异，在没有得到董事会或由董事会指定的人批准前，不得进行账面调整

四、筹资与投资循环的基本业务流程

（一）筹资业务基本流程

企业的董事会一般会授权高级管理人员（通常为证券部门的主管或财务经理）进行筹资业务的管理，筹资业务主管人员应定期进行企业经营情况的分析，根据企业的资金预测编制筹资计划。一般情况下，董事会会同法律顾问和财务顾问审核筹资计划的合理性和可行性，筹资部门根据董事会批准的筹资计划，准备股票或债券的发行申请材料并报证券管理机构批准，债券或股票的对外发行则需经董事会授权的高级管理人员签发后方可付诸实施。企业一般会选择有良好资信的证券经营机构负责承销或包销工作，与该机构签订正式的承销或包销协议。证券经营机构发行完毕后，会计部门会根据有关交款单、股东名册等登记有关账簿。股票或债券发行业务的控制流程如图 13-6 所示。

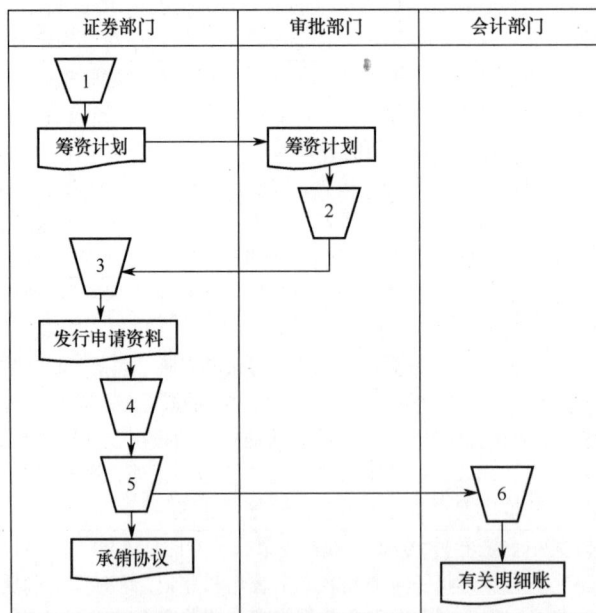

注：
1. 证券部门主管人员根据企业定期经营情况分析编制筹资计划；
2. 企业高层管理机构（一般为董事会）会同法律顾问和财务顾问审核筹资计划；
3. 证券部门根据核准的筹资计划准备股票或债券发行的申请材料；
4. 发行申请材料报证券管理机构审批；
5. 企业选择资信良好的证券经营机构负责承销或包销工作；
6. 会计部门根据证券经营机构发行完毕的有关单据进行会计处理。

图 13-6　股票或债券发行业务的控制流程

（二）投资业务基本流程

企业的投资部门在对外投资以前，应根据定期的财务分析报告编制详细的投资计划，在正式执行投资计划前必须根据已建立的授权审批制度对其进行严格的审批。在委托证券经纪人从事证券投资行为时，企业的投资部门应根据已审批的投资计划编制投资指令，证券经纪人应根据投资指令进行相应的操作，会计部门则根据经纪人传递回来的成交通知书或与被投资企业签订的投资协议进行相应的会计处理。

投资业务的控制流程如图 13-7 所示。

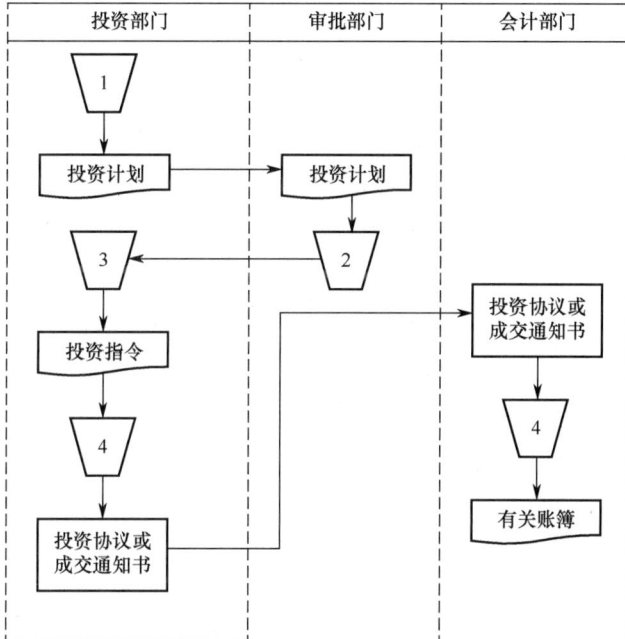

注：

1. 投资部门根据定期财务分析报告编制详细的投资计划；

2. 将投资计划报企业授权部门进行审批；

3. 投资部门根据已审批的投资计划编制投资指令；

4. 证券经纪人根据投资指令进行相应操作；

5. 会计部门根据成交通知书等单据进行会计处理。

图 13-7　投资业务的控制流程

五、筹资与投资循环的主要凭证及其传递程序

（一）筹资活动的凭证和会计记录（见表 13-31）

表 13-31　筹资活动的凭证和会计记录

筹资活动的凭证和会计记录	债券	指公司依据法定程序发行、约定在一定期限内还本付息的有价证券
	股票	指公司签发的、用以证明股东所持股份的凭证
	债券契约	指一份明确债券持有人与发行企业双方所拥有的权利与义务的法律性文件，一般包括下列内容：债券发行的标准；债券的明确表述；利息或利息率；受托管理人证书；登记和背书；如系抵押债券，所担保的财产；债券发生拖欠情况，如何处理；以及对偿债基金、利息支付、本金返还等的处理

续表

筹资活动的凭证和会计记录	股东名册	发行记名股票的公司应在服务名册上记载的内容一般包括：股东的姓名或者名称及住所；各股东所持股份数；各股东所持股票的编号；各股东取得其股份的日期。发行无记名股票的公司应在服务名册上记载其股票数量、编号及发行日期
	公司债券存根簿	发行记名债券的公司应当在公司的债券存根簿上记载的内容一般包括：债券持有人的姓名或者名称及住所；债券持有人取得债券的日期及债券的编号；债券总额、债券的票面金额、债券的利率、债券的还本付息的期限和方式；债券的发行日期。发行无记名债券的公司应当在公司的债券存根簿上记载债券总额、利率、偿还期限和方式、发行日期和债券编号
	承销或包销协议	当公司向社会公开发行的股票或债券由依法设立的证券经营机构承销或包销时，公司应与其签订承销或包销协议
	借款合同或协议	即公司向银行和其他金融机构借入款项时与其签订的合同或协议
	股本明细表	指用以反映和控制企业发行的股票种类及发行情况的资料，通常应包括股票类别、发行日期、每股面值、核定股数、发行股数、实收股本金额等资料
	应付债券明细表	通常应包括债券名称、承销机构、发行日、到期日、债券总额（面值）、实收金额、溢价和折价及其摊销、应付利息、担保情况等
	应付债券溢折价摊销表	企业折价或溢价发行债券，应按债券的还款期限摊销折价或溢价金额，应付债券溢折价摊销表应包括计息期数、应付利息、利息费用、折价或溢价摊销等

（二）投资活动的凭证和会计记录（见表 13-32）

表 13-32　投资活动的凭证和会计记录

投资活动的凭证和会计记录	股票	指企业作为股东取得的、可证明其持有发行公司股份的凭证
	债券	指企业作为债权人取得的依据法定程序发行的并约定在一定期限内还本付息的有价证券
	经纪人通知书	指企业投资经纪人进行投资活动的书面记录，内容应包括：投资指令号、最高价格和最低投资报酬率、证券名称、数量、面值和实际成交价格等。成交通知书应由财务经理或其授权的其他职员进行审核，以证实购入证券的数量和价格及投资报酬率是否符合投资指令
	债券契约	指一份明确企业与发行企业双方所拥有的权利与义务的法律性文件，其内容一般包括：债券发行的标准；债券的明确表述；利息或利息率；受托管理人证书；登记和背书；如系抵押债券，所担保的财产；债券发生拖欠情况，如何处理；以及对偿债基金、利息支付、本金返还等的处理
	投资协议	指企业进行其他投资时与被投资单位签订的、表明相互权利义务关系的法律文件

第六节　现金的内部审计

本节所讨论的现金是指广义的概念。根据存放地点及其用途的不同，现金可以分为库存现金、银行存款及其他货币资金。现金是企业资产的重要组成部分，是其中流动性最强的一种资产。任何企业进行生产经营活动都必须持有现金，持有现金是企业生产经营活动的基本条件，因此现金在企业的会计核算中占有重要的位置。

一、现金与基本业务循环

从企业的整个生产经营来看，在企业从开业到清算的整个存在过程中，各个业务循环均与现金存在着广泛紧密的联系。例如，企业的销售与收款循环的现销业务与收回赊销货款等业务；购货与付款循环的预付采购款、购买固定资产支付款项和偿还赊销款项等业务；生产循环采购原材料和支付员工工资等业务；筹资与投资循环银行借款流入与还款支出、公开发行股票筹集资金、发放股利或收到现金股利等业务。

二、现金的基本业务

一般而言，企业所涉及的现金业务可以简要的概括为现金收款业务、现金付款业务和备用金业务。企业的现金业务除少数采用现钞结算外，绝大多数业务是通过银行结算的（见表 13-33）。

表 13-33　现金的基本业务

现金的基本业务	现金收入业务	企业现金收入业务中经常发生的主要业务是企业销售的商品或提供的劳务以现金结算的业务，该项业务主要有两种情形，分别为当期现销业务收到现金和收回以前客户赊欠的商品或劳务款项。 此项业务是企业的主要现金收入来源。另一种企业不经常性发生的现金收入业务主要包括：通过发行、出售或转让有价证券、固定资产、原材料、无形资产等而收取的现金收入；因持有各种有价证券或银行存款而定期取得的股息或利息收入。 现金收入的形式有支票形式、现钞形式和银行转账等，其中通过银行结算而直接划入本企业银行账户的形式最为普遍
	现金支出业务	企业现金支出的业务涉及的范围很广，主要包括：各项资产的购入、绝大多数费用的开支、向投资者支付的股息以及向国家缴纳的各种税款。 现金支出除金额较小或符合规定范围的开支可以采用现钞进行结算外，企业的绝大多数款项都是通过支票结算的
	零星备用金业务	备用金是企业支付给各个部门或有关人员一定金额的现金款项，以用于零星开支、零星采购或差旅费等项用途

三、现金的基本内部控制要点

（一）现金的内部控制目标

由于现金是企业流动性最强的资产，企业必须加强对现金的管理。建立良好的现金内部控制制度，能确保全部应收现金均被收进，全部现金支出均按照经批准的用途进行，现金无论是收入还是支出，均被及时正确地予以记录，还能确保库存现金银行存款报告正确，并得以恰当保管，以及企业正常经营所需的现金收支额被正确预测，从而保证企业有充足又不过剩的现金余额。

良好的现金业务内部控制制度有助于防止现金业务的错误记录和舞弊行为的发生。因为这一制度在现金业务尚未发生之前，已从客观上将现金业务实际发生时可能产生错误或发生舞弊行为的潜在因素予以消除，或者将这些错误或发生舞弊的可能性降低到了最低程度。建立健全的现金业务内部控制制度是一项细致而烦琐的工作，但一旦建立后，就可为日后减轻大量的现金业务上不合理的会计处理工作，并且能有效地控制现金业务。

为了有效地控制现金业务，企业现金业务内部控制制度一般应达到以下目标（见表 13-34）：

表 13-34　现金业务内部控制制度一般应达到的目标

现金业务内部控制制度一般应达到的目标	现金余额真实	尽管现金余额在资产负债表上资产总额中所占的比重不大，但此项资产对企业的经营活动起了极其关键的作用。任何经营环节如缺少现金的保证，就将难以正常进行。由于现金资产在会计记录上和业务处理中，发生错误的可能性和发生舞弊的风险相对较大，而反映在账簿和财务报表上的现金余额会极大地影响企业管理者的经营决策，因此，保证反映在资产负债表上的现金余额确实存在以及与实际存在数正确相符是现金业务内部控制制度的首要目标。通过建立一套严格的现金业务内部控制制度，从人员组织职能、接触现金权利等工作程序上来保证所有现金收入和支出得到真实的记录和反映，以及资产负债表上列示的现金余额是由这些真实记录中得出的，使得人为的记录错误和非法的侵占挪用行为必须在两人以上共同作案才能得逞，而这种作案实现的可能性与职员单独作案实现的可能性相比，成功率要小得多，且容易被揭露，从而有利于管理者的经营决策、保护财产的安全和财务报表使用者的利益
	现金的使用恰当	现金是企业用途最广的流动资产，企业由于各经营环节都要直接或间接地用到对现金，对现金需要量是很大的。为保证企业经营中现金的需要，必须对每一笔现金支出，结合其他业务进行严格的审批。现金业务的内部控制制度，就是要使这一审批手续规范化、制度化，以减少某些不必要的支出，并揭示出与现金业务有关的其他业务在内部控制制度方面的薄弱环节，以防止有入侵占和挪用的行为发生
	现金可动用	现金支出的频繁性，要求企业随时能提供一定数量的现金。企业管理层必须认识到，并非所有现金都可以用来购货或支付日常经营所需费用。保持相当比率的部分现金，以应付某些特定用途，如债券信托契约、货款协定或股利的发放、工资基金等，是相当重要的。例如，货款协定就规定企业必须在银行后期存款户中保留一定的数额，则这笔余额就不能随意动用和作为现金列示在资产负债表的现金项目下，只能作为一笔流动资产来列示。这便于管理层能够按经营需要来调度资金，同时使财务报表的读者能正确地判断资产负债表上所列示的现金总额可否被立即用于任何一种目的

（二）现金的内部控制要点

一般而言，一个良好的现金内部控制制度应有以下要求：

（1）现金收支与记账的岗位分离；

（2）收入、支出现金要有合理、合法的凭据；

（3）全部收支及时准确入账，并且支出要有核准手续；

（4）控制现金坐支，当日收入现金应当日送存银行；

（5）按月盘点现金，编制银行存款余额调节表，以做到账实相符；

（6）加强对现金收支业务的内部审计。

其中，现金收支与记账的岗位分离是现金业务内部控制制度的基本要求，具体而言：

（1）现金实物的收付及保管只能由经被授权批准的出纳员来负责处理，其他职员不得接触支付前的任何现金；

（2）规模较大的企业。一般由出纳员负责将每天收到和支出的现金数登记在现金出纳备查簿上，由其他职员来编制或登记现金日记账及现金总分类账户。规模较小的企业可用现金日记账替代现金出纳备查簿，交由出纳员负责登记，但必须安排其他职员担任现金总分类账的编制和登记工作；

（3）负责应收款账的职员不能同时负责现金收入账的工作，负责应付款账的职员不能同时负责现金支出账的工作；

（4）保管支票簿的职员不能同时负责现金支出账和调整银行存款账；

（5）负责调整银行存款账的职员应同负责银行存款账、现金支出账、应收款账、应付款账的职员分离；

（6）现金支出的审批人应同出纳员、支票保管员和记账员分离。

表 13-35 列出了现销收入内部控制目标和基本的内部控制要点，该表的结构与前面销货业务的格式相同，这里不再赘述。

表 13-35　现销收入业务的内部控制目标和基本内部控制要点

内部控制目标	基本内部控制要点
登记入账的现金收入确实为企业已经实际收到的现金	现金出纳与现金记账的职务分离；现金折扣必须经过适当的审批手续
收到的现金收入已全部登记入账	现金出纳与现金记账的职务分离；每日及时记录现金收入；定期向顾客寄送对账单；现金收入记录的内部复核
已经收到的现金确实为企业所有	定期盘点现金并与账面余额核对
登记入账的现金已经被如数存入银行并登记入账	定期取得银行对账单编制银行存款余额调节表
现金收入在资产负债表上的披露正确	现金日记账与总账的登记职责分开

（三）零用现金内部控制

对零用现金的控制，应采用定额备用金制度并重点加强对报销凭证的审查，从而达到控制零用现金的目的。

四、货币资金的基本业务流程

（一）现金收入的控制流程

对于现金收入，如果企业（如大型超市）配有收银机，企业的售货员或营业员应于每天营业结束后，在专门人员监督下将当天销货营业额中应有的现钞收入数同收银机自动记录的累计数相核对，并填制收款单，连同现金收银机上自动打印的纸带交记账员登记现金日记账。如果发现现钞收入数同收银机记录的累计数不一致，则应对差异进行调查。

如果企业分别营业柜和收款柜销售商品，一般而言，应由营业人员开具一式三联的销售发票或收据，收款人员收款时，应仔细核对营业人员开给顾客的销售发票或收据的金额与交来的现钞金额是否一致，并在收款和加盖戳记后，将第三联留下，将其余两联中的一联交顾客留存，一联交营业柜台留存。每日营业结束后，营业人员应根据留存的一联编制销售日报，收款人员根据留存的一联编制收款日报，销售日报与收款日报应相一致，其中销售日报作为记录营业收入的依据，收款日报作为记录现金日记账的依据。

现钞收入业务控制流程如图 13-8 所示。

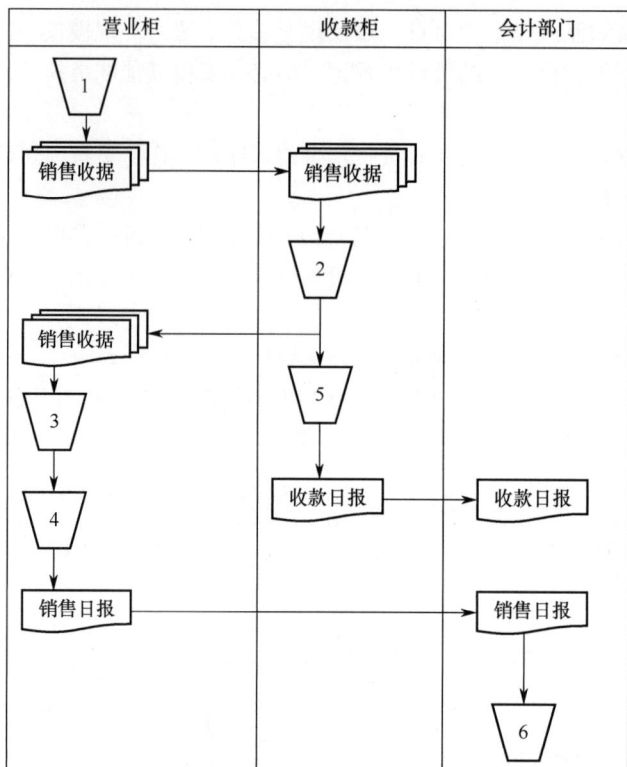

营业柜	收款柜	会计部门

（流程图）

注：

1. 营业柜台对外销售商品时，开具销售收据；
2. 收款柜台根据销售收据收取货款并加盖戳记；
3. 营业柜台根据已收讫的销售收据发出商品；
4. 营业柜台根据留存销售收据编制销售日报；
5. 收款柜台根据留存的收款凭据编制收款日报；
6. 会计部门核对接收到的销售日报和收款日报，并据以分别登记营业收入日记账和现金日记账等。

图 13-8　现钞收入业务控制流程

（二）现金支出控制制度

国务院颁发的《现金管理暂行条例》明确规定了现金的使用额度范围，要求超过规定限额以上的现金支出一律使用支票。因此，企业应建立相应的支票申领制度，明确申领范围、严格申领批准及完备支票签发和报销手续等。

对于支票报销和现金报销，企业应建立报销制度。报销人员报销时应当有正常的报批手续、适当充分的付款凭证，如报销购货支出还应办理验货手续。财会部门应对报销单据加以审核，现金出纳见到加盖核准戳记的支出凭据后方可付款。

财会部门应及时将付款记录登记入账，并将一切凭证按顺序或内容编作会计记录的附件。

1. 现金支出

企业的现金支付的项目主要是企业的零星开支和工资、薪金的现金支出。

企业各部门的零星开支，如需预支现金，必须首先由本部门填制现金借款单说明预支理由，并经本部门主管审核；其次，财务经理或经其授权的人应对预支部门主管签字同意的现金借款单的理由进行审核；接下来，出纳人员根据已经审核确认的现金借款单，预支现金；最后，会计人员根据出纳签章的借款单登记日记账。

　　零星开支的现金报销者，必须填制现金报销单，附上所有原始凭证，交预支现金部门主管审核签字，并经财务经理或其授权的人员审核确认，最后由出纳人员对其支付现金。

　　工资、薪金的现金支出，一般先由企业的人力资源部门编制工资、薪金支付单，财务部门应根据人力资源部门主管签字同意的工资、薪金支付单来提取和发放现金。

　　企业可以建立定额备用金制度：

　　（1）确定公司应建立的定额备用金类别，例如，差旅费备用金等；

　　（2）确定每笔备用金的金额，对比企业应根据实际情况来决定。任何超过该备用金定额的现金支出，都应得到特定的事先审批，并在一般现金中支付，而不在备用金中支付；

　　（3）对备用金的使用必须有合理的原始凭证来证实该笔支出，原始凭证应由备用金使用者的部门主管审核签字。在某些情况下，备用金的支付必须事先得到批准；

　　（4）当备用金余额在规定数以下时，备用金保管人可将已支付原始凭证交会计部门，由财务经理审核批准后，再交出纳部门支出现金并按定额补足备用金；

　　（5）内部审计人员或其他独立的职员应不定期地清点备用金，备用金的余额和已支付凭证的合计数应与备用金的固定金额相等。

　　备用金控制业务流程如图 13-9 所示。

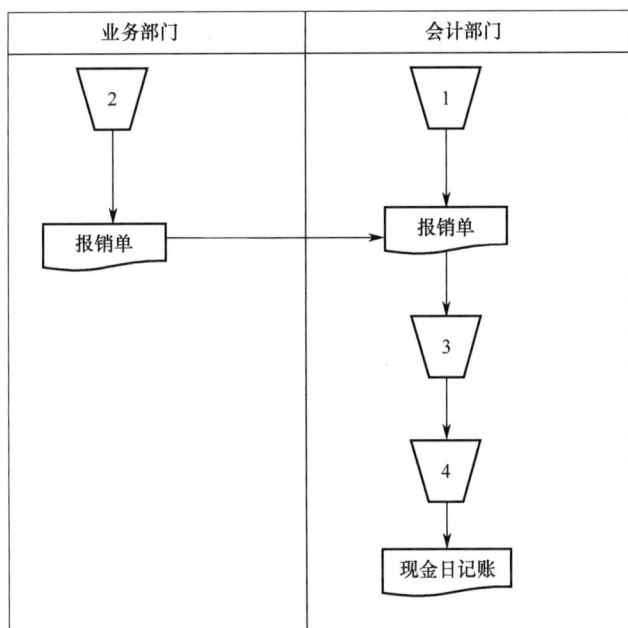

注：

1. 会计部门根据企业业务情况建立定额备用金制度并确定备用金的金额；

2. 业务部门根据原始凭证填制报销单并经业务部门主管审批；

3. 会计部门授权人员进行审批；

4. 出纳部门根据已审批的报销单支付现金补足备用金，并登记现金日记账。

图 13-9　备用金控制业务流程

2. 支票支出

企业支票支出的内部控制制度，应当包括下列各点：

　　（1）对所有支票都必须预先连续编号，同时将空白支票应存放在安全处，并加以严格控制，妥善保管，禁止有权签署支票人员保管空白支票；

（2）每项支票支出都必须经过授权的支票签署者的审批并签发；

（3）每项支票支出都必须有经核准的发票或其他必要的凭证作为书面证据。支票签署者必须明确在支票上写明受款人和金额，并应将之与相应的应付凭证进行核对。签署支票后，应加盖"已付讫"戳记，以防它们被用来作为重复付款的凭证。

（4）任何有文字或数字更改的支票都应予作废。对作废的支票必须加盖"作废"戳记，以防止被再使用。同时，应将之和其他支票存放在一起，按顺序号加以留存。

（5）会计部门，应于当日及时将所有已经签发的支票记入银行存款日记账，并应定期与应付款或其他总分类账借方进行核对。

支票签发的控制流程如图 13-10 所示。

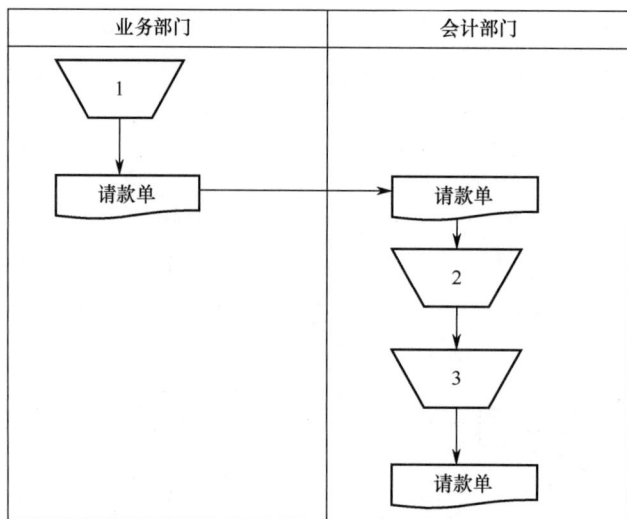

注：
1. 业务部门根据业务需要填制请款单并请业务部门主管审批；
2. 会计部门的授权人员对请款事项进行审批；
3. 出纳人员根据审核批准的请款单发放支票并登记支票登记簿。

图 13-10　支票签发的控制流程

五、货币资金的主要凭证及其传递程序

1. 现金盘点表

企业应定期组织库存现金的盘点，这其中通常包括对已收到但未存入银行的现金、零用金、找换金等的盘点。盘点库存现金的步骤和方法有：

（1）在进行现金盘点前，应由出纳员将现金集中起来存入保险柜，必要时可加以封存，然后由出纳员把已办妥现金收付手续的收付款凭证登入现金日记账，需要注意的是，如企业现金存放部门有两处或两处以上者，应同时进行盘点；

（2）由出纳员根据现金日记账进行加计累计数额，结出现金结余额；

（3）盘点保险柜的现金实存数，同时编制"库存现金盘点表"（见表 13-36），分币种、面值列示盘点金额；

表 13-36　库存现金盘点表

盘点日期：　　　年　　月　　日

检查盘点记录					实有现金盘点记录					
项目	项次	人民币	美元	某外币	面额	人民币		美元		某外币	
						张	金额	张	金额	张	金额
上一日账面库存余额	1				1000 元						
盘点日未记账传票收入金额	2				500 元						
盘点日未记账传票支出金额	3				100 元						
盘点日账面应有金额	4=1+2+3				50 元						
盘点实有现金数额	5				20 元						
盘点日应有与实有差异	6=4-5				10 元						
差异原因分析	白条抵库（张）				5 元						
					2 元						
					1 元						
					0.5 元						
					0.2 元						
					0.1 元						
					合计						
追溯调整	报表日至查账日现金付出总额				情况说明及盘点结论：						
	报表日至查账日现金收入总额										
	报表日库存现金应有余额										
	报表日账面汇率										
	报表日余额折合本位币金额										
本位币合计											

盘点人：　　　　　　　　　监盘人：　　　　　　　　　复核：

（4）如在资产负债表日后进行盘点，应调整至资产负债表日的金额；

（5）将盘点金额与现金日记账余额进行核对，如有差异，应查明原因，并作出记录或适当调整。

如有冲抵库存现金的借条、未提现支票、未做报销的原始凭证，应在"库存现金盘点表"中注明或作出必要的调整。

2. 银行对账单

银行对账单为各开户银行于月底寄送的、表明企业在该银行账户存取款明细资料的文件，是企业进行银行账簿核对的有效支持性文件。企业在接到对账单后应将银行对账单的余额与企业银行账簿的金额进行核对，编制银行存款余额调节表。

3. 银行存款余额调节表

企业应于每月月末根据银行对账单和企业银行账簿编制银行存款余额调节表，银行存款余额调节表的格式如表 13-37 所示：

表 13-37　银行存款余额调节表格式

编制人：　　　　　　　日期：　　　　　　　　　　　　　页次：

复核人：　　　　　　　日期：

户别：　　　　　　　　　　　　　　　　　　　　　币别：

银行对账单余额　　　　　　　　　　　　　　　　　（　　年　　月　　日）

　　借：企业已收，银行尚未入账金额

　　　　其中：

　　　　1. _____元

　　　　2. _____元

　　贷：企业已付，银行尚未入账金额

　　　　其中：

　　　　1. _____元

　　　　2. _____元

调整后银行对账单金额

企业银行存款日记账金额　　　　　　　　　　　　　（　　年　　月　　日）

　　借：银行已收，企业尚未入账金额

　　　　其中：

　　　　1. _____元

　　　　2. _____元

　　贷：银行已付，企业尚未入账金额

　　　　其中：

　　　　1. _____元

　　　　2. _____元

调整后企业银行存款日记账金额

经办会计人员：　　　（签字）　　　　　　　　　会计主管：　　　　（签字）

第 14 章 ▶▶▶

基建项目内部审计

在我国，基本建设项目审计是审计机关对基本建设项目投资活动依法实施监督和处理的过程。基本建设审计的概念与特点如表 14-1 所示。

表 14-1　基本建设审计的概念与特点

基本建设审计的概念与特点	基本建设项目审计要贯彻对投资活动全过程进行审计的原则	每个建设项目都需要集中一笔十分可观的投资，这笔总投资和其中单项工程（或单位工程）投资的数量是通过可行性研究、概预（结）算来确定的，尔后投资的货币形态通过设计、建筑安装施工、设备材料采购等一系列工作逐次转化成实物工作量，投资活动贯穿基本建设项目从确定到竣工验收的全部过程。因此，对基本建设投资活动的审计，就不能仅限于建设项目的某一部分或某一个建设阶段，而要进行全面深入的了解，实行全面的审计监督
	基本建设项目审计要选择适宜的审计时间	基本建设项目审计要贯彻对投资全过程进行审计的原则，但这并不意味着内部审计人员跟着项目建设随时随地审计。一般地，对一个基本建设项目可分三次进行审计，即开工前、建设中、竣工后各审一次，对小型基本建设项目可视具体情况减少审计次数
	建设项目不同阶段的审计内容亦应有所不同	开工前，主要应审计建设施工准备阶段工作的合规合法性，从资金保障、执行基本建设程序、施工准备条件等方面论证建设项目是否合规并具备了开工条件；建设中，主要应审查概预算编制与调整的合规合法性，概预算的执行情况，工程结算和材料设备采购及建设单位各项费用支出的合规性，工期计划与质量标准的执行情况；竣工后，主要应审计交付使用财产的真实性，转出投资的合规性，投资包干的执行情况以及投资效益如何。但开工前、建设中、竣工后审计内容的划分并不是一成不变的，可根据具体情况进行调整。例如，从理论上讲，只有把概算审计放在开工前审计中，才能有效地避免概算宽松、扩大规模等问题；可是在实践中，由于开工前审计时间要求较紧，很难做到详细审计概算，一般只能重点审查总规模及十分明显的问题，而将概算审计留在建设项目期中审计时进行，只有在人力、时间等方面都有条件的审计机关才会将概算审计列入开工前审计范围

第一节　开工前期审计

基本建设项目开工前审计是项目建设单位在向权力机关申请办理开工手续之前，由审计机关进行审计，并出具是否具备开工条件、能否办理开工手续的审计鉴证工作。其主要程序是：大中型项目在拟向国家计划部门上报要求开工之前，小型项目建设单位在拟向建设管理部门申请办理开工手续之前，先向审计部门提出开工前审计的申请，同时报送经过批准的项目建议书、可行性研究报告、初步设计和概算等文件、项目资金来源及前期财务支出等财务资料及审计机关视项目情况索要的基本材料，接受审计机关的审计其及对施工现场征地拆迁、三通一平等施工准备工作的检查。审计机关在建设单位提供的资料齐全的情况下，受理对建设项目进行开工前审计，并在规定的期限内提出书面意见。对于符合国家有关规定、具备开工条件的项目，同意其到有关部门办理开工手续；否则，除责令其立即停工外，还要按规定进行处罚。基本建设项目开工前审计的内容如下：

一、审查基本建设程序执行情况

　　基本建设程序是指建设项目从酝酿提出、进行建设到建成投产全过程中各项工作的先后顺序。一般大中型项目，都需要经过以下几个步骤：

　　（1）根据国民经济和社会发展的长远规划，结合地区、行业规划要求以及地质资源条件，在现有生产力布局的基础上，建设单位提出项目建议书；

　　（2）计划部门对项目建议书经过筛选、平衡，将之纳入前期工作计划，尔后进行可行性研究或技术经济论证，并开始为建设项目选址；

　　（3）建设单位对经过可行性研究认为可行的项目，按计划部门审定的建设方案，进行初步设计，编制总概算；

　　（4）计划部门批准了初步设计和总概算的项目，经综合平衡，之后将之列入基本建设年度计划；

　　（5）建设单位进行设备订货、建筑安装工程招投标、施工组织设计，开始施工图设计和预算编制，此时，征地拆迁、三通一平及外部配套协作条件应基本完成；

　　（6）经过审计同意、审批开工部门批准，建设项目开工建设。建设单位根据工程进度适时做好生产准备；

　　（7）建设项目竣工，进行竣工决算审计，同时，经投料试车验收合格后，施工单位将项目交付使用。

　　基本建设程序主要体现在开工前的决策和论证上，所以，审查基本建设程序执行情况的工作也主要被放在开工前审计中进行。审计重点是审查项目建议书、可行性研究、设计文件的编制、审批是否合格：项目建议书是建设项目的立项文件，大型建设项目由国家计委立项，小型建设项目由地方、部门立项，不得越权批准项目立项。编制可行性研究的部门必须是经过正式批准的工程咨询公司和设计院所，必须具有合法的资质证书和营业执照。可行性研究报告也按项目的规模确定审批部门。审计重点是上述工作是否按规定程序进行，可行性研究的内容是否符合国家有关规定，有无越权审批的现象。

二、审查建设资金的来源与保障情况

　　（一）基本建设资金的来源（见表14-2）

表14-2　基本建设资金的来源

基本建设资金的来源	基本建设基金	分中央级基本建设基金和地方级基本建设基金。基本建设基金按性质又分为经营性基本建设基金和非经营性基本建设基金。中央级经营性基本建设基金由国家计委切块给各国家专业投资公司，主要用于能源、交通、原材料、机电、轻纺、农业和林业的重点建设项目；非经营性基本建设基金主要用于中央各部门的文教、卫生、科研等建设项目，其中，小型项目由国家计委切块给主管部门管理，大中型仍按项目安排

续表

基本建设资金的来源	基本建设贷款	指银行利用信贷资金向纳入建设计划的建设项目发放的各种贷款。银行根据国家产业政策采取差别利率，对能源、交通、原材料等行业实行优惠利率
	自筹基本建设资金	指地方各级政府、中央、地方各部门、企事业单位按照国家有关规定筹集和提取的各种用于基本建设的资金
	发行债券	指由政府、政府有关部门或经过批准的大型经济联合体以发行债券、股票等方式从资金所有者手中筹集资金，借以进行建设。目前主要有重点建设债券、重点企业债券、电力建设债券等
	利用外资	包括利用外国政府贷款、国际金融机构贷款、商业贷款、买方贷款、混合贷款等直接融资，也包括卖方信贷、补偿贸易、租赁贸易等间接融资，还包括中外合资合作经营和外商直接投资

（二）对资金来源的审查要点（见表 14-3）

表 14-3　对资金来源的审查要点

| 对资金来源的审查要点 | 审查项目总投资有无正当资金来源 | 建设项目总投资是以货币形态表现的建设项目全部工作量，是反映建设项目规模的综合性指标之一。在审计时要注意，对已经进行概算审计的项目，审计资金来源时要剔除概算高估部分，补充概算漏列部分。在审计过程中，对基本建设基金、基本建设贷款、各级政府自筹、利用外资等渠道的资金，要审查有无合同或意向性承诺文件，如利用贷款，应有贷款协议；中外合资经营项目，应在经国家经贸部门批准的合资企业合同、协议中明确资金来源和各方出资比例、时间，并有会计师或审计事务所出具的证明合资各方是否已按合同规定的比例与时间投资的验资报告；对部门、企事业单位自筹基建资金，则需要审查企业或部门的年度财务报表等有关资料，根据经营情况和利润分配的有关规定，测算建设期内可能筹集到的资金量是否可满足投资需要 |
| | 审查开工当年所需建设资金是否落实 | 对基本建设基金、基本建设贷款、各级政府自筹资金，要审查有无下达的年度计划；对部门、企事业单位自筹资金，除要审查是否具备自筹基建计划外，还要审查年度所需资金是否已存入建设银行或待转存入建行。
对经审计发现资金来源不足、年度投资未落实的项目，要拒绝为其办理开工手续，以防止建设项目造成浪费 |

三、审查初步设计概算

初步设计（或扩大初步设计）概算是指按照设计要求概略地计算建筑物、构筑物等的造价和从筹建到交付使用所发生的全部费用的文件。概算是国家控制建设项目投资的最高限额，也是编制基建计划、实行投资包干的依据，还是考核设计方案经济、合理性的重要指标。概算审计应分两步走：第一步，审查概算编制依据；第二步，审查概算内容。

概算编制依据主要有三大类：

（1）国家关于概算编制管理、费用划分和设计标准等有关方面的文件；

（2）国家或地方颁布的概算编制办法、概算定额或概算指标、有关的取费标准；

（3）建设项目经过批准的可行性研究报告及初步设计文件。

审计中应注意：

（1）编制概算所依据的可行性研究报告是否经过批准，不得将未经权力机关批准的报告作为编制设计概算的依据；

（2）编制概算所依据的指标、定额、费率、材料（设备）的预算价格等是否现行适用，定额与取费标准的采用是否配套，定额和标准的选用是否合规，有无违反规定、就高不就低的情况。

概算内容的审计，主要是审查设计概算的内容是否齐全，计算是否准确，费用计列是否合规。

1. 建筑安装工程单位概算书的审计

建筑安装单项工程概算书由直接费、间接费、计划利润和税金组成（见表 14-4）。

表 14-4　建筑安装工程单位概算书的审计

建筑安装工程单位概算书的审计	直接费	指耗用在建筑及设备安装工程的各种物化劳动和活劳动的总和，由人工费、材料费、施工机械台班使用费和其他直接费组成。 其审计要点是： ①审查概算中直接费的确定是否严格按照概算工程量计算规则计算，工程量计算是否准确，有无高估工程量的情况； ②审查概算定额的套用是否合规、准确； ③审查安装工程费用是否准确，一般安装费用按设备的套、台、座，来套用相应的安装费，概算定额计算审查时，主要抽查核实需购设备的数量和型号，以及所套用定额是否匹配、准确； ④审查其他直接费计列是否合规，审查时应结合施工现场的实际需要，如冬季施工增加费、夜间施工增加费是否切实需要
	间接费	由施工管理费和其他间接费组成。 间接费的计取，一般以直接费为基数，乘以间接费率。常用的有以人工费或者人工费加机械费为计算基数计算。 其审计要点是： ①审查计取间接费的基数是否正确； ②审查间接费定额费率的套用是否合规，不同的工程、不同资质等级的施工队伍，应套用不同的间接费率； ③审查间接费定额是否与直接费定额配套使用，有无违反这一原则多计间接费用的问题
	对施工企业收费的审计	其审计要点是： ①计划利润计取的基数是否正确、合规，有无扩大基数，如将不能作为基数的材料价差等也计入计取基数之内的问题； ②实行计划利润后，不能再计列施工技术装备费，施工企业扩大生产能力、新添机械设备需要的资金，主要取自生产发展基金，对某些工程建设中必需的大型机械设备，应采取向大型机械施工企业租赁的办法，在特殊情况下，经投资主管部门批准，可由建设单位在项目概算中列支，购买设备租给施工企业使用； ③县以上集体所有制施工企业的计划利润率最高不得超过国家规定的标准，县以下城镇集体施工企业、农村建筑队及由农村建筑队联合组成的集体建筑公司，不得计取计划利润
	营业税、城市维护建设税和教育费附加	其应计入工程概算。 其审计要点是计税基数是否正确。应纳营业税税额的计算应是以含税工程造价减去直接列入工程造价的专用基金，再乘以营业税税率；城市维护建设税和教育费附加额的计算应是以营业税为计税基数，乘以适用税（费）率

2. 设备及工器具购置概算的审计

设备及工器具购置费是指为保证生产需要而购置的一切需要安装和不需要安装的设备、备品备件、备用设备的购置费，以及为保证初期正常生产所必须购置的第一套不够固定资产标准的工器具购置费用。

设备购置费由设备原价和设备运杂费组成。设备运杂费的计算是以设备原价乘以设备运杂费率；运杂费率由各部委、省、直辖市、自治区根据不同行业和不同性质的设备分别确定。工器具购置费的计算是以设备购置为基数，乘以一定费率。

审计设备及工器具购置费应把握两个重点：

（1）所列设备投资是否符合设计文件要求，有无在设计要求之外，多列设备及工器具购置费用，或改头换面，将生产设备改列为生活用车辆和设施，或少列、漏列设备及工器具购置费用的情况；

（2）设备原价的确定是否正确，因为它直接关系到设备运杂费和工器具购置费确定的准确性，所以要严格审查标准设备和非标准设备原价。

审查标准设备原价较为简便，参照各部委和地方有关现行产品出厂价格表，结合有关调价通知，即可看出概算所列设备原价是否合理。审查非标准设备的原价则比较复杂。确定非标准设备原价，一般可采用三种方法：

①根据非标准设备的类别、性质、重量，按对设备单位重量规定的估价指标计算；

②根据非标准设备的类别、重量，按对每台设备规定的估价指标计算；

③对估价指标中未列的特殊设备或新设备，采用成本费用计算办法进行估算。

成本费用计算法是根据材料综合利用率、材料预算价格、加工费、辅助材料、废品损失费、包装费等取费标准计算各项费用，最后汇总计算出非标准设备的原价。审查这类设备原价，通常采用对比分析法，即选取一些类似的机械设备价格作参照，发现超常规的差异时，再延伸审查设备厂家报价单的费用组成和计算是否合规、准确，有无多摊、多列各项费用，故意抬高设备原价的现象。

国外引进设备的原价由货价、运输费、关税、工商税、进口公司手续费和银行手续费等组成。当采用离岸价（FOB）结算时，原价中还应当加上海运保险费。审查国外引进设备原价，应注意三点：

①货价的确定，应按外币金额乘以当时的外汇牌价（合同中另有规定的除外），再乘以（1+加成费率）。加成费率应按进口公司的规定计算。

②引进设备所使用的不同结算价格形式，对引进设备原价的计算影响很大，审计时应严格区分。如离岸价（FOB）包括卖方把设备运到出口港买方指定的船上所发生的运费、装船费和出口税等各项费用，但不包括海上运输费和保险费；成本加运费价，是在离岸价格基础上，另加设备运达买方港口的运输费用，不包括保险费；到岸价（CIF）则是在成本加运费价基础上加上保险费。

③关税率的选定应符合项目的实际情况，最低关税率只适用于和我国签订有贸易最惠国待遇的国家，对一般国家的进口设备只能套用普通关税率。

3. 总概算的审计

总概算的审计的重点是列入概算的项目是否合规，费用的提取是否合理。具体内容如表 14-5 所示。

表 14-5　总概算的审计

总概算的审计		总概算文件及所附整套资料是否齐全，总概算文件中列支的各部分投资及费用是否与各单项工程综合概算的汇总数额相一致
		总概算的编制说明是否合规，是否均已将需要说明的问题阐述清楚；总概算表的各个部分是否完整，有无明显的错漏
		总概算文件反映设计内容是否全面、真实，有无夹带计划外工程、扩大建设规模、提高建设标准或者用计划外项目挤计划内工程的情况；有无少列、漏列工程和费用项目，或者故意留缺口，将限额以上项目压为限额以下项目的问题
	工程建设其他费用的计列是否合规、合法	工程建设其他费用是指根据有关规定应在基建投资中支付并被列入建设项目总概算的、除建筑安装工程费用和设备、工器具购置费以外的一些费用。此项审计的内容如下： ①审查土地征用数量是否符合项目需要，有无盲目扩大征地面积，造成土地闲置的问题；征用土地是否经权力部门审批，先批后征，先征后用；各种补偿安置费用是否符合当地政府规定的标准，对需要提高补偿标准的特殊情况是否报经主管部门批准。审计时应注意：该项费用除预备费外，不作其他费用取费基数。 ②建设工作由原企业兼办，不设独立机构的改扩建项目，是否违反规定计列了建设单位管理费；设独立机构的改扩建项目，是否违反规定要求采取了低于新建项目费率的费率。 ③审查下列费用有无挤列在研究试验费用中的情况：应由科技三项费用开支的项目，应由间接费开支的施工企业对建筑材料、构件和建筑物进行一般鉴定检查所发生的费用及技术更新的研究试验费，应由勘察设计费、勘察设计单位事业费或基建投资中开支的项目。 ④审查培训人员占生产定员的比重、培训期限等是否符合设计依据要求；套用费用定额是否正确；是否将下列不应计入的费用也挤列在了本项目中：现有企业为提高工人、技术人员熟练程度所需开支的培训费，提前进厂的技术和管理人员管理费用，按进口设备合同规定应由国外企业承担的技术人员、工人与管理人员的培训费。 ⑤办公和生活家具购置费的计算基数、套用定额是否正确、合规。该项费用的确定应以设计定员为基数，乘以各部门（地区）规定的办公、生活家具综合费用定额和中小学、托儿所、招待所、卫生所费用定额。 ⑥联合试运转费中是否挤列有应由设备安装费用开支的试车费用；是否也违反规定将预计试运转收入可以抵消的试运转费列入了概算。 ⑦勘察设计费的计列是否严格按照国家计委颁布的工程勘察设计收费标准和有关部委、省市计委、建委的具体规定执行。 ⑧供电贴费的计列是否严格按照国家计委批转原水利电力部关于供电贴费的有关规定。 ⑨施工机构迁移费是否按建筑安装工程费用的百分比或类似工程预算计列；有无将应由施工企业负担的、在规定距离范围内调动施工力量及内部平衡施工力量所发生的迁移费用和由于违反基本建设程序而盲目调遣队伍所发生的迁移费等挤列入此项费用的情况。

续表

总概算的审计	**工程建设其他费用的计列是否合规、合法**	⑩根据主管部门的有关规定审查矿山维修费。 ⑪引进技术和进口设备项目的其他费用。对于应聘来华的外国工程技术人员生活和接待费，为引进技术和进口设备派出人员到国外培训和进行设计、联络及材料设备检验所需的旅费、生活费和服装费，国外设计及技术资料费，专利和技术保密费，延期或分期付款利息，进口材料设备检验费等项目，要审查其是否按照合同计列，是否符合国家有关规定。对国外引进成套设备建设项目建设单位在工程建成投产前向保险公司投保建筑工程险或安装工程险所应缴付的保险费，应按照中国人民银行、国家计委、财政部、对外经济贸易部、外汇管理局的规定和中国人民保险公司规定的保险费率计算
	审查预备费的有关问题	预备费也称不可预见费，是指在初步设计和概算中难以预料的工程费用。它应以单项工程费用总计和工程建设其他费用之和为基数，乘以规定的预备费率来确定。不同专业工程的预备费率标准，由各主管部门和省、直辖市、自治区制定颁布。引进技术和进口设备项目应以国内配套部分费用为基数计算预备费。对预备费进行审计时应注意下列问题： ①预备费的选用是否正确。 ②预备费的计算基数是否准确。各专业工程预备费标准中，都明确规定了计取预备费的基数，使用哪一专业工程概算定额，就要套用相应的预备费基数。 ③在审计概算其他内容时如发现存在多列或少列概算的问题，在调整概算时，预备费也应以此为基数进行相应的调整。 ④关于建设期间材料设备价格预调费。目前有两种处理方式：一是在预备费中列入，适当提高预备费率；二是单独计列该项费用，测算建设期材料设备调价系数，以建安工程造价百分比的形式反映建设期内正常性价格调整对项目总投资的影响。若采取后一种方式，该项费用使用作为计取预备费的基数

第二节　在建项目审计

在建项目审计是在项目开工后至竣工决算前这一整个施工建设阶段，审计机关依法进行审查并对审查出来的问题进行处理的工作。在建项目审计内容主要是投资包干与工程承发包情况、概算调整与预算编制情况、财务管理情况、材料设备采购、保管与使用情况、施工进程中工期计划的执行情况和质量是否符合设计规范的情况等。由于建设项目从开工到竣工所有工作都是相互联系的，所以，在审计中可能还需涉及开工前准备工作中的基建程序的执行、可行性研究和勘察设计正确性、施工建设准备充分性等问题。

在建项目审计的主要程序是：按照审计程序，向项目建设单位发出审计通知书，并抄送项目主管部门及有关单位。在审计通知书中确定的时间地点，向建设单位、施工企业设计单位有关处（科）室了解项目建设的情况，索取有关资料，进行就地审计。

对于审计发现的问题，经过取证和被审计单位认定签字盖章，审计组在此基础上形成内部审计报告，并与被审计单位交换意见，以取得一致性，之后报经机关领导同意，正式向被审计单位发出审计结论和处理决定。在规定期限内，被审计单位要将执行审计结论和处理决定的情况回报审计机关。如对审计结论和处理决定不服，可按法定程序向上一级审计机关提出复审申请；复审期间，处理决定将被照常执行。

一、投资包干审计

建设项目投资包干责任制，是指项目的建设单位或工程承包公司对国家计划确定的建设项目，按建设规模、投资总额、建设工期、工程量和材料消耗包干，实行责、权、利结合的建设项目管理制度。

建设项目投资包干责任制的确立与实施是通过签订和执行包干合同来实现的。在执行合同过程中，建设单位（或工程承包公司）要实行"五包"，即包投资、包工期、包质量、包主要材料用量、包形成综合生产能力；项目的主管部门则要实行"五保"，即保建设资金、保设备材料、保外部配套条件、保生产定员准备、保工业项目投产试车所需原料燃料供应。在建设过程中，对包干指标一般不予调整，但如遇以下特殊情况，可以适当调整投资包干指标：资源、水文地质、工程地质情况发生重大变化，导致建设方案变动；人力不可抗拒的自然灾害，造成重大损失；国家统一调整价格导致概算有重大变化；国家计划有重大调整；设计有重大修改等原因引起的概算调整。

投资包干审计的要点如表 14-6 所示。

表 14-6 投资包干审计的要点

投资包干审计的要点	审计投资包干合同的制定	（1）审查总承包单位是否是经过有关部门批准，具有法人资格和承包能力的经济实体，其企业等级、人员素质、管理水平、资金基础和社会信誉是否适应建设项目的要求。 （2）审查包干合同签订的依据。包括对项目建议书、设计文件规定的规模、工期、质量、材料消耗和总投资额等项的进一步审查。 （3）审查包干合同的主要内容与条款是否建立在项目设计文件基础上，各项指标、条款的确定是否合法、合理；承包合同签订的时间是在项目建设之前，还是在已可明显看出资金有节余的项目建设中后期
	审计包干合同内容和合同的执行	（1）审查包干项目的建设工期，是否以设计文件中规定的合理工期为准，按时开、竣工；对工期延误，已明确应由哪方负责。 （2）审查工程建设是否以有关技术标准、设计规范规定的质量标准为准，承包单位是否建立了工程质量管理机构，配备了专门的质量检查人员并实行了质量监理，对施工各环节都进行严格的检查监督；各单项工程或单位工程是否符合国家颁发的工程质量检验评定标准和验收规范。审计中，对不符合质量要求的，应提出返工意见；对质量事故和报废工程应查明原因，分清责任，严肃处理。 （3）审查主要材料用量是否以设计文件规定的或承发包双方商定的主要材料用量清单为根据，承包单位是否健全了材料管理制度，落实了经济责任；签订的材料采购订货合同及支付的费用是否合理合法；有无积压、丢失、毁损材料的现象；按主要材料用量包干节余材料的处理是否符合规定；是否将收回的资金及时入账。 （4）审查主体工程、配套工程、三废治理工程是否同时建成，以形成综合生产能力，有无漏项；项目竣工后是否及时验收。发现未按规定形成综合生产能力的，对投资包干结余分成要予以扣减，并督促建设单位尽快采取措施，及早形成综合生产能力。 （5）审查投资的使用是否符合概算规定，有无夹带计划外工程和超规模、超标准建设的情况，有无严重损失浪费和违法乱纪行为；审查已被交付使用财产是否真实可靠

续表

| 资包干审计的要点 | 审计投资包干节余 | （1）审查项目在投资包干范围内，是否完成设计规定的全部建设内容，有无漏项、甩项或夹带计划外工程的情况。
（2）检查是否及时、正确地编报竣工决算，如仍有少量尾工尚未竣工，是否留有尾工款。
（3）审查有无扩大成本开支范围，将生产成本或其他费用挤入基建成本，减少包干节余或将基建成本挤入生产成本，从而获得包干节余的情况。
（4）审查是否从包干节余（或投产后效益）中列支根据国家规定提取的提前竣工奖，有无将提前竣工奖列入工程成本的现象 |
| | 审计投资包干节余分成 | 对于由国家预算内拨改贷或银行贷款作为建设资金并由建设单位负责还款的项目，要审查其是否将投资包干节余的 50%用于归还贷款，留成 50%；建设单位不负责还款的，要审查其是否将 50%交给还款单位用于归还贷款，留成 50%；如留成包干节余要审查其是否缴纳了能源交通重点建设基金，是否按 6∶2∶2 比例分别作为生产发展基金、集体福利基金和职工奖励基金。按照规定，对于工期长且单项工程竣工后投资有节余的项目，在确保整个项目有节余的前提下，建设单位可以预提一部分节余，如果工程全部竣工后无包干节余，应审查建设单位是否用自有资金归还了预提的包干节余 |

二、基本建设财务审计

基本建设财务审计分为资金来源审计和资金运用审计两大部分。资金来源审计如前所述。资金运用审计，与其他内容的审计是密不可分的，建设项目投资包干和工程招投标合同、概预算、工程结算、设备材料供应等方面审计是财务审计的基础。所以要进行基本建设财务审计，必须了解掌握其他审计的有关情况。

基本建设投资额分为计划投资额和实际完成投资额。计划投资额是计划期内应完成的基本建设工作量，一般按年度下达控制指标；实际完成投资额是用货币表现的已完成基本建设工作量。

基本建设投资完成额与基本建设财务支出也是两个不同的概念，前者是以货币表现的已完基本建设工作量，后者则是为了进行基本建设而发生的资金支出。例如，本年度为下年储备而购置的需要安装的设备支付的资金，属于本期的财务支出额，但由于这些设备本年度内尚未运到施工现场开始安装，故不能被计入本年度投资完成额；而下一年度安装这些设备，就要将之计入投资完成额，但财务支出额不能再重复发生。此外，按照规定，财务支出额中的"应核销其他支出"部分，不能被计入投资完成额。

根据现行建设单位会计制度规定，建设单位财务核算投资完成额的账户有"建筑安装工程投资""设备投资""其他投资""待摊投资""转出投资""应核销基建投资"（见表 14-7）。其中，前四个形成交付使用财产成本；对于"转出投资""应核销基建投资"的审计，我们将在竣工决算审计中阐述。

表 14-7　基本建设财务审计

| 基本建设财务审计 | 建筑安装工程投资 | 建筑安装工程投资是根据实际完成的分部分项工程量，套用预算定额、地区材料预算价格、取费标准和税率计算出来的工程期内完成的工作量，主要是通过预结算审计来进行审查。
在财务审计中，其审计要点是： |

续表

基本建设财务审计	建筑安装工程投资	（1）有无将概算外工程费用列入建安工程投资中的情况； （2）有无将预付备料款、预付工程款等未形成工程进度的支出计入投资完成额的情况； （3）有无将应列入应核销投资项目的施工机械转移费、应从投资包干节余或投产后效益中支出的工期奖、质量奖、竣工奖等项支出列入建安工程投资的情况； （4）有无将本建设项目之外的其他工程耗用材料及库存材料价差列入建安工程投资； （5）对于采取招投标方式发包的工程，中标价与建安工程投资是否一致
	设备投资	设备投资支出包括需要安装设备的、不需要安装设备的和为生产准备的不够固定资产标准的工具、器具实际支出。 　　根据规定，需要安装的设备付款到货后，只能被列为"库存设备"，而只有在设备的基础与支架已经完成，设备已经运至安装现场，开箱检查完毕，吊装就位并继续进行安装时才能将之计列设备投资完成额；对于不需要安装的设备和工器具，在其到达建设单位仓库或指定地点，并经验收合格便可将之直接计入设备投资完成额；对于工器具则只有在其所服务的单位工程开始设备安装后，才能根据实际到货数量对之计算投资完成额。 　　设备支出审计的要点是： （1）购入的设备、工器具规模、数量与金额是否与设计所附设备清单一致，有无计划外购买设备的情况； （2）将需要安装设备计入设备投资科目时设备是否已吊装就位并继续安装； （3）不需要安装设备等是否到达建设单位仓库或指定地点，并经验收合格。 　　此外，设备投资审计还应涉及设备采购、库存设备等过渡账户，主要涉及设备的买价、运杂费、采购保管费等构成设备成本的内容。具体内容包括： （1）对标准设备是否按照国家规定的价格结算；非标准设备的工料单价是否正确，固定费用的分摊、专用机械工具的折旧与摊销是否合理；对于国外进口设备，有无因国家调整外汇汇率而引起需要调整投资包干指标的问题。 （2）运输的方式、采用的工具和选择的路线是否合理。 （3）采购保管费的提取比例及其使用是否符合有关规定，有无多提、挪用等问题
	其他投资	其他投资是建设单位发生的、构成基建投资完成额并单独形成交付使用财产的房屋和基本畜禽林木等购置、饲养支出。如可行性研究和建设期间购置使用的办公用房、家具、农林建设单位的基本畜禽购置及移交生产单位前发生的饲养费。其审计内容主要是： （1）各项购置费用是否已列入经批准的概算； （2）所购置的是否为现成房屋，如果是自行建设的应将之计入建安工程投资； （3）所购置的基本畜禽种类和数量是否与设计文件规定相符，有无将老农场购入的基本畜禽支出混淆在内的情况； （4）农村建设单位林木支出是否已被列入经批准的概算； （5）办公用家具、器具购置支出是否被控制在基本建设概算数额之内； （6）有无利用此项投资为生产购置工器具等物资的情况

| 基本建设财务审计 | 待摊投资 | 待摊投资是建设单位发生的、构成基本建设投资完成额且应分摊计入交付使用财产成本的各项费用支出。

包括建设单位管理费、土地征用及迁移补偿费、勘测设计费、研究试验费、可行性研究费、进口成套设备有关费用（国外设计及技术资料费、出国联络费、设备检验费、延期付款利息、专利费、技术保密费、外国技术人员费等）、负荷联合试车费、提取企业基金、包干节余、坏账损失、借款利息、质量监察费等。审计要点是：

（1）只有经过批准单独设置管理机构的建设单位才能列支建设单位管理费，一般改扩建项目不应单独设置管理机构，建设工程由生产单位代管，不得列支建设单位管理费。对建设单位管理费的使用应符合会计制度规定，不得擅自提高标准，扩大范围，对建设单位管理费支出超过概算的问题要分析原因。

（2）审查土地征用数量是否合规，有无擅自多征土地的问题，土地征用及迁移补偿费是否按照《中华人民共和国土地管理法》规定的标准和范围支付，有无严重高估、弄虚作假的问题。

（3）审查项目委托的勘察设计单位有无工程勘察或工程设计证书，其资质等级能否符合承担项目勘察设计任务的要求；对勘察设计费是否按照国家有关规定支付，有无提高收费标准或用其他名义多收设计费的问题。

（4）对审查研究试验费用支出是否按照计划和概算使用，有无计划外项目和应由生产单位、施工单位、勘察设计单位负担的费用混入。

（5）可行性研究费用支出范围是否正确，有无将计入"其他投资"的为进行可行性研究而购置的固定资产等支出混入；取消项目的可行性研究费用支出是否已被按有关规定转入"应核销基建投资"科目。

（6）对进口成套设备的有关审计内容虽然比较多，但中心是监督这些费用的开支范围与标准符合合同规定的条款，未被擅自增加各种费用开支。如果发现合同规定的有关条款违背了国家政策和法规，可以延伸对合同的审计。

（7）负荷联合试车费应是单项工程或车间在交工验收之前进行联合试车的亏损，即全部试车费用减去试车产品销售收入和其他收入的差额。由于单机运转和系统联动无负荷试车发生的费用属于为测定安装工程质量而发生的，因此应被列入安装工程投资支出。对此，一是审查列支的试车费用，是否已减去试车产品销售收入和其他收入，如试车产品销售收入和其他收入超出试车费支出，则不应列负荷联合试车费，而应作为基本建设收入单独立账并按国家有关规定处理；二是审查单机运转和系统联动无负荷运转支出是否在此费用中重列。

（8）按照规定，应在建设项目全部竣工后提取投资包干节余；建设工期长，其单项工程竣工后有节余的，在保证建设项目全部竣工确有包干节余前提下，可按单项工程竣工决算预提一部分，但不得在单项工程竣工前定期预提；对于单项工程竣工预提的包干节余，应先进入"其他应收款"科目过渡，待全部项目竣工后再将之转入"待摊投资"科目列支。单项工程竣工预提包干节余审计应把握三个原则：一是单项工程尚未竣工，不得按季度或年度预提包干节余；二是单项工程没有节余，不得提取"包干节余"；三是单项工程有节余，但不能保证建设项目全部竣工后有节余，也不得预提包干节余，要待建设项目全部 |

续表

基本建设 财务审计	待摊投资	竣工后统一核算。 （9）审查列入待摊投资中的坏账损失是否为确定无法追回的预付款项，是否已按规定程序办理了报批手续； （10）审查借款利息支出是否只包括计划规定的建设期内利息，有无将应由生产企业、施工企业和建设单位自有资金支出的储备借款利息、逾期还款的罚息、投产后利息等列入此科目支出的现象

三、基本建设物资审计

基本建设物资审计包括对基本建设设备、材料、工器具的审计。建设项目所需的各种设备、工具、器具，一般在初步设计中就已被确定，建设单位或总承包单位只是根据设计要求进行采购、定做或自制，并形成设备与安装工程投资完成额（见表 14-8）。

表 14-8　基本建设物资审计

基本 建设 物资 审计	设备、工具、器具的采购审计	对设备、工具、器具的采购，是通过订货、付款、结算、运输、入库完成的，因此，《采购成本费用》包括物资原价、供销部门手续费（进口成套设备为进口加成费用）、包装、运输、装卸等费用（进口成套设备还包括保险费、手续费、关税、工商税等）和采购保管费用。对此，应主要审查： （1）订货合同是否严格按照设计要求签订，订货合同中所列物资名称、规格、数量是否与设计概算和年度物资采购计划清单所列一致，有无计划外购置或提高标准购置的情况。 （2）订货合同中供货单位是否具有相当的资质等级，工艺质量能否达到国家标准。 （3）订货合同价格是否合理，要以国家对主要基建材料和大型设备制定的指令性价格、指导性价格为依据审查合同价格，如发现偏差过大，应作重点审查。 （4）从国外采购设备和材料是否以合同规定的货币进行结算，有无因货币币种选用不当而造成的经济损失。 （5）对设备材料采购运杂费的计算、分摊是否正确；对能分清运输对象的运杂费支出，是否按规定直接计入各自的采购成本，对分不清运输对象的，是否按照规定以重量或买价的比例摊入各自采购成本。 （6）对设备材料采购保管费的发生、分摊是否合理；对采购保管费是否按规定开支，有无将应由企业生产费用开支的采购费用、应由"应核销其他支出"计列的设备材料毁损计入采购保管费的情况；对采购保管费是否根据会计制度规定，在每月终了时进行分配并计入设备、材料的实际采购成本。 （7）设备到货后，发现短少、不合规格、质量低劣的问题时，建设单位是否在合同期限内及时联系退货或索赔事宜
	设备材料领用与核算的审计	（1）设备材料保管制度是否健全，入出库手续是否完备，对需要安装的设备是否通过入库凭单在"库存材料"科目中核算，对存放在仓库或指定地点的不需要安装的设备，是否通过入库凭单直接计入"设备投资"科目；对直接交付使用单位的是否视同入库，将之直接计入"设备投资"并同时办理出库手续；库存设备的保管与安全措施是否完善。 （2）有无将基建设备材料用于计划外工程、生产企业生产设施的更新改造与大修理、本单位劳动服务公司集体建设项目的情形；有无以基建物资换取物资、换取建

续表

基本建设物资审计	**设备材料领用与核算的审计**	筑产品或生活物品的情况。 （3）设备材料是否按照设计标准使用，有无以小充大、偷工减料等影响质量和以大代小、造成浪费的问题。 （4）材料成本差异的分摊是否合规。材料成本差异是库存材料实际成本与计划成本的差异，是材料实际成本的组成部分。目前计算材料成本差异的办法有加权平均法、移动加权平均法等。审查时要注意对价差的计算是否正确、分摊是否合理，有无人为地调整建设成本、预算外资金占用预算内资金的情况，例如，同时进行两个项目，材料价格也相同，但在核算时，将预算内工程所用材料按市场价格计算，自筹工程则按平价材料计算。 （5）对包装物押金收入处理是否合规。有些材料设备使用安装后，其包装（如水泥袋等）可以回收，并形成包装物押金收入。由于购买材料设备时，包装物押金已含在采购成本中，按财务制度规定，包装物押金收入应被用于冲减采购成本。审查时应注意有无将包装物收入转入往来账户，形成"小金库"资金的问题
	设备材料储备审计	设备材料储备是指基建投资以实物形态被储存于仓库之中。设备材料的外销，主要是指因为材料设备不适用而对外调剂所发生的物资销售。对此，主要应审查： （1）库存设备材料是否账实相符、账账相符。即库存设备物资数量与"库存设备""库存材料"账是否相符，库存设备材料是否真实。 （2）有无将不属于被审计项目的物资列入被审计项目账内，将不需要安装的设备亦列入库存设备及设备材料出入库不及时入账的情况。 （3）有无超储积压，尤其对购置时间早、库存数量大的物资，应根据其合理用量，审查其是否确属积压，并查明原因。 （4）外销的设备材料是否确属因设计变更、重复购置、不适用的多余物资，有无出售紧俏物资或以各种名义非法倒卖的情况。 （5）对外销的设备材料价格是否合理，有无超过国家限价从中牟利，或过低压价，从中获取回扣等问题。 （6）外销获得的盈余是否被用以冲减"应核销其他支出"中的器材处理亏损，有无将外销盈余转作自有资金或在往来账中长期挂账的现象
	对库存物资盘盈盘亏的审计	（1）审查库存物资的盘盈盘亏是否真实、合理并分析其原因。 因材料设备自然属性造成的必然损耗、计量上正常的误差均属正常原因；对因保管不善造成的丢失损坏，则应严肃处理。 （2）审查物资盘盈、盘亏、毁损的处理是否合规。 1）是审查会计处理是否正确，是否将之计入"待处理财产损溢"； 2）审查对重大设备材料盘盈盘亏及毁损的处理是否报经主管部门批准； 3）审查盘亏毁损是否被转入"应核销其他支出"，盘盈是否相应冲减了"应核销其他支出"

四、建设工程招标、投标和工程承发包审计

建设工程通过招标、投标，实行工程承发包，是基本建设和建筑业管理体制改革的一项重要内容。其审计内容主要包括：

（一）建设工程招标、投标审计

建设工程招标有以下四种形式：

（1）全过程招标，即从项目建议书开始，包括可行性研究、勘察设计、设备材料询价与采购、工程施工、生产准备、投料试车，直到竣工投产、交付使用，实行全面招标；

（2）勘察设计招标；

（3）材料、设备供应招标；

（4）工程施工招标。

建设工程招标一般采取下列方式：

（1）由招标单位通过报刊、广播、电视等发表招标广告公开招标；

（2）由建设单位向有承担能力的若干企业发出通知邀请投标；

（3）对于少数特殊工程或偏僻地区的工程，如投标企业不愿投标，可由项目主管部门或当地政府指定投标单位。

招标、投标审计的重点如表14-9所示。

表14-9 招标、投标审计的重点

招标、投标审计的重点	（1）建设工程招标和投标是否符合平等竞争的原则；建设工程的主管部门和当地政府是否打破部门、地区界限，允许招标单位公开招标，对于其他部门、其他地区的中标单位，是否提供必要的生产、生活条件，有无在招标过程中，实行部门、地区封锁，搞封闭式承包，削弱制约机制的问题 （2）招标单位编制的招标文件是否正确完整；招标文件中所列规模是否被控制在批准的项目建议书或设计文件规定的规模之内，有无夹带计划外工程或计划外设备的问题 （3）招标单位是否按照规定的程序和方式进行招标，有无在开标之前泄露标的问题 （4）投标企业是否持有有效的营业执照和施工许可证，企业的资质等级是否符合建设工程的要求，有无越级投标的情况 （5）投标单位是否按照规定的程序和方式进行投标，有无通过行贿、作弊等不正当手段中标或哄抬标价的问题 （6）投标单位标书内容是否完整，报价是否合理，选择的施工方法和施工组织设计是否科学、先进，有无保证工期和工程质量的具体措施 （7）招标、投标过程中，有无建设单位为获得更多的包干节余而不切实际地压低标价、施工企业为争得工程而不切实际地压低报价的问题 （8）开标是否公开进行，当众启封标书，宣布各投标单位的报价，评标是否有主管部门、基本建设综合部门和建设银行参加 （9）招标、投标管理机构的手续费、代编标底费等费用是否按照规定收取，使用是否合规

（二）建设工程承发包审计

建设工程承包的形式一般有以下几种：对可行性研究、勘察设计、设备询价与选购、材料订货、工程施工和竣工投产实行全过程总承包，建设工程勘察设计承包，建筑安装工程承包。经济体制改革后，又出现了基本建设材料承包和成套设备承包。

由于发展专业化施工更能提高经济效益，对建设工程实行承包的单位，往往将工程中一部分专业性较强或非主要的部分分包给营业条件符合该工程技术要求的建筑安装企业。承包单位一般在投标时报送的标函中就应已注明准备分包的工程项目，中标之后，根据《建筑安装工程承包合同条例》，发包单位与承包单位（或总包单位）签订工程承包合同（或总包合同），总包单位与分包单位签订分包合同。

按照规定，总包单位必须自行完成建设项目或单项、单位工程的主要部分；在结构和技术要求相同的群体工程中，总包单位应自行完成半数以上的单位工程。分包单位要自行完成分包工程，除属于金属容器的气密试验、压力试验、工艺设备安装的调试、吊装工程的焊缝探伤、打桩及高级装卸等特殊专业技术作业之外，不得将工程再行分包给其他施工企业。

实行总分包的工程，由总包单位对工程的工期、质量、造价和交付使用后的保修向发包单位负责，分包单位则根据合同规定，对其分包的工程向总包单位负责。

工程承发包审计的重点如表 14-10 所示。

表 14-10　工程承发包审计的重点

工程承发包审计的重点	审查承发包合同中有关内容是否完整、明确。
	主要是审计工期、质量、造价、工艺、材料与资金供应等方面责任是否明确，完成上述任务有无组织措施；若一个工程分为若干合同，要看是否明确了相互之间在空间、时间、责任等方面的界限；若一个合同内包括若干单项工程，要看是否逐一明确了各个单项工程的内容与规模
	施工现场的生产、生活场地的范围与边界是否明确，施工用水电、食宿、医疗、通信等是否具备；运输设施是否完备
	对工程开竣工日期有无明确规定，是否符合设计文件的要求；施工单位有无完整的施工规划或施工组织设计，是否明确了工程某些关键性工作的起止日期，各施工阶段是否紧密衔接
	是否指定了工程选用的技术规范，并注明了编制规范的国家机构和代号清单；是否按工程要求确定了施工机械、设备，明确了施工的程序、方法、技术、质量以及测量、试验等一系列专业技术方面的问题
	对试验、测量等设备费用的承担、办公用房和车辆的使用以及施工安全等其他需要说明的问题在合同中是否进行了详细说明
	总包单位对于准备分包的工程，是否在投标的标函中注明，并经过招标方同意，总包单位有无违反规定，将工程的主要部分或结构技术要求相同的群体工程中半数以及单位工程包给其他施工单位，从中捞取回扣的问题
	分包单位有无违反规定，将承包的工程再分包给其他施工单位的问题
	总分包之间责任是否明确，有无扯皮、推诿以至延误工期的情况
	总包单位向分包单位计取的服务费是否符合有关规定，有无巧立名目、擅自提高收费标准的情况
	承发包双方是否严格履行合同所规定的义务，有无违反合同的情况；对在履行合同过程中预付款项及损失赔偿的计算、处理是否正确
	在执行承发包合同过程中，如发生合同变更、解除或纠纷等事项，应查明其原因，并审查变更和解除合同是否履行了合法规定的手续，对纠纷是否在规定期限内向有关部门提出调解、仲裁的申请或起诉，是否执行了仲裁决定；有无因以上事项影响建设工期等问题

第三节　竣工决算审计

竣工决算是在建设项目竣工之后，办理竣工验收之前，由建设单位编报的项目建设总结性文件。它要综合反映建设项目从开始建设起至竣工止的建设成果和财务情况，除了采用货币计量单位，还要采用实物量、建设工期和各项技术经济方面的指标它不仅是建设单位向有关部门报账的资料，还是建设单位与生产使用单位办理移交新增固定资产价值的依据。

建设项目竣工决算的数据来源于两大部分：一是建设单位自身开支的和自营工程的决算；二是承包单位在承包工程完成之后向建设单位办理的工程结算。在列入决算的全部实际支出中，一部分既形成投资完成额，又构成交付使用财产，这部分支出包括建筑安装工程投资、设备投资、其他投资和待摊投资；另一部分形成投资完成额，但不构成或不在本单位构成交付使用财产，这部分支出包括应核销投资和转出投资；还有一部分是应核销其他支出，它既不形成投资完成额又不构成交付使用财产。

在建设项目竣工之后应及时办理竣工决算。有的建设项目基本符合竣工验收标准，只是零星土建工程和少数非主要设备安装未按设计规定全部完成，但不影响投产初期正常生产，亦应办理竣工验收手续，可按设计留足投资，限期完成剩余工程。有的项目尽管在投产初期尚不能达到设计能力所规定的产量，但也不能因此拖延办理验收和移交固定资产手续。

竣工决算审计应在建设项目初验结束后，由审计机关派出审计工作组，按照审计程序依法实施。审计机关原则上应在一个月内提出书面审计意见，发送被审计单位和组织竣工验收的计划、主管部门及当地政府。由于竣工决算审计受时间的制约，审计机关在实际工作中可以根据工程进度，将决算中一部分建筑安装工程结算的审计提前到在建项目审计中进行，与在建项目审计中对建筑安装工程承包合同及其执行情况、建筑工程预算审计结合起来，以减少竣工决算审计工作量。

竣工决算审计的要点如表 14-11 所示。

表 14-11 竣工决算审计的要点

竣工决算审计的要点	审查建设项目概算执行情况。 主要审查建设项目是否按照批准的设计方案进行，有无夹带计划外项目、计划外设备以及提高建设标准、扩大建筑规模的问题
	审查"交付使用财产"是否根据经过审查的建筑安装工程结算和设备投资、其他投资、待摊投资的完成额进行编制，内容是否完整、合规。 对于未完的零星土建工程和少数非主要预留的投资，按照规定不能提前将之转入交付使用财产
	审查转出投资是否经过批准并仅限于以下款项：拨付主办或统建单位投资、移交其他单位继续施工的未完工程、支付给地方国有施工企业的技术装备费、拨付给地方建材基地投资、支付的商业网点费和 110 千伏以下的供电贴费等。有无未经批准增加转出投资的内容、提高转出投资金额、虚列转出投资等问题
	审查应核销投资是否经过批准并仅限于以下款项：生产职工培训费、施工机构转移费、样品样机购置费、农业开荒费、报废工程损失、被取消建设项目可行性研究费等。有无未经批准擅自增加付款项目等问题；生产职工培训费中有无为老企业、老生产工艺过程培训人员的费用混入；报废工程是否经过有关部门鉴定，并经当地建设银行审查鉴证后报有关部门批准；有无多列、虚列应核销投资等问题
	审查应核销其他支出所列的器材处理亏损、设备盘亏及毁损、调整器材调拨价格折价、非常损失和编外人员生活费等内容是否真实，报批手续是否完备，核算是否合规，有无多列、虚列等问题
	审查是否根据修正总概算和工程形象进度合理预留尾工款，有无将本项目以外工程列作尾工项目，转移形成的包干结余，或少留尾工款，将未完工程作为包干结余的问题

竣工决算审计的要点	审查结余资金是否真实。 　一是核实库存材料、设备的实际成本，审查有无转移、隐瞒、挪用库存物资，或将库存材料成本差异摊入竣工工程成本，以及压低库存物资单价，少列结余资金的问题； 　二是核实结余的存款与现金，审查债权债务是否已清理完毕，有无虚列往来款项，隐匿结余资金的问题。对材料、设备积压、债权债务长期不能清理的问题，应查明原因。
	审查基本建设收入的核算与处理是否正确。 　根据规定，建设单位当年形成的基本建设收入要在年度内核算和处理。在竣工决算审计中，要检查各年度核算的基本建设收入是否正确，有无隐瞒、转移基本建设收入的问题，基本建设收入的处理是否按照国家规定的比例分成，使用基本建设贷款的单位是否按照规定的比例归还贷款，使用基本建设拨款的单位是否按照规定比例上交财政；对留成部分是否按照规定首先缴纳能源交通重点建设基金和预算调节基金，然后按规定比例分别转入生产发展基金、职工福利基金和奖励基金
	根据项目总承包合同和上述审查情况，核实包干结余。 　对工期较长且有包干结余的单项工程已经提取的包干结余要认真核对，如果已提的包干结余超过审计核实的包干结余总额，要从建设单位自有资金中扣回。同时，还要审查包干结余是否按照规定进行分配
	审查竣工决算报表是否真实、完整、合规，有无缺表、缺页的情况，报表格式和表中各项目的填列是否符合规定，各表之间的钩稽关系是否正确，应当一致的数字是否一致；报表中有关概算和计划的数字是否与最后批准的设计文件和计划数一致；表中所列资金来源、交付使用财产、转出投资、应核销投资和应核销其他支出等项数字，与批准的历年财务决算中有关数字是否相符；其中，拨款、贷款的金额是否同银行对账单的数字相符

第四节　投资效益审计

　　基本建设项目投资效益是指项目本身耗用的投资与取得的成果之比，狭义的投资效益是将耗用的人力、财力、物力支出同取得的固定资产价值、投产后经济收益的比较；广义的投资效益，还包括耗用的投资所带来的相关的社会效益和环境效益。

　　审计基本建设项目的投资效益，可以从建设项目的建设速度、建设质量、建设成本等方面进行。

一、建设速度审计

　　项目的建设速度，包括项目的建设工期和达到设计生产能力的年限，二者之和反映了项目自开工建设至投产后实际产量达到设计能力为止的全部时间。其审计内容如表 14-12 所示。

表 14-12　建设速度审计的审计内容

建设速度审计的审计内容	建设工期的审计	建设工期是指基本建设项目从永久性主体工程正式挖槽打桩到全部完成项目的设计内容并达到验收标准，到通过竣工验收、交付使用所经历的全部有效天数。其审计要点如下： （1）以国家确定的计划工期为依据，检查建设工期的计划执行情况，如果工程拖期，应找出原因，分清责任

续表

建设速度审计的审计内容	建设工期的审计	（2）核实由于工期拖延造成的损失，如工期延长引起的人工、管理费用和利息支出的增加、延期竣工投产造成的利税损失，以及对上、下游企业生产的制约等。对产量、盈利的影响可用以下公式计算： 提前或延期投产所增加或减少的产量=产量÷（年、月）×（计划工期-实际工期） 提前或延期投产所增加或减少的盈利额=盈利额÷（年、月）×（计划工期-实际工期）
	达到设计生产能力年的审计	达到设计生产能力年限，是指建成投产的生产性建设项目或单项工程，从投产之日起到实际产量达到设计能力之日止所经历的全部时间。它是基本建设投资效果和投产后生产经营管理水平的综合反映。其审计要点是： （1）达到设计生产能力年限的计算，一般以实际年产量达到设计能力的年度为准。建设项目设计包括多种生产能力的，要按形成设计生产能力的单项工程的建成投产至达到设计生产能力的时间分别计算、核实。如果建设项目或单项工程超过规定的达产期，迟迟不能达到设计生产能力，要分析原因，分清责任。 （2）计算由于建成投产后达到设计生产能力时间延长，而造成的直接经济损失。其计算公式为： 延期达产损失的盈利额＝（达到设计能力时年平均盈利额-达到设计能力前年平均盈利额）×（实际达产年限-规定达成年限）

二、对建设质量内部审计

建设质量是基本建设设计、施工技术管理工作成果的综合反映，对建设项目的性能、寿命、安全性、可靠性有重要影响，同时是制约投资效益高低的主要因素。

建设质量分为优良、合格两个等级。优良品指工程质量符合设计要求、施工技术规范和安全质量标准，或其偏差与施工技术验收规范、安装质量标准的允许偏差稍有出入。合格品指工程质量基本符合设计要求，其偏差虽然大于施工技术验收规范、安装质量标准的允许偏差，但不影响正常使用。除此之外，还有不合格工程，即工程质量不符合设计要求，偏差大于施工技术验收规范、安装质量标准的允许范围，从而影响正常使用，或影响其使用寿命，对其不合格部分应要求予以返工，加固补修。

建设质量内部审计的要点如下：

（1）充分利用各级质量监督站提供的工程质量监测资料和建筑材料质量测试机构提供的建材检测数据等，将之与国家或地方、部门颁发的质量标准进行对照，对超出施工技术验收范围和安装质量标准规定的质量问题，查出原因，分清责任。

（2）核实由于问题对项目的性能、安全、寿命、可靠性等方面的影响，并计算由于质量问题产生的返工损失金额。其计算公式为：

返工损失金额=损失的材料费+损失的人工费+损失的机械使用费-可利用的材料价值

三、建设成本审计

建设成本是基本建设项目消耗水平的综合反映，对投产以后生产成本和投资回收期有着重要影响。考核建设成本的指标较多，主要应审计项目如表 14-13 所示。

表 14-13　建设成本审计项目

建设成本审计项目	建设项目总成本	建设项目总成本是指该项目在建设过程中所耗费的全部人力、物力和财力的货币表现。建设项目概算总投资是考核建设项目总成本的依据，因此，审查时要将二者进行比较，确定总成本是节约还是超支，并分析某些单项工程节约或超支的原因
	交付使用财产率	交付使用财产率是指经建成投产或交付使用的工程价值和达到固定资产标准的设备、工具、器具的投资以及按规定应当摊入的费用占项目总投资的比重。按照规定，转出投资、应核销投资支出、应核销其他支出以及未完工程，都不得被计入项目的交付使用财产，因此，在总投资既定的条件下，上述投资所占比重越小，交付使用财产所占比重就越大，投资效果也就越好。审计时可据此作出评价
	单位生产能力投资	单位生产能力投资是指每增加一个单位的生产能力耗用的基本建设投资额。如建设一吨钢或一吨水泥的生产能力所耗费的投资。在其他条件相同的情况下，单位生产能力所耗投资少，说明建设费用低、投资效果好。其计算公式是：$$单位生产能力投资=\frac{基本建设投资额}{新增生产能力}$$审计时，可以用被审计项目与同类项目进行比较，找出其存在差距的原因。一般来说，在其他条件基本相同的情况下，生产性与非生产性投资的比例、工期的长短、质量的好坏、工程造价的高低都是影响单位生产能力投资高低的因素
	建设项目经济效益	建设项目自身的经济效益，通常用投资回收期反映。投资回收期是指建设项目建成交付使用之日起，实际累计提供的收益总额达到该项目建设所耗用的投资总额为止所经历的全部时间。 审查项目的投资回收期，首先要计算出项目的收益额。建设项目的收益额是计算期内税收、利润和折旧的总和。根据收益计算投资回收期的公式为：$$建设项目投资回收期=\frac{项目建设投资总额}{项目投资后年平均收益额}$$审计时，可用被审计项目与同类项目进行比较，查出并分析存在差异的原因。一般来说，同类项目在其他条件基本相同的情况下，其投资回收期受建设项目的建设速度、建设质量、建设成本的制约，即建设工期和达到设计生产能力期限越短、工程质量越好、交付使用财产率越高、新增生产能力越大，投资回收期就越短；反之便会延长投资回收时间
	建设项目的社会效益	1. 建设项目是否符合国家的产业政策 首先，看建设项目是否属于国家严格限制的产业，如国家定点以外的汽车、摩托车、普通机床和锻压设备、超前消费且高电耗的空调器、冷热风机等生产。其次，看建设项目是否属于生产原材料供应不足、加工能力又有富余的产品项目，如轻纺工业中的毛纺、棉纺、涤纶长丝、一般塑料加工、机械表、电风扇以及建材工业中铝合金门窗等。再次，看建设项目是否属于不符合经济规模要求、经济效益差、污染严重的小钢铁、小有色金属、小铁合金、小化工、小炼油、小建材、小造纸厂、小煤窑等。 2. 建设项目是否有助于满足社会经济发展需要 首先，看建设项目有无间接经济效益。如交通项目投产后，可否为运输部门、物资部门和货主单位节约运费、中转费、堆场费，可否缩短运输距离、节约运输时间等。如果一个新的交通项目完全是为某一个矿区、油田、工厂服务，其效益可同该矿区、油田、工厂的效益一并考核。其次，看建设项目能否带动一定区域内的社会经济发展。如交通项目投产后，可否诱发交通量的增加、吸引国内外投资、促进旅游业的发展、搞活商品流通、提供就业机会、方便人民生活等。

续表

建设成本审计项目	建设项目的社会效益	基本建设投资效益除受建设、设计、施工等单位和主管部门的技术、经济、管理水平制约之外，还受到投资规模、投资结构、投资环境和物价、税收、折旧水平等外部因素的影响。如投资规模过大，必然造成供给不足，会使建筑材料供应全面紧张，施工力量分散，导致平均工期延长和造价上升；追逐局部利益盲目建设，重复建设，会进一步激化基础产业的供需矛盾，影响国家骨干企业正常生产，造成总体效益下降；项目所在地政府部门的集资摊派及价格、税负和折旧率的不合理，更会直接调节着建设项目的建设成本和投资效益。对这些外部因素对投资效益的影响，在审计时应予以充分的重视

文案范本

建设项目内部审计实务指南

第一章 总 则

第一条 为了规范建设项目内部审计的内容、程序与方法，根据《内部审计基本准则》及内部审计具体准则制定本指南。

第二条 本指南所称建设项目内部审计，是指组织内部审计机构和人员对建设项目实施全过程的真实、合法、效益性所进行的独立监督和评价活动。

第三条 本指南适用于各类组织的内部审计机构、内部审计人员及其从事的内部审计活动。

第四条 建设项目内部审计的目的是促进建设项目实现"质量、速度、效益"三项目标。

（一）质量目标是指工程实体质量和工作质量达到要求；

（二）速度目标是指工程进度和工作效率达到要求；

（三）效益目标是指工程成本及项目效益达到要求。

第五条 建设项目内部审计是财务审计与管理审计的融合，应将风险管理、内部控制、效益的审查和评价贯穿于建设项目各个环节，并与项目法人制、招标、投标制、合同制、监理制执行情况的检查相结合。

建设项目内部审计的内容包括对建设项目投资立项、设计（勘察）管理、招投标、合同管理、设备和材料采购、工程管理、工程造价、竣工验收、财务管理、后评价等过程的审查和评价。

第六条 在开展建设项目内部审计时，应考虑成本效益原则，结合本组织内部审计资源和实际情况，既可以进行项目全过程的审计，也可以进行项目部分环节的专项审计。

第七条 建设项目内部审计在工作中应遵循以下原则及方法：

（一）技术经济审查、项目过程管理审查与财务审计相结合；

（二）事前审计、事中审计和事后审计相结合；

（三）注意与项目各专业管理部门密切协调、合作参与。

（四）根据不同的审计对象、审计所需的证据和项目审计各环节的审计目标选择不同的方法，以保证审计工作质量和审计资源的有效配置。

第二章　投资立项审计

第八条　投资立项审计是指对已立项建设项目的决策程序和可行性研究报告的真实性、完整性和科学性进行的审查与评价。

第九条　在投资立项审计中，应主要依据行业主管部门发布的《投资项目可行性研究指南》及组织决策过程的有关资料。

第十条　投资立项审计主要包括以下内容：

（一）可行性研究前期工作审计。即检查项目是否具备经批准的项目建议书，项目调查报告是否经过充分论证。

（二）可行性研究报告真实性审计。即检查市场调查及市场预测中数据获取方式的适当性及合理性；检查财务估算中成本项目是否完整，对历史价格、实际价格、内部价格及成本水平的真实性进行测试。

（三）可行性研究报告内容完整性审计。该项审计包括以下主要内容：

1. 检查可行性研究报告是否具备行业主管部门发布的《投资项目可行性研究指南》规定的内容；

2. 检查可行性研究报告的内容主要包括：报告中是否说明建设项目的目的；是否说明建设项目在工艺技术可行性、经济合理性及决定项目规模、原材料供应、市场销售条件、技术装备水平、成本收益等方面的经济目标；是否说明建设地点及当地的自然条件和社会条件、环保约束条件，并进行选址比较；是否说明投资项目何时开始投资、何时建成投产、何时收回投资；是否说明项目建设的资金筹措方式等。

（四）可行性研究报告科学性审计。该项审计包括以下主要内容：

检查参与可行性研究机构资质及论证的专家的专业结构和资格；检查投资方案、投资规模、生产规模、布局选址、技术、设备、环保等方面的资料来源；检查原材料、燃料、动力供应和交通及公用配套设施是否满足项目要求；检查是否在多方案比较选择的基础上进行决策；检查拟建项目与类似已建成项目的有关技术经济指标和投资预算的对比情况；检查工程设计是否符合国家环境保护的法律法规的有关政策，需要配套的环境治理项目是否编制并与建设项目同步进行等。

（五）可行性研究报告投资估算和资金筹措审计。即检查投资估算和资金筹措的安排是否合理；检查投资估算是否准确，并按现值法或终值法对估算进行测试。

（六）可行性研究报告财务评价审计。即检查项目投资、投产后的成本和利润、借款的偿还能力、投资回收期等的计算方法是否科学适当；检查计算结果是否正确、所用指标是否合理。

（七）决策程序的审计。该项审计包括以下主要内容：

检查决策程序的民主化、科学化，评价决策方案是否经过分析、选择、实施、控制等过程；检查决策是否符合国家宏观政策及组织的发展战略、是否以提高组织核心竞争能力为宗旨；检查对推荐方案是否进行了总体描述和优缺点描述；检查有无主要争论与分歧意见的说明；重点检查内容有无违反决策程序及决策失误的情况等。

第十一条　投资立项审计的主要方法包括审阅法、对比分析法等。

对比分析法是通过相关资料和技术经济指标的对比（拟建项目与国内同类项目对比）来确定差异，发现问题的方法。

第三章 设计（勘察）管理审计

第十二条 设计（勘察）管理审计是指对项目建设过程中勘察、设计环节各项管理工作质量及绩效进行的审查和评价。

设计（勘察）管理审计的目标主要是：审查和评价设计（勘察）环节的内部控制及风险管理的适当性、合法性和有效性；勘察、设计资料依据的充分性和可靠性；委托设计（勘察）、初步设计、施工图设计等各项管理活动的真实性、合法性和效益性。

第十三条 设计（勘察）管理审计应依据以下主要资料：

（一）委托设计（勘察）管理制度；

（二）经批准的可行性研究报告及估算；

（三）设计所需的气象资料、水文资料、地质资料、技术方案、建设条件批准文件、设计界面划分文件、能源介质管网资料、环保资料概预算编制原则、计价依据等基础资料；

（四）勘察和设计招标资料；

（五）勘察和设计合同；

（六）初步设计审查及批准制度；

（七）初步设计审查会议纪要等相关文件；

（八）组织管理部门与勘察、设计商往来函件；

（九）经批准的初步设计文件及概算；

（十）修正概算审批制度；

（十一）施工图设计管理制度；

（十二）施工图交底和会审会议纪要；

（十三）经会审的施工图设计文件及施工图预算；

（十四）设计变更管理制度及变更文件；

（十五）设计资料管理制度等。

第十四条 设计（勘察）管理审计主要包括以下内容：

（一）委托设计（勘察）管理的审计

1. 检查是否建立、健全委托设计（勘察）的内部控制，看其执行是否有效；

2. 检查委托设计（勘察）的范围是否符合已报经批准的可行性研究报告；

3. 检查是否采用招投标方式来选择设计（勘察）商及其有关单位的资质是否合法合规；招投标程序是否合法、公开，其结果是否真实、公正，有无因选择设计（勘察）商失误而导致的委托风险；

4. 检查组织管理部门是否及时组织技术交流，其所提供的基础资料是否准确、及时；

5. 检查设计（勘察）合同的内容是否合法、合规，其中是否明确规定双方权利和义务以及针对设计商的激励条款；

6. 检查设计（勘察）合同的履行情况，索赔和反索赔是否符合合同的有关规定。

（二）初步设计管理的审计

1. 检查是否建立、健全初步设计审查和批准的内部控制，看其执行是否有效；

2. 检查是否及时对国内外初步设计进行协调；

3. 检查初步设计完成的时间及其对建设进度的影响；

4. 检查是否及时对初步设计进行审查，并进行多种方案的比较和选择；

5. 检查报经批准的初步设计方案和概算是否符合经批准的可行性研究报告及估算；

6. 检查初步设计方案及概算的修改情况；

7. 检查初步设计深度是否符合规定，有无因设计深度不足而造成投资失控的风险；

8. 检查概算及修正概算的编制依据是否有效、内容是否完整、数据是否准确；

9. 检查修正概算审批制度的执行是否有效；

10. 检查是否采取限额设计、方案优化等控制工程造价的措施，限额设计是否与类似工程进行比较和优化论证，是否采用价值工程等分析方法；

11. 检查初步设计文件是否规范、完整。

（三）施工图设计管理的审计

1. 检查是否建立、健全施工图设计的内部控制，看其执行是否有效；

2. 检查施工图设计完成的时间及其对建设进度的影响，有无因设计图纸拖延交付而导致的进度风险；

3. 检查施工图设计深度是否符合规定，有无因设计深度不足而造成投资失控的风险；

4. 检查施工图交底、施工图会审的情况以及施工图会审后的修改情况；

5. 检查施工图设计的内容及施工图预算是否符合经批准的初步设计方案、概算及标准；

6. 检查施工图预算的编制依据是否有效、内容是否完整、数据是否准确；

7. 检查施工图设计文件是否规范、完整；

8. 检查设计商提供的现场服务是否全面、及时，是否存在影响工程进度和质量的风险。

（四）设计变更管理的审计

1. 检查是否建立、健全设计变更的内部控制，有无针对因过失而造成设计变更的责任追究制度以及该制度的执行是否有效；

2. 检查是否采取提高工作效率、加强设计接口部位的管理与协调措施；

3. 检查是否及时签发与审批设计变更通知单，是否存在影响建设进度的风险；

4. 检查设计变更的内容是否符合经批准的初步设计方案；

5. 检查设计变更对工程造价和建设进度的影响，是否存在工程量只增不减从而提高工程造价的风险；

6. 检查设计变更的文件是否规范、完整；

（五）设计资料管理的审计

1. 检查是否建立、健全设计资料的内部控制，看其执行是否有效；

2. 检查施工图、竣工图和其他设计资料的归档是否规范、完整；

第十五条　设计管理审计主要采用分析性复核法、复算法、文字描述法、现场核查法等方法。

第四章　招投标审计

第十六条　招投标审计是指对建设项目的勘察设计、施工等各方面的招标和工程承发包的质量及绩效进行的审查和评价。

招投标审计的目标主要包括：审查和评价招投标环节的内部控制及风险管理的适当性、合法性和有效性；招投标资料依据的充分性和可靠性；招投标程序及其结果的真实性、合法性和公正性，以及工程发包的合法性和有效性等。

第十七条　招投标审计应依据以下主要资料：

（一）招标管理制度；

（二）招标文件；

（三）招标答疑文件；

（四）标底文件；

（五）投标保函；

（六）投标人资质证明文件；

（七）投标文件；

（八）投标澄清文件；

（九）开标记录；

（十）开标鉴证文件；

（十一）评标记录；

（十二）定标记录；

（十三）中标通知书；

（十四）专项合同等。

第十八条 招投标审计主要包括以下内容：

（一）招投标前准备工作的审计

1. 检查是否建立、健全招投标的内部控制，看其执行是否有效；

2. 检查招标项目是否具备相关法规和制度中规定的必要条件；

3. 检查是否存在人为肢解工程项目、规避招投标等违规操作风险；

4. 检查招投标的程序和方式是否符合有关法规和制度的规定，采用邀请招投标方式时，是否有三个以上投标人参加投标；

5. 检查标段的划分是否适当，是否符合专业要求和施工界面衔接需要，是否存在标段划分过细，增加工程成本和管理成本的问题；

6. 检查是否公开发布招标公告，招标公告中的信息是否全面、准确；

7. 检查是否存在因有意违反招投标程序的时间规定而导致的串标风险。

（二）招投标文件及标底文件的审计

1. 检查招标文件的内容是否合法、合规，是否全面、准确地表述招标项目的实际状况；

2. 检查招标文件是否全面、准确地表述招标人的实质性要求；

3. 检查采取工程量清单报价方式招标时，其标底是否按《建设工程工程量清单计价规范》的规定填制；

4. 检查施工现场的实际状况是否符合招标文件的规定；

5. 检查投标保函的额度和送达时间是否符合招标文件的规定；

6. 检查投标文件的送达时间是否符合招标文件的规定、法人代表签章是否齐全，有无存在将废标作为有效标的问题。

（三）开标、评标、定标的审计

1. 检查是否建立、健全违规行为处罚制度，是否按制度对违规行为进行处罚；

2. 检查开标的程序是否符合相关法规的规定；

3. 检查评标标准是否公正，是否存在对某一个投标人有利而对其他投标人不利的条款；

4. 检查是否对投标策略进行评估，是否考虑投标人在类似项目及其他项目上的投标报价水平；

5. 检查各投标人的投标文件，对低于标底的报价的合理性进行评价；

6. 检查中标人承诺采用的新材料、新技术、新工艺是否先进，是否有利于保证质量、加快速度和降低投资水平；

7. 检查对于投标价低于标底的标书是否进行答辩和澄清，以及答辩和澄清的内容是否真实、合理；

8. 检查定标的程序及结果是否符合规定；

9. 检查中标价是否异常接近标底，是否有可能发生泄露标的情况；

10. 检查与中标人签订的合同是否有悖于招标文件的实质性内容。

第十九条 招投标审计主要采用观察法、询问法、分析性复核法、文字描述法、现场核查法等方法。

第五章 合同管理审计

第二十条 合同管理审计是指对项目建设过程中各专项合同内容及各项管理工作质量及绩效进行的审查和评价。

合同管理审计的目标主要包括：审查和评价合同管理环节的内部控制及风险管理的适当性、合法性和有效性；合同管理资料依据的充分性和可靠性；合同的签订、履行、变更、终止的真实性、合法性以及合同对整个项目投资的效益性。

第二十一条 合同管理审计应依据以下主要资料：

（一）合同当事人的法人资质资料；

（二）合同管理的内部控制；

（三）专项合同书；

（四）专项合同的各项支撑材料等。

第二十二条 合同管理审计主要包括以下内容：

（一）合同管理制度的审计

1. 检查组织是否设置专门的合同管理机构以及专职或兼职合同管理人员是否具备合同管理资格；

2. 检查组织是否建立了适当的合同管理制度；

3. 检查合同管理机构是否建立健全防范重大设计变更、不可抗力、政策变动等的风险管理体系。

（二）专项合同通用内容的审计

1. 检查合同当事人的法人资质、合同内容是否符合相关法律和法规的要求；

2. 检查合同双方是否具有在资金、技术及管理等方面履行合同的能力；

3. 检查合同的内容是否与招标文件的要求相符合；

4. 检查合同条款是否全面、合理，有无遗漏关键性内容，有无不合理的限制性条件，法律手续是否完备；

5. 检查合同是否明确规定甲乙双方的权利和义务；

6. 检查合同是否存在损害国家、集体或第三者利益等导致合同无效的风险；

7. 检查合同是否有过错方承担缔约过失责任的规定；

8. 检查合同是否有按优先解释顺序执行合同的规定。

（三）各类专项合同的审计

1. 勘察设计合同的审计

勘察设计合同审计应检查合同是否明确规定建设项目的名称、规模、投资额、建设地点，具体包括以下内容：

（1）检查合同是否明确规定勘察设计的基础资料、设计文件及其提供期限；

（2）检查合同是否明确规定勘察设计的工作范围、进度、质量和勘察设计文件份数；

（3）检查勘察设计费的计费依据、收费标准及支付方式是否符合有关规定；

（4）检查合同是否明确规定双方的权利和义务；

（5）检查合同是否明确规定协作条款和违约责任条款。

2. 施工合同的审计

（1）检查合同是否明确规定工程范围，工程范围是否包括工程地址、建筑物数量、结构、建筑面积、工程批准文号等；

（2）检查合同是否明确规定工期，以及总工期及各单项工程的工期能否保证项目工期目标的实现；

（3）检查合同的工程质量标准是否符合有关规定；

（4）检查合同工程造价计算原则、计费标准及其确定办法是否合理；

（5）检查合同是否明确规定设备和材料供应的责任及其质量标准、检验方法；

（6）检查所规定的付款和结算方式是否合适；

（7）检查隐蔽工程的工程量的确认程序及有关内部控制是否健全，有无防范价格风险的措施；

（8）检查中间验收的内部控制是否健全，交工验收是否以有关规定、施工图纸、施工说明和施工技术文件为依据；

（9）检查质量保证期是否符合有关建设工程质量管理的规定，是否有履约保函；

（10）检查合同所规定的双方权利和义务是否对等，有无明确的协作条款和违约责任；

（11）检查采用工程量清单计价的合同，是否符合《建设工程工程量清单计价规范》的有关规定。

3. 委托监理合同的审计

（1）检查监理公司的监理资质与建设项目的建设规模是否相符；

（2）检查合同是否明确所监理的建设项目的名称、规模、投资额、建设地点；

（3）检查监理的业务范围和责任是否明确；

（4）检查所提供的工程资料及时间要求是否明确；

（5）检查监理报酬的计算方法和支付方式是否符合有关规定；

（6）检查合同有无规定对违约责任的追究条款。

4. 合同变更的审计

（1）检查合同变更的原因，以及是否存在合同变更的相关内部控制；

（2）检查合同变更程序执行的有效性及索赔处理的真实性、合理性；

（3）检查合同变更的原因以及变更对成本、工期及其他合同条款的影响的处理是否合理；

（4）检查合同变更后的文件处理工作，有无影响合同继续生效的漏洞。

5. 合同履行的审计

（1）检查是否全面、真实地履行合同；

（2）检查合同履行中的差异及产生差异的原因；

（3）检查有无违约行为及其处理结果是否符合有关规定；

6. 终止合同的审计

（1）检查终止合同的报收和验收情况；

（2）检查最终合同费用及其支付情况；

（3）检查索赔与反索赔的合规性和合理性；

（4）严格检查合同资料的归档和保管，包括在合同签订、履行分析、跟踪监督以及合同变更、索赔等一系列资料的收集和保管是否完整。

第二十三条　合同管理审计主要采用审阅法、核对法、重点追踪审计法等方法。

第六章　设备和材料采购审计

第二十四条　设备和材料采购审计是指对项目建设过程中设备和材料采购环节各项管理工作质量及绩效进行的审查和评价。

设备和材料采购审计的目标主要包括：审查和评价采购环节的内部控制及风险管理的适当性、合法性和有效性；采购资料依据的充分性与可靠性；采购环节各项经营管理活动的真实性、合法性和有效性等。

第二十五条　设备和材料采购审计应依据以下主要资料：

（一）采购计划；

（二）采购计划批准书；

（三）采购招投标文件；

（四）中标通知书；

（五）专项合同书；

（六）采购、收发和保管等的内部控制制度；

（七）相关会计凭证和会计账簿等。

第二十六条　设备和材料采购审计主要包括以下内容：

（一）设备和材料采购环节的审计

1．设备和材料采购计划的审计

（1）检查建设单位采购计划所订购的各种设备、材料是否符合已报经批准的设计文件和基本建设计划；

（2）检查所拟定的采购地点是否合理；

（3）检查采购程序是否规范；

（4）检查采购的批准权与采购权等不相容职务分离及相关内部控制是否健全、有效。

2．设备和材料采购合同的审计

（1）检查采购是否按照公平竞争、择优择廉的原则来确定供应方；

（2）检查设备和材料的规格、品种、质量、数量、单价、包装方式、结算方式、运输方式、交货地点、期限、总价和违约责任等条款规定是否齐全；

（3）检查对新型设备、新材料的采购是否进行实地考察、资质审查、价格合理性分析及专利权真实性审查；

（4）检查采购合同与财务结算、计划、设计、施工、工程造价等各个环节衔接部位的管理情况，是否存在因脱节而造成的资产流失问题。

3．设备和材料验收、入库、保管及维护制度的审计

（1）检查购进设备和材料是否按合同签订的质量进行验收，是否有健全的验收、入库和保管制度，检查验收记录的真实性、完整性和有效性；

（2）检查验收合格的设备和材料是否全部入库，有无少收、漏收、错收以及涂改凭证等问题；

（3）检查设备和材料的存放、保管工作是否规范，安全保卫工作是否得力，保管措施是否有效；

4．各项采购费用及会计核算的审计

（1）检查货款的支付是否按照合同的有关条款执行；

（2）检查代理采购中代理费用的计算和提取方法是否合理；

（3）检查有无任意提高采购费用和开支标准的问题；

（4）检查会计核算资料是否真实可靠；

（5）检查会计科目设置是否合规及其是否满足管理需要；

（6）检查采购成本计算是否准确、合理。

（二）设备和材料领用的审计

1. 检查设备和材料领用的内部控制是否健全，领用手续是否完备；

2. 检查设备和材料的质量、数量、规格型号是否正确，有无擅自挪用、以次充好等问题。

（三）其他相关业务的审计

1. 设备和材料出售的审计。即检查建设项目剩余或不适用的设备和材料以及废料的销售情况。

2. 盘盈盘亏的审计。即检查盘点制度及其执行情况、盈亏状况以及对盘点结果的处理措施。

第二十七条 设备、材料采购审计主要采用审阅法、网上比价审计法、跟踪审计法、分析性复核法、现场观察法、实地清查法等方法。

第七章　工程管理审计

第二十八条 工程管理审计是指对建设项目实施过程中的工作进度、施工质量、工程监理和投资控制所进行的审查和评价。

工程管理审计的目标主要包括：审查和评价建设项目工程管理环节内部控制及风险管理的适当性、合法性和有效性；工程管理资料依据的充分性和可靠性；建设项目工程进度、质量和投资控制的真实性、合法性和有效性等。

第二十九条 工程管理审计应依据以下主要资料：

（一）施工图纸；

（二）与工程相关的专项合同；

（三）网络图；

（四）业主指令；

（五）设计变更通知单；

（六）相关会议纪要等。

第三十条 工程管理审计主要包括以下内容：

（一）工程进度控制的审计

1. 检查施工许可证、建设及临时占用许可证的办理是否及时，是否影响工程按时开工；

2. 检查现场的原建筑物拆除、场地平整、文物保护、相邻建筑物保护、降水措施及道路疏通是否影响工程的正常开工；

3. 检查是否有对设计变更、材料和设备等因素影响施工进度采取控制措施；

4. 检查进度计划（网络计划）的制订、批准和执行情况，网络动态管理的批准是否及时、适当，网络计划是否能保证工程总进度；

5. 检查是否建立了进度拖延的原因分析和处理程序，对进度拖延的责任划分是否明确、合理（是否符合合同约定），处理措施是否适当；

6. 检查有无因不当管理造成的返工、窝工情况；

7. 检查对索赔的确认是否依据网络图排除了对非关键线路延迟时间的索赔。

（二）工程质量控制的审计

1. 检查有无工程质量保证体系；

2. 检查是否组织设计交底和图纸会审工作，对会审所提出的问题是否严格进行落实；

3. 检查是否按规范组织了隐蔽工程的验收，对不合格项的处理是否适当；

4. 检查是否对进入现场的成品、半成品进行验收，对不合格品的控制是否有效，对不合格工程和工程质量事故的原因是否进行分析，其责任划分是否明确、适当，是否进行返工或加固修补。

5. 检查工程资料是否与工程同步，资料的管理是否规范；

6. 检查评定的优良品、合格品是否符合施工验收规范，有无不实情况；

7. 检查中标人的往来账目或通过核实现场施工人员的身份，分析、判断中标人是否存在转包、分包及再分包的行为；

8. 检查工程监理方是否受项目法人委托对施工承包合同的执行、工程质量、进度费用等方面进行监督与管理，是否按照有关法律、法规、规章、技术规范设计文件的要求进行工程监理。

（三）工程投资控制的审计

1. 检查是否建立健全设计变更管理程序、工程计量程序、资金计划及支付程序、索赔管理程序和合同管理程序，看其执行是否有效；

2. 检查支付预付备料款、进度款是否符合施工合同的规定，金额是否准确，手续是否齐全；

3. 检查设计变更对投资的影响；

4. 检查是否建立现场签证和隐蔽工程管理制度，看其执行是否有效。

第三十一条　合同管理审计主要采用关键线路跟踪审计法、技术经济分析法、质量鉴定法、现场核定法等方法。

第八章　工程造价审计

第三十二条　工程造价审计是指对建设项目全部成本的真实性、合法性进行的审查和评价。

工程造价审计的目标主要包括：检查工程价格结算与实际完成的投资额的真实性、合法性；检查是否存在虚列工程、套取资金、弄虚作假、高估冒算的行为等。

第三十三条　工程造价审计应依据以下主要资料：

（一）经工程造价管理部门（或咨询部门）审核过的概算（含修正概算）和预算；

（二）有关设计图纸和设备清单；

（三）工程招投标文件；

（四）合同文本；

（五）工程价款支付文件；

（六）工作变更文件；

（七）工程索赔文件等。

第三十四条　工程造价审计主要包括以下内容：

（一）设计概算的审计

1. 检查工程造价管理部门向设计单位提供的计价依据的合规性；

2. 检查建设项目管理部门组织的初步设计及概算审查情况，包括概算文件、概算的项目与初步设计方案的一致性、项目总概算与单项工程综合概算的费用构成的正确性；

3. 检查概算编制依据的合法性等；

4. 检查概算具体内容。包括设计单位向工程造价管理部门提供的总概算表、综合概算表、单位工程概算表和有关初步设计图纸的完整性；组织概算会审的情况，重点检查总概算中各项综合指标和单项指标与同类工程技术经济指标对比是否合理。

（二）施工图预算的审计

施工图预算审计主要检查施工图预算的量、价、费计算是否正确，计算依据是否合理。施工图预算审计包括直接费用审计、间接费用审计、计划利润和税金审计等内容。

1. 直接费用审计包括工程量计算、单价套用的正确性等方面的审查和评价。

（1）工程量计算审计。采用工程量清单报价的，要检查其符合性。在设计变更，发生新增工程量时，应检查工程造价管理部门与工程管理部门的确认情况。

（2）单价套用审计。检查是否套用规定的预算定额、有无高套和重套现象；检查定额换算的合法性和准确性；检查新技术、新材料、新工艺出现后的材料和设备价格的调整情况，检查市场价的采用情况。

2. 其他直接费用审计包括检查预算定额、取费基数、费率计取是否正确。

3. 间接费用审计包括检查各项取费基数、取费标准的计取套用的正确性。

4. 计划利润和税金计取的合理性的审计。

（三）合同价的审计。即检查合同价的合法性与合理性，包括固定总价合同的审计、可调合同价的审计、成本加酬金合同的审计。检查合同价的开口范围是否合适，若实际发生开口部分，应检查其真实性和计取的正确性。

（四）工程量清单计价的审计

1. 检查实行清单计价工程的合规性；

2. 检查招标过程中，对招标人或其委托的中介机构编制的工程实体消耗和措施消耗的工程量清单的准确性、完整性；

3. 检查工程量清单计价是否符合国家清单计价规范要求的"四统一"，即统一项目编码、统一项目名称、统一计量单位和统一工程量计算规则；

4. 检查由投标人编制的工程量清单报价目文件是否响应招标文件；

5. 检查标底的编制是否符合国家清单计价规范。

（五）工程结算的审计

1. 检查与合同价不同的部分，其工程量、单价、取费标准是否与现场、施工图和合同相符；

2. 检查工程量清单项目中的清单费用与清单外费用是否合理；

3. 检查前期、中期、后期结算的方式是否能合理地控制工程造价。

第三十五条 工程造价审计主要采用重点审计法、现场检查法、对比审计法等方法。

重点审计法即选择建设项目中工程量大、单价高，对造价有较大影响的单位工程、分部工程进行重点审查的方法。该方法主要用于审查材料用量、单价是否正确、工资单价、机械台班是否合理。

现场检查法是指对施工现场直接考察的方法，以观察现场工作人员及管理活动，检查工程量、工程进度，所用材料质量是否与设计相符。

第九章 竣工验收审计

第三十六条 竣工验收审计是指对已完工建设项目的验收情况、试运行情况及合同履行情况进行的检查和评价活动。

第三十七条 竣工验收审计应依据以下主要资料：

（一）经批准的可行性研究报告；

（二）竣工图；

（三）施工图设计及变更洽谈记录；

（四）国家颁发的各种标准和现行的施工验收规范；

（五）有关管理部门审批、修改、调整的文件；

（六）施工合同；

（七）技术资料和技术设备说明书；

（八）竣工决算财务资料；

（九）现场签证；

（十）隐蔽工程记录；

（十一）设计变更通知单；

（十二）会议纪要；

（十三）工程档案结算资料清单等。

第三十八条　竣工验收审计主要包括以下内容：

（一）验收审计

1. 检查竣工验收小组的人员组成、专业结构和分工；

2. 检查建设项目验收过程是否符合现行规范，包括环境验收规范、防火验收规范等；

3. 对于委托工程监理的建设项目，应检查监理机构对工程质量进行监理的有关资料；

4. 检查承包商是否按照规定提供齐全有效的施工技术资料；

5. 检查对隐蔽工程和特殊环节的验收是否按规定做了严格的检验；

6. 检查建设项目验收的手续和资料是否齐全有效；

7. 检查保修费用是否按合同和有关规定合理确定和控制；

8. 检查验收过程有无弄虚作假行为。

（二）试运行情况的审计

1. 检查建设项目完工后所进行的试运行情况，对运行中暴露出的问题是否采取了补救措施；

2. 检查试生产产品收入是否冲减了建设成本。

（三）合同履行结果的审计。即检查业主、承包商因对方未履行合同条款或建设期间发生意外而产生的索赔与反索赔问题，核查其是否合法、合理，是否存在串通作弊现象，赔偿的法律依据是否充分。

第三十九条　竣工验收审计主要采用现场检查法、设计图与竣工图循环审查法等方法。

设计图与竣工图循环审查法是指通过分析设计图与竣工图之间的差异来分析评价相关变更、签证等的真实性与合理性的方法。

第十章　财务管理审计

第四十条　财务管理审计是指对建设项目资金筹措、资金使用及其账务处理的真实性、合规性进行的监督和评价。

第四十一条　财务管理审计应依据以下主要资料：

（一）筹资论证材料及审批文件；

（二）财务预算；

（三）相关会计凭证、账簿、报表；

（四）设计概算；

（五）竣工决算资料；

（六）资产交付资料等。

第四十二条　财务管理审计主要包括以下内容：

（一）建设资金筹措的审计

1. 检查筹资备选方案论证的充分性，决策方案选择的可靠性、合理性及审批程序的合法性、合规性；

2. 检查筹资方式的合法性、合理性、效益性；

3. 检查筹资数额的合理性，分析对所筹资金的偿还能力；

4. 评价筹资环节的内部控制。

（二）资金支付及账务处理的审计

1. 检查、评价建设项目会计核算制度的健全性、有效性及其执行情况；

2. 检查建设项目税收优惠政策是否充分运用；

3. 检查"工程物资"科目，主要包括以下内容：

（1）检查"专用材料""专用设备"明细科目中的材料和设备是否与设计文件相符，有无盲目采购的情况；

（2）检查"预付大型设备款"明细科目所预付的款项是否按照合同支付，有无违规多付的情况；

（3）检查据以付款的原始凭证是否按规定进行了审批，是否合法、齐全；

（4）检查支付物资结算款时是否按合同规定扣除了质量保证期间的保证金；

（5）检查工程完工后剩余工程物资的盘盈、盘亏、报废、毁损等是否作出了正确的账务处理。

4. 检查"在建工程"科目，主要包括以下内容：

（1）检查"在建工程—建筑安装工程"科目累计发生额的真实性。包括是否存在设计概算外其他工程项目的支出；是否将生产领用的备件、材料列入建设成本；据以付款的原始凭证是否按规定进行了审批，是否合法、齐全；是否按合同规定支付预付工程款、备料款、进度款；支付工程结算款时，是否按合同规定扣除了预付工程款、备料款和质量保证期间的保证金。

（2）检查"在建工程—在安装设备"科目累计发生额的真实性。主要包括以下内容：是否将设计概算外的其他工程或生产领用的仪器、仪表等列入本科目；是否在本科目中列入了不需要安装的设备、为生产准备的工具器具、购入的无形资产及其他不属于本科目工程支出的费用。

（3）检查"在建工程—其他支出"科目累计发生额的真实性、合法性、合理性。主要包括以下内容：工程管理费、征地费、可行性研究费、临时设施费、公证费、监理费等各项费用支出是否存在扩大开支范围、提高开支标准以及将建设资金用于集资或提供赞助而列入其他支出的问题；是否存在以试生产为由，有意拖延不办固定资产交付手续，从而增大负荷联合试车费用的问题；是否存在截留负荷联合试车期间发生的收入，不将其冲减试车费用的问题；试生产产品出售价格是否合理；是否存在将应由生产承担的递延费用列入本科目的问题；投资借款利息资本化计算的正确性，有无将应由生产承担的财务费用列入本科目的问题；本科目累计发生额摊销标准与摊销比例是否适当、正确；是否设置了"在建工程其他支出备查簿"，登记按照建设项目概算内容购置的不需要安装设备、现成房屋、无形资产以及发生的递延费用等，登记内容是否完整、准确，有无弄虚作假、随意扩大开支范围及舞弊迹象。

（三）竣工决算的审计

1. 检查所编制的竣工决算是否符合建设项目实施程序，有无将未经审批立项、可行性研究、初步设计等环节而自行建设的项目编制竣工工程决算的问题；

2. 检查竣工决算编制方法的可靠性，有无造成交付使用的固定资产价值不实的问题；

3. 检查有无将不具备竣工决算编制条件的建设项目提前或强行编制竣工决算的情况；

4. 检查"竣工工程概况表"中的各项投资支出，并分别与设计概算数相比较，分析节约或超支情况；

5. 检查 "交付使用资产明细表"，将各项资产的实际支出与设计概算数进行比较，以确定各项资产的节约或超支数额；

6. 分析投资支出偏离设计概算的主要原因；

7. 检查建设项目结余资金及剩余设备材料等物资的真实性和处置情况，包括：检查建设项目 "工程物资盘存表"，核实库存设备、专用材料账实是否相符；检查建设项目现金结余的真实性；检查应收、应付款项的真实性，关注是否按合同规定预留了承包商在工程质量保证期间的保证金。

第四十三条　财务管理审计主要采用调查法、分析性复核法、抽查法等方法。

第十一章　后评价审计

第四十四条　后评价审计是指对建设项目交付使用并经过试运行后的有关经济指标和技术指标是否达到预期目标的审查和评价。

后评价审计的目标是：对后评价工作的全面性、可靠性和有效性进行审查。

第四十五条　后评价审计应依据以下主要资料：

（一）后评价人员的简历、学历、专业、职务、技术职称等基本情况表；

（二）建设项目概算、竣工资料；

（三）后评价所采用的经济技术指标；

（四）相关的统计、会计报表；

（五）后评价所采用的方法；

（六）后评价结论性资料。

第四十六条　后评价审计主要包括以下内容：

（一）检查后评价组成人员的专业结构、技术素质和业务水平的合理性；

（二）检查所评估的经济技术指标的全面性和适当性；

（三）检查产品主要指标完成情况的真实性、效益性；

（四）检查建设项目法人履行经济责任后评价的真实性；

（五）检查所使用后评价方法的适当性和先进性；

（六）检查后评价结果的全面性、可靠性和有效性。

第四十七条　后评价审计主要采用文字描述法、对比分析法、现场核查法等方法。

第十二章　附　　则

第四十八条　本指南由中国内部审计协会发布并负责解释。

第四十九条　本指南自 2005 年 1 月 1 日起施行。

附录 内部审计法规汇编

中华人民共和国审计法

（1994 年 8 月 31 日第八届全国人民代表大会常务委员会第九次会议通过，根据 2006 年 2 月 28 日第十届全国人民代表大会常务委员会第二十次会议《关于修改〈中华人民共和国审计法〉的决定》修正）

第一章 总 则

第一条 为了加强国家的审计监督，维护国家财政经济秩序，提高财政资金使用效益，促进廉政建设，保障国民经济和社会健康发展，根据宪法，制定本法。

第二条 国家实行审计监督制度。国务院和县级以上地方人民政府设立审计机关。

国务院各部门和地方各级人民政府及其各部门的财政收支，国有的金融机构和企业事业组织的财务收支，以及其他依照本法规定应当接受审计的财政收支、财务收支，依照本法规定接受审计监督。

审计机关对前款所列财政收支或者财务收支的真实、合法和效益，依法进行审计监督。

第三条 审计机关依照法律规定的职权和程序，进行审计监督。

审计机关依据有关财政收支、财务收支的法律、法规和国家其他有关规定进行审计评价，在法定职权范围内作出审计决定。

第四条 国务院和县级以上地方人民政府应当每年向本级人民代表大会常务委员会提出审计机关对预算执行和其他财政收支的审计工作报告。审计工作报告应当重点报告对预算执行的审计情况。必要时，人民代表大会常务委员会可以对审计工作报告作出决议。

国务院和县级以上地方人民政府应当将审计工作报告中指出的问题的纠正情况和处理结果向本级人民代表大会常务委员会报告。

第五条 审计机关依照法律规定独立行使审计监督权，不受其他行政机关、社会团体和个人的干涉。

第六条 审计机关和审计人员办理审计事项，应当客观公正，实事求是，廉洁奉公，保守秘密。

第二章 审计机关和审计人员

第七条 国务院设立审计署，在国务院总理领导下，主管全国的审计工作。审计长是审计署的行政首长。

第八条 省、自治区、直辖市、设区的市、自治州、县、自治县、不设区的市、市辖区的人民政府的审计机关，分别在省长、自治区主席、市长、州长、县长、区长和上一级审计机关的领导下，负责本行政区域内的审计工作。

第九条 地方各级审计机关对本级人民政府和上一级审计机关负责并报告工作，审计业务以上级审计机关领导为主。

第十条 审计机关根据工作需要，经本级人民政府批准，可以在其审计管辖范围内设立派出机构。

派出机构根据审计机关的授权，依法进行审计工作。

第十一条　审计机关履行职责所必需的经费，应当列入财政预算，由本级人民政府予以保证。

第十二条　审计人员应当具备与其从事的审计工作相适应的专业知识和业务能力。

第十三条　审计人员办理审计事项，与被审计单位或者审计事项有利害关系的，应当回避。

第十四条　审计人员对其在执行职务中知悉的国家秘密和被审计单位的商业秘密，负有保密的义务。

第十五条　审计人员依法执行职务，受法律保护。

任何组织和个人不得拒绝、阻碍审计人员依法执行职务，不得打击报复审计人员。

审计机关负责人依照法定程序任免。审计机关负责人没有违法失职或者其他不符合任职条件的情况的，不得随意撤换。地方各级审计机关负责人的任免，应当事先征求上一级审计机关的意见。

第三章　审计机关职责

第十六条　审计机关对本级各部门（含直属单位）和下级政府预算的执行情况和决算以及其他财政收支情况，进行审计监督。

第十七条　审计署在国务院总理领导下，对中央预算执行情况和其他财政收支情况进行审计监督，向国务院总理提出审计结果报告。

地方各级审计机关分别在省长、自治区主席、市长、州长、县长、区长和上一级审计机关的领导下，对本级预算执行情况和其他财政收支情况进行审计监督，向本级人民政府和上一级审计机关提出审计结果报告。

第十八条　审计署对中央银行的财务收支，进行审计监督。审计机关对国有金融机构的资产、负债、损益，进行审计监督。

第十九条　审计机关对国家的事业组织和使用财政资金的其他事业组织的财务收支，进行审计监督。

第二十条　审计机关对国有企业的资产、负债、损益，进行审计监督。

第二十一条　对国有资本占控股地位或者主导地位的企业、金融机构的审计监督，由国务院规定。

第二十二条　审计机关对政府投资和以政府投资为主的建设项目的预算执行情况和决算，进行审计监督。

第二十三条　审计机关对政府部门管理的和其他单位受政府委托管理的社会保障基金、社会捐赠资金以及其他有关基金、资金的财务收支，进行审计监督。

第二十四条　审计机关对国际组织和外国政府援助、贷款项目的财务收支，进行审计监督。

第二十五条　审计机关按照国家有关规定，对国家机关和依法属于审计机关审计监督对象的其他单位的主要负责人，在任职期间对本地区、本部门或者本单位的财政收支、财务收支以及有关经济活动应负经济责任的履行情况，进行审计监督。

第二十六条　除本法规定的审计事项外，审计机关对其他法律、行政法规规定应当由审计机关进行审计的事项，依照本法和有关法律、行政法规的规定进行审计监督。

第二十七条　审计机关有权对与国家财政收支有关的特定事项，向有关地方、部门、单位进行专项审计调查，并向本级人民政府和上一级审计机关报告审计调查结果。

第二十八条 审计机关根据被审计单位的财政、财务隶属关系或者国有资产监督管理关系，确定审计管辖范围。

审计机关之间对审计管辖范围有争议的，由其共同的上级审计机关确定。

上级审计机关可以将其审计管辖范围内的本法第十八条第二款至第二十五条规定的审计事项，授权下级审计机关进行审计；上级审计机关对下级审计机关审计管辖范围内的重大审计事项，可以直接进行审计，但是应当防止不必要的重复审计。

第二十九条 依法属于审计机关审计监督对象的单位，应当按照国家有关规定建立健全内部审计制度；其内部审计工作应当接受审计机关的业务指导和监督。

第三十条 社会审计机构审计的单位依法属于审计机关审计监督对象的，审计机关按照国务院的规定，有权对该社会审计机构出具的相关审计报告进行核查。

第四章　审计机关权限

第三十一条 审计机关有权要求被审计单位按照审计机关的规定提供预算或者财务收支计划、预算执行情况、决算、财务会计报告，运用电子计算机储存、处理的财政收支、财务收支电子数据和必要的电子计算机技术文档，在金融机构开立账户的情况，社会审计机构出具的审计报告，以及其他与财政收支或者财务收支有关的资料，被审计单位不得拒绝、拖延、谎报。

被审计单位负责人对本单位提供的财务会计资料的真实性和完整性负责。

第三十二条 审计机关进行审计时，有权检查被审计单位的会计凭证、会计账簿、财务会计报告和运用电子计算机管理财政收支、财务收支电子数据的系统，以及其他与财政收支、财务收支有关的资料和资产，被审计单位不得拒绝。

第三十三条 审计机关进行审计时，有权就审计事项的有关问题向有关单位和个人进行调查，并取得有关证明材料。有关单位和个人应当支持、协助审计机关工作，如实向审计机关反映情况，提供有关证明材料。

审计机关经县级以上人民政府审计机关负责人批准，有权查询被审计单位在金融机构的账户。

审计机关有证据证明被审计单位以个人名义存储公款的，经县级以上人民政府审计机关主要负责人批准，有权查询被审计单位以个人名义在金融机构的存款。

第三十四条 审计机关进行审计时，被审计单位不得转移、隐匿、篡改、毁弃会计凭证、会计账簿、财务会计报告以及其他与财政收支或者财务收支有关的资料，不得转移、隐匿所持有的违反国家规定取得的资产。

审计机关对被审计单位违反前款规定的行为，有权予以制止；必要时，经县级以上人民政府审计机关负责人批准，有权封存有关资料和违反国家规定取得的资产；对其中在金融机构的有关存款需要予以冻结的，应当向人民法院提出申请。

审计机关对被审计单位正在进行的违反国家规定的财政收支、财务收支行为，有权予以制止；制止无效的，经县级以上人民政府审计机关负责人批准，通知财政部门和有关主管部门暂停拨付与违反国家规定的财政收支、财务收支行为直接有关的款项，已经拨付的，暂停使用。

审计机关采取前两款规定的措施不得影响被审计单位合法的业务活动和生产经营活动。

第三十五条 审计机关认为被审计单位所执行的上级主管部门有关财政收支、财务收支的规定与法律、行政法规相抵触的，应当建议有关主管部门纠正；有关主管部门不予纠正的，审计机关应当提请有权处理的机关依法处理。

第三十六条 审计机关可以向政府有关部门通报或者向社会公布审计结果。

审计机关通报或者公布审计结果，应当依法保守国家秘密和被审计单位的商业秘密，遵守国务院的有关规定。

第三十七条　审计机关履行审计监督职责，可以提请公安、监察、财政、税务、海关、价格、工商行政管理等机关予以协助。

第五章　审计程序

第三十八条　审计机关根据审计项目计划确定的审计事项组成审计组，并应当在实施审计三日前，向被审计单位送达审计通知书；遇有特殊情况，经本级人民政府批准，审计机关可以直接持审计通知书实施审计。

被审计单位应当配合审计机关的工作，并提供必要的工作条件。

审计机关应当提高审计工作效率。

第三十九条　审计人员通过审查会计凭证、会计账簿、财务会计报告，查阅与审计事项有关的文件、资料，检查现金、实物、有价证券，向有关单位和个人调查等方式进行审计，并取得证明材料。

审计人员向有关单位和个人进行调查时，应当出示审计人员的工作证件和审计通知书副本。

第四十条　审计组对审计事项实施审计后，应当向审计机关提出审计组的审计报告。审计组的审计报告报送审计机关前，应当征求被审计对象的意见。被审计对象应当自接到审计组的审计报告之日起十日内，将其书面意见送交审计组。审计组应当将被审计对象的书面意见一并报送审计机关。

第四十一条　审计机关按照审计署规定的程序对审计组的审计报告进行审议，并对被审计对象对审计组的审计报告提出的意见一并研究后，提出审计机关的审计报告；对违反国家规定的财政收支、财务收支行为，依法应当给予处理、处罚的，在法定职权范围内作出审计决定或者向有关主管机关提出处理、处罚的意见。

审计机关应当将审计机关的审计报告和审计决定送达被审计单位和有关主管机关、单位。审计决定自送达之日起生效。

第四十二条　上级审计机关认为下级审计机关作出的审计决定违反国家有关规定的，可以责成下级审计机关予以变更或者撤销，必要时也可以直接作出变更或者撤销的决定。

第六章　法律责任

第四十三条　被审计单位违反本法规定，拒绝或者拖延提供与审计事项有关的资料的，或者提供的资料不真实、不完整的，或者拒绝、阻碍检查的，由审计机关责令改正，可以通报批评，给予警告；拒不改正的，依法追究责任。

第四十四条　被审计单位违反本法规定，转移、隐匿、篡改、毁弃会计凭证、会计账簿、财务会计报告以及其他与财政收支、财务收支有关的资料，或者转移、隐匿所持有的违反国家规定取得的资产，审计机关认为对直接负责的主管人员和其他直接责任人员依法应当给予处分的，应当提出给予处分的建议，被审计单位或者其上级机关、监察机关应当依法及时作出决定，并将结果书面通知审计机关；构成犯罪的，依法追究刑事责任。

第四十五条　对本级各部门（含直属单位）和下级政府违反预算的行为或者其他违反国家规定的财政收支行为，审计机关、人民政府或者有关主管部门在法定职权范围内，依照法律、行政法规的规定，区别情况采取下列处理措施：

（一）责令限期缴纳应当上缴的款项；

（二）责令限期退还被侵占的国有资产；

（三）责令限期退还违法所得；

（四）责令按照国家统一的会计制度的有关规定进行处理；

（五）其他处理措施。

第四十六条 对被审计单位违反国家规定的财务收支行为，审计机关、人民政府或者有关主管部门在法定职权范围内，依照法律、行政法规的规定，区别情况采取前条规定的处理措施，并可以依法给予处罚。

第四十七条 审计机关在法定职权范围内作出的审计决定，被审计单位应当执行。

审计机关依法责令被审计单位上缴应当上缴的款项，被审计单位拒不执行的，审计机关应当通报有关主管部门，有关主管部门应当依照有关法律、行政法规的规定予以扣缴或者采取其他处理措施，并将结果书面通知审计机关。

第四十八条 被审计单位对审计机关作出的有关财务收支的审计决定不服的，可以依法申请行政复议或者提起行政诉讼。

被审计单位对审计机关作出的有关财政收支的审计决定不服的，可以提请审计机关的本级人民政府裁决，本级人民政府的裁决为最终决定。

第四十九条 被审计单位的财政收支、财务收支违反国家规定，审计机关认为对直接负责的主管人员和其他直接责任人员依法应当给予处分的，应当提出给予处分的建议，被审计单位或者其上级机关、监察机关应当依法及时作出决定，并将结果书面通知审计机关。

第五十条 被审计单位的财政收支、财务收支违反法律、行政法规的规定，构成犯罪的，依法追究刑事责任。

第五十一条 报复陷害审计人员的，依法给予处分；构成犯罪的，依法追究刑事责任。

第五十二条 审计人员滥用职权、徇私舞弊、玩忽职守或者泄露所知悉的国家秘密、商业秘密的，依法给予处分；构成犯罪的，依法追究刑事责任。

第七章 附　则

第五十三条 中国人民解放军审计工作的规定，由中央军事委员会根据本法制定。

第五十四条 本法自1995年1月1日起施行。1988年11月30日国务院发布的《中华人民共和国审计条例》同时废止。

中华人民共和国审计法实施条例

（1997年10月21日中华人民共和国国务院令第231号公布　2010年2月2日国务院第100次常务会议修订通过）

第一章 总　则

第一条 根据《中华人民共和国审计法》（以下简称审计法）的规定，制定本条例。

第二条 审计法所称审计，是指审计机关依法独立检查被审计单位的会计凭证、会计账簿、财务会计报告以及其他与财政收支、财务收支有关的资料和资产，监督财政收支、财务收支真实、合法和效益的行为。

第三条 审计法所称财政收支，是指依照《中华人民共和国预算法》和国家其他有关规定，纳入预算管理的收入和支出，以及下列财政资金中未纳入预算管理的收入和支出：

（一）行政事业性收费；

（二）国有资源、国有资产收入；

（三）应当上缴的国有资本经营收益；

（四）政府举借债务筹措的资金；

（五）其他未纳入预算管理的财政资金。

第四条　审计法所称财务收支，是指国有的金融机构、企业事业组织以及依法应当接受审计机关审计监督的其他单位，按照国家财务会计制度的规定，实行会计核算的各项收入和支出。

第五条　审计机关依照审计法和本条例以及其他有关法律、法规规定的职责、权限和程序进行审计监督。

审计机关依照有关财政收支、财务收支的法律、法规，以及国家有关政策、标准、项目目标等方面的规定进行审计评价，对被审计单位违反国家规定的财政收支、财务收支行为，在法定职权范围内作出处理、处罚的决定。

第六条　任何单位和个人对依法应当接受审计机关审计监督的单位违反国家规定的财政收支、财务收支行为，有权向审计机关举报。审计机关接到举报，应当依法及时处理。

第二章　审计机关和审计人员

第七条　审计署在国务院总理领导下，主管全国的审计工作，履行审计法和国务院规定的职责。

地方各级审计机关在本级人民政府行政首长和上一级审计机关的领导下，负责本行政区域的审计工作，履行法律、法规和本级人民政府规定的职责。

第八条　省、自治区人民政府设有派出机关的，派出机关的审计机关对派出机关和省、自治区人民政府审计机关负责并报告工作，审计业务以省、自治区人民政府审计机关领导为主。

第九条　审计机关派出机构依照法律、法规和审计机关的规定，在审计机关的授权范围内开展审计工作，不受其他行政机关、社会团体和个人的干涉。

第十条　审计机关编制年度经费预算草案的依据主要包括：

（一）法律、法规；

（二）本级人民政府的决定和要求；

（三）审计机关的年度审计工作计划；

（四）定员定额标准；

（五）上一年度经费预算执行情况和本年度的变化因素。

第十一条　审计人员实行审计专业技术资格制度，具体按照国家有关规定执行。

审计机关根据工作需要，可以聘请具有与审计事项相关专业知识的人员参加审计工作。

第十二条　审计人员办理审计事项，有下列情形之一的，应当申请回避，被审计单位也有权申请审计人员回避：

（一）与被审计单位负责人或者有关主管人员有夫妻关系、直系血亲关系、三代以内旁系血亲或者近姻亲关系的；

（二）与被审计单位或者审计事项有经济利益关系的；

（三）与被审计单位、审计事项、被审计单位负责人或者有关主管人员有其他利害关系，可能影响公正执行公务的。

审计人员的回避，由审计机关负责人决定；审计机关负责人办理审计事项时的回避，由本级人民政府或者上一级审计机关负责人决定。

第十三条　地方各级审计机关正职和副职负责人的任免，应当事先征求上一级审计机关的意见。

第十四条　审计机关负责人在任职期间没有下列情形之一的，不得随意撤换：

（一）因犯罪被追究刑事责任的；

（二）因严重违法、失职受到处分，不适宜继续担任审计机关负责人的；

（三）因健康原因不能履行职责1年以上的；

（四）不符合国家规定的其他任职条件的。

第三章 审计机关职责

第十五条 审计机关对本级人民政府财政部门具体组织本级预算执行的情况，本级预算收入征收部门征收预算收入的情况，与本级人民政府财政部门直接发生预算缴款、拨款关系的部门、单位的预算执行情况和决算，下级人民政府的预算执行情况和决算，以及其他财政收支情况，依法进行审计监督。经本级人民政府批准，审计机关对其他取得财政资金的单位和项目接受、运用财政资金的真实、合法和效益情况，依法进行审计监督。

第十六条 审计机关对本级预算收入和支出的执行情况进行审计监督的内容包括：

（一）财政部门按照本级人民代表大会批准的本级预算向本级各部门（含直属单位）批复预算的情况、本级预算执行中调整情况和预算收支变化情况；

（二）预算收入征收部门依照法律、行政法规的规定和国家其他有关规定征收预算收入情况；

（三）财政部门按照批准的年度预算、用款计划，以及规定的预算级次和程序，拨付本级预算支出资金情况；

（四）财政部门依照法律、行政法规的规定和财政管理体制，拨付和管理政府间财政转移支付资金情况以及办理结算、结转情况；

（五）国库按照国家有关规定办理预算收入的收纳、划分、留解情况和预算支出资金的拨付情况；

（六）本级各部门（含直属单位）执行年度预算情况；

（七）依照国家有关规定实行专项管理的预算资金收支情况；

（八）法律、法规规定的其他预算执行情况。

第十七条 审计法第十七条所称审计结果报告，应当包括下列内容：

（一）本级预算执行和其他财政收支的基本情况；

（二）审计机关对本级预算执行和其他财政收支情况作出的审计评价；

（三）本级预算执行和其他财政收支中存在的问题以及审计机关依法采取的措施；

（四）审计机关提出的改进本级预算执行和其他财政收支管理工作的建议；

（五）本级人民政府要求报告的其他情况。

第十八条 审计署对中央银行及其分支机构履行职责所发生的各项财务收支，依法进行审计监督。

审计署向国务院总理提出的中央预算执行和其他财政收支情况审计结果报告，应当包括对中央银行的财务收支的审计情况。

第十九条 审计法第二十一条所称国有资本占控股地位或者主导地位的企业、金融机构，包括：

（一）国有资本占企业、金融机构资本（股本）总额的比例超过50%的；

（二）国有资本占企业、金融机构资本（股本）总额的比例在50%以下，但国有资本投资主体拥有实际控制权的。

审计机关对前款规定的企业、金融机构，除国务院另有规定外，比照审计法第十八条第二款、第二十条规定进行审计监督。

第二十条　审计法第二十二条所称政府投资和以政府投资为主的建设项目，包括：

（一）全部使用预算内投资资金、专项建设基金、政府举借债务筹措的资金等财政资金的；

（二）未全部使用财政资金，财政资金占项目总投资的比例超过50%，或者占项目总投资的比例在50%以下，但政府拥有项目建设、运营实际控制权的。

审计机关对前款规定的建设项目的总预算或者概算的执行情况、年度预算的执行情况和年度决算、单项工程结算、项目竣工决算，依法进行审计监督；对前款规定的建设项目进行审计时，可以对直接有关的设计、施工、供货等单位取得建设项目资金的真实性、合法性进行调查。

第二十一条　审计法第二十三条所称社会保障基金，包括社会保险、社会救助、社会福利基金以及发展社会保障事业的其他专项基金；所称社会捐赠资金，包括来源于境内外的货币、有价证券和实物等各种形式的捐赠。

第二十二条　审计法第二十四条所称国际组织和外国政府援助、贷款项目，包括：

（一）国际组织、外国政府及其机构向中国政府及其机构提供的贷款项目；

（二）国际组织、外国政府及其机构向中国企业事业组织以及其他组织提供的由中国政府及其机构担保的贷款项目；

（三）国际组织、外国政府及其机构向中国政府及其机构提供的援助和赠款项目；

（四）国际组织、外国政府及其机构向受中国政府委托管理有关基金、资金的单位提供的援助和赠款项目；

（五）国际组织、外国政府及其机构提供援助、贷款的其他项目。

第二十三条　审计机关可以依照审计法和本条例规定的审计程序、方法以及国家其他有关规定，对预算管理或者国有资产管理使用等与国家财政收支有关的特定事项，向有关地方、部门、单位进行专项审计调查。

第二十四条　审计机关根据被审计单位的财政、财务隶属关系，确定审计管辖范围；不能根据财政、财务隶属关系确定审计管辖范围的，根据国有资产监督管理关系，确定审计管辖范围。

两个以上国有资本投资主体投资的金融机构、企业事业组织和建设项目，由对主要投资主体有审计管辖权的审计机关进行审计监督。

第二十五条　各级审计机关应当按照确定的审计管辖范围进行审计监督。

第二十六条　依法属于审计机关审计监督对象的单位的内部审计工作，应当接受审计机关的业务指导和监督。

依法属于审计机关审计监督对象的单位，可以根据内部审计工作的需要，参加依法成立的内部审计自律组织。审计机关可以通过内部审计自律组织，加强对内部审计工作的业务指导和监督。

第二十七条　审计机关进行审计或者专项审计调查时，有权对社会审计机构出具的相关审计报告进行核查。

审计机关核查社会审计机构出具的相关审计报告时，发现社会审计机构存在违反法律、法规或者执业准则等情况的，应当移送有关主管机关依法追究责任。

第四章　审计机关权限

第二十八条　审计机关依法进行审计监督时，被审计单位应当依照审计法第三十一条规定，向审计机关提供与财政收支、财务收支有关的资料。被审计单位负责人应当对本单位提供资料的真实性和完整性作出书面承诺。

第二十九条　各级人民政府财政、税务以及其他部门（含直属单位）应当向本级审计机关报送下列资料：

（一）本级人民代表大会批准的本级预算和本级人民政府财政部门向本级各部门（含直属单位）批复的预算，预算收入征收部门的年度收入计划，以及本级各部门（含直属单位）向所属各单位批复的预算；

（二）本级预算收支执行和预算收入征收部门的收入计划完成情况月报、年报，以及决算情况；

（三）综合性财政税务工作统计年报、情况简报，财政、预算、税务、财务和会计等规章制度；

（四）本级各部门（含直属单位）汇总编制的本部门决算草案。

第三十条　审计机关依照审计法第三十三条规定查询被审计单位在金融机构的账户的，应当持县级以上人民政府审计机关负责人签发的协助查询单位账户通知书；查询被审计单位以个人名义在金融机构的存款的，应当持县级以上人民政府审计机关主要负责人签发的协助查询个人存款通知书。有关金融机构应当予以协助，并提供证明材料，审计机关和审计人员负有保密义务。

第三十一条　审计法第三十四条所称违反国家规定取得的资产，包括：

（一）弄虚作假骗取的财政拨款、实物以及金融机构贷款；

（二）违反国家规定享受国家补贴、补助、贴息、免息、减税、免税、退税等优惠政策取得的资产；

（三）违反国家规定向他人收取的款项、有价证券、实物；

（四）违反国家规定处分国有资产取得的收益；

（五）违反国家规定取得的其他资产。

第三十二条　审计机关依照审计法第三十四条规定封存被审计单位有关资料和违反国家规定取得的资产的，应当持县级以上人民政府审计机关负责人签发的封存通知书，并在依法收集与审计事项相关的证明材料或者采取其他措施后解除封存。封存的期限为 7 日以内；有特殊情况需要延长的，经县级以上人民政府审计机关负责人批准，可以适当延长，但延长的期限不得超过 7 日。

对封存的资料、资产，审计机关可以指定被审计单位负责保管，被审计单位不得损毁或者擅自转移。

第三十三条　审计机关依照审计法第三十六条规定，可以就有关审计事项向政府有关部门通报或者向社会公布对被审计单位的审计、专项审计调查结果。

审计机关经与有关主管机关协商，可以在向社会公布的审计、专项审计调查结果中，一并公布对社会审计机构相关审计报告核查的结果。

审计机关拟向社会公布对上市公司的审计、专项审计调查结果的，应当在 5 日前将拟公布的内容告知上市公司。

第五章　审计程序

第三十四条　审计机关应当根据法律、法规和国家其他有关规定，按照本级人民政府和上级审计机关的要求，确定年度审计工作重点，编制年度审计项目计划。

审计机关在年度审计项目计划中确定对国有资本占控股地位或者主导地位的企业、金融机构进行审计的，应当自确定之日起 7 日内告知列入年度审计项目计划的企业、金融机构。

第三十五条　审计机关应当根据年度审计项目计划，组成审计组，调查了解被审计单位的有关情况，编制审计方案，并在实施审计 3 日前，向被审计单位送达审计通知书。

第三十六条　审计法第三十八条所称特殊情况，包括：

（一）办理紧急事项的；

（二）被审计单位涉嫌严重违法违规的；

（三）其他特殊情况。

第三十七条　审计人员实施审计时，应当按照下列规定办理：

（一）通过检查、查询、监督盘点、发函询证等方法实施审计；

（二）通过收集原件、原物或者复制、拍照等方法取得证明材料；

（三）对与审计事项有关的会议和谈话内容作出记录，或者要求被审计单位提供会议记录材料；

（四）记录审计实施过程和查证结果。

第三十八条　审计人员向有关单位和个人调查取得的证明材料，应当有提供者的签名或者盖章；不能取得提供者签名或者盖章的，审计人员应当注明原因。

第三十九条　审计组向审计机关提出审计报告前，应当书面征求被审计单位意见。被审计单位应当自接到审计组的审计报告之日起 10 日内，提出书面意见；10 日内未提出书面意见的，视同无异议。

审计组应当针对被审计单位提出的书面意见，进一步核实情况，对审计组的审计报告作必要修改，连同被审计单位的书面意见一并报送审计机关。

第四十条　审计机关有关业务机构和专门机构或者人员对审计组的审计报告以及相关审计事项进行复核、审理后，由审计机关按照下列规定办理：

（一）提出审计机关的审计报告，内容包括：对审计事项的审计评价，对违反国家规定的财政收支、财务收支行为提出的处理、处罚意见，移送有关主管机关、单位的意见，改进财政收支、财务收支管理工作的意见；

（二）对违反国家规定的财政收支、财务收支行为，依法应当给予处理、处罚的，在法定职权范围内作出处理、处罚的审计决定；

（三）对依法应当追究有关人员责任的，向有关主管机关、单位提出给予处分的建议；对依法应当由有关主管机关处理、处罚的，移送有关主管机关；涉嫌犯罪的，移送司法机关。

第四十一条　审计机关在审计中发现损害国家利益和社会公共利益的事项，但处理、处罚依据又不明确的，应当向本级人民政府和上一级审计机关报告。

第四十二条　被审计单位应当按照审计机关规定的期限和要求执行审计决定。对应当上缴的款项，被审计单位应当按照财政管理体制和国家有关规定缴入国库或者财政专户。审计决定需要有关主管机关、单位协助执行的，审计机关应当书面提请协助执行。

第四十三条　上级审计机关应当对下级审计机关的审计业务依法进行监督。

下级审计机关作出的审计决定违反国家有关规定的，上级审计机关可以责成下级审计机关予以变更或者撤销，也可以直接作出变更或者撤销的决定；审计决定被撤销后需要重新作出审计决定的，上级审计机关可以责成下级审计机关在规定的期限内重新作出审计决定，也可以直接作出审计决定。

下级审计机关应当作出而没有作出审计决定的，上级审计机关可以责成下级审计机关在规定的期限内作出审计决定，也可以直接作出审计决定。

第四十四条　审计机关进行专项审计调查时，应当向被调查的地方、部门、单位出示专项审计调查的书面通知，并说明有关情况；有关地方、部门、单位应当接受调查，如实反映情况，提供有关资料。

在专项审计调查中，依法属于审计机关审计监督对象的部门、单位有违反国家规定的财政收支、财务收支行为或者其他违法违规行为的，专项审计调查人员和审计机关可以依照审计法和本条例的规定提出审计报告，作出审计决定，或者移送有关主管机关、单位依法追究责任。

第四十五条 审计机关应当按照国家有关规定建立、健全审计档案制度。

第四十六条 审计机关送达审计文书，可以直接送达，也可以邮寄送达或者以其他方式送达。直接送达的，以被审计单位在送达回证上注明的签收日期或者见证人证明的收件日期为送达日期；邮寄送达的，以邮政回执上注明的收件日期为送达日期；以其他方式送达的，以签收或者收件日期为送达日期。

审计机关的审计文书的种类、内容和格式，由审计署规定。

第六章　法律责任

第四十七条 被审计单位违反审计法和本条例的规定，拒绝、拖延提供与审计事项有关的资料，或者提供的资料不真实、不完整，或者拒绝、阻碍检查的，由审计机关责令改正，可以通报批评，给予警告；拒不改正的，对被审计单位可以处 5 万元以下的罚款，对直接负责的主管人员和其他直接责任人员，可以处 2 万元以下的罚款，审计机关认为应当给予处分的，向有关主管机关、单位提出给予处分的建议；构成犯罪的，依法追究刑事责任。

第四十八条 对本级各部门（含直属单位）和下级人民政府违反预算的行为或者其他违反国家规定的财政收支行为，审计机关在法定职权范围内，依照法律、行政法规的规定，区别情况采取审计法第四十五条规定的处理措施。

第四十九条 对被审计单位违反国家规定的财务收支行为，审计机关在法定职权范围内，区别情况采取审计法第四十五条规定的处理措施，可以通报批评，给予警告；有违法所得的，没收违法所得，并处违法所得 1 倍以上 5 倍以下的罚款；没有违法所得的，可以处 5 万元以下的罚款；对直接负责的主管人员和其他直接责任人员，可以处 2 万元以下的罚款，审计机关认为应当给予处分的，向有关主管机关、单位提出给予处分的建议；构成犯罪的，依法追究刑事责任。

法律、行政法规对被审计单位违反国家规定的财务收支行为处理、处罚另有规定的，从其规定。

第五十条 审计机关在作出较大数额罚款的处罚决定前，应当告知被审计单位和有关人员有要求举行听证的权利。较大数额罚款的具体标准由审计署规定。

第五十一条 审计机关提出的对被审计单位给予处理、处罚的建议以及对直接负责的主管人员和其他直接责任人员给予处分的建议，有关主管机关、单位应当依法及时作出决定，并将结果书面通知审计机关。

第五十二条 被审计单位对审计机关依照审计法第十六条、第十七条和本条例第十五条规定进行审计监督作出的审计决定不服的，可以自审计决定送达之日起 60 日内，提请审计机关的本级人民政府裁决，本级人民政府的裁决为最终决定。

审计机关应当在审计决定中告知被审计单位提请裁决的途径和期限。

裁决期间，审计决定不停止执行。但是，有下列情形之一的，可以停止执行：

（一）审计机关认为需要停止执行的；

（二）受理裁决的人民政府认为需要停止执行的；

（三）被审计单位申请停止执行，受理裁决的人民政府认为其要求合理，决定停止执行的。

裁决由本级人民政府法制机构办理。裁决决定应当自接到提请之日起60日内作出；有特殊情况需要延长的，经法制机构负责人批准，可以适当延长，并告知审计机关和提请裁决的被审计单位，但延长的期限不得超过30日。

第五十三条　除本条例第五十二条规定的可以提请裁决的审计决定外，被审计单位对审计机关作出的其他审计决定不服的，可以依法申请行政复议或者提起行政诉讼。

审计机关应当在审计决定中告知被审计单位申请行政复议或者提起行政诉讼的途径和期限。

第五十四条　被审计单位应当将审计决定执行情况书面报告审计机关。审计机关应当检查审计决定的执行情况。

被审计单位不执行审计决定的，审计机关应当责令限期执行；逾期仍不执行的，审计机关可以申请人民法院强制执行，建议有关主管机关、单位对直接负责的主管人员和其他直接责任人员给予处分。

第五十五条　审计人员滥用职权、徇私舞弊、玩忽职守，或者泄露所知悉的国家秘密、商业秘密的，依法给予处分；构成犯罪的，依法追究刑事责任。

审计人员违法违纪取得的财物，依法予以追缴、没收或者责令退赔。

第七章　附　　则

第五十六条　本条例所称以上、以下，包括本数。

本条例第五十二条规定的期间的最后一日是法定节假日的，以节假日后的第一个工作日为期间届满日。审计法和本条例规定的其他期间以工作日计算，不含法定节假日。

第五十七条　实施经济责任审计的规定，另行制定。

第五十八条　本条例自2010年5月1日起施行。

中国内部审计准则

中华第一财税网按：为了适应内部审计的最新发展，更好地发挥内部审计准则在规范内部审计行为、提升内部审计质量方面的作用，中国内部审计协会对2003年以来发布的内部审计准则进行了全面、系统的修订。2013年8月20日，中国内部审计协会发布了修订后的《中国内部审计准则》(公告2013年第1号)，自2014年1月1日起施行。

之后，中国内部审计协会又增补发布了若干准则。

第1101号　内部审计基本准则

第一章　总　　则

第一条　为了规范内部审计工作，保证内部审计质量，明确内部审计机构和内部审计人员的责任，根据《审计法》及其实施条例，以及其他有关法律、法规和规章，制定本准则。

第二条　本准则所称内部审计，是一种独立、客观的确认和咨询活动，它通过运用系统、规范的方法，审查和评价组织的业务活动、内部控制和风险管理的适当性和有效性，以促进组织完善治理、增加价值和实现目标。

第三条　本准则适用于各类组织的内部审计机构、内部审计人员及其从事的内部审计活动。其他组织或者人员接受委托、聘用，承办或者参与内部审计业务，也应当遵守本准则。

第二章　一般准则

第四条　组织应当设置与其目标、性质、规模、治理结构等相适应的内部审计机构，并配备具有相应资格的内部审计人员。

第五条　内部审计的目标、职责和权限等内容应当在组织的内部审计章程中明确规定。

第六条　内部审计机构和内部审计人员应当保持独立性和客观性，不得负责被审计单位的业务活动、内部控制和风险管理的决策与执行。

第七条　内部审计人员应当遵守职业道德，在实施内部审计业务时保持应有的职业谨慎。

第八条　内部审计人员应当具备相应的专业胜任能力，并通过后续教育加以保持和提高。

第九条　内部审计人员应当履行保密义务，对于实施内部审计业务中所获取的信息保密。

第三章　作业准则

第十条　内部审计机构和内部审计人员应当全面关注组织风险，以风险为基础组织实施内部审计业务。

第十一条　内部审计人员应当充分运用重要性原则，考虑差异或者缺陷的性质、数量等因素，合理确定重要性水平。

第十二条　内部审计机构应当根据组织的风险状况、管理需要及审计资源的配置情况，编制年度审计计划。

第十三条　内部审计人员根据年度审计计划确定的审计项目，编制项目审计方案。

第十四条　内部审计机构应当在实施审计三日前，向被审计单位或者被审计人员送达审计通知书，做好审计准备工作。

第十五条　内部审计人员应当深入了解被审计单位的情况，审查和评价业务活动、内部控制和风险管理的适当性和有效性，关注信息系统对业务活动、内部控制和风险管理的影响。

第十六条　内部审计人员应当关注被审计单位业务活动、内部控制和风险管理中的舞弊风险，对舞弊行为进行检查和报告。

第十七条　内部审计人员可以运用审核、观察、监盘、访谈、调查、函证、计算和分析程序等方法，获取相关、可靠和充分的审计证据，以支持审计结论、意见和建议。

第十八条　内部审计人员应当在审计工作底稿中记录审计程序的执行过程，获取的审计证据，以及作出的审计结论。

第十九条　内部审计人员应当以适当方式提供咨询服务，改善组织的业务活动、内部控制和风险管理。

第四章　报告准则

第二十条　内部审计机构应当在实施必要的审计程序后，及时出具审计报告。

第二十一条　审计报告应当客观、完整、清晰，具有建设性并体现重要性原则。

第二十二条　审计报告应当包括审计概况、审计依据、审计发现、审计结论、审计意见和审计建议。

第二十三条　审计报告应当包含是否遵循内部审计准则的声明。如存在未遵循内部审计准则的情形，应当在审计报告中作出解释和说明。

第五章　内部管理准则

第二十四条　内部审计机构应当接受组织董事会或者最高管理层的领导和监督，并保持与董事会或者最高管理层及时、高效的沟通。

第二十五条　内部审计机构应当建立合理、有效的组织结构，多层级组织的内部审计机构可以实行集中管理或者分级管理。

第二十六条　内部审计机构应当根据内部审计准则及相关规定，结合本组织的实际情况制定内部审计工作手册，指导内部审计人员的工作。

第二十七条　内部审计机构应当对内部审计质量实施有效控制，建立指导、监督、分级复核和内部审计质量评估制度，并接受内部审计质量外部评估。

第二十八条　内部审计机构应当编制中长期审计规划、年度审计计划、本机构人力资源计划和财务预算。

第二十九条　内部审计机构应当建立激励约束机制，对内部审计人员的工作进行考核、评价和奖惩。

第三十条　内部审计机构应当在董事会或者最高管理层的支持和监督下，做好与外部审计的协调工作。

第三十一条　内部审计机构负责人应当对内部审计机构管理的适当性和有效性负主要责任。

第六章　附　则

第三十二条　本准则由中国内部审计协会发布并负责解释。

第三十三条　本准则自2014年1月1日起施行。

第1201号　内部审计人员职业道德规范

第一章　总　则

第一条　为了规范内部审计人员的职业行为，维护内部审计职业声誉，根据《审计法》及其实施条例，以及其他有关法律、法规和规章，制定本规范。

第二条　内部审计人员职业道德是内部审计人员在开展内部审计工作中应当具有的职业品德、应当遵守的职业纪律和应当承担的职业责任的总称。

第三条　内部审计人员从事内部审计活动时，应当遵守本规范，认真履行职责，不得损害国家利益、组织利益和内部审计职业声誉。

第二章　一般原则

第四条　内部审计人员在从事内部审计活动时，应当保持诚信正直。

第五条　内部审计人员应当遵循客观性原则，公正、不偏不倚地作出审计职业判断。

第六条　内部审计人员应当保持并提高专业胜任能力，按照规定参加后续教育。

第七条　内部审计人员应当遵循保密原则，按照规定使用其在履行职责时所获取的信息。

第八条　内部审计人员违反本规范要求的，组织应当批评教育，也可以视情节给予一定的处分。

第三章　诚信正直

第九条　内部审计人员在实施内部审计业务时，应当诚实、守信，不应有下列行为：

（一）歪曲事实；

（二）隐瞒审计发现的问题；

（三）进行缺少证据支持的判断；

（四）做误导性的或者含糊的陈述。

第十条　内部审计人员在实施内部审计业务时，应当廉洁、正直，不应有下列行为：

（一）利用职权谋取私利；

（二）屈从于外部压力，违反原则。

第四章　客观性

第十一条　内部审计人员实施内部审计业务时，应当实事求是，不得由于偏见、利益冲突而影响职业判断。

第十二条 内部审计人员实施内部审计业务前，应当采取下列步骤对客观性进行评估：

（一）识别可能影响客观性的因素；

（二）评估可能影响客观性因素的严重程度；

（三）向审计项目负责人或者内部审计机构负责人报告客观性受损可能造成的影响。

第十三条 内部审计人员应当识别下列可能影响客观性的因素：

（一）审计本人曾经参与过的业务活动；

（二）与被审计单位存在直接利益关系；

（三）与被审计单位存在长期合作关系；

（四）与被审计单位管理层有密切的私人关系；

（五）遭受来自组织内部和外部的压力；

（六）内部审计范围受到限制；

（七）其他。

第十四条 内部审计机构负责人应当采取下列措施保障内部审计的客观性：

（一）提高内部审计人员的职业道德水准；

（二）选派适当的内部审计人员参加审计项目，并进行适当分工；

（三）采用工作轮换的方式安排审计项目及审计组；

（四）建立适当、有效的激励机制；

（五）制定并实施系统、有效的内部审计质量控制制度、程序和方法；

（六）当内部审计人员的客观性受到严重影响，且无法采取适当措施降低影响时，应停止实施有关业务，并及时向董事会或者最高管理层报告。

第五章 专业胜任能力

第十五条 内部审计人员应当具备下列履行职责所需的专业知识、职业技能和实践经验：

（一）审计、会计、财务、税务、经济、金融、统计、管理、内部控制、风险管理、法律和信息技术等专业知识，以及与组织业务活动相关的专业知识；

（二）语言文字表达、问题分析、审计技术应用、人际沟通、组织管理等职业技能；

（三）必要的实践经验及相关职业经历。

第十六条 内部审计人员应当通过后续教育和职业实践等途径，了解、学习和掌握相关法律法规、专业知识、技术方法和审计实务的发展变化，保持和提升专业胜任能力。

第十七条 内部审计人员实施内部审计业务时，应当保持职业谨慎，合理运用职业判断。

第六章 保　密

第十八条 内部审计人员应当对实施内部审计业务所获取的信息保密，非因有效授权、法律规定或其他合法事由不得披露。

第十九条 内部审计人员在社会交往中，应当履行保密义务，警惕非故意泄密的可能性。

内部审计人员不得利用其在实施内部审计业务时获取的信息牟取不正当利益，或者以有悖于法律法规、组织规定及职业道德的方式使用信息。

第七章 附　则

第二十条 本规范由中国内部审计协会发布并负责解释。

第二十一条 本规范自2014年1月1日起施行。

第2101号 内部审计具体准则——审计计划

第一章 总 则

第一条 为了规范审计计划的编制与执行，保证有计划、有重点地开展审计业务，提高审计质量和效率，根据《内部审计基本准则》，制定本准则。

第二条 本准则所称审计计划，是指内部审计机构和内部审计人员为完成审计业务，达到预期的审计目的，对审计工作或者具体审计项目作出的安排。

第三条 本准则适用于各类组织的内部审计机构、内部审计人员及其从事的内部审计活动。其他组织或者人员接受委托、聘用，承办或者参与内部审计业务，也应当遵守本准则。

第二章 一般原则

第四条 审计计划一般包括年度审计计划和项目审计方案。年度审计计划是对年度预期要完成的审计任务所做的工作安排，是组织年度工作计划的重要组成部分。项目审计方案是对实施具体审计项目所需要的审计内容、审计程序、人员分工、审计时间等作出的安排。

第五条 内部审计机构应当在本年度编制下年度审计计划，并报经组织董事会或者最高管理层批准；审计项目负责人应当在审计项目实施前编制项目审计方案，并报经内部审计机构负责人批准。

第六条 内部审计机构应当根据批准后的审计计划组织开展内部审计活动。在审计计划执行过程中，如有必要，应当按照规定的程序对审计计划进行调整。

第七条 内部审计机构负责人应当定期检查审计计划的执行情况。

第三章 年度审计计划

第八条 内部审计机构负责人负责年度审计计划的编制工作。

第九条 编制年度审计计划应当结合内部审计中长期规划，在对组织风险进行评估的基础上，根据组织的风险状况、管理需要和审计资源的配置情况，确定具体审计项目及时间安排。

第十条 年度审计计划应当包括下列基本内容：

（一）年度审计工作目标；

（二）具体审计项目及实施时间；

（三）各审计项目需要的审计资源；

（四）后续审计安排。

第十一条 内部审计机构在编制年度审计计划前，应当重点调查了解下列情况，以评价具体审计项目的风险：

（一）组织的战略目标、年度目标及业务活动重点；

（二）对相关业务活动有重大影响的法律、法规、政策、计划和合同；

（三）相关内部控制的有效性和风险管理水平；

（四）相关业务活动的复杂性及其近期变化；

（五）相关人员的能力及其岗位的近期变动；

（六）其他与项目有关的重要情况。

第十二条 内部审计机构负责人应当根据具体审计项目的性质、复杂程度及时间要求，合理安排审计资源。

第四章 项目审计方案

第十三条 内部审计机构应当根据年度审计计划确定的审计项目和时间安排，选派内部审计人员开展审计工作。

第十四条 审计项目负责人应当根据被审计单位的下列情况，编制项目审计方案：

（一）业务活动概况；

（二）内部控制、风险管理体系的设计及运行情况；

（三）财务、会计资料；

（四）重要的合同、协议及会议记录；

（五）上次审计结论、建议及后续审计情况；

（六）上次外部审计的审计意见；

（七）其他与项目审计方案有关的重要情况。

第十五条 项目审计方案应当包括下列基本内容：

（一）被审计单位、项目的名称；

（二）审计目标和范围；

（三）审计内容和重点；

（四）审计程序和方法；

（五）审计组成员的组成及分工；

（六）审计起止日期；

（七）对专家和外部审计工作结果的利用；

（八）其他有关内容。

第五章 附 则

第十六条 本准则由中国内部审计协会发布并负责解释。

第十七条 本准则自 2014 年 1 月 1 日起施行。

第 2102 号 内部审计具体准则——审计通知书

第一章 总 则

第一条 为了规范审计通知书的编制与送达，根据《内部审计基本准则》，制定本准则。

第二条 本准则所称审计通知书，是指内部审计机构在实施审计之前，告知被审计单位或者人员接受审计的书面文件。

第三条 本准则适用于各类组织的内部审计机构、内部审计人员及其从事的内部审计活动。其他组织或者人员接受委托、聘用，承办或者参与的内部审计业务，也应当遵守本准则。

第二章 审计通知书的编制与送达

第四条 审计通知书应当包括下列内容：

（一）审计项目名称；

（二）被审计单位名称或者被审计人员姓名；

（三）审计范围和审计内容；

（四）审计时间；

（五）需要被审计单位提供的资料及其他必要的协助要求；

（六）审计组组长及审计组成员名单；

（七）内部审计机构的印章和签发日期。

第五条 内部审计机构应当根据经过批准后的年度审计计划和其他授权或者委托文件编制审计通知书。

第六条 内部审计机构应当在实施审计三日前，向被审计单位或者被审计人员送达审计通知书。特殊审计业务的审计通知书可以在实施审计时送达。

第七条 将审计通知书送达被审计单位，必要时可以抄送组织内部相关部门。

将经济责任审计项目的审计通知书送达被审计人员及其所在单位，并抄送有关部门。

第三章 附　则

第八条 本准则由中国内部审计协会发布并负责解释。

第九条 本准则自 2014 年 1 月 1 日起施行。

第 2103 号　内部审计具体准则——审计证据

第一章 总　则

第一条 为了规范审计证据的获取及处理，保证审计证据的相关性、可靠性和充分性，根据《内部审计基本准则》，制定本准则。

第二条 本准则所称审计证据，是指内部审计人员在实施内部审计业务中，通过实施审计程序所获取的，用以证实审计事项，支持审计结论、意见和建议的各种事实依据。

第三条 本准则适用于各类组织的内部审计机构、内部审计人员及其从事的内部审计活动。其他组织或者人员接受委托、聘用，承办或者参与内部审计业务，也应当遵守本准则。

第二章 一般原则

第四条 内部审计人员应当依据不同的审计事项及其审计目标，获取不同种类的审计证据。

审计证据主要包括下列种类：

（一）书面证据；

（二）实物证据；

（三）视听证据；

（四）电子证据；

（五）口头证据；

（六）环境证据。

第五条 内部审计人员获取的审计证据应当具备相关性、可靠性和充分性。

相关性，即审计证据与审计事项及其具体审计目标之间具有实质性联系。

可靠性，即审计证据真实、可信。充分性，即审计证据在数量上足以支持审计结论、意见和建议。

第六条 审计项目的各级复核人员应当在各自职责范围内对审计证据的相关性、可靠性和充分性予以复核。

第七条 内部审计人员在获取审计证据时，应当考虑下列基本因素：

（一）具体审计事项的重要性。内部审计人员应当从数量和性质两个方面判断审计事项的重要性，以作出获取审计证据的决策。

（二）可以接受的审计风险水平。证据的充分性与审计风险水平密切相关。可以接受的审计风险水平越低，所需证据的数量越多。

（三）成本与效益的合理程度。获取审计证据应当考虑成本与效益的对比，但对于重要审计事项，不应当将审计成本的高低作为减少必要审计程序的理由。

（四）适当的抽样方法。

第三章 审计证据的获取与处理

第八条 内部审计人员向有关单位和个人获取审计证据时，可以采用（但不限于）下列方法：

（一）审核；

（二）观察；

（三）监盘；

（四）访谈；

（五）调查；

（六）函证；

（七）计算；

（八）分析程序。

第九条 内部审计人员应当将获取的审计证据名称、来源、内容、时间等完整、清晰地记录于审计工作底稿中。

采集被审计单位电子数据作为审计证据的，内部审计人员应当记录电子数据的采集和处理过程。

第十条 内部审计机构可以聘请其他专业机构或者人员对审计项目的某些特殊问题进行鉴定，并将鉴定结论作为审计证据。内部审计人员应当对所引用鉴定结论的可靠性负责。

第十一条 对于被审计单位有异议的审计证据，内部审计人员应当进一步核实。

第十二条 对于获取的审计证据，如有必要，内部审计人员应当要求证据提供者签名或者盖章。如果证据提供者拒绝签名或者盖章，内部审计人员应当注明原因和日期。

第十三条 内部审计人员应当对获取的审计证据进行分类、筛选和汇总，保证审计证据的相关性、可靠性和充分性。

第十四条 在评价审计证据时，应当考虑审计证据之间的相互印证关系及证据来源的可靠程度。

第四章 附 则

第十五条 本准则由中国内部审计协会发布并负责解释。

第十六条 本准则自 2014 年 1 月 1 日起施行。

第 2104 号 内部审计具体准则——审计工作底稿

第一章 总 则

第一条 为了规范审计工作底稿的编制和使用，根据《内部审计基本准则》，制定本准则。

第二条 本准则所称审计工作底稿，是指内部审计人员在审计过程中所形成的工作记录。

第三条 本准则适用于各类组织的内部审计机构、内部审计人员及其从事的内部审计活动。其他组织或者人员接受委托、聘用，承办或者参与内部审计业务，也应当遵守本准则。

第二章 一般原则

第四条 内部审计人员在审计工作中应当编制审计工作底稿，以达到下列目的：

（一）为编制审计报告提供依据；

（二）证明审计目标的实现程度；

（三）为检查和评价内部审计工作质量提供依据；

（四）证明内部审计机构和内部审计人员是否遵循内部审计准则；

（五）为以后的审计工作提供参考。

第五条 审计工作底稿应当内容完整、记录清晰、结论明确，客观地反映项目审计方案的编制及实施情况，以及与形成审计结论、意见和建议有关的所有重要事项。

第六条 内部审计机构应当建立审计工作底稿的分级复核制度，明确规定各级复核人员的要求和责任。

第三章 审计工作底稿的编制与复核

第七条 审计工作底稿主要包括下列要素：

（一）被审计单位的名称；

（二）审计事项及其期间或者截止日期；

（三）审计程序的执行过程及结果记录；

（四）审计结论、意见及建议；

（五）审计人员姓名和审计日期；

（六）复核人员姓名、复核日期和复核意见；

（七）索引号及页次；

（八）审计标识与其他符号及其说明等。

第八条 对于项目审计方案的编制及调整情况，应当编制审计工作底稿。

第九条 在审计工作底稿中可以使用各种审计标识，但应当注明含义并保持前后一致。

第十条 审计工作底稿中应当注明索引编号和顺序编号。相关审计工作底稿之间如存在钩稽关系，应当予以清晰反映，相互引用时应当交叉注明索引编号。

第十一条 审计工作底稿的复核工作应当由比审计工作底稿编制人员职位更高或者经验更为丰富的人员承担。

第十二条 如果发现审计工作底稿存在问题，复核人员应当在复核意见中加以说明，并要求相关人员补充或者修改审计工作底稿。

第十三条 在审计业务执行过程中，审计项目负责人应当加强对审计工作底稿的现场复核。

第四章 审计工作底稿的归档与保管

第十四条 内部审计人员在审计项目完成后，应当及时对审计工作底稿进行分类整理，按照审计工作底稿相关规定进行归档、保管和使用。

第十五条 审计工作底稿归组织所有，由内部审计机构或者组织内部有关部门具体负责保管。

第十六条 内部审计机构应当建立审计工作底稿保管制度。如果内部审计机构以外的组织或者个人要求查阅审计工作底稿，必须经内部审计机构负责人或者其主管领导批准，但国家有关部门依法进行查阅的除外。

第五章 附 则

第十七条 本准则由中国内部审计协会发布并负责解释。

第十八条 本准则自 2014 年 1 月 1 日起实行。

第 2105 号 内部审计具体准则——结果沟通

第一章 总 则

第一条 为了规范内部审计的结果沟通，保证审计工作质量，根据《内部审计基本准则》，制定本准则。

第二条 本准则所称结果沟通，是指内部审计机构与被审计单位、组织适当管理层就审计概况、审计依据、审计发现、审计结论、审计意见和审计建议进行的讨论和交流。

第三条 本准则适用于各类组织的内部审计机构、内部审计人员及其从事的内部审计活动。

其他组织或者人员接受委托、聘用，承办或者参与内部审计业务，也应当遵守本准则。

第二章　一般原则

第四条　结果沟通的目的，是提高审计结果的客观性、公正性，并取得被审计单位、组织适当管理层的理解和认同。

第五条　内部审计机构应当建立审计结果沟通制度，明确各级人员的责任，进行积极有效的沟通。

第六条　内部审计机构应当与被审计单位、组织适当管理层进行认真、充分的沟通，听取其意见。

第七条　结果沟通一般采取书面或者口头方式。

第八条　内部审计机构应当在审计报告正式提交之前进行审计结果的沟通。

第九条　内部审计机构应当将结果沟通的有关书面材料作为审计工作底稿归档保存。

第三章　结果沟通的内容

第十条　结果沟通主要包括下列内容：

（一）审计概况；

（二）审计依据；

（三）审计发现；

（四）审计结论；

（五）审计意见；

（六）审计建议。

第十一条　如果被审计单位对审计结果有异议，审计项目负责人及相关人员应当进行核实和答复。

第十二条　内部审计机构负责人应当与组织适当管理层就审计过程中发现的重大问题及时进行沟通。

第十三条　内部审计机构与被审计单位进行结果沟通时，应当注意沟通技巧。

第四章　附　则

第十四条　本准则由中国内部审计协会发布并负责解释。

第十五条　本准则自 2014 年 1 月 1 日起施行。

第 2106 号　内部审计具体准则——审计报告

第一章　总　则

第一条　为了规范审计报告的编制、复核和报送，根据《内部审计基本准则》，制定本准则。

第二条　本准则所称审计报告，是指内部审计人员根据审计计划对被审计单位实施必要的审计程序后，就被审计事项作出审计结论，提出审计意见和审计建议的书面文件。

第三条　本准则适用于各类组织的内部审计机构、内部审计人员及其从事的内部审计活动。其他组织或者人员接受委托、聘用，承办或者参与内部审计业务，也应当遵守本准则。

第二章　一般原则

第四条　内部审计人员应当在审计实施结束后，以经过核实的审计证据为依据，形成审计结论、意见和建议，出具审计报告。如有必要，内部审计人员可以在审计过程中提交期中报告，以便及时采取有效的纠正措施改善业务活动、内部控制和风险管理。

第五条 审计报告的编制应当符合下列要求：

（一）实事求是、不偏不倚地反映被审计事项的事实；

（二）要素齐全、格式规范，完整反映审计中发现的重要问题；

（三）逻辑清晰、用词准确、简明扼要、易于理解；

（四）充分考虑审计项目的重要性和风险水平，对于重要事项应当重点说明；

（五）针对被审计单位业务活动、内部控制和风险管理中存在的主要问题或者缺陷提出可行的改进建议，以促进组织实现目标。

第六条 内部审计机构应当建立健全审计报告分级复核制度，明确规定各级复核人员的要求和责任。

第三章　审计报告的内容

第七条 审计报告主要包括下列要素：

（一）标题；

（二）收件人；

（三）正文；

（四）附件；

（五）签章；

（六）报告日期；

（七）其他。

第八条 审计报告的正文主要包括下列内容：

（一）审计概况，包括审计目标、审计范围、审计内容及重点、审计方法、审计程序及审计时间等；

（二）审计依据，即实施审计所依据的相关法律法规、内部审计准则等规定；

（三）审计发现，即对被审计单位的业务活动、内部控制和风险管理实施审计过程中所发现的主要问题的事实；

（四）审计结论，即根据已查明的事实，对被审计单位业务活动、内部控制和风险管理所作的评价；

（五）审计意见，即针对审计发现的主要问题提出的处理意见；

（六）审计建议，即针对审计发现的主要问题，提出的改善业务活动、内部控制和风险管理的建议。

第九条 审计报告的附件应当包括针对审计过程、审计中发现问题所作出的具体说明，以及被审计单位的反馈意见等内容。

第四章　审计报告的编制、复核与报送

第十条 审计组应当在实施必要的审计程序后，及时编制审计报告，并征求被审计对象的意见。

第十一条 被审计单位对审计报告有异议的，审计项目负责人及相关人员应当核实，必要时应当修改审计报告。

第十二条 审计报告经过必要的修改后，应当连同被审计单位的反馈意见及时报送内部审计机构负责人复核。

第十三条 内部审计机构应当将审计报告提交被审计单位和组织适当管理层，并要求被审计单位在规定的期限内落实纠正措施。

第十四条 已经出具的审计报告如果存在重要错误或者遗漏，内部审计机构应当及时更正，并将更正后的审计报告提交给原审计报告接收者。

第十五条 内部审计机构应当将审计报告及时归入审计档案，妥善保存。

第五章 附　　则

第十六条 本准则由中国内部审计协会发布并负责解释。

第十七条 本准则自 2014 年 1 月 1 日起施行。

第 2107 号　内部审计具体准则——后续审计

第一章 总　　则

第一条 为了规范后续审计活动，提高审计效果，根据《内部审计基本准则》，制定本准则。

第二条 本准则所称后续审计，是指内部审计机构为跟踪检查被审计单位针对审计发现的问题所采取的纠正措施及其改进效果，而进行的审查和评价活动。

第三条 本准则适用于各类组织的内部审计机构、内部审计人员及其从事的内部审计活动。其他组织或者人员接受委托、聘用，承办或者参与内部审计业务，也应当遵守本准则。

第二章 一般原则

第四条 对审计中发现的问题采取纠正措施，是被审计单位管理层的责任。评价被审计单位管理层所采取的纠正措施是否及时、合理、有效，是内部审计人员的责任。

第五条 内部审计机构可以在规定期限内，或者与被审计单位约定的期限内实施后续审计。

第六条 内部审计机构负责人可以适时安排后续审计工作，并将其列入年度审计计划。

第七条 内部审计机构负责人如果初步认定被审计单位管理层对审计发现的问题已采取了有效的纠正措施，可以将后续审计作为下次审计工作的一部分。

第八条 当被审计单位基于成本或者其他方面考虑，决定对审计发现的问题不采取纠正措施并做出书面承诺时，内部审计机构负责人应当向组织董事会或者最高管理层报告。

第三章 后续审计程序

第九条 审计项目负责人应当编制后续审计方案，对后续审计作出安排。

第十条 编制后续审计方案时应当考虑下列因素：

（一）审计意见和审计建议的重要性；

（二）纠正措施的复杂性；

（三）落实纠正措施所需要的时间和成本；

（四）纠正措施失败可能产生的影响；

（五）被审计单位的业务安排和时间要求。

第十一条 对于已采取纠正措施的事项，内部审计人员应当判断是否需要深入检查，必要时可以提出应在下次审计中予以关注。

第十二条 内部审计人员应当根据后续审计的实施过程和结果编制后续审计报告。

第四章 附　　则

第十三条 本准则由中国内部审计协会发布并负责解释。

第十四条 本准则自 2014 年 1 月 1 日起施行。

第 2108 号　内部审计具体准则——审计抽样

第一章 总　　则

第一条 为了规范内部审计人员运用审计抽样方法，提高审计质量和效率，根据《内部审计基本准则》，制定本准则。

第二条 本准则所称审计抽样，是指内部审计人员在审计业务实施过程中，从被审查和评价的审计总体中抽取一定数量具有代表性的样本进行测试，以样本审查结果推断总体特征，并作出审计结论的一种审计方法。

第三条 本准则适用于各类组织的内部审计机构、内部审计人员及其从事的内部审计活动。其他组织或者人员接受委托、聘用，承办或者参与内部审计业务，也应当遵守本准则。

第二章 一般原则

第四条 确定抽样总体、选择抽样方法时应当以审计目标为依据，并考虑被审计单位及审计项目的具体情况。

第五条 抽样总体的确定应当遵循相关性、充分性和经济性原则。

相关性是指抽样总体与审计对象及其审计目标相关；充分性是指抽样总体能够在数量上代表审计项目的实际情况；经济性是指抽样总体的确定符合成本效益原则。

第六条 审计抽样方法包括统计抽样和非统计抽样。在审计抽样过程中，可以采用统计抽样方法，也可以采用非统计抽样方法，或者两种方法结合使用。

第七条 选取的样本应当有代表性，具有与审计总体相似的特征。

第八条 内部审计人员在选取样本时，应当对业务活动中存在重大差异或者缺陷的风险以及审计过程中的检查风险进行评估，并充分考虑因抽样引起的抽样风险及其他因素引起的非抽样风险。

第九条 抽样结果的评价应当从定量和定性两个方面进行，并以此为依据合理推断审计总体特征。

第三章 抽样程序和方法

第十条 审计抽样的一般程序包括下列步骤：

（一）根据审计目标及审计对象的特征制定审计抽样方案；

（二）选取样本；

（三）对样本进行审查；

（四）评价抽样结果；

（五）根据抽样结果推断总体特征；

（六）形成审计结论。

第十一条 审计抽样方案包括下列主要内容：

（一）审计总体，是指由审计对象的各个单位组成的整体；

（二）抽样单位，是指从审计总体中抽取并代表总体的各个单位；

（三）样本，是指在抽样过程中从审计总体中抽取的部分单位组成的整体；

（四）误差，是指业务活动、内部控制和风险管理中存在的差异或者缺陷；

（五）可容忍误差，是指内部审计人员可以接受的差异或者缺陷的最大程度；

（六）预计总体误差，是指内部审计人员预先估计的审计总体中存在的差异或者缺陷；

（七）可靠程度，是指预计抽样结果能够代表审计总体质量特征的概率；

（八）抽样风险，是指内部审计人员依据抽样结果得出的结论与总体特征不相符合的可能性；

（九）样本量，是指为了能使内部审计人员对审计总体作出审计结论所抽取样本单位的数量；

（十）其他因素。

第十二条 内部审计人员应当根据审计重要性水平，合理确定预计总体误差、可容忍误差和可靠程度。

第十三条 内部审计人员应当根据审计目标和审计对象的特征，选择确定审计抽样方法。

统计抽样，是指以数理统计方法为基础，按照随机原则从总体中选取样本进行审查，并对总体特征进行推断的审计抽样方法。主要包括发现抽样、连续抽样等属性抽样方法，以及单位均值抽样、差异估计抽样和货币单位抽样等变量抽样方法。

非统计抽样，是指内部审计人员根据自己的专业判断和经验抽取样本进行审查，并对总体特征进行推断的审计抽样方法。

统计抽样和非统计抽样审计方法相互结合使用，可以降低抽样风险。

第十四条 内部审计人员应当根据下列要素确定样本量：

（一）审计总体。审计总体的量越大，所需要的样本量越多；

（二）可容忍误差。可容忍误差越大，所需样本量越少；

（三）预计总体误差。预计总体误差越大，所需样本量越多；

（四）抽样风险。抽样风险越小，所需样本量越多；

（五）可靠程度。可靠程度越大，所需样本量越多。

第十五条 内部审计人员可以运用下列方法选取样本：

（一）随机数表选样法；

（二）系统选样法；

（三）分层选样法；

（四）整群选样法；

（五）任意选样法。

第十六条 内部审计人员在选取样本之后，应当对样本进行审查，获取相关、可靠和充分的审计证据。

第四章　抽样结果的评价

第十七条 内部审计人员应当根据预先确定的误差构成条件，确定存在误差的样本。

第十八条 内部审计人员应当对抽样风险和非抽样风险进行评估，以防止对审计总体作出不恰当的审计结论。

第十九条 抽样风险主要包括两类：

（一）误受风险，是指样本结果表明审计项目不存在重大差异或者缺陷，实际上却存在着重大差异或者缺陷的可能性；

（二）误拒风险，是指样本结果表明审计项目存在重大差异或者缺陷，而实际上并没有存在重大差异或者缺陷的可能性。

第二十条 非抽样风险是由抽样之外的其他因素造成的风险，一般包括下列原因：

（一）审计程序设计及执行不恰当；

（二）抽样过程没有按照规范程序执行；

（三）样本审查结果解释错误；

（四）审计人员业务能力不足；

（五）其他原因。

第二十一条 内部审计人员应当根据样本误差，采用适当的方法，推断审计总体误差。

第二十二条 内部审计人员应当根据抽样结果的评价，确定审计证据是否足以证实某一个审计总体特征。如果推断的总体误差超过可容忍误差，应当增加样本量或者执行替代审计程序。

第二十三条　内部审计人员在上述评价的基础上还应当考虑误差性质、误差产生的原因，以及误差对其他审计项目可能产生的影响等。

第五章　附　则

第二十四条　本准则由中国内部审计协会发布并负责解释。

第二十五条　本准则自 2014 年 1 月 1 日起施行。

第 2109 号　内部审计具体准则——分析程序

第一章　总　则

第一条　为了规范内部审计人员执行分析程序的行为，提高审计质量和效率，根据《内部审计基本准则》，制定本准则。

第二条　本准则所称分析程序，是指内部审计人员通过分析和比较信息之间的关系或者计算相关的比率，以确定合理性，并发现潜在差异和漏洞的一种审计方法。

第三条　本准则适用于各类组织的内部审计机构、内部审计人员及其从事的内部审计活动。其他组织或者人员接受委托、聘用，承办或者参与内部审计业务，也应当遵守本准则。

第二章　一般原则

第四条　内部审计人员应当合理运用职业判断，根据需要在审计过程中执行分析程序。

第五条　内部审计人员执行分析程序，有助于实现下列目标：

（一）确认业务活动信息的合理性；

（二）发现差异；

（三）分析潜在的差异和漏洞；

（四）发现不合法和不合规行为的线索。

第六条　内部审计人员通过执行分析程序，能够获取与下列事项相关的证据：

（一）被审计单位的持续经营能力；

（二）被审计事项的总体合理性；

（三）业务活动、内部控制和风险管理中差异和漏洞的严重程度；

（四）业务活动的经济性、效率性和效果性；

（五）计划、预算的完成情况；

（六）其他事项。

第七条　分析程序所使用的信息按其存在的形式划分，主要包括下列内容：

（一）财务信息和非财务信息；

（二）实物信息和货币信息；

（三）电子数据信息和非电子数据信息；

（四）绝对数信息和相对数信息。

第八条　执行分析程序时，应当考虑信息之间的相关性，以免得出不恰当的审计结论。

第九条　内部审计人员应当保持应有的职业谨慎，在确定对分析程序结果的依赖程度时，需要考虑下列因素：

（一）分析程序的目标；

（二）被审计单位的性质及其业务活动的复杂程度；

（三）已收集信息资料的相关性、可靠性和充分性；

（四）以往审计中对被审计单位内部控制、风险管理的评价结果；

（五）以往审计中发现的差异和漏洞。

第三章　分析程序的执行

第十条　分析程序一般包括下列基本内容：

（一）将当期信息与历史信息相比较，分析其波动情况及发展趋势；

（二）将当期信息与预测、计划或者预算信息相比较，并作差异分析；

（三）将当期信息与内部审计人员预期信息相比较，分析差异；

（四）将被审计单位信息与组织其他部门类似信息相比较，分析差异；

（五）将被审计单位信息与行业相关信息相比较，分析差异；

（六）对财务信息与非财务信息之间的关系、比率的计算与分析；

（七）对重要信息内部组成因素的关系、比率的计算与分析。

第十一条　分析程序主要包括下列具体方法：

（一）比较分析；

（二）比率分析；

（三）结构分析；

（四）趋势分析；

（五）回归分析；

（六）其他技术方法。内部审计人员可以根据审计目标和审计事项单独或者综合运用以上方法。

第十二条　内部审计人员需要在审计计划阶段执行分析程序，以了解被审计事项的基本情况，确定审计重点。

第十三条　内部审计人员需要在审计实施阶段执行分析程序，对业务活动、内部控制和风险管理进行审查，以获取审计证据。

第十四条　内部审计人员需要在审计终结阶段执行分析程序，验证其他审计程序所得结论的合理性，以保证审计质量。

第四章　对分析程序结果的利用

第十五条　内部审计人员应当考虑下列影响分析程序效率和效果的因素：

（一）被审计事项的重要性；

（二）内部控制、风险管理的适当性和有效性；

（三）获取信息的便捷性和可靠性；

（四）分析程序执行人员的专业素质；

（五）分析程序操作的规范性。

第十六条　内部审计人员执行分析程序发现差异时，应当采用下列方法对其进行调查和评价：

（一）询问管理层获取其解释和答复；

（二）实施必要的审计程序，确认管理层解释和答复的合理性与可靠性；

（三）如果管理层没有作出恰当解释，应当扩大审计范围，执行其他审计程序，实施进一步审查，以便得出审计结论。

第五章　附　　则

第十七条　本准则由中国内部审计协会发布并负责解释。

第十八条　本准则自2014年1月1日起施行。

第 2201 号 内部审计具体准则——内部控制审计

第一章 总 则

第一条 为了规范内部审计人员实施内部控制审计的行为，保证内部控制审计质量，根据《内部审计基本准则》，制定本准则。

第二条 本准则所称内部控制审计，是指内部审计机构对组织内部控制设计和运行的有效性进行的审查和评价活动。

第三条 本准则适用于各类组织的内部审计机构、内部审计人员及其从事的内部控制审计活动。其他组织或者人员接受委托、聘用，承办或者参与内部审计业务，也应当遵守本准则。

第二章 一般原则

第四条 董事会及管理层的责任是建立、健全内部控制并使之有效运行。

内部审计的责任是对内部控制设计和运行的有效性进行审查和评价，出具客观、公正的审计报告，促进组织改善内部控制及风险管理。

第五条 内部控制审计应当以风险评估为基础，根据风险发生的可能性和对组织单个或者整体控制目标造成的影响程度，确定审计的范围和重点。

内部审计人员应当关注串通舞弊、滥用职权、环境变化和成本效益等内部控制的局限性。

第六条 内部控制审计应当在对内部控制全面评价的基础上，关注重要业务单位、重大业务事项和高风险领域的内部控制。

第七条 内部控制审计应当真实、客观地揭示经营管理的风险状况，如实反映内部控制设计和运行的情况。

第八条 内部控制审计按其范围划分，分为全面内部控制审计和专项内部控制审计。

全面内部控制审计，是针对组织所有业务活动的内部控制，包括内部环境、风险评估、控制活动、信息与沟通、内部监督五个要素所进行的全面审计。

专项内部控制审计，是针对组织内部控制的某个要素、某项业务活动或者业务活动某些环节的内部控制所进行的审计。

第三章 内部控制审计的内容

第九条 内部审计机构可以参考《企业内部控制基本规范》及配套指引的相关规定，根据组织的实际情况和需要，通过审查内部环境、风险评估、控制活动、信息与沟通、内部监督等要素，对组织层面内部控制的设计与运行情况进行审查和评价。

第十条 内部审计人员开展内部环境要素审计时，应当以《企业内部控制基本规范》和各项应用指引中有关内部环境要素的规定为依据，关注组织架构、发展战略、人力资源、组织文化、社会责任等，结合本组织的内部控制，对内部环境进行审查和评价。

第十一条 内部审计人员开展风险评估要素审计时，应当以《企业内部控制基本规范》有关风险评估的要求，以及各项应用指引中所列主要风险为依据，结合本组织的内部控制，对日常经营管理过程中的风险识别、风险分析、应对策略等进行审查和评价。

第十二条 内部审计人员开展控制活动要素审计时，应当以《企业内部控制基本规范》和各项应用指引中关于控制活动的规定为依据，结合本组织的内部控制，对相关控制活动的设计和运行情况进行审查和评价。

第十三条 内部审计人员开展信息与沟通要素审计时，应当以《企业内部控制基本规范》和各项应用指引中有关内部信息传递、财务报告、信息系统等规定为依据，结合本组织的内部控制，对信息收集处理和传递的及时性、反舞弊机制的健全性、财务报告的真实性、信息系统的安全性，以及利用信息系统实施内部控制的有效性进行审查和评价。

第十四条 内部审计人员开展内部监督要素审计时，应当以《企业内部控制基本规范》有关内部监督的要求，以及各项应用指引中有关日常管控的规定为依据，结合本组织的内部控制，对内部监督机制的有效性进行审查和评价，重点关注监事会、审计委员会、内部审计机构等是否在内部控制设计和运行中有效发挥监督作用。

第十五条 内部审计人员根据管理需求和业务活动的特点，可以针对采购业务、资产管理、销售业务、研究与开发、工程项目、担保业务、业务外包、财务报告、全面预算、合同管理、信息系统等，对业务层面内部控制的设计和运行情况进行审查和评价。

第四章 内部控制审计的具体程序与方法

第十六条 内部控制审计主要包括下列程序：

（一）编制项目审计方案；

（二）组成审计组；

（三）实施现场审查；

（四）认定控制缺陷；

（五）汇总审计结果；

（六）编制审计报告。

第十七条 内部审计人员在实施现场审查之前，可以要求被审计单位提交最近一次的内部控制自我评估报告。

内部审计人员应当结合内部控制自我评估报告，确定审计内容及重点，实施内部控制审计。

第十八条 内部审计机构可以适当吸收组织内部相关机构熟悉情况的业务人员参加内部控制审计。

第十九条 内部审计人员应当综合运用访谈、问卷调查、专题讨论、穿行测试、实地查验、抽样和比较分析等方法，充分收集组织内部控制设计和运行是否有效的证据。

第二十条 内部审计人员编制审计工作底稿应当详细记录实施内部控制审计的内容，包括审查和评价的要素、主要风险点、采取的控制措施、有关证据资料，以及内部控制缺陷认定结果等。

第五章 内部控制缺陷的认定

第二十一条 内部控制缺陷包括设计缺陷和运行缺陷。内部审计人员应当根据内部控制审计结果，结合相关管理层的自我评估，综合分析后提出内部控制缺陷认定意见，按照规定的权限和程序进行审核后予以认定。

第二十二条 内部审计人员应当根据获取的证据，对内部控制缺陷进行初步认定，并按照其性质和影响程度分为重大缺陷、重要缺陷和一般缺陷。

重大缺陷，是指一个或者多个控制缺陷的组合，可能导致组织严重偏离控制目标。重要缺陷，是指一个或者多个控制缺陷的组合，其严重程度和经济后果低于重大缺陷，但仍有可能导致组织偏离控制目标。一般缺陷，是指除重大缺陷、重要缺陷之外的其他缺陷。

重大缺陷、重要缺陷和一般缺陷的认定标准，由内部审计机构根据上述要求，结合本组织具体情况确定。

第二十三条 内部审计人员应当编制内部控制缺陷认定汇总表，对内部控制缺陷及其成因、表现形式和影响程度进行综合分析和全面复核，提出认定意见，并以适当的形式向组织适当管理层报告。对重大缺陷应当及时向组织董事会或者最高管理层报告。

第六章 内部控制审计报告

第二十四条 内部控制审计报告的内容，应当包括审计目标、依据、范围、程序与方法、内部控制缺陷认定及整改情况，以及内部控制设计和运行有效性的审计结论、意见、建议等相关内容。

第二十五条 内部审计机构应当向组织适当管理层报告内部控制审计结果。一般情况下，全面内部控制审计报告应当报送组织董事会或者最高管理层。包含有重大缺陷认定的专项内部控制审计报告在报送组织适当管理层的同时，也应当报送董事会或者最高管理层。

第二十六条 经董事会或者最高管理层批准，内部控制审计报告可以作为《企业内部控制评价指引》中要求的内部控制评价报告对外披露。

第七章 附 则

第二十七条 本准则由中国内部审计协会发布并负责解释。

第二十八条 本准则自 2014 年 1 月 1 日起施行。

第 2202 号 内部审计具体准则——绩效审计

第一章 总 则

第一条 为了规范绩效审计工作，提高绩效审计质量和效率，根据《内部审计基本准则》，制定本准则。

第二条 本准则所称绩效审计，是指内部审计机构和内部审计人员对本组织经营管理活动的经济性、效率性和效果性进行的审查和评价。

经济性，是指组织经营管理过程中获得一定数量和质量的产品或者服务及其他成果时所耗费的资源最少；效率性，是指组织经营管理过程中投入资源与产出成果之间的对比关系；效果性，是指组织经营管理目标的实现程度。

第三条 本准则适用于各类组织的内部审计机构、内部审计人员及其从事的绩效审计活动。其他组织或者人员接受委托、聘用，承办或者参与内部审计业务，也应当遵守本准则。

第二章 一般原则

第四条 内部审计机构应当充分考虑实施绩效审计项目对内部审计人员专业胜任能力的需求，合理配置审计资源。

第五条 组织各管理层根据授权承担相应的经营管理责任，对经营管理活动的经济性、效率性和效果性负责。内部审计机构开展绩效审计不能减轻或者替代管理层的责任。

第六条 内部审计机构和内部审计人员根据实际需要选择和确定绩效审计对象，既可以针对组织的全部或者部分经营管理活动，也可以针对特定项目和业务。

第三章 绩效审计的内容

第七条 根据实际情况和需要，绩效审计可以同时对组织经营管理活动的经济性、效率性和效果性进行审查和评价，也可以只侧重某一方面进行审查和评价。

第八条 绩效审计主要审查和评价下列内容：

（一）有关经营管理活动经济性、效率性和效果性的信息是否真实、可靠；

（二）相关经营管理活动的人、财、物、信息、技术等资源取得、配置和使用的合法性、合理性、恰当性和节约性；

（三）经营管理活动既定目标的适当性、相关性、可行性和实现程度，以及未能实现既定目标的情况及其原因；

（四）研发、财务、采购、生产、销售等主要业务活动的效率；

（五）计划、决策、指挥、控制及协调等主要管理活动的效率；

（六）经营管理活动预期的经济效益和社会效益等的实现情况；

（七）组织为评价、报告和监督特定业务或者项目的经济性、效率性和效果性所建立的内部控制及风险管理体系的健全性及其运行的有效性；

（八）其他有关事项。

第四章 绩效审计的方法

第九条 内部审计机构和内部审计人员应当依据重要性、审计风险和审计成本，选择与审计对象、审计目标及审计评价标准相适应的绩效审计方法，以获取相关、可靠和充分的审计证据。

第十条 选择绩效审计方法时，除运用常规审计方法以外，还可以运用下列方法：

（一）数量分析法，即对经营管理活动相关数据进行计算分析，并运用抽样技术对抽样结果进行评价的方法；

（二）比较分析法，即通过分析、比较数据间的关系、趋势或者比率获取审计证据的方法；

（三）因素分析法，即查找产生影响的因素，并分析各个因素的影响方向和影响程度的方法；

（四）量本利分析法，即分析一定期间内的业务量、成本和利润三者之间变量关系的方法；

（五）专题讨论会，即通过召集组织相关管理人员就经营管理活动特定项目或者业务的具体问题进行讨论的方法；

（六）标杆法，即对经营管理活动状况进行观察和检查，通过与组织内外部相同或者相似经营管理活动的最佳实务进行比较的方法；

（七）调查法，即凭借一定的手段和方式（如访谈、问卷），对某种或者某几种现象、事实进行考察，通过对收集的各种资料进行分析处理，进而得出结论的方法；

（八）成本效益（效果）分析法，即通过分析成本和效益（效果）之间的关系，以每单位效益（效果）所消耗的成本来评价项目效益（效果）的方法；

（九）数据包络分析法，即以相对效率概念为基础，以凸分析和线性规划为工具，应用数学规划模型计算比较决策单元之间的相对效率，对评价对象做出评价的方法；

（十）目标成果法，即根据实际产出成果评价被审计单位或者项目的目标是否实现，将产出成果与事先确定的目标和需求进行对比，确定目标实现程度的方法；

（十一）公众评价法，即通过专家评估、公众问卷及抽样调查等方式，获取具有重要参考价值的证据信息，评价目标实现程度的方法。

第五章 绩效审计的评价标准

第十一条 内部审计机构和内部审计人员应当选择适当的绩效审计评价标准。

绩效审计评价标准应当具有可靠性、客观性和可比性。

第十二条 绩效审计评价标准的来源主要包括：

（一）有关法律法规、方针、政策、规章制度等的规定；

（二）国家部门、行业组织公布的行业指标；

（三）组织制定的目标、计划、预算、定额等；

（四）同类指标的历史数据和国际数据；

（五）同行业的实践标准、经验和做法。

第十三条 内部审计机构和内部审计人员在确定绩效审计评价标准时，应当与组织管理层进行沟通，在双方认可的基础上确定绩效审计评价标准。

第六章 绩效审计报告

第十四条 绩效审计报告应当反映绩效审计评价标准的选择、确定及沟通过程等重要信息，包括必要的局限性分析。

第十五条 绩效审计报告中的绩效评价应当根据审计目标和审计证据作出，可以分为总体评价和分项评价。当审计风险较大，难以做出总体评价时，可以只做分项评价。

第十六条 绩效审计报告中反映的合法、合规性问题，除进行相应的审计处理外，还应当侧重从绩效的角度对问题进行定性，描述问题对绩效造成的影响、后果及严重程度。

第十七条 绩效审计报告应当注重从体制、机制、制度上分析问题产生的根源，兼顾短期目标和长期目标、个体利益和组织整体利益，提出切实可行的建议。

第七章 附 则

第十八条 本准则由中国内部审计协会发布并负责解释。

第十九条 本准则自2014年1月1日起施行。

第2203号 内部审计具体准则——信息系统审计

第一章 总 则

第一条 为了规范信息系统审计工作，提高审计质量和效率，根据《内部审计基本准则》，制定本准则。

第二条 本准则所称信息系统审计，是指内部审计机构和内部审计人员对组织的信息系统及其相关的信息技术内部控制和流程所进行的审查与评价活动。

第三条 本准则适用于各类组织的内部审计机构、内部审计人员及其从事的信息系统审计活动。其他组织或者人员接受委托、聘用，承办或者参与内部审计业务，也应当遵守本准则。

第二章 一般原则

第四条 信息系统审计的目的是通过实施信息系统审计工作，对组织是否实现信息技术管理目标进行审查和评价，并基于评价意见提出管理建议，协助组织信息技术管理人员有效地履行职责。

组织的信息技术管理目标主要包括：

（一）保证组织的信息技术战略充分反映组织的战略目标；

（二）提高组织所依赖的信息系统的可靠性、稳定性、安全性及数据处理的完整性和准确性；

（三）提高信息系统运行的效果与效率，合理保证信息系统的运行符合法律法规以及相关监管要求。

第五条 组织中信息技术管理人员的责任是进行信息系统的开发、运行和维护，以及与信息技术相关的内部控制的设计、执行和监控；信息系统审计人员的责任是实施信息系统审计工作并出具审计报告。

第六条 从事信息系统审计的内部审计人员应当具备必要的信息技术及信息系统审计专业知识、技能和经验。必要时，实施信息系统审计可以利用外部专家服务。

第七条 信息系统审计可以作为独立的审计项目组织实施，也可以作为综合性内部审计项目的组成部分实施。

当信息系统审计作为综合性内部审计项目的一部分时，信息系统审计人员应当及时与其他相关内部审计人员沟通在信息系统审计中的发现，并考虑依据审计结果调整其他相关审计的范围、时间及性质。

第八条 内部审计人员应当采用以风险为基础的审计方法进行信息系统审计，风险评估应当贯穿于信息系统审计的全过程。

第三章 信息系统审计计划

第九条 内部审计人员在实施信息系统审计前，需要确定审计目标并初步评估审计风险，估算完成信息系统审计或者专项审计所需的资源，确定重点审计领域及审计活动的优先次序，明确审计组成员的职责，编制信息系统审计方案。

第十条 编制信息系统审计方案时，除遵循相关内部审计具体准则的规定，还应当考虑下列因素：

（一）高度依赖信息技术、信息系统的关键业务流程及相关的组织战略目标；

（二）信息技术管理的组织架构；

（三）信息系统框架和信息系统的长期发展规划及近期发展计划；

（四）信息系统及其支持的业务流程的变更情况；

（五）信息系统的复杂程度；

（六）以前年度信息系统内、外部审计所发现的问题及后续审计情况；

（七）其他影响信息系统审计的因素。

第十一条 当信息系统审计作为综合性内部审计项目的一部分时，内部审计人员在审计计划阶段还应当考虑项目审计目标及要求。

第四章 信息技术风险评估

第十二条 内部审计人员进行信息系统审计时，应当识别组织所面临的与信息技术相关的内、外部风险，并采用适当的风险评估技术与方法，分析和评价其发生的可能性及影响程度，为确定审计目标、范围和方法提供依据。

第十三条 信息技术风险是指组织在信息处理和信息技术运用过程中产生的、可能影响组织目标实现的各种不确定因素。信息技术风险，包括组织层面的信息技术风险、一般性控制层面的信息技术风险及业务流程层面的信息技术风险等。

第十四条 内部审计人员在识别和评估组织层面、一般性控制层面的信息技术风险时，需要关注下列内容：

（一）业务关注度，即组织的信息技术战略与组织整体发展战略规划的契合度以及信息技术（包括硬件及软件环境）对业务和用户需求的支持度；

（二）信息资产的重要性；

（三）对信息技术的依赖程度；

（四）对信息技术部门人员的依赖程度；

（五）对外部信息技术服务的依赖程度；

（六）信息系统及其运行环境的安全性、可靠性；

（七）信息技术变更；

（八）法律规范环境；

（九）其他。

第十五条 业务流程层面的信息技术风险受行业背景、业务流程的复杂程度、上述组织层面及一般性控制层面的控制有效性等因素的影响而存在差异。一般而言，内部审计人员应当了解业务流程，并关注下列信息技术风险：

（一）数据输入；

（二）数据处理；

（三）数据输出。

第十六条 内部审计人员应当充分考虑风险评估的结果，以合理确定信息系统审计的内容及范围，并对组织的信息技术内部控制设计合理性和运行有效性进行测试。

第五章 信息系统审计的内容

第十七条 信息系统审计主要是对组织层面信息技术控制、信息技术一般性控制及业务流程层面相关应用控制的审查和评价。

第十八条 信息技术内部控制的各个层面均包括人工控制、自动控制和人工、自动相结合的控制形式，内部审计人员应当根据不同的控制形式采取恰当的审计程序。

第十九条 组织层面信息技术控制，是指董事会或者最高管理层对信息技术治理职能及内部控制的重要性的态度、认识和措施。内部审计人员应当考虑下列控制要素中与信息技术相关的内容：

（一）控制环境。内部审计人员应当关注组织的信息技术战略规划对业务战略规划的契合度、信息技术治理制度体系的建设、信息技术部门的组织结构和关系、信息技术治理相关职权与责任的分配、信息技术人力资源管理、对用户的信息技术教育和培训等方面。

（二）风险评估。内部审计人员应当关注组织的风险评估的总体架构中信息技术风险管理的框架、流程和执行情况，信息资产的分类以及信息资产所有者的职责等方面。

（三）信息与沟通。内部审计人员应当关注组织的信息系统架构及其对财务、业务流程的支持度、董事会或者最高管理层的信息沟通模式、信息技术政策/信息安全制度的传达与沟通等方面。

（四）内部监督。内部审计人员应当关注组织的监控管理报告系统、监控反馈、跟踪处理程序以及组织对信息技术内部控制的自我评估机制等方面。

第二十条 信息技术一般性控制是指与网络、操作系统、数据库、应用系统及其相关人员有关的信息技术政策和措施，以确保信息系统持续稳定的运行，支持应用控制的有效性。对信息技术一般性控制的审计应当考虑下列控制活动：

（一）信息安全管理。内部审计人员应当关注组织的信息安全管理政策，物理访问及针对网络、操作系统、数据库、应用系统的身份认证和逻辑访问管理机制，系统设置的职责分离控制等。

（二）系统变更管理。内部审计人员应当关注组织的应用系统及相关系统基础架构的变更、参数设置变更的授权与审批，变更测试，变更移植到生产环境的流程控制等。

（三）系统开发和采购管理。内部审计人员应当关注组织的应用系统及相关系统基础架构的开发和采购的授权审批，系统开发的方法论，开发环境、测试环境、生产环境严格分离情况，系统的测试、审核、移植到生产环境等环节。

（四）系统运行管理。内部审计人员应当关注组织的信息技术资产管理、系统容量管理、系统物理环境控制、系统和数据备份及恢复管理、问题管理和系统的日常运行管理等。

第二十一条 业务流程层面应用控制是指在业务流程层面为了合理保证应用系统准确、完整、及时完成业务数据的生成、记录、处理、报告等功能而设计、执行的信息技术控制。对业务流程层面应用控制的审计应当考虑下列与数据输入、数据处理以及数据输出环节相关的控制活动：

（一）授权与批准；

（二）系统配置控制；

（三）异常情况报告和差错报告；

（四）接口/转换控制；

（五）一致性核对；

（六）职责分离；

（七）系统访问权限；

（八）系统计算；

（九）其他。

第二十二条 信息系统审计除上述常规的审计内容外，内部审计人员还可以根据组织当前面临的特殊风险或者需求，设计专项审计以满足审计战略，具体包括（但不限于）下列领域：

（一）信息系统开发实施项目的专项审计；

（二）信息系统安全专项审计；

（三）信息技术投资专项审计；

（四）业务连续性计划的专项审计；

（五）外包条件下的专项审计；

（六）法律、法规、行业规范要求的内部控制合规性专项审计；

（七）其他专项审计。

第六章　信息系统审计的方法

第二十三条 内部审计人员在进行信息系统审计时，可以单独或者综合运用下列审计方法获取相关、可靠和充分的审计证据，以评估信息系统内部控制的设计合理性和运行有效性：

（一）询问相关控制人员；

（二）观察特定控制的运用；

（三）审阅文件和报告及计算机文档或者日志；

（四）根据信息系统的特性进行穿行测试，追踪交易在信息系统中的处理过程；

（五）验证系统控制和计算逻辑；

（六）登录信息系统进行系统查询；

（七）利用计算机辅助审计工具和技术；

（八）利用其他专业机构的审计结果或者组织对信息技术内部控制的自我评估结果；

（九）其他。

第二十四条 信息系统审计人员可以根据实际需要利用计算机辅助审计工具和技术进行数据的验证、关键系统控制/计算的逻辑验证、审计样本选取等；内部审计人员在充分考虑安全的前提下，可以利用可靠的信息安全侦测工具进行渗透性测试等。

第二十五条 内部审计人员在对信息系统内部控制进行评估时，应当获得相关、可靠和充分的审计证据以支持审计结论完成审计目标，并应当充分考虑系统自动控制的控制效果的一致性及可靠性的特点，在选取审计样本时可以根据情况适当减少样本量。在系统未发生变更的情况下，可以考虑适当降低审计频率。

第二十六条 内部审计人员在审计过程中应当在风险评估的基础上，依据信息系统内部控制评估的结果重新评估审计风险，并根据剩余风险设计进一步的审计程序。

第七章 附 则

第二十七条 本准则由中国内部审计协会发布并负责解释。

第二十八条 本准则自 2014 年 1 月 1 日起施行。

第 2204 号 内部审计具体准则——对舞弊行为进行检查和报告

第一章 总 则

第一条 为了规范内部审计机构和内部审计人员在审计活动中对舞弊行为进行检查和报告，提高审计效率和效果，根据《内部审计基本准则》，制定本准则。

第二条 本准则所称舞弊，是指组织内、外人员采用欺骗等违法违规手段，损害或者谋取组织利益，同时可能为个人带来不正当利益的行为。

第三条 本准则适用于各类组织的内部审计机构、内部审计人员及其从事的内部审计活动。其他组织或者人员接受委托、聘用，承办或者参与内部审计业务，也应当遵守本准则。

第二章 一般原则

第四条 组织管理层对舞弊行为的发生承担责任。建立、健全并有效实施内部控制，预防、发现及纠正舞弊行为是组织管理层的责任。

第五条 内部审计机构和内部审计人员应当保持应有的职业谨慎，在实施的审计活动中关注可能发生的舞弊行为，并对舞弊行为进行检查和报告。

第六条 内部审计机构和内部审计人员在检查和报告舞弊行为时，应当从下列方面保持应有的职业谨慎：

（一）具有识别、检查舞弊的基本知识和技能，在实施审计项目时警惕相关方面可能存在的舞弊风险；

（二）根据被审计事项的重要性、复杂性以及审计成本效益，合理关注和检查可能存在的舞弊行为；

（三）运用适当的审计职业判断，确定审计范围和审计程序，以检查、发现和报告舞弊行为；

（四）发现舞弊迹象时，应当及时向适当管理层报告，提出进一步检查的建议。

第七条 由于内部审计并非专为检查舞弊而进行，即使审计人员以应有的职业谨慎执行了必要的审计程序，也不能保证发现所有的舞弊行为。

第八条 损害组织经济利益的舞弊，是指组织内、外人员为谋取自身利益，采用欺骗等违法违规手段使组织经济利益遭受损害的不正当行为。具体包括下列情形：

（一）收受贿赂或者回扣；

（二）将正常情况下可以使组织获利的交易事项转移给他人；

（三）贪污、挪用、盗窃组织资产；

（四）使组织为虚假的交易事项支付款项；

（五）故意隐瞒、错报交易事项；

（六）泄露组织的商业秘密；

（七）其他损害组织经济利益的舞弊行为。

第九条 谋取组织经济利益的舞弊，是指组织内部人员为使本组织获得不当经济利益而其自身也可能获得相关利益，采用欺骗等违法违规手段，损害国家和其他组织或者个人利益的不正当行为。具体包括下列情形：

（一）支付贿赂或者回扣；

（二）出售不存在或者不真实的资产；

（三）故意错报交易事项、记录虚假的交易事项，使财务报表使用者误解而作出不适当的投融资决策；

（四）隐瞒或者删除应当对外披露的重要信息；

（五）从事违法违规的经营活动；

（六）偷逃税款；

（七）其他谋取组织经济利益的舞弊行为。

第十条 内部审计人员在检查和报告舞弊行为时，应当特别注意做好保密工作。

第三章 评估舞弊发生的可能性

第十一条 内部审计人员在审查和评价业务活动、内部控制和风险管理时，应当从以下方面对舞弊发生的可能性进行评估：

（一）组织目标的可行性；

（二）控制意识和态度的科学性；

（三）员工行为规范的合理性和有效性；

（四）业务活动授权审批制度的有效性；

（五）内部控制和风险管理机制的有效性；

（六）信息系统运行的有效性。

第十二条 内部审计人员除考虑内部控制的固有局限外，还应当考虑下列可能导致舞弊发生的情况：

（一）管理人员品质不佳；

（二）管理人员遭受异常压力；

（三）业务活动中存在异常交易事项；

（四）组织内部个人利益、局部利益和整体利益存在较大冲突。

第十三条 内部审计人员应当根据可能发生的舞弊行为的性质，向组织适当管理层报告，同时就需要实施的舞弊检查提出建议。

第四章 舞弊的检查

第十四条 舞弊的检查是指实施必要的检查程序，以确定舞弊迹象所显示的舞弊行为是否已经发生。

第十五条 内部审计人员进行舞弊检查时，应当根据下列要求进行：

（一）评估舞弊涉及的范围及复杂程度，避免向可能涉及舞弊的人员提供信息或者被其所提供的信息误导；

（二）设计适当的舞弊检查程序，以确定舞弊者、舞弊程度、舞弊手段及舞弊原因；

（三）在舞弊检查过程中，与组织适当管理层、专业舞弊调查人员、法律顾问及其他专家保持必要的沟通；

（四）保持应有的职业谨慎，以避免损害相关组织或者人员的合法权益。

第五章 舞弊的报告

第十六条 舞弊的报告是指内部审计人员以书面或者口头形式向组织适当管理层或者董事会报告舞弊检查情况及结果。

第十七条 在舞弊检查过程中，出现下列情况时，内部审计人员应当及时向组织适当管理层报告：

（一）可以合理确信舞弊已经发生，并需要深入调查；

（二）舞弊行为已经导致对外披露的财务报表严重失实；

（三）发现犯罪线索，并获得了应当移送司法机关处理的证据。

第十八条　内部审计人员完成必要的舞弊检查程序后，应当从舞弊行为的性质和金额两方面考虑其严重程度，并出具相应的审计报告。审计报告的内容主要包括舞弊行为的性质、涉及人员、舞弊手段及原因、检查结论、处理意见、提出的建议及纠正措施。

第六章　附　则

第十九条　本准则由中国内部审计协会发布并负责解释。

第二十条　本准则自 2014 年 1 月 1 日起施行。

第 2205 号　内部审计具体准则——经济责任审计

第一章　总　则

第一条　为了规范经济责任审计工作，提高审计质量和效果，根据《党政主要领导干部和国有企业领导人员经济责任审计规定》《党政主要领导干部和国有企业领导人员经济责任审计规定实施细则》和《内部审计基本准则》，制定本准则。

第二条　本准则所称经济责任，是指领导干部任职期间因其所任职务，依法对所在部门、单位、团体或企业（含金融机构）的财政、财务收支以及有关经济活动应当履行的职责、义务。

第三条　本准则所称经济责任审计，是指内部审计机构对本组织所管理的领导干部经济责任的履行情况进行监督、评价和鉴证的行为。

第四条　本准则适用于各类组织的内部审计机构、内部审计人员所从事的经济责任审计活动。其他单位或者人员接受委托、聘用，承办或者参与经济责任审计业务，也应当遵守本准则。

第二章　一般原则

第五条　经济责任审计的对象包括：党政工作部门、事业单位和人民团体下属独立核算单位的主要领导人员，以及下属非独立核算但负有经济管理职能单位的主要领导人员；企业（含金融机构）下属全资或控股企业的主要领导人员，以及对经营效益产生重大影响或掌握重要资产的部门和机构的主要领导人员等。

第六条　经济责任审计应当有计划地进行，一般由干部管理部门书面委托内部审计机构负责实施。

内部审计机构应当结合干部管理部门提出的年度委托建议，拟订年度经济责任审计计划，报请主管领导批准后，纳入年度审计计划并组织实施。

组织可以结合实际，建立经济责任审计工作联席会议制度，负责经济责任审计的委托和其他重大经济责任事项的审定。

第三章　审计内容

第七条　内部审计机构应当根据被审计领导干部的职责权限和履行经济责任情况，结合其所在组织或者原任职组织的实际情况，确定审计内容。

第八条　经济责任审计的主要内容一般包括：

（一）贯彻执行党和国家有关经济方针政策和决策部署，推动组织可持续发展情况；

（二）组织治理结构的健全和运转情况；

（三）组织发展战略的制定和执行情况及其效果；

（四）遵守有关法律法规和财经纪律情况；

（五）各项管理制度的健全和完善，特别是内部控制制度的制定和执行情况，以及对下属单位的监管情况；

（六）财政、财务收支的真实、合法和效益情况；

（七）有关目标责任制完成情况；

（八）重大经济事项决策程序的执行情况及其效果；

（九）重要项目的投资、建设、管理及效益情况；

（十）资产的管理及保值增值情况；

（十一）本人遵守廉洁从业规定情况；

（十二）对以往审计中发现问题的整改情况；

（十三）其他需要审计的内容。

第四章 审计程序和方法

第九条 经济责任审计可分为准备、实施、终结和后续审计四个阶段。

（一）审计准备阶段主要工作包括：组成审计组、开展审前调查、编制审计方案和下达审计通知书。审计通知书送达被审计领导干部及其所在组织，并抄送有关部门。

（二）审计实施阶段主要工作包括：召开进点会议、收集有关资料、获取审计证据、编制审计工作底稿、与被审计领导干部及其所在组织交换意见。被审计领导干部应当参加审计进点会并做述职。

（三）审计终结阶段主要工作包括：编制审计报告、征求意见、修改与审定审计报告、出具审计报告、建立审计档案。

（四）后续审计阶段主要工作包括：检查审计发现问题的整改情况和审计建议的实施效果。

第十条 内部审计人员应当考虑审计目标、审计重要性、审计风险和审计成本等因素，综合运用审核、观察、监盘、访谈、调查、函证、计算和分析程序等方法，获取相关、可靠和充分的审计证据。

第五章 审计评价

第十一条 内部审计机构应当依据法律法规、国家有关政策以及干部考核评价等规定，结合所在组织的实际情况，根据审计查证或者认定的事实，客观公正、实事求是地进行审计评价。

第十二条 审计评价应当遵循全面性、重要性、客观性、相关性和谨慎性原则。审计评价应当与审计内容相一致，一般包括被审计领导干部任职期间履行经济责任的业绩、主要问题以及应当承担的责任。

第十三条 审计评价可以综合运用多种方法，主要包括：进行纵向和横向的业绩比较分析；运用与被审计领导干部履行经济责任有关的指标量化分析；将被审计领导干部履行经济责任的行为或事项置于相关经济社会环境中进行对比分析等。

内部审计机构应当根据审计内容和审计评价的需要，合理选择和设定定性和定量评价指标。

第十四条 审计评价的依据一般包括：

（一）法律、法规、规章、规范性文件；

（二）国家和行业的有关标准；

（三）组织的内部管理制度、发展战略、规划、目标；

（四）有关领导的职责分工文件，有关会议记录、纪要、决议和决定，有关预算、决算和合同；

（五）有关职能部门、主管部门发布或者认可的统计数据、考核结果和评价意见；

（六）专业机构的意见和公认的业务惯例或者良好实务；

（七）其他依据。

第十五条　对被审计领导干部履行经济责任过程中存在的问题，内部审计机构应当按照权责一致原则，根据领导干部的职责分工，结合相关事项的决策环境、决策程序等实际情况，依法依规进行责任界定。被审计领导干部对审计中发现的问题应当承担的责任包括：直接责任、主管责任和领导责任。

对被审计领导干部应当承担责任的问题或者事项，可以提出责任追究建议。

第十六条　被审计领导干部以外的其他人员对有关问题应当承担的责任，内部审计机构可以以适当方式向干部管理监督部门等提供相关情况。

第六章　审计报告

第十七条　内部审计机构实施经济责任审计项目后，应当出具审计报告。

第十八条　审计组实施审计后，应当将审计报告书面征求被审计领导干部及其所在组织的意见。内部审计机构应当针对收到的书面意见，进一步核实情况，对审计报告作出必要的修改。

被审计领导干部及其所在组织应当自接到审计组的审计报告之日起10日内提出书面意见；10日内未提出书面意见的，视同无异议。

第十九条　经济责任审计报告的内容，主要包括：

（一）基本情况，包括审计依据、实施审计的情况、被审计领导干部所在组织的基本情况、被审计领导干部的任职及分工情况等；

（二）被审计领导干部履行经济责任的主要情况；

（三）审计发现的主要问题和责任认定；

（四）审计评价；

（五）审计处理意见和建议；

（六）其他必要的内容。

对审计中发现的有关重大事项，可以直接报送主管领导或者相关部门，不在审计报告中反映。

第二十条　内部审计机构应当将审计报告报送主管领导；提交委托审计的干部管理部门；抄送被审计领导干部及其所在组织和相关部门。

内部审计机构可以根据实际情况撰写并向委托部门报送经济责任审计结果报告。

第七章　审计结果运用

第二十一条　经济责任审计结果应当作为干部考核、任免和奖惩的重要依据。

内部审计机构应当促进经济责任审计结果的充分运用，推进组织健全经济责任审计情况通报、责任追究、整改落实、结果公告等制度。

第二十二条　内部审计机构发现被审计领导干部及其所在组织违反内部规章制度时，可以建议由组织的权力机构或有关部门对责任单位和责任人员作出处理、处罚决定；发现涉嫌违法违规线索时，应当将线索移送纪检监察部门或司法机关查处并协助其落实、查处与审计项目相关的问题和事项。

第二十三条　内部审计机构应当及时跟踪、了解、核实被审计领导干部及其所在组织对于审计查实问题和审计建议的整改落实情况。必要时，内部审计机构应当开展后续审计，审查和评价被审计领导干部及其所在组织对审计发现的问题所采取的整改情况。

第二十四条 内部审计机构应当将经济责任审计结果和被审计领导干部及其所在组织的整改落实情况，在一定范围内进行公告；对审计发现的典型性、普遍性、倾向性问题和有关建议，以综合报告、专题报告等形式报送主要领导，提交有关部门。

第八章 附 则

第二十五条 本准则由中国内部审计协会发布并负责解释。

第二十六条 本准则自 2016 年 3 月 1 日起施行。

第 2301 号 内部审计具体准则——内部审计机构的管理

第一章 总 则

第一条 为了规范内部审计机构的管理工作，保证审计质量，提高审计效率，根据《内部审计基本准则》，制定本准则。

第二条 本准则所称内部审计机构的管理，是指内部审计机构对内部审计人员和内部审计活动实施的计划、组织、领导、控制和协调工作。

第三条 本准则适用于各类组织的内部审计机构。

第二章 一般原则

第四条 内部审计机构的管理主要包括下列目的：

（一）实现内部审计目标；

（二）促使内部审计资源得到充分和有效的利用；

（三）提高内部审计质量，更好地履行内部审计职责；

（四）促使内部审计活动符合内部审计准则的要求。

第五条 内部审计机构应当接受组织董事会或者最高管理层的领导和监督，内部审计机构负责人应当对内部审计机构管理的适当性和有效性负主要责任。

第六条 内部审计机构应当制定内部审计章程，对内部审计的目标、职责和权限进行规范，并报经董事会或者最高管理层批准。

内部审计章程应当包括下列主要内容：

（一）内部审计目标；

（二）内部审计机构的职责和权限；

（三）内部审计范围；

（四）内部审计标准；

（五）其他需要明确的事项。

第七条 内部审计机构应当建立合理、有效的组织结构，多层级组织的内部审计机构可以实行集中管理或者分级管理。

实行集中管理的内部审计机构可以对下级组织实行内部审计派驻制或者委派制。

实行分级管理的内部审计机构应当通过适当的组织形式和方式对下级内部审计机构进行指导和监督。

第八条 内部审计机构管理的内容主要包括下列方面：

（一）审计计划；

（二）人力资源；

（三）财务预算；

（四）组织协调；

（五）审计质量；

（六）其他事项。

第九条 内部审计机构的管理可以分为部门管理和项目管理。部门管理主要包括内部审计机构运行过程中的一般性行政管理。项目管理主要包括内部审计机构对审计项目业务工作的管理与控制。

第三章 部门管理的内容和方法

第十条 内部审计机构应当根据组织的风险状况、管理需要及审计资源的配置情况，编制年度审计计划。

第十一条 内部审计机构应当根据内部审计目标和管理需要，加强人力资源管理，保证人力资源利用的充分性和有效性，主要包括下列内容：

（一）内部审计人员的聘用；

（二）内部审计人员的培训；

（三）内部审计人员的工作任务安排；

（四）内部审计人员专业胜任能力分析；

（五）内部审计人员的业绩考核与激励机制；

（六）其他有关事项。

第十二条 内部审计机构负责人应当根据年度审计计划和人力资源计划编制财务预算。编制财务预算时应当考虑下列因素：

（一）内部审计人员的数量；

（二）内部审计工作的安排；

（三）内部审计机构的行政管理活动；

（四）内部审计人员的教育及培训要求；

（五）内部审计工作的研究和发展；

（六）其他有关事项。

第十三条 内部审计机构应当根据组织的性质、规模和特点，编制内部审计工作手册，以指导内部审计人员的工作。内部审计工作手册主要包括下列内容：

（一）内部审计机构的目标、权限和职责的说明；

（二）内部审计机构的组织、管理及工作说明；

（三）内部审计机构的岗位设置及岗位职责说明；

（四）主要审计工作流程；

（五）内部审计质量控制制度、程序和方法；

（六）内部审计人员职业道德规范和奖惩措施；

（七）内部审计工作中应当注意的事项。

第十四条 内部审计机构和内部审计人员应当在组织董事会或者最高管理层的支持和监督下，做好与组织其他机构和外部审计的协调工作。

第十五条 内部审计机构应当接受组织董事会或者最高管理层的领导和监督，在日常工作中保持有效的沟通，向其定期提交工作报告，适时提交审计报告。

第十六条 内部审计机构应当制定内部审计质量控制制度，通过实施督导、分级复核、审计质量内部评估、接受审计质量外部评估等，保证审计质量。

第四章 项目管理的内容和方法

第十七条 内部审计机构应当根据年度审计计划确定的审计项目，编制项目审计方案并组织实施，在实施过程中做好审计项目管理与控制工作。

第十八条 在审计项目管理过程中，内部审计机构负责人与项目负责人应当充分履行职责，以确保审计质量，提高审计效率。

第十九条 内部审计机构负责人在项目管理中应当履行下列职责：

（一）选派审计项目负责人并对其进行有效的授权；

（二）审定项目审计方案；

（三）督导审计项目的实施；

（四）协调、沟通审计过程中发现的重大问题；

（五）审定审计报告；

（六）督促被审计单位对审计发现问题的整改；

（七）其他有关事项。

第二十条 审计项目负责人应当履行的职责包括下列方面：

（一）编制项目审计方案；

（二）组织审计项目的实施；

（三）对项目审计工作进行现场督导；

（四）向内部审计机构负责人及时汇报审计进展及重大审计发现；

（五）组织编制审计报告；

（六）组织实施后续审计；

（七）其他有关事项。

第二十一条 内部审计机构可以采取下列辅助管理工具，完善和改进项目管理工作，保证审计项目管理与控制的有效性：

（一）审计工作授权表；

（二）审计任务清单；

（三）审计工作底稿检查表；

（四）审计文书跟踪表；

（五）其他辅助管理工具。

第二十二条 内部审计机构应当建立审计项目档案管理制度，加强审计工作底稿的归档、保管、查询、复制、移交和销毁等环节的管理工作，妥善保存审计档案。

第五章 附 则

第二十三条 本准则由中国内部审计协会发布并负责解释。

第二十四条 本准则自 2014 年 1 月 1 日起施行。

第 2302 号 内部审计具体准则——与董事会或者最高管理层的关系

第一章 总 则

第一条 为了明确和协调内部审计机构与董事会或者最高管理层的关系，保证内部审计的独立性，增强内部审计工作的有效性，根据《内部审计基本准则》，制定本准则。

第二条 本准则所称与董事会或者最高管理层的关系，是指内部审计机构因其隶属于董事会或者最高管理层所形成的接受其领导并向其报告的组织关系。

第三条 本准则适用于各类组织的内部审计机构。

第二章 一般原则

第四条 内部审计机构应当接受董事会或者最高管理层的领导，保持与董事会或最高管理层的良好关系，实现董事会、最高管理层与内部审计在组织治理中的协同作用。

第五条 对内部审计机构有管理权限的董事会或者类似的机构包括：

（一）董事会；

（二）董事会下属的审计委员会；

（三）非营利组织的理事会。

第六条 对内部审计机构有管理权限的最高管理层包括：

（一）总经理；

（二）与总经理级别相当的人员。

第七条 内部审计机构与董事会或者最高管理层的关系主要包括：

（一）接受董事会或者最高管理层的领导；

（二）向董事会或者最高管理层报告工作。

第八条 内部审计机构负责人应当积极寻求董事会或者最高管理层对内部审计工作的理解与支持。

第九条 在设立监事会的组织中，内部审计机构应当在授权范围内配合监事会的工作。

第三章 接受董事会或者最高管理层的领导

第十条 内部审计机构接受董事会或者最高管理层领导的方式主要包括：

（一）报请董事会或者最高管理层批准审计工作事项；

（二）接受并完成董事会或者最高管理层的业务委派。

第十一条 内部审计机构应当向董事会或者最高管理层报请批准的事项主要包括：

（一）内部审计章程；

（二）年度审计计划；

（三）人力资源计划；

（四）财务预算；

（五）内部审计政策的制定及变动。

第十二条 内部审计机构除实施常规审计业务外，还可以接受董事会或者最高管理层委派的下列事项：

（一）进行舞弊检查；

（二）实施专项审计；

（三）开展经济责任审计；

（四）评价社会审计组织的工作质量；

（五）其他。

第四章 向董事会或者最高管理层报告

第十三条 内部审计机构应当与董事会或者最高管理层保持有效的沟通，除向董事会或者最高管理层提交审计报告之外，还应当定期提交工作报告，一般每年至少一次。

第十四条 内部审计机构的工作报告应当概括、清晰地说明内部审计工作的开展以及内部审计资源的使用情况，主要包括下列内容：

（一）年度审计计划的执行情况；

（二）审计项目涉及范围及审计意见的总括说明；

（三）对组织业务活动、内部控制和风险管理的总体评价；

（四）审计中发现的差异和缺陷的汇总及其原因分析；

（五）审计发现的重要问题和建议；

（六）财务预算的执行情况；

（七）人力资源计划的执行情况；

（八）内部审计工作的效率和效果；

（九）董事会或者最高管理层要求或关注的其他内容。

第十五条 内部审计机构提交工作报告时，还应当对年度审计计划、财务预算和人力资源计划执行中出现的重大偏差及原因做出说明，并提出改进措施。

第十六条 内部审计机构应当及时向董事会或者最高管理层提交审计报告，审计报告应当清晰反映审计发现的重要问题、审计结论、意见和建议。

第十七条 日常工作中，内部审计机构还应当与董事会或者最高管理层就下列事项进行交流：

（一）董事会或者最高管理层关注的领域；

（二）内部审计活动满足董事会或者最高管理层信息需求的程度；

（三）内部审计的新趋势和最佳实务；

（四）内部审计与外部审计之间的协调。

第五章 附 则

第十八条 本准则由中国内部审计协会发布并负责解释。

第十九条 本准则自 2014 年 1 月 1 日起施行。

第 2303 号 内部审计具体准则——内部审计与外部审计的协调

第一章 总 则

第一条 为了规范内部审计与外部审计的协调工作，提高审计效率和效果，根据《内部审计基本准则》，制定本准则。

第二条 本准则所称内部审计与外部审计的协调，是指内部审计机构与社会审计组织、国家审计机关在审计工作中的沟通与合作。

第三条 本准则适用于各类组织的内部审计机构。

第二章 一般原则

第四条 内部审计应当做好与外部审计的协调工作，以实现下列目的：

（一）保证充分、适当的审计范围；

（二）减少重复审计，提高审计效率；

（三）共享审计成果，降低审计成本；

（四）持续改进内部审计机构工作。

第五条 内部审计与外部审计的协调工作，应当在组织董事会或者最高管理层的支持和监督下，由内部审计机构负责人具体组织实施。

第六条 内部审计机构负责人应当定期对内外部审计的协调工作进行评估，并根据评估结果及时调整、改进内外部审计协调工作。

第七条 内部审计机构应当在外部审计对本组织开展审计时做好协调工作。

第三章 协调的方法和内容

第八条 内部审计与外部审计之间的协调，可以通过定期会议、不定期会面或者其他沟通方式进行。

第九条　内部审计与外部审计的协调工作包括下列方面：

（一）与外部审计机构和人员的沟通；

（二）配合外部审计工作；

（三）评价外部审计工作质量；

（四）利用外部审计工作成果。

第十条　内部审计与外部审计应当在审计范围上进行协调。在编制年度审计计划和项目审计方案时，应当考虑双方的工作，以确保充分、适当的审计范围，最大限度减少重复性工作。

第十一条　在条件允许的情况下，内部审计与外部审计应当在必要的范围内互相交流相关审计工作底稿，以便利用对方的工作成果。

第十二条　内部审计与外部审计应当相互参阅审计报告。

第十三条　内部审计与外部审计应当在具体审计程序和方法上相互沟通，达成共识，以促进双方的合作。

第四章　附　　则

第十四条　本准则由中国内部审计协会发布并负责解释。

第十五条　本准则自 2014 年 1 月 1 日起施行。

第 2304 号　内部审计具体准则——利用外部专家服务

第一章　总　　则

第一条　为了规范内部审计机构利用外部专家服务的行为，提高审计质量和效率，根据《内部审计基本准则》，制定本准则。

第二条　本准则所称利用外部专家服务，是指内部审计机构聘请在某一领域中具有专门技能、知识和经验的人员或者单位提供专业服务，并在审计活动中利用其工作结果的行为。

第三条　本准则适用于各类组织的内部审计机构。

第二章　一般原则

第四条　内部审计机构可以根据实际需要利用外部专家服务。利用外部专家服务是为了获取相关、可靠和充分的审计证据，保证审计工作的质量。

第五条　外部专家应当对其所选用的假设、方法及其工作结果负责。

第六条　内部审计机构应当对利用外部专家服务结果所形成的审计结论负责。

第七条　内部审计机构和内部审计人员可以在下列方面利用外部专家服务：

（一）特定资产的评估；

（二）工程项目的评估；

（三）产品或者服务质量问题；

（四）信息技术问题；

（五）衍生金融工具问题；

（六）舞弊及安全问题；

（七）法律问题；

（八）风险管理问题；

（九）其他。

第八条　外部专家可以由内部审计机构从组织外部聘请，也可以在组织内部指派。

第三章　对外部专家的聘请

第九条　内部审计机构聘请外部专家时，应当对外部专家的独立性、客观性进行评价，评价时应当考虑下列影响因素：

（一）外部专家与被审计单位之间是否存在重大利益关系；

（二）外部专家与被审计单位董事会、最高管理层是否存在密切的私人关系；

（三）外部专家与审计事项之间是否存在专业相关性；

（四）外部专家是否正在或者即将为组织提供其他服务；

（五）其他可能影响独立性、客观性的因素。

第十条　在聘请外部专家时，内部审计机构应当对外部专家的专业胜任能力进行评价，考虑其专业资格、专业经验与声望等。

第十一条　在利用外部专家服务前，内部审计机构应当与外部专家签订书面协议。书面协议主要包括下列内容：

（一）外部专家服务的目的、范围及相关责任；

（二）外部专家服务结果的预定用途；

（三）在审计报告中可能提及外部专家的情形；

（四）外部专家利用相关资料的范围；

（五）报酬及其支付方式；

（六）对保密性的要求；

（七）违约责任。

第四章　对外部专家服务结果的评价和利用

第十二条　内部审计机构在利用外部专家服务结果作为审计证据时，应当评价其相关性、可靠性和充分性。

第十三条　内部审计机构在评价外部专家服务结果时，应当考虑下列影响因素：

（一）外部专家选用的假设和方法的适当性；

（二）外部专家所用资料的相关性、可靠性和充分性。

第十四条　在利用外部专家服务时，如果有必要，应当在审计报告中提及。

第十五条　内部审计机构对外部专家服务评价后，如果认为其服务的结果无法形成相关、可靠和充分的审计证据，应当通过实施其他替代审计程序补充获取相应的审计证据。

第五章　附　　则

第十六条　本准则由中国内部审计协会发布并负责解释。

第十七条　本准则自 2014 年 1 月 1 日起施行。

第 2305 号　内部审计具体准则——人际关系

第一章　总　　则

第一条　为了规范内部审计人员与组织内、外相关机构和人员建立和保持良好的人际关系，保证内部审计工作顺利而有效地进行，提高审计效率和效果，根据《内部审计基本准则》，制定本准则。

第二条　本准则所称人际关系，是指内部审计人员与组织内外相关机构和人员之间的相互交往与联系。

第三条　本准则适用于各类组织的内部审计机构中的内部审计人员。其他组织或者人员接受委托、聘用，承办或者参与内部审计业务，也应当遵守本准则。

第二章　一般原则

第四条　内部审计人员在从事内部审计活动中，需要与下列机构和人员建立人际关系：

（一）组织适当管理层和相关人员；

（二）被审计单位和相关人员；

（三）组织内部各职能部门和相关人员；

（四）组织外部相关机构和人员；

（五）内部审计机构中的其他成员。

第五条　内部审计人员应当与组织内外相关机构和人员进行必要的沟通，保持良好的人际关系，以实现下列目的：

（一）在内部审计工作中与相关机构和人员建立相互信任的关系，促进彼此的交流与沟通；

（二）在内部审计工作中取得相关机构和人员的理解和配合，及时获得相关、可靠和充分的信息，提高内部审计效率；

（三）保证内部审计意见得到有效落实，实现内部审计目标。

第六条　内部审计人员应当具备建立良好人际关系的意识和能力。

第七条　内部审计人员在人际关系的处理中应当注意保持独立性和客观性。

第八条　内部审计人员应当在遵循有关法律、法规的情况下灵活、妥善地处理人际关系。

第九条　内部审计机构负责人应当定期对内部审计人员的人际关系进行评价，并根据评价结果及时采取措施改进人际关系。

第三章　处理人际关系的方式和方法

第十条　内部审计人员在处理人际关系时，应当主动、及时、有效地进行沟通，以保证信息的快捷传递和充分交流。

第十一条　内部审计人员处理人际关系时采用的沟通类型包括：

（一）人员沟通，即内部审计人员与相关人员之间的沟通。

（二）组织沟通，即内部审计机构在特定组织环境下的沟通，主要包括与上下级部门之间的信息交流，与组织内各平行部门之间的信息交流，信息在非平行、非隶属部门之间的交流。

第十二条　内部审计人员处理人际关系时采用的主要沟通方式有口头沟通和书面沟通两种。口头沟通，即内部审计人员利用口头语言进行信息交流。书面沟通，即内部审计人员利用书面语言进行信息交流。

第十三条　内部审计人员人际关系冲突的原因主要包括：

（一）缺乏必要、及时的信息沟通；

（二）对同一事物的认识存在分歧，导致不同的评价；

（三）各自的价值观、利益观不一致；

（四）职业道德信念的差异。

第十四条　内部审计人员应当及时、妥善地化解人际冲突，可以采取的方法主要包括：

（一）暂时回避，寻找适当的时机再进行协调；

（二）说服、劝导；

（三）适当的妥协；

（四）互相协作；

（五）向适当管理层报告，寻求协调；

（六）其他。

第十五条 内部审计人员应当积极、主动地与对内部审计工作负有领导责任的组织适当管理层进行沟通，可以采取的沟通途径主要包括：

（一）与组织适当管理层就审计计划进行沟通，以达成共识；

（二）咨询组织适当管理层，了解内部控制环境；

（三）根据审计发现的问题和作出的审计结论，及时向组织适当管理层提出审计意见和建议；

（四）出具书面审计报告之前，利用各种沟通方式征求组织适当管理层对审计结论、意见和建议的意见。

第十六条 内部审计人员应当与被审计单位建立并保持良好的人际关系，可以采取下列沟通途径获得被审计单位的理解、配合和支持：

（一）在了解被审计单位基本情况时，应当进行及时、有效的沟通和协调；

（二）通过询问、会谈、会议、问卷调查等沟通方式，了解被审计单位业务活动、内部控制和风险管理的情况；

（三）通过口头方式或者其他非正式方式，与被审计单位交流审计中发现的问题；

（四）在审计报告提交之前，以书面方式与被审计单位进行结果沟通。

第十七条 内部审计人员应当与组织内其他职能部门建立并保持良好的人际关系，确保在下列方面得到支持与配合：

（一）了解组织及相关职能部门的情况；

（二）寻求审计中发现问题的解决方法；

（三）落实审计结论、意见和建议；

（四）有效利用审计成果；

（五）其他。

第十八条 内部审计人员应当与组织外部相关机构和人员之间建立并保持良好的人际关系，以获得更多的认同、支持及协助。

第十九条 内部审计人员应当重视内部审计机构成员间的人际关系，相互协作，相互包容。

第四章 附 则

第二十条 本准则由中国内部审计协会发布并负责解释。

第二十一条 本准则自 2014 年 1 月 1 日起施行。

第 2306 号 内部审计具体准则——内部审计质量控制

第一章 总 则

第一条 为了规范内部审计质量控制工作，保证内部审计质量，根据《内部审计基本准则》，制定本准则。

第二条 本准则所称内部审计质量控制，是指内部审计机构为保证其审计质量符合内部审计准则的要求而制定和执行的制度、程序和方法。

第三条 本准则适用于各类组织的内部审计机构和内部审计人员。

第二章 一般原则

第四条 内部审计机构负责人对制定并实施系统、有效的质量控制制度与程序负主要责任。

第五条 内部审计质量控制主要包括下列目标：

（一）保证内部审计活动遵循内部审计准则和本组织内部审计工作手册的要求；

（二）保证内部审计活动的效率和效果达到既定要求；

（三）保证内部审计活动能够增加组织的价值，促进组织实现目标。

第六条 内部审计质量控制分为内部审计机构质量控制和内部审计项目质量控制。

第七条 内部审计机构负责人和审计项目负责人通过督导、分级复核、质量评估等方式对内部审计质量进行控制。

第三章 内部审计机构质量控制

第八条 内部审计机构负责人对内部审计机构质量负责。

第九条 内部审计机构质量控制需要考虑下列因素：

（一）内部审计机构的组织形式及授权状况；

（二）内部审计人员的素质与专业结构；

（三）内部审计业务的范围与特点；

（四）成本效益原则的要求；

（五）其他。

第十条 内部审计机构质量控制主要包括下列措施：

（一）确保内部审计人员遵守职业道德规范；

（二）保持并不断提升内部审计人员的专业胜任能力；

（三）依据内部审计准则制定内部审计工作手册；

（四）编制年度审计计划及项目审计方案；

（五）合理配置内部审计资源；

（六）建立审计项目督导和复核机制；

（七）开展审计质量评估；

（八）评估审计报告的使用效果；

（九）对审计质量进行考核与评价。

第四章 内部审计项目质量控制

第十一条 内部审计项目负责人对审计项目质量负责。

第十二条 内部审计项目质量控制应当考虑下列因素：

（一）审计项目的性质及复杂程度；

（二）参与项目审计的内部审计人员的专业胜任能力；

（三）其他。

第十三条 内部审计项目质量控制主要包括下列措施：

（一）指导内部审计人员执行项目审计方案；

（二）监督审计实施过程；

（三）检查已实施的审计工作。

第十四条 内部审计项目负责人在指导内部审计人员开展项目审计时，应当告知项目组成员下列事项：

（一）项目组成员各自的责任；

（二）被审计项目或者业务的性质；

（三）与风险相关的事项；

（四）可能出现的问题；

（五）其他。

第十五条 内部审计项目负责人监督内部审计实施过程时，应当履行下列职责：

（一）追踪业务的过程；

（二）解决审计过程中出现的重大问题，根据需要修改原项目审计方案；

（三）识别在审计过程中需要咨询的事项；

（四）其他。

第十六条 内部审计项目负责人在检查已实施的审计工作时，应当关注下列内容：

（一）审计工作是否已按照审计准则和职业道德规范的规定执行；

（二）审计证据是否相关、可靠和充分；

（三）审计工作是否实现了审计目标。

第五章 附 则

第十七条 本准则由中国内部审计协会发布并负责解释。

第十八条 本准则自 2014 年 1 月 1 日起施行。

第 2307 号 内部审计具体准则——评价外部审计工作质量

第一章 总 则

第一条 为规范内部审计机构对外部审计工作质量的评价工作，有效利用外部审计成果，提高内部审计效率和效果，根据《内部审计基本准则》，制定本准则。

第二条 本准则所称评价外部审计工作质量，是指由内部审计机构对外部审计工作过程及结果的质量所进行的评价活动。

第三条 本准则适用于各类组织的内部审计机构。

第二章 一般原则

第四条 内部审计机构应当根据适当的标准对外部审计工作质量进行客观评价，合理利用外部审计成果。

第五条 评价外部审计工作质量，可以按照评价准备、评价实施和评价报告三个阶段进行。

第六条 内部审计机构应当挑选具有足够专业胜任能力的人员对外部审计工作质量进行评价。

第三章 评价准备

第七条 在评价外部审计工作质量之前，内部审计机构应当考虑下列因素：

（一）评价活动的必要性；

（二）评价活动的可行性；

（三）评价活动预期结果的有效性。

第八条 在决定对外部审计工作质量进行评价后，内部审计机构应当编制适当的评价方案。评价方案应当包括下列主要内容：

（一）评价目的；

（二）评价的主要内容与步骤；

（三）评价的依据；

（四）评价工作的主要方法；

（五）评价工作的时间安排；

（六）评价人员的分工。

第九条　内部审计机构应当取得反映外部审计工作质量的审计报告及其他相关资料。

第十条　内部审计机构应当详细了解外部审计所采用的审计依据、实施的审计过程及其在审计过程中与组织之间进行协调的情况。

第十一条　如有必要，内部审计机构可以与外部审计机构就评价事项进行适当的沟通。

第四章　评价实施

第十二条　内部审计机构在评价外部审计工作质量时，应当重点关注下列内容：

（一）外部审计机构和人员的独立性与客观性；

（二）外部审计人员的专业胜任能力；

（三）外部审计人员的职业谨慎性；

（四）外部审计机构的信誉；

（五）外部审计所采用审计程序及方法的适当性；

（六）外部审计所采用审计依据的有效性；

（七）外部审计所获取审计证据的相关性、可靠性和充分性。

第十三条　内部审计机构在评价外部审计工作质量时，应当充分考虑其与内部审计活动的差异。

第十四条　内部审计机构在评价外部审计工作质量时，可以采用审核、观察、询问等常用方法，以及与有关方面进行沟通、协调的方法。

第十五条　内部审计机构应当将评价工作过程及结果记录于审计工作底稿中。

第五章　评价报告

第十六条　内部审计机构做出外部审计工作质量评价结论之前，应当征求组织内部有关部门和人员的意见。必要时，内部审计人员也可以就评价结论与被评价的外部审计机构进行沟通。

第十七条　内部审计机构完成外部审计工作质量评价之后，应当编制评价报告。评价报告一般包括下列要素：

（一）评价报告的名称；

（二）被评价外部审计机构的名称；

（三）评价目的；

（四）评价的主要内容及方法；

（五）评价结果；

（六）评价报告编制人员及编制时间。

第六章　附　　则

第十八条　本准则由中国内部审计协会发布并负责解释。

第十九条　本准则自 2014 年 1 月 1 日起施行。

第 2308 号　内部审计具体准则——审计档案工作

第一章　总　　则

第一条　为了规范审计档案工作，提高审计档案质量，发挥审计档案作用，根据《中华人民共和国档案法》和《内部审计基本准则》，制定本准则。

第二条　本准则所称审计档案，是指内部审计机构和内部审计人员在审计项目实施过程中形成的、具有保存价值的历史记录。

第三条　本准则所称审计档案工作，是指内部审计机构对应纳入审计档案的材料（以下简称审计档案材料）进行收集、整理、立卷、移交、保管和利用的活动。

第四条　本准则适用于各类组织的内部审计机构、内部审计人员及其从事的内部审计活动。其他单位或人员接受委托、聘用，承办或者参与内部审计项目，形成的审计档案材料应当交回组织，并遵守本准则。

第二章　一般原则

第五条　内部审计人员在审计项目实施结束后，应当及时收集审计档案材料，按照立卷原则和方法进行归类整理、编目装订、组合成卷和定期归档。

第六条　内部审计人员立卷时，应当遵循按性质分类、按单元排列、按项目组卷原则。

第七条　内部审计人员应当坚持谁审计、谁立卷的原则，做到审结卷成、定期归档。

第八条　内部审计人员应当按审计项目立卷，不同审计项目不得合并立卷。跨年度的审计项目，在审计终结的年度立卷。

第九条　审计档案质量的基本要求是：审计档案材料应当真实、完整、有效、规范，并做到遵循档案材料的形成规律和特点，保持档案材料之间的有机联系，区别档案材料的重要程度，便于保管和利用。

第十条　内部审计机构应当建立审计档案工作管理制度，明确规定审计档案管理人员的要求和责任。

第十一条　内部审计项目负责人应当对审计档案的质量负主要责任。

第三章　审计档案的范围与排列

第十二条　内部审计人员应当及时收集在审计项目实施过程中直接形成的文件材料和与审计项目有关的其他审计档案材料。

第十三条　内部审计人员应当根据审计档案材料的保存价值和相互之间的关联度，以审计报告相关内容的需要为标准，整理鉴别和选用需要立卷的审计档案材料，并归集形成审计档案。

第十四条　审计档案材料主要包括以下几类：

（一）立项类材料：审计委托书、审计通知书、审前调查记录、项目审计方案等；

（二）证明类材料：审计承诺书、审计工作底稿及相应的审计取证单、审计证据等；

（三）结论类材料：审计报告、审计报告征求意见单、被审计对象的反馈意见等；

（四）备查类材料：审计项目回访单、被审计对象整改反馈意见、与审计项目联系紧密且不属于前三类的其他材料等。

第十五条　审计档案材料应当按下列四个单元排列：

（一）结论类材料，按递审程序、结合其重要程度予以排列；

（二）证明类材料，按与项目审计方案所列审计事项对应的顺序、结合其重要程度予以排列；

（三）立项类材料，按形成的时间顺序、结合其重要程度予以排列；

（四）备查类材料，按形成的时间顺序、结合其重要程度予以排列。

第十六条　审计档案内每组材料之间的排列要求：

（一）正件在前，附件在后；

（二）定稿在前，修改稿在后；

（三）批复在前，请示在后；

（四）批示在前，报告在后；

（五）重要文件在前，次要文件在后；

（六）汇总性文件在前，原始性文件在后。

第四章 纸质审计档案的编目、装订与移交

第十七条 纸质审计档案主要包括下列要素:

(一)案卷封面;

(二)卷内材料目录;

(三)卷内材料;

(四)案卷备考表。

第十八条 案卷封面应当采用硬卷皮封装。

第十九条 卷内材料目录应当按卷内材料的排列顺序和内容编制。

第二十条 卷内材料应当逐页注明顺序编号。

第二十一条 案卷备考表应当填写立卷人、项目负责人、检查人、立卷时间以及情况说明。

第二十二条 纸质审计档案的装订应当符合下列要求:

(一)拆除卷内材料上的金属物;

(二)破损和褪色的材料应当修补或复制;

(三)卷内材料装订部分过窄或有文字的,用纸加宽装订;

(四)卷内材料字迹难以辨认的,应附抄件加以说明;

(五)卷内材料一般不超过 200 页装订。

第二十三条 内部审计人员(立卷人)应当将获取的电子证据的名称、来源、内容、时间等完整、清晰地记录于纸质材料中,其证物装入卷内或物品袋内附卷保存。

第二十四条 内部审计人员(立卷人)完成归类整理,经项目负责人审核、档案管理人员检查后,按规定进行编目和归档,向组织内部档案管理部门(以下简称档案管理部门)办理移交手续。

第五章 电子审计档案的建立、移交与接收

第二十五条 内部审计机构在条件允许的情况下,可以为审计项目建立电子审计档案。

第二十六条 内部审计机构应当确保电子审计档案的真实、完整、可用和安全。

第二十七条 电子审计档案应当采用符合国家标准的文件存储格式,确保能够长期有效读取。主要包括以下内容:

(一)用文字处理技术形成的文字型电子文件;

(二)用扫描仪、数码相机等设备获得的图像电子文件;

(三)用视频或多媒体设备获得的多媒体电子文件;

(四)用音频设备获得的声音电子文件;

(五)其他电子文件。

第二十八条 内部审计机构在审计项目完成后,应当以审计项目为单位,按照归档要求,向档案管理部门办理电子审计档案的移交手续,并符合以下基本要求:

(一)元数据应当与电子审计档案一起移交,一般采用基于 XML 的封装方式组织档案数据;

(二)电子审计档案的文件有相应纸质、缩微制品等载体的,应当在元数据中著录相关信息;

(三)采用技术手段加密的电子审计档案应当解密后移交,压缩的电子审计档案应当解压缩后移交;特殊格式的电子审计档案应当与其读取平台一起移交;

(四)内部审计机构应当将已移交的电子审计档案在本部门至少保存 5 年,其中的涉密信息必须符合保密存储要求。

第二十九条 电子审计档案移交的主要流程包括:组织和迁移转换电子审计档案数据、检

验电子审计档案数据和移交电子审计档案数据等步骤。

第三十条 电子审计档案的移交可采用离线或在线方式进行。离线方式是指内部审计机构一般采用光盘移交电子审计档案；在线方式是指内部审计机构通过与管理要求相适应的网络传输电子审计档案。

第三十一条 档案管理部门可以建立电子审计档案接收平台，进行电子审计档案数据的接收、检验、迁移、转换、存储等工作。

第三十二条 电子审计档案检验合格后办理交接手续，由交接双方签字；也可采用电子形式并以电子签名方式予以确认。

第六章 审计档案的保管和利用

第三十三条 审计档案应当归组织所有，一般情况下，由档案管理部门负责保管，档案管理部门应当安排对审计档案业务熟悉的人员对接收的纸质和电子审计档案进行必要的检查。

第三十四条 归档与纸质文件相同的电子文件时，应当在彼此之间建立准确、可靠的标识关系，并注明含义、保持一致。

第三十五条 内部审计机构和档案管理部门应当按照国家法律法规和组织内部管理规定，结合自身实际需要合理确定审计档案的保管期限。

第三十六条 审计档案的密级和保密期限应当根据审计工作保密事项范围和有关部门保密事项范围合理确定。

第三十七条 内部审计机构和档案管理部门应当定期开展保管期满审计档案的鉴定工作，对不具有保存价值的审计档案进行登记造册，经双方负责人签字，并报组织负责人批准后，予以销毁。

第三十八条 内部审计机构应当建立健全审计档案利用制度。借阅审计档案，一般限定在内部审计机构内部。

内部审计机构以外或组织以外的单位查阅或者要求出具审计档案证明的，必须经内部审计机构负责人或者组织的主管领导批准，国家有关部门依法进行查阅的除外。

第三十九条 损毁、丢失、涂改、伪造、出卖、转卖、擅自提供审计档案的，由组织依照有关规定追究相关人员的责任；构成犯罪的，移送司法机关依法追究刑事责任。

第七章 附 则

第四十条 本准则由中国内部审计协会发布并负责解释。

第四十一条 本准则自 2016 年 3 月 1 日起施行。

关于修订《中国内部审计准则》的说明

为了促进内部审计的规范化和职业化建设，提高审计质量，防范审计风险，推动内部审计事业健康发展，中国内部审计协会对 2003 年以来发布的内部审计准则进行了修订。现将修订情况说明如下：

一、关于准则修订的必要性

中国内部审计协会于 2003 年发布了首批内部审计准则，包括《内部审计基本准则》《内部审计人员职业道德规范》以及 10 个内部审计具体准则。此后又陆续发布了五批共 19 个内部审计具体准则和 5 个实务指南，形成了由内部审计基本准则、内部审计人员职业道德规范、内部审计具体准则和内部审计实务指南构成的较为完善的内部审计准则体系。内部审计准则的发布和实施有力地促进了我国内部审计工作的规范化建设。实践证明，这些准则是符合一定历史条件下内部审计工作发展要求的，也是被广大内部审计机构和内部审计人员接受和认可的，至今仍有很强的指导意义。

近年来，我国社会经济形势发生了深刻变化，内部审计工作也得到了深入发展。据不完全统计，截至 2012 年，全国已有 5 万多个内部审计机构，专兼职内部审计人员近 20 万人。随着经济社会的发展，各类组织对内部审计的重视程度日益提高，内部审计在理念、目标、职能和内容等方面发生了很大变化，内部审计面临着新的发展机遇和挑战，对内部审计准则也提出了新的更高的要求。一是内部审计理念发生了重大变化。国际内部审计师协会（IIA）根据内部审计实务的最新发展变化，多次对内部审计实务框架的结构和内容进行更新和调整，最近的两次调整分别是在 2010 年和 2012 年。这些修订和完善充分反映内部审计发展的最新理念，如更加重视内部审计在促进组织改善治理、风险管理和内部控制中发挥作用，以及重视内部审计的价值增值功能等。随着我国内部审计的转型和发展，内部审计的理念、目标和定位也逐渐由"查错纠弊"向防范风险和增加价值方向转变。二是广大内部审计机构和内部审计人员在审计实践中，不断创新审计方式方法，拓展审计领域，积累了许多宝贵经验，需要加以总结并通过准则予以规定。三是近年来，审计机关、监管部门以及相关部门出台了一系列与内部审计相关的制度规范，对内部审计工作作出了更详细的规定，提出了更高的要求。而原有准则中的一些规定已不能适应新形势下内部审计工作的发展要求。四是受制定时我国内部审计发展水平及认识水平的限制，原准则体系存在着逻辑性和系统性的不足，如准则之间缺乏内在的逻辑关系，有些准则间部分内容存在交叉重复。基于以上原因需要对内部审计准则加以修订，以进一步提高准则的科学性、适用性和先进性。

二、关于准则修订的主要原则

此次内部审计准则修订的主要原则为：一是保持现有准则体系的连续性和稳定性。保留被内部审计实践证明比较成熟的规定，在传承、发展的基础上，对内容做进一步调整、完善和优化。二是增强准则体系的逻辑性和系统性。通过对具体准则的分类以及对准则体系的重新编码，达到进一步完善与优化准则体系结构的目的。三是突出准则的适用性和前瞻性。在总结近年来内部审计实践的基础上，适当参考我国国家审计准则和注册会计师执业准则的有益内容，使修订后的准则符合内部审计理论与实务发展的需要，突出其适用性。同时充分吸收国际内部审计准则的最新成果，借鉴其先进内容，努力与国际惯例相衔接，突出其前瞻性，以更好地指导我国内部审计实践。

三、关于准则修订的过程

（一）确定准则修订方案

2012 年 2 月，中国内部审计协会第六届理事会准则委员会召开会议研究准则修订方案，指定时现、范经华两位准则委员分别提出侧重点和落脚点不同的准则修订方案。协会准则与学术部在充分征求全体准则委员意见的基础上，拟订了初步的准则修订方案并提交准则委员会讨论。2012 年 5 月，准则委员会召开会议，研究确定了修订方案的具体内容和修订工作的总体目标和时间安排，并对准则修订任务进行了分工。由刘济平承担《内部审计基本准则》的修订任务，安广实承担《内部审计人员职业道德规范》的修订任务，冯均科承担《内部审计质量控制》准则的修订任务，黄晓东和毕秀玲共同承担《重要性与审计风险》准则的修订任务，尹维劼承担《内部控制审计》准则的修订任务，时现承担《绩效审计》准则的修订任务。

（二）起草准则修订稿初稿

按照准则修订方案和任务分工，2012 年 6~7 月，各位委员按照修订方案分别起草或修改相关准则，并及时提交了初稿。在此基础上，准则与学术部对准则体系结构、内容进一步梳理和修改，于 8 月形成准则修订稿初稿，并向准则委员征求意见。

（三）准则讨论修改阶段

2012 年 8 月，准则委员会召开会议对准则修订稿初稿进行讨论，解决修订过程中遇到的问题，进一步明确了修订思路，并根据情况对修订方案做出适当调整。执笔委员根据会议意见，对准则初稿进行了修改和完善。准则与学术部向部分准则委员征求了对修改稿的意见，并及时向执笔委员反馈。同时，准则与学术部于 2012 年 10～11 月，对准则体系结构、内容再次进行了调整，经准则委员会审核后于 2013 年 1 月形成了准则征求意见稿。

（四）面向社会征求意见阶段

2013 年 4 月，中国内部审计协会网站公布了准则征求意见稿，面向社会广泛征求意见。准则与学术部根据反馈意见进行了修改和补充。

（五）准则修订稿审定阶段

2013 年 5～6 月，准则与学术部将准则修订稿提交准则委员会主任委员、副主任委员及协会主要领导审阅，并根据上述领导的意见进行修改完善。

（六）提交常务理事会审议阶段

2013 年 7～8 月，准则修订稿提交协会常务理事会书面审议，并获得了一致通过。对部分常务理事提出的意见，协会也再次进行了认真讨论和相应修改，经协会领导最终审定后正式印发。

四、关于准则体系框架结构的调整

（一）具体准则分类及准则体系编码

此次修订将内部审计具体准则分为作业类、业务类和管理类三大类。作业类准则涵盖了内部审计程序和技术方法方面的准则，具体包括审计计划、审计通知书、审计证据、审计工作底稿、结果沟通、审计报告、后续审计、审计抽样、分析程序 9 个具体准则；业务类准则包括内部控制审计、绩效审计、信息系统审计、对舞弊行为进行检查与报告 4 个具体准则；管理类准则包括内部审计机构的管理、与董事会或者最高管理层的关系、内部审计与外部审计的协调、利用外部专家服务、人际关系、内部审计质量控制、评价外部审计工作质量 7 个具体准则。

在分类的基础上，对准则体系采用四位数编码进行编号。四位数中，千位数代表准则的层次，百位数代表准则在某一层次中的类别，十位数和个位数代表某具体准则在该类中的排序。新的编号方式借鉴国际内部审计准则的经验，体现准则体系的系统性和准则之间的逻辑关系，为准则未来发展预留了空间。

内部审计基本准则和内部审计人员职业道德规范作为准则体系的第一层次，编码为 1000。其中内部审计基本准则为第 1101 号，内部审计人员职业道德规范为第 1201 号。

具体准则作为准则体系的第二层次，编码为 2000。其中，内部审计作业类编号为 2100，属于这一类别的 9 个具体准则编码分别为第 2101 号至第 2109 号；内部审计业务类编号为 2200，属于这一类别的 4 个具体准则编码分别为第 2201 号至第 2204 号；内部审计管理类编号为 2300，属于这一类别的 7 个具体准则编码分别为第 2301 号至第 2307 号。以第 2305 号内部审计具体准则——人际关系为例，千位数 2 代表该准则为准则体系中的具体准则，百位数 3 代表该准则为具体准则中的管理类准则，个位数 5 代表该准则在管理类准则中的排序。

实务指南作为准则体系的第三层次，编码为 3000。第 3101 号为审计报告指南，第 3201 号至第 3204 号分别为建设项目审计指南、物资采购审计指南、高校内部审计指南和企业内部经济责任审计指南。以第 3202 号内部审计实务指南——物资采购审计为例，千位数 3 代表第三层次实务指南，百位数 2 代表与具体准则的业务类准则相对应，个位数 2 代表在此类指南中的排序。

（二）内部审计准则结构的调整

针对现有具体准则中存在的内容交叉、重复，个别准则不适应内部审计最新发展等问题，此次修订对准则体系结构进行了调整，对部分准则的内容进行了整合，并根据实际情况取消了部分准则。修订后的内部审计准则体系由内部审计基本准则、内部审计人员职业道德规范、20个具体准则、5个实务指南构成。具体包括：

1. 将原第 12 号、第 16 号、第 21 号具体准则与原第 5 号具体准则合并修订为第 2201 号内部审计具体准则——内部控制审计。

原第 5 号准则《内部控制审计》规范了内部控制的定义、要素、内部控制审计的目标、内容、方法等，属于对内部控制审计的总纲式规定；原第 12 号准则《遵循性审计》具体规范内部控制目标中关于遵守国家有关法律法规和组织内部标准的内容；原第 16 号准则《风险管理审计》具体规范内部控制中风险评估要素的审查和评价；原第 21 号准则《内部审计的控制自我评估法》规范了控制自我评估这一具体方法，以及内部审计人员如何运用该方法协助管理层对内部控制进行评估。遵循性审计、风险管理审计、内部审计的控制自我评估法三个准则从内容或逻辑上都应当属于内部控制审计的组成部分，因此，此次修订将原分属四个准则的内容进行了整合和补充，并充分借鉴《企业内部控制基本规范》及配套指引的相关内容，制定了《内部控制审计准则》。

2. 将原第 25 号、第 26 号、第 27 号具体准则合并修订为第 2202 号内部审计具体准则——绩效审计。按照经济性、效率性和效果性三个方面分别制定具体准则是我国准则制定工作的有益探索。然而，由于经济性、效率性和效果性均为绩效审计的目标，实践中往往需要对某一事项或项目的经济性、效率性和效果性同时做出评价，因而原准则存在内容重复、实践中不好操作等弊端。因此，此次修订将原来的三个具体准则进行了合并，修订为《绩效审计准则》。

3. 将原第 9 号、第 19 号具体准则合并修订为第 2306 号内部审计具体准则——内部审计质量控制。原第 9 号具体准则《内部审计督导》中将督导定义为通过内部审计机构负责人和审计项目负责人对实施审计工作的审计人员所进行的监督和指导，其目的是保证内部审计质量。而原第 19 号准则《内部审计质量控制》中规定的项目质量控制，主要是指审计项目负责人指导内部审计人员执行审计计划、监督内部审计过程、复核审计工作底稿及审计报告。从内容上看，内部审计质量控制涵盖了内部审计督导，因此，此次修订调整了原第 19 号准则《内部审计质量控制》的结构，与原第 9 号准则《内部审计督导》的相关内容进行整合，并做进一步修改和完善。

4. 不再保留原第 17 号具体准则——重要性和审计风险。与国际内部审计准则的有关内容相比，制定《重要性与审计风险》准则是我国内部审计准则体系的尝试和创新。但是，随着内部审计逐步从财务审计发展到更加关注内部控制、风险管理的阶段，原来侧重于财务报表审计的重要性、审计风险等概念及运用已经发生了变化。鉴于此，此次修订不再保留该准则，将"重要性"和"审计风险"的内容分散在基本准则以及相关具体准则中予以反映。

5. 不再保留原第 22 号具体准则——内部审计的独立性和客观性。独立性和客观性是内部审计的基本特质，也是内部审计人员职业道德规范的重要组成部分。因此，此次修订不再保留该具体准则，相应条款充实到内部审计基本准则和内部审计人员职业道德规范中。

6. 不再保留原第 29 号具体准则——内部审计人员后续教育。

原第 29 号具体准则所指的内部审计人员包括取得内部审计人员岗位资格证书或取得国际注册内部审计师（CIA）资格证书的人员。目前，国际内部审计师协会对取得 CIA 证书和内部控制自我评估专业资格证书（CCSA）人员的后续教育作出了新的规定，中国内部审计协会根据该规定出台了《国际注册内部审计师后续教育办法》和《内部控制自我评估专业资格证书后续教育办法》，对中国大陆地区持有上述资格证书人员的后续教育进行规范。鉴于第 29 号具体准则的内容和目前的实际情况已有较大出入，此次修订不再保留该准则，同时在基本准则和内部审计人员职业道德规范中对内部审计人员后续教育方面的要求进一步明确和强化。今后协会将结合内部审计人员后续教育的实际情况，制定更有针对性的办法或规定。

五、关于修订的重点内容

按照修订方案，内部审计基本准则、内部审计人员职业道德规范、内部控制审计准则、绩效审计准则、内部审计质量控制准则为此次重点修订的准则，同时对审计计划、审计通知书等准则的部分内容和表述做出了修订，对其他准则的文字表述进行了统一和完善。实务指南未纳入此次修订的范围，下一步将根据调整后的准则做进一步修订。

（一）关于内部审计基本准则

此次修订后，内部审计基本准则的内容由原来的第 27 条调整为第 33 条，具体修订如下：

1. 内部审计定义。修订后的定义力求反映国际、国内内部审计实务的最新发展变化，与 IIA 对内部审计的定义接轨。与原定义相比，主要变化体现在：

（1）关于内部审计的职能。IIA 在内部审计最新定义中将内部审计界定为一种"确认和咨询"活动。实际上，"确认"的含义就是指通过监督检查，对被审计的事项予以鉴证，并在此基础上提出评价意见和建议。而"咨询"是在评价的基础上提出的意见和建议，是评价的进一步发展。因此，从内涵上来看，确认和咨询包含了监督和评价的含义。相对于"监督"所体现的内部审计的查错纠弊功能，现代内部审计更强调由"咨询"所体现出的内部审计的价值增值功能。随着我国内部审计的全面转型和发展，原内部审计定义中的"监督和评价"已不能全面反映当前内部审计理念和实践的最新发展，借鉴 IIA 的定义，此次修订将原内部审计定义中的"监督和评价"职能改为"确认和咨询"职能，进一步扩大了内部审计的职能范围。

（2）关于内部审计的范围。修订后的定义将内部审计范围界定为"业务活动、内部控制和风险管理的适当性和有效性"，将原来的"经营活动"改为"业务活动"，体现了内部审计的业务范围不仅仅局限于以盈利为目的的组织，还适用于非营利组织。定义中增加了对"风险管理的适当性和有效性"的审查和评价，以体现内部审计对组织风险的关注。

（3）关于内部审计的方法。修订后的定义增加了运用"系统、规范的方法"的规定，强调了内部审计的专业技术特征，体现内部审计职业的科学性和规范性，有助于内部审计人员和社会各界人士了解内部审计职业对技术方法和人员素质的要求。

（4）关于内部审计的目标。修订后的定义将内部审计的目标界定为"促进组织完善治理、增加价值和实现目标"，进一步明确了内部审计在提升组织治理水平，促进价值增值以及实现组织目标中的重要作用。对内部审计目标更高的定位将进一步提升内部审计在组织中的地位和影响力，提升内部审计的层次。

2. 关于准则的适用范围。为涵盖内部审计外包的情况，准则中增加了"其他组织或者人员接受本组织委托、聘用，承办或者参与的内部审计业务，也应当遵守本准则"的规定。

3. 调整的其他主要内容。一是在一般准则中，增加了内部审计章程中应明确规定内部审计的目标、职责和权限的内容；增加了内部审计人员保密义务的内容。二是在作业准则中增加了内部审计机构和内部审计人员应当全面关注组织风险，以风险为基础组织实施审计业务的内容；增加了内部审计人员关注组织舞弊风险，对舞弊行为进行检查和报告的内容；增加了内部审计人员为组织提供适当咨询服务的内容。三是在报告准则中不再保留审计报告分级复核制度及后续审计方面的内容；四是在内部管理准则中增加了内部审计机构与董事会或者最高管理层的关系、内部审计机构管理体制，以及内部审计机构对内部审计实施有效质量控制等内容。

（二）关于内部审计人员职业道德规范

原《内部审计人员职业道德规范》共11条，基本涵盖了内部审计人员应当具备的职业道德素质，但规定过于原则，只是对内部审计人员职业道德提供了方向性指引，弹性过大，适用性不强。此次修订以原《内部审计人员职业道德规范》为基础，吸收了原《内部审计的独立性和客观性》准则和《内部审计人员后续教育》准则的部分内容，同时充分借鉴了国际内部审计师协会《职业道德规范》的有关内容，并参考其他行业的职业道德要求，对内部审计人员职业道德进行充实和完善。体例结构上也与其他准则一致，采用分章表述，分为总则、一般原则、诚信正直、客观性、专业胜任能力、保密、附则七个部分，对内部审计人员的职业道德要求做出了较为详细的规定。

（三）关于内部控制审计准则

五部委《企业内部控制基本规范》及配套指引的出台，对内部控制审计工作提出了明确要求。此次修订借鉴了《企业内部控制基本规范》《企业内部控制评价指引》的相关规定，对原《内部控制审计》准则进行了较大的修改。考虑到目前企业内部控制评价主体模糊的情况，以及内部控制审计和内部控制评价在实务中无论从实施主体还是报告方式等方面都存在一定差别，为突出内部审计部门在内部控制评价中的特殊性和职能作用，此次修订仍将该准则的名称定为内部控制审计，同时进一步明确了内部控制审计的定义、定位和主体，突出了内部审计部门在内部控制审计中发挥的作用和优势，进一步丰富了相关内容。具体修订如下：

1. 内部控制审计的内容。此次修订将内部控制审计按照审计范围分为全面内部控制审计和专项内部控制审计，并从组织层面和业务层面对内部控制审计的内容做了较为细致的规定。其中组织层面内部控制审计的内容主要按照内部控制五要素进行规范，同时借鉴、吸收了《企业内部控制评价指引》中有关内部控制评价内容的规定，力求与《企业内部控制基本规范》及配套指引相衔接。

2. 内部控制审计的程序和方法。强调了内部审计人员在实施现场审查前，可以要求被审计单位提交最近一次的内部控制自我评估报告。内部审计人员应当结合内部控制自我评估报告，确定审计内容及重点，实施内部控制审计。

3. 内部控制缺陷的认定。专章规定了内部控制缺陷的认定，对缺陷认定的方法、缺陷的种类和缺陷的报告等内容进行了规定。

4. 内部控制审计报告。专章规定了内部控制审计报告，要求全面内部控制审计报告一般应当报送组织董事会或者最高管理层，包含有重大缺陷认定的专项内部控制审计报告应当报送董事会或者最高管理层；经董事会或者最高管理层批准，内部控制审计报告可以作为《企业内部控制评价指引》中要求的内部控制评价报告对外披露。

（四）关于绩效审计准则

绩效审计准则的修订内容主要包括：一是将绩效审计的概念界定为对组织经营管理活动的经济性、效率性和效果性进行的评价，从而涵盖了非营利组织开展绩效审计的相关工作。二是明确了绩效审计既可以根据实际情况和需要，对组织经营管理活动的经济性、效率性和效果性同时进行审查和评价，也可以只侧重某一方面进行审查和评价，并概括了绩效审计主要审查和评价的内容。三是规定了选择绩效审计方法的要求，列举了常规审计方法以外的绩效审计方法。四是规定了绩效审计评价标准的来源，以及确定绩效审计评价标准时应当注意的原则。五是根据绩效审计的特点，细化了对绩效审计报告内容的要求。

（五）关于内部审计质量控制准则

此次修订后的内部审计质量控制准则，一是将内部审计质量控制划分为内部审计机构质量控制和内部审计项目质量控制。二是在内部审计项目质量控制中，将项目负责人在指导、监督、检查过程中应考虑和注意的事项以及应当履行的职责做了进一步细化，不再保留内部审计机构对审计质量进行考核和评估的相关内容。三是由于中国内部审计协会已出台了内部审计质量评估办法和评估手册，此次修订对内部审计质量外部评估的内容不再做重复规定。

（六）关于审计计划等13个具体准则的修订

1. 修订后的审计计划准则将审计计划由原来的年度审计计划、项目审计计划和审计方案三个层次调整为年度审计计划和项目审计方案两个层次。这是考虑内部审计实践中的做法，参考国际内部审计准则、国家审计准则有关审计计划的规定而做的修订。

2. 修订后的审计通知书准则明确了"内部审计机构应当在实施审计三日前，向被审计单位或者被审计人员送达审计通知书"的要求。

3. 修订后的审计证据准则将原准则第四条审计证据种类中的"视听电子证据"细分为"视听证据"和"电子证据"两种；将审计证据的"充分性、相关性和可靠性"特征的表述调整为"相关性、可靠性和充分性"，并对各自的含义做了修订；对原第七条"获取审计证据需要考虑的基本要素"的内容的前后顺序做了调整；将原第八条"审计证据的获取方法"中的"询问"改成"访谈"，增加"调查"方法；原第九条后增加"采集被审计单位电子数据作为审计证据的，内部审计人员应当记录电子数据的采集和处理过程"的规定。

4. 修订后的审计工作底稿准则，删除了原准则第六条有关审计工作底稿的形式方面内容；将原第七条"审计工作底稿的记录"与原第九条"审计工作底稿应载明事项"的内容进行了整合；增加了项目审计方案的编制及调整情况也应当编制审计工作底稿的要求；原第四章"审计工作底稿的整理与使用"的名称改成"审计工作底稿的归档与保管"，并对相关用语做了规范。

5. 修订后的审计报告准则删除了原准则第七条"审计报告是对被审计单位经营活动及内部控制的适当性和有效性进行的相对保证"的内容；"审计报告的正文内容"中增加"审计发现"，"审计决定"改成"审计意见"；将第四章"审计报告的编制、复核与分发"的名称改成"审计报告的编制、复核与报送"，并增加了"已经出具的审计报告若存在重要错误或遗漏，内部审计机构应当及时更正，并将更正后的审计报告及时提交给所有的原审计报告接收者"的规定。

6. 修订后的后续审计准则，将内部审计机构开展后续审计工作等相应规定中的"应当"改成"可以"，主要基于后续审计是实践中根据具体情况选择采用的审计程序；删除原第十一条内部审计人员确定后续审计范围时的相关要求方面的内容。

7. 将原分析性复核准则的名称改成分析程序准则。这是根据国际通行的用法以及注册会计师执业准则的相关表述而做的相应调整；进一步界定了"分析程序"的概念，对相关用语和内容作出了修正；删除了原第十六条"内部审计人员应充分考虑分析性复核的结果，在综合分析和评价的基础上得出审计结论"的内容。

8. 修订后的审计抽样准则，进一步完善了审计抽样的定义、抽样总体的确定原则、抽样的程序和方法等内容，并对相关用语做了进一步规范。

9. 修订后的信息系统审计准则对原准则第六条有关信息系统审计人员专业胜任能力的内容做了调整，对此做了较为宽泛的要求，不再规定具体的工作时间及经验的要求；将"信息系统审计内容"中的"监控"改为"内部监督"；删除了原第六章"信息系统审计的方法"第二十八条有关审计工作底稿的内容；鉴于原第七章"审计报告与后续工作"中有关审计报告的内容不具有特殊性，故予以删除；将原第三十条信息系统审计作为综合性内部审计项目的一部分的内容与原第七条的相关内容整合。

10. 基于实践中内部审计部门在对组织舞弊行为的检查和报告中所发挥的作用，此次修订将原舞弊的预防、检查与报告准则的名称改为对舞弊行为进行检查和报告准则；将原"舞弊的预防"一章的名称修改为"评估舞弊发生的可能性"，并对有关内容做了相应调整，以增强该准则的科学性和可操作性；将原第四章"舞弊的检查"第十七条和第十九条的内容删除。

11. 修订后的与董事会或者最高管理层的关系准则将原准则"协助董事会或最高管理层的工作"一章的内容删除。原因是该部分的内容表述不清晰，在实践中的不易操作；原准则名称精炼修改为"与董事会或者最高管理层的关系"。

12. 修订后的利用外部专家服务准则，在原准则第九条的内容中增加了内部审计机构对外部专家"客观性"内容的评价；原第十五条的内容修改为"内部审计机构对外部专家服务评价后，如果认为其服务的结果无法形成相关、可靠和充分的证据，应当通过其他替代程序补充获取相应的审计证据"。

13. 修订后的评价外部审计工作质量准则，分别删除原准则第四条"内部审计机构在需要利用外部审计工作成果，以减少重复工作，提高工作效率时，应对外部审计工作质量进行评价"和第十九条"编制对外审计工作质量的评价报告，应当做到客观、清晰、及时"的内容。

反侵权盗版声明

电子工业出版社依法对本作品享有专有出版权。任何未经权利人书面许可，复制、销售或通过信息网络传播本作品的行为；歪曲、篡改、剽窃本作品的行为，均违反《中华人民共和国著作权法》，其行为人应承担相应的民事责任和行政责任，构成犯罪的，将被依法追究刑事责任。

为了维护市场秩序，保护权利人的合法权益，我社将依法查处和打击侵权盗版的单位和个人。欢迎社会各界人士积极举报侵权盗版行为，本社将奖励举报有功人员，并保证举报人的信息不被泄露。

举报电话：（010）88254396；（010）88258888

传　　真：（010）88254397

E-mail：　dbqq@phei.com.cn

通信地址：北京市万寿路 173 信箱

　　　　　电子工业出版社总编办公室

邮　　编：100036